U0920988

2020

中国教育经费统计年鉴

China Educational Finance Statistical Yearbook

教　育　部　财　务　司
国家统计局社会科技和文化产业统计司　编

中国统计出版社
China Statistics Press

图书在版编目（CIP）数据

中国教育经费统计年鉴. 2020 / 教育部财务司，国家统计局社会科技和文化产业统计司编. -- 北京 : 中国统计出版社, 2021.6
ISBN 978-7-5037-9499-5

Ⅰ. ①中… Ⅱ. ①教… ②国… Ⅲ. ①教育经费－统计资料－中国－2020－年鉴 Ⅳ. ①G526.72-54

中国版本图书馆 CIP 数据核字(2021)第 109349 号

中国教育经费统计年鉴—2020

作　　者/教育部财务司　国家统计局社会科技和文化产业统计司
责任编辑/冯燕玲
执行编辑/杜珞维
封面设计/李雪燕
出版发行/中国统计出版社有限公司
通信地址/北京市丰台区西三环南路甲 6 号　邮政编码/100073
电　　话/邮购（010）63376909　书店（010）68783171
网　　址/ http://www.zgtjcbs.com
印　　刷/河北鑫兆源印刷有限公司
经　　销/新华书店
开　　本/880×1230㎜　1/16
字　　数/1300 千字
印　　张/40.75　彩插 0.25
版　　别/2021 年 6 月第 1 版
版　　次/2021 年 6 月第 1 次印刷
定　　价/268.00 元

中国统计版图书，如有印装错误，本社发行部负责调换。

《中国教育经费统计年鉴—2020》

编辑委员会

前　言

《中国教育经费统计年鉴—2020》比较全面、系统地反映了2019年全国教育经费来源和使用的情况，为国家和地方编制教育发展规划、制定教育财政政策提供了重要的参考依据。它对于研究教育经费结构和使用效益有一定价值；对于各地之间的情况交流，提高教育财务管理水平，也将会起到促进作用。

全国教育经费统计资料的各项数据是从最基层单位开始填报，经过乡（镇）、县（市、区）、地（市）、省（自治区、直辖市）等教育主管部门层层汇总的。各级教育和统计部门对教育经费统计工作十分重视，从人员、时间、设备等方面给予了保证，并认真组织，按照准确、及时、完整的要求编制报表，保证了全国教育经费统计资料汇总工作的顺利完成。

教育部财务司组织了全国教育经费统计资料的审核、整理工作，以及全国教育经费统计分析的计算机程序编制工作。国家统计局社会科技和文化产业统计司对全国教育经费统计工作给予了很大的支持，并与教育部财务司联衔编印出版此年鉴。

目前，中国教育经费统计工作还处于充实、完善阶段，加之全国性教育经费统计涉及范围广，工作量大，因此在资料的收集、编排、整理等环节上难免有不足之处，诚望同志们提出批评和建议，以便今后加以改进，把教育经费统计工作做得更好。

编　者

2020年12月

目　录

第一部分　全国教育经费收支

第二部分　各地区按来源分类教育经费收入

第三部分 各地区各级各类教育机构教育经费收入

第四部分 各地区各级各类教育机构教育经费支出明细

第五部分 各地区各级各类教育机构财政补助支出明细

第六部分　各地区各级各类教育机构一般公共预算教育事业费和基本建设支出明细

第七部分　各地区教育和其他部门各级各类学校生均教育经费支出

2019 年教育经费简况

2012-2019 年全国教育经费总投入及增长情况

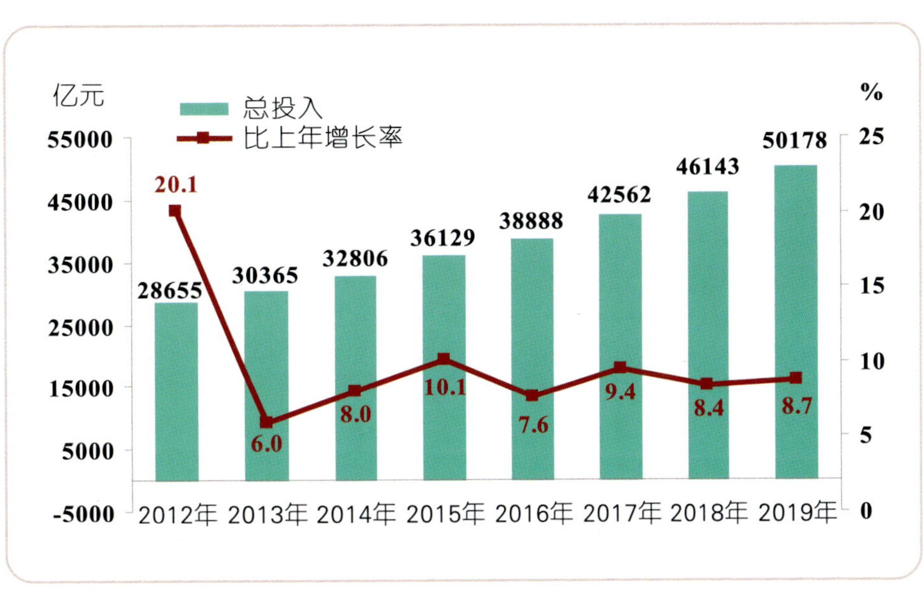

2012-2019 国家财政性教育经费及占 GDP 比例

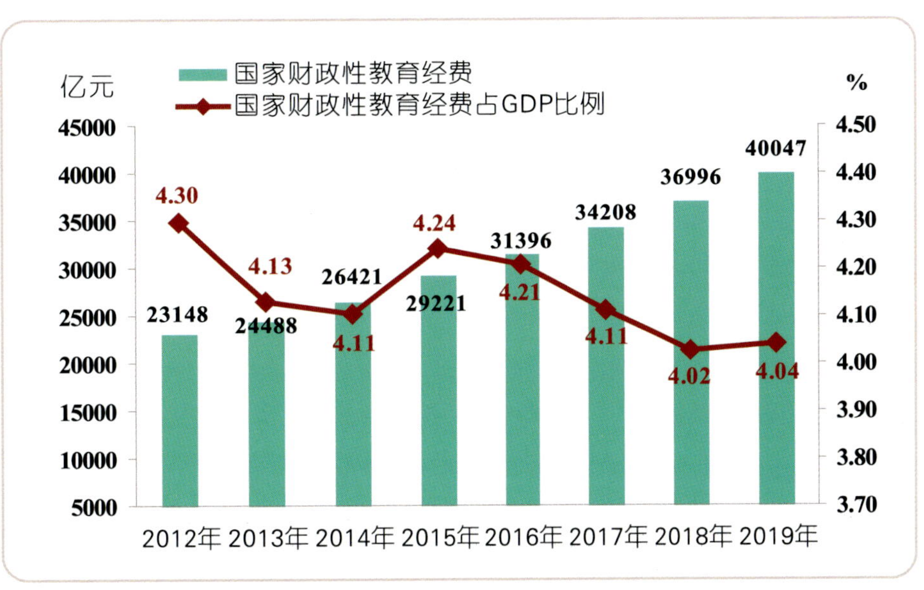

注：2012-2018 年涉及到国内生产总值数据，均来源于《中国统计年鉴—2019》。

2019 年全国及分省一般公共预算教育经费占一般公共预算支出比例比上年增减百分点

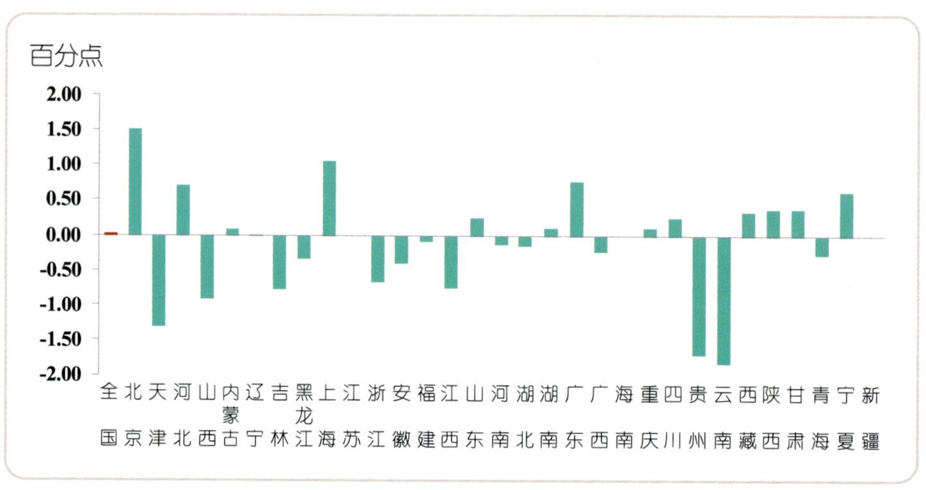

2019 年分省一般公共预算教育经费与财政经常性收入增长幅度比较

2019 年全国及分省一般公共预算教育经费增长情况

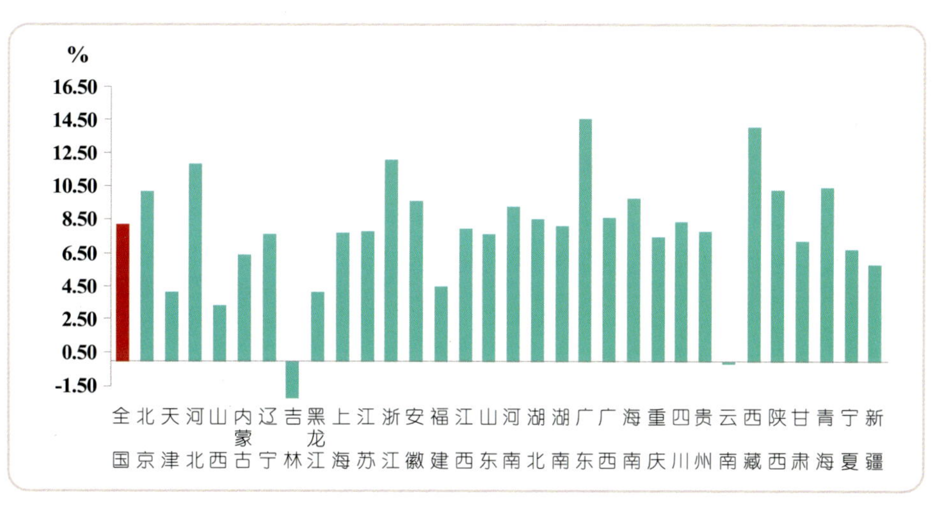

2019 年各级各类学校生均一般公共预算教育经费及增长情况

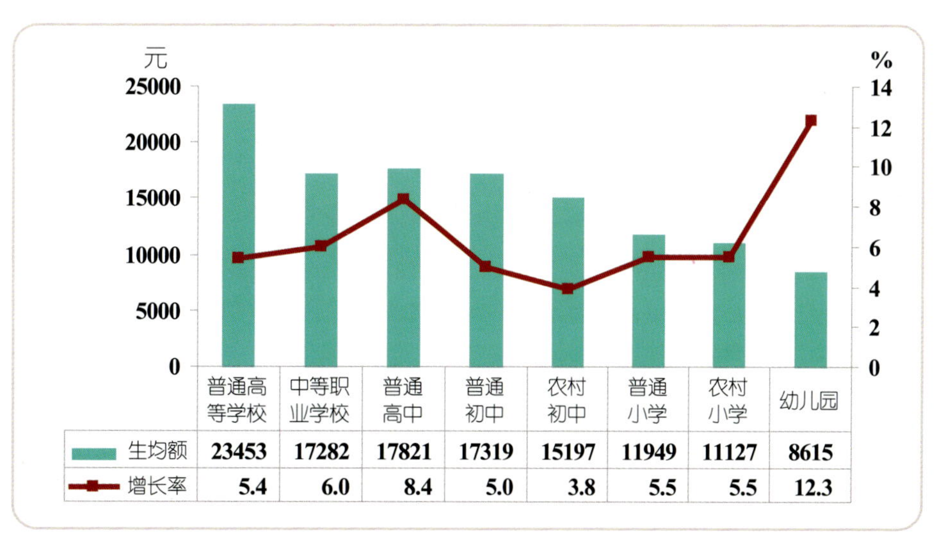

	普通高等学校	中等职业学校	普通高中	普通初中	农村初中	普通小学	农村小学	幼儿园
生均额	23453	17282	17821	17319	15197	11949	11127	8615
增长率	5.4	6.0	8.4	5.0	3.8	5.5	5.5	12.3

2019 年各级各类学校生均一般公共预算教育事业费支出及增长情况

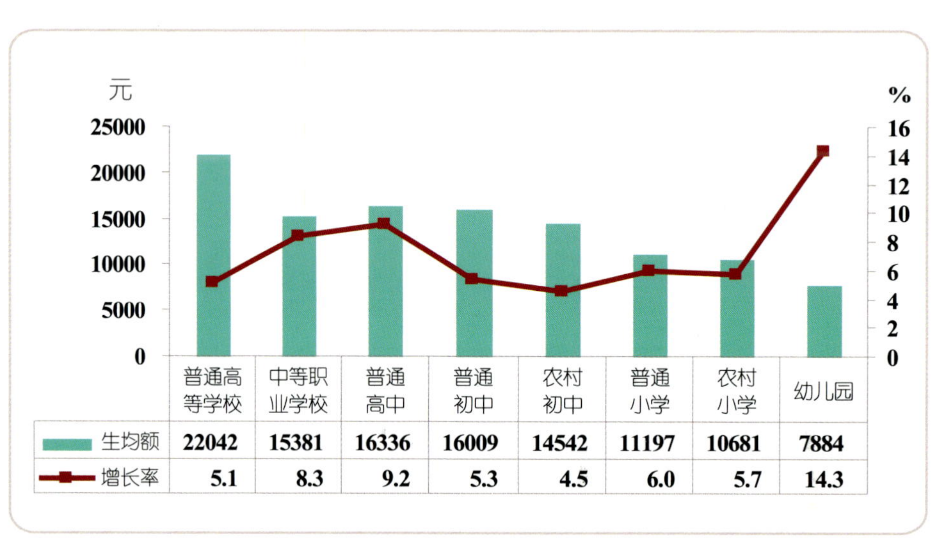

2019 年各级各类学校生均一般公共预算公用经费支出及增长情况

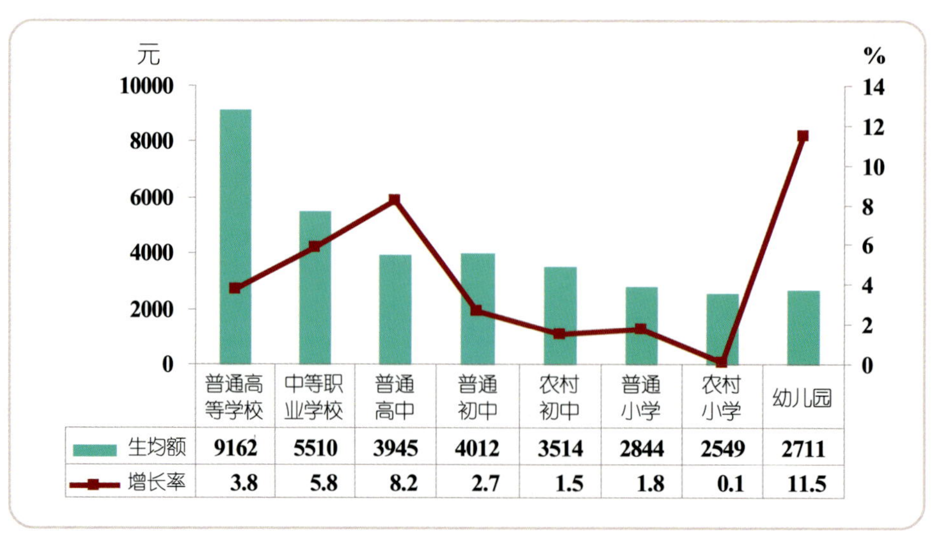

第一部分

全国教育经费收支

1-1　全国教育

年　份	合　计（千元）	国家财政性教育经费	#一般公共预算教育经费	民办学校中举办者投入	捐赠收入	事业收入	#学费	其　他教育经费
1991	73150282	61782860	48217992		6282097		3234756	1850569
1992	86704905	72875058	56493638		6962852		4393193	2473802
1993	105993744	86776183	67661503	333227	7018561		8714769	3151004
1994	148878126	117473956	93112851	1077952	9744871		14692281	5889066
1995	187795011	141152333	109294729	2036715	16284140		20124225	8197598
1996	226233935	167170455	128808414	2619989	18841895		26103612	11497984
1997	253173257	186254163	144126882	3017464	17065876		32607920	14227834
1998	294905918	203245257	165401831	4803140	14185373	60915149	36974735	11756999
1999	334904164	228717561	191136888	6289571	12586942	74971737	46361079	12338353
2000	384908058	256260557	219176521	8585372	11395569	93827167	59483043	14839393
2001	463766262	305700995	270565484	12808952	11288518	115751371	74560135	18216426
2002	548002776	349140475	325494252	17255487	12727910	146091688	92277917	22787216
2003	620826530	385062366	361909774	25901478	10459269	172183991	112149847	27219426
2004	724259892	446585748	424442091	34785288	9342038	201142680	134655173	32404138
2005	841883905	516107593	494603791	45221850	9316129	233999909	155305446	37238424
2006	981530865	634836475	613534811	54905830	8990776	240730422	155233010	42067362
2007	1214806630	828021421	809433686	8093374	9305839	317723573	213090822	51662423
2008	1450073742	1044962956	1021296753	6984793	10266633	336707107	234929828	51152253
2009	1650270650	1223109354	1197497528	7498291	12549905	352759391	251559826	54353709
2010	1956184707	1467006696	1416390290	10542536	10788394	410606635	301555934	57240446
2011	2386929356	1858670092	1782173800	11193198	11186751	442469266	331697419	63410049
2012	2865530519	2314756979	2031416851	12817531	9569193	461984036	350483008	66402780
2013	3036471815	2448821774	2140567150	14740887	8554445	492620868	373768686	71733841
2014	3280646093	2642058205	2257600985	13134764	7967003	542715808	405303926	74770313
2015	3612919267	2922145113	2586187400	18766195	8699601	580972390	431736109	82335968
2016	3888838503	3139625189	2770063252	20327326	8104474	627682918	477093392	93098597
2017	4256200690	3420775455	2991978381	22500611	8499744	695757339	529328150	108667542
2018	4614299799	3699577044	3199272981	24062098	9475745	773824986	589583432	107359927
2019	5017811662	4004654525	3464856852	22013039	10137523	872350208	668630236	108656368

注：1.“其他教育经费”数据1991-1997年包含扣除“学费”后的事业收入；“民办学校中举办者投入”数据1993-2006年为社会团体和公民个人办学总经费；“一般公共预算教育经费”数据1991-2011年包括教育事业费、基本建设经费、教育费附加、科研经费和其他经费，2012年起仅包括教育事业费、基本建设经费和教育费附加，2015年起教育事业费包含地方教育附加和土地出让收益计提的教育资金。

2.表中“#”表示其中的主要项，以下同；表中“空格”表示无该项数据，以下同。

经费总收入

构 成 (%)	国家财政性教育经费	#一般公共预算教育经费	民办学校中举办者投入	捐赠收入	事业收入	#学费	其 他 教育经费
100.00	84.46	65.92		8.59		4.42	2.53
100.00	84.05	65.16		8.03		5.07	2.85
100.00	81.87	63.84	0.31	6.62		8.22	2.97
100.00	78.91	62.54	0.72	6.55		9.87	3.96
100.00	75.16	58.20	1.08	8.67		10.72	4.37
100.00	73.89	56.94	1.16	8.33		11.54	5.08
100.00	73.57	56.93	1.19	6.74		12.88	5.62
100.00	68.92	56.09	1.63	4.81	20.66	12.54	3.99
100.00	68.29	57.07	1.88	3.76	22.39	13.84	3.68
100.00	66.58	56.94	2.23	2.96	24.38	15.45	3.86
100.00	65.92	58.34	2.76	2.43	24.96	16.08	3.93
100.00	63.71	59.40	3.15	2.32	26.66	16.84	4.16
100.00	62.02	58.29	4.17	1.68	27.73	18.06	4.38
100.00	61.66	58.60	4.80	1.29	27.77	18.59	4.47
100.00	61.30	58.75	5.37	1.11	27.79	18.45	4.42
100.00	64.68	62.51	5.59	0.92	24.53	15.82	4.29
100.00	68.16	66.63	0.67	0.77	26.15	17.54	4.25
100.00	72.06	70.43	0.48	0.71	23.22	16.20	3.53
100.00	74.12	72.56	0.45	0.76	21.38	15.24	3.29
100.00	74.99	72.41	0.54	0.55	20.99	15.42	2.93
100.00	77.87	74.66	0.47	0.47	18.54	13.90	2.66
100.00	80.78	70.89	0.45	0.33	16.12	12.23	2.32
100.00	80.65	70.50	0.49	0.28	16.22	12.31	2.36
100.00	80.53	68.82	0.40	0.24	16.54	12.35	2.28
100.00	80.88	71.58	0.52	0.24	16.08	11.95	2.28
100.00	80.73	71.23	0.52	0.21	16.14	12.27	2.39
100.00	80.37	70.30	0.53	0.20	16.35	12.44	2.55
100.00	80.18	69.33	0.52	0.21	16.77	12.78	2.33
100.00	79.81	69.05	0.44	0.20	17.39	13.33	2.17

1-1　续表

指　　标	总　　计		
	合计	中央	地方
总　　计	**5017811662**	**416740347**	**4601071315**
一、国家财政性教育经费	4004654525	282130475	3722524050
1.一般公共预算安排的教育经费	3873463117	228475145	3644987972
(1)一般公共预算教育经费	3464856852	179270526	3285586326
①教育事业费	3230321153	170739563	3059581589
②基本建设经费	82415511	8530963	73884549
③教育费附加	152120188		152120188
(2)其他一般公共预算安排的教育经费	408606265	49204619	359401646
①科研经费	28151808	15406406	12745402
②其他	380454457	33798213	346656244
2.政府性基金预算安排的教育经费	59213399	848088	58365311
#彩票公益金	4819527	236261	4583266
3.国有及国有控股企业办学中的企业拨款	2431328	598286	1833042
4.校办产业和社会服务收入用于教育的经费	4098296	2145683	1952613
5.其他属于国家财政性教育经费	65448385	50063273	15385112
二、民办学校中举办者投入	22013039		22013039
三、捐赠收入	10137523	3793770	6343753
#港澳台及海外捐赠	687921	133900	554021
四、事业收入	872350208	103971449	768378759
#学费	668630236	34209698	634420538
五、其他教育经费	108656368	26844653	81811715

单位：千元

教育部门和其他部门			国有及国有控股企业办学			民办学校
合计	中央	地方	合计	中央	地方	地方
4435385678	**402911977**	**4032473701**	**22952373**	**13828370**	**9124003**	**559473611**
3919542596	270171181	3649371416	16290600	11959294	4331305	68821328
3792387628	217399020	3574988608	13427883	11076125	2351758	67647605
3387387806	169613690	3217774116	11898407	9656837	2241570	65570640
3159680654	161988667	2997691987	10961498	8750896	2210602	59679000
80630669	7625023	73005647	905940	905940		878902
147076482		147076482	30968		30968	5012737
404999823	47785330	357214492	1529476	1419288	110188	2076966
27892511	15326774	12565737	79632	79632		179665
377107312	32458557	344648756	1449844	1339656	110188	1897300
58239222	727670	57511552	121013	120418	595	853164
4721020	178863	4542157	57428	57398	30	41079
			2431328	598286	1833042	
3886949	2076229	1810720	211347	69454	141893	
65028797	49968262	15060535	99029	95011	4018	320559
						22013039
8286083	3772193	4513890	23375	21577	1799	1828064
536897	133900	402997				151024
410747106	102629766	308117340	5741690	1341684	4400006	455861413
243775456	33427280	210348176	4107834	782418	3325416	420746946
96809893	26338838	70471055	896708	505815	390893	10949766

1-2 各级各类教育机构

学校类别	总　计	国家财政性教育经费	一般公共预算安排的教育经费	一般公共预算教育经费	教育事业费	基本建设经费	教育费附加	科研经费
总　计	**5017811662**	**4004654525**	**3873463117**	**3464856852**	**3230321153**	**82415511**	**152120188**	**28151808**
一、高等学校	1346210198	851714582	758447685	673999492	636878340	31623593	5497560	26864196
1.普通高等学校	1329618214	842720336	749724802	666340949	629500108	31570750	5270091	26862135
高等本科学校	1089207980	683464208	598301299	526381079	495904552	28259007	2217519	26607551
高职高专学校	240410234	159256128	151423504	139959870	133595556	3311742	3052572	254585
2.成人高等学校	16591984	8994246	8722883	7658544	7378232	52843	227469	2060
二、中等职业学校	261120601	230210815	224309440	202822289	182061773	4743392	16017123	25678
1.中等专业学校	122564485	108706429	105857996	95394758	84808901	2763620	7822237	16641
2.职业高中	91494944	83319785	81196436	74075642	65937752	1175326	6962563	6531
#农村	39207896	36178721	35887519	33165267	29767043	561944	2836279	4332
3.技工学校	36843310	29451529	28615699	25818909	24009359	797858	1011693	1401
4.成人中专学校	10217862	8733073	8639309	7532980	7305761	6589	220630	1105
三、中　学	1392976174	1223404544	1208781376	1086551486	1004663823	21876429	60011234	142171
1.普通中学	1392237742	1222755104	1208132460	1085951766	1004173068	21874999	59903698	142110
普通高中	511079601	420944265	414414838	371098879	341553048	7861508	21684324	61891
#农村	203596451	167949693	165928592	150070866	142458919	1822215	5789733	16161
普通初中	881158141	801810838	793717622	714852886	662620021	14013491	38219374	80220
#农村	481051483	453074131	451198008	407691461	390943957	3468933	13278571	19425
2.成人中学	738432	649440	648917	599720	490755	1430	107536	61
四、小　学	1380293895	1291552370	1280499030	1151737699	1080892050	16177719	54667930	92428
1.普通小学	1380282490	1291540966	1280487626	1151726354	1080885761	16177719	54662875	92428
#农村	801536429	773124687	769004634	690562381	664250006	6878962	19433413	33131
2.成人小学	11404	11404	11404	11344	6289		5055	
五、特殊教育	18759870	18498723	18329419	16221403	14801247	541974	878182	1446
1.特殊教育学校	17926103	17691116	17529401	15567546	14201178	541974	824394	1446
2.工读学校	833767	807607	800018	653857	600069		53788	
六、幼儿园	410424611	200794813	198367752	183345376	170511362	3112517	9721498	11000
#农村	175679110	97502697	96645583	89861099	85680373	1264752	2915974	4987
七、教育行政单位	41412605	39835212	39108426	34138882	32012407	547697	1578778	198862
八、教育事业单位	87363340	73472668	71860731	63797641	60265591	825540	2706509	449113
九、其　他	79250368	75170798	73759257	52242585	48234560	2966650	1041374	366915

教育经费收入情况(全国)

单位：千元

其　他	政府性基金预算安排的教育经费	#彩　票公益金	国有及国有控股企业办学中的企业拨款	校办产业和社会服务收入中用于教育的经费	其　他属于国家财政性教育经费	民办学校中举办者投　入	捐赠收入	事业收入	#学　费	其　他教育经费
380454457	**59213399**	**4819527**	**2431328**	**4098296**	**65448385**	**22013039**	**10137523**	**872350208**	**668630236**	**108656368**
57583997	23788217	658679	1103637	2926658	65448385	2662904	5595249	417115391	270578677	69122072
56521718	23608997	658659	1080090	2860136	65446311	2662904	5595086	410100779	265523948	68539109
45312669	17099907	302405	121070	2639957	65301975	1394643	5325654	337050443	207163487	61973032
11209049	6509090	356255	959020	220179	144336	1268261	269432	73050335	58360462	6566077
1062279	179219	20	23547	66522	2074		163	7014612	5054729	582963
21461473	5101962	1088903	298130	501284		1043630	126386	24433476	14535767	5306293
10446598	2464734	797253	119599	264099		374217	64888	10979210	6298689	2439741
7114263	2064690	275555	37850	20808		577556	44578	6402136	3953838	1150890
2717920	275009	10521	14272	1920		231232	23839	2336570	1293392	437534
2795388	512589	10722	131972	191270		46681	10787	5797016	3536891	1537297
1105224	59948	5373	8709	25107		45176	6134	1255114	746348	178366
122087719	14422605	1067754	178512	22050		7973569	1823301	145715985	122150251	14058776
122038583	14422082	1067408	178512	22050		7973569	1823296	145668295	122137627	14017478
43254068	6459148	333989	48230	22050		3343076	865242	79369523	63569037	6557495
15841564	2008469	127995	4215	8417		2108173	349759	31072409	24090749	2116417
78784516	7962935	733418	130282			4630493	958054	66298772	58568590	7459983
43487122	1785878	334481	90245			3008343	329188	21891180	18655321	2748641
49135	523	346					5	47690	12624	41298
128668904	10969495	1115940	83623	222		3978670	1364370	73111865	66357967	10286620
128668844	10969495	1115940	83623	222		3978670	1364370	73111865	66357967	10286620
78409122	4090562	711126	29491			2052558	597497	21604146	18690548	4157541
60										
2106570	168822	55975	392	90		8063	22437	84771	47551	145876
1960409	161233	55945	392	90		8063	22433	74410	44124	130081
146161	7589	30					4	10361	3427	15795
15011376	1658659	174078	765957	2445		6346204	359219	198606778	194499664	4317598
6779497	728358	102136	128757			2835223	128312	73945215	72344174	1267662
4770682	726787	233698					158199	179632		1239562
7613978	1065261	409118	1077	545598			683067	10087268		3120336
21149757	1311592	15383		99949			5294	3015043	460359	1059233

1-3　各级各类教育机构

学校类别	总　计	国家财政性教育经费	一般公共预算安排的教育经费	一般公共预算教育经费	教育事业费	基本建设经费	教育费附加	科研经费
总　　计	**435210854**	**300600982**	**250856589**	**197427302**	**188717607**	**8613289**	**96406**	**17520366**
一、高等学校	389825226	263804510	214441856	179293284	171374483	7852585	66216	17174890
1.普通高等学校	388199543	263379386	214089503	179024757	171105955	7852585	66216	17174890
高等本科学校	385518075	261652425	212826715	177885140	170147401	7671523	66216	17173698
高职高专学校	2681468	1726961	1262788	1139617	958554	181063		1192
2.成人高等学校	1625683	425124	352352	268528	268528			
二、中等职业学校	1093661	792473	731901	645731	622581	23150		253
1.中等专业学校	837530	676787	638739	553774	530624	23150		253
2.职业高中	16356	16328	16328	16328	16328			
#农村	10024	10024	10024	10024	10024			
3.技工学校	204335	91229	68705	68705	68705			
4.成人中专学校	35440	8128	8128	6924	6924			
三、中　学	6904510	5709305	5673305	5209214	4983387	195637	30190	1876
1.普通中学	6904510	5709305	5673305	5209214	4983387	195637	30190	1876
普通高中	3708849	2832521	2820283	2649854	2484632	146359	18863	455
#农村	810191	738407	731969	682388	582071	100317		250
普通初中	3195661	2876783	2853022	2559360	2498755	49278	11327	1422
#农村	1603914	1574034	1561791	1380708	1347431	33277		963
2.成人中学								
四、小　学	3955122	3784574	3756597	3363382	3294733	68649		2110
1.普通小学	3955122	3784574	3756597	3363382	3294733	68649		2110
#农村	2754560	2713812	2693618	2381593	2313796	67797		1549
2.成人小学								
五、特殊教育	6734	6734	6342	4843	4843			
1.特殊教育学校	6734	6734	6342	4843	4843			
2.工读学校								
六、幼儿园	2855432	1687002	1620899	1538767	1494607	44160		
#农村	813259	729204	708638	670229	627352	42877		
七、教育行政单位	1115606	1103042	1099979	879022	572745	306277		110
八、教育事业单位	9313294	4700892	4560182	4159176	4099176	60000		165976
九、其　他	20141268	19012450	18965528	2333881	2271051	62830		175150

教育经费收入情况(中央)

单位：千元

其 他	政府性基金预算安排的教育经费	#彩 票公益金	国有及国有控股企业办学中的企业拨款	校办产业和社会服务收入中用于教育的经费	其 他属于国家财政性教育经费	民办学校中举办者投入	捐赠收入	事业收入	#学 费	其 他教育经费
35908921	**819075**	**207248**	**598286**	**2145683**	**46181349**		**3793770**	**103971449**	**34209698**	**26844653**
17973681	715778	166998	489500	1976027	46181349		3205564	98014327	32961408	24800826
17889857	643878	166998	489500	1975155	46181349		3205564	96891533	32127376	24723061
17767878	587840	164780	110570	1945986	46181314		3203299	95997324	31541035	24665026
121979	56038	2218	378930	29169	35		2264	894209	586341	58034
83824	71900			872				1122794	834032	77765
85916	17482	8030	18681	24409			686	203397	87552	97106
84712	17482	8030	2483	18083			686	99289	35031	60768
								27		
			16198	6326				94925	47365	18181
1204								9155	5155	18157
462214	11275	5351	24724				8369	310181	182995	876656
462214	11275	5351	24724				8369	310181	182995	876656
169974	2812	1062	9426				5281	309277	182995	561769
49331	2224	474	4215				30	33053	19188	38701
292240	8463	4289	15298				3087	904		314887
180120	3764	3457	8480				466	153		29260
391105	14670	9674	13305	2			7265	1479		161805
391105	14670	9674	13305	2			7265	1479		161805
310476	8257	8011	11937				850	121		39776
1499			392							
1499			392							
82132	15462	13029	50607	35			34709	961180	883140	172542
38409	14975	12569	5591				20648	38062	34476	25345
220847	3063	3038								12564
235031	1080	1080	1077	138553			536785	3616887		458729
16456497	40265	48		6657			393	863998	94603	264427

1-4 各级各类教育机构

学校类别	总计	国家财政性教育经费	一般公共预算安排的教育经费	一般公共预算教育经费	教育事业费	基本建设经费	教育费附加	科研经费
总计	**4582600808**	**3704053543**	**3622606528**	**3267429551**	**3041603546**	**73802223**	**152023782**	**10631442**
一、高等学校	956384971	587910072	544005829	494706208	465503857	23771007	5431344	9689305
1.普通高等学校	941418671	579340950	535635299	487316192	458394153	23718164	5203875	9687245
高等本科学校	703689905	421811782	385474583	348495939	325757151	20587485	2151303	9433853
高职高专学校	237728766	157529168	150160716	138820253	132637002	3130679	3052572	253393
2.成人高等学校	14966301	8569122	8370530	7390016	7109704	52843	227469	2060
二、中等职业学校	260026940	229418343	223577539	202176557	181439192	4720242	16017123	25425
1.中等专业学校	121726955	108029642	105219257	94840984	84278278	2740470	7822237	16387
2.职业高中	91478589	83303457	81180108	74059314	65921424	1175326	6962563	6531
#农村	39197871	36168697	35877495	33155242	29757019	561944	2836279	4332
3.技工学校	36638975	29360300	28546993	25750204	23940653	797858	1011693	1401
4.成人中专学校	10182421	8724945	8631181	7526056	7298837	6589	220630	1105
三、中学	1386071664	1217695239	1203108071	1081342272	999680436	21680792	59981044	140295
1.普通中学	1385333232	1217045799	1202459155	1080742551	999189681	21679362	59873508	140234
普通高中	507370753	418111744	411594555	368449025	339068416	7715149	21665461	61436
#农村	202786260	167211286	165196623	149388479	141876847	1721898	5789733	15911
普通初中	877962479	798934055	790864600	712293526	660121266	13964213	38208047	78798
#农村	479447570	451500097	449636217	406310753	389596526	3435656	13278571	18462
2.成人中学	738432	649440	648917	599720	490755	1430	107536	61
四、小学	1376338772	1287767797	1276742433	1148374317	1077597317	16109070	54667930	90317
1.普通小学	1376327368	1287756392	1276731029	1148362972	1077591027	16109070	54662875	90317
#农村	798781870	770410876	766311016	688180788	661936210	6811165	19433413	31582
2.成人小学	11404	11404	11404	11344	6289		5055	
五、特殊教育	18753136	18491989	18323077	16216560	14796404	541974	878182	1446
1.特殊教育学校	17919370	17684382	17523059	15562703	14196334	541974	824394	1446
2.工读学校	833767	807607	800018	653857	600069		53788	
六、幼儿园	407569179	199107810	196746853	181806609	169016754	3068357	9721498	11000
#农村	174865851	96773494	95936945	89190870	85053021	1221875	2915974	4987
七、教育行政单位	40296999	38732170	38008446	33259860	31439662	241420	1578778	198752
八、教育事业单位	78050046	68771775	67300550	59638465	56166415	765540	2706509	283137
九、其他	59109100	56158347	54793729	49908703	45963509	2903820	1041374	191765

教育经费收入情况(地方)

单位：千元

其 他	政府性基金预算安排的教育经费	#彩 票 公益金	国有及国有控股企业办学中的企业拨款	校办产业和社会服务收入中用于教育的经费	其 他 属于国家财政性教育经费	民办学校中举办者投 入	捐赠收入	事业收入	#学 费	其 他 教育经费
344545535	**58394324**	**4612279**	**1833042**	**1952613**	**19267036**	**22013039**	**6343753**	**768378759**	**634420538**	**81811715**
39610316	23072439	491681	614136	950631	19267036	2662904	2389686	319101063	237617270	44321247
38631862	22965119	491661	590589	884980	19264962	2662904	2389523	313209245	233396573	43816048
27544792	16512067	137625	10500	693971	19120661	1394643	2122355	241053120	175622452	37308005
11087070	6453052	354037	580089	191010	144301	1268261	267168	72156126	57774120	6508043
978454	107319	20	23547	65651	2074		163	5891818	4220697	505198
21375557	5084480	1080873	279449	476875		1043630	125700	24230079	14448215	5209188
10361885	2447252	789223	117116	246017		374217	64202	10879921	6263658	2378973
7114263	2064690	275555	37850	20808		577556	44578	6402108	3953838	1150890
2717920	275009	10521	14272	1920		231232	23839	2336570	1293392	437534
2795388	512589	10722	115774	184943		46681	10787	5702091	3489526	1519116
1104020	59948	5373	8709	25107		45176	6134	1245959	741193	160208
121625505	14411330	1062403	153788	22050		7973569	1814932	145405804	121967256	13182120
121576369	14410807	1062057	153788	22050		7973569	1814927	145358114	121954631	13140822
43084093	6456335	332927	38804	22050		3343076	859961	79060246	63386041	5995726
15792233	2006245	127522		8417		2108173	349729	31039356	24071560	2077716
78492276	7954471	729130	114984			4630493	954966	66297868	58568590	7145096
43307002	1782114	331025	81765			3008343	328721	21891027	18655321	2719381
49135	523	346					5	47690	12624	41298
128277799	10954825	1106266	70319	220		3978670	1357105	73110386	66357967	10124816
128277739	10954825	1106266	70319	220		3978670	1357105	73110386	66357967	10124816
78098647	4082305	703114	17555			2052558	596647	21604025	18690548	4117765
60										
2105072	168822	55975		90		8063	22437	84771	47551	145876
1958911	161233	55945		90		8063	22433	74410	44124	130081
146161	7589	30					4	10361	3427	15795
14929244	1643197	161049	715350	2410		6346204	324510	197645598	193616524	4145056
6741087	713383	89567	123165			2835223	107664	73907153	72309698	1242317
4549835	723724	230660					158199	179632		1226999
7378948	1064181	408038		407045			146283	6470381		2661607
4693260	1271327	15335		93292			4901	2151045	365756	794806

1-5 各级各类教育机构

学校类别	总计	国家财政性教育经费	一般公共预算安排的教育经费	一般公共预算教育经费				科研经费
					教育事业费	基本建设经费	教育费附加	
总计	**4433211786**	**3917368704**	**3790218938**	**3385306366**	**3157638031**	**80613844**	**147054492**	**27889892**
一、高等学校	1202146740	832869642	741464632	658376667	622355568	30808683	5212417	26611752
1.普通高等学校	1185847621	823975459	732813981	650785868	615045080	30755840	4984948	26609692
高等本科学校	975645070	670549087	586204948	515442550	485861092	27517500	2063957	26357244
高职高专学校	210202551	153426372	146609033	135343319	129183988	3238340	2920991	252448
2.成人高等学校	16299119	8894183	8650651	7590799	7310487	52843	227469	2060
二、中等职业学校	240047843	222081692	216646501	195350131	174912345	4720242	15717543	23746
1.中等专业学校	113817882	104784451	102113032	91756840	81364074	2740470	7652297	16315
2.职业高中	84805422	81311120	79228164	72173764	64122366	1175326	6876071	4925
#农村	36762005	35387054	35110125	32407055	29032932	561944	2812179	2826
3.技工学校	32137274	27436907	26816100	24033896	22266303	797858	969735	1401
4.成人中专学校	9287265	8549214	8489206	7385632	7159602	6589	219440	1105
三、中　学	1250450827	1200974443	1186858519	1065684804	985864295	21516913	58303596	137375
1.普通中学	1249712395	1200325003	1186209602	1065085083	985373540	21515483	58196060	137314
普通高中	456160863	414138570	407775953	364850769	336206507	7647849	20996413	61356
#农村	183082992	164945576	162940543	147267043	140013295	1721898	5531850	15911
普通初中	793551532	786186434	778433649	700234315	649167032	13867635	37199648	75958
#农村	448777237	445883905	444129806	400988196	384436092	3435656	13116448	18440
2.成人中学	738432	649440	648917	599720	490755	1430	107536	61
四、小　学	1282469820	1272261020	1261540355	1133413304	1064536563	16047093	52829648	90180
1.普通小学	1282458416	1272249616	1261528951	1133401960	1064530274	16047093	52824593	90180
#农村	769112075	764648928	760572739	682561407	656562271	6762435	19236700	31556
2.成人小学	11404	11404	11404	11344	6289		5055	
五、特殊教育	18583552	18397000	18228160	16122105	14703429	541974	876701	1446
1.特殊教育学校	17755337	17590232	17428981	15469087	14104199	541974	822914	1446
2.工读学校	828215	806768	799179	653018	599230		53788	
六、幼儿园	232773892	183474053	181870317	167180707	155324624	3068157	8787925	10924
#农村	113921542	91147583	90468320	83783907	79797646	1221875	2764386	4947
七、教育行政单位	40744355	39179501	38455778	33503101	31682904	241420	1578778	198752
八、教育事业单位	87130604	73280423	71670643	63645659	60173610	765540	2706509	448953
九、其　他	78864152	74850929	73484033	52029888	48084693	2903820	1041374	366765

教育经费收入情况(教育和其他部门)

单位：千元

其　他	政府性基金预算安排的教育经费	#彩　票公益金	国有及国有控股企业办学中的企业拨款	校办产业和社会服务收入中用于教育的经费	其　他属于国家财政性教育经费	民办学校中举办者投　入	捐赠收入	事业收入	#学　费	其　他教育经费
377022680	**58234020**	**4715938**		**3886949**	**65028797**		**8286083**	**410747106**	**243775456**	**96809893**
56476213	23509605	628861		2866608	65028797		4982312	300601351	167520800	63693436
55418421	23330386	628841		2804369	65026723		4982149	293773553	162556427	63116459
44405155	16831514	282405		2628307	64884318		4800878	242317521	122427729	57977584
11013266	6498872	346437		176063	142405		181271	51456033	40128698	5138876
1057792	179219	20		62239	2074		163	6827797	4964373	576976
21272624	5078157	1080553		357034			101413	13283841	5840333	4580897
10339876	2446666	788903		224753			52798	6776956	3047621	2203678
7049475	2064152	275555		18804			37078	2526079	869820	931146
2700243	275009	10521		1920			23688	990889	237079	360374
2780803	507391	10722		113417			9565	3376336	1714524	1314465
1102470	59948	5373		60			1973	604470	208368	131609
121036341	14093874	1056185		22050			1145937	36731813	24823068	11598634
120987205	14093351	1055839		22050			1145932	36684122	24810443	11557337
42863829	6340566	331639		22050			650355	35789621	24810443	5582317
15657589	1996615	126835		8417			325421	15982373	10972194	1829623
78123377	7752785	724200					495578	894501		5975019
43123171	1754098	330841					282277	182510		2428545
49135	523	346					5	47690	12624	41298
128036870	10720665	1104913					906395	598739		8703667
128036810	10720665	1104913					906395	598739		8703667
77979775	4076189	702941					557865	146804		3758478
60										
2104609	168750	55903		90			18519	35487	1933	132546
1958448	161161	55873		90			18515	29839	1933	116751
146161	7589	30					4	5648		15795
14678686	1603737	135490					284967	46227172	45128963	2787700
6679465	679263	68343					98163	21803759	21398012	872037
4753925	723724	230660					158199	179632		1227023
7576032	1064181	408038		545598			683047	10084081		3083053
21087380	1271327	15335		95569			5294	3004991	460359	1002937

1-6　各级各类教育机构

学校类别	总　计	国家财政性教育经费	一般公共预算安排的教育经费	一般公共预算教育经费	教　育事业费	基本建设经　费	教育费附　加	科研经费
总　　计	**421145660**	**288404864**	**239551298**	**187544083**	**179756854**	**7690823**	**96406**	**17440734**
一、高等学校	386030942	261176935	212464227	177704625	169947587	7690823	66216	17099918
1.普通高等学校	384518764	260807674	212166866	177488420	169731382	7690823	66216	17099918
高等本科学校	383437195	260069868	211483978	176841714	169233675	7541823	66216	17099026
高职高专学校	1081568	737806	682888	646706	497706	149000		892
2.成人高等学校	1512178	369261	297361	216205	216205			
二、中等职业学校	190590	120008	120008	101424	101424			
1.中等专业学校	181590	120008	120008	101424	101424			
2.职业高中								
#农村								
3.技工学校								
4.成人中专学校	9000							
三、中　学	3070545	2016846	2016846	1974639	1944449		30190	
1.普通中学	3070545	2016846	2016846	1974639	1944449		30190	
普通高中	2165088	1389556	1389556	1359058	1340195		18863	
#农村	181530	134310	134310	133502	133502			
普通初中	905458	627290	627290	615581	604254		11327	
#农村	3465	3440	3440	2631	2631			
2.成人中学								
四、小　学	783028	662163	662163	642908	642908			
1.普通小学	783028	662163	662163	642908	642908			
#农村	12134	11806	11806	7165	7165			
2.成人小学								
五、特殊教育								
1.特殊教育学校								
2.工读学校								
六、幼儿园	1787590	780351	780324	748866	748866			
#农村	38737	15476	15476	14486	14486			
七、教育行政单位	447356	447331	447331	243241	243241			
八、教育事业单位	9080558	4508647	4370094	4007194	4007194			165816
九、其　他	19755051	18692582	18690304	2121184	2121184			175000

教育经费收入情况(中央教育和其他部门)

单位：千元

其 他	政府性基金预算安排的教育经费	#彩 票 公益金	国有及国有控股企业办学中的企业拨款	校办产业和社会服务收入中用于教育的经费	其 他 属于国家财政性教育经费	民办学校中举办者投入	捐赠收入	事业收入	#学 费	其 他 教育经费
34566482	**693587**	**144780**		**2076229**	**46083750**		**3772193**	**102629766**	**33427280**	**26338838**
17659684	693560	144780		1935398	46083750		3204772	96970977	32345445	24678258
17578528	621660	144780		1935398	46083750		3204772	95905725	31534780	24600593
17543238	567840	144780		1934336	46083715		3202782	95578234	31288870	24586312
35290	53820			1062	35		1990	327491	245910	14282
81157	71900							1065252	810665	77665
18584							532	50805	19220	19246
18584							532	41805	14220	19246
								9000	5000	
42207							6191	268387	168937	779121
42207							6191	268387	168937	779121
30498							5269	268066	168937	502197
809							30	14516	11606	32674
11709							922	321		276925
809										25
19255							3644	1358		115863
19255							3644	1358		115863
4641										328
31458	27						19897	870594	799076	116748
989							5988	16405	16219	868
204090										25
197084				138553			536765	3613700		421446
16394120				2278			393	853946	94603	208131

1-7 各级各类教育机构

学校类别	总计	国家财政性教育经费	一般公共预算安排的教育经费	一般公共预算教育经费	教育事业费	基本建设经费	教育费附加	科研经费
总计	**4012066126**	**3628963840**	**3550667640**	**3197762284**	**2977881176**	**72923021**	**146958086**	**10449158**
一、高等学校	816115798	571692707	529000405	480672042	452407981	23117860	5146201	9511834
1.普通高等学校	801328857	563167785	520647115	473297448	445313698	23065018	4918732	9509774
高等本科学校	592207874	410479219	374720971	338600836	316627417	19975678	1997741	9258218
高职高专学校	209120983	152688567	145926144	134696612	128686281	3089340	2920991	251556
2.成人高等学校	14786941	8524922	8353290	7374594	7094283	52843	227469	2060
二、中等职业学校	239857253	221961684	216526493	195248707	174810921	4720242	15717543	23746
1.中等专业学校	113636292	104664443	101993023	91655416	81262649	2740470	7652297	16315
2.职业高中	84805422	81311120	79228164	72173764	64122366	1175326	6876071	4925
#农村	36762005	35387054	35110125	32407055	29032932	561944	2812179	2826
3.技工学校	32137274	27436907	26816100	24033896	22266303	797858	969735	1401
4.成人中专学校	9278265	8549214	8489206	7385632	7159602	6589	219440	1105
三、中学	1247380282	1198957597	1184841673	1063710165	983919846	21516913	58273406	137375
1.普通中学	1246641850	1198308157	1184192756	1063110444	983429091	21515483	58165870	137314
普通高中	453995775	412749014	406386397	363491711	334866312	7647849	20977550	61356
#农村	182901462	164811265	162806233	147133541	139879793	1721898	5531850	15911
普通初中	792646074	785559143	777806359	699618733	648562779	13867635	37188320	75958
#农村	448773772	445880465	444126366	400985565	384433462	3435656	13116448	18440
2.成人中学	738432	649440	648917	599720	490755	1430	107536	61
四、小学	1281686793	1271598857	1260878192	1132770396	1063893655	16047093	52829648	90180
1.普通小学	1281675389	1271587453	1260866787	1132759052	1063887366	16047093	52824593	90180
#农村	769099940	764637122	760560933	682554242	656555106	6762435	19236700	31556
2.成人小学	11404	11404	11404	11344	6289		5055	
五、特殊教育	18583552	18397000	18228160	16122105	14703429	541974	876701	1446
1.特殊教育学校	17755337	17590232	17428981	15469087	14104199	541974	822914	1446
2.工读学校	828215	806768	799179	653018	599230		53788	
六、幼儿园	230986303	182693702	181089993	166431840	154575758	3068157	8787925	10924
#农村	113882805	91132107	90452844	83769421	79783159	1221875	2764386	4947
七、教育行政单位	40296999	38732170	38008446	33259860	31439662	241420	1578778	198752
八、教育事业单位	78050046	68771775	67300550	59638465	56166415	765540	2706509	283137
九、其他	59109100	56158347	54793729	49908703	45963509	2903820	1041374	191765

教育经费收入情况(地方教育和其他部门)

单位：千元

其　他	政府性基金预算安排的教育经费	#彩　票公益金	国有及国有控股企业办学中的企业拨款	校办产业和社会服务收入中用于教育的经费	其　他属于国家财政性教育经费	民办学校中举办者投　入	捐赠收入	事业收入	#学　费	其　他教育经费
342456198	**57540433**	**4571158**		**1810720**	**18945048**		**4513890**	**308117340**	**210348176**	**70471055**
38816528	22816045	484081		931210	18945048		1777540	203630373	135175356	39015178
37839893	22708726	484061		868971	18942973		1777377	197867828	131021647	38515866
26861917	16263674	137625		693971	18800604		1598097	146739287	91138860	33391272
10977976	6445052	346437		175000	142370		179280	51128542	39882787	5124594
976635	107319	20		62239	2074		163	5762545	4153708	499311
21254039	5078157	1080553		357034			100881	13233036	5821114	4561652
10321292	2446666	788903		224753			52266	6735151	3033402	2184432
7049475	2064152	275555		18804			37078	2526079	869820	931146
2700243	275009	10521		1920			23688	990889	237079	360374
2780803	507391	10722		113417			9565	3376336	1714524	1314465
1102470	59948	5373		60			1973	595470	203368	131609
120994133	14093874	1056185		22050			1139746	36463426	24654131	10819513
120944998	14093351	1055839		22050			1139742	36415736	24641506	10778215
42833331	6340566	331639		22050			645086	35521555	24641506	5080121
15656780	1996615	126835		8417			325391	15967858	10960588	1796949
78111667	7752785	724200					494656	894181		5698095
43122361	1754098	330841					282277	182510		2428521
49135	523	346					5	47690	12624	41298
128017615	10720665	1104913					902751	597382		8587803
128017555	10720665	1104913					902751	597382		8587803
77975135	4076189	702941					557865	146804		3758150
60										
2104609	168750	55903		90			18519	35487	1933	132546
1958448	161161	55873		90			18515	29839	1933	116751
146161	7589	30					4	5648		15795
14647229	1603710	135490					265070	45356578	44329887	2670952
6678476	679263	68343					92175	21787354	21381793	871169
4549835	723724	230660					158199	179632		1226999
7378948	1064181	408038		407045			146283	6470381		2661607
4693260	1271327	15335		93292			4901	2151045	365756	794806

1-8　各级各类教育机构

学校类别	总　计	国家财政性教育经费	一般公共预算安排的教育经费	一般公共预算教育经费	教　育事业费	基本建设经　　费	教育费附　加	科研经费
总　　计	**23313811**	**16652038**	**13784252**	**12251548**	**11297960**	**922466**	**31123**	**79712**
一、高等学校	7468153	4327598	3042663	2597344	2435184	161763	397	75052
1.普通高等学校	7189338	4233468	2976364	2535532	2373372	161763	397	75052
高等本科学校	2144717	1599375	1349056	1049744	920044	129700		74672
高职高专学校	5044622	2634093	1627309	1485788	1453328	32063	397	380
2.成人高等学校	278815	94130	66299	61812	61812			
二、中等职业学校	3008795	2006724	1546298	1446931	1402591	23150	21189	253
1.中等专业学校	1467908	1116355	939928	856211	812397	23150	20663	253
2.职业高中	169368	100000	60147	58221	58221			
#农村	42778	24352	10080	10080	10080			
3.技工学校	1290802	733507	523117	511665	511165		500	
4.成人中专学校	80717	56862	23106	20834	20808		26	
三、中　学	4148125	3883506	3693688	3267443	3071097	195637	710	1876
1.普通中学	4148125	3883506	3693688	3267443	3071097	195637	710	1876
普通高中	1653164	1489170	1438111	1298180	1151821	146359		455
#农村	654872	609418	602980	554207	453891	100317		250
普通初中	2494961	2394336	2255577	1969263	1919276	49278	710	1422
#农村	1724473	1666154	1572145	1387510	1354203	33277	30	963
2.成人中学								
四、小　学	3415168	3284597	3186082	2796960	2727893	68649	418	2110
1.普通小学	3415168	3284597	3186082	2796960	2727893	68649	418	2110
#农村	2801100	2748168	2710420	2397223	2329007	67797	418	1549
2.成人小学								
五、特殊教育	6734	6734	6342	4843	4843			
1.特殊教育学校	6734	6734	6342	4843	4843			
2.工读学校								
六、幼儿园	3979634	1975055	1191218	1137567	1084999	44160	8408	
#农村	1140681	912221	768490	730329	686979	42877	473	
七、教育行政单位	668250	655711	652648	635781	329504	306277		110
八、教育事业单位	232736	192245	190088	151981	91981	60000		160
九、其　他	386216	319869	275224	212697	149867	62830		150

教育经费收入情况(国有及国有控股企业办)

单位：千元

其　他	政府性基金预算安排的教育经费	#彩　票公益金	国有及国有控股企业办学中的企业拨款	校办产业和社会服务收入中用于教育的经费	其　他属于国家财政性教育经费	民办学校中举办者投　入	捐赠收入	事业收入	#学　费	其　他教育经费
1452991	**126083**	**62498**	**2431328**	**211347**	**99029**		**23375**	**5741690**	**4107834**	**896708**
370267	22218	22218	1103637	60051	99029		1823	2776076	1673315	362656
365780	22218	22218	1080090	55767	99029		1823	2597352	1590898	356696
224640	20000	20000	121070	11650	97599		518	452375	272459	92448
141141	2218	2218	959020	44116	1430		1305	2144977	1318439	264247
4486			23547	4284				178724	82416	5961
99114	18047	8030	298130	144250			288	839132	406000	162651
83464	17482	8030	119599	39347			154	284597	86548	66801
1926			37850	2004				68850	40584	518
			14272					18426		
11452	565		131972	77853			134	481108	274448	76053
2272			8709	25047				4577	4420	19279
424368	11305	5381	178512				2448	161696	121703	100476
424368	11305	5381	178512				2448	161696	121703	100476
139476	2829	1079	48230				12	103433	71540	60548
48523	2224	474	4215					39130	26424	6324
284892	8476	4302	130282				2436	58262	50163	39927
183672	3764	3457	90245				736	26550	23563	31032
387011	14670	9674	83623	222			3621	80150	64916	46799
387011	14670	9674	83623	222			3621	80150	64916	46799
311648	8257	8011	29491				850	12098	10250	39984
1499			392							
1499			392							
53651	15435	13029	765957	2445			15175	1871397	1841901	118007
38160	14975	12569	128757				14717	179515	173211	34228
16757	3063	3038								12539
37947	1080	1080	1077				20	3187		37284
62377	40265	48		4379				10052		56296

1-9 各级各类教育机构

学校类别	总　计	国家财政性教育经费	一般公共预算安排的教育经费	一般公共预算教育经费	教育事业费	基本建设经费	教育费附加	科研经费
总　计	**14065193**	**12196118**	**11305290**	**9883219**	**8960753**	**922466**		**79632**
一、高等学校	3794284	2627575	1977628	1588660	1426897	161763		74972
1.普通高等学校	3680780	2571712	1922638	1536336	1374573	161763		74972
高等本科学校	2080880	1582557	1342738	1043426	913726	129700		74672
高职高专学校	1599900	989155	579900	492910	460848	32063		300
2.成人高等学校	113505	55862	54991	52323	52323			
二、中等职业学校	903071	672464	611893	544307	521157	23150		253
1.中等专业学校	655940	556779	518731	452350	429200	23150		253
2.职业高中	16356	16328	16328	16328	16328			
#农村	10024	10024	10024	10024	10024			
3.技工学校	204335	91229	68705	68705	68705			
4.成人中专学校	26440	8128	8128	6924	6924			
三、中　学	3833965	3692458	3656459	3234575	3038938	195637		1876
1.普通中学	3833965	3692458	3656459	3234575	3038938	195637		1876
普通高中	1543761	1442966	1430727	1290796	1144437	146359		455
#农村	628661	604097	597658	548886	448569	100317		250
普通初中	2290204	2249493	2225731	1943779	1894501	49278		1422
#农村	1600449	1570594	1558350	1378077	1344800	33277		963
2.成人中学								
四、小　学	3172095	3122411	3094434	2720474	2651825	68649		2110
1.普通小学	3172095	3122411	3094434	2720474	2651825	68649		2110
#农村	2742425	2702006	2681812	2374428	2306631	67797		1549
2.成人小学								
五、特殊教育	6734	6734	6342	4843	4843			
1.特殊教育学校	6734	6734	6342	4843	4843			
2.工读学校								
六、幼儿园	1067842	906651	840575	789901	745741	44160		
#农村	774522	713728	693162	655742	612865	42877		
七、教育行政单位	668250	655711	652648	635781	329504	306277		110
八、教育事业单位	232736	192245	190088	151981	91981	60000		160
九、其　他	386216	319869	275224	212697	149867	62830		150

教育经费收入情况(中央国有及国有控股企业办)

单位：千元

其 他	政府性基金预算安排的教育经费	#彩 票公益金	国有及国有控股企业办学中的企业拨款	校办产业和社会服务收入中用于教育的经费	其 他属于国家财政性教育经费	民办学校中举办者投入	捐赠收入	事业收入	#学 费	其 他教育经费
1342439	**125488**	**62468**	**598286**	**69454**	**97599**		**21577**	**1341684**	**782418**	**505815**
313997	22218	22218	489500	40629	97599		792	1043350	615963	122567
311329	22218	22218	489500	39757	97599		792	985808	592596	122467
224640	20000	20000	110570	11650	97599		518	419090	252165	78715
86689	2218	2218	378930	28107			274	566719	340431	43753
2667				872				57542	23367	100
67332	17482	8030	18681	24409			154	152593	68332	77860
66128	17482	8030	2483	18083			154	57485	20812	41522
								27		
			16198	6326				94925	47365	18181
1204								155	155	18157
420007	11275	5351	24724				2178	41794	14059	97534
420007	11275	5351	24724				2178	41794	14059	97534
139476	2812	1062	9426				12	41211	14059	59572
48523	2224	474	4215					18537	7583	6027
280531	8463	4289	15298				2166	583		37962
179310	3764	3457	8480				466	152		29236
371850	14670	9674	13305	2			3621	121		45941
371850	14670	9674	13305	2			3621	121		45941
305835	8257	8011	11937				850	121		39448
1499			392							
1499			392							
50674	15435	13029	50607	35			14812	90586	84064	55794
37420	14975	12569	5591				14660	21657	18257	24477
16757	3063	3038								12539
37947	1080	1080	1077				20	3187		37284
62377	40265	48		4379				10052		56296

1-10 各级各类教育机构

学校类别	总 计	国家财政性教育经费	一般公共预算安排的教育经费	一般公共预算教育经费	教育事业费	基本建设经费	教育费附加	科研经费
总 计	**9248618**	**4455920**	**2478961**	**2368329**	**2337207**		**31123**	**80**
一、高等学校	3673869	1700023	1065035	1008685	1008287		397	80
1.普通高等学校	3508559	1661756	1053727	999196	998798		397	80
高等本科学校	63837	16818	6318	6318	6318			
高职高专学校	3444722	1644938	1047409	992878	992481		397	80
2.成人高等学校	165310	38267	11308	9489	9489			
二、中等职业学校	2105724	1334260	934405	902623	881434		21189	
1.中等专业学校	811968	559577	421197	403861	383197		20663	
2.职业高中	153013	83672	43819	41893	41893			
#农村	32754	14328	56	56	56			
3.技工学校	1086467	642277	454412	442960	442460		500	
4.成人中专学校	54277	48734	14978	13910	13884		26	
三、中 学	314160	191047	37230	32868	32159		710	
1.普通中学	314160	191047	37230	32868	32159		710	
普通高中	109403	46204	7384	7384	7384			
#农村	26211	5322	5322	5322	5322			
普通初中	204757	144843	29846	25485	24775		710	
#农村	124024	95560	13794	9433	9403		30	
2.成人中学								
四、小 学	243073	162187	91648	76487	76068		418	
1.普通小学	243073	162187	91648	76487	76068		418	
#农村	58675	46162	28608	22795	22376		418	
2.成人小学								
五、特殊教育								
1.特殊教育学校								
2.工读学校								
六、幼儿园	2911792	1068404	350643	347667	339258		8408	
#农村	366159	198493	75327	74587	74114		473	
七、教育行政单位								
八、教育事业单位								
九、其 他								

教育经费收入情况(地方国有及国有控股企业办)

单位：千元

其　他	政府性基金预算安排的教育经费	#彩　票公益金	国有及国有控股企业办学中的企业拨款	校办产业和社会服务收入中用于教育的经费	其　他属于国家财政性教育经费	民办学校中举办者投入	捐赠收入	事业收入	#学　费	其　他教育经费
110552	**595**	**30**	**1833042**	**141893**	**1430**		**1799**	**4400006**	**3325416**	**390893**
56270			614136	19422	1430		1031	1732726	1057352	240089
54451			590589	16010	1430		1031	1611544	998303	234228
			10500					33286	20294	13734
54451			580089	16010	1430		1031	1578258	978009	220495
1819			23547	3412				121182	59049	5861
31782	565		279449	119841			134	686539	337668	84791
17336			117116	21264				227112	65737	25280
1926			37850	2004				68823	40584	518
			14272					18426		
11452	565		115774	71527			134	386183	227083	57872
1068			8709	25047				4421	4265	1121
4362	30	30	153788				270	119902	107644	2941
4362	30	30	153788				270	119902	107644	2941
	17	17	38804					62223	57481	976
								20592	18841	297
4362	13	13	114984				270	57679	50163	1965
4362			81765				270	26398	23563	1797
15161			70319	220				80028	64916	858
15161			70319	220				80028	64916	858
5813			17555					11976	10250	536
2977			715350	2410			363	1780811	1757837	62214
740			123165				57	157858	154954	9750

1-11 各级各类教育机构

学校类别	总计	国家财政性教育经费	一般公共预算安排的教育经费	一般公共预算教育经费	教育事业费	基本建设经费	教育费附加	科研经费
总计	**561286065**	**70633782**	**69459927**	**67298938**	**61385163**	**879202**	**5034573**	**182204**
一、高等学校	136595305	14517342	13940390	13025481	12087589	653147	284745	177392
1.普通高等学校	136581255	14511409	13934457	13019548	12081656	653147	284745	177392
高等本科学校	111418194	11315746	10747295	9888785	9123416	611807	153562	175635
高职高专学校	25163061	3195664	3187162	3130763	2958240	41340	131183	1757
2.成人高等学校	14050	5933	5933	5933	5933			
二、中等职业学校	18063963	6122399	6116641	6025227	5746837		278390	1678
1.中等专业学校	7278695	2805622	2805037	2781707	2632431		149277	72
2.职业高中	6520153	1908665	1908126	1843657	1757165		86492	1606
#农村	2403113	767315	767315	748132	724032		24100	1506
3.技工学校	3415235	1281115	1276482	1273348	1231891		41457	
4.成人中专学校	849880	126997	126997	126514	125350		1164	
三、中学	138377222	18546595	18229169	17599239	15728432	163879	1706928	2921
1.普通中学	138377222	18546595	18229169	17599239	15728432	163879	1706928	2921
普通高中	53265575	5316526	5200774	4949931	4194720	67300	687911	80
#农村	19858586	2394699	2385069	2249616	1991733		257883	
普通初中	85111648	13230069	13028395	12649308	11533712	96579	1019017	2840
#农村	30549773	5524073	5496057	5315754	5153661		162093	23
2.成人中学								
四、小学	94408907	16006753	15772593	15527434	13627593	61977	1837864	137
1.普通小学	94408907	16006753	15772593	15527434	13627593	61977	1837864	137
#农村	29623255	5727591	5721476	5603752	5358728	48730	196294	25
2.成人小学								
五、特殊教育	169584	94989	94917	94455	92974		1481	
1.特殊教育学校	164032	94150	94078	93616	92135		1481	
2.工读学校	5551	839	839	839	839			
六、幼儿园	173671085	15345705	15306217	15027102	14101738	200	925164	77
#农村	60616887	5442894	5408773	5346862	5195747		151115	40
七、教育行政单位								
八、教育事业单位								
九、其他								

教育经费收入情况(民办)

单位：千元

其　他	政府性基金预算安排的教育经费	#彩　票公益金	国有及国有控股企业办学中的企业拨款	校办产业和社会服务收入中用于教育的经费	其　他属于国家财政性教育经费	民办学校中举办者投　入	捐赠收入	事业收入	#学　费	其　他教育经费
1978786	**853296**	**41091**			**320559**	**22013039**	**1828064**	**455861413**	**420746946**	**10949766**
737517	256393	7600			320559	2662904	611115	113737964	101384562	5065980
737517	256393	7600			320559	2662904	611115	113729873	101376623	5065954
682875	248393				320057	1394643	524258	94280547	84463299	3903000
54643	8000	7600			502	1268261	86856	19449326	16913324	1162955
								8091	7939	26
89736	5758	320				1043630	24685	10310504	8289434	562745
23258	585	320				374217	11936	3917658	3164520	169262
62862	539					577556	7500	3807207	3043435	219226
17677						231232	151	1327255	1056313	77160
3133	4634					46681	1088	1939571	1547920	146779
483						45176	4161	646068	533559	27478
627010	317426	6188				7973569	674916	108822477	97205480	2359666
627010	317426	6188				7973569	674916	108822477	97205480	2359666
250763	115752	1272				3343076	214875	43476468	38687054	914629
135453	9630	687				2108173	24338	15050906	13092131	280470
376247	201674	4916				4630493	460041	65346009	58518427	1445036
180280	28016	183				3008343	46174	21682119	18631757	289064
245022	234160	1353				3978670	454354	72432976	66293051	1536155
245022	234160	1353				3978670	454354	72432976	66293051	1536155
117699	6115	173				2052558	38782	21445244	18680298	359079
462	72	72				8063	3919	49283	45618	13330
462	72	72				8063	3919	44571	42191	13330
								4712	3427	
279039	39487	25558				6346204	59077	150508209	147528800	1411891
61871	34121	21224				2835223	15432	51961941	50772951	361397

1-12 各级各类教育机构

学校类别	合计	个人部分	工资福利支出	对个人和家庭的补助支出	#助学金
总计	**4939641550**	**3086972193**	**2683960377**	**403011817**	**202399879**
一、高等学校	1301082459	647506959	504982573	142524386	93191160
1.普通高等学校	1285339131	638863002	497222603	141640399	92980518
高等本科学校	1048048763	518639861	398145941	120493920	78571945
高职高专学校	237290368	120223140	99076662	21146478	14408573
2.成人高等学校	15743327	8643957	7759970	883987	210641
二、中等职业学校	260334897	150353873	129752952	20600921	10909973
1.中等专业学校	122079173	69465782	59176231	10289551	5710280
2.职业高中	91267780	54338291	47317266	7021026	3818305
#农村	39016314	23064304	20182752	2881552	1995769
3.技工学校	36772993	19552859	16892479	2660380	1294209
4.成人中专学校	10214950	6996941	6366976	629965	87179
三、中学	1386792703	957582650	860647469	96935181	46381730
1.普通中学	1386062428	957135919	860231894	96904025	46381721
普通高中	506688175	341326929	310748323	30578606	14248466
#农村	202518165	139841313	126317240	13524073	8379940
普通初中	879374253	615808991	549483571	66325419	32133255
#农村	480539736	353386988	312873249	40513739	22555406
2.成人中学	730275	446731	415575	31155	9
四、小学	1379302619	979950980	864208669	115742311	44141774
1.普通小学	1379291222	979947813	864205502	115742311	44141774
#农村	801442348	596751309	520870858	75880451	32517025
2.成人小学	11397	3167	3167		
五、特殊教育	18778686	12278533	11160935	1117598	374421
1.特殊教育学校	17958320	11735962	10658709	1077253	367964
2.工读学校	820366	542571	502226	40345	6456
六、幼儿园	408088705	254616394	241011073	13605320	7323298
#农村	174323029	111689430	104314640	7374790	5114240
七、教育行政单位	38595264	21926863	17734654	4192209	
八、教育事业单位	84562582	42634314	37695083	4939231	44267
九、其他	62103637	20121627	16766967	3354660	33256

教育经费支出明细(全国)

单位：千元

公用部分	商品和服务支出	其他资本性支出			基本建设支出
			专项公用支出	专项项目支出	
1762439901	**980977046**	**781462855**	**297930767**	**483532088**	**90229456**
618788438	375032505	243755934	130360592	113395341	34787061
611730274	369474378	242255895	129499344	112756552	34745856
498419610	317814897	180604712	101702205	78902507	30989292
113310664	51659481	61651183	27797138	33854045	3756563
7058165	5558126	1500038	861249	638790	41206
104656975	54266893	50390082	22319794	28070287	5324049
49481732	26245207	23236525	10381375	12855149	3131659
35742159	16689279	19052880	7175454	11877425	1187330
15360368	6965671	8394696	3220597	5174099	591642
16221593	8915645	7305948	4401606	2904342	998541
3211491	2416761	794730	361359	433371	6519
404810430	193518177	211292253	60942055	150350198	24399623
404528315	193338672	211189643	60923207	150266436	24398193
156525321	79875723	76649598	25544916	51104682	8835925
60673520	30090116	30583404	8879286	21704118	2003333
248002994	113462949	134540045	35378291	99161754	15562268
123500645	54435810	69064836	16273319	52791516	3652103
282115	179505	102609	18848	83762	1430
381845843	185886699	195959144	52725804	143233340	17505796
381837612	185886040	195951573	52718633	143232940	17505796
197644824	91347897	106296927	24551370	81745557	7046215
8230	659	7571	7171	400	
5984478	3193074	2791404	1260788	1530616	515675
5707632	3018552	2689079	1217746	1471333	514727
276846	174522	102325	43042	59283	948
150168159	100760171	49407988	17343689	32064299	3304152
61351363	37775209	23576155	6752072	16824082	1282235
16322124	12945055	3377069	1800669	1576400	346277
41042262	30976204	10066058	5550911	4515147	886006
38821193	24398268	14422925	5626465	8796460	3160816

1-13　各级各类教育机构

学校类别	合　计				
		个人部分			
			工资福利支　出	对个人和家庭的补助支出	
					#助学金
总　　计	**399560026**	**191691846**	**137641212**	**54050634**	**33686970**
一、高等学校	369841274	178653075	126301932	52351143	33239274
1.普通高等学校	368468529	178109976	125791345	52318631	33239274
高等本科学校	365830676	176660426	124598091	52062335	33134191
高职高专学校	2637853	1449549	1193254	256296	105083
2.成人高等学校	1372744	543099	510588	32512	
二、中等职业学校	1063508	598589	507467	91122	43050
1.中等专业学校	812331	428266	345883	82383	38626
2.职业高中	16638	12804	10701	2103	362
#农村	10024	9130	7383	1747	319
3.技工学校	200621	137282	131477	5805	4062
4.成人中专学校	33918	20237	19406	831	
三、中　学	6770725	4614747	3998811	615936	155516
1.普通中学	6770725	4614747	3998811	615936	155516
普通高中	3713341	2375181	2085482	289699	66545
#农村	822916	540156	440009	100147	12416
普通初中	3057384	2239566	1913329	326237	88971
#农村	1568826	1205211	999374	205837	57605
2.成人中学					
四、小　学	3928597	2990983	2553510	437473	113914
1.普通小学	3928597	2990983	2553510	437473	113914
#农村	2700710	2112222	1756296	355926	104311
2.成人小学					
五、特殊教育	7167	5094	3928	1166	84
1.特殊教育学校	7167	5094	3928	1166	84
2.工读学校					
六、幼儿园	3451849	2444382	2257217	187165	67868
#农村	805167	524082	401155	122927	58155
七、教育行政单位	787797	350041	212600	137441	
八、教育事业单位	7933713	1241533	1119442	122091	44267
九、其　他	5775395	793403	686305	107097	22997

教育经费支出明细(中央)

单位：千元

公用部分	商品和服务支出	其他资本性支出			基本建设支出
			专项公用支出	专项项目支出	
199735929	**148477912**	**51258017**	**34759844**	**16498173**	**8132251**
183470131	134303540	49166592	33723121	15443471	7718067
182640486	133621286	49019200	33662322	15356878	7718067
181681772	132910788	48770984	33533469	15237515	7488478
958714	710498	248216	128853	119363	229589
829645	682254	147391	60799	86592	
439733	298607	141126	64403	76723	25186
358879	243917	114963	54572	60391	25186
3833	2763	1070	469	601	
894	309	585	294	291	
63339	38532	24807	9076	15731	
13682	13395	286	286		
2077067	1239123	837944	405235	432709	78911
2077067	1239123	837944	405235	432709	78911
1297679	745385	552294	279952	272342	40481
278704	112849	165854	43204	122651	4056
779388	493738	285650	125283	160367	38430
332690	175179	157511	49698	107812	30925
875232	511642	363591	139705	223886	62382
875232	511642	363591	139705	223886	62382
528257	276370	251886	83134	168752	60232
2074	1760	314	314		
2074	1760	314	314		
982499	699198	283301	129136	154164	24968
257315	110585	146730	52694	94036	23771
300182	264009	36173	23801	12372	137574
6629620	6417685	211935	167882	44054	62560
4959389	4742348	217041	106246	110795	22602

1-14 各级各类教育机构

学校类别	合　计	个人部分	工资福利支　出	对个人和家庭的补助支出	#助学金
总　　计	**4540081524**	**2895280348**	**2546319165**	**348961183**	**168712909**
一、高等学校	931241185	468853884	378680641	90173243	59951886
1.普通高等学校	916870602	460753026	371431258	89321768	59741244
高等本科学校	682218087	341979435	273547850	68431585	45437754
高职高专学校	234652515	118773591	97883408	20890183	14303490
2.成人高等学校	14370583	8100858	7249382	851475	210641
二、中等职业学校	259271389	149755284	129245485	20509799	10866924
1.中等专业学校	121266842	69037516	58830348	10207168	5671654
2.职业高中	91251142	54325487	47306565	7018922	3817942
#农村	39006290	23055174	20175369	2879805	1995450
3.技工学校	36572372	19415577	16761002	2654575	1290147
4.成人中专学校	10181032	6976704	6347570	629134	87179
三、中　学	1380021977	952967903	856648659	96319245	46226214
1.普通中学	1379291702	952521173	856233083	96288089	46226205
普通高中	502974834	338951748	308662841	30288907	14181922
#农村	201695250	139301157	125877230	13423927	8367524
普通初中	876316868	613569424	547570242	65999182	32044284
#农村	478970911	352181777	311873875	40307903	22497802
2.成人中学	730275	446731	415575	31155	9
四、小　学	1375374022	976959998	861655160	115304838	44027860
1.普通小学	1375362625	976956831	861651993	115304838	44027860
#农村	798741638	594639087	519114562	75524525	32412715
2.成人小学	11397	3167	3167		
五、特殊教育	18771518	12273439	11157008	1116432	374336
1.特殊教育学校	17951153	11730868	10654782	1076087	367880
2.工读学校	820366	542571	502226	40345	6456
六、幼儿园	404636855	252172012	238753857	13418156	7255430
#农村	173517861	111165349	103913486	7251863	5056085
七、教育行政单位	37807467	21576822	17522053	4054769	
八、教育事业单位	76628868	41392781	36575641	4817140	
九、其　他	56328242	19328224	16080662	3247562	10260

教育经费支出明细(地方)

单位：千元

公用部分	商品和服务支出	其他资本性支出			基本建设支出
			专项公用支出	专项项目支出	
1562703972	**832499134**	**730204838**	**263170924**	**467033914**	**82097204**
435318307	240728965	194589342	96637471	97951871	27068994
429089788	235853093	193236695	95837022	97399673	27027788
316737838	184904109	131833729	68168737	63664992	23500814
112351950	50948984	61402967	27668285	33734681	3526974
6228519	4875873	1352647	800449	552197	41206
104217241	53968285	50248956	22255391	27993565	5298863
49122853	26001290	23121562	10326804	12794758	3106473
35738325	16686516	19051810	7174985	11876824	1187330
15359473	6965362	8394111	3220303	5173808	591642
16158254	8877113	7281141	4392530	2888612	998541
3197809	2403366	794443	361073	433371	6519
402733363	192279054	210454308	60536820	149917488	24320712
402451248	192099549	210351699	60517972	149833727	24319282
155227641	79130338	76097304	25264964	50832340	8795444
60394816	29977267	30417549	8836082	21581467	1999277
247223606	112969211	134254395	35253008	99001387	15523838
123167955	54260630	68907325	16223621	52683704	3621178
282115	179505	102609	18848	83762	1430
380970610	185375057	195595553	52586099	143009454	17443414
380962380	185374398	195587982	52578928	143009054	17443414
197116568	91071527	106045041	24468236	81576804	6985983
8230	659	7571	7171	400	
5982404	3191314	2791090	1260474	1530616	515675
5705558	3016793	2688765	1217432	1471333	514727
276846	174522	102325	43042	59283	948
149185659	100060972	49124687	17214552	31910134	3279184
61094048	37664624	23429424	6699378	16730046	1258465
16021942	12681046	3340896	1776867	1564028	208703
34412642	24558519	9854122	5383030	4471093	823446
33861804	19655920	14205884	5520219	8685664	3138214

1-15 各级各类教育机构

学校类别	合计	个人部分	工资福利支出	对个人和家庭的补助支出	#助学金
总　计	**4366606518**	**2768173261**	**2396123423**	**372049838**	**178367255**
一、高等学校	1167665887	594161141	462727753	131433388	83336943
1.普通高等学校	1152203392	585709335	455149159	130560175	83126588
高等本科学校	947126104	478447111	366191050	112256061	71065710
高职高专学校	205077288	107262224	88958109	18304114	12060878
2.成人高等学校	15462495	8451806	7578593	873213	210356
二、中等职业学校	239499817	139546502	121393246	18153256	8750056
1.中等专业学校	113584641	64993659	55918083	9075576	4622692
2.职业高中	84619444	50888530	44674412	6214119	3074918
#农村	36530527	21728077	19145255	2582821	1711453
3.技工学校	32042720	17173944	14873021	2300923	1024476
4.成人中专学校	9253013	6490368	5927731	562638	27970
三、中　学	1245273127	874378082	784155654	90222428	41241898
1.普通中学	1244542852	873931352	783740079	90191273	41241890
普通高中	453256088	310206654	281699243	28507411	12639909
#农村	182012056	128138311	115469095	12669216	7671087
普通初中	791286764	563724698	502040836	61683862	28601981
#农村	448491415	334275742	295661348	38614395	21007231
2.成人中学	730275	446731	415575	31155	9
四、小　学	1280937339	922198557	813110808	109087749	39786403
1.普通小学	1280925942	922195390	813107641	109087749	39786403
#农村	768707515	576915755	503304575	73611181	30776403
2.成人小学	11397	3167	3167		
五、特殊教育	18597641	12176014	11074399	1101615	360537
1.特殊教育学校	17783992	11637734	10575624	1062109	354920
2.工读学校	813649	538281	498775	39506	5617
六、幼儿园	230325152	141334593	131634081	9700511	4813894
#农村	112565159	70633196	64953285	5679911	3812889
七、教育行政单位	38157315	21791587	17706756	4084831	
八、教育事业单位	84360429	42570616	37647455	4923161	44267
九、其　他	61789810	20016169	16673271	3342897	33256

教育经费支出明细(教育和其他部门)

单位：千元

公用部分	商品和服务支出	其他资本性支出	专项公用支出	专项项目支出	基本建设支出
1509727406	**821071295**	**688656111**	**263815149**	**424840962**	**88705850**
539573782	338140078	201433704	114403740	87029964	33930965
532604299	332667071	199937227	113546053	86391174	33889759
438490819	288401687	150089133	89340846	60748287	30188174
94113479	44265385	49848095	24205207	25642888	3701585
6969483	5473007	1496477	857687	638790	41206
94657811	47420894	47236917	20917858	26319058	5295504
45484866	23372651	22112214	9930125	12182089	3106115
32546585	14682453	17864132	6717176	11146956	1184329
14213808	6255034	7958774	3008830	4949944	588641
13870234	7297139	6573096	3986194	2586901	998541
2756126	2068651	687475	284363	403112	6519
346738282	158244052	188494231	54124954	134369277	24156762
346456168	158064547	188391621	54106106	134285515	24155332
134321234	66738835	67582399	22865633	44716766	8728199
51874468	25696256	26178211	7637345	18540867	1999277
212134933	91325711	120809222	31240473	89568749	15427133
110594494	47184324	63410170	14739365	48670804	3621178
282115	179505	102609	18848	83762	1430
341391502	157635026	183756476	48378369	135378107	17347279
341383272	157634367	183748905	48371199	135377707	17347279
184854507	83133101	101721406	23135361	78586045	6937253
8230	659	7571	7171	400	
5905951	3139211	2766741	1252852	1513889	515675
5631532	2966183	2665348	1209910	1455438	514727
274420	173027	101392	42942	58451	948
85712818	48406301	37306517	11813682	25492835	3277742
40673498	21957870	18715629	4815183	13900446	1258465
16157025	12813806	3343219	1779190	1564028	208703
40954807	30950588	10004219	5530393	4473827	835006
38635428	24321340	14314088	5614110	8699978	3138214

1-16 各级各类教育机构

学校类别	合 计	个人部分	工资福利支出	对个人和家庭的补助支出	#助学金
总 计	**386022338**	**182958722**	**130575471**	**52383250**	**33104069**
一、高等学校	366138408	176599515	124689825	51909690	33019133
1.普通高等学校	364867071	176136652	124252304	51884348	33019133
高等本科学校	363762252	175569890	123743238	51826652	32988412
高职高专学校	1104819	566762	509065	57696	30722
2.成人高等学校	1271336	462864	437521	25343	
二、中等职业学校	207164	104879	96785	8094	3528
1.中等专业学校	199974	102273	94179	8094	3528
2.职业高中					
#农村					
3.技工学校					
4.成人中专学校	7190	2607	2607		
三、中 学	3055659	1960472	1814042	146430	9470
1.普通中学	3055659	1960472	1814042	146430	9470
普通高中	2207917	1402924	1288148	114775	8364
#农村	186902	142415	110273	32142	55
普通初中	847742	557548	525894	31654	1106
#农村	8663	7935	7364	572	59
2.成人中学					
四、小 学	834283	589946	550053	39893	816
1.普通小学	834283	589946	550053	39893	816
#农村	16982	15142	14373	769	70
2.成人小学					
五、特殊教育					
1.特殊教育学校					
2.工读学校					
六、幼儿园	2243849	1623365	1575640	47725	3858
#农村	50382	38239	37304	934	143
七、教育行政单位	349848	214765	184703	30062	
八、教育事业单位	7731560	1177835	1071814	106021	44267
九、其 他	5461568	687944	592609	95335	22997

教育经费支出明细(中央教育和其他部门)

单位：千元

公用部分	商品和服务支出	其他资本性支出			基本建设支出
			专项公用支出	专项项目支出	
195423520	**145863444**	**49560076**	**34122496**	**15437580**	**7640097**
181910356	133066002	48844354	33508781	15335574	7628537
181101883	132403027	48698856	33449874	15248981	7628537
180761352	132169845	48591507	33372368	15219138	7431010
340531	233182	107349	77506	29843	197527
808473	662974	145499	58906	86592	
102285	95149	7136	7025	110	
97701	90565	7136	7025	110	
4584	4584				
1095187	809617	285570	252068	33502	
1095187	809617	285570	252068	33502	
804994	577744	227249	198754	28496	
44487	40685	3801	3778	24	
290193	231873	58321	53314	5007	
727	436	291	218	74	
244337	187264	57072	40973	16099	
244337	187264	57072	40973	16099	
1840	1176	664	534	130	
620484	515164	105320	70073	35247	
12144	7063	5081	3939	1141	
135083	132760	2323	2323		
6542165	6392068	150097	147363	2734	11560
4773624	4665420	108204	93891	14314	

1-17 各级各类教育机构

学校类别	合计	个人部分	工资福利支出	对个人和家庭的补助支出	#助学金
总　计	**3980584179**	**2585214539**	**2265547952**	**319666587**	**145263186**
一、高等学校	801527480	417561626	338037928	79523698	50317810
1.普通高等学校	787336321	409572683	330896856	78675828	50107454
高等本科学校	583363852	302877221	242447812	60429409	38077298
高职高专学校	203972469	106695462	88449044	18246418	12030157
2.成人高等学校	14191158	7988942	7141072	847870	210356
二、中等职业学校	239292653	139441623	121296461	18145162	8746527
1.中等专业学校	113384667	64891387	55823904	9067482	4619163
2.职业高中	84619444	50888530	44674412	6214119	3074918
#农村	36530527	21728077	19145255	2582821	1711453
3.技工学校	32042720	17173944	14873021	2300923	1024476
4.成人中专学校	9245823	6487762	5925124	562638	27970
三、中　学	1242217468	872417611	782341612	90075999	41232428
1.普通中学	1241487193	871970880	781926037	90044843	41232420
普通高中	451048170	308803731	280411095	28392636	12631545
#农村	181825154	127995896	115358822	12637074	7671032
普通初中	790439023	563167149	501514942	61652207	28600875
#农村	448482752	334267807	295653984	38613823	21007172
2.成人中学	730275	446731	415575	31155	9
四、小　学	1280103056	921608611	812560755	109047857	39785587
1.普通小学	1280091659	921605444	812557587	109047857	39785587
#农村	768690533	576900613	503290201	73610411	30776333
2.成人小学	11397	3167	3167		
五、特殊教育	18597641	12176014	11074399	1101615	360537
1.特殊教育学校	17783992	11637734	10575624	1062109	354920
2.工读学校	813649	538281	498775	39506	5617
六、幼儿园	228081304	139711228	130058442	9652786	4810036
#农村	112514776	70594957	64915980	5678977	3812747
七、教育行政单位	37807467	21576822	17522053	4054769	
八、教育事业单位	76628868	41392781	36575641	4817140	
九、其　他	56328242	19328224	16080662	3247562	10260

教育经费支出明细(地方教育和其他部门)

单位：千元

公用部分	商品和服务支出	其他资本性支出			基本建设支出
			专项公用支出	专项项目支出	
1314303886	**675207851**	**639096035**	**229692653**	**409403382**	**81065753**
357663426	205074076	152589350	80894960	71694390	26302428
351502416	200264044	151238372	80096179	71142193	26261223
257729467	156231841	101497626	55968478	45529148	22757164
93772948	44032203	49740745	24127701	25613044	3504059
6161010	4810032	1350978	798781	552197	41206
94555526	47325745	47229781	20910833	26318948	5295504
45387165	23282086	22105079	9923100	12181979	3106115
32546585	14682453	17864132	6717176	11146956	1184329
14213808	6255034	7958774	3008830	4949944	588641
13870234	7297139	6573096	3986194	2586901	998541
2751542	2064068	687475	284363	403112	6519
345643095	157434434	188208661	53872887	134335774	24156762
345360981	157254929	188106051	53854039	134252013	24155332
133516241	66161091	67355150	22666879	44688270	8728199
51829981	25655571	26174410	7633567	18540843	1999277
211844740	91093838	120750902	31187159	89563742	15427133
110593767	47183889	63409878	14739148	48670731	3621178
282115	179505	102609	18848	83762	1430
341147166	157447762	183699404	48337396	135362008	17347279
341138936	157447102	183691833	48330225	135361608	17347279
184852667	83131926	101720742	23134827	78585915	6937253
8230	659	7571	7171	400	
5905951	3139211	2766741	1252852	1513889	515675
5631532	2966183	2665348	1209910	1455438	514727
274420	173027	101392	42942	58451	948
85092334	47891137	37201197	11743609	25457588	3277742
40661355	21950806	18710548	4811243	13899305	1258465
16021942	12681046	3340896	1776867	1564028	208703
34412642	24558519	9854122	5383030	4471093	823446
33861804	19655920	14205884	5520219	8685664	3138214

1-18 各级各类教育机构

学校类别	合 计	个人部分	工资福利支出	对个人和家庭的补助支出	#助学金
总 计	**22960188**	**14892152**	**12662108**	**2230044**	**912054**
一、高等学校	7308588	4341733	3550541	791192	442110
1.普通高等学校	7041426	4155297	3373898	781399	441824
高等本科学校	2129251	1122790	879882	242908	151561
高职高专学校	4912175	3032508	2494017	538491	290263
2.成人高等学校	267162	186436	176643	9793	286
二、中等职业学校	3142945	1877346	1638397	238949	125955
1.中等专业学校	1515354	813143	697673	115469	58346
2.职业高中	188496	121518	96771	24747	6460
#农村	58635	28784	26968	1816	374
3.技工学校	1356625	887062	790927	96136	60904
4.成人中专学校	82470	55624	53026	2598	246
三、中 学	4005972	2814702	2336575	478126	149933
1.普通中学	4005972	2814702	2336575	478126	149933
普通高中	1605778	1038249	860814	177435	58909
#农村	663976	420697	350932	69765	12951
普通初中	2400194	1776453	1475761	300692	91024
#农村	1679983	1238747	1029441	209307	59505
2.成人中学					
四、小 学	3338069	2580341	2162283	418058	117785
1.普通小学	3338069	2580341	2162283	418058	117785
#农村	2744862	2134587	1775998	358589	106529
2.成人小学					
五、特殊教育	7167	5094	3928	1166	84
1.特殊教育学校	7167	5094	3928	1166	84
2.工读学校					
六、幼儿园	4203518	2968504	2801162	167342	76187
#农村	1119196	763224	636608	126616	60772
七、教育行政单位	437949	135276	27897	107378	
八、教育事业单位	202153	63698	47628	16070	
九、其 他	313826	105459	93696	11763	

教育经费支出明细(国有及国有控股企业办)

单位：千元

公用部分	商品和服务支出	其他资本性支出			基本建设支出
			专项公用支出	专项项目支出	
7575881	**4912769**	**2663112**	**1149016**	**1514096**	**492154**
2877324	2176182	701142	431861	269281	89531
2796598	2099018	697580	428300	269281	89531
948994	768417	180577	162200	18377	57468
1847604	1330600	517004	266099	250904	32063
80726	77164	3562	3562		
1240413	811545	428868	217128	211740	25186
677026	394913	282113	134614	147499	25186
66978	40860	26118	22992	3126	
29851	9921	19930	19639	291	
469562	349471	120091	58976	61115	
26847	26301	546	546		
1112359	471562	640797	195033	445764	78911
1112359	471562	640797	195033	445764	78911
527048	184628	342420	83511	258909	40481
239223	76973	162250	39622	122627	4056
585311	286934	298377	111522	186855	38430
410310	184292	226018	87348	138670	30925
695345	364207	331138	109897	221242	62382
695345	364207	331138	109897	221242	62382
550043	283779	266265	85729	180536	60232
2074	1760	314	314		
2074	1760	314	314		
1210046	853719	356327	140430	215897	24968
332201	169563	162638	56597	106041	23771
165100	131249	33850	21479	12372	137574
87455	25616	61839	20518	41320	51000
185765	76928	108837	12355	96482	22602

1-19 各级各类教育机构

学校类别	合 计	个人部分	工资福利支出	对个人和家庭的补助支出	#助学金
总 计	**13537687**	**8733124**	**7065740**	**1667384**	**582900**
一、高等学校	3702866	2053560	1612107	441452	220141
1.普通高等学校	3601458	1973324	1539041	434283	220141
高等本科学校	2068424	1090536	854853	235684	145779
高职高专学校	1533034	882788	684188	198599	74362
2.成人高等学校	101408	80236	73066	7169	
二、中等职业学校	856344	493710	410682	83028	39521
1.中等专业学校	612357	325993	251704	74289	35097
2.职业高中	16638	12804	10701	2103	362
#农村	10024	9130	7383	1747	319
3.技工学校	200621	137282	131477	5805	4062
4.成人中专学校	26728	17630	16800	831	
三、中 学	3715066	2654275	2184769	469506	146046
1.普通中学	3715066	2654275	2184769	469506	146046
普通高中	1505424	972257	797333	174924	58180
#农村	636014	397741	329736	68005	12361
普通初中	2209643	1682018	1387435	294583	87866
#农村	1560163	1197275	992010	205265	57546
2.成人中学					
四、小 学	3094314	2401037	2003456	397580	113098
1.普通小学	3094314	2401037	2003456	397580	113098
#农村	2683728	2097079	1741923	355157	104240
2.成人小学					
五、特殊教育	7167	5094	3928	1166	84
1.特殊教育学校	7167	5094	3928	1166	84
2.工读学校					
六、幼儿园	1208001	821017	681577	139439	64010
#农村	754785	485843	363850	121993	58012
七、教育行政单位	437949	135276	27897	107378	
八、教育事业单位	202153	63698	47628	16070	
九、其 他	313826	105459	93696	11763	

教育经费支出明细(中央国有及国有控股企业办)

单位：千元

公用部分	商品和服务支出	其他资本性支出			基本建设支出
			专项公用支出	专项项目支出	
4312409	**2614468**	**1697941**	**637347**	**1060594**	**492154**
1559775	1237538	322237	214341	107897	89531
1538603	1218259	320344	212448	107897	89531
920420	740943	179477	161101	18377	57468
618183	477316	140867	51347	89520	32063
21172	19279	1893	1893		
337449	203458	133990	57378	76612	25186
261178	153351	107827	47546	60281	25186
3833	2763	1070	469	601	
894	309	585	294	291	
63339	38532	24807	9076	15731	
9098	8812	286	286		
981880	429506	552374	153167	399207	78911
981880	429506	552374	153167	399207	78911
492686	167641	325045	81198	243847	40481
234217	72164	162053	39426	122627	4056
489194	261865	227329	71969	155360	38430
331963	174744	157219	49480	107739	30925
630896	324377	306518	98732	207787	62382
630896	324377	306518	98732	207787	62382
526417	275195	251222	82600	168622	60232
2074	1760	314	314		
2074	1760	314	314		
362016	184035	177981	59063	118918	24968
245171	103522	141650	48755	92895	23771
165100	131249	33850	21479	12372	137574
87455	25616	61839	20518	41320	51000
185765	76928	108837	12355	96482	22602

1-20 各级各类教育机构

学校类别	合 计	个人部分	工资福利支出	对个人和家庭的补助支出	#助学金
总 计	**9422500**	**6159028**	**5596367**	**562661**	**329154**
一、高等学校	3605722	2288173	1938434	349739	221969
1.普通高等学校	3439968	2181973	1834858	347116	221684
高等本科学校	60827	32253	25029	7224	5782
高职高专学校	3379141	2149720	1809829	339891	215901
2.成人高等学校	165754	106200	103576	2624	286
二、中等职业学校	2286601	1383637	1227715	155921	86434
1.中等专业学校	902997	487150	445969	41180	23248
2.职业高中	171858	108713	86070	22643	6098
#农村	48611	19654	19585	69	56
3.技工学校	1156004	749780	659450	90330	56842
4.成人中专学校	55742	37993	36226	1767	246
三、中 学	290906	160427	151807	8620	3887
1.普通中学	290906	160427	151807	8620	3887
普通高中	100355	65992	63481	2511	729
#农村	27962	22956	21196	1760	590
普通初中	190551	94435	88326	6109	3158
#农村	119819	41472	37430	4042	1959
2.成人中学					
四、小 学	243754	179305	158827	20478	4687
1.普通小学	243754	179305	158827	20478	4687
#农村	61134	37508	34075	3433	2289
2.成人小学					
五、特殊教育					
1.特殊教育学校					
2.工读学校					
六、幼儿园	2995518	2147487	2119585	27903	12177
#农村	364411	277381	272758	4623	2760
七、教育行政单位					
八、教育事业单位					
九、其 他					

教育经费支出明细(地方国有及国有控股企业办)

单位：千元

公用部分					基本建设支出
	商品和服务支出	其他资本性支出			
			专项公用支出	专项项目支出	
3263472	**2298301**	**965171**	**511669**	**453503**	
1317549	938644	378905	217521	161384	
1257995	880759	377236	215852	161384	
28574	27475	1099	1099		
1229421	853284	376137	214753	161384	
59554	57885	1669	1669		
902964	608087	294877	159750	135127	
415848	241562	174286	87068	87218	
63145	38097	25048	22523	2525	
28957	9612	19345	19345		
406223	310940	95284	49900	45384	
17749	17489	260	260		
130479	42057	88423	41866	46557	
130479	42057	88423	41866	46557	
34363	16988	17375	2313	15062	
5006	4809	197	197		
96117	25069	71048	39553	31495	
78347	9548	68799	37868	30931	
64449	39829	24620	11165	13455	
64449	39829	24620	11165	13455	
23627	8584	15043	3130	11913	
848030	669684	178346	81367	96980	
87030	66042	20988	7842	13146	

1-21　各级各类教育机构

学校类别	合　计	个人部分	工资福利支　出	对个人和家庭的补助支出	#助学金
总　　计	**550074845**	**303906780**	**275174845**	**28731935**	**23120569**
一、高等学校	126107984	49004085	38704279	10299806	9412106
1.普通高等学校	126094313	48998370	38699545	10298825	9412106
高等本科学校	98793408	39069961	31075010	7994951	7354674
高职高专学校	27300905	9928409	7624536	2303873	2057432
2.成人高等学校	13671	5715	4734	981	
二、中等职业学校	17692134	8930025	6721309	2208716	2033962
1.中等专业学校	6979178	3658980	2560475	1098505	1029243
2.职业高中	6459840	3328243	2546083	782160	736927
#农村	2427152	1307443	1010528	296915	283942
3.技工学校	3373649	1491852	1228531	263321	208830
4.成人中专学校	879467	450949	386220	64729	58962
三、中　学	137513603	80389866	74155240	6234626	4989898
1.普通中学	137513603	80389866	74155240	6234626	4989898
普通高中	51826309	30082026	28188266	1893760	1549648
#农村	19842134	11282305	10497212	785092	695902
普通初中	85687295	50307840	45966974	4340866	3440250
#农村	30368339	17872498	16182460	1690038	1488671
2.成人中学					
四、小　学	95027212	55172082	48935578	6236504	4237586
1.普通小学	95027212	55172082	48935578	6236504	4237586
#农村	29989970	17700966	15790285	1910681	1634093
2.成人小学					
五、特殊教育	173878	97425	82609	14816	13799
1.特殊教育学校	167161	93135	79158	13977	12960
2.工读学校	6717	4290	3451	839	839
六、幼儿园	173560034	110313297	106575830	3737467	2433217
#农村	60638674	40293011	38724748	1568263	1240578
七、教育行政单位					
八、教育事业单位					
九、其　他					

教育经费支出明细(民办)

单位：千元

公用部分	商品和服务支出	其他资本性支出			基本建设支出
			专项公用支出	专项项目支出	
245136613	**154992981**	**90143632**	**32966602**	**57177029**	**1031451**
76337333	34716245	41621087	15524991	26096097	766566
76329377	34708290	41621087	15524991	26096097	766566
58979796	28644793	30335003	12199159	18135844	743651
17349581	6063496	11286085	3325832	7960253	22915
7956	7956				
8758750	6034453	2724297	1184808	1539490	3359
3319840	2477643	842197	316636	525561	358
3128596	1965966	1162630	435286	727344	3001
1116708	700716	415992	192129	223864	3001
1881797	1269035	612762	356436	256326	
428518	321809	106709	76450	30258	
56959788	34802563	22157225	6622068	15535157	163949
56959788	34802563	22157225	6622068	15535157	163949
21677038	12952259	8724779	2595772	6129008	67245
8559829	4316886	4242943	1202319	3040624	
35282750	21850304	13432446	4026296	9406150	96704
12495841	7067193	5428647	1446606	3982042	
39758995	27887466	11871529	4237538	7633992	96135
39758995	27887466	11871529	4237538	7633992	96135
12240274	7931017	4309256	1330280	2978977	48730
76453	52103	24349	7622	16727	
74026	50609	23417	7522	15895	
2427	1494	932	100	832	
63245294	51500151	11745143	5389577	6355567	1442
20345664	15647776	4697888	1880293	2817595	

1-22 各级各类教育机构

学校类别	合　计	个人部分	工资福利支　出	对个人和家庭的补助支出	#助学金
总　　计	**3888155806**	**2576180454**	**2224220098**	**351960355**	**174040246**
一、高等学校	771192056	423379728	321656625	101723103	70212278
1.普通高等学校	762080785	417179103	316146785	101032318	70044401
高等本科学校	605587832	333376984	249731299	83645685	57674613
高职高专学校	156492953	83802119	66415486	17386633	12369788
2.成人高等学校	9111271	6200625	5509840	690785	167878
二、中等职业学校	228342367	135989550	116543302	19446248	10356522
1.中等专业学校	107663388	62710764	52994221	9716544	5439554
2.职业高中	82807460	50999068	44254183	6744886	3648187
#农村	35875384	21829815	19072666	2757149	1917000
3.技工学校	29222044	15946929	13569402	2377526	1189025
4.成人中专学校	8649476	6332788	5725496	607292	79755
三、中　学	1217779496	870544867	778425856	92119012	43511358
1.普通中学	1217135154	870113771	778023902	92089869	43511349
普通高中	418503756	300598750	272812669	27786081	12734512
#农村	167414590	124675602	112408232	12267370	7694160
普通初中	798631397	569515021	505211233	64303788	30776838
#农村	452171478	337349844	297713933	39635910	22009670
2.成人中学	644342	431096	401954	29142	9
四、小　学	1287867073	929270162	815517788	113752374	43038695
1.普通小学	1287855675	929266995	815514621	113752374	43038695
#农村	771602320	579964557	505008225	74956332	32035215
2.成人小学	11397	3167	3167		
五、特殊教育	18388815	12148195	11055192	1093003	364792
1.特殊教育学校	17628324	11614535	10561877	1052658	358335
2.工读学校	760491	533660	493315	40345	6456
六、幼儿园	197781181	123118769	111272833	11845936	6528092
#农村	96608440	63085970	56387840	6698130	4739254
七、教育行政单位	37082556	21657007	17557445	4099561	
八、教育事业单位	71803087	40674205	35994144	4680061	
九、其　他	57919176	19397970	16196913	3201057	28509

财政补助支出明细(全国)

单位：千元

公用部分	商品和服务支出	其他资本性支出	专项公用支出	专项项目支出	基本建设支出
1221745897	**613783845**	**607962052**	**229059994**	**378902058**	**90229456**
313025267	174083050	138942217	86970706	51971511	34787061
310155826	172097723	138058103	86397873	51660230	34745856
241221556	142131245	99090311	66410477	32679834	30989292
68934271	29966479	38967792	19987395	18980396	3756563
2869440	1985326	884114	572833	311281	41206
87028769	42790435	44238334	19617930	24620404	5324049
41820964	21176212	20644752	9323768	11320985	3131659
30621062	13619491	17001571	6378588	10622983	1187330
13453926	5845413	7608513	2885308	4723204	591642
12276574	6331062	5945512	3654466	2291045	998541
2310169	1663670	646499	261108	385391	6519
322835006	142053142	180781864	50758906	130022958	24399623
322623189	141923633	180699556	50745454	129954102	24398193
109069081	47815305	61253776	19687386	41566390	8835925
40735655	17432652	23303002	6319768	16983234	2003333
213554108	94108328	119445780	31058067	88387712	15562268
111169531	48680418	62489113	14567220	47921893	3652103
211816	129508	82308	13453	68855	1430
341091114	160210469	180880646	48058733	132821913	17505796
341082884	160209809	180873075	48051562	132821513	17505796
184591548	84484671	100106878	22975483	77131394	7046215
8230	659	7571	7171	400	
5724945	3043084	2681861	1222573	1459288	515675
5499062	2893918	2605144	1182721	1422423	514727
225883	149166	76717	39852	36865	948
71358259	36325318	35032942	10528922	24504019	3304152
32240235	14442125	17798110	4254434	13543676	1282235
15079273	11852262	3227011	1716261	1510750	346277
30242876	21692611	8550265	4910021	3640244	886006
35360389	21733476	13626913	5275942	8350971	3160816

1-23 各级各类教育机构

学校类别	合 计	个人部分	工资福利支出	对个人和家庭的补助支出	#助学金
总 计	**228654904**	**129660392**	**92999746**	**36660646**	**23661195**
一、高等学校	207084215	119819939	84623274	35196665	23276633
1.普通高等学校	206641927	119603164	84417609	35185555	23276633
高等本科学校	205312374	118952658	83922403	35030254	23182681
高职高专学校	1329553	650506	495205	155301	93952
2.成人高等学校	442288	216776	205665	11110	
二、中等职业学校	720915	411418	328244	83174	40751
1.中等专业学校	627691	343948	267586	76362	36510
2.职业高中	16638	12804	10701	2103	362
#农村	10024	9130	7383	1747	319
3.技工学校	69198	48749	44871	3878	3878
4.成人中专学校	7389	5917	5087	831	
三、中 学	5591428	4038458	3480240	558218	146388
1.普通中学	5591428	4038458	3480240	558218	146388
普通高中	2817638	1929471	1686899	242572	59188
#农村	760714	494947	415532	79415	12244
普通初中	2773790	2108987	1793341	315646	87200
#农村	1530170	1199541	998292	201249	56811
2.成人中学					
四、小 学	3703883	2883840	2456357	427483	113068
1.普通小学	3703883	2883840	2456357	427483	113068
#农村	2649197	2104883	1753119	351764	103654
2.成人小学					
五、特殊教育	6749	5080	3928	1153	84
1.特殊教育学校	6749	5080	3928	1153	84
2.工读学校					
六、幼儿园	1609879	1122363	978845	143518	64634
#农村	699058	481307	360691	120617	57954
七、教育行政单位	770742	347164	211916	135248	
八、教育事业单位	4410921	463537	431617	31920	
九、其 他	4756172	568593	485325	83267	19638

财政补助支出明细(中央)

单位：千元

公用部分	商品和服务支出	其他资本性支出			基本建设支出
			专项公用支出	专项项目支出	
90862261	**62348958**	**28513303**	**23217078**	**5296225**	**8132251**
79546209	52459987	27086222	22543920	4542302	7718067
79320696	52272488	27048207	22514579	4533628	7718067
78871238	51959071	26912167	22416779	4495387	7488478
449458	313417	136041	97800	38240	229589
225513	187498	38015	29341	8674	
284311	180190	104121	43304	60817	25186
258558	161623	96935	40557	56378	25186
3833	2763	1070	469	601	
894	309	585	294	291	
20449	14519	5930	2092	3838	
1471	1285	186	186		
1474059	893989	580070	242698	337372	78911
1474059	893989	580070	242698	337372	78911
847687	483678	364009	148336	215673	40481
261712	103771	157941	37450	120492	4056
626372	410311	216061	94362	121700	38430
299705	171660	128044	44666	83378	30925
757661	451691	305970	125468	180502	62382
757661	451691	305970	125468	180502	62382
484082	273086	210996	72774	138222	60232
1669	1355	314	314		
1669	1355	314	314		
462548	325893	136655	64280	72376	24968
193980	99399	94581	34823	59758	23771
286004	255540	30464	23090	7374	137574
3884823	3753281	131543	106825	24718	62560
4164977	4027034	137943	67180	70764	22602

1-24　各级各类教育机构

学校类别	合　计	个人部分	工资福利支　出	对个人和家庭的补助支出	#助学金
总　　计	**3659500902**	**2446520062**	**2131220352**	**315299709**	**150379051**
一、高等学校	564107841	303559789	237033351	66526437	46935645
1.普通高等学校	555438858	297575939	231729176	65846763	46767768
高等本科学校	400275458	214424326	165808896	48615431	34491931
高职高专学校	155163400	83151613	65920280	17231333	12275837
2.成人高等学校	8668983	5983849	5304175	679674	167878
二、中等职业学校	227621452	135578131	116215058	19363074	10315771
1.中等专业学校	107035697	62366817	52726635	9640182	5403044
2.职业高中	82790823	50986264	44243482	6742782	3647825
#农村	35865359	21820685	19065283	2755402	1916681
3.技工学校	29152846	15898180	13524532	2373648	1185147
4.成人中专学校	8642087	6326871	5720409	606461	79755
三、中　学	1212188068	866506410	774945616	91560794	43364971
1.普通中学	1211543726	866075314	774543662	91531652	43364962
普通高中	415686118	298669279	271125770	27543509	12675324
#农村	166653875	124180656	111992700	12187955	7681916
普通初中	795857608	567406034	503417892	63988142	30689638
#农村	450641308	336150303	296715641	39434662	21952860
2.成人中学	644342	431096	401954	29142	9
四、小　学	1284163190	926386323	813061431	113324891	42925627
1.普通小学	1284151792	926383155	813058264	113324891	42925627
#农村	768953123	577859674	503255106	74604568	31931561
2.成人小学	11397	3167	3167		
五、特殊教育	18382065	12143115	11051264	1091851	364707
1.特殊教育学校	17621574	11609455	10557949	1051506	358251
2.工读学校	760491	533660	493315	40345	6456
六、幼儿园	196171301	121996406	110293988	11702419	6463458
#农村	95909382	62604662	56027149	6577513	4681300
七、教育行政单位	36311815	21309843	17345530	3964313	
八、教育事业单位	67392166	40210668	35562527	4648140	
九、其　他	53163003	18829378	15711588	3117790	8872

财政补助支出明细(地方)

单位：千元

公用部分	商品和服务支出	其他资本性支出	专项公用支出	专项项目支出	基本建设支出
1130883636	**551434887**	**579448749**	**205842916**	**373605833**	**82097204**
233479058	121623063	111855995	64426785	47429209	27068994
230835130	119825235	111009896	63883293	47126603	27027788
162350318	90172173	72178145	43993698	28184447	23500814
68484813	29653062	38831751	19889595	18942156	3526974
2643928	1797828	846099	543492	302607	41206
86744458	42610245	44134213	19574626	24559587	5298863
41562406	21014589	20547817	9283211	11264606	3106473
30617229	13616727	17000501	6378119	10622382	1187330
13453032	5845104	7607928	2885014	4722913	591642
12256125	6316543	5939582	3652374	2287207	998541
2308698	1662385	646313	260922	385391	6519
321360947	141159153	180201794	50516209	129685585	24320712
321149130	141029645	180119486	50502756	129616730	24319282
108221395	47331627	60889768	19539050	41350717	8795444
40473943	17328881	23145061	6282319	16862742	1999277
212927736	93698017	119229718	30963706	88266013	15523838
110869827	48508758	62361069	14522554	47838515	3621178
211816	129508	82308	13453	68855	1430
340333453	159758778	180574675	47933265	132641410	17443414
340325223	159758119	180567104	47926094	132641010	17443414
184107466	84211584	99895882	22902710	76993172	6985983
8230	659	7571	7171	400	
5723275	3041729	2681546	1222258	1459288	515675
5497393	2892563	2604830	1182407	1422423	514727
225883	149166	76717	39852	36865	948
70895711	35999425	34896286	10464642	24431644	3279184
32046255	14342725	17703530	4219611	13483919	1258465
14793269	11596722	3196546	1693171	1503376	208703
26358052	17939330	8418722	4803196	3615527	823446
31195412	17706442	13488970	5208763	8280207	3138214

1-25 各级各类教育机构

学校类别	合　计	个人部分	工资福利支　出	对个人和家庭的补助支出	#助学金
总　计	**3804866475**	**2529504194**	**2200136587**	**329367606**	**156471110**
一、高等学校	754583094	413167957	318907047	94260911	63243920
1.普通高等学校	745554579	407044133	313467118	93577015	63076042
高等本科学校	594175662	326410756	248002000	78408756	52702675
高职高专学校	151378918	80633377	65465118	15168259	10373368
2.成人高等学校	9028514	6123824	5439929	683895	167878
二、中等职业学校	220678810	131595572	114340271	17255301	8394285
1.中等专业学校	103916888	60709833	52097231	8612602	4433213
2.职业高中	80848669	49796087	43754608	6041479	2993684
#农村	35091657	21317210	18821708	2495503	1664930
3.技工学校	27414295	14846526	12792883	2053643	941002
4.成人中专学校	8498958	6243126	5695549	547577	26385
三、中　学	1195427153	858086887	770266050	87820837	40296263
1.普通中学	1194782811	857655791	769864096	87791695	40296254
普通高中	411642237	296271655	269598712	26672943	11886649
#农村	164339995	122504908	110733009	11771899	7275697
普通初中	783140573	561384136	500265384	61118752	28409606
#农村	445100946	333348816	295070311	38278505	20895112
2.成人中学	644342	431096	401954	29142	9
四、小　学	1268704875	918405236	810192389	108212846	39522948
1.普通小学	1268693478	918402068	810189222	108212846	39522948
#农村	763238361	575351733	502258918	73092815	30610694
2.成人小学	11397	3167	3167		
五、特殊教育	18285947	12095874	11016558	1079316	352512
1.特殊教育学校	17526295	11563054	10523243	1039810	346895
2.工读学校	759652	532821	493315	39506	5617
六、幼儿园	181236707	114721002	105833185	8887816	4632672
#农村	90397724	59877443	54488074	5389370	3684475
七、教育行政单位	36661662	21524608	17530232	3994375	
八、教育事业单位	71631655	40613737	35947576	4666161	
九、其　他	57656573	19293321	16103279	3190042	28509

财政补助支出明细(教育和其他部门)

单位：千元

公用部分	商品和服务支出	其他资本性支出	专项公用支出	专项项目支出	基本建设支出
1186656431	**589477719**	**597178713**	**223849996**	**373328717**	**88705850**
307484171	171517242	135966929	84956193	51010736	33930965
304620687	169537865	135082823	84383367	50699455	33889759
237576732	140464163	97112569	64916847	32195722	30188174
67043955	29073702	37970254	19466520	18503733	3701585
2863484	1979377	884107	572826	311281	41206
83787734	40335498	43452236	19227568	24224668	5295504
40100940	19869930	20231009	9144946	11086064	3106115
29868253	13052962	16815290	6263004	10552286	1184329
13185805	5629860	7555944	2849593	4706351	588641
11569228	5786365	5782863	3575200	2207663	998541
2249313	1626240	623074	244418	378655	6519
313183504	135606963	177576540	49750023	127826517	24156762
312971687	135477455	177494232	49736571	127757662	24155332
106642383	46672821	59969561	19402982	40566580	8728199
39835810	16988559	22847251	6189303	16657948	1999277
206329304	88804633	117524671	30333589	87191082	15427133
108130951	46290376	61840575	14321138	47519437	3621178
211816	129508	82308	13453	68855	1430
332952360	154008782	178943578	47187609	131755969	17347279
332944130	154008123	178936007	47180438	131755569	17347279
180949375	81601350	99348025	22646675	76701350	6937253
8230	659	7571	7171	400	
5674397	3009574	2664823	1216757	1448066	515675
5448514	2860408	2588107	1176906	1411201	514727
225883	149166	76717	39852	36865	948
63237964	29932535	33305429	9652922	23652507	3277742
29261816	12393595	16868221	3848752	13019468	1258465
14928351	11729482	3198869	1695494	1503376	208703
30182911	21670557	8512355	4894094	3618260	835006
35225038	21667086	13557952	5269335	8288618	3138214

1-26 各级各类教育机构

学校类别	合 计	个人部分	工资福利支 出	对个人和家庭的补助支出	#助学金
总 计	**217811849**	**122257225**	**87046884**	**35210341**	**23124155**
一、高等学校	205125012	118656706	83718376	34938330	23097028
1.普通高等学校	204748240	118500695	83567184	34933511	23097028
高等本科学校	203986897	118195598	83293522	34902076	23076272
高职高专学校	761343	305097	273662	31434	20756
2.成人高等学校	376772	156011	151191	4819	
二、中等职业学校	120308	75178	69199	5979	2134
1.中等专业学校	120308	75178	69199	5979	2134
2.职业高中					
#农村					
3.技工学校					
4.成人中专学校					
三、中 学	2026366	1407751	1305310	102441	2680
1.普通中学	2026366	1407751	1305310	102441	2680
普通高中	1403852	973202	898496	74706	1941
#农村	144454	105369	91693	13676	55
普通初中	622513	434549	406814	27735	739
#农村	8392	7667	7096	572	59
2.成人中学					
四、小 学	672330	492129	456176	35953	811
1.普通小学	672330	492129	456176	35953	811
#农村	16839	15092	14323	769	70
2.成人小学					
五、特殊教育					
1.特殊教育学校					
2.工读学校					
六、幼儿园	784927	543685	536381	7304	1863
#农村	21405	17023	16252	772	140
七、教育行政单位	349848	214765	184703	30062	
八、教育事业单位	4239489	403070	385049	18021	
九、其 他	4493570	463943	391691	72252	19638

财政补助支出明细(中央教育和其他部门)

单位：千元

公用部分					基本建设支出
	商品和服务支出	其他资本性支出			
			专项公用支出	专项项目支出	
87914527	**60609659**	**27304868**	**22724336**	**4580532**	**7640097**
78839770	51914123	26925647	22398067	4527579	7628537
78619009	51731370	26887639	22368734	4518906	7628537
78360289	51571163	26789125	22300063	4489062	7431010
258720	160206	98514	68671	29843	197527
220761	182754	38008	29334	8674	
45130	42145	2985	2985		
45130	42145	2985	2985		
618615	486723	131892	107570	24322	
618615	486723	131892	107570	24322	
430651	332660	97991	78676	19315	
39084	35939	3145	3122	24	
187964	154063	33901	28894	5007	
724	433	291	218	74	
180201	132868	47334	38830	8504	
180201	132868	47334	38830	8504	
1747	1083	664	534	130	
241242	209169	32073	23090	8983	
4382	3291	1091	838	252	
135083	132760	2323	2323		
3824859	3731227	93632	90898	2734	11560
4029626	3960644	68983	60572	8411	

1-27 各级各类教育机构

学校类别	合 计	个人部分	工资福利支 出	对个人和家庭的补助支出	#助学金
总 计	**3587054627**	**2407246969**	**2113089703**	**294157265**	**133346955**
一、高等学校	549458081	294511252	235188671	59322581	40146892
1.普通高等学校	540806339	288543438	229899934	58643505	39979014
高等本科学校	390188765	208215158	164708478	43506680	29626402
高职高专学校	150617574	80328280	65191456	15136825	10352612
2.成人高等学校	8651742	5967814	5288737	679076	167878
二、中等职业学校	220558502	131520394	114271072	17249322	8392151
1.中等专业学校	103796580	60634655	52028032	8606623	4431079
2.职业高中	80848669	49796087	43754608	6041479	2993684
#农村	35091657	21317210	18821708	2495503	1664930
3.技工学校	27414295	14846526	12792883	2053643	941002
4.成人中专学校	8498958	6243126	5695549	547577	26385
三、中 学	1193400788	856679136	768960740	87718397	40293583
1.普通中学	1192756445	856248040	768558786	87689254	40293574
普通高中	410238385	295298454	268700216	26598237	11884708
#农村	164195541	122399539	110641316	11758223	7275642
普通初中	782518060	560949587	499858570	61091017	28408866
#农村	445092554	333341149	295063216	38277933	20895053
2.成人中学	644342	431096	401954	29142	9
四、小 学	1268032545	917913107	809736213	108176894	39522136
1.普通小学	1268021148	917909940	809733046	108176894	39522136
#农村	763221522	575336640	502244595	73092046	30610624
2.成人小学	11397	3167	3167		
五、特殊教育	18285947	12095874	11016558	1079316	352512
1.特殊教育学校	17526295	11563054	10523243	1039810	346895
2.工读学校	759652	532821	493315	39506	5617
六、幼儿园	180451780	114177317	105296805	8880512	4630808
#农村	90376318	59860420	54471822	5388598	3684335
七、教育行政单位	36311815	21309843	17345530	3964313	
八、教育事业单位	67392166	40210668	35562527	4648140	
九、其 他	53163003	18829378	15711588	3117790	8872

财政补助支出明细(地方教育和其他部门)

单位：千元

公用部分					基本建设支出
	商品和服务支出	其他资本性支出			
			专项公用支出	专项项目支出	
1098741905	**528868060**	**569873844**	**201125660**	**368748185**	**81065753**
228644401	119603119	109041283	62558126	46483157	26302428
226001679	117806495	108195183	62014634	46180550	26261223
159216443	88893000	70323444	42616784	27706660	22757164
66785235	28913496	37871740	19397850	18473890	3504059
2642723	1796623	846099	543492	302607	41206
83742604	40293353	43449251	19224583	24224668	5295504
40055810	19827786	20228024	9141960	11086064	3106115
29868253	13052962	16815290	6263004	10552286	1184329
13185805	5629860	7555944	2849593	4706351	588641
11569228	5786365	5782863	3575200	2207663	998541
2249313	1626240	623074	244418	378655	6519
312564889	135120240	177444649	49642453	127802196	24156762
312353073	134990732	177362341	49629001	127733340	24155332
106211732	46340161	59871571	19324306	40547265	8728199
39796725	16952620	22844105	6186181	16657924	1999277
206141340	88650570	117490770	30304695	87186075	15427133
108130227	46289943	61840284	14320920	47519364	3621178
211816	129508	82308	13453	68855	1430
332772159	153875914	178896245	47148779	131747465	17347279
332763929	153875255	178888674	47141608	131747065	17347279
180947629	81600268	99347361	22646141	76701220	6937253
8230	659	7571	7171	400	
5674397	3009574	2664823	1216757	1448066	515675
5448514	2860408	2588107	1176906	1411201	514727
225883	149166	76717	39852	36865	948
62996721	29723366	33273355	9629831	23643524	3277742
29257434	12390304	16867130	3847914	13019216	1258465
14793269	11596722	3196546	1693171	1503376	208703
26358052	17939330	8418722	4803196	3615527	823446
31195412	17706442	13488970	5208763	8280207	3138214

1-28 各级各类教育机构

学校类别	合　计	个人部分	工资福利支　出	对个人和家庭的补助支出	#助学金
总　　计	**13447174**	**9041105**	**7176092**	**1865013**	**821544**
一、高等学校	3118877	1932308	1432057	500251	374511
1.普通高等学校	3042052	1860241	1366880	493361	374511
高等本科学校	1331259	762842	628882	133960	112192
高职高专学校	1710793	1097399	737998	359401	262319
2.成人高等学校	76824	72067	65178	6889	
二、中等职业学校	1543841	932590	728819	203771	111446
1.中等专业学校	925612	516621	414483	102138	55022
2.职业高中	60023	41924	21288	20635	2454
#农村	10080	9186	7383	1803	374
3.技工学校	536055	356955	278289	78666	53741
4.成人中专学校	22151	17091	14759	2332	228
三、中　学	3597797	2657095	2196078	461017	145705
1.普通中学	3597797	2657095	2196078	461017	145705
普通高中	1421186	962547	793287	169260	57470
#农村	621582	394112	327044	67068	12348
普通初中	2176611	1694549	1402791	291757	88235
#农村	1536000	1204369	1000909	203460	57463
2.成人中学					
四、小　学	3122858	2469154	2058834	410320	116501
1.普通小学	3122858	2469154	2058834	410320	116501
#农村	2662325	2114191	1759861	354330	105779
2.成人小学					
五、特殊教育	6749	5080	3928	1153	84
1.特殊教育学校	6749	5080	3928	1153	84
2.工读学校					
六、幼儿园	1202123	747362	588960	158401	73297
#农村	744530	503403	380358	123045	60260
七、教育行政单位	420894	132399	27213	105186	
八、教育事业单位	171432	60468	46568	13899	
九、其　他	262603	104649	93634	11015	

财政补助支出明细(国有及国有控股企业办)

单位：千元

公用部分	商品和服务支出	其他资本性支出	专项公用支出	专项项目支出	基本建设支出
3913915	**2409829**	**1504086**	**713171**	**790915**	**492154**
1097038	806646	290392	255257	35135	89531
1092281	801896	290385	255250	35135	89531
510949	387908	123041	116716	6325	57468
581331	413988	167344	138534	28810	32063
4758	4750	7	7		
586066	372014	214051	112067	101985	25186
383805	226976	156829	83938	72891	25186
18100	13347	4753	2509	2244	
894	309	585	294	291	
179100	127076	52024	25174	26850	
5060	4615	446	446		
861790	413364	448426	135363	313063	78911
861790	413364	448426	135363	313063	78911
418159	151987	266172	69814	196358	40481
223414	68465	154949	34481	120468	4056
443631	261377	182254	65549	116705	38430
300706	172865	127841	44524	83317	30925
591322	331528	259794	87350	172444	62382
591322	331528	259794	87350	172444	62382
487902	276994	210908	72816	138092	60232
1669	1355	314	314		
1669	1355	314	314		
429793	273697	156096	79519	76578	24968
217356	114937	102419	38404	64015	23771
150921	122780	28141	20767	7374	137574
59964	22054	37910	15926	21984	51000
135351	66390	68961	6608	62353	22602

1-29 各级各类教育机构

学校类别	合　计	个人部分	工资福利支　出	对个人和家庭的补助支出	#助学金
总　　计	**10843056**	**7403167**	**5952862**	**1450305**	**537041**
一、高等学校	1959203	1163234	904898	258335	179605
1.普通高等学校	1893686	1102469	850425	252044	179605
高等本科学校	1325477	757060	628882	128178	106409
高职高专学校	568210	345409	221543	123866	73196
2.成人高等学校	65516	60765	54474	6291	
二、中等职业学校	600607	336241	259046	77195	38616
1.中等专业学校	507383	268770	198387	70383	34376
2.职业高中	16638	12804	10701	2103	362
#农村	10024	9130	7383	1747	319
3.技工学校	69198	48749	44871	3878	3878
4.成人中专学校	7389	5917	5087	831	
三、中　学	3565062	2630707	2174929	455777	143707
1.普通中学	3565062	2630707	2174929	455777	143707
普通高中	1413786	956269	788403	167866	57247
#农村	616261	389577	323839	65739	12189
普通初中	2151277	1674438	1386527	287911	86461
#农村	1521779	1191873	991197	200677	56752
2.成人中学					
四、小　学	3031553	2391711	2000181	391530	112257
1.普通小学	3031553	2391711	2000181	391530	112257
#农村	2632358	2089791	1738796	350995	103584
2.成人小学					
五、特殊教育	6749	5080	3928	1153	84
1.特殊教育学校	6749	5080	3928	1153	84
2.工读学校					
六、幼儿园	824952	578678	442464	136214	62771
#农村	677653	464284	344439	119845	57814
七、教育行政单位	420894	132399	27213	105186	
八、教育事业单位	171432	60468	46568	13899	
九、其　他	262603	104649	93634	11015	

财政补助支出明细(中央国有及国有控股企业办)

单位：千元

公用部分	商品和服务支出	其他资本性支出			基本建设支出
			专项公用支出	专项项目支出	
2947735	**1739300**	**1208435**	**492742**	**715693**	**492154**
706438	545863	160575	145853	14722	89531
701687	541119	160568	145846	14722	89531
510949	387908	123041	116716	6325	57468
190738	153211	37527	29129	8397	32063
4752	4744	7	7		
239181	138046	101135	40318	60817	25186
213428	119478	93950	37571	56378	25186
3833	2763	1070	469	601	
894	309	585	294	291	
20449	14519	5930	2092	3838	
1471	1285	186	186		
855444	407266	448179	135128	313051	78911
855444	407266	448179	135128	313051	78911
417036	151018	266018	69660	196358	40481
222628	67832	154796	34328	120468	4056
438408	256248	182160	65468	116693	38430
298980	171227	127753	44448	83305	30925
577460	318823	258637	86638	171999	62382
577460	318823	258637	86638	171999	62382
482335	272003	210332	72240	138092	60232
1669	1355	314	314		
1669	1355	314	314		
221306	116723	104582	41189	63393	24968
189598	96108	93490	33985	59505	23771
150921	122780	28141	20767	7374	137574
59964	22054	37910	15926	21984	51000
135351	66390	68961	6608	62353	22602

1-30　各级各类教育机构

学校类别	合　计	个人部分	工资福利支出	对个人和家庭的补助支出	#助学金
总　　计	**2604118**	**1637938**	**1223230**	**414708**	**284503**
一、高等学校	1159674	769074	527159	241915	194906
1.普通高等学校	1148366	757772	516455	241317	194906
高等本科学校	5782	5782		5782	5782
高职高专学校	1142583	751990	516455	235535	189123
2.成人高等学校	11308	11302	10704	598	
二、中等职业学校	943234	596349	469773	126576	72830
1.中等专业学校	418228	247851	216096	31755	20646
2.职业高中	43386	29119	10587	18532	2092
#农村	56	56		56	56
3.技工学校	466857	308206	233418	74788	49863
4.成人中专学校	14763	11174	9673	1501	228
三、中　学	32735	26389	21149	5240	1997
1.普通中学	32735	26389	21149	5240	1997
普通高中	7401	6278	4884	1393	223
#农村	5322	4535	3206	1329	159
普通初中	25334	20111	16265	3846	1774
#农村	14221	12496	9712	2783	711
2.成人中学					
四、小　学	91305	77443	58653	18790	4244
1.普通小学	91305	77443	58653	18790	4244
#农村	29967	24400	21065	3335	2195
2.成人小学					
五、特殊教育					
1.特殊教育学校					
2.工读学校					
六、幼儿园	377171	168683	146496	22187	10526
#农村	66877	39119	35919	3201	2446
七、教育行政单位					
八、教育事业单位					
九、其　他					

财政补助支出明细(地方国有及国有控股企业办)

单位：千元

公用部分	商品和服务支出	其他资本性支出	专项公用支出	专项项目支出	基本建设支出
966180	**670529**	**295652**	**220430**	**75222**	
390600	260783	129817	109404	20413	
390594	260777	129817	109404	20413	
390594	260777	129817	109404	20413	
6	6				
346885	233969	112916	71748	41168	
170378	107498	62879	46367	16512	
14266	10583	3683	2040	1643	
158652	112558	46094	23082	23012	
3589	3329	260	260		
6346	6099	247	235	12	
6346	6099	247	235	12	
1123	969	154	154		
787	633	154	154		
5223	5129	94	82	12	
1726	1637	88	76	12	
13862	12705	1157	712	445	
13862	12705	1157	712	445	
5567	4991	576	576		
208487	156973	51514	38329	13185	
27758	18829	8929	4419	4510	

1-31 各级各类教育机构

学校类别	合 计	个人部分			
			工资福利支 出	对个人和家庭的补助支出	
					#助学金
总 计	**69842157**	**37635155**	**16907419**	**20727736**	**16747592**
一、高等学校	13490086	8279463	1317522	6961942	6593848
1.普通高等学校	13484153	8274729	1312788	6961942	6593848
高等本科学校	10080911	6203386	1100418	5102968	4859746
高职高专学校	3403242	2071343	212370	1858973	1734101
2.成人高等学校	5933	4734	4734		
二、中等职业学校	6119716	3461388	1474212	1987176	1850790
1.中等专业学校	2820888	1484311	482508	1001803	951319
2.职业高中	1898768	1161058	478287	682771	652049
#农村	773647	503419	243575	259844	251696
3.技工学校	1271694	743448	498231	245218	194281
4.成人中专学校	128366	72571	15187	57384	53142
三、中 学	18754546	9800885	5963727	3837157	3069390
1.普通中学	18754546	9800885	5963727	3837157	3069390
普通高中	5440332	3364548	2420669	943879	790393
#农村	2453013	1776582	1348179	428403	406115
普通初中	13314213	6436337	3543058	2893279	2278998
#农村	5534532	2796658	1642713	1153945	1057096
2.成人中学					
四、小 学	16039339	8395773	3266565	5129208	3399246
1.普通小学	16039339	8395773	3266565	5129208	3399246
#农村	5701634	2498633	989446	1509187	1318742
2.成人小学					
五、特殊教育	96119	47240	34706	12534	12195
1.特殊教育学校	95279	46401	34706	11695	11356
2.工读学校	839	839		839	839
六、幼儿园	15342351	7650406	4850687	2799719	1822123
#农村	5466186	2705123	1519408	1185715	994519
七、教育行政单位					
八、教育事业单位					
九、其 他					

财政补助支出明细(民办)

单位：千元

公用部分	商品和服务支出	其他资本性支出	专项公用支出	专项项目支出	基本建设支出
31175551	**21896298**	**9279253**	**4496827**	**4782426**	**1031451**
4444057	1759162	2684895	1759255	925640	766566
4442858	1757963	2684895	1759255	925640	766566
3133874	1279173	1854701	1376914	477787	743651
1308984	478789	830194	382341	447853	22915
1199	1199				
2654969	2082923	572046	278295	293751	3359
1336219	1079305	256914	94884	162030	358
734710	553182	181528	113075	68453	3001
267227	215244	51983	35421	16562	3001
528245	417620	110625	54093	56532	
55795	32816	22979	16244	6736	
8789712	6032814	2756898	873520	1883378	163949
8789712	6032814	2756898	873520	1883378	163949
2008540	990496	1018043	214591	803452	67245
676431	375629	300802	95984	204818	
6781172	5042318	1738854	658929	1079925	96704
2737874	2217178	520697	201557	319139	
7547432	5870159	1677274	783773	893500	96135
7547432	5870159	1677274	783773	893500	96135
3154271	2606326	547945	255992	291952	48730
48878	32155	16723	5501	11222	
48878	32155	16723	5501	11222	
7690502	6119086	1571417	796482	774935	1442
2761063	1933592	827471	367278	460193	

1-32 各级各类教育机构一般公共预算

学校类别	合 计	个人部分	工资福利支出	对个人和家庭的补助支出	#助学金
总 计	**3290810512**	**2224403278**	**1931356056**	**293047222**	**167529869**
一、高等学校	665284106	372051306	278810157	93241149	68140893
1.普通高等学校	657699939	366839679	274112319	92727359	67973502
高等本科学校	521598743	293047913	215717595	77330317	56030463
高职高专学校	136101196	73791766	58394724	15397042	11943039
2.成人高等学校	7584167	5211627	4697837	513790	167391
二、中等职业学校	185436694	115751591	100024712	15726878	9661675
1.中等专业学校	86765589	53055504	45024728	8030776	5064402
2.职业高中	66717913	43685524	38230132	5455392	3478122
#农村	30172546	19088055	16620776	2467279	1858886
3.技工学校	24691464	13724661	11861030	1863632	1039438
4.成人中专学校	7261727	5285902	4908823	377079	79713
三、中 学	1022198781	749897674	674667934	75229740	41820829
1.普通中学	1021710687	749515078	674304806	75210272	41820820
普通高中	347566413	257357081	234873643	22483438	12192046
#农村	143765877	108848930	98168628	10680302	7426855
普通初中	674144274	492157997	439431163	52726834	29628774
#农村	393402812	294601216	261062868	33538348	21383581
2.成人中学	488093	382596	363127	19468	9
四、小 学	1093775825	801442818	711827090	89615728	41271366
1.普通小学	1093769542	801439711	711823982	89615728	41271366
#农村	669375532	503047070	443068515	59978555	31120324
2.成人小学	6282	3107	3107		
五、特殊教育	15275128	10228184	9404590	823594	341712
1.特殊教育学校	14677701	9793574	8995378	798197	335655
2.工读学校	597427	434610	409212	25397	6057
六、幼儿园	170678239	107822271	97593483	10228788	6264885
#农村	86066862	56523314	50339704	6183610	4633673
七、教育行政单位	30688191	17667561	14954599	2712962	
八、教育事业单位	59050199	33520500	30363287	3157212	
九、其 他	48423351	16021373	13710205	2311168	28509

教育事业费和基本建设支出明细(全国)

单位：千元

公用部分	商品和服务支出	其他资本性支出			基本建设支出
			专项公用支出	专项项目支出	
985590883	**542403344**	**443187540**	**177600651**	**265586889**	**80816351**
260998145	152078313	108919832	75163009	33756823	32234655
258666811	150379937	108286874	74766937	33519937	32193449
199653653	122789367	76864286	56945756	19918530	28897177
59013158	27590570	31422587	17821181	13601407	3296272
2331334	1698376	632958	396072	236887	41206
65196363	36148734	29047629	14221407	14826222	4488740
31033442	17079896	13953546	6760872	7192674	2676644
21952226	11763020	10189207	4441630	5747577	1080164
10543946	5198814	5345132	2162681	3182451	540545
10241389	5859226	4382163	2795681	1586482	725414
1969306	1446593	522713	223224	299490	6519
251170853	125816067	125354786	35532228	89822559	21130253
251066786	125719843	125346943	35525608	89821336	21128823
82547122	41889645	40657477	13243931	27413545	7662210
33073949	15993609	17080340	4470897	12609443	1842998
168519664	83830198	84689466	22281676	62407790	13466613
95577298	45711706	49865593	11946361	37919232	3224297
104067	96224	7843	6620	1223	1430
276880086	145012399	131867687	34960251	96907435	15452921
276876911	145011795	131865116	34958080	96907035	15452921
159802425	79219033	80583392	18852392	61731000	6526036
3175	604	2571	2171	400	
4534158	2700902	1833256	889473	943782	512786
4371341	2574324	1797017	865678	931339	512786
162817	126578	36239	23796	12443	
59920474	32401224	27519250	8292475	19226775	2935493
28432021	13423275	15008745	3595094	11413651	1111527
12726801	10481571	2245230	1287490	957740	293828
24681378	19443686	5237691	2822704	2414988	848321
29482625	18320447	11162178	4431614	6730565	2919353

1-33 各级各类教育机构一般公共预算

学校类别	合 计	个人部分	工资福利支出	对个人和家庭的补助支出	#助学金
总 计	**190341183**	**111192305**	**76408444**	**34783861**	**22716508**
一、高等学校	172951776	102754170	69246522	33507648	22335922
1.普通高等学校	172671089	102582194	69084501	33497694	22335922
高等本科学校	171565375	102081971	68698752	33383219	22245447
高职高专学校	1105714	500223	385749	114474	90475
2.成人高等学校	280687	171975	162021	9954	
二、中等职业学校	616445	349063	277655	71408	39450
1.中等专业学校	524159	282493	217605	64888	35209
2.职业高中	16638	12804	10701	2103	362
#农村	10024	9130	7383	1747	319
3.技工学校	69198	48749	44871	3878	3878
4.成人中专学校	6450	5017	4478	539	
三、中 学	5061428	3575577	3083583	491994	144701
1.普通中学	5061428	3575577	3083583	491994	144701
普通高中	2593842	1754916	1534030	220886	58933
#农村	692742	434658	363125	71534	12153
普通初中	2467586	1820661	1549553	271108	85768
#农村	1337652	1015169	840123	175046	56654
2.成人中学					
四、小 学	3284983	2490965	2117228	373737	112079
1.普通小学	3284983	2490965	2117228	373737	112079
#农村	2317801	1789368	1479022	310347	103309
2.成人小学					
五、特殊教育	5040	3722	3175	547	84
1.特殊教育学校	5040	3722	3175	547	84
2.工读学校					
六、幼儿园	1484820	1024117	887164	136954	64634
#农村	644828	440070	322078	117992	57954
七、教育行政单位	649869	248086	144339	103747	
八、教育事业单位	4028344	204207	183123	21084	
九、其 他	2258478	542399	465655	76743	19638

教育事业费和基本建设支出明细(中央)

单位：千元

公用部分	商品和服务支出	其他资本性支出	专项公用支出	专项项目支出	基本建设支出
71846495	**49478177**	**22368319**	**18556145**	**3812174**	**7302383**
63303335	42188137	21115198	17942069	3173130	6894271
63194624	42080777	21113847	17940717	3173130	6894271
62818722	41781770	21036952	17870514	3166438	6664682
375902	299007	76895	70203	6692	229589
108711	107360	1352	1352		
242197	163815	78381	37671	40710	25186
216481	145285	71196	34924	36272	25186
3833	2763	1070	469	601	
894	309	585	294	291	
20449	14519	5930	2092	3838	
1434	1248	186	186		
1408082	866366	541715	224289	317427	77769
1408082	866366	541715	224289	317427	77769
798525	464171	334354	133402	200952	40401
254108	102658	151450	32331	119119	3976
609557	402195	207362	90887	116474	37368
292620	167762	124859	42495	82364	29862
733085	442773	290313	119456	170857	60932
733085	442773	290313	119456	170857	60932
469651	265517	204134	68880	135254	58782
1319	1191	128	128		
1319	1191	128	128		
435735	309585	126150	60525	65625	24968
180987	95940	85047	32040	53007	23771
267690	239460	28230	22441	5789	134093
3761577	3669136	92440	85696	6744	62560
1693477	1597715	95762	63870	31892	22602

1-34 各级各类教育机构一般公共预算

学校类别	合 计	个人部分	工资福利支出	对个人和家庭的补助支出	#助学金
总 计	**3100469329**	**2113210973**	**1854947613**	**258263361**	**144813361**
一、高等学校	492332330	269297136	209563635	59733501	45804972
1.普通高等学校	485028850	264257485	205027819	59229666	45637581
高等本科学校	350033368	190965942	147018844	43947098	33785016
高职高专学校	134995482	73291543	58008975	15282568	11852564
2.成人高等学校	7303480	5039652	4535816	503835	167391
二、中等职业学校	184820249	115402528	99747057	15655470	9622225
1.中等专业学校	86241430	52773011	44807123	7965888	5029193
2.职业高中	66701276	43672719	38219431	5453288	3477760
#农村	30162522	19078925	16613393	2465532	1858568
3.技工学校	24622267	13675912	11816159	1859754	1035560
4.成人中专学校	7255276	5280885	4904344	376541	79713
三、中 学	1017137353	746322097	671584351	74737746	41676127
1.普通中学	1016649260	745939501	671221223	74718278	41676119
普通高中	344972571	255602165	233339613	22262552	12133112
#农村	143073135	108414271	97805503	10608768	7414702
普通初中	671676689	490337336	437881610	52455726	29543006
#农村	392065160	293586047	260222745	33363302	21326927
2.成人中学	488093	382596	363127	19468	9
四、小 学	1090490842	798951853	709709862	89241991	41159287
1.普通小学	1090484560	798948746	709706755	89241991	41159287
#农村	667057731	501257702	441589494	59668208	31017016
2.成人小学	6282	3107	3107		
五、特殊教育	15270087	10224462	9401415	823047	341628
1.特殊教育学校	14672661	9789853	8992203	797650	335571
2.工读学校	597427	434610	409212	25397	6057
六、幼儿园	169193419	106798154	96706320	10091835	6200250
#农村	85422034	56083244	50017626	6065618	4575719
七、教育行政单位	30038321	17419475	14810259	2609216	
八、教育事业单位	55021855	33316293	30180164	3136129	
九、其 他	46164873	15478974	13244549	2234425	8872

教育事业费和基本建设支出明细(地方)

单位：千元

公用部分	商品和服务支出	其他资本性支出	专项公用支出	专项项目支出	基本建设支出
913744388	**492925167**	**420819221**	**159044506**	**261774715**	**73513968**
197694810	109890176	87804634	57220940	30583694	25340383
195472187	108299160	87173027	56826220	30346807	25299178
136834931	81007597	55827334	39075242	16752093	22232495
58637256	27291563	31345693	17750978	13594715	3066683
2222623	1591016	631607	394720	236887	41206
64954166	35984919	28969247	14183736	14785511	4463555
30816961	16934610	13882350	6725948	7156402	2651458
21948393	11760256	10188137	4441161	5746976	1080164
10543052	5198505	5344547	2162387	3182160	540545
10220940	5844707	4376233	2793589	1582644	725414
1967873	1445345	522528	223038	299490	6519
249762772	124949701	124813071	35307939	89505132	21052484
249658704	124853477	124805228	35301319	89503909	21051054
81748597	41425474	40323123	13110530	27212593	7621809
32819841	15890952	16928890	4438566	12490324	1839022
167910108	83428003	84482105	22190789	62291316	13429245
95284678	45543944	49740734	11903866	37836868	3194435
104067	96224	7843	6620	1223	1430
276147001	144569627	131577374	34840796	96736578	15391988
276143825	144569022	131574803	34838625	96736178	15391988
159332774	78953517	80379258	18783512	61595746	6467254
3175	604	2571	2171	400	
4532839	2699711	1833128	889346	943782	512786
4370022	2573133	1796889	865550	931339	512786
162817	126578	36239	23796	12443	
59484740	32091640	27393100	8231950	19161150	2910525
28251033	13327335	14923698	3563053	11360645	1087756
12459111	10242112	2217000	1265049	951951	159735
20919801	15774550	5145251	2737008	2408243	785761
27789148	16722732	11066416	4367743	6698673	2896750

1-35 各级各类教育机构一般公共预算

学校类别	合 计	个人部分	工资福利支出	对个人和家庭的补助支出	#助学金
总 计	**3217958722**	**2183076796**	**1910688197**	**272388599**	**150998381**
一、高等学校	650605831	362525757	276438549	86087208	61320493
1.普通高等学校	643099805	357386543	271806994	85579549	61153102
高等本科学校	511731255	286555709	214250800	72304909	51186130
高职高专学校	131368551	70830834	57556194	13274639	9966972
2.成人高等学校	7506025	5139214	4631555	507660	167391
二、中等职业学校	178315388	111575043	97987518	13587525	7732458
1.中等专业学校	83321939	51151349	44196049	6955299	4074718
2.职业高中	64922065	42546754	37774976	4771777	2837647
#农村	29434271	18602765	16394414	2208351	1607287
3.技工学校	22955456	12678224	11135610	1542614	793723
4.成人中专学校	7115927	5198717	4880882	317835	26369
三、中 学	1003108988	739119681	667736141	71383540	38831101
1.普通中学	1002620895	738737085	667373014	71364071	38831092
普通高中	342003637	253681602	232201352	21480249	11392566
#农村	141154121	106964766	96763047	10201719	7012887
普通初中	660617258	485055484	435171662	49883822	27438526
#农村	386909228	290994383	258742999	32251383	20287810
2.成人中学	488093	382596	363127	19468	9
四、小 学	1077413364	792358434	707366891	84991543	38308627
1.普通小学	1077407082	792355327	707363784	84991543	38308627
#农村	661663623	498893815	440690993	58202823	29722341
2.成人小学	6282	3107	3107		
五、特殊教育	15176178	10178599	9367996	810603	329463
1.特殊教育学校	14579590	9744828	8958784	786045	324245
2.工读学校	596588	433770	409212	24558	5218
六、幼儿园	155897433	100373060	92906867	7466194	4447730
#农村	80200227	53481058	48573652	4907406	3594443
七、教育行政单位	30282316	17540018	14930387	2609631	
八、教育事业单位	58912653	33468360	30322682	3145679	
九、其 他	48246571	15937844	13631167	2306677	28509

教育事业费和基本建设支出明细(教育和其他部门)

单位：千元

公用部分	商品和服务支出	其他资本性支出	专项公用支出	专项项目支出	基本建设支出
955421531	**520715522**	**434706009**	**173412996**	**261293013**	**79460394**
256557946	150121334	106436612	73392589	33044024	31522128
254232341	148428687	105803654	72996517	32807137	31480922
196935918	121639190	75296728	55661166	19635563	28239628
57296422	26789497	30506926	17335351	13171574	3241294
2325606	1692647	632958	396072	236887	41206
62277148	33869405	28407743	13870478	14537265	4463196
29519490	15892629	13626861	6599404	7027458	2651100
21295148	11238224	10056925	4346244	5710681	1080164
10290961	4994427	5296534	2130226	3166308	540545
9551818	5328309	4223508	2718296	1505212	725414
1910692	1410243	500449	206535	293914	6519
243100772	119997315	123103456	34854451	88249006	20888535
242996704	119901091	123095613	34847830	88247783	20887105
80767471	40909651	39857820	13078177	26779643	7554564
32350333	15578116	16772217	4384515	12387702	1839022
162229233	78991440	83237793	21769653	61468140	13332541
92720410	43362845	49357565	11721787	37635779	3194435
104067	96224	7843	6620	1223	1430
269744076	139358729	130385347	34404866	95980482	15310854
269740901	139358125	130382776	34402695	95980082	15310854
156351283	76417781	79933502	18576786	61356716	6418524
3175	604	2571	2171	400	
4484793	2667588	1817205	883845	933360	512786
4321976	2541010	1780966	860049	920917	512786
162817	126578	36239	23796	12443	
52615284	26637807	25977477	7498611	18478866	2909089
25631413	11461966	14169447	3228281	10941166	1087756
12582563	10363720	2218843	1266892	951951	159735
24646971	19423045	5223927	2812950	2410977	797321
29411977	18276579	11135399	4428315	6707083	2896750

1-36 各级各类教育机构一般公共预算

学校类别	合 计	个人部分	工资福利支出	对个人和家庭的补助支出	#助学金
总 计	**181026844**	**104880748**	**71330002**	**33550745**	**22219585**
一、高等学校	171385186	101776076	68446943	33329133	22192479
1.普通高等学校	171167219	101662297	68337469	33324828	22192479
高等本科学校	170547282	101434364	68127204	33307160	22175200
高职高专学校	619937	227933	210265	17668	17279
2.成人高等学校	217967	113779	109474	4305	
二、中等职业学校	101691	57562	52719	4843	2134
1.中等专业学校	101691	57562	52719	4843	2134
2.职业高中					
#农村					
3.技工学校					
4.成人中专学校					
三、中 学	1959110	1357467	1260058	97410	2660
1.普通中学	1959110	1357467	1260058	97410	2660
普通高中	1355648	941108	868244	72864	1931
#农村	138620	99760	86701	13059	45
普通初中	603462	416359	391813	24546	729
#农村	2658	2158	2109	49	49
2.成人中学					
四、小 学	642801	463843	431393	32450	811
1.普通小学	642801	463843	431393	32450	811
#农村	6232	5223	5153	70	70
2.成人小学					
五、特殊教育					
1.特殊教育学校					
2.工读学校					
六、幼儿园	721565	494319	489627	4692	1863
#农村	15504	11672	11179	492	140
七、教育行政单位	243995	120543	120127	416	
八、教育事业单位	3890798	152067	142518	9550	
九、其 他	2081698	458869	386618	72252	19638

教育事业费和基本建设支出明细(中央教育和其他部门)

单位：千元

公用部分	商品和服务支出	其他资本性支出			基本建设支出
			专项公用支出	专项项目支出	
69293026	**47947084**	**21345942**	**18132877**	**3213065**	**6853071**
62767600	41779170	20988430	17828318	3160113	6841510
62663412	41676333	20987078	17826966	3160113	6841510
62468935	41524338	20944596	17784484	3160113	6643984
194477	151995	42482	42482		197527
104188	102836	1352	1352		
44129	41144	2985	2985		
44129	41144	2985	2985		
601643	474356	127287	102965	24322	
601643	474356	127287	102965	24322	
414540	320785	93755	74440	19315	
38861	35767	3094	3070	24	
187103	153571	33532	28525	5007	
500	260	240	166	74	
178958	132315	46643	38139	8504	
178958	132315	46643	38139	8504	
1008	627	382	252	130	
227245	196150	31095	22112	8983	
3832	2870	963	711	252	
123452	121609	1843	1843		
3727170	3648495	78676	75942	2734	11560
1622829	1553846	68983	60572	8411	

1-37 各级各类教育机构一般公共预算

学校类别	合计	个人部分	工资福利支出	对个人和家庭的补助支出	#助学金
总计	**3036931878**	**2078196049**	**1839358195**	**238837854**	**128778796**
一、高等学校	479220645	260749681	207991606	52758075	39128015
1.普通高等学校	471932587	255724246	203469525	52254721	38960624
高等本科学校	341183973	185121345	146123596	38997749	29010930
高职高专学校	130748614	70602901	57345929	13256972	9949693
2.成人高等学校	7288058	5025435	4522081	503354	167391
二、中等职业学校	178213697	111517481	97934799	13582682	7730323
1.中等专业学校	83220248	51093787	44143331	6950456	4072584
2.职业高中	64922065	42546754	37774976	4771777	2837647
#农村	29434271	18602765	16394414	2208351	1607287
3.技工学校	22955456	12678224	11135610	1542614	793723
4.成人中专学校	7115927	5198717	4880882	317835	26369
三、中学	1001149878	737762214	666476084	71286130	38828440
1.普通中学	1000661784	737379618	666112957	71266661	38828432
普通高中	340647989	252740493	231333108	21407385	11390634
#农村	141015501	106865006	96676346	10188660	7012842
普通初中	660013796	484639125	434779849	49859276	27437797
#农村	386906570	290992225	258740891	32251334	20287761
2.成人中学	488093	382596	363127	19468	9
四、小学	1076770563	791894590	706935498	84959093	38307816
1.普通小学	1076764281	791891483	706932391	84959093	38307816
#农村	661657392	498888592	440685840	58202753	29722271
2.成人小学	6282	3107	3107		
五、特殊教育	15176178	10178599	9367996	810603	329463
1.特殊教育学校	14579590	9744828	8958784	786045	324245
2.工读学校	596588	433770	409212	24558	5218
六、幼儿园	155175868	99878741	92417239	7461501	4445867
#农村	80184722	53469386	48562472	4906913	3594303
七、教育行政单位	30038321	17419475	14810259	2609216	
八、教育事业单位	55021855	33316293	30180164	3136129	
九、其他	46164873	15478974	13244549	2234425	8872

教育事业费和基本建设支出明细(地方教育和其他部门)

单位：千元

公用部分	商品和服务支出	其他资本性支出	专项公用支出	专项项目支出	基本建设支出
886128505	**472768438**	**413360067**	**155280120**	**258079948**	**72607324**
193790347	108342164	85448182	55564271	29883911	24680617
191568929	106752353	84816576	55169551	29647024	24639411
134466984	80114852	54352132	37876682	16475450	21595644
57101945	26637501	30464444	17292869	13171574	3043768
2221418	1589811	631607	394720	236887	41206
62233019	33828262	28404758	13867493	14537265	4463196
29475361	15851485	13623876	6596418	7027458	2651100
21295148	11238224	10056925	4346244	5710681	1080164
10290961	4994427	5296534	2130226	3166308	540545
9551818	5328309	4223508	2718296	1505212	725414
1910692	1410243	500449	206535	293914	6519
242499129	119522959	122976169	34751485	88224684	20888535
242395061	119426735	122968326	34744865	88223461	20887105
80352931	40588866	39764065	13003737	26760328	7554564
32311472	15542349	16769123	4381445	12387679	1839022
162042130	78837869	83204261	21741128	61463133	13332541
92719910	43362584	49357326	11721621	37635705	3194435
104067	96224	7843	6620	1223	1430
269565119	139226414	130338705	34366727	95971978	15310854
269561943	139225810	130336134	34364556	95971578	15310854
156350275	76417154	79933121	18576535	61356586	6418524
3175	604	2571	2171	400	
4484793	2667588	1817205	883845	933360	512786
4321976	2541010	1780966	860049	920917	512786
162817	126578	36239	23796	12443	
52388039	26441657	25946382	7476499	18469883	2909089
25627580	11459097	14168484	3227570	10940913	1087756
12459111	10242112	2217000	1265049	951951	159735
20919801	15774550	5145251	2737008	2408243	785761
27789148	16722732	11066416	4367743	6698673	2896750

1-38 各级各类教育机构一般公共预算

学校类别	合　计	个人部分	工资福利支出	对个人和家庭的补助支出	#助学金
总　计	**11754114**	**7819657**	**6225374**	**1594284**	**780461**
一、高等学校	2654920	1678377	1295706	382671	338239
1.普通高等学校	2582711	1610698	1234157	376541	338239
高等本科学校	1023875	653390	571548	81842	76030
高职高专学校	1558837	957309	662609	294700	262209
2.成人高等学校	72209	67679	61549	6130	
二、中等职业学校	1397460	853005	662419	190585	109673
1.中等专业学校	804611	458410	368019	90391	53685
2.职业高中	58138	40038	19403	20635	2454
#农村	10080	9186	7383	1803	374
3.技工学校	514592	339461	261762	77698	53331
4.成人中专学校	20119	15097	13236	1861	202
三、中　学	3130043	2240208	1842499	397710	143976
1.普通中学	3130043	2240208	1842499	397710	143976
普通高中	1245577	820068	670653	149415	57226
#农村	559443	339434	279630	59804	12267
普通初中	1884465	1420140	1171846	248294	86750
#农村	1344915	1021247	845581	175666	57254
2.成人中学					
四、小　学	2717722	2089270	1739875	349395	115194
1.普通小学	2717722	2089270	1739875	349395	115194
#农村	2335078	1802557	1490322	312236	105116
2.成人小学					
五、特殊教育	5040	3722	3175	547	84
1.特殊教育学校	5040	3722	3175	547	84
2.工读学校					
六、幼儿园	1128729	691863	537844	154019	73295
#农村	693333	466555	345857	120698	60258
七、教育行政单位	405874	127543	24212	103331	
八、教育事业单位	137546	52139	40605	11534	
九、其　他	176780	83529	79038	4492	

教育事业费和基本建设支出明细(国有及国有控股企业办)

单位：千元

公用部分	商品和服务支出	其他资本性支出			基本建设支出
			专项公用支出	专项项目支出	
3485145	**2173571**	**1311574**	**640984**	**670590**	**449312**
923782	667197	256585	223156	33430	52761
919252	662667	256585	223156	33430	52761
349787	257432	92356	86031	6325	20698
569465	405236	164230	137125	27104	32063
4530	4530				
519269	335640	183629	105236	78393	25186
321015	194108	126907	77608	49299	25186
18100	13347	4753	2509	2244	
894	309	585	294	291	
175132	123608	51524	24674	26850	
5023	4577	446	446		
812065	397389	414676	121559	293117	77769
812065	397389	414676	121559	293117	77769
385108	144355	240753	59115	181637	40401
216033	67524	148509	29414	119096	3976
426957	253034	173923	62444	111480	37368
293806	169099	124707	42404	82302	29862
567519	323024	244495	81697	162798	60932
567519	323024	244495	81697	162798	60932
473739	269742	203997	68872	135124	58782
1319	1191	128	128		
1319	1191	128	128		
411898	266768	145130	75560	69571	24968
203008	110855	92153	35000	57153	23771
144238	117851	26387	20598	5789	134093
34406	20642	13765	9754	4011	51000
70648	43868	26780	3298	23482	22602

1-39 各级各类教育机构一般公共预算

学校类别	合 计	个人部分	工资福利支出	对个人和家庭的补助支出	#助学金
总 计	**9314339**	**6311557**	**5078442**	**1233116**	**496923**
一、高等学校	1566590	978094	799579	178515	143443
1.普通高等学校	1503870	919898	747032	172866	143443
高等本科学校	1018092	647607	571548	76059	70247
高职高专学校	485778	272290	175484	96806	73196
2.成人高等学校	62720	58196	52547	5649	
二、中等职业学校	514754	291501	224936	66565	37315
1.中等专业学校	422469	224931	164886	60045	33075
2.职业高中	16638	12804	10701	2103	362
#农村	10024	9130	7383	1747	319
3.技工学校	69198	48749	44871	3878	3878
4.成人中专学校	6450	5017	4478	539	
三、中 学	3102317	2218110	1823526	394584	142041
1.普通中学	3102317	2218110	1823526	394584	142041
普通高中	1238194	813807	665786	148022	57002
#农村	554122	334899	276424	58475	12108
普通初中	1864123	1404302	1157740	246562	85039
#农村	1334994	1013012	838014	174997	56605
2.成人中学					
四、小 学	2642181	2027121	1685834	341287	111268
1.普通小学	2642181	2027121	1685834	341287	111268
#农村	2311570	1784145	1473868	310277	103238
2.成人小学					
五、特殊教育	5040	3722	3175	547	84
1.特殊教育学校	5040	3722	3175	547	84
2.工读学校					
六、幼儿园	763256	529798	397537	132261	62771
#农村	629323	428398	310899	117499	57814
七、教育行政单位	405874	127543	24212	103331	
八、教育事业单位	137546	52139	40605	11534	
九、其 他	176780	83529	79038	4492	

教育事业费和基本建设支出明细(中央国有及国有控股企业办)

单位：千元

公用部分		其他资本性支出			基本建设支出
	商品和服务支出		专项公用支出	专项项目支出	
2553469	**1531092**	**1022377**	**423268**	**599109**	**449312**
535735	408967	126768	113751	13017	52761
531212	404443	126768	113751	13017	52761
349787	257432	92356	86031	6325	20698
181424	147012	34413	27721	6692	32063
4524	4524				
198068	122671	75396	34686	40710	25186
172352	104142	68210	31939	36272	25186
3833	2763	1070	469	601	
894	309	585	294	291	
20449	14519	5930	2092	3838	
1434	1248	186	186		
806439	392010	414429	121324	293105	77769
806439	392010	414429	121324	293105	77769
383985	143386	240599	58962	181637	40401
215247	66891	148356	29260	119096	3976
422454	248624	173829	62362	111468	37368
292120	167501	124619	42328	82290	29862
554128	310458	243670	81317	162354	60932
554128	310458	243670	81317	162354	60932
468643	264890	203753	68628	135124	58782
1319	1191	128	128		
1319	1191	128	128		
208489	113434	95055	38413	56642	24968
177155	93071	84084	31330	52754	23771
144238	117851	26387	20598	5789	134093
34406	20642	13765	9754	4011	51000
70648	43868	26780	3298	23482	22602

1-40 各级各类教育机构一般公共预算

学校类别	合　计	个人部分	工资福利支　出	对个人和家庭的补助支出	#助学金
总　　计	**2439775**	**1508100**	**1146932**	**361168**	**283538**
一、高等学校	1088330	700284	496127	204157	194796
1.普通高等学校	1078841	690801	487125	203675	194796
高等本科学校	5782	5782		5782	5782
高职高专学校	1073059	685018	487125	197893	189013
2.成人高等学校	9489	9483	9002	481	
二、中等职业学校	882705	561504	437483	124021	72357
1.中等专业学校	382142	233479	203133	30346	20610
2.职业高中	41500	27233	8702	18532	2092
#农村	56	56		56	56
3.技工学校	445395	290712	216891	73820	49453
4.成人中专学校	13669	10080	8758	1322	202
三、中　学	27725	22099	18973	3125	1935
1.普通中学	27725	22099	18973	3125	1935
普通高中	7384	6261	4867	1393	223
#农村	5322	4535	3206	1329	159
普通初中	20342	15838	14106	1732	1712
#农村	9921	8236	7567	669	649
2.成人中学					
四、小　学	75541	62149	54041	8108	3926
1.普通小学	75541	62149	54041	8108	3926
#农村	23509	18412	16453	1959	1877
2.成人小学					
五、特殊教育					
1.特殊教育学校					
2.工读学校					
六、幼儿园	365474	162065	140308	21757	10524
#农村	64009	38157	34958	3199	2444
七、教育行政单位					
八、教育事业单位					
九、其　他					

教育事业费和基本建设支出明细(地方国有及国有控股企业办)

单位：千元

公用部分	商品和服务支出	其他资本性支出			基本建设支出
			专项公用支出	专项项目支出	
931676	**642478**	**289197**	**217717**	**71481**	
388047	258230	129817	109404	20413	
388041	258224	129817	109404	20413	
388041	258224	129817	109404	20413	
6	6				
321202	212969	108233	70550	37683	
148663	89967	58696	45669	13027	
14266	10583	3683	2040	1643	
154683	109089	45594	22582	23012	
3589	3329	260	260		
5627	5379	247	235	12	
5627	5379	247	235	12	
1123	969	154	154		
787	633	154	154		
4504	4410	94	82	12	
1686	1597	88	76	12	
13392	12567	825	380	445	
13392	12567	825	380	445	
5096	4852	244	244		
203409	153334	50075	37146	12929	
25853	17784	8069	3670	4399	

1-41 各级各类教育机构一般公共预算

学校类别	合 计	个人部分	工资福利支 出	对个人和家庭的补助支出	#助学金
总 计	**61097676**	**33506824**	**14442486**	**19064339**	**15751027**
一、高等学校	12023355	7847172	1075902	6771269	6482162
1.普通高等学校	12017422	7842438	1071168	6771269	6482162
高等本科学校	8843613	5838814	895248	4943566	4768304
高职高专学校	3173809	2003624	175921	1827703	1713858
2.成人高等学校	5933	4734	4734		
二、中等职业学校	5723847	3323543	1374775	1948768	1819545
1.中等专业学校	2639039	1445745	460660	985085	935999
2.职业高中	1737710	1098733	435753	662979	638021
#农村	728196	476105	218979	257126	251225
3.技工学校	1221416	706977	463657	243320	192383
4.成人中专学校	125681	72089	14705	57384	53142
三、中 学	15959750	8537785	5089293	3448491	2845752
1.普通中学	15959750	8537785	5089293	3448491	2845752
普通高中	4317199	2855411	2001638	853773	742254
#农村	2052313	1544730	1125952	418779	401701
普通初中	11642551	5682373	3087656	2594718	2103498
#农村	5148669	2585586	1474288	1111298	1038517
2.成人中学					
四、小 学	13644738	6995114	2720323	4274790	2847545
1.普通小学	13644738	6995114	2720323	4274790	2847545
#农村	5376830	2350697	887201	1463496	1292868
2.成人小学					
五、特殊教育	93910	45863	33419	12445	12165
1.特殊教育学校	93071	45024	33419	11605	11326
2.工读学校	839	839		839	839
六、幼儿园	13652076	6757348	4148773	2608576	1743859
#农村	5173302	2575702	1420196	1155506	978972
七、教育行政单位					
八、教育事业单位					
九、其 他					

教育事业费和基本建设支出明细(民办)

单位：千元

公用部分	商品和服务支出	其他资本性支出	专项公用支出	专项项目支出	基本建设支出
26684207	**19514251**	**7169956**	**3546670**	**3623286**	**906644**
3516417	1289782	2226635	1547264	679370	659766
3515218	1288583	2226635	1547264	679370	659766
2367948	892745	1475203	1198560	276643	636851
1147270	395838	751432	348704	402728	22915
1199	1199				
2399946	1943689	456257	245693	210564	358
1192936	993158	199778	83861	115917	358
638978	511449	127529	92877	34652	
252091	204078	48013	32161	15852	
514440	407309	107131	52711	54420	
53592	31773	21819	16244	5576	
7258016	5421362	1836654	556218	1280436	163949
7258016	5421362	1836654	556218	1280436	163949
1394542	835638	558904	106639	452265	67245
507583	347970	159613	56968	102645	
5863474	4585724	1277750	449579	828171	96704
2563083	2179762	383320	182170	201151	
6568490	5330646	1237844	473689	764155	81135
6568490	5330646	1237844	473689	764155	81135
2977403	2531510	445893	206733	239159	48730
48046	32123	15923	5501	10422	
48046	32123	15923	5501	10422	
6893292	5496649	1396643	718304	678339	1436
2597600	1850455	747146	331813	415333	

1-42 各级各类学校生均教育经费支出(教育和其他部门)

单位：元

学校类别	教育经费支出	个人和公用部分支出			基本建设支出
			个人部分	公用部分	
总　计	**20054.73**	**19647.33**	**12713.53**	**6933.80**	**407.40**
一、高等学校	37794.36	36696.10	19231.48	17464.62	1098.26
1.普通高等学校	38704.75	37566.33	19675.11	17891.21	1138.42
高等本科学校	44123.24	42716.88	22289.15	20427.73	1406.36
高职高专学校	24697.47	24251.69	12917.60	11334.09	445.78
2.成人高等学校	13729.81	13693.22	7504.72	6188.50	36.59
二、中等职业学校	21188.29	20719.81	12345.53	8374.28	468.49
1.中等专业学校	20649.98	20085.28	11816.01	8269.26	564.70
2.职业高中	22038.20	21729.75	13253.35	8476.40	308.45
#农村	17921.93	17633.14	10659.83	6973.32	288.79
3.技工学校	18133.32	17568.23	9718.92	7849.31	565.09
4.成人中专学校	47162.41	47129.18	33081.27	14047.91	33.23
三、中　学	20439.19	20042.70	14351.54	5691.16	396.50
1.普通中学	20434.40	20037.78	14349.25	5688.53	396.61
普通高中	22139.38	21713.05	15152.10	6560.95	426.33
#农村	17132.92	16944.73	12061.75	4882.98	188.19
普通初中	19571.06	19189.50	13942.72	5246.78	381.56
#农村	16997.17	16859.93	12668.56	4191.37	137.24
2.成人中学	34072.47	34005.75	20843.12	13162.63	66.72
四、小　学	13504.41	13321.53	9722.37	3599.15	182.89
1.普通小学	13504.37	13321.49	9722.40	3599.09	182.89
#农村	12530.93	12417.84	9404.47	3013.37	113.09
2.成人小学	20030.63	20030.63	5566.36	14464.28	
五、特殊教育	65560.21	63742.36	42922.76	20819.60	1817.85
1.特殊教育学校	64407.45	62543.29	42147.83	20395.45	1864.16
2.工读学校	107687.21	107561.70	71241.99	36319.71	125.51
六、幼儿园	11869.42	11700.50	7283.44	4417.07	168.91
#农村	8358.65	8265.20	5244.95	3020.26	93.45

1-43 各级各类学校生均一般公共预算教育事业费和基本建设支出（教育和其他部门）

单位：元

学校类别	一般公共预算教育事业费和基本建设支出教育经费支出	事业费支出			基本建设支出
			个人部分	公用部分	
总　计	**14988.18**	**14618.08**	**10168.05**	**4450.04**	**370.10**
一、高等学校	23352.32	22220.89	13012.21	9208.68	1131.43
1.普通高等学校	23176.40	22041.87	12879.70	9162.17	1134.53
高等本科学校	26085.58	24646.06	14607.22	10038.84	1439.52
高职高专学校	16157.20	15758.55	8711.58	7046.97	398.65
2.成人高等学校	-	-	-	-	-
二、中等职业学校	15775.37	15380.52	9870.92	5509.59	394.85
1.中等专业学校	15148.14	14666.16	9299.44	5366.72	481.98
2.职业高中	16908.23	16626.92	11080.83	5546.09	281.32
#农村	14440.50	14175.31	9126.55	5048.76	265.19
3.技工学校	12990.74	12580.22	7174.74	5405.48	410.52
4.成人中专学校	36269.73	36236.50	26497.75	9738.76	33.23
三、中　学	16464.45	16121.60	12131.48	3990.12	342.85
1.普通中学	16462.23	16119.28	12129.47	3989.81	342.95
普通高中	16705.23	16336.23	12391.13	3945.10	369.00
#农村	13286.93	13113.83	10068.67	3045.16	173.11
普通初中	16339.19	16009.43	11996.98	4012.45	329.76
#农村	14663.29	14542.23	11028.26	3513.97	121.06
2.成人中学	22772.98	22706.26	17850.79	4855.47	66.72
四、小　学	11358.74	11197.32	8353.52	2843.80	161.42
1.普通小学	11358.74	11197.33	8353.54	2843.79	161.42
#农村	10785.97	10681.34	8132.62	2548.73	104.63
2.成人小学	11041.18	11041.18	5460.91	5580.27	
五、特殊教育	53498.91	51691.24	35881.49	15809.75	1807.67
1.特殊教育学校	52802.22	50945.09	35292.39	15652.70	1857.13
2.工读学校	78958.99	78958.95	57409.95	21549.00	0.04
六、幼儿园	8033.91	7884.00	5172.56	2711.44	149.91
#农村	5955.36	5874.59	3971.30	1903.29	80.77

1-44 各级各类学校生均教育经费支出(中央教育和其他部门)

单位：元

学校类别	教育经费支出	个人和公用部分支出			基本建设支出
			个人部分	公用部分	
总　　计	**69160.08**	**67791.27**	**32779.04**	**35012.24**	**1368.81**
一、高等学校	68324.36	66900.81	32954.88	33945.93	1423.55
1.普通高等学校	68391.93	66962.01	33015.65	33946.35	1429.92
高等本科学校	68632.26	67230.23	33125.37	34104.86	1402.03
高职高专学校	31766.24	26086.87	16295.77	9791.09	5679.37
2.成人高等学校	-	-	-	-	-
二、中等职业学校	61913.94	61913.94	31344.73	30569.21	
1.中等专业学校	64598.00	64598.00	33037.43	31560.57	
2.职业高中					
#农村					
3.技工学校					
4.成人中专学校	28722.40	28722.40	10412.55	18309.85	
三、中　学	46194.04	46194.04	29637.51	16556.53	
1.普通中学	46194.04	46194.04	29637.51	16556.53	
普通高中	51633.10	51633.10	32807.97	18825.13	
#农村	34149.82	34149.82	26021.41	8128.41	
普通初中	36248.93	36248.93	23840.43	12408.49	
#农村	34604.30	34604.30	31699.71	2904.60	
2.成人中学					
四、小　学	18484.03	18484.03	13070.61	5413.42	
1.普通小学	18484.03	18484.03	13070.61	5413.42	
#农村	18889.89	18889.89	16843.50	2046.39	
2.成人小学					
五、特殊教育					
1.特殊教育学校					
2.工读学校					
六、幼儿园	21318.96	21318.96	15423.70	5895.26	
#农村	11449.66	11449.66	8689.96	2759.70	

1-45　各级各类学校生均一般公共预算教育事业费和基本建设支出（中央教育和其他部门）

单位：元

学校类别	一般公共预算教育事业费和基本建设支出教育经费支出	事业费支出			基本建设支出
			个人部分	公用部分	
总　计	**35177.04**	**33845.36**	**20380.37**	**13464.99**	**1331.69**
一、高等学校	34810.23	33420.65	20671.85	12748.80	1389.59
1.普通高等学校	34829.25	33437.13	20686.33	12750.80	1392.12
高等本科学校	34950.45	33588.89	20787.06	12801.83	1361.56
高职高专学校	17824.69	12145.32	6553.62	5591.70	5679.37
2.成人高等学校	-	-	-	-	-
二、中等职业学校	30391.80	30391.80	17203.20	13188.60	
1.中等专业学校	32849.45	32849.45	18594.35	14255.10	
2.职业高中					
#农村					
3.技工学校					
4.成人中专学校					
三、中　学	29616.92	29616.92	20521.56	9095.36	
1.普通中学	29616.92	29616.92	20521.56	9095.36	
普通高中	31702.41	31702.41	22008.22	9694.19	
#农村	25328.02	25328.02	18227.58	7100.44	
普通初中	25803.68	25803.68	17803.27	8000.42	
#农村	10617.63	10617.63	8619.71	1997.92	
2.成人中学					
四、小　学	14241.64	14241.64	10276.73	3964.91	
1.普通小学	14241.64	14241.64	10276.73	3964.91	
#农村	6931.63	6931.63	5810.18	1121.45	
2.成人小学					
五、特殊教育					
1.特殊教育学校					
2.工读学校					
六、幼儿园	6855.64	6855.64	4696.56	2159.07	
#农村	3523.45	3523.45	2652.50	870.95	

1-46 各级各类学校生均教育经费支出(地方教育和其他部门)

单位：元

学校类别	教育经费支出	个人和公用部分支出			基本建设支出
			个人部分	公用部分	
总 计	**18762.81**	**18380.70**	**12185.62**	**6195.08**	**382.11**
一、高等学校	31387.63	30357.63	16351.61	14006.02	1030.00
1.普通高等学校	32222.85	31148.07	16762.34	14385.73	1074.78
高等本科学校	36087.40	34679.62	18736.25	15943.37	1407.78
高职高专学校	24667.74	24243.97	12903.39	11340.58	423.77
2.成人高等学校	12873.95	12836.57	7247.42	5589.15	37.38
二、中等职业学校	21176.23	20707.61	12339.90	8367.70	468.63
1.中等专业学校	20625.23	20060.21	11804.06	8256.15	565.02
2.职业高中	22038.20	21729.75	13253.35	8476.40	308.45
#农村	17921.93	17633.14	10659.83	6973.32	288.79
3.技工学校	18133.32	17568.23	9718.92	7849.31	565.09
4.成人中专学校	47185.97	47152.70	33110.23	14042.47	33.27
三、中 学	20411.20	20014.27	14334.92	5679.35	396.93
1.普通中学	20406.39	20009.35	14332.63	5676.72	397.04
普通高中	22077.65	21650.43	15115.15	6535.28	427.22
#农村	17124.15	16935.86	12054.55	4881.31	188.29
普通初中	19561.41	19179.63	13936.99	5242.63	381.78
#农村	16997.00	16859.76	12668.38	4191.38	137.24
2.成人中学	34072.47	34005.75	20843.12	13162.63	66.72
四、小 学	13502.04	13319.07	9720.78	3598.29	182.97
1.普通小学	13502.00	13319.03	9720.80	3598.23	182.97
#农村	12530.84	12417.75	9404.37	3013.38	113.09
2.成人小学	20030.63	20030.63	5566.36	14464.28	
五、特殊教育	65560.21	63742.36	42922.76	20819.60	1817.85
1.特殊教育学校	64407.45	62543.29	42147.83	20395.45	1864.16
2.工读学校	107687.21	107561.70	71241.99	36319.71	125.51
六、幼儿园	11817.88	11648.05	7239.05	4409.00	169.83
#农村	8357.64	8264.16	5243.82	3020.34	93.48

1-47 各级各类学校生均一般公共预算教育事业费和基本建设支出（地方教育和其他部门）

单位：元

学校类别	一般公共预算教育事业费和基本建设支出教育经费支出	事业费支出			基本建设支出
			个人部分	公用部分	
总　计	**14492.39**	**14145.91**	**9917.26**	**4228.65**	**346.49**
一、高等学校	20892.89	19816.87	11368.07	8448.80	1076.02
1.普通高等学校	20668.36	19589.27	11199.48	8389.79	1079.09
高等本科学校	23150.41	21685.07	12561.07	9124.01	1465.33
高职高专学校	16150.04	15774.07	8720.85	7053.22	375.97
2.成人高等学校	-	-	-	-	-
二、中等职业学校	15771.04	15376.07	9868.75	5507.32	394.97
1.中等专业学校	15138.17	14655.92	9294.21	5361.71	482.25
2.职业高中	16908.23	16626.92	11080.83	5546.09	281.32
#农村	14440.50	14175.31	9126.55	5048.76	265.19
3.技工学校	12990.74	12580.22	7174.74	5405.48	410.52
4.成人中专学校	36316.07	36282.80	26531.60	9751.20	33.27
三、中　学	16450.16	16106.93	12122.36	3984.57	343.22
1.普通中学	16447.93	16104.61	12120.35	3984.26	343.32
普通高中	16673.84	16304.07	12371.00	3933.07	369.78
#农村	13280.73	13107.53	10064.46	3043.07	173.20
普通初中	16333.71	16003.76	11993.62	4010.14	329.95
#农村	14663.33	14542.26	11028.28	3513.98	121.07
2.成人中学	22772.98	22706.26	17850.79	4855.47	66.72
四、小　学	11357.37	11195.88	8352.60	2843.27	161.49
1.普通小学	11357.37	11195.88	8352.62	2843.25	161.49
#农村	10786.03	10681.40	8132.65	2548.75	104.63
2.成人小学	11041.18	11041.18	5460.91	5580.27	
五、特殊教育	53498.91	51691.24	35881.49	15809.75	1807.67
1.特殊教育学校	52802.22	50945.09	35292.39	15652.70	1857.13
2.工读学校	78958.99	78958.95	57409.95	21549.00	0.04
六、幼儿园	8040.34	7889.60	5175.15	2714.45	150.73
#农村	5956.15	5875.35	3971.73	1903.63	80.80

第二部分

各地区按来源分类教育经费收入

2-1 教育经费总收入

单位：千元

地 区	总 计			教育部门和其他部门			国有及国有控股企业办学			民办学校
	合计	中央	地方	合计	中央	地方	合计	中央	地方	地方
合 计	**5003664773**	**402593458**	**4601071315**	**4421238789**	**388765088**	**4032473701**	**22952373**	**13828370**	**9124003**	**559473611**
北 京	270370502	122422705	147947797	255229055	122407781	132821274	464528	14924	449604	14676919
天 津	73529728	10821343	62708385	67850854	10796315	57054539	516607	25029	491578	5162268
河 北	201632848	2420942	199211906	175731102	2342162	173388940	697390	78780	618611	25204355
山 西	98632926	52940	98579986	87137935	52940	87084995	501301		501301	10993690
内蒙古	81309228	252025	81057203	77552569	252025	77300544	144300		144300	3612358
辽 宁	117112018	11172444	105939574	105405584	11172444	94233140	231149		231149	11475285
吉 林	76839249	9065025	67774224	70264843	9065025	61199818	77561		77561	6496844
黑龙江	93527094	12368538	81158556	86477676	11120281	75357395	1801708	1248257	553451	5247710
上 海	179011886	37757808	141254078	160066472	37737100	122329372	201798	20708	181090	18743616
江 苏	339701339	28768213	310933126	308727608	28738268	279989340	285955	29945	256010	30687777
浙 江	286046125	12608427	273437699	240246137	12608427	227637711	165747		165747	45634242
安 徽	171927592	8169468	163758124	154494998	8169047	146325951	531441	421	531019	16901154
福 建	141347690	7056384	134291306	126109945	7056384	119053561	105466		105466	15132280
江 西	145851745	497042	145354703	131510424	489894	131020530	127987	7148	120839	14213333
山 东	301500492	11482889	290017603	268108445	11482889	256625556	1672130		1672130	31719917
河 南	268086325	1234154	266852171	222769329	1218061	221551268	528235	16093	512141	44788762
湖 北	190075734	29405214	160670520	168538635	29026949	139511687	577324	378265	199059	20959774
湖 南	186362690	8825974	177536716	160415544	8818359	151597185	308359	7615	300744	25638787
广 东	508050011	16174503	491875508	407159896	16114800	391045096	184274	59703	124571	100705841
广 西	143992380	315015	143677365	131121653	315015	130806638	36477		36477	12834250
海 南	42576858	137505	42439353	36607919	137505	36470414	89690		89690	5879249
重 庆	122793836	8364162	114429674	109947285	8162405	101784880	273643	201757	71887	12572908
四 川	246609001	21137791	225471210	214880009	20804948	194075061	835230	332843	502387	30893761
贵 州	136444014	214661	136229353	125423676	214661	125209015	78632		78632	10941706
云 南	148896918	560596	148336322	135201819	560596	134641223	421242		421242	13273857
西 藏	28827190	14887	28812303	28649173	14887	28634286				178017
陕 西	148808695	23905149	124903547	131879134	23895876	107983258	395713	9273	386440	16533848
甘 肃	84630254	4642846	79987407	81323291	4642766	76680525	131350	80	131270	3175613
青 海	28996403	47459	28948945	28268750	47459	28221291	42619		42619	685035
宁 夏	26386909	1059370	25327539	24201288	1059370	23141918	94995		94995	2090625
新 疆	113787093	11637981	102149112	99937742	240451	99697290	11429523	11397530	31993	2419829
大 连	17180155	62865	17117290	15206005	62865	15143140	20022		20022	1954128
宁 波	36143814	137698	36006116	29392213	137698	29254515				6751601
厦 门	19854837	13326	19841511	17329431	13326	17316105	28472		28472	2496934
青 岛	35320855		35320855	30683898		30683898	150159		150159	4486798
深 圳	101096521	671852	100424669	80534973	671852	79863121				20561548

注：辽宁数据包含大连，浙江数据包含宁波，福建数据包含厦门，山东数据包含青岛，广东数据包含深圳，以下同。

2-2 国家财政性教育经费

单位：千元

地区	总计			教育部门和其他部门			国有及国有控股企业办学			民办学校
	合计	中央	地方	合计	中央	地方	合计	中央	地方	地方
合计	**3990507636**	**267983586**	**3722524050**	**3905395707**	**256024292**	**3649371416**	**16290600**	**11959294**	**4331305**	**68821328**
北京	205892205	77977609	127914597	204416568	77965768	126450801	302171	11841	290330	1173466
天津	59401465	7516925	51884540	58737553	7516925	51220628	320916		320916	342996
河北	165819812	1784544	164035269	162440859	1746738	160694122	338720	37806	300914	3040233
山西	80960269	51310	80908959	79365136	51310	79313825	271503		271503	1323631
内蒙古	72537564	246120	72291444	72031835	246120	71785715	81834		81834	423895
辽宁	92238368	7916761	84321607	91830935	7916761	83914174	45550		45550	361882
吉林	62298944	6571025	55727919	61846158	6571025	55275133	54877		54877	397909
黑龙江	78324433	8536027	69788406	76945875	7616434	69329441	1232509	919593	312916	146048
上海	137319023	22496837	114822186	135346438	22496837	112849601	37268		37268	1935317
江苏	267746208	19688972	248057236	264878493	19676615	245201878	117380	12357	105023	2750335
浙江	211391269	7854691	203536579	203311654	7854691	195456963	57883		57883	8021732
安徽	141423169	6620965	134802204	139441259	6620545	132820714	204966	420	204545	1776944
福建	111912786	4327820	107584966	110385676	4327820	106057856	93967		93967	1433143
江西	121493399	492815	121000583	120133336	489894	119643442	22133	2922	19212	1337930
山东	241299864	7603160	233696704	236219897	7603160	228616737	933212		933212	4146755
河南	207926533	1145034	206781499	201913997	1134219	200779779	145691	10815	134876	5866845
湖北	147649458	20722645	126926812	146056408	20542016	125514392	266911	180630	86282	1326138
湖南	140925292	5844113	135081179	138637251	5844113	132793138	154654		154654	2133388
广东	382067380	10509102	371558278	366020212	10469016	355551196	70416	40085	30331	15976751
广西	118719516	314432	118405084	117631420	314432	117316989	4028		4028	1084068
海南	35039592	118095	34921497	34573064	118095	34454969	71698		71698	394830
重庆	96837117	5446829	91390288	94750997	5357459	89393538	115841	89370	26471	1970280
四川	195407759	12942632	182465128	191264424	12756179	178508245	408300	186453	221848	3735035
贵州	116065347	214661	115850686	114442875	214661	114228214	45090		45090	1577382
云南	127366760	554625	126812135	125512548	554625	124957923	183000		183000	1671212
西藏	28375918	14887	28361031	28258349	14887	28243462				117568
陕西	114973838	15370348	99603491	111918088	15369620	96548467	135514	727	134787	2920237
甘肃	75640204	3520674	72119529	74887568	3520594	71366974	59012	80	58932	693624
青海	26664782	40550	26624232	26448952	40550	26408403	31496		31496	184333
宁夏	22377776	860451	21517325	22056828	860451	21196377	12177		12177	308771
新疆	104411585	10678929	93732657	93691052	212733	93478318	10471882	10466195	5687	248651
大连	14486401	20450	14465951	14424840	20450	14404390	5928		5928	55633
宁波	27654731	137698	27517033	26338701	137698	26201003				1316030
厦门	16860362	9626	16850737	16180208	9626	16170583	24821		24821	655332
青岛	29804019		29804019	29345801		29345801	78493		78493	379725
深圳	83853242	671852	83181390	77032518	671852	76360666				6820724

2-3 一般公共预算安排的教育经费

单位：千元

地区	总计			教育部门和其他部门			国有及国有控股企业办学			民办学校
	合计	中央	地方	合计	中央	地方	合计	中央	地方	地方
合计	**3859316228**	**214328256**	**3644987972**	**3778240739**	**203252131**	**3574988608**	**13427883**	**11076125**	**2351758**	**67647605**
北京	190484426	64786536	125697890	189147049	64786536	124360514	163911		163911	1173466
天津	57375486	5829053	51546432	56805565	5829053	50976512	227346		227346	342574
河北	160733015	1509150	159223866	157516452	1509150	156007302	267229		267229	2949335
山西	76768001	2894	76765107	75463070	2894	75460176	32636		32636	1272294
内蒙古	71588932	179923	71409009	71164218	179923	70984295	8468		8468	416246
辽宁	90250260	6497819	83752440	89878209	6497819	83380389	12834		12834	359217
吉林	60555184	5753584	54801600	60113399	5753584	54359815	48958		48958	392827
黑龙江	75251825	6589945	68661881	74233991	6018234	68215757	871887	571711	300176	145947
上海	131409056	17948627	113460429	129470406	17948627	111521779	7307		7307	1931343
江苏	254258641	14335029	239923612	251426440	14326158	237100282	98587	8871	89716	2733614
浙江	197477547	4278467	193199080	189931831	4278467	185653364	13325		13325	7532392
安徽	137957805	4820558	133137248	136085216	4820340	131264875	121147	217	120930	1751442
福建	106488596	3307736	103180860	105062270	3307736	101754533	851		851	1425475
江西	119426160	94359	119331801	118075962	93893	117982068	15439	466	14973	1334759
山东	233371014	5765959	227605056	228861629	5765959	223095670	371263		371263	4138123
河南	205009784	484939	204524845	199089816	482097	198607719	68281	2842	65439	5851686
湖北	139907799	16735282	123172517	138491981	16698635	121793346	92555	36647	55908	1323263
湖南	139387981	5097147	134290834	137130045	5097147	132032898	124671		124671	2133265
广东	375130718	9003145	366127572	359130007	8963520	350166487	55806	39625	16181	15944905
广西	113532464	44796	113487668	112451672	44796	112406876	189		189	1080603
海南	33772589	4073	33768516	33377010	4073	33372936	4843		4843	390737
重庆	93918672	4624686	89293986	91835371	4535316	87300055	113116	89370	23746	1970186
四川	190048870	10463886	179584983	186045552	10301576	175743976	339038	162311	176727	3664281
贵州	115118612	36669	115081943	113819828	36669	113783159	44208		44208	1254575
云南	125735710	206196	125529514	124019115	206196	123812919	46579		46579	1670016
西藏	28283271	3830	28279441	28165703	3830	28161873				117568
陕西	109694384	11735144	97959240	106715119	11734417	94980703	67179	727	66452	2912086
甘肃	74392766	3137797	71254969	73692103	3137797	70554306	7040		7040	693624
青海	26473014	523	26472492	26258614	523	26258092	30067		30067	184333
宁夏	22047228	809675	21237552	21729299	809675	20919624	9157		9157	308771
新疆	103466417	10240827	93225589	93053799	77489	92976310	10163967	10163338	629	248651
大连	14457091	8207	14448884	14396744	8207	14388536	4715		4715	55633
宁波	26895981	133071	26762910	25739812	133071	25606741				1156169
厦门	16530205	1200	16529005	15874745	1200	15873545	519		519	654941
青岛	29630356		29630356	29237438		29237438	13193		13193	379725
深圳	82874002	1735	82872267	76074037	1735	76072302				6799965

2-4　一般公共预算教育经费

单位：千元

地区	总计			教育部门和其他部门			国有及国有控股企业办学			民办学校
	合计	中央	地方	合计	中央	地方	合计	中央	地方	地方
合　计	**3464856852**	**179270526**	**3285586326**	**3387387806**	**169613690**	**3217774116**	**11898407**	**9656837**	**2241570**	**65570640**
北　京	163723963	51187468	112536495	162404219	51187468	111216751	163911		163911	1155833
天　津	51640353	4959466	46680887	51094025	4959466	46134559	204356		204356	341972
河　北	152987422	1415641	151571780	149796480	1415641	148380838	262829		262829	2928114
山　西	69191806	2354	69189452	67921759	2354	67919405	29178		29178	1240869
内蒙古	60412218	68790	60343428	59994462	68790	59925672	8468		8468	409287
辽　宁	76180302	5752505	70427797	75809028	5752505	70056522	12834		12834	358441
吉　林	55144838	5428940	49715898	54704269	5428940	49275330	48709		48709	391859
黑龙江	66752599	5497349	61255250	65775209	4928473	60846736	831442	568876	262566	145947
上　海	110281673	14344047	95937626	108405248	14344047	94061200	7307		7307	1869119
江　苏	232266260	12208286	220057975	229471764	12199415	217272350	98540	8871	89669	2695955
浙　江	179635957	3828161	175807796	172683527	3828161	168855367	13325		13325	6939105
安　徽	125200868	3264259	121936610	123344722	3264042	120080680	111772	217	111555	1744374
福　建	99608765	3022480	96586285	98353191	3022480	95330711	851		851	1254722
江　西	113404144	87082	113317062	112095139	86616	112008523	15439	466	14973	1293566
山　东	220569213	5073660	215495553	216100851	5073660	211027191	371263		371263	4097099
河　南	177800968	461581	177339387	172137144	458739	171678405	52802	2842	49959	5611022
湖　北	129165659	15040482	114125177	127775157	15003835	112771322	92438	36647	55791	1298064
湖　南	131611425	4213047	127398378	129369894	4213047	125156847	124671		124671	2116860
广　东	327958387	6181131	321777256	312419461	6141506	306277955	55464	39625	15839	15483462
广　西	100894273	6624	100887649	99815288	6624	99808664	189		189	1078796
海　南	27353412	4073	27349339	26974090	4073	26970017	4843		4843	374479
重　庆	77412813	4384380	73028432	75409420	4320251	71089168	87875	64129	23746	1915518
四　川	169037649	9637946	159399703	165134530	9490536	155643994	323215	147411	175805	3579904
贵　州	106190109	33062	106157047	104914302	33062	104881240	38526		38526	1237282
云　南	106773877	42839	106731038	105113157	42839	105070318	46579		46579	1614141
西　藏	26159930	2350	26157579	26042361	2350	26040011				117568
陕　西	104982564	10519961	94462602	102013648	10519234	91494414	66894	727	66166	2902022
甘　肃	66580057	2974801	63605256	65922915	2974801	62948113	7040		7040	650103
青　海	21988238	523	21987715	21785957	523	21785435	20836		20836	181444
宁　夏	18721119	784756	17936363	18416299	784756	17631543	9157		9157	295662
新　疆	95225993	8842481	86383511	86190290	55456	86134835	8787654	8787026	629	248048
大　连	11596694	8207	11588487	11536347	8207	11528140	4715		4715	55633
宁　波	24660714	120420	24540294	23541033	120420	23420613				1119681
厦　门	14947201	1200	14946001	14457964	1200	14456764	519		519	488718
青　岛	27378569		27378569	26985651		26985651	13193		13193	379725
深　圳	70269809	1735	70268074	63691035	1735	63689300				6578774

2-5 教育事业费

单位：千元

地区	总计			教育部门和其他部门			国有及国有控股企业办学			民办学校
	合计	中央	地方	合计	中央	地方	合计	中央	地方	地方
合计	**3230321153**	**170739563**	**3059581589**	**3159680654**	**161988667**	**2997691987**	**10961498**	**8750896**	**2210602**	**59679000**
北京	154168784	49159868	105008916	152858246	49159868	103698377	163911		163911	1146628
天津	49803410	4894466	44908945	49261249	4894466	44366783	204356		204356	337805
河北	146061029	1356641	144704387	142931604	1356641	141574963	262829		262829	2866596
山西	64856758	2354	64854404	63602638	2354	63600285	28730		28730	1225390
内蒙古	55824056	68790	55755266	55429132	68790	55360342	7789		7789	387135
辽宁	71745087	5599785	66145302	71385497	5599785	65785712	12834		12834	346756
吉林	52383810	5257070	47126740	51943488	5257070	46686419	48683		48683	391638
黑龙江	63813595	5073709	58739886	62836205	4504833	58331372	831442	568876	262566	145947
上海	91836435	13477157	78359277	90890600	13477157	77413442	7307		7307	938528
江苏	214886135	11690816	203195320	212449222	11681945	200767278	98449	8871	89578	2338463
浙江	165618850	3634641	161984209	159386328	3634641	155751688	13325		13325	6219197
安徽	117205153	3188429	114016725	115387110	3188212	112198899	110752	217	110535	1707291
福建	92760207	2890080	89870127	91653962	2890080	88763882	801		801	1105444
江西	107249598	87082	107162516	106018445	86616	105931829	15439	466	14973	1215714
山东	205056721	4784050	200272671	200878186	4784050	196094136	349619		349619	3828916
河南	167058866	261581	166797285	161434488	258739	161175750	52302	2842	49459	5572076
湖北	128337086	14211909	114125177	126946584	14175262	112771322	92438	36647	55791	1298064
湖南	123710219	4213047	119497172	121590734	4213047	117377687	124671		124671	1994814
广东	292680967	5788722	286892246	279700033	5749096	273950937	54831	39625	15206	12926103
广西	95886571	6624	95879947	94814055	6624	94807431	189		189	1072327
海南	25149689	4073	25145616	24770367	4073	24766294	4843		4843	374479
重庆	72291527	4208520	68083006	70296317	4144391	66151925	87875	64129	23746	1907335
四川	159434843	9143666	150291177	155640795	8996256	146644540	322666	147411	175256	3471381
贵州	101433742	33062	101400680	100221171	33062	100188109	33216		33216	1179355
云南	102341948	42839	102299109	100791603	42839	100748764	46561		46561	1503785
西藏	24937768	2350	24935418	24820200	2350	24817850				117568
陕西	96952709	10140261	86812448	94130558	10139534	83991024	66894	727	66166	2755257
甘肃	63718925	2821151	60897774	63062580	2821151	60241429	7040		7040	649306
青海	19902370	523	19901847	19702543	523	19702020	20836		20836	178991
宁夏	18029025	759756	17269269	17764205	759756	17004449	9157		9157	255662
新疆	85185269	7936541	77248728	77082507	55456	77027051	7881714	7881085	629	221048
大连	10943096	8207	10934889	10882749	8207	10874542	4715		4715	55633
宁波	23099827	120420	22979407	22061098	120420	21940678				1038730
厦门	13151481	1200	13150281	12706669	1200	12705469	519		519	444293
青岛	23839231		23839231	23511166		23511166	12849		12849	315217
深圳	49330202	1735	49328467	44459980	1735	44458245				4870221

2-6 基本建设经费

单位：千元

地区	总计			教育部门和其他部门			国有及国有控股企业办学			民办学校
	合计	中央	地方	合计	中央	地方	合计	中央	地方	地方
合计	**82415511**	**8530963**	**73884549**	**80630669**	**7625023**	**73005647**	**905940**	**905940**		**878902**
北京	6887627	2027600	4860027	6887627	2027600	4860027				
天津	355058	65000	290058	355058	65000	290058				
河北	1886272	59000	1827272	1886272	59000	1827272				
山西	785122		785122	785122		785122				
内蒙古	1523127		1523127	1523127		1523127				
辽宁	1038248	152720	885528	1038248	152720	885528				
吉林	539370	171870	367500	539370	171870	367500				
黑龙江	1068823	423640	645183	1068823	423640	645183				
上海	3578210	866890	2711320	3578210	866890	2711320				
江苏	1434059	517470	916589	1434059	517470	916589				
浙江	5067409	193520	4873889	4789911	193520	4596391				277498
安徽	2831169	75830	2755339	2831169	75830	2755339				
福建	1355336	132400	1222936	1355336	132400	1222936				
江西	1749010		1749010	1749010		1749010				
山东	1048664	289610	759054	1048664	289610	759054				
河南	2976925	200000	2776925	2976925	200000	2776925				
湖北	828573	828573		828573	828573					
湖南	1706756		1706756	1706756		1706756				
广东	16974598	392410	16582189	16564559	392410	16172150				410039
广西	2352829		2352829	2352829		2352829				
海南	1371246		1371246	1371246		1371246				
重庆	2860475	175860	2684615	2860475	175860	2684615				
四川	3181103	494280	2686823	3161763	494280	2667483				19340
贵州	1269333		1269333	1269133		1269133				200
云南	1536790		1536790	1536790		1536790				
西藏	1153103		1153103	1153103		1153103				
陕西	4318432	379700	3938732	4213607	379700	3833907				104825
甘肃	1251334	153650	1097684	1251334	153650	1097684				
青海	1552270		1552270	1552270		1552270				
宁夏	257200	25000	232200	217200	25000	192200				40000
新疆	7677040	905940	6771099	6744099		6744099	905940	905940		27000
大连	117366		117366	117366		117366				
宁波	332545		332545	332545		332545				
厦门	458878		458878	458878		458878				
青岛										
深圳	14920973		14920973	14510934		14510934				410039

2-7 教育费附加

单位：千元

地区	总计			教育部门和其他部门			国有及国有控股企业办学			民办学校
	合计	中央	地方	合计	中央	地方	合计	中央	地方	地方
合 计	**152120188**		**152120188**	**147076482**		**147076482**	**30968**		**30968**	**5012737**
北 京	2667551		2667551	2658346		2658346				9206
天 津	1481885		1481885	1477718		1477718				4167
河 北	5040121		5040121	4978603		4978603				61518
山 西	3549926		3549926	3533999		3533999	448		448	15479
内蒙古	3065034		3065034	3042203		3042203	680		680	22152
辽 宁	3396967		3396967	3385283		3385283				11684
吉 林	2221658		2221658	2221410		2221410	26		26	221
黑龙江	1870181		1870181	1870181		1870181				
上 海	14867029		14867029	13936438		13936438				930591
江 苏	15946066		15946066	15588483		15588483	91		91	357492
浙 江	8949698		8949698	8507288		8507288				442410
安 徽	5164546		5164546	5126442		5126442	1020		1020	37084
福 建	5493222		5493222	5343893		5343893	50		50	149278
江 西	4405535		4405535	4327684		4327684				77851
山 东	14463828		14463828	14174001		14174001	21644		21644	268184
河 南	7765177		7765177	7725731		7725731	500		500	38947
湖 北										
湖 南	6194450		6194450	6072403		6072403				122046
广 东	18302822		18302822	16154868		16154868	633		633	2147320
广 西	2654874		2654874	2648405		2648405				6469
海 南	832478		832478	832478		832478				
重 庆	2260811		2260811	2252628		2252628				8183
四 川	6421703		6421703	6331971		6331971	549		549	89183
贵 州	3487035		3487035	3423998		3423998	5310		5310	57727
云 南	2895139		2895139	2784765		2784765	18		18	110356
西 藏	69058		69058	69058		69058				
陕 西	3711422		3711422	3669483		3669483				41940
甘 肃	1609799		1609799	1609001		1609001				797
青 海	533598		533598	531145		531145				2453
宁 夏	434894		434894	434894		434894				
新 疆	2363684		2363684	2363684		2363684				
大 连	536233		536233	536233		536233				
宁 波	1228342		1228342	1147390		1147390				80952
厦 门	1336842		1336842	1292417		1292417				44425
青 岛	3539338		3539338	3474485		3474485	344		344	64509
深 圳	6018635		6018635	4720121		4720121				1298514

2-8 其他一般公共预算安排的教育经费

单位：千元

地区	总计			教育部门和其他部门			国有及国有控股企业办学			民办学校
	合计	中央	地方	合计	中央	地方	合计	中央	地方	地方
合计	**394459376**	**35057730**	**359401646**	**390852934**	**33638441**	**357214492**	**1529476**	**1419288**	**110188**	**2076966**
北京	26760463	13599067	13161395	26742830	13599067	13143763				17633
天津	5735133	869588	4865545	5711541	869588	4841953	22990		22990	602
河北	7745593	93508	7652085	7719972	93508	7626464	4400		4400	21221
山西	7576195	540	7575655	7541311	540	7540771	3459		3459	31425
内蒙古	11176714	111134	11065581	11169756	111134	11058622				6959
辽宁	14069958	745314	13324644	14069181	745314	13323867				777
吉林	5410347	324644	5085702	5409130	324644	5084486	249		249	968
黑龙江	8499226	1092595	7406631	8458782	1089761	7369021	40444	2834	37610	
上海	21127382	3604580	17522803	21065158	3604580	17460578				62224
江苏	21992381	2126743	19865638	21954675	2126743	19827932	47		47	37659
浙江	17841590	450306	17391284	17248303	450306	16797997				593287
安徽	12756937	1556299	11200638	12740494	1556299	11184195	9375		9375	7068
福建	6879831	285256	6594575	6709079	285256	6423823				170752
江西	6022016	7277	6014739	5980823	7277	5973545				41193
山东	12801802	692299	12109503	12760778	692299	12068479				41024
河南	27208816	23359	27185457	26952672	23359	26929314	15480		15480	240664
湖北	10742140	1694800	9047341	10716824	1694800	9022024	118		118	25199
湖南	7776555	884099	6892456	7760151	884099	6876051				16405
广东	47172330	2822014	44350316	46710546	2822014	43888532	342		342	461442
广西	12638191	38172	12600019	12636384	38172	12598211				1807
海南	6419177		6419177	6402920		6402920				16258
重庆	16505860	240306	16265554	16425951	215065	16210886	25241	25241		54667
四川	21011221	825940	20185280	20911022	811040	20099981	15822	14900	922	84376
贵州	8928503	3607	8924896	8905526	3607	8901919	5682		5682	17294
云南	18961833	163357	18798476	18905958	163357	18742601				55875
西藏	2123342	1480	2121862	2123342	1480	2121862				
陕西	4711820	1215183	3496638	4701471	1215183	3486289	285		285	10064
甘肃	7812709	162996	7649713	7769188	162996	7606192				43521
青海	4484777		4484777	4472657		4472657	9231		9231	2889
宁夏	3326109	24919	3301190	3313000	24919	3288081				13109
新疆	8240424	1398346	6842078	6863509	22034	6841475	1376313	1376313		603
大连	2860397		2860397	2860397		2860397				
宁波	2235267	12651	2222616	2198779	12651	2186128				36488
厦门	1583004		1583004	1416781		1416781				166223
青岛	2251787		2251787	2251787		2251787				
深圳	12604193		12604193	12383002		12383002				221191

2-9 科研经费

单位：千元

地区	总计			教育部门和其他部门			国有及国有控股企业办学			民办学校
	合计	中央	地方	合计	中央	地方	合计	中央	地方	地方
合　计	**28151808**	**15406406**	**12745402**	**27892511**	**15326774**	**12565737**	**79632**	**79632**		**179665**
北　京	4061593	3591919	469674	4061593	3591919	469674				
天　津	399608	321293	78315	399608	321293	78315				
河　北	121679		121679	121668		121668				11
山　西	616478		616478	616358		616358				120
内蒙古	164084	99657	64428	164084	99657	64428				
辽　宁	223295	142716	80579	223295	142716	80579				
吉　林	353047	117279	235768	352391	117279	235112				656
黑龙江	842465	757640	84825	842465	757640	84825				
上　海	3667729	2779656	888072	3667729	2779656	888072				
江　苏	1590615	1030490	560124	1586148	1030490	555658				4467
浙　江	1179104	287253	891850	1164415	287253	877161				14689
安　徽	1546948	1436062	110886	1546948	1436062	110886				
福　建	436056	138705	297351	435988	138705	297283				67
江　西	366114		366114	365212		365212				902
山　东	1545848	68532	1477315	1545768	68532	1477235				80
河　南	398332		398332	396921		396921				1411
湖　北	666104	513822	152282	665936	513822	152114				168
湖　南	1194997	672142	522855	1194354	672142	522212				643
广　东	6325517	2335314	3990203	6171892	2335314	3836578				153625
广　西	83283	4837	78446	83178	4837	78340				105
海　南	162542		162542	161838		161838				704
重　庆	57815	42634	15181	56724	42634	14089				1091
四　川	394873	215912	178962	394873	215912	178962				
贵　州	85377		85377	84597		84597				780
云　南	407305	203	407102	407303	203	407100				2
西　藏	1804		1804	1804		1804				
陕　西	724608	717270	7338	724608	717270	7338				
甘　肃	80904	53438	27467	80760	53438	27322				145
青　海	65088		65088	65088		65088				
宁　夏	169822		169822	169822		169822				
新　疆	218777	79632	139145	139145		139145	79632	79632		
大　连	1704		1704	1704		1704				
宁　波	33768		33768	31633		31633				2135
厦　门	2565		2565	2565		2565				
青　岛	53038		53038	53038		53038				
深　圳	1795743		1795743	1656071		1656071				139672

2-10 其他经费

单位：千元

地区	总计			教育部门和其他部门			国有及国有控股企业办学			民办学校
	合计	中央	地方	合计	中央	地方	合计	中央	地方	地方
合计	**366307568**	**19651324**	**346656244**	**362960423**	**18311668**	**344648756**	**1449844**	**1339656**	**110188**	**1897300**
北京	22698870	10007149	12691721	22681237	10007149	12674089				17633
天津	5335524	548295	4787230	5311933	548295	4763638	22990		22990	602
河北	7623915	93508	7530406	7598304	93508	7504796	4400		4400	21210
山西	6959717	540	6959177	6924953	540	6924413	3459		3459	31305
内蒙古	11012630	11477	11001153	11005671	11477	10994195				6959
辽宁	13846663	602599	13244065	13845886	602599	13243288				777
吉林	5057300	207365	4849935	5056739	207365	4849374	249		249	312
黑龙江	7656761	334955	7321806	7616317	332121	7284196	40444	2834	37610	
上海	17459654	824923	16634730	17397429	824923	16572506				62224
江苏	20401766	1096253	19305513	20368527	1096253	19272274	47		47	33192
浙江	16662487	163053	16499434	16083889	163053	15920836				578598
安徽	11209990	120237	11089752	11193547	120237	11073309	9375		9375	7068
福建	6443775	146551	6297224	6273090	146551	6126539				170685
江西	5655902	7277	5648625	5615610	7277	5608333				40292
山东	11255954	623767	10632188	11215010	623767	10591244				40944
河南	26810484	23359	26787126	26555752	23359	26532393	15480		15480	239253
湖北	10076036	1180977	8895059	10050888	1180977	8869910	118		118	25031
湖南	6581559	211958	6369601	6565797	211958	6353839				15762
广东	40846813	486700	40360113	40538654	486700	40051954	342		342	307817
广西	12554908	33335	12521573	12553206	33335	12519871				1702
海南	6256636		6256636	6241082		6241082				15554
重庆	16448045	197672	16250373	16369228	172431	16196797	25241	25241		53576
四川	20616347	610029	20006318	20516148	595129	19921020	15822	14900	922	84376
贵州	8843126	3607	8839519	8820930	3607	8817323	5682		5682	16514
云南	18554528	163154	18391374	18498655	163154	18335501				55873
西藏	2121538	1480	2120058	2121538	1480	2120058				
陕西	3987213	497913	3489300	3976864	497913	3478951	285		285	10064
甘肃	7731805	109558	7622246	7688428	109558	7578870				43376
青海	4419689		4419689	4407569		4407569	9231		9231	2889
宁夏	3156286	24919	3131367	3143177	24919	3118258				13109
新疆	8021647	1318714	6702934	6724364	22034	6702331	1296680	1296680		603
大连	2858692		2858692	2858692		2858692				
宁波	2201499	12651	2188848	2167147	12651	2154495				34353
厦门	1580439		1580439	1414216		1414216				166223
青岛	2198749		2198749	2198749		2198749				
深圳	10808450		10808450	10726931		10726931				81519

2-11 政府性基金预算安排的教育经费

单位：千元

地区	总计			教育部门和其他部门			国有及国有控股企业办学			民办学校
	合计	中央	地方	合计	中央	地方	合计	中央	地方	地方
合计	**59213399**	**848088**	**58365311**	**58239222**	**727670**	**57511552**	**121013**	**120418**	**595**	**853164**
北京	582156	248340	333816	582156	248340	333816				
天津	119072	72920	46152	119072	72920	46152				
河北	4440286	1912	4438374	4350013	1912	4348101				90273
山西	3831497		3831497	3781210		3781210				50288
内蒙古	740089		740089	732440		732440				7649
辽宁	123223		123223	123203		123203				20
吉林	493615	259	493356	493415	259	493156				200
黑龙江	993815	6090	987725	993725	6000	987725	90	90		
上海	216561	24892	191668	216561	24892	191668				
江苏	6832618	22790	6809828	6824570	22790	6801780				8048
浙江	8916020		8916020	8637572		8637572				278447
安徽	1099152		1099152	1073651		1073651				25502
福建	3635895		3635895	3634868		3634868				1027
江西	1219887		1219887	1219315		1219315				572
山东	3737280		3737280	3736338		3736338	565		565	378
河南	1746895		1746895	1744279		1744279				2616
湖北	2748024		2748024	2748024		2748024				
湖南	470640		470640	470600		470600				40
广东	4067862	46160	4021702	4066072	46160	4019912				1790
广西	4122776	700	4122076	4121776	700	4121076				1000
海南	1069402		1069402	1069372		1069372	30		30	
重庆	1809278		1809278	1809278		1809278				
四川	2336479	291000	2045479	2270087	291000	1979087				66392
贵州	540406		540406	221652		221652				318754
云南	897867		897867	897698		897698				169
西藏	63581		63581	63581		63581				
陕西	747050		747050	747050		747050				
甘肃	626749		626749	626749		626749				
青海	148607	27	148580	148607	27	148580				
宁夏	242274		242274	242274		242274				
新疆	594345	132998	461346	474016	12670	461346	120328	120328		
大连	14766		14766	14766		14766				
宁波	555726		555726	553135		553135				2591
厦门	280343		280343	280343		280343				
青岛	108362		108362	108362		108362				
深圳	62850		62850	62770		62770				80

2-12 彩票公益金

单位：千元

地区	总计			教育部门和其他部门			国有及国有控股企业办学			民办学校
	合计	中央	地方	合计	中央	地方	合计	中央	地方	地方
合计	**4819527**	**236261**	**4583266**	**4721020**	**178863**	**4542157**	**57428**	**57398**	**30**	**41079**
北京	177749	146090	31659	177749	146090	31659				
天津	46152		46152	46152		46152				
河北	415254	1912	413343	415169	1912	413258				85
山西	170233		170233	170093		170093				140
内蒙古	208854		208854	201205		201205				7649
辽宁	86698		86698	86698		86698				
吉林	103575	259	103316	103375	259	103116				200
黑龙江	80536	90	80446	80446		80446	90	90		
上海	26198	17232	8966	26198	17232	8966				
江苏	246657		246657	246579		246579				78
浙江	195939		195939	195403		195403				536
安徽	329322		329322	303820		303820				25502
福建	150740		150740	149713		149713				1027
江西	120556		120556	119984		119984				572
山东	303859		303859	303724		303724				136
河南	277456		277456	274840		274840				2616
湖北	81114		81114	81114		81114				
湖南	123659		123659	123619		123619				40
广东	307475		307475	306666		306666				809
广西	72990	700	72290	72990	700	72290				
海南	8014		8014	7984		7984	30		30	
重庆	101537		101537	101537		101537				
四川	289174		289174	287677		287677				1497
贵州	98682		98682	98658		98658				24
云南	254991		254991	254822		254822				169
西藏	43751		43751	43751		43751				
陕西	63679		63679	63679		63679				
甘肃	76527		76527	76527		76527				
青海	119265		119265	119265		119265				
宁夏	56471		56471	56471		56471				
新疆	182419	69978	112441	125111	12670	112441	57308	57308		
大连	11381		11381	11381		11381				
宁波	30030		30030	30030		30030				
厦门	9449		9449	9449		9449				
青岛	62751		62751	62751		62751				
深圳	24230		24230	24210		24210				20

2-13 国有及国有控股企业办学中的企业拨款

单位：千元

地区	总计			教育部门和其他部门			国有及国有控股企业办学			民办学校
	合计	中央	地方	合计	中央	地方	合计	中央	地方	地方
合计	**2431328**	**598286**	**1833042**				**2431328**	**598286**	**1833042**	
北京	122444	11841	110603				122444	11841	110603	
天津	88545		88545				88545		88545	
河北	44971	21370	23601				44971	21370	23601	
山西	230509		230509				230509		230509	
内蒙古	64026		64026				64026		64026	
辽宁	30778		30778				30778		30778	
吉林	5919		5919				5919		5919	
黑龙江	360532	347792	12740				360532	347792	12740	
上海	16069		16069				16069		16069	
江苏	18793	3486	15307				18793	3486	15307	
浙江	44558		44558				44558		44558	
安徽	75311	203	75108				75311	203	75108	
福建	93116		93116				93116		93116	
江西	2743	2456	287				2743	2456	287	
山东	538842		538842				538842		538842	
河南	69437		69437				69437		69437	
湖北	146249	115876	30373				146249	115876	30373	
湖南	26803		26803				26803		26803	
广东	14610	460	14150				14610	460	14150	
广西	3839		3839				3839		3839	
海南	65119		65119				65119		65119	
重庆	2724		2724				2724		2724	
四川	37523	24142	13381				37523	24142	13381	
贵州	881		881				881		881	
云南	130933		130933				130933		130933	
西藏										
陕西	68335		68335				68335		68335	
甘肃	50772		50772				50772		50772	
青海	876		876				876		876	
宁夏	3019		3019				3019		3019	
新疆	73050	70660	2390				73050	70660	2390	
大连	1213		1213				1213		1213	
宁波										
厦门	24302		24302				24302		24302	
青岛	65300		65300				65300		65300	
深圳										

2-14 校办产业和社会服务收入用于教育的经费

单位：千元

地区	总计			教育部门和其他部门			国有及国有控股企业办学			民办学校
	合计	中央	地方	合计	中央	地方	合计	中央	地方	地方
合计	**4098296**	**2145683**	**1952613**	**3886949**	**2076229**	**1810720**	**211347**	**69454**	**141893**	
北京	648121	492473	155648	632305	492473	139832	15816		15816	
天津	54232	20249	33983	49207	20249	28958	5025		5025	
河北	46943	16437	30507	20423	1	20422	26520	16436	10085	
山西	34045		34045	25688		25688	8357		8357	
内蒙古	14190		14190	4850		4850	9340		9340	
辽宁	30336	6776	23560	28397	6776	21621	1939		1939	
吉林	28504		28504	28504		28504				
黑龙江	29487	24220	5267	29487	24220	5267				
上海	609943	548401	61542	596051	548401	47650	13892		13892	
江苏	279060	82812	196248	279060	82812	196248				
浙江	518091	196124	321968	518091	196124	321968				
安徽	55056	42899	12157	46549	42899	3650	8507		8507	
福建	54599	12419	42180	54599	12419	42180				
江西	14323		14323	10371		10371	3952		3952	
山东	258350	66674	191677	235808	66674	169134	22543		22543	
河南	106778	7973	98805	98805		98805	7973	7973		
湖北	157050	145921	11129	128943	117814	11129	28107	28107		
湖南	66215	39211	27004	63264	39211	24053	2951		2951	
广东	311025	78847	232179	311025	78847	232179				
广西	27713		27713	27713		27713				
海南	2436		2436	730		730	1706		1706	
重庆	107552	98760	8792	107552	98760	8792				
四川	150675	32537	118137	118935	32537	86398	31740		31740	
贵州	63249		63249	63249		63249				
云南	70736		70736	65249		65249	5488		5488	
西藏										
陕西	258670	207616	51054	258670	207616	51054				
甘肃	57360	8396	48964	57360	8396	48964				
青海	2285		2285	1731		1731	554		554	
宁夏	3283		3283	3283		3283				
新疆	37988	16938	21050	21050		21050	16938	16938		
大连										
宁波	13317		13317	13317		13317				
厦门	3819		3819	3819		3819				
青岛										
深圳	404		404	404		404				

2-15　其他属于国家财政性教育经费

单位：千元

地　区	总　计			教育部门和其他部门			国有及国有控股企业办学			民办学校
	合计	中央	地方	合计	中央	地方	合计	中央	地方	地方
合　计	**65448385**	**50063273**	**15385112**	**65028797**	**49968262**	**15060535**	**99029**	**95011**	**4018**	**320559**
北　京	14055059	12438419	1616640	14055059	12438419	1616640				
天　津	1764130	1594703	169427	1763709	1594703	169006				421
河　北	554597	235676	318921	553972	235676	318296				625
山　西	96217	48417	47800	95168	48417	46751				1049
内蒙古	130328	66197	64131	130328	66197	64131				
辽　宁	1803771	1412166	391606	1801127	1412166	388961				2645
吉　林	1215722	817182	398540	1210840	817182	393658				4882
黑龙江	1688773	1567981	120792	1688672	1567981	120691				101
上　海	5067394	3974917	1092478	5063421	3974917	1088504				3974
江　苏	6357096	5244855	1112241	6348423	5244855	1103568				8673
浙　江	4435053	3380100	1054953	4224159	3380100	844060				210893
安　徽	2235844	1757306	478538	2235843	1757306	478538				
福　建	1640581	1007665	632916	1633939	1007665	626275				6641
江　西	830287	396001	434286	827689	396001	431688				2598
山　东	3394376	1770527	1623850	3386123	1770527	1615596				8254
河　南	993640	652121	341519	981098	652121	328976				12542
湖　北	4690336	3725566	964769	4687461	3725566	961894				2875
湖　南	973653	707755	265899	973341	707755	265586	230		230	83
广　东	2543165	1380490	1162675	2513108	1380490	1132618				30057
广　西	1032724	268935	763789	1030260	268935	761324				2464
海　南	130045	114022	16023	125952	114022	11930				4093
重　庆	998890	723383	275508	998796	723383	275414				94
四　川	2834213	2131066	703148	2829851	2131066	698785				4362
贵　州	342199	177992	164207	338146	177992	160154				4053
云　南	531514	348429	183085	530486	348429	182057				1028
西　藏	29065	11056	18009	29065	11056	18009				
陕　西	4205400	3427588	777812	4197249	3427588	769661				8151
甘　肃	512557	374481	138076	511357	374401	136956	1200	80	1120	
青　海	40000	40000		40000	40000					
宁　夏	81972	50775	31197	81972	50775	31197				
新　疆	239786	217505	22281	142186	122574	19612	97599	94931	2668	
大　连	13330	12243	1088	13330	12243	1088				
宁　波	189707	4627	185080	32438	4627	27811				157269
厦　门	21693	8426	13267	21301	8426	12876				391
青　岛										
深　圳	915986	670117	245869	895307	670117	225190				20679

2-16 民办学校中举办者投入

单位：千元

地区	总计			教育部门和其他部门			国有及国有控股企业办学			民办学校
	合计	中央	地方	合计	中央	地方	合计	中央	地方	地方
合　计	**22013039**		**22013039**							**22013039**
北　京	89055		89055							89055
天　津	417807		417807							417807
河　北	1106872		1106872							1106872
山　西	245347		245347							245347
内蒙古	255921		255921							255921
辽　宁	188498		188498							188498
吉　林	108006		108006							108006
黑龙江	71734		71734							71734
上　海	86858		86858							86858
江　苏	858646		858646							858646
浙　江	3008112		3008112							3008112
安　徽	718939		718939							718939
福　建	541731		541731							541731
江　西	417808		417808							417808
山　东	1402805		1402805							1402805
河　南	3051841		3051841							3051841
湖　北	625306		625306							625306
湖　南	2407723		2407723							2407723
广　东	2435844		2435844							2435844
广　西	772726		772726							772726
海　南	361538		361538							361538
重　庆	351889		351889							351889
四　川	947734		947734							947734
贵　州	331887		331887							331887
云　南	692134		692134							692134
西　藏	1000		1000							1000
陕　西	246872		246872							246872
甘　肃	129817		129817							129817
青　海	18733		18733							18733
宁　夏	64999		64999							64999
新　疆	54860		54860							54860
大　连	87800		87800							87800
宁　波	195190		195190							195190
厦　门	102302		102302							102302
青　岛	48399		48399							48399
深　圳	228222		228222							228222

2-17 捐赠收入

单位：千元

地区	总计			教育部门和其他部门			国有及国有控股企业办学			民办学校
	合计	中央	地方	合计	中央	地方	合计	中央	地方	地方
合　计	**10137523**	**3793770**	**6343753**	**8286083**	**3772193**	**4513890**	**23375**	**21577**	**1799**	**1828064**
北　京	2117810	2062765	55045	2073444	2062765	10679	40		40	44326
天　津	138780	99325	39455	126185	99325	26860	60		60	12535
河　北	65428	1898	63530	57910	1898	56012				7517
山　西	32794		32794	29231		29231	45		45	3518
内蒙古	59012		59012	56867		56867				2146
辽　宁	157236	41000	116236	138830	41000	97830				18406
吉　林	109557	45868	63689	72246	45868	26378				37311
黑龙江	41374	31693	9681	40461	31407	9054	407	287	120	507
上　海	592313	492912	99400	504083	492912	11171				88230
江　苏	1108691	238265	870426	812213	238265	573948				296478
浙　江	786982	2504	784478	209574	2504	207070				577408
安　徽	116998	17178	99820	102117	17178	84939	102		102	14779
福　建	470377	118293	352083	420848	118293	302554	270		270	49259
江　西	160236		160236	137051		137051				23186
山　东	215653	35205	180448	183280	35205	148075	851		851	31523
河　南	140093	6067	134026	128417	6067	122350	3		3	11673
湖　北	209046	112579	96467	186471	112579	73892	79		79	22496
湖　南	330904	103404	227499	298432	103404	195028				32472
广　东	1063805	90791	973014	870215	90791	779424	54		54	193536
广　西	136340		136340	83078		83078				53262
海　南	8732		8732	3023		3023				5709
重　庆	312541	47349	265192	109368	47349	62020				203172
四　川	625644	77659	547985	597909	77385	520524	405	274	131	27331
贵　州	152369		152369	144703		144703				7666
云　南	314978		314978	303824		303824				11154
西　藏	78307		78307	78307		78307				
陕　西	239885	127457	112427	222741	127457	95284	44		44	17099
甘　肃	100404	20540	79864	99308	20540	78768				1096
青　海	92409		92409	92261		92261				149
宁　夏	59503		59503	25426		25426				34077
新　疆	99320	21016	78303	78259		78259	21016	21016		44
大　连	9543	5	9538	4655	5	4650				4888
宁　波	73370		73370	33820		33820				39550
厦　门	8561		8561	7354		7354				1207
青　岛	52538		52538	51015		51015				1523
深　圳	138434		138434	34549		34549				103884

2-18 港澳台及海外捐赠

单位：千元

地区	总计			教育部门和其他部门			国有及国有控股企业办学			民办学校
	合计	中央	地方	合计	中央	地方	合计	中央	地方	地方
合　计	**687921**	**133900**	**554021**	**536897**	**133900**	**402997**				**151024**
北　京	73870	72287	1583	72287	72287					1583
天　津	364	364		364	364					
河　北	29732		29732	29732		29732				
山　西	1035		1035	1035		1035				
内蒙古	270		270	270		270				
辽　宁	1001	729	272	988	729	259				12
吉　林	1162	89	1072	1162	89	1072				
黑龙江										
上　海	51285	45702	5582	45896	45702	193				5389
江　苏	73129	194	72935	71195	194	71001				1934
浙　江	141892		141892	14208		14208				127685
安　徽	362		362	232		232				130
福　建	19896	3634	16262	19675	3634	16040				222
江　西										
山　东	1561	1114	447	1561	1114	447				
河　南	532		532	532		532				
湖　北	1485	984	501	1485	984	501				
湖　南	4923	995	3928	4904	995	3909				19
广　东	253073	6467	246605	242054	6467	235586				11019
广　西	7410		7410	4400		4400				3011
海　南	228		228	228		228				
重　庆	1180	1180		1180	1180					
四　川	11258		11258	11258		11258				
贵　州	3340		3340	3340		3340				
云　南	5432		5432	5432		5432				
西　藏										
陕　西	1450	21	1429	1430	21	1409				20
甘　肃	1827	140	1686	1827	140	1686				
青　海	10		10	10		10				
宁　夏	215		215	215		215				
新　疆										
大　连										
宁　波	16378		16378	13333		13333				3045
厦　门										
青　岛										
深　圳	10		10							10

2-19 事业收入

单位：千元

地 区	总 计			教育部门和其他部门			国有及国有控股企业办学			民办学校
	合计	中央	地方	合计	中央	地方	合计	中央	地方	地方
合 计	**872350208**	**103971449**	**768378759**	**410747106**	**102629766**	**308117340**	**5741690**	**1341684**	**4400006**	**455861413**
北 京	51179890	32412914	18766976	38121295	32409839	5711456	145367	3075	142292	12913228
天 津	11871523	2868458	9003065	7432482	2866388	4566094	154290	2070	152220	4284751
河 北	33473097	557136	32915961	12584704	516162	12068542	343489	40974	302515	20544904
山 西	16434192	1561	16432631	6866391	1561	6864830	227822		227822	9339978
内蒙古	7568651	5354	7563297	4591443	5354	4586089	61841		61841	2915366
辽 宁	23632740	2868113	20764627	12769652	2868113	9901539	183884		183884	10679203
吉 林	12860593	1889170	10971424	6984297	1889170	5095128	22169		22169	5854127
黑龙江	13716074	3140232	10575842	8230160	2823274	5406886	516901	316958	199943	4969013
上 海	35619482	12018331	23601151	19699700	12018331	7681369	121416		121416	15798365
江 苏	58359393	7119740	51239654	32506341	7104862	25401479	156164	14878	141286	25696888
浙 江	56165355	3565339	52600016	23554213	3565339	19988874	105667		105667	32505475
安 徽	26590520	1117574	25472947	12079556	1117573	10961983	306663	1	306662	14204302
福 建	24856510	2011412	22845098	12149996	2011412	10138583	9418		9418	12697097
江 西	22129784	389	22129395	9858408		9858408	100338	389	99949	12171038
山 东	53674252	3306752	50367500	27146153	3306752	23839401	619607		619607	25908492
河 南	53563222	69903	53493319	17586096	64625	17521471	374441	5278	369163	35602684
湖 北	37545463	6750854	30794610	18503041	6559870	11943172	294719	190984	103735	18747703
湖 南	39270086	2093356	37176730	18467561	2086032	16381529	151897	7324	144574	20650628
广 东	116797785	4175917	112621868	35877981	4157062	31720919	105443	18855	86588	80814361
广 西	22506685	583	22506102	11807193	583	11806610	32445		32445	10667047
海 南	6647082	19123	6627959	1677154	19123	1658031	17991		17991	4951937
重 庆	21517924	2450832	19067092	11805933	2368943	9436989	112935	81889	31046	9599056
四 川	45700384	6941034	38759350	19872552	6801874	13070678	397919	139161	258759	25429913
贵 州	15578728		15578728	6774695		6774695	33462		33462	8770571
云 南	18361880	5971	18355909	7465891	5971	7459920	212393		212393	10683596
西 藏	292813		292813	233373		233373				59439
陕 西	29578567	6988008	22590560	16420271	6984022	9436249	225840	3986	221855	12932456
甘 肃	7682423	878411	6804012	5308612	878411	4430201	71181		71181	2302630
青 海	1372880	6909	1365971	882661	6909	875752	11061		11061	479158
宁 夏	2927095	179961	2747134	1219481	179961	1039520	82819		82819	1624796
新 疆	4875134	528112	4347021	2269820	12249	2257571	542105	515863	26242	2063209
大 连	2563809	42349	2521460	750387	42349	708038	12423		12423	1800999
宁 波	7521367		7521367	2414344		2414344				5107023
厦 门	2472638	3700	2468938	834010	3700	830310	3615		3615	1635013
青 岛	5199867		5199867	1125995		1125995	69692		69692	4004180
深 圳	16254114		16254114	2965869		2965869				13288244

2-20 学费

单位：千元

地区	总计			教育部门和其他部门			国有及国有控股企业办学			民办学校
	合计	中央	地方	合计	中央	地方	合计	中央	地方	地方
合计	**668630236**	**34209698**	**634420538**	**243775456**	**33427280**	**210348176**	**4107834**	**782418**	**3325416**	**420746946**
北京	24637000	9274110	15362890	12262734	9273649	2989085	120480	461	120019	12253786
天津	8754190	999426	7754763	4542041	997701	3544339	113365	1725	111640	4098784
河北	28367099	330421	28036678	9159408	291929	8867479	263257	38492	224766	18944433
山西	13539587	1561	13538026	4873361	1561	4871800	170813		170813	8495412
内蒙古	6366014	5354	6360660	3502536	5354	3497182	61621		61621	2801857
辽宁	17776724	1135566	16641159	7765950	1135566	6630384	137598		137598	9873176
吉林	10317866	775222	9542644	4733804	775222	3958582	22169		22169	5561893
黑龙江	9877672	741094	9136578	4943604	602418	4341186	312431	138675	173756	4621637
上海	23195058	3485863	19709195	8302586	3485863	4816723	56137		56137	14836335
江苏	43419010	2405657	41013353	19205195	2396599	16808597	104352	9058	95294	24109462
浙江	42909453	658033	42251420	12719632	658033	12061599	100499		100499	30089323
安徽	20985567	571273	20414295	7854751	571273	7283478	154811		154811	12976006
福建	19479036	630588	18848448	7615124	630588	6984537	9137		9137	11854774
江西	17222172	347	17221824	6420704		6420704	84385	347	84038	10717083
山东	43252240	1052883	42199357	18777297	1052883	17724413	477869		477869	23997075
河南	45437051	53108	45383943	12948432	50790	12897641	313605	2318	311287	32175014
湖北	28805931	2991858	25814073	11453122	2862161	8590960	210176	129697	80479	17142634
湖南	30506805	846340	29660465	11732519	840362	10892157	78931	5978	72953	18695355
广东	99833103	1722625	98110478	24049558	1715212	22334346	82206	7413	74793	75701339
广西	18018393	583	18017810	8098424	583	8097841	30204		30204	9889765
海南	5496054	13495	5482559	1140024	13495	1126529	13040		13040	4342990
重庆	15691293	1126675	14564618	6630071	1064004	5566067	90641	62671	27970	8970581
四川	34267925	2424142	31843783	10665546	2333240	8332306	282534	90902	191632	23319845
贵州	12426136		12426136	4693145		4693145	31645		31645	7701345
云南	15449328	5924	15443404	5366314	5924	5360391	167273		167273	9915741
西藏	175143		175143	115704		115704				59439
陕西	19567990	1937181	17630809	7666675	1935264	5731411	215787	1917	213870	11685528
甘肃	5975409	586624	5388785	3740262	586624	3153638	68189		68189	2166958
青海	962697	5556	957140	484141	5556	478584	10954		10954	467602
宁夏	2360971	124925	2236046	829645	124925	704720	6390		6390	1524936
新疆	3557320	303264	3254056	1483147	10500	1472647	317334	292764	24571	1756839
大连	2269601	16226	2253375	507818	16226	491592	11637		11637	1750146
宁波	6423426		6423426	1635427		1635427				4787999
厦门	2213677	3700	2209977	678151	3700	674451	3615		3615	1531911
青岛	4785094		4785094	977791		977791	36431		36431	3770872
深圳	14252397		14252397	1646351		1646351				12606046

2-21　其他教育经费

单位：千元

地　区	总　　计			教育部门和其他部门			国有及国有控股企业办学			民办学校
	合计	中央	地方	合计	中央	地方	合计	中央	地方	地方
合　计	**108656368**	**26844653**	**81811715**	**96809893**	**26338838**	**70471055**	**896708**	**505815**	**390893**	**10949766**
北　京	11091541	9969418	1122124	10617748	9969410	648338	16950	8	16942	456843
天　津	1700153	336635	1363518	1554634	313676	1240958	41341	22959	18382	104178
河　北	1167639	77364	1090275	647629	77364	570265	15181		15181	504829
山　西	960325	68	960256	877177	68	877109	1932		1932	81216
内蒙古	888079	551	887528	872424	551	871873	624		624	15031
辽　宁	895176	346570	548606	666166	346570	319596	1714		1714	227296
吉　林	1462149	558963	903186	1362142	558963	803180	515		515	99491
黑龙江	1373479	660585	712894	1261180	649166	612013	51891	11419	40472	60408
上　海	5394212	2749727	2644484	4516251	2729020	1787232	43114	20708	22406	834846
江　苏	11628401	1721237	9907165	10530561	1718526	8812035	12411	2710	9701	1085429
浙　江	14694407	1185892	13508515	13170695	1185892	11984803	2197		2197	1521515
安　徽	3077965	413751	2664214	2872065	413751	2458315	19710		19710	186189
福　建	3566287	598858	2967428	3153425	598858	2554567	1811		1811	411051
江　西	1650518	3837	1646681	1381629		1381629	5515	3837	1678	263373
山　东	4907917	537772	4370145	4559115	537772	4021343	118460		118460	230341
河　南	3404636	13150	3391486	3140819	13150	3127669	8099		8099	255719
湖　北	4046461	1819135	2227326	3792715	1812484	1980231	15615	6652	8963	238131
湖　南	3428686	785102	2643584	3012300	784810	2227490	1809	292	1517	414577
广　东	5685198	1398694	4286504	4391488	1397931	2993557	8360	763	7598	1285349
广　西	1857113		1857113	1599962		1599962	4		4	257147
海　南	519914	286	519628	354678	286	354391				165236
重　庆	3774364	419152	3355213	3280987	388654	2892333	44868	30498	14370	448510
四　川	3927478	1176467	2751012	3145125	1169510	1975614	28606	6956	21650	753748
贵　州	4315683		4315683	4061403		4061403	80		80	254200
云　南	2161166		2161166	1919556		1919556	25849		25849	215761
西　藏	79152		79152	79143		79143				9
陕　西	3769533	1419336	2350197	3318034	1414776	1903257	34314	4560	29755	417185
甘　肃	1077406	223221	854185	1027803	223221	804582	1157		1157	48446
青　海	847599		847599	844876		844876	61		61	2662
宁　夏	957536	18958	938578	899554	18958	880596				57982
新　疆	4346194	409924	3936271	3898611	15469	3883142	394518	394455	64	53065
大　连	32602	61	32541	26122	61	26061	1671		1671	4809
宁　波	699157		699157	605349		605349				93808
厦　门	410973		410973	307859		307859	35		35	103079
青　岛	216033		216033	161088		161088	1975		1975	52970
深　圳	622510		622510	502036		502036				120473

第三部分

各地区各级各类教育机构教育经费收入

3-1 教育经费收入情况

地区	总计	国家财政性教育经费	一般公共预算安排的教育经费	一般公共预算教育经费	教育事业费	基本建设经费	教育费附加	科研经费	其他
合计	**5003664773**	**3990507636**	**3859316228**	**3464856852**	**3230321153**	**82415511**	**152120188**	**28151808**	**366307568**
北京	270370502	205892205	190484426	163723963	154168784	6887627	2667551	4061593	22698870
天津	73529728	59401465	57375486	51640353	49803410	355058	1481885	399608	5335524
河北	201632848	165819812	160733015	152987422	146061029	1886272	5040121	121679	7623915
山西	98632926	80960269	76768001	69191806	64856758	785122	3549926	616478	6959717
内蒙古	81309228	72537564	71588932	60412218	55824056	1523127	3065034	164084	11012630
辽宁	117112018	92238368	90250260	76180302	71745087	1038248	3396967	223295	13846663
吉林	76839249	62298944	60555184	55144838	52383810	539370	2221658	353047	5057300
黑龙江	93527094	78324433	75251825	66752599	63813595	1068823	1870181	842465	7656761
上海	179011886	137319023	131409056	110281673	91836435	3578210	14867029	3667729	17459654
江苏	339701339	267746208	254258641	232266260	214886135	1434059	15946066	1590615	20401766
浙江	286046125	211391269	197477547	179635957	165618850	5067409	8949698	1179104	16662487
安徽	171927592	141423169	137957805	125200868	117205153	2831169	5164546	1546948	11209990
福建	141347690	111912786	106488596	99608765	92760207	1355336	5493222	436056	6443775
江西	145851745	121493399	119426160	113404144	107249598	1749010	4405535	366114	5655902
山东	301500492	241299864	233371014	220569213	205056721	1048664	14463828	1545848	11255954
河南	268086325	207926533	205009784	177800968	167058866	2976925	7765177	398332	26810484
湖北	190075734	147649458	139907799	129165659	128337086	828573		666104	10076036
湖南	186362690	140925292	139387981	131611425	123710219	1706756	6194450	1194997	6581559
广东	508050011	382067380	375130718	327958387	292680967	16974598	18302822	6325517	40846813
广西	143992380	118719516	113532464	100894273	95886571	2352829	2654874	83283	12554908
海南	42576858	35039592	33772589	27353412	25149689	1371246	832478	162542	6256636
重庆	122793836	96837117	93918672	77412813	72291527	2860475	2260811	57815	16448045
四川	246609001	195407759	190048870	169037649	159434843	3181103	6421703	394873	20616347
贵州	136444014	116065347	115118612	106190109	101433742	1269333	3487035	85377	8843126
云南	148896918	127366760	125735710	106773877	102341948	1536790	2895139	407305	18554528
西藏	28827190	28375918	28283271	26159930	24937768	1153103	69058	1804	2121538
陕西	148808695	114973838	109694384	104982564	96952709	4318432	3711422	724608	3987213
甘肃	84630254	75640204	74392766	66580057	63718925	1251334	1609799	80904	7731805
青海	28996403	26664782	26473014	21988238	19902370	1552270	533598	65088	4419689
宁夏	26386909	22377776	22047228	18721119	18029025	257200	434894	169822	3156286
新疆	113787093	104411585	103466417	95225993	85185269	7677040	2363684	218777	8021647
大连	17180155	14486401	14457091	11596694	10943096	117366	536233	1704	2858692
宁波	36143814	27654731	26895981	24660714	23099827	332545	1228342	33768	2201499
厦门	19854837	16860362	16530205	14947201	13151481	458878	1336842	2565	1580439
青岛	35320855	29804019	29630356	27378569	23839231		3539338	53038	2198749
深圳	101096521	83853242	82874002	70269809	49330202	14920973	6018635	1795743	10808450

(各级各类教育机构)

单位：千元

政府性基金预算安排的教育经费	#彩票公益金	国有及国有控股企业办学中的企业拨款	校办产业和社会服务收入中用于教育的经费	其他属于国家财政性教育经费	民办学校中举办者投入	捐赠收入	事业收入	#学费	其他教育经费
59213399	**4819527**	**2431328**	**4098296**	**65448385**	**22013039**	**10137523**	**872350208**	**668630236**	**108656368**
582156	177749	122444	648121	14055059	89055	2117810	51179890	24637000	11091541
119072	46152	88545	54232	1764130	417807	138780	11871523	8754190	1700153
4440286	415254	44971	46943	554597	1106872	65428	33473097	28367099	1167639
3831497	170233	230509	34045	96217	245347	32794	16434192	13539587	960325
740089	208854	64026	14190	130328	255921	59012	7568651	6366014	888079
123223	86698	30778	30336	1803771	188498	157236	23632740	17776724	895176
493615	103575	5919	28504	1215722	108006	109557	12860593	10317866	1462149
993815	80536	360532	29487	1688773	71734	41374	13716074	9877672	1373479
216561	26198	16069	609943	5067394	86858	592313	35619482	23195058	5394212
6832618	246657	18793	279060	6357096	858646	1108691	58359393	43419010	11628401
8916020	195939	44558	518091	4435053	3008112	786982	56165355	42909453	14694407
1099152	329322	75311	55056	2235844	718939	116998	26590520	20985567	3077965
3635895	150740	93116	54599	1640581	541731	470377	24856510	19479036	3566287
1219887	120556	2743	14323	830287	417808	160236	22129784	17222172	1650518
3737280	303859	538842	258350	3394376	1402805	215653	53674252	43252240	4907917
1746895	277456	69437	106778	993640	3051841	140093	53563222	45437051	3404636
2748024	81114	146249	157050	4690336	625306	209046	37545463	28805931	4046461
470640	123659	26803	66215	973653	2407723	330904	39270086	30506805	3428686
4067862	307475	14610	311025	2543165	2435844	1063805	116797785	99833103	5685198
4122776	72990	3839	27713	1032724	772726	136340	22506685	18018393	1857113
1069402	8014	65119	2436	130045	361538	8732	6647082	5496054	519914
1809278	101537	2724	107552	998890	351889	312541	21517924	15691293	3774364
2336479	289174	37523	150675	2834213	947734	625644	45700384	34267925	3927478
540406	98682	881	63249	342199	331887	152369	15578728	12426136	4315683
897867	254991	130933	70736	531514	692134	314978	18361880	15449328	2161166
63581	43751			29065	1000	78307	292813	175143	79152
747050	63679	68335	258670	4205400	246872	239885	29578567	19567990	3769533
626749	76527	50772	57360	512557	129817	100404	7682423	5975409	1077406
148607	119265	876	2285	40000	18733	92409	1372880	962697	847599
242274	56471	3019	3283	81972	64999	59503	2927095	2360971	957536
594345	182419	73050	37988	239786	54860	99320	4875134	3557320	4346194
14766	11381	1213		13330	87800	9543	2563809	2269601	32602
555726	30030		13317	189707	195190	73370	7521367	6423426	699157
280343	9449	24302	3819	21693	102302	8561	2472638	2213677	410973
108362	62751	65300			48399	52538	5199867	4785094	216033
62850	24230		404	915986	228222	138434	16254114	14252397	622510

3-2 教育经费收入情况

地 区	总 计	国家财政性教育经费	一般公共预算安排的教育经费	一般公共预算教育经费	教 育事业费	基本建设经 费	教育费附 加	科研经费	其 他
合 计	**4582600808**	**3704053543**	**3622606528**	**3267429551**	**3041603546**	**73802223**	**152023782**	**10631442**	**344545535**
北 京	142675676	122642476	121151044	109340480	101812901	4860027	2667551	93278	11717286
天 津	62256125	51432281	50864778	45998055	44226113	290058	1481885	100370	4766353
河 北	199434350	164257712	159238198	151586113	144718720	1827272	5040121	121679	7530406
山 西	98628652	80957624	76765356	69189701	64854653	785122	3549926	616478	6959177
内蒙古	81302723	72536964	71588332	60412218	55824056	1523127	3065034	164084	11012030
辽 宁	106137903	84519935	83787023	70481497	66219002	865528	3396967	86655	13218871
吉 林	67507502	55461198	54697165	49606052	47016894	367500	2221658	236906	4854207
黑龙江	80639745	69269594	68166736	60760105	58246566	643358	1870181	84825	7321806
上 海	136854449	110422556	108463278	92206961	74723002	2711320	14772639	141300	16115018
江 苏	310357144	247481254	238572912	218591416	201728761	916589	15946066	692844	19288652
浙 江	271915023	202013903	191666349	174589380	160782997	4858089	8948294	648456	16428512
安 徽	163467144	134511224	132853096	121628439	113708555	2755339	5164546	124318	11100339
福 建	134035212	107328872	102873254	96416748	89701202	1222936	5492610	204124	6252382
江 西	145844189	121490069	119425286	113403678	107249132	1749010	4405535	366114	5655494
山 东	288992464	232671566	226375351	214337408	199114526	759054	14463828	1495648	10542296
河 南	267530339	207459668	204556738	177371280	166829178	2776925	7765177	398332	26787126
湖 北	159328840	125585133	122442789	113368587	113368587			179116	8895086
湖 南	177297288	134841752	134128476	127300486	119399280	1706756	6194450	585573	6242417
广 东	488391294	368074064	361358263	318442730	283557719	16582189	18302822	2938970	39976563
广 西	143991549	118719268	113532217	100894156	95886454	2352829	2654874	83283	12554778
海 南	42555974	35038118	33771115	27351938	25148215	1371246	832478	162542	6256636
重 庆	113784876	90745489	88730355	72464802	67519376	2684615	2260811	15181	16250373
四 川	224721196	181715114	178931673	158744701	149666175	2656823	6421703	178962	20008010
贵 州	136442739	116064072	115117337	106190109	101433742	1269333	3487035	85377	8841851
云 南	148887881	127363694	125732644	106772337	102340408	1536790	2895139	407305	18553002
西 藏	28827190	28375918	28283271	26159930	24937768	1153103	69058	1804	2121538
陕 西	124195105	98895049	97436262	94022985	86372831	3938732	3711422	16400	3396877
甘 肃	80021604	72153726	71200479	63550722	60843240	1097684	1609799	27467	7622290
青 海	28989105	26664392	26472652	21987875	19902007	1552270	533598	65088	4419689
宁 夏	25335644	21525430	21223305	17919196	17252102	232200	434894	169822	3134286
新 疆	102251882	93835427	93200794	86339466	77219383	6756399	2363684	139145	6722184
大 连	17136336	14484997	14455687	11595290	10941692	117366	536233	1704	2858692
宁 波	36023394	27534311	26775561	24540294	22979407	332545	1228342	33768	2201499
厦 门	19849937	16859162	16529005	14946001	13150281	458878	1336842	2565	1580439
青 岛	35320855	29804019	29630356	27378569	23839231		3539338	53038	2198749
深 圳	101096521	83853242	82874002	70269809	49330202	14920973	6018635	1795743	10808450

(地方各级各类教育机构)

单位：千元

政府性基金预算安排的教育经费	#彩票公益金	国有及国有控股企业办学中的企业拨款	校办产业和社会服务收入中用于教育的经费	其他属于国家财政性教育经费	民办学校中举办者投入	捐赠收入	事业收入	#学费	其他教育经费
58394324	**4612279**	**1833042**	**1952613**	**19267036**	**22013039**	**6343753**	**768378759**	**634420538**	**81811715**
335126	32969	110603	155648	890056	89055	55045	18766976	15362890	1122124
46152	46152	88545	33983	398822	417807	39455	9003065	7754763	1363518
4440286	415254	23601	30507	525121	1106872	63530	32915961	28036678	1090275
3831497	170233	230509	34045	96217	245347	32794	16432631	13538026	960256
740089	208854	64026	14190	130328	255921	59012	7563297	6360660	887528
123223	86698	30778	23560	555351	188498	116236	20764627	16641159	548606
493615	103575	5919	28504	235995	108006	63689	10971424	9542644	903186
987665	80386	12740	5267	97186	71734	9681	10575842	9136578	712894
208901	26198	16069	61542	1672766	86858	99400	23601151	19709195	2644484
6809828	246657	15307	196248	1886959	858646	870426	51239654	41013353	9907165
8916020	195939	44558	321968	1065009	3008112	784478	52600016	42251420	13508515
1099152	329322	75108	12157	471710	718939	99820	25472947	20414295	2664214
3635895	150740	93116	42180	684427	541731	352083	22845098	18848448	2967428
1219887	120556	287	14323	830287	417808	160236	22129395	17221824	1646681
3737280	303859	538842	191677	1828415	1402805	180448	50367500	42199357	4370145
1746895	277456	69437	98805	987793	3051841	134026	53493319	45383943	3391486
2748024	81114	30373	11129	352818	625306	96467	30794610	25814073	2227326
470640	123659	26803	27004	188829	2407723	227499	37176730	29660465	2643584
4021702	307475	14150	232179	2447771	2435844	973014	112621868	98110478	4286504
4122776	72990	3839	27713	1032724	772726	136340	22506102	18017810	1857113
1069402	8014	65119	2436	130045	361538	8732	6627959	5482559	519628
1809278	101537	2724	8792	194340	351889	265192	19067092	14564618	3355213
2045479	289174	13381	118137	606444	947734	547985	38759350	31843783	2751012
540406	98682	881	63249	342199	331887	152369	15578728	12426136	4315683
897867	254991	130933	70736	531514	692134	314978	18355909	15443404	2161166
63581	43751			29065	1000	78307	292813	175143	79152
747050	63679	68335	51054	592348	246872	112427	22590560	17630809	2350197
626749	76527	50772	48964	226763	129817	79864	6804012	5388785	854185
148580	119265	876	2285	40000	18733	92409	1365971	957140	847599
242274	56471	3019	3283	53549	64999	59503	2747134	2236046	938578
469006	120101	2390	21050	142186	54860	78303	4347021	3254056	3936271
14766	11381	1213		13330	87800	9538	2521460	2253375	32541
555726	30030		13317	189707	195190	73370	7521367	6423426	699157
280343	9449	24302	3819	21693	102302	8561	2468938	2209977	410973
108362	62751	65300			48399	52538	5199867	4785094	216033
62850	24230		404	915986	228222	138434	16254114	14252397	622510

3-3 教育经费收入情况

地区	总计	国家财政性教育经费	一般公共预算安排的教育经费	一般公共预算教育经费	教育事业费	基本建设经费	教育费附加	科研经费	其他
合计	**1346210198**	**851714582**	**758447685**	**673999492**	**636878340**	**31623593**	**5497560**	**26864196**	**57583997**
北京	139290720	94963474	80202217	67661331	64492128	3149634	19570	3686807	8854079
天津	29501987	19341111	17405436	15393184	15227038	165000	1147	398368	1613884
河北	39983906	25291519	23116040	22531871	21290431	1188221	53220	97412	486757
山西	23543684	15997855	12859984	11760360	11446241	181266	132853	447794	651830
内蒙古	16850917	12667959	12506954	10421154	10123292	293006	4855	160246	1925554
辽宁	40881568	25445313	23618939	20001007	19291790	684952	24266	219636	3398295
吉林	27021433	17418896	15783223	15089686	14771978	194502	123206	351178	342359
黑龙江	31640318	21237654	18557960	16917665	16026712	696647	194306	837805	802490
上海	75892012	50486608	44861444	37175091	34229564	2723713	221814	3647229	4039125
江苏	99936638	61401210	51861732	44981917	43366164	838470	777283	1483993	5395822
浙江	74542125	43431859	35844534	29971003	27584368	1530849	855787	1042497	4831034
安徽	37600871	24985673	22489806	19750141	18900982	844824	4335	1544853	1194812
福建	34034249	19725182	16880208	15271085	14559543	280290	431252	393868	1215254
江西	31961938	19277584	17497224	16763069	16468481	276471	18118	360925	373230
山东	71903831	44339394	40459566	37530910	36377110	620610	533190	1541365	1387290
河南	55318636	33707756	31781172	28567142	27595230	609597	362314	380208	2833822
湖北	67084884	42843491	35592919	33051906	32223333	828573		651901	1889112
湖南	45080532	26222954	25172733	23042329	22201157	668392	172780	1165102	965301
广东	118489292	76099659	72604068	61955235	52609816	8125660	1219758	6248718	4400116
广西	31582737	19019560	14791312	13784814	13511895	254335	18584	64814	941684
海南	7512286	4681132	4547429	3737319	3600408	136912		147882	662228
重庆	31444790	17262524	15811870	14657369	14236271	419673	1425	43726	1110775
四川	61465712	36343919	32481845	30745013	29053824	1644917	46271	381968	1354865
贵州	24905354	16446669	16097048	15039141	14432160	383599	223382	5986	1051921
云南	24167324	14096858	13193365	11468730	11364342	104110	278	392221	1332413
西藏	2789907	2468805	2439740	2359259	2098163	261096			80481
陕西	55672955	32482587	27450339	25334020	24379287	947630	7103	717270	1399049
甘肃	19850343	14439056	13582857	12373565	11795361	558650	19555	77797	1131495
青海	4603627	3744809	3703078	2918678	2898195	20287	197	60186	724214
宁夏	5707878	3895583	3747335	3228711	3089808	128400	10503	168435	350189
新疆	15947745	11947930	11505309	10516785	7633269	2863306	20210	144007	844516
大连	1185845	892962	879631	696722	695673		1049		182909
宁波	6472048	3120588	2902777	2573426	2424785	126561	22080	33761	295591
厦门	2724304	1517196	1494743	1433915	1184974	74390	174550	2500	58328
青岛	2822058	1373482	1308182	1202744	1056982		145762	52753	52685
深圳	24500920	21412791	20496805	16967355	9216232	7206412	544711	1782144	1747306

(高等学校)

单位：千元

政府性基金预算安排的教育经费	#彩票公益金	国有及国有控股企业办学中的企业拨款	校办产业和社会服务收入中用于教育的经费	其他属于国家财政性教育经费	民办学校中举办者投入	捐赠收入	事业收入	#学费	其他教育经费
23788217	**658679**	**1103637**	**2926658**	**65448385**	**2662904**	**5595249**	**417115391**	**270578677**	**69122072**
247030	144780	10500	448668	14055059		1530389	33573090	12052236	9223767
86649	13729	52479	32417	1764130	312956	113545	8375513	5372619	1358862
1609406	11105		11476	554597	302584	14204	13519942	10775629	855657
2937867	24581	96968	6820	96217	10000	8826	7100227	5423296	426775
28629	28629		2048	130328	1226	6506	3608835	2872867	566391
4950	4950	9090	8563	1803771	6412	87256	14683034	9689193	659553
390500	500	3807	25644	1215722	5	56401	8578049	6283018	968082
643147	10587	319893	27881	1688773	3337	29998	9519629	6104393	849701
7660			550109	5067394		539598	21526493	9896722	3339313
2978354	947		204028	6357096		942809	28968762	17672814	8623857
2679214	7049		473058	4435053	559053	116699	23493288	13575868	6941225
170296	69806	41295	48432	2235844	170977	59386	10717010	7268214	1667825
1187205	21615		17189	1640581	168083	261957	12288918	8401679	1590108
941352	910		8720	830287	31500	38754	11313575	8232425	1300524
130174	22910	271557	83722	3394376	97712	54375	23718543	16346700	3693807
899373	31728	15390	18181	993640	228299	101005	18551843	14971914	2729733
2297059	20495	115876	147301	4690336	100	154328	21132334	14584515	2954631
23751	14415		52817	973653	19871	224719	16803384	11532184	1809603
680416	33392		272009	2543165	113080	682576	37963192	27657714	3630785
3182749	6560		12775	1032724	164966	16362	11358606	8832856	1023244
3336	3336		321	130045	52680	2279	2602821	2044656	173374
349311			102453	998890	55000	60982	11751036	7777222	2315248
914094	117963	25946	87821	2834213	77944	112782	22070470	13984075	2860598
7423	6240			342199	98114	53571	5358781	4013032	2948218
234116	5519	108076	29788	531514	150008	40181	8862574	6994092	1017703
				29065		40755	216364	103603	63983
602200	2200		224648	4205400	20997	210480	19846774	11150942	3112117
331835	7835	3028	8780	512557	18000	28121	4852387	3613158	512778
			1731	40000		120	689922	406415	168777
63346	20122		2929	81972		906	1476172	1063372	335217
156775	26775	29731	16329	239786		5377	2593820	1881255	1400617
				13330			292003	182768	880
17413	53		10691	189707		47284	2825032	2074158	479145
			761	21693		1942	1118533	919071	86633
		65300					1415180	1227444	33396
				915986		123492	2701528	1541123	263108

3-4 教育经费收入情况

地区	总计	国家财政性教育经费	一般公共预算安排的教育经费	一般公共预算教育经费	教育事业费	基本建设经费	教育费附加	科研经费	其他
合计	**956384971**	**587910072**	**544005829**	**494706208**	**465503857**	**23771007**	**5431344**	**9689305**	**39610316**
北京	29159963	22892644	21897340	21514980	20373377	1122034	19570	59308	323051
天津	18335040	11410315	10933117	9789127	9687980	100000	1147	99130	1044860
河北	37901964	23785214	21639212	21143463	19961023	1129221	53220	97412	398337
山西	23543684	15997855	12859984	11760360	11446241	181266	132853	447794	651830
内蒙古	16850917	12667959	12506954	10421154	10123292	293006	4855	160246	1925554
辽宁	29997868	17734388	17163210	14303606	13767109	512232	24266	82997	2776607
吉林	17873318	10690281	10034336	9659133	9513295	22632	123206	235037	140166
黑龙江	19420139	12803952	12065957	11515422	11048110	273007	194306	80165	470370
上海	34885423	24141987	22465235	19523198	17508760	1856823	157615	120800	2821238
江苏	70692275	41209635	36245896	31333172	30234889	321000	777283	586222	4326502
浙江	60418029	34058045	30036888	24924427	22748515	1321529	854383	511850	4600612
安徽	29153194	18074560	17385725	16177956	15404628	768994	4335	122223	1085546
福建	27003144	15210116	13333714	12132376	11553846	147890	430640	161936	1039401
江西	31961938	19277584	17497224	16763069	16468481	276471	18118	360925	373230
山东	59402751	35718044	33470850	31299105	30434915	331000	533190	1491165	680580
河南	54853482	33280255	31359517	28157798	27385887	409597	362314	380208	2821511
湖北	36985594	21300947	18649690	17759563	17759563			164913	725214
湖南	36088894	20178483	19952297	18767961	17926790	668392	172780	555679	628657
广东	98902483	62146657	58871467	52479431	43526421	7733251	1219758	2862170	3529866
广西	31582737	19019560	14791312	13784814	13511895	254335	18584	64814	941684
海南	7512286	4681132	4547429	3737319	3600408	136912		147882	662228
重庆	22666695	11331390	10784046	9868264	9623026	243813	1425	1091	914690
四川	39767253	22707293	21420526	20476879	19309971	1120637	46271	166056	777590
贵州	24905354	16446669	16097048	15039141	14432160	383599	223382	5986	1051921
云南	24167324	14096858	13193365	11468730	11364342	104110	278	392221	1332413
西藏	2789907	2468805	2439740	2359259	2098163	261096			80481
陕西	31344151	16638489	15426909	14590069	14015035	567930	7103	9062	827779
甘肃	15282753	10982781	10420771	9361079	8936524	405000	19555	24359	1035334
青海	4603627	3744809	3703078	2918678	2898195	20287	197	60186	724214
宁夏	4657955	3043237	2923412	2426788	2312885	103400	10503	168435	328189
新疆	13674831	10170131	9889581	9249885	6528131	2701543	20210	69035	570661
大连	1185845	892962	879631	696722	695673		1049		182909
宁波	6351628	3000168	2782357	2453006	2304365	126561	22080	33761	295591
厦门	2724304	1517196	1494743	1433915	1184974	74390	174550	2500	58328
青岛	2822058	1373482	1308182	1202744	1056982		145762	52753	52685
深圳	24500920	21412791	20496805	16967355	9216232	7206412	544711	1782144	1747306

（地方高等学校）

单位：千元

政府性基金预算安排的教育经费	#彩票公益金	国有及国有控股企业办学中的企业拨款	校办产业和社会服务收入中用于教育的经费	其他属于国家财政性教育经费	民办学校中举办者投入	捐赠收入	事业收入	#学费	其他教育经费
23072439	**491681**	**614136**	**950631**	**19267036**	**2662904**	**2389686**	**319101063**	**237617270**	**44321247**
		10500	94748	890056		18685	5676771	3240140	571864
13729	13729	52479	12168	398822	312956	14220	5545451	4411209	1052098
1609406	11105		11475	525121	302584	12306	13009938	10489858	791921
2937867	24581	96968	6820	96217	10000	8826	7100227	5423296	426775
28629	28629		2048	130328	1226	6506	3608835	2872867	566391
4950	4950	9090	1787	555351	6412	46262	11895945	8603327	314862
390500	500	3807	25644	235995	5	10541	6729701	5548560	442790
637147	10587		3661	97186	3337	773	6422961	5403803	189116
			3986	1672766		47504	9999923	6640554	696008
2955564	947		121216	1886959		704544	21872766	15284281	6905331
2679214	7049		276934	1065009	559053	115515	19929906	12919792	5755511
170296	69806	41295	5533	471710	170977	42208	9611345	6707573	1254104
1187205	21615		4770	684427	168083	144025	10481782	7778693	999137
941352	910		8720	830287	31500	38754	11313575	8232425	1300524
130174	22910	271557	17048	1828415	97712	19170	20411790	15293816	3156035
899373	31728	15390	18181	987793	228299	100911	18524296	14954547	2719722
2297059	20495		1380	352818	100	41898	14450191	11649568	1192458
23751	14415		13606	188829	19871	121415	14733264	10706850	1035861
634256	33392		193162	2447771	113080	591785	33818039	25954410	2232923
3182749	6560		12775	1032724	164966	16362	11358606	8832856	1023244
3336	3336		321	130045	52680	2279	2602821	2044656	173374
349311			3693	194340	55000	14734	9330989	6676581	1934582
623094	117963	1946	55283	606444	77944	39162	15208756	11603081	1734099
7423	6240			342199	98114	53571	5358781	4013032	2948218
234116	5519	108076	29788	531514	150008	40181	8862574	6994092	1017703
				29065		40755	216364	103603	63983
602200	2200		17032	592348	20997	83025	12881849	9232514	1719790
331835	7835	3028	384	226763	18000	7597	3984364	3036581	290012
			1731	40000		120	689922	406415	168777
63346	20122		2929	53549		906	1297554	939790	316259
134557	4557		3807	142186		5146	2171779	1618501	1327775
				13330			292003	182768	880
17413	53		10691	189707		47284	2825032	2074158	479145
			761	21693		1942	1118533	919071	86633
		65300					1415180	1227444	33396
				915986		123492	2701528	1541123	263108

3-5 教育经费收入情况

地区	总计	国家财政性教育经费	一般公共预算安排的教育经费	一般公共预算教育经费	教育事业费	基本建设经费	教育费附加	科研经费	其他
合计	**1329618214**	**842720336**	**749724802**	**666340949**	**629500108**	**31570750**	**5270091**	**26862135**	**56521718**
北京	136671809	93673698	79026585	66636216	63480988	3149634	5594	3686807	8703562
天津	29167094	19119192	17187494	15206615	15041615	165000		398368	1582511
河北	39264074	24809282	22633930	22070743	20853540	1168781	48422	97385	465802
山西	23314605	15834781	12714234	11633619	11319843	181266	132509	447764	632852
内蒙古	16670823	12563513	12402546	10324544	10026737	293006	4801	160246	1917756
辽宁	40334737	25114587	23288680	19723758	19017812	682844	23102	219636	3345286
吉林	26411052	16981299	15351229	14703618	14404796	186717	112106	350928	296683
黑龙江	31154916	20889011	18209317	16629078	15739392	696284	193401	837805	742433
上海	74821832	49724540	44103363	36544100	33610138	2723713	210249	3647229	3912035
江苏	99760368	61297039	51757562	44890045	43282309	838470	769265	1483993	5383524
浙江	73310193	42733443	35174097	29362804	27007610	1530849	824345	1042157	4769136
安徽	37166956	24781361	22285494	19576028	18726870	844824	4335	1544813	1164653
福建	33396722	19468509	16625016	15033084	14381703	280290	371091	393718	1198214
江西	31508652	19077740	17299879	16570399	16275810	276471	18118	360782	368698
山东	71474164	44197971	40318280	37394362	36240562	620610	533190	1541365	1382553
河南	55033598	33575016	31648545	28466729	27496917	609597	360214	380038	2801777
湖北	66938900	42769114	35518542	32982381	32153808	828573		651901	1884260
湖南	44445082	25941940	24895664	22775884	21960248	665392	150244	1164924	954856
广东	116623669	75113498	71619147	61104461	51797848	8125660	1180953	6248435	4266251
广西	31226333	18797882	14650296	13659661	13386791	254335	18534	64814	925822
海南	7400541	4597401	4463763	3687228	3550316	136912		147712	628824
重庆	31412881	17254885	15804230	14653399	14232301	419673	1425	43726	1107106
四川	60778988	36025380	32163393	30476767	28790995	1644917	40855	381939	1304687
贵州	24537524	16223822	15874205	14829682	14242916	363751	223015	5986	1038537
云南	23714573	13880629	12977743	11277508	11173120	104110	278	391971	1308263
西藏	2789907	2468805	2439740	2359259	2098163	261096			80481
陕西	54971132	32186025	27156757	25065598	24110864	947630	7103	717270	1373890
甘肃	19587005	14314500	13461328	12283671	11716988	558650	8033	77797	1099861
青海	4565063	3718881	3677150	2900965	2880481	20287	197	60186	715999
宁夏	5707878	3895583	3747335	3228711	3089808	128400	10503	168435	350189
新疆	15457147	11691010	11249260	10290036	7408819	2863006	18210	144007	815218
大连	991405	761053	747723	600805	600805				146917
宁波	6195009	2970654	2757087	2437952	2290711	126561	20680	33761	285374
厦门	2721085	1513977	1491524	1431002	1182061	74390	174550	2500	58022
青岛	2696215	1342763	1277463	1176351	1030589		145762	52753	48359
深圳	24353452	21306830	20390844	16889185	9160253	7206412	522520	1782144	1719515

（普通高等学校）

单位：千元

政府性基金预算安排的教育经费	#彩票公益金	国有及国有控股企业办学中的企业拨款	校办产业和社会服务收入中用于教育的经费	其他属于国家财政性教育经费	民办学校中举办者投入	捐赠收入	事业收入	#学费	其他教育经费
23608997	**658659**	**1080090**	**2860136**	**65446311**	**2662904**	**5595086**	**410100779**	**265523948**	**68539109**
175130	144780	10500	406424	14055059		1530389	32337785	11084701	9129938
86649	13729	52479	28440	1764130	312956	113545	8282540	5285491	1338861
1609402	11105		11354	554597	302584	14204	13284066	10557305	853938
2937867	24581	80256	6208	96217	10000	8826	7035406	5400482	425591
28629	28629		2048	130289	1226	6506	3533195	2806136	566382
4950	4950	9090	8096	1803771	6412	87256	14467159	9664791	659322
390500	500		23848	1215722	5	56401	8448262	6201312	925085
643147	10587	319893	27881	1688773	3337	29998	9437321	6040887	795250
7660			546123	5067394		539598	21265079	9819603	3292614
2978354	947		204028	6357096		942809	28897721	17639177	8622798
2655480	7049		468814	4435053	559053	116699	23016043	13319994	6884955
170296	69806	41295	48432	2235844	170977	59385	10488842	7136232	1666391
1187205	21615		15708	1640581	168083	261957	11921030	8138062	1577142
939132	910		8720	830009	31500	38754	11078133	8012807	1282524
130174	22910	271557	83722	3394238	97712	54375	23431229	16125895	3692878
899260	31728	15390	18181	993640	228299	101005	18427043	14858391	2702235
2297059	20495	115876	147301	4690336	100	154328	21062469	14529078	2952889
23731	14395		48892	973653	19871	224719	16455206	11245542	1803346
679193	33392		272009	2543150	113080	682414	37094416	26901992	3620259
3102749	6560		12775	1032063	164966	16362	11258621	8749703	988502
3336	3336		321	129980	52680	2279	2578523	2044649	169658
349311			102453	998890	55000	60982	11726766	7761071	2315248
914094	117963	25946	87734	2834213	77944	112782	21729808	13688630	2833075
7418	6240			342199	98114	53571	5214081	3875239	2947935
234116	5519	108076	29782	530912	150008	40181	8627547	6941580	1016208
				29065		40755	216364	103603	63983
602200	2200		221945	4205123	20997	210480	19510605	10871486	3043025
331835	7835		8780	512557	18000	28121	4720044	3499385	506340
			1731	40000		120	677681	394218	168381
63346	20122		2929	81972		906	1476172	1063372	335217
156775	26775	29731	15457	239786		5377	2401623	1763133	1359138
				13330			229491	175703	860
17413	53		6447	189707		47284	2705342	2012614	471729
			761	21693		1942	1118533	919071	86633
		65300					1320180	1136855	33272
				915986		123492	2660022	1499617	263108

3-6 教育经费收入情况

地区	总计	国家财政性教育经费	一般公共预算安排的教育经费	一般公共预算教育经费	教育事业费	基本建设经费	教育费附加	科研经费	其他
合计	**941418671**	**579340950**	**535635299**	**487316192**	**458394153**	**23718164**	**5203875**	**9687245**	**38631862**
北京	28048173	21972129	21019069	20706070	19578443	1122034	5594	59308	253691
天津	18000147	11188396	10715175	9602557	9502557	100000		99130	1013487
河北	37182131	23302978	21157102	20682335	19524132	1109781	48422	97385	377382
山西	23314605	15834781	12714234	11633619	11319843	181266	132509	447764	632852
内蒙古	16670823	12563513	12402546	10324544	10026737	293006	4801	160246	1917756
辽宁	29456095	17403662	16832952	14026357	13493132	510124	23102	82997	2723598
吉林	17262937	10252684	9602342	9273065	9146112	14847	112106	234787	94490
黑龙江	18934736	12455309	11717314	11226835	10760789	272644	193401	80165	410313
上海	33815242	23379919	21707154	18892206	16889334	1856823	146049	120800	2694148
江苏	70516005	41105464	36141726	31241300	30151034	321000	769265	586222	4314204
浙江	59186098	33359629	29366451	24316227	22171757	1321529	822941	511510	4538714
安徽	28719278	17870248	17181413	16003844	15230515	768994	4335	122183	1055386
福建	26365616	14953443	13078522	11894375	11376006	147890	370479	161786	1022361
江西	31508652	19077740	17299879	16570399	16275810	276471	18118	360782	368698
山东	58973084	35576620	33329564	31162557	30298366	331000	533190	1491165	675842
河南	54568444	33147514	31226890	28057386	27287574	409597	360214	380038	2789466
湖北	36839610	21226569	18575312	17690038	17690038			164913	720362
湖南	35453444	19897469	19675228	18501516	17685880	665392	150244	555501	618212
广东	97036860	61160496	57886545	51628657	42714453	7733251	1180953	2861887	3396002
广西	31226333	18797882	14650296	13659661	13386791	254335	18534	64814	925822
海南	7400541	4597401	4463763	3687228	3550316	136912		147712	628824
重庆	22634786	11323750	10776406	9864293	9619055	243813	1425	1091	911022
四川	39080529	22388754	21102073	20208634	19047142	1120637	40855	166027	727412
贵州	24537524	16223822	15874205	14829682	14242916	363751	223015	5986	1038537
云南	23714573	13880629	12977743	11277508	11173120	104110	278	391971	1308263
西藏	2789907	2468805	2439740	2359259	2098163	261096			80481
陕西	30642328	16341927	15133327	14321646	13746613	567930	7103	9062	802619
甘肃	15019416	10858225	10299243	9271184	8858151	405000	8033	24359	1003700
青海	4565063	3718881	3677150	2900965	2880481	20287	197	60186	715999
宁夏	4657955	3043237	2923412	2426788	2312885	103400	10503	168435	328189
新疆	13297738	9969073	9688523	9075458	6356005	2701243	18210	69035	544030
大连	991405	761053	747723	600805	600805				146917
宁波	6074589	2850234	2636667	2317532	2170291	126561	20680	33761	285374
厦门	2721085	1513977	1491524	1431002	1182061	74390	174550	2500	58022
青岛	2696215	1342763	1277463	1176351	1030589		145762	52753	48359
深圳	24353452	21306830	20390844	16889185	9160253	7206412	522520	1782144	1719515

(地方普通高等学校)

单位：千元

政府性基金预算安排的教育经费	#彩票公益金	国有及国有控股企业办学中的企业拨款	校办产业和社会服务收入中用于教育的经费	其他属于国家财政性教育经费	民办学校中举办者投入	捐赠收入	事业收入	#学费	其他教育经费
22965119	**491661**	**590589**	**884980**	**19264962**	**2662904**	**2389523**	**313209245**	**233396573**	**43816048**
		10500	52504	890056		18685	5501846	3080172	555514
13729	13729	52479	8191	398822	312956	14220	5452477	4324081	1032097
1609402	11105		11353	525121	302584	12306	12774061	10271534	790202
2937867	24581	80256	6208	96217	10000	8826	7035406	5400482	425591
28629	28629		2048	130289	1226	6506	3533195	2806136	566382
4950	4950	9090	1319	555351	6412	46262	11684943	8582023	314816
390500	500		23848	235995	5	10541	6599913	5466855	399793
637147	10587		3661	97186	3337	773	6340653	5340297	134666
				1672766		47504	9738509	6563435	649309
2955564	947		121216	1886959		704544	21801725	15250644	6904272
2655480	7049		272690	1065009	559053	115515	19452660	12663918	5699241
170296	69806	41295	5533	471710	170977	42207	9383176	6575591	1252670
1187205	21615		3289	684427	168083	144025	10113894	7515076	986171
939132	910		8720	830009	31500	38754	11078133	8012807	1282524
130174	22910	271557	17048	1828277	97712	19170	20124477	15073012	3155106
899260	31728	15390	18181	987793	228299	100911	18399495	14841024	2692224
2297059	20495		1380	352818	100	41898	14380326	11594131	1190716
23731	14395		9681	188829	19871	121415	14385086	10420208	1029603
633033	33392		193162	2447756	113080	591624	32949263	25198688	2222397
3102749	6560		12775	1032063	164966	16362	11258621	8749703	988502
3336	3336		321	129980	52680	2279	2578523	2044649	169658
349311			3693	194340	55000	14734	9306719	6660430	1934582
623094	117963	1946	55196	606444	77944	39162	14868094	11307636	1706576
7418	6240			342199	98114	53571	5214081	3875239	2947935
234116	5519	108076	29782	530912	150008	40181	8627547	6941580	1016208
				29065		40755	216364	103603	63983
602200	2200		14329	592071	20997	83025	12545680	8953057	1650699
331835	7835		384	226763	18000	7597	3852021	2922807	283574
			1731	40000		120	677681	394218	168381
63346	20122		2929	53549		906	1297554	939790	316259
134557	4557		3807	142186		5146	2037123	1523746	1286395
				13330			229491	175703	860
17413	53		6447	189707		47284	2705342	2012614	471729
			761	21693		1942	1118533	919071	86633
		65300					1320180	1136855	33272
				915986		123492	2660022	1499617	263108

3-7 教育经费收入情况

地区	总计	国家财政性教育经费	一般公共预算安排的教育经费	一般公共预算教育经费	教育事业费	基本建设经费	教育费附加	科研经费	其他
合计	**1089207980**	**683464208**	**598301299**	**526381079**	**495904552**	**28259007**	**2217519**	**26607551**	**45312669**
北京	132366697	90035752	75401352	63186046	60066506	3119540		3686037	8529269
天津	25520001	16672015	14802978	13037107	12872107	165000		398114	1367756
河北	28397293	17558538	16525848	16114875	15420267	683743	10865	95016	315957
山西	18531962	12360170	9500242	8602164	8416078	180990	5096	439227	458851
内蒙古	11312901	8414969	8283504	6799456	6662834	131901	4721	152883	1331165
辽宁	35119962	21439413	19623042	16529319	15925577	602893	849	218784	2874939
吉林	23117139	14820502	13422476	12838024	12651307	186717		350328	234124
黑龙江	26493356	17694036	15408215	14029306	13370183	659123		837787	541122
上海	71430686	47841412	42229594	34873041	32043166	2693713	136162	3647229	3709325
江苏	80307052	48281408	39364661	33819099	32425057	795470	598572	1461302	4084261
浙江	61135091	35504450	28349179	23746499	21818058	1370077	558364	1001942	3600738
安徽	27547789	17823264	15544081	13220985	12631380	589606		1544099	778996
福建	26868381	15514891	13104079	11681996	11265703	221790	194502	389103	1032980
江西	24103826	13848963	12268341	11645142	11450955	189671	4516	345650	277549
山东	55531359	33600875	30119442	27490413	26847622	576610	66180	1526309	1102721
河南	40064448	23135678	21805638	19457168	18678215	575372	203582	373047	1975422
湖北	56509438	36032057	29638508	27399285	26570712	828573		649981	1589241
湖南	31406710	17488426	16475573	14725178	14292258	429342	3578	1154627	595768
广东	92976611	60684906	57407269	48017199	40059258	7665664	292277	6170218	3219853
广西	22409044	13179740	9706892	8953092	8721050	220000	12042	64021	689780
海南	6029418	3879252	3749335	3160665	3023753	136912		147122	441548
重庆	24126926	13589249	12142033	11293622	10988869	304753		43288	805123
四川	48584041	28300342	24941697	23774072	22438544	1331402	4127	375657	791968
贵州	17430708	11007937	10666189	10007823	9691538	198057	118229	5513	652853
云南	18041260	10538521	9825178	8408997	8354179	54710	108	383461	1032720
西藏	2199907	1966473	1937868	1859516	1658516	201000			78351
陕西	48411495	28121991	23154976	21259964	20340980	915234	3750	717270	1177743
甘肃	14341251	10219727	9400683	8509727	8011077	498650		76778	814177
青海	3201988	2513124	2473124	2002832	2002832			44036	426256
宁夏	4364404	2877624	2795565	2392596	2292596	100000		166215	236754
新疆	11326834	8518503	8233737	7545870	4913375	2632495		142507	545360
大连	690744	542875	529690	424986	424986				104704
宁波	4858442	2081100	1884953	1709451	1644098	44673	20680	32349	143153
厦门	1854556	1121535	1099547	1054014	889173	44390	120450	2500	43033
青岛	1881073	780167	780167	715542	707402		8140	52380	12246
深圳	20888427	18304696	17399850	14474468	7569888	6903996	584	1740055	1185326

(普通高等本科学校)

单位：千元

政府性基金预算安排的教育经费	#彩票公益金	国有及国有控股企业办学中的企业拨款	校办产业和社会服务收入中用于教育的经费	其他属于国家财政性教育经费	民办学校中举办者投入	捐赠收入	事业收入	#学费	其他教育经费
17099907	**302405**	**121070**	**2639957**	**65301975**	**1394643**	**5325654**	**337050443**	**207163487**	**61973032**
175130	144780	10500	395568	14053202		1528399	31755260	10669087	9047285
84932	12012		20537	1763569	300000	109090	7198914	4396109	1239982
478431	11105		652	553607		13237	10025818	7845969	799700
2761131	9073		2659	96138	10000	5701	5853318	4419040	302773
187	187		1022	130256		6197	2378465	1898000	513270
4650	4650		8096	1803626	5142	86946	12964937	8513360	623524
160500	500		21804	1215722		56376	7369695	5262096	870566
462245	9685	110570	24234	1688773		29692	8039033	4939819	730595
			545684	5066133		538528	19832431	8706875	3218316
2386056	806		198467	6332224		899299	23296395	13463878	7829951
2342193	1721		393858	4419220	559053	110106	18785614	10194641	6175868
490			42899	2235794	166145	53023	7989813	5172014	1515544
759351	3761		15180	1636281	114283	250670	9581645	6166029	1406892
750852	210		192	829577		18320	9015031	6423375	1221511
22910	22910		78606	3379916	25522	45418	18892694	12320559	2966850
336715	30778		949	992376	29500	94269	14452688	11510544	2352313
1590162	19660		118099	4685289	100	150514	17602904	11793091	2723862
			41585	971269		209621	12192104	7690555	1516560
525716	900		266244	2485678		670849	28367978	20046849	3252878
2429084	2880		12066	1031698		10676	8400589	6359233	818038
				129917		2131	2064956	1640023	83079
349250			102453	995513	5000	55110	8609970	5343728	1867598
441730	100		83327	2833587	43529	92161	17604434	10323061	2543575
2130	1000			339618	98114	11935	3601806	2601048	2710916
163026	2650		19595	530722	8	37788	6658841	5251214	806103
				28605		697	170659	80624	62079
542200	2200		221945	4202870	20247	208284	17363092	9133467	2697880
300585	585		8780	509680	18000	26040	3600442	2630335	477042
				40000		20	540004	288379	148841
250	250			81808		581	1232731	933416	253469
30000	20000		15457	239308		3977	1608182	1147066	1196172
				13185			147869	114089	
53	53		6387	189707		46750	2354787	1725942	375805
			761	21228		1074	683380	530423	48567
							1070308	957998	30598
				904846		123192	2243350	1244401	217189

3-8 教育经费收入情况

地 区	总 计	国家财政性教育经费	一般公共预算安排的教育经费	一般公共预算教育经费	教育事业费	基本建设经费	教育费附加	科研经费	其 他
合 计	**703689905**	**421811782**	**385474583**	**348495939**	**325757151**	**20587485**	**2151303**	**9433853**	**27544792**
北 京	23939488	18494092	17553710	17396444	16304503	1091940		58538	98728
天 津	14353054	8741219	8330659	7433050	7333050	100000		98876	798733
河 北	26315351	16052234	15049021	14726467	14090859	624743	10865	95016	227537
山 西	18531962	12360170	9500242	8602164	8416078	180990	5096	439227	458851
内蒙古	11312901	8414969	8283504	6799456	6662834	131901	4721	152883	1331165
辽 宁	24241320	13728489	13167313	10831918	10400896	430173	849	82144	2253251
吉 林	13969024	8091888	7673589	7407471	7392624	14847		234187	31931
黑龙江	14732947	9539610	8986165	8697016	8461534	235483		80147	209002
上 海	30628606	21603885	19932380	17310393	15411608	1826823	71962	120800	2501187
江 苏	51062689	28089833	23748825	20170354	19293782	278000	598572	563531	3014941
浙 江	47010996	26130636	22541533	18699922	16982206	1160757	556960	471295	3370315
安 徽	19100111	10912151	10440000	9648801	9135026	513776		121469	669730
福 建	19837276	10999825	9557586	8543286	8260006	89390	193890	157172	857127
江 西	24103826	13848963	12268341	11645142	11450955	189671	4516	345650	277549
山 东	43030279	24979524	23130726	21258608	20905427	287000	66180	1476109	396010
河 南	39599294	22708176	21383983	19047825	18468871	375372	203582	373047	1963110
湖 北	26798381	14665786	12727568	12139232	12139232			162993	425343
湖 南	22504695	11483577	11294759	10483330	10050410	429342	3578	546095	265333
广 东	73961570	47162147	44058128	38924855	31210323	7422255	292277	2783670	2349603
广 西	22409044	13179740	9706892	8953092	8721050	220000	12042	64021	689780
海 南	6029418	3879252	3749335	3160665	3023753	136912		147122	441548
重 庆	15549925	7747484	7203579	6568645	6439752	128893		654	634280
四 川	27154548	14856877	14049539	13660200	12848951	807122	4127	159746	229593
贵 州	17430708	11007937	10666189	10007823	9691538	198057	118229	5513	652853
云 南	18041260	10538521	9825178	8408997	8354179	54710	108	383461	1032720
西 藏	2199907	1966473	1937868	1859516	1658516	201000			78351
陕 西	24082691	12277894	11131546	10516013	9976728	535534	3750	9062	606472
甘 肃	9773661	6763452	6238597	5497240	5152240	345000		23341	718016
青 海	3201988	2513124	2473124	2002832	2002832			44036	426256
宁 夏	3314482	2025278	1971643	1590673	1515673	75000		166215	214754
新 疆	9468503	7048578	6893062	6504507	4001713	2502795		67835	320720
大 连	690744	542875	529690	424986	424986				104704
宁 波	4738022	1960680	1764533	1589031	1523678	44673	20680	32349	143153
厦 门	1854556	1121535	1099547	1054014	889173	44390	120450	2500	43033
青 岛	1881073	780167	780167	715542	707402		8140	52380	12246
深 圳	20888427	18304696	17399850	14474468	7569888	6903996	584	1740055	1185326

(地方普通高等本科学校)

单位：千元

政府性基金预算安排的教育经费	#彩票公益金	国有及国有控股企业办学中的企业拨款	校办产业和社会服务收入中用于教育的经费	其他属于国家财政性教育经费	民办学校中举办者投入	捐赠收入	事业收入	#学费	其他教育经费
16512067	**137625**	**10500**	**693971**	**19120661**	**1394643**	**2122355**	**241053120**	**175622452**	**37308005**
		10500	41648	888234		18685	4953638	2690231	473073
12012	12012		288	398261	300000	9765	4368852	3434699	933218
478431	11105		651	524131		11339	9515814	7560198	735964
2761131	9073		2659	96138	10000	5701	5853318	4419040	302773
187	187		1022	130256		6197	2378465	1898000	513270
4650	4650		1319	555206	5142	45951	10182720	7430592	279018
160500	500		21804	235995		10516	5521347	4527638	345274
456245	9685		14	97186		467	5120051	4287583	72820
				1671505		46433	8395761	5513757	582527
2363266	806		115655	1862087		661034	16200398	11075344	6111424
2342193	1721		197734	1049176	559053	108921	15222231	9538565	4990154
490				471660	166145	35845	6884148	4611373	1101824
759351	3761		2761	680128	114283	132738	7774509	5543043	815921
750852	210		192	829577		18320	9015031	6423375	1221511
22910	22910		11932	1813955	25522	10213	15585942	11267675	2429078
336715	30778		949	986530	29500	94175	14425140	11493177	2342302
1590162	19660		284	347772	100	38085	11125362	8989722	969048
			2374	186444		106316	10171984	6908364	742817
525716	900		188020	2390284		580059	24358501	18452368	1860863
2429084	2880		12066	1031698		10676	8400589	6359233	818038
				129917		2131	2064956	1640023	83079
349250			3693	190962	5000	8862	6271150	4305097	1517429
150730	100		50790	605817	43529	18816	10817093	8003428	1418234
2130	1000			339618	98114	11935	3601806	2601048	2710916
163026	2650		19595	530722	8	37788	6658841	5251214	806103
				28605		697	170659	80624	62079
542200	2200		14329	589818	20247	80829	10398167	7215039	1305553
300585	585		384	223886	18000	5515	2732419	2053758	254276
				40000		20	540004	288379	148841
250	250			53385		581	1054112	809833	234511
10000			3807	141709		3746	1290112	950030	1126066
				13185			147869	114089	
53	53		6387	189707		46750	2354787	1725942	375805
			761	21228		1074	683380	530423	48567
							1070308	957998	30598
				904846		123192	2243350	1244401	217189

3-9 教育经费收入情况

地区	总计	国家财政性教育经费	一般公共预算安排的教育经费	一般公共预算教育经费	教育事业费	基本建设经费	教育费附加	科研经费	其他
合计	**240410234**	**159256128**	**151423504**	**139959870**	**133595556**	**3311742**	**3052572**	**254585**	**11209049**
北京	4305113	3637945	3625233	3450169	3414483	30093	5594	770	174293
天津	3647092	2447177	2384516	2169507	2169507			254	214755
河北	10866781	7250744	6108082	5955868	5433273	485038	37557	2369	149845
山西	4782643	3474612	3213993	3031455	2903765	276	127414	8537	174000
内蒙古	5357922	4148544	4119042	3525088	3363903	161105	80	7363	586591
辽宁	5214775	3675174	3665639	3194439	3092235	79950	22253	853	470347
吉林	3293913	2160797	1928753	1865594	1753488		112106	600	62559
黑龙江	4661559	3194974	2801102	2599772	2369209	37162	193401	18	201312
上海	3391145	1883128	1873768	1671059	1566972	30000	74087		202710
江苏	19453316	13015631	12392900	11070946	10857252	43000	170693	22691	1299263
浙江	12175102	7228993	6824918	5616304	5189551	160772	265981	40215	1168399
安徽	9619167	6958097	6741413	6355043	6095490	255219	4335	714	385656
福建	6528341	3953618	3520936	3351089	3116000	58500	176588	4615	165233
江西	7404826	5228778	5031537	4925257	4824855	86800	13602	15132	91149
山东	15942805	10597096	10198838	9903949	9392939	44000	467010	15057	279832
河南	14969150	10439338	9842907	9009560	8818703	34226	156632	6991	826356
湖北	10429462	6737056	5880034	5583096	5583096			1920	295018
湖南	13038371	8453514	8420091	8050705	7667990	236050	146666	10297	359088
广东	23647057	14428592	14211878	13087262	11738590	459996	888676	78217	1046398
广西	8817288	5618142	4943404	4706569	4665741	34335	6493	793	236042
海南	1371123	718149	714428	526563	526563			590	187276
重庆	7285955	3665636	3662197	3359777	3243432	114920	1425	437	301983
四川	12194947	7725038	7221696	6702695	6352451	313515	36728	6282	512719
贵州	7106816	5215885	5208016	4821859	4551378	165694	104787	473	385684
云南	5673313	3342108	3152565	2868511	2818941	49400	170	8511	275543
西藏	589999	502332	501872	499743	439647	60096			2129
陕西	6559638	4064033	4001781	3805634	3769885	32396	3353		196147
甘肃	5245755	4094773	4060646	3773944	3705911	60000	8033	1018	285684
青海	1363074	1205757	1204026	898133	877650	20287	197	16149	289744
宁夏	1343473	1017959	951769	836115	797212	28400	10503	2220	113435
新疆	4130313	3172507	3015524	2744166	2495444	230512	18210	1500	269858
大连	300661	218178	218033	175819	175819				42214
宁波	1336566	889554	872134	728501	646613	81888		1412	142221
厦门	866529	392442	391977	376988	292888	30000	54100		14988
青岛	815141	562596	497296	460809	323187		137622	373	36114
深圳	3465026	3002134	2990994	2414717	1590365	302416	521936	42088	534189

(普通高职高专学校)

单位：千元

政府性基金预算安排的教育经费	#彩票公益金	国有及国有控股企业办学中的企业拨款	校办产业和社会服务收入中用于教育的经费	其他属于国家财政性教育经费	民办学校中举办者投入	捐赠收入	事业收入	#学费	其他教育经费
6509090	**356255**	**959020**	**220179**	**144336**	**1268261**	**269432**	**73050335**	**58360462**	**6566077**
			10856	1857		1990	582524	415614	82653
1718	1718	52479	7903	561	12956	4455	1083626	889382	98879
1130970			10702	990	302584	967	3258247	2711336	54238
176736	15508	80256	3549	78		3126	1182088	981442	122818
28442	28442		1026	34	1226	309	1154730	908136	53112
300	300	9090		145	1270	311	1502222	1151430	35798
230000			2044		5	25	1078567	939217	54519
180902	902	209323	3647		3337	306	1398288	1101068	64655
7660			439	1261		1070	1432648	1112728	74298
592298	141		5561	24872		43510	5601327	4175299	792848
313286	5328		74956	15833		6593	4230429	3125353	709086
169806	69806	41295	5533	50	4832	6362	2499028	1964218	150847
427853	17853		528	4300	53800	11287	2339385	1972033	170250
188280	700		8528	432	31500	20434	2063101	1589432	61013
107263		271557	5115	14322	72190	8957	4538535	3805336	726028
562545	950	15390	17232	1264	198799	6736	3974355	3347846	349922
706897	835	115876	29202	5047		3814	3459565	2735986	229027
23731	14395		7307	2385	19871	15098	4263101	3554987	286786
153477	32492		5766	57472	113080	11565	8726439	6855143	367381
673665	3680		708	365	164966	5686	2858031	2390470	170463
3336	3336		321	63	52680	148	513567	404626	86579
61				3378	50000	5872	3116796	2417343	447650
472364	117863	25946	4406	627	34415	20620	4125374	3365569	289500
5288	5240			2581		41637	1612275	1274192	237019
71090	2869	108076	10187	190	150000	2393	1968706	1690365	210106
				460		40059	45705	22978	1904
60000				2253	750	2196	2147513	1738018	345146
31250	7250			2877		2081	1119603	869049	29298
			1731			100	137677	105839	19541
63096	19872		2929	164		325	243442	129956	81748
126775	6775	29731		477		1400	793440	616067	162966
				145			81623	61614	860
17360			60			534	350555	286673	95924
				465		868	435154	388648	38067
		65300					249872	178857	2674
				11140		300	416672	255217	45920

3-10 教育经费收入情况

地区	总计	国家财政性教育经费	一般公共预算安排的教育经费	一般公共预算教育经费	教育事业费	基本建设经费	教育费附加	科研经费	其他
合计	**237728766**	**157529168**	**150160716**	**138820253**	**132637002**	**3130679**	**3052572**	**253393**	**11087070**
北京	4108685	3478036	3465359	3309626	3273939	30093	5594	770	154962
天津	3647092	2447177	2384516	2169507	2169507			254	214755
河北	10866781	7250744	6108082	5955868	5433273	485038	37557	2369	149845
山西	4782643	3474612	3213993	3031455	2903765	276	127414	8537	174000
内蒙古	5357922	4148544	4119042	3525088	3363903	161105	80	7363	586591
辽宁	5214775	3675174	3665639	3194439	3092235	79950	22253	853	470347
吉林	3293913	2160797	1928753	1865594	1753488		112106	600	62559
黑龙江	4201789	2915698	2731149	2529819	2299256	37162	193401	18	201312
上海	3186635	1776034	1774773	1581813	1477726	30000	74087		192961
江苏	19453316	13015631	12392900	11070946	10857252	43000	170693	22691	1299263
浙江	12175102	7228993	6824918	5616304	5189551	160772	265981	40215	1168399
安徽	9619167	6958097	6741413	6355043	6095490	255219	4335	714	385656
福建	6528341	3953618	3520936	3351089	3116000	58500	176588	4615	165233
江西	7404826	5228778	5031537	4925257	4824855	86800	13602	15132	91149
山东	15942805	10597096	10198838	9903949	9392939	44000	467010	15057	279832
河南	14969150	10439338	9842907	9009560	8818703	34226	156632	6991	826356
湖北	10041229	6560784	5847745	5550806	5550806			1920	295018
湖南	12948749	8413892	8380469	8018185	7635470	236050	146666	9405	352878
广东	23075290	13998349	13828417	12703802	11504130	310996	888676	78217	1046398
广西	8817288	5618142	4943404	4706569	4665741	34335	6493	793	236042
海南	1371123	718149	714428	526563	526563			590	187276
重庆	7084861	3576266	3572827	3295648	3179303	114920	1425	437	276742
四川	11925981	7531877	7052534	6548434	6198190	313515	36728	6282	497819
贵州	7106816	5215885	5208016	4821859	4551378	165694	104787	473	385684
云南	5673313	3342108	3152565	2868511	2818941	49400	170	8511	275543
西藏	589999	502332	501872	499743	439647	60096			2129
陕西	6559638	4064033	4001781	3805634	3769885	32396	3353		196147
甘肃	5245755	4094773	4060646	3773944	3705911	60000	8033	1018	285684
青海	1363074	1205757	1204026	898133	877650	20287	197	16149	289744
宁夏	1343473	1017959	951769	836115	797212	28400	10503	2220	113435
新疆	3829235	2920495	2795460	2570951	2354292	198449	18210	1200	223310
大连	300661	218178	218033	175819	175819				42214
宁波	1336566	889554	872134	728501	646613	81888		1412	142221
厦门	866529	392442	391977	376988	292888	30000	54100		14988
青岛	815141	562596	497296	460809	323187		137622	373	36114
深圳	3465026	3002134	2990994	2414717	1590365	302416	521936	42088	534189

(地方普通高职高专学校)

单位：千元

政府性基金预算安排的教育经费	#彩票公益金	国有及国有控股企业办学中的企业拨款	校办产业和社会服务收入中用于教育的经费	其他属于国家财政性教育经费	民办学校中举办者投入	捐赠收入	事业收入	#学费	其他教育经费
6453052	**354037**	**580089**	**191010**	**144301**	**1268261**	**267168**	**72156126**	**57774120**	**6508043**
			10856	1822			548208	389941	82441
1718	1718	52479	7903	561	12956	4455	1083626	889382	98879
1130970			10702	990	302584	967	3258247	2711336	54238
176736	15508	80256	3549	78		3126	1182088	981442	122818
28442	28442		1026	34	1226	309	1154730	908136	53112
300	300	9090		145	1270	311	1502222	1151430	35798
230000			2044		5	25	1078567	939217	54519
180902	902		3647		3337	306	1220602	1052714	61846
				1261		1070	1342748	1049678	66783
592298	141		5561	24872		43510	5601327	4175299	792848
313286	5328		74956	15833		6593	4230429	3125353	709086
169806	69806	41295	5533	50	4832	6362	2499028	1964218	150847
427853	17853		528	4300	53800	11287	2339385	1972033	170250
188280	700		8528	432	31500	20434	2063101	1589432	61013
107263		271557	5115	14322	72190	8957	4538535	3805336	726028
562545	950	15390	17232	1264	198799	6736	3974355	3347846	349922
706897	835		1095	5047		3814	3254963	2604409	221668
23731	14395		7307	2385	19871	15098	4213101	3511844	286786
107317	32492		5142	57472	113080	11565	8590762	6746320	361534
673665	3680		708	365	164966	5686	2858031	2390470	170463
3336	3336		321	63	52680	148	513567	404626	86579
61				3378	50000	5872	3035569	2355334	417153
472364	117863	1946	4406	627	34415	20346	4051001	3304208	288342
5288	5240			2581		41637	1612275	1274192	237019
71090	2869	108076	10187	190	150000	2393	1968706	1690365	210106
				460		40059	45705	22978	1904
60000				2253	750	2196	2147513	1738018	345146
31250	7250			2877		2081	1119603	869049	29298
			1731			100	137677	105839	19541
63096	19872		2929	164		325	243442	129956	81748
124557	4557			477		1400	747011	573716	160330
				145			81623	61614	860
17360			60			534	350555	286673	95924
				465		868	435154	388648	38067
		65300					249872	178857	2674
				11140		300	416672	255217	45920

3-11 教育经费收入情况

地区	总计	国家财政性教育经费	一般公共预算安排的教育经费	一般公共预算教育经费	教育事业费	基本建设经费	教育费附加	科研经费	其他
合计	**16591984**	**8994246**	**8722883**	**7658544**	**7378232**	**52843**	**227469**	**2060**	**1062279**
北京	2618911	1289776	1175632	1025115	1011139		13976		150517
天津	334893	221919	217942	186570	185423		1147		31373
河北	719832	482236	482110	461128	436891	19439	4799	27	20955
山西	229079	163074	145750	126741	126398		344	30	18978
内蒙古	180094	104446	104407	96610	96556		54		7798
辽宁	546831	330726	330258	277249	273978	2108	1164		53009
吉林	610381	437597	431994	386068	367183	7785	11100	250	45676
黑龙江	485403	348643	348643	288587	287320	362	904		60057
上海	1070181	762068	758082	630992	619426		11566		127090
江苏	176270	104170	104170	91872	83855		8017		12298
浙江	1231932	698416	670438	608200	576758		31442	340	61898
安徽	433916	204312	204312	174112	174112			40	30160
福建	637527	256673	255192	238001	177840		60161	150	17041
江西	453286	199844	197346	192671	192671			143	4532
山东	429667	141424	141286	136548	136548				4738
河南	285038	132740	132628	100413	98313		2100	170	32045
湖北	145984	74377	74377	69525	69525				4853
湖南	635450	281014	277069	266446	240909	3000	22536	178	10445
广东	1865623	986160	984921	850774	811968		38806	283	133865
广西	356405	221677	141016	125154	125104		50		15862
海南	111745	83731	83666	50092	50092			170	33405
重庆	31909	7639	7639	3971	3971				3669
四川	686725	318539	318452	268245	262830		5416	29	50178
贵州	367830	222848	222843	209459	189244	19848	367		13384
云南	452751	216229	215622	191222	191222			250	24150
西藏									
陕西	701823	296562	293582	268422	268422				25160
甘肃	263337	124556	121528	89895	78373		11522		31634
青海	38564	25928	25928	17714	17714				8214
宁夏									
新疆	490597	256920	256048	226750	224450	300	2000		29299
大连	194440	131909	131909	95917	94868		1049		35992
宁波	277040	149935	145691	135474	134074		1400		10217
厦门	3219	3219	3219	2913	2913				306
青岛	125843	30719	30719	26393	26393				4326
深圳	147468	105962	105962	78170	55979		22191		27792

(成人高等学校)

单位：千元

政府性基金预算安排的教育经费	#彩票公益金	国有及国有控股企业办学中的企业拨款	校办产业和社会服务收入中用于教育的经费	其他属于国家财政性教育经费	民办学校中举办者投入	捐赠收入	事业收入	#学费	其他教育经费
179219	**20**	**23547**	**66522**	**2074**		**163**	**7014612**	**5054729**	**582963**
71900			42244				1235305	967535	93829
			3977				92974	87128	20000
4			122				235876	218323	1719
		16713	612				64821	22814	1184
				38			75640	66731	9
			467				215875	24402	231
		3807	1796				129787	81705	42997
							82308	63505	54451
			3986				261414	77119	46699
							71041	33637	1059
23734			4244				477245	255874	56271
						1	228168	131983	1434
			1481				367888	263618	12966
2220				278			235443	219618	18000
				138			287314	220805	929
113							124800	113523	27498
							69865	55437	1742
20	20		3925				348179	286642	6257
1224				15		162	868776	755722	10525
80000				661			99985	83153	34742
				65			24298	7	3716
							24270	16151	
			87				340663	295445	27523
5							144700	137793	283
			6	602			235027	52512	1495
			2703	277			336169	279457	69092
		3028					132343	113773	6438
							12241	12197	395
			872				192197	118122	41480
							62511	7065	20
			4244				119690	61544	7415
							95000	90589	124
							41506	41506	

3-12 教育经费收入情况

地区	总计	国家财政性教育经费	一般公共预算安排的教育经费	一般公共预算教育经费	教育事业费	基本建设经费	教育费附加	科研经费	其他
合计	**14966301**	**8569122**	**8370530**	**7390016**	**7109704**	**52843**	**227469**	**2060**	**978454**
北京	1111790	920515	878271	808911	794935		13976		69361
天津	334893	221919	217942	186570	185423		1147		31373
河北	719832	482236	482110	461128	436891	19439	4799	27	20955
山西	229079	163074	145750	126741	126398		344	30	18978
内蒙古	180094	104446	104407	96610	96556		54		7798
辽宁	541774	330726	330258	277249	273978	2108	1164		53009
吉林	610381	437597	431994	386068	367183	7785	11100	250	45676
黑龙江	485403	348643	348643	288587	287320	362	904		60057
上海	1070181	762068	758082	630992	619426		11566		127090
江苏	176270	104170	104170	91872	83855		8017		12298
浙江	1231932	698416	670438	608200	576758		31442	340	61898
安徽	433916	204312	204312	174112	174112			40	30160
福建	637527	256673	255192	238001	177840		60161	150	17041
江西	453286	199844	197346	192671	192671			143	4532
山东	429667	141424	141286	136548	136548				4738
河南	285038	132740	132628	100413	98313		2100	170	32045
湖北	145984	74377	74377	69525	69525				4853
湖南	635450	281014	277069	266446	240909	3000	22536	178	10445
广东	1865623	986160	984921	850774	811968		38806	283	133865
广西	356405	221677	141016	125154	125104		50		15862
海南	111745	83731	83666	50092	50092			170	33405
重庆	31909	7639	7639	3971	3971				3669
四川	686725	318539	318452	268245	262830		5416	29	50178
贵州	367830	222848	222843	209459	189244	19848	367		13384
云南	452751	216229	215622	191222	191222			250	24150
西藏									
陕西	701823	296562	293582	268422	268422				25160
甘肃	263337	124556	121528	89895	78373		11522		31634
青海	38564	25928	25928	17714	17714				8214
宁夏									
新疆	377093	201058	201058	174427	172127	300	2000		26631
大连	194440	131909	131909	95917	94868		1049		35992
宁波	277040	149935	145691	135474	134074		1400		10217
厦门	3219	3219	3219	2913	2913				306
青岛	125843	30719	30719	26393	26393				4326
深圳	147468	105962	105962	78170	55979		22191		27792

(地方成人高等学校)

单位：千元

政府性基金预算安排的教育经费	#彩票公益金	国有及国有控股企业办学中的企业拨款	校办产业和社会服务收入中用于教育的经费	其他属于国家财政性教育经费	民办学校中举办者投入	捐赠收入	事业收入	#学费	其他教育经费
107319	**20**	**23547**	**65651**	**2074**		**163**	**5891818**	**4220697**	**505198**
			42244				174925	159968	16350
			3977				92974	87128	20000
4			122				235876	218323	1719
		16713	612				64821	22814	1184
				38			75640	66731	9
			467				211002	21304	46
		3807	1796				129787	81705	42997
							82308	63505	54451
			3986				261414	77119	46699
							71041	33637	1059
23734			4244				477245	255874	56271
						1	228168	131983	1434
			1481				367888	263618	12966
2220				278			235443	219618	18000
				138			287314	220805	929
113							124800	113523	27498
							69865	55437	1742
20	20		3925				348179	286642	6257
1224				15		162	868776	755722	10525
80000				661			99985	83153	34742
				65			24298	7	3716
							24270	16151	
			87				340663	295445	27523
5							144700	137793	283
			6	602			235027	52512	1495
			2703	277			336169	279457	69092
		3028					132343	113773	6438
							12241	12197	395
							134655	94755	41380
							62511	7065	20
			4244				119690	61544	7415
							95000	90589	124
							41506	41506	

3-13 教育经费收入情况

地区	总计	国家财政性教育经费	一般公共预算安排的教育经费	一般公共预算教育经费	教育事业费	基本建设经费	教育费附加	科研经费	其他
合计	**261120601**	**230210815**	**224309440**	**202822289**	**182061773**	**4743392**	**16017123**	**25678**	**21461473**
北京	6700596	6310496	6267586	5469599	5188772	136596	144231	170	797817
天津	2783879	2584482	2547311	2289859	2277519		12339		257452
河北	15080816	13815223	12254841	11741208	10739214	51728	950266	240	513393
山西	6126130	5739601	5551300	4936117	4525815	132329	277973	404	614779
内蒙古	4158566	3960107	3897743	3339261	3110672	95500	133089	286	558196
辽宁	6029375	5443195	5396497	4525493	4052101	53434	419958		871005
吉林	4025168	3766891	3744093	3346690	3070861	41420	234410	100	397302
黑龙江	4181981	3663987	3624202	3206462	2989995	94973	121494		417740
上海	6963497	6496729	6467885	5624019	3235652	2679	2385689		843866
江苏	20129837	17599258	17102341	15184039	13909855	116008	1158175	9413	1908890
浙江	16921762	15464328	14839392	13464849	11971785	692958	800106	5872	1368671
安徽	9690963	8483787	8328534	7728331	6307391	822401	598539	140	600064
福建	7669365	7105959	6863331	6431788	5407778	14300	1009710		431544
江西	6432740	5422870	5402669	5099267	4594680	112036	392551	180	303222
山东	19216879	17458549	16996194	16100739	13708693	87500	2304546	1585	893870
河南	14243426	12319157	12166034	10646031	9883922	64872	697236	611	1519392
湖北	7416044	6497119	6422767	5757255	5757255				665511
湖南	10814140	8549599	8417084	8058602	7059926	145863	852813	80	358402
广东	29343793	25178509	24853108	22363844	20218863	297678	1847303	1679	2487585
广西	8486634	7465637	7044228	6186587	5512807	398433	275347	1026	856615
海南	2294260	2166019	2089056	1810368	1752616	43828	13924	50	278638
重庆	7228026	5834187	5771827	4899010	4416894	284037	198079	210	872607
四川	11428961	9555645	9450114	8581598	8107776	119750	354073	747	867769
贵州	5607272	4754591	4676513	4307511	4034586	159622	113303	654	368348
云南	8930705	7840460	7626834	6596066	6180784	209832	205450	1820	1028948
西藏	1203893	1202895	1201879	1137552	1049206	86817	1530		64327
陕西	5559941	4172502	4114938	3891003	3743574	23788	123641		223935
甘肃	3809280	3603695	3573442	3167083	2987478	37520	142084	9	406350
青海	1582885	1397040	1390923	1209804	1023007	129036	57760		181119
宁夏	1308245	1168038	1147716	1029371	991920	20000	17451		118345
新疆	5751542	5190262	5079056	4692884	4250377	268455	174053	403	385769
大连	1301109	1177965	1175587	979861	911627	15044	53190		195725
宁波	3136606	2986034	2957290	2517526	2232608	205243	79675	8	439757
厦门	1314520	1285167	1270790	1173745	936369	4200	233176		97045
青岛	3471781	3240088	3207845	2944374	2049358		895016	259	263212
深圳	3374961	2940878	2936736	2450389	1975042	89742	385605		486347

（中等职业学校）

单位：千元

政府性基金预算安排的教育经费	#彩票公益金	国有及国有控股企业办学中的企业拨款	校办产业和社会服务收入中用于教育的经费	其他属于国家财政性教育经费	民办学校中举办者投入	捐赠收入	事业收入	#学费	其他教育经费
5101962	**1088903**	**298130**	**501284**		**1043630**	**126386**	**24433476**	**14535767**	**5306293**
1813	1813	11841	29256		3738	5584	325505	179752	55273
987	987	36066	119			234	94091	68062	105072
1515145	231044	12102	33134		38388	1947	1136585	754189	88673
143561	30482	18972	25768		17780	1051	318412	132717	49286
25952	18656	26615	9796		5469	1889	173578	114437	17523
33824	33224	2820	10053		9378		535054	325520	41749
19198	19198	2112	1488		3914	682	182161	143687	71520
37647	17214	1422	716		5012	632	382928	303342	129421
6614	6614	9369	12861			445	326824	255933	139498
492754	137427	3486	677		26287	7785	2167376	1281887	329132
606865	70728		18071		158930	6670	915946	424304	375889
132405	44986	16231	6617		42516	3927	1017928	612964	142805
237855	35647		4773		16123	6422	408183	111907	132677
12151	10607	2456	5594		34174	2946	928159	611815	44591
322227	92343	38842	101285		157591	3653	1378544	761782	218542
93697	31790	18765	40660		123245	11985	1543808	853435	245231
71167	23754		3185		18212	1136	821104	451863	78473
121199	15314	7990	3327		123866	4279	1824392	1194452	312005
279456	43441	7920	38025		59296	22911	3782599	2552484	300478
411676	5824		9733		27580	3612	705136	179753	284668
11282		64195	1486		11366	1783	79810	36555	35282
56777	22998	1000	4583		1264	4348	744740	328427	643486
68685	35118	7454	29391		89167	5562	1593241	938707	185346
13948	11908	881	63249		39313	6009	534854	279372	272505
198265	73177		15361		10194	8235	863032	590578	208785
1015	1015						881		117
22918	22918	4000	30646		10715	3952	1199313	839817	173458
26690	23940	3563			5467	3778	167891	75333	28449
5564	5564		554		1647	922	31257	16016	152019
20000			321		3000	1881	74931	48021	60396
110624	21172	27	554			2125	175212	68654	383943
2379	2379						119767	27189	3376
28684	20246		60		30000	1260	92048	30701	27264
11486	475		2892			28	20715	4150	8610
32243	27011				16913	1299	189466	149963	24015
3997	2933		145			6095	406221	287690	21766

3-14 教育经费收入情况

地区	总计	国家财政性教育经费	一般公共预算安排的教育经费	一般公共预算教育经费	教育事业费	基本建设经费	教育费附加	科研经费	其他
合计	**260026940**	**229418343**	**223577539**	**202176557**	**181439192**	**4720242**	**16017123**	**25425**	**21375557**
北京	6524516	6187068	6155999	5376596	5095769	136596	144231	170	779233
天津	2757109	2582741	2545570	2288118	2275778		12339		257452
河北	15030996	13793679	12249733	11736100	10734106	51728	950266	240	513393
山西	6126130	5739601	5551300	4936117	4525815	132329	277973	404	614779
内蒙古	4158566	3960107	3897743	3339261	3110672	95500	133089	286	558196
辽宁	6029375	5443195	5396497	4525493	4052101	53434	419958		871005
吉林	4025168	3766891	3744093	3346690	3070861	41420	234410	100	397302
黑龙江	4124427	3606615	3567498	3149758	2933291	94973	121494		417740
上海	6940559	6494499	6465655	5621789	3233422	2679	2385689		843866
江苏	20099892	17586901	17093470	15175168	13900984	116008	1158175	9413	1908890
浙江	16921762	15464328	14839392	13464849	11971785	692958	800106	5872	1368671
安徽	9690542	8483366	8328317	7728113	6307173	822401	598539	140	600064
福建	7669365	7105959	6863331	6431788	5407778	14300	1009710		431544
江西	6425592	5419948	5402203	5098801	4594214	112036	392551	180	303222
山东	19216879	17458549	16996194	16100739	13708693	87500	2304546	1585	893870
河南	14227333	12308342	12163192	10643188	9881080	64872	697236	611	1519392
湖北	7396702	6488674	6414322	5748810	5748810				665511
湖南	10806525	8549599	8417084	8058602	7059926	145863	852813	80	358402
广东	29292403	25139321	24813921	22324656	20179676	297678	1847303	1679	2487585
广西	8486634	7465637	7044228	6186587	5512807	398433	275347	1026	856615
海南	2294260	2166019	2089056	1810368	1752616	43828	13924	50	278638
重庆	7227364	5834187	5771827	4899010	4416894	284037	198079	210	872607
四川	11338820	9532768	9427237	8558721	8084898	119750	354073	747	867769
贵州	5607272	4754591	4676513	4307511	4034586	159622	113303	654	368348
云南	8930705	7840460	7626834	6596066	6180784	209832	205450	1820	1028948
西藏	1203893	1202895	1201879	1137552	1049206	86817	1530		64327
陕西	5550668	4171775	4114211	3890276	3742847	23788	123641		223935
甘肃	3809255	3603695	3573442	3167083	2987478	37520	142084	9	406350
青海	1582885	1397040	1390923	1209804	1023007	129036	57760		181119
宁夏	1308245	1168038	1147716	1029371	991920	20000	17451		118345
新疆	5223098	4701855	4608159	4289573	3870216	245305	174053	149	318437
大连	1301109	1177965	1175587	979861	911627	15044	53190		195725
宁波	3136606	2986034	2957290	2517526	2232608	205243	79675	8	439757
厦门	1314520	1285167	1270790	1173745	936369	4200	233176		97045
青岛	3471781	3240088	3207845	2944374	2049358		895016	259	263212
深圳	3374961	2940878	2936736	2450389	1975042	89742	385605		486347

(地方中等职业学校)

单位：千元

政府性基金预算安排的教育经费	#彩票公益金	国有及国有控股企业办学中的企业拨款	校办产业和社会服务收入中用于教育的经费	其他属于国家财政性教育经费	民办学校中举办者投入	捐赠收入	事业收入	#学费	其他教育经费
5084480	**1080873**	**279449**	**476875**		**1043630**	**125700**	**24230079**	**14448215**	**5209188**
1813	1813		29256		3738	5052	278612	160072	50045
987	987	36066	119			234	92021	66338	82113
1515145	231044	12102	16698		38388	1947	1121937	742024	75045
143561	30482	18972	25768		17780	1051	318412	132717	49286
25952	18656	26615	9796		5469	1889	173578	114437	17523
33824	33224	2820	10053		9378		535054	325520	41749
19198	19198	2112	1488		3914	682	182161	143687	71520
37647	17214	754	716		5012	632	382746	303187	129421
6614	6614	9369	12861			445	326824	255933	118790
492754	137427		677		26287	7785	2152497	1272830	326422
606865	70728		18071		158930	6670	915946	424304	375889
132405	44986	16028	6617		42516	3927	1017928	612964	142805
237855	35647		4773		16123	6422	408183	111907	132677
12151	10607		5594		34174	2946	927770	611468	40754
322227	92343	38842	101285		157591	3653	1378544	761782	218542
93697	31790	18765	32687		123245	11985	1538530	851116	245231
71167	23754		3185		18212	1136	810605	448964	78075
121199	15314	7990	3327		123866	4279	1817069	1188474	311713
279456	43441	7920	38025		59296	22911	3771157	2552484	299717
411676	5824		9733		27580	3612	705136	179753	284668
11282		64195	1486		11366	1783	79810	36555	35282
56777	22998	1000	4583		1264	4348	744078	327765	643486
68685	35118	7454	29391		89167	5562	1531775	912489	179548
13948	11908	881	63249		39313	6009	534854	279372	272505
198265	73177		15361		10194	8235	863032	590578	208785
1015	1015						881		117
22918	22918	4000	30646		10715	3952	1195328	837900	168898
26690	23940	3563			5467	3778	167866	75333	28449
5564	5564		554		1647	922	31257	16016	152019
20000			321		3000	1881	74931	48021	60396
93142	13142		554			1971	151557	64226	367714
2379	2379						119767	27189	3376
28684	20246		60		30000	1260	92048	30701	27264
11486	475		2892			28	20715	4150	8610
32243	27011				16913	1299	189466	149963	24015
3997	2933		145			6095	406221	287690	21766

3-15 教育经费收入情况

地区	总计	国家财政性教育经费	一般公共预算安排的教育经费	一般公共预算教育经费	教育事业费	基本建设经费	教育费附加	科研经费	其他
合计	**122564485**	**108706429**	**105857996**	**95394758**	**84808901**	**2763620**	**7822237**	**16641**	**10446598**
北京	2512879	2329321	2316160	1901009	1765912	134475	622		415151
天津	1672351	1585365	1561823	1427500	1416717		10783		134323
河北	4462778	3598559	3532526	3432677	3188159	22689	221829	240	99609
山西	2347861	2184359	2112571	1823225	1749352	40000	33873	394	288952
内蒙古	1618167	1490969	1471113	1235740	1156052	62317	17371	286	235088
辽宁	3352159	3088371	3049622	2507103	2202923	28952	275227		542520
吉林	1426982	1304806	1289398	1189578	1080397	8011	101171		99819
黑龙江	1283468	995571	972243	881628	814338	34621	32669		90615
上海	4319824	4029985	4021393	3499111	1751258	2066	1745788		522282
江苏	14356155	12777971	12293761	10814482	9913783	68006	832692	9413	1469866
浙江	3118861	2852359	2573730	2163755	1832791	248706	82258	338	409638
安徽	7751213	6777857	6684434	6245601	5010862	810691	424048	140	438693
福建	5407693	5097866	5014294	4693081	4020844	5800	666437		321213
江西	3597200	3193844	3175169	2952285	2703295	68097	180893	180	222705
山东	8868650	8057910	7787902	7306731	6318681	37000	951050	1326	479845
河南	5456224	4715101	4610898	4166516	3921455	21354	223707	591	443791
湖北	4625962	4077514	4047305	3614836	3614836				432469
湖南	2119781	1692186	1589418	1545016	1272624	33150	239242		44402
广东	13736565	12297869	12058444	10961965	9788012	68049	1105904	1224	1095255
广西	6243383	5586780	5174598	4491692	3926886	317665	247140	1026	681880
海南	1282180	1222239	1156558	1046328	1024091	22237			110230
重庆	1325687	749842	733362	614078	559340	30000	24738		119284
四川	4171697	3390513	3360027	3094275	2911048	92109	91118	104	265648
贵州	2357836	2090715	2015637	1834855	1708517	102393	23946	7	180775
云南	3939855	3210993	3139098	2789848	2630616	131100	28132	1040	348209
西藏	1141563	1140565	1139549	1075222	1049206	24487	1530		64327
陕西	981646	874254	850301	758711	753630	5078	3		91590
甘肃	2720048	2595115	2564938	2277235	2148906	36120	92209	9	287694
青海	1570315	1384470	1378352	1205219	1018422	129036	57760		173134
宁夏	602492	537239	516918	457478	451642		5835		59440
新疆	4193009	3775923	3666454	3387980	3104305	179412	104264	323	278151
大连	717269	633034	630655	525655	481139	3152	41364		105000
宁波	881116	870854	850539	688137	510018	178119			162402
厦门	1130696	1106992	1094616	1009924	815088		194836		84691
青岛	456250	423781	396770	329527	197057		132470		67242
深圳	716230	706873	703995	576201	475663		100538		127794

（中等专业学校）

单位：千元

政府性基金预算安排的教育经费		国有及国有控股企业办学中的企业拨款	校办产业和社会服务收入中用于教育的经费	其他属于国家财政性教育经费	民办学校中举办者投入	捐赠收入	事业收入		其他教育经费
	#彩票公益金							#学费	
2464734	**797253**	**119599**	**264099**		**374217**	**64888**	**10979210**	**6298689**	**2439741**
1813	1813		11348			532	165090	83542	17936
987	987	22436	119				54568	38056	32419
46204	30381	163	19666		36987	819	774309	585433	52103
45861	27295	200	25728		600	373	125446	28368	37083
19842	14601		13		318	675	120897	84474	5308
30634	30634		8114				252050	142013	11738
15409	15409					575	95313	78800	26287
23328	15968				4212	622	245378	203091	37684
6614	6614		1977			350	206568	150564	82922
483533	135559		677		3019	6327	1366704	862993	202135
276341	68441		2288			605	220313	118476	45585
85995	20662	3287	4141		31428	3525	867308	525176	71096
82295	32087		1277		13254	6413	201878	40700	88282
10624	9227	2456	5594		10	2192	380742	203844	20413
176646	91616	23272	70089		123941	1843	631735	331192	53221
71788	25900		32415		10285	11692	535254	281776	183891
27024	23734		3185		1320	413	495813	298053	50901
102400	2400		368		3000	1944	372696	220577	49955
236587	41980		2837		18064	4681	1317313	773095	98638
411676	5824		506		24570	3103	440251	105286	188678
		64195	1486		186	1783	34038	9946	23933
16480	16480					1839	227268	75480	346739
30486	30486				77508	1786	642562	395595	59328
11829	11748		63249		16353	4370	169850	25089	76548
65557	64832		6338		2343	2069	637893	455724	86556
1015	1015						881		117
22699	22699		1254		5172	510	72519	34330	29191
26613	23863	3563				2073	103447	43740	19414
5564	5564		554		1647	922	31257	16016	152019
20000			321			1851	46661	27057	16741
108887	19435	27	554			1000	143206	60204	272880
2379	2379						84160	4490	76
20314	20016					500	8165	2346	1598
11486	475		890			28	15267	3888	8410
27011	27011						31913	27540	556
2878	2878						9331	5102	26

3-16 教育经费收入情况

地区	总计	国家财政性教育经费	一般公共预算安排的教育经费	一般公共预算教育经费	教育事业费	基本建设经费	教育费附加	科研经费	其他
合计	**121726955**	**108029642**	**105219257**	**94840984**	**84278278**	**2740470**	**7822237**	**16387**	**10361885**
北京	2360722	2217733	2204572	1808006	1672909	134475	622		396567
天津	1672351	1585365	1561823	1427500	1416717		10783		134323
河北	4412958	3577015	3527418	3427569	3183051	22689	221829	240	99609
山西	2347861	2184359	2112571	1823225	1749352	40000	33873	394	288952
内蒙古	1618167	1490969	1471113	1235740	1156052	62317	17371	286	235088
辽宁	3352159	3088371	3049622	2507103	2202923	28952	275227		542520
吉林	1426982	1304806	1289398	1189578	1080397	8011	101171		99819
黑龙江	1283468	995571	972243	881628	814338	34621	32669		90615
上海	4296887	4027755	4019163	3496881	1749028	2066	1745788		522282
江苏	14356155	12777971	12293761	10814482	9913783	68006	832692	9413	1469866
浙江	3118861	2852359	2573730	2163755	1832791	248706	82258	338	409638
安徽	7751213	6777857	6684434	6245601	5010862	810691	424048	140	438693
福建	5407693	5097866	5014294	4693081	4020844	5800	666437		321213
江西	3590052	3190922	3174703	2951819	2702829	68097	180893	180	222705
山东	8868650	8057910	7787902	7306731	6318681	37000	951050	1326	479845
河南	5451221	4713454	4610898	4166516	3921455	21354	223707	591	443791
湖北	4606620	4069070	4038861	3606392	3606392				432469
湖南	2119781	1692186	1589418	1545016	1272624	33150	239242		44402
广东	13685175	12258681	12019256	10922777	9748824	68049	1105904	1224	1095255
广西	6243383	5586780	5174598	4491692	3926886	317665	247140	1026	681880
海南	1282180	1222239	1156558	1046328	1024091	22237			110230
重庆	1325687	749842	733362	614078	559340	30000	24738		119284
四川	4165187	3384460	3353974	3088223	2904996	92109	91118	104	265648
贵州	2357836	2090715	2015637	1834855	1708517	102393	23946	7	180775
云南	3939855	3210993	3139098	2789848	2630616	131100	28132	1040	348209
西藏	1141563	1140565	1139549	1075222	1049206	24487	1530		64327
陕西	981646	874254	850301	758711	753630	5078	3		91590
甘肃	2720023	2595115	2564938	2277235	2148906	36120	92209	9	287694
青海	1570315	1384470	1378352	1205219	1018422	129036	57760		173134
宁夏	602492	537239	516918	457478	451642		5835		59440
新疆	3669810	3292751	3200791	2988699	2728173	156262	104264	70	212023
大连	717269	633034	630655	525655	481139	3152	41364		105000
宁波	881116	870854	850539	688137	510018	178119			162402
厦门	1130696	1106992	1094616	1009924	815088		194836		84691
青岛	456250	423781	396770	329527	197057		132470		67242
深圳	716230	706873	703995	576201	475663		100538		127794

(地方中等专业学校)

单位：千元

政府性基金预算安排的教育经费	#彩票公益金	国有及国有控股企业办学中的企业拨款	校办产业和社会服务收入中用于教育的经费	其他属于国家财政性教育经费	民办学校中举办者投入	捐赠收入	事业收入	#学费	其他教育经费
2447252	**789223**	**117116**	**246017**		**374217**	**64202**	**10879921**	**6263658**	**2378973**
1813	1813		11348				130272	69322	12717
987	987	22436	119				54568	38056	32419
46204	30381	163	3231		36987	819	759662	573268	38475
45861	27295	200	25728		600	373	125446	28368	37083
19842	14601		13		318	675	120897	84474	5308
30634	30634		8114				252050	142013	11738
15409	15409					575	95313	78800	26287
23328	15968				4212	622	245378	203091	37684
6614	6614		1977			350	206568	150564	62214
483533	135559		677		3019	6327	1366704	862993	202135
276341	68441		2288			605	220313	118476	45585
85995	20662	3287	4141		31428	3525	867308	525176	71096
82295	32087		1277		13254	6413	201878	40700	88282
10624	9227		5594		10	2192	380352	203497	16576
176646	91616	23272	70089		123941	1843	631735	331192	53221
71788	25900		30768		10285	11692	531899	280804	183891
27024	23734		3185		1320	413	485314	295154	50503
102400	2400		368		3000	1944	372696	220577	49955
236587	41980		2837		18064	4681	1305872	773095	97878
411676	5824		506		24570	3103	440251	105286	188678
		64195	1486		186	1783	34038	9946	23933
16480	16480					1839	227268	75480	346739
30486	30486				77508	1786	642105	395595	59328
11829	11748		63249		16353	4370	169850	25089	76548
65557	64832		6338		2343	2069	637893	455724	86556
1015	1015						881		117
22699	22699		1254		5172	510	72519	34330	29191
26613	23863	3563				2073	103421	43740	19414
5564	5564		554		1647	922	31257	16016	152019
20000			321			1851	46661	27057	16741
91405	11405		554			846	119551	55776	256663
2379	2379						84160	4490	76
20314	20016					500	8165	2346	1598
11486	475		890			28	15267	3888	8410
27011	27011						31913	27540	556
2878	2878						9331	5102	26

3-17 教育经费收入情况

地区	总计	国家财政性教育经费	一般公共预算安排的教育经费	一般公共预算教育经费	教育事业费	基本建设经费	教育费附加	科研经费	其他
合计	**91494944**	**83319785**	**81196436**	**74075642**	**65937752**	**1175326**	**6962563**	**6531**	**7114263**
北京	2307978	2203293	2203293	1826298	1680568	2121	143610		376995
天津	589711	565461	565461	493152	491595		1557		72309
河北	8364977	8181455	6718087	6437861	5748841	27527	661493		280226
山西	2794598	2612235	2581721	2365476	2061068	71842	232565	10	216235
内蒙古	2117779	2055864	2049754	1811150	1667263	33183	110704		238604
辽宁	2134842	1869063	1865773	1605161	1494395	12590	98176		260612
吉林	1594205	1505175	1499915	1357949	1264858	14249	78842		141966
黑龙江	1746513	1706773	1692946	1517515	1433231	26134	58150		175431
上海	2151431	2061546	2061546	1789955	1183455	613	605886		271591
江苏	3137749	2891620	2884247	2713906	2485750	25002	203154		170341
浙江	11546268	10621466	10419637	9704460	8731546	309377	663537	5425	709752
安徽	1437418	1278148	1218158	1106498	938776	11710	156012		111660
福建	989294	965398	961898	936401	652064		284337		25497
江西	2037293	1494778	1494559	1460430	1218415	43939	198076		34129
山东	6505075	6026212	5909780	5633346	4333643	35500	1264203	259	276175
河南	5119150	4633206	4622511	4035327	3617144	34126	384057		587184
湖北	2142115	1891837	1888694	1703556	1703556				185138
湖南	7295772	5805162	5786624	5586262	4904316	112713	569233	30	200332
广东	5750662	5339449	5321986	4582032	4159668	48403	373961	25	739929
广西	157151	155853	155853	143134	132403		10731		12719
海南	644186	587447	583390	508559	494635		13924		74830
重庆	3939270	3687886	3657608	3154554	2955035	41037	158482	90	502964
四川	5837536	5092664	5054625	4535353	4257326	22340	255687	15	519257
贵州	2625204	2310022	2307021	2126617	1984320	52940	89357	647	179757
云南	3030580	2854566	2770177	2340180	2152863	78732	108585	30	429967
西藏	62330	62330	62330	62330		62330			
陕西	2712047	2304745	2304526	2223897	2084765	18710	120422		80629
甘肃	875539	828337	828260	730245	685832	1400	43013		98016
青海	4585	4585	4585	4585	4585				
宁夏	705753	630798	630798	571893	540277	20000	11616		58905
新疆	1137933	1092411	1090674	1007561	875559	68809	63192		83114
大连	444681	407256	407256	331498	319672		11826		75757
宁波	1757070	1678359	1674465	1470195	1389795	21648	58752		204270
厦门									
青岛	2704516	2520935	2515703	2335331	1602855		732476	259	180113
深圳	1448997	1356892	1356527	1119667	954147	33903	131617		236860

（职业高中）

单位：千元

政府性基金预算安排的教育经费	#彩票公益金	国有及国有控股企业办学中的企业拨款	校办产业和社会服务收入中用于教育的经费	其他属于国家财政性教育经费	民办学校中举办者投入	捐赠收入	事业收入	#学费	其他教育经费
2064690	**275555**	**37850**	**20808**		**577556**	**44578**	**6402136**	**3953838**	**1150890**
					3738	899	93584	72803	6465
							11040	9861	13210
1463368	200663				1401	1118	176616	89780	4387
11742	236	18772			17180	401	156551	91951	8232
6110	4055				5151	954	43835	27241	11975
3190	2590	100			9378		226439	158490	29962
3789	3789		1472		3914	92	71443	56973	13581
13073		754				10	37738	24015	1992
						95	69685	66274	20106
7373	20				22268	469	193170	88332	30222
195187	2117		6641		158930	5884	498632	200879	261356
45247	24324	12741	2004		1729	300	111462	83008	45778
3500	3500				1500		16956	7731	5440
219	80				34164	300	488918	391507	19133
103213	28	4602	8617		29978	1689	385973	243204	61223
8792	5890		1903		95836	216	365643	187446	24250
3143	20				12000	723	222476	109822	15079
18539	12654				107066	2305	1232284	839710	148956
17319	480		145		4796	11523	340719	213139	54174
							940	74	357
4057					11180		36140	24379	9420
30251	18		27		1264	933	196047	96370	53140
38040	4552				11659	3777	677818	391286	51618
2119	160	881			22960	1638	192738	84182	97846
84388	8346				7764	5948	115484	76982	46818
219	219				5234	2444	364708	278827	34916
76	76				5467	1705	35546	15610	4483
					3000	30	28269	20965	43656
1737	1737					1125	11281	2997	33115
							34125	22700	3301
3894	60				30000	660	34342	1893	13708
5232					16913	1299	147624	116979	17745
220	55		145				78325	59801	13780

3-18 教育经费收入情况

地 区	总 计	国家财政性教育经费	一般公共预算安排的教育经费	一般公共预算教育经费	教育事业费	基本建设经费	教育费附加	科研经费	其 他
合 计	**91478589**	**83303457**	**81180108**	**74059314**	**65921424**	**1175326**	**6962563**	**6531**	**7114263**
北 京	2307978	2203293	2203293	1826298	1680568	2121	143610		376995
天 津	589711	565461	565461	493152	491595		1557		72309
河 北	8364977	8181455	6718087	6437861	5748841	27527	661493		280226
山 西	2794598	2612235	2581721	2365476	2061068	71842	232565	10	216235
内蒙古	2117779	2055864	2049754	1811150	1667263	33183	110704		238604
辽 宁	2134842	1869063	1865773	1605161	1494395	12590	98176		260612
吉 林	1594205	1505175	1499915	1357949	1264858	14249	78842		141966
黑龙江	1730157	1690444	1676618	1501187	1416903	26134	58150		175431
上 海	2151431	2061546	2061546	1789955	1183455	613	605886		271591
江 苏	3137749	2891620	2884247	2713906	2485750	25002	203154		170341
浙 江	11546268	10621466	10419637	9704460	8731546	309377	663537	5425	709752
安 徽	1437418	1278148	1218158	1106498	938776	11710	156012		111660
福 建	989294	965398	961898	936401	652064		284337		25497
江 西	2037293	1494778	1494559	1460430	1218415	43939	198076		34129
山 东	6505075	6026212	5909780	5633346	4333643	35500	1264203	259	276175
河 南	5119150	4633206	4622511	4035327	3617144	34126	384057		587184
湖 北	2142115	1891837	1888694	1703556	1703556				185138
湖 南	7295772	5805162	5786624	5586262	4904316	112713	569233	30	200332
广 东	5750662	5339449	5321986	4582032	4159668	48403	373961	25	739929
广 西	157151	155853	155853	143134	132403		10731		12719
海 南	644186	587447	583390	508559	494635		13924		74830
重 庆	3939270	3687886	3657608	3154554	2955035	41037	158482	90	502964
四 川	5837536	5092664	5054625	4535353	4257326	22340	255687	15	519257
贵 州	2625204	2310022	2307021	2126617	1984320	52940	89357	647	179757
云 南	3030580	2854566	2770177	2340180	2152863	78732	108585	30	429967
西 藏	62330	62330	62330	62330		62330			
陕 西	2712047	2304745	2304526	2223897	2084765	18710	120422		80629
甘 肃	875539	828337	828260	730245	685832	1400	43013		98016
青 海	4585	4585	4585	4585	4585				
宁 夏	705753	630798	630798	571893	540277	20000	11616		58905
新 疆	1137933	1092411	1090674	1007561	875559	68809	63192		83114
大 连	444681	407256	407256	331498	319672		11826		75757
宁 波	1757070	1678359	1674465	1470195	1389795	21648	58752		204270
厦 门									
青 岛	2704516	2520935	2515703	2335331	1602855		732476	259	180113
深 圳	1448997	1356892	1356527	1119667	954147	33903	131617		236860

(地方职业高中)

单位：千元

政府性基金预算安排的教育经费	#彩票公益金	国有及国有控股企业办学中的企业拨款	校办产业和社会服务收入中用于教育的经费	其他属于国家财政性教育经费	民办学校中举办者投入	捐赠收入	事业收入	#学费	其他教育经费
2064690	**275555**	**37850**	**20808**		**577556**	**44578**	**6402108**	**3953838**	**1150890**
					3738	899	93584	72803	6465
							11040	9861	13210
1463368	200663				1401	1118	176616	89780	4387
11742	236	18772			17180	401	156551	91951	8232
6110	4055				5151	954	43835	27241	11975
3190	2590	100			9378		226439	158490	29962
3789	3789		1472		3914	92	71443	56973	13581
13073		754				10	37710	24015	1992
						95	69685	66274	20106
7373	20				22268	469	193170	88332	30222
195187	2117		6641		158930	5884	498632	200879	261356
45247	24324	12741	2004		1729	300	111462	83008	45778
3500	3500				1500		16956	7731	5440
219	80				34164	300	488918	391507	19133
103213	28	4602	8617		29978	1689	385973	243204	61223
8792	5890		1903		95836	216	365643	187446	24250
3143	20				12000	723	222476	109822	15079
18539	12654				107066	2305	1232284	839710	148956
17319	480		145		4796	11523	340719	213139	54174
							940	74	357
4057					11180		36140	24379	9420
30251	18		27		1264	933	196047	96370	53140
38040	4552				11659	3777	677818	391286	51618
2119	160	881			22960	1638	192738	84182	97846
84388	8346				7764	5948	115484	76982	46818
219	219				5234	2444	364708	278827	34916
76	76				5467	1705	35546	15610	4483
					3000	30	28269	20965	43656
1737	1737					1125	11281	2997	33115
							34125	22700	3301
3894	60				30000	660	34342	1893	13708
5232					16913	1299	147624	116979	17745
220	55		145				78325	59801	13780

3-19 教育经费收入情况

地区	总计	国家财政性教育经费	一般公共预算安排的教育经费	一般公共预算教育经费	教育事业费	基本建设经费	教育费附加	科研经费	其他
合计	**39207896**	**36178721**	**35887519**	**33165267**	**29767043**	**561944**	**2836279**	**4332**	**2717920**
北京	146598	117368	117368	99249	99249				18119
天津	118563	118563	118563	105213	105213				13350
河北	3671150	3596618	3477725	3361139	3065322	24190	271628		116586
山西	1787004	1685924	1664538	1518618	1269120	53508	195990	10	145911
内蒙古	1495130	1457393	1455338	1309653	1222204	17386	70063		145685
辽宁	599187	545889	545889	471451	444325	5300	21826		74438
吉林	666582	632588	630290	590292	544641	10173	35478		39998
黑龙江	682633	669385	668312	595460	548892	16134	30433		72852
上海	187871	180035	180035	145987	41131		104856		34048
江苏	1306802	1230259	1230259	1162819	1124929		37890		67441
浙江	4368666	3982331	3955184	3706761	3355881	54331	296548	3540	244882
安徽	852584	794800	793877	741472	597582		143890		52405
福建	171495	165422	161922	161922	100792		61130		
江西	1157971	979862	979755	955500	738642	43939	172919		24255
山东	1813656	1679501	1657979	1612211	1322251	15000	274959		45769
河南	2945328	2762055	2759565	2449853	2105274	33445	311134		309712
湖北	678040	611464	610321	577429	577429				32892
湖南	3548296	3041002	3034018	2932705	2577932	45523	309250		101313
广东	643999	591207	590982	513441	482493		30947		77541
广西	103125	101827	101827	89108	78896		10212		12719
海南	251233	233966	233378	203037	196894		6143		30341
重庆	1431754	1333704	1332517	1149378	1107148		42231	90	183049
四川	3253291	2802606	2800650	2535087	2378673	22340	134074	15	265548
贵州	1634495	1458403	1456344	1345659	1265012	36000	44647	647	110038
云南	2095640	1989486	1915587	1619087	1478019	78732	62336	30	296470
西藏									
陕西	1565899	1456054	1456054	1420130	1310880	18710	90540		35924
甘肃	681965	661724	661694	602776	574241	1400	27135		58917
青海	2331	2331	2331	2331	2331				
宁夏	340187	317933	317933	288883	268625	20000	258		29050
新疆	1006420	979021	977284	898617	783019	65834	49763		78668
大连	83746	83746	83746	70027	69287		740		13720
宁波	550745	499315	499227	448294	436772		11522		50933
厦门									
青岛	134127	102688	102688	93553	20452		73101		9135
深圳									

（农村职业高中）

单位：千元

政府性基金预算安排的教育经费	#彩票公益金	国有及国有控股企业办学中的企业拨款	校办产业和社会服务收入中用于教育的经费	其他属于国家财政性教育经费	民办学校中举办者投入	捐赠收入	事业收入	#学费	其他教育经费
275009	**10521**	**14272**	**1920**		**231232**	**23839**	**2336570**	**1293392**	**437534**
					1188	99	27263	22267	681
118892	593				851	1118	70159	24101	2405
7113	82	14272			10090	401	85573	42385	5016
2055					3149	954	25466	14699	8168
					3700		49592	32876	5
2298	2298				1983	89	27483	19486	4439
1073							12580	5716	668
									7836
					12000	5	52452	8285	12086
27031	398		116		87930	5422	217735	112554	75247
923					1092		56187	43552	505
3500	3500				1500		4573	2995	
107	80				23619		153250	118977	1241
21522	28				23539	7	99669	57666	10940
687			1804		6754	211	167702	81655	8607
1143	20					638	61604	35569	4334
6984	1100				13680	1960	421902	233931	69752
225					2000	1452	48047	18081	1293
							940	74	357
588					9056		7602	5963	610
1187	13					788	67185	21933	30077
1956	210				7745	2070	410860	253656	30010
2059	100				12114	1463	94845	38527	67669
73899	333				2314	4533	60624	39816	38682
						50	80283	39695	29512
30	30				3928	1425	11565	3026	3323
					3000	30	16993	12947	2232
1737	1737					1125	4436	2961	21838
88					30000	340	15964	1573	5125
					16913		14526	11802	

3-20 教育经费收入情况

地区	总计	国家财政性教育经费	一般公共预算安排的教育经费	一般公共预算教育经费				科研经费	其他
					教育事业费	基本建设经费	教育费附加		
合计	**39197871**	**36168697**	**35877495**	**33155242**	**29757019**	**561944**	**2836279**	**4332**	**2717920**
北京	146598	117368	117368	99249	99249				18119
天津	118563	118563	118563	105213	105213				13350
河北	3671150	3596618	3477725	3361139	3065322	24190	271628		116586
山西	1787004	1685924	1664538	1518618	1269120	53508	195990	10	145911
内蒙古	1495130	1457393	1455338	1309653	1222204	17386	70063		145685
辽宁	599187	545889	545889	471451	444325	5300	21826		74438
吉林	666582	632588	630290	590292	544641	10173	35478		39998
黑龙江	672609	659360	658288	585435	538868	16134	30433		72852
上海	187871	180035	180035	145987	41131		104856		34048
江苏	1306802	1230259	1230259	1162819	1124929		37890		67441
浙江	4368666	3982331	3955184	3706761	3355881	54331	296548	3540	244882
安徽	852584	794800	793877	741472	597582		143890		52405
福建	171495	165422	161922	161922	100792		61130		
江西	1157971	979862	979755	955500	738642	43939	172919		24255
山东	1813656	1679501	1657979	1612211	1322251	15000	274959		45769
河南	2945328	2762055	2759565	2449853	2105274	33445	311134		309712
湖北	678040	611464	610321	577429	577429				32892
湖南	3548296	3041002	3034018	2932705	2577932	45523	309250		101313
广东	643999	591207	590982	513441	482493		30947		77541
广西	103125	101827	101827	89108	78896		10212		12719
海南	251233	233966	233378	203037	196894		6143		30341
重庆	1431754	1333704	1332517	1149378	1107148		42231	90	183049
四川	3253291	2802606	2800650	2535087	2378673	22340	134074	15	265548
贵州	1634495	1458403	1456344	1345659	1265012	36000	44647	647	110038
云南	2095640	1989486	1915587	1619087	1478019	78732	62336	30	296470
西藏									
陕西	1565899	1456054	1456054	1420130	1310880	18710	90540		35924
甘肃	681965	661724	661694	602776	574241	1400	27135		58917
青海	2331	2331	2331	2331	2331				
宁夏	340187	317933	317933	288883	268625	20000	258		29050
新疆	1006420	979021	977284	898617	783019	65834	49763		78668
大连	83746	83746	83746	70027	69287		740		13720
宁波	550745	499315	499227	448294	436772		11522		50933
厦门									
青岛	134127	102688	102688	93553	20452		73101		9135
深圳									

(地方农村职业高中)

单位：千元

政府性基金预算安排的教育经费	#彩票公益金	国有及国有控股企业办学中的企业拨款	校办产业和社会服务收入中用于教育的经费	其他属于国家财政性教育经费	民办学校中举办者投入	捐赠收入	事业收入	#学费	其他教育经费
275009	**10521**	**14272**	**1920**		**231232**	**23839**	**2336570**	**1293392**	**437534**
					1188	99	27263	22267	681
118892	593				851	1118	70159	24101	2405
7113	82	14272			10090	401	85573	42385	5016
2055					3149	954	25466	14699	8168
					3700		49592	32876	5
2298	2298				1983	89	27483	19486	4439
1073							12580	5716	668
									7836
					12000	5	52452	8285	12086
27031	398		116		87930	5422	217735	112554	75247
923					1092		56187	43552	505
3500	3500				1500		4573	2995	
107	80				23619		153250	118977	1241
21522	28				23539	7	99669	57666	10940
687			1804		6754	211	167702	81655	8607
1143	20					638	61604	35569	4334
6984	1100				13680	1960	421902	233931	69752
225					2000	1452	48047	18081	1293
							940	74	357
588					9056		7602	5963	610
1187	13					788	67185	21933	30077
1956	210				7745	2070	410860	253656	30010
2059	100				12114	1463	94845	38527	67669
73899	333				2314	4533	60624	39816	38682
						50	80283	39695	29512
30	30				3928	1425	11565	3026	3323
					3000	30	16993	12947	2232
1737	1737					1125	4436	2961	21838
88					30000	340	15964	1573	5125
					16913		14526	11802	

3-21 教育经费收入情况

地区	总计	国家财政性教育经费							其他
			一般公共预算安排的教育经费					科研经费	
				一般公共预算教育经费					
					教育事业费	基本建设经费	教育费附加		
合计	**36843310**	**29451529**	**28615699**	**25818909**	**24009359**	**797858**	**1011693**	**1401**	**2795388**
北京	1790800	1709113	1679364	1678320	1678320				1044
天津	435967	368847	355217	313715	313715				41503
河北	1005868	855835	830428	793572	749282		44290		36857
山西	593116	562453	478570	421936	395822	20486	5627		56634
内蒙古	119885	118336	81939	61954	61149		805		19985
辽宁	536843	480919	476261	409997	351550	11892	46555		66264
吉林	287196	261580	261563	215419	146682	18373	50363		46144
黑龙江	918465	733913	731283	615845	562180	34218	19447		115438
上海	275598	208966	188713	153812	119798		34014		34901
江苏	2281653	1690823	1686893	1439388	1294741	23000	121646		247506
浙江	1697661	1494506	1354563	1141995	978770	134875	28350	101	212467
安徽	322242	276166	274327	236798	228811		7987		37529
福建	1235088	1011700	856144	774082	706678	8500	58905		82062
江西	239674	214383	214383	193411	193411				20973
山东	3500156	3098838	3024309	2905959	2812752	15000	78207		118350
河南	2330297	2118857	2080633	1744076	1661513	9392	73171	20	336537
湖北	541322	444567	444567	406242	406242				38324
湖南	722226	518358	507409	423438	381939		41499	50	83921
广东	9517601	7236787	7170710	6564912	6028612	181226	355074	430	605368
广西	2032226	1671282	1662055	1513515	1415774	80768	16973		148541
海南	353008	341453	334228	254193	232601	21592		50	79986
重庆	1229924	809843	794241	676069	463069	213000			118172
四川	935033	684073	678185	641798	630558	5301	5939		36386
贵州	482834	215874	215874	215874	215874				
云南	1449044	1282954	1226128	1067230	1050802		16428	750	158148
西藏									
陕西	1549205	696935	663543	631112	631112				32431
甘肃	114455	90920	90920	88717	88717				2203
青海									
宁夏									
新疆	345921	253245	253245	235530	208885	20234	6411		17715
大连	137780	136297	136297	121523	109631	11892			14775
宁波	159495	130036	130036	79155	73678	5476			50882
厦门	183824	178176	176174	163821	121281	4200	38340		12354
青岛	309856	294226	294226	278869	248799		30070		15357
深圳	1158973	826803	826803	710630	501701	55840	153089		116173

（技工学校）

单位：千元

政府性基金预算安排的教育经费	#彩票公益金	国有及国有控股企业办学中的企业拨款	校办产业和社会服务收入中用于教育的经费	其他属于国家财政性教育经费	民办学校中举办者投入	捐赠收入	事业收入	#学费	其他教育经费
512589	**10722**	**131972**	**191270**		**46681**	**10787**	**5797016**	**3536891**	**1537297**
		11841	17908			2	50830	18176	30855
		13630				234	25989	18784	40897
		11939	13468				124488	67203	25544
83843	1592		40			277	27534	10915	2853
		26615	9783				1412	1192	137
		2720	1939				55875	24328	49
			17				5314	4732	20302
1246	1246	668	716		800		94354	71849	89398
		9369	10884				44641	34046	21991
444	444	3486			1000	930	506772	304294	82129
130861			9082			80	151744	97877	51332
1163		203	473			102	22033	1100	23941
152060	60		3496		1368		183114	60246	38906
							25291	7106	
41668		10282	22579		3672	120	305940	152697	91586
13116		18765	6342			75	182412	13617	28953
							85389	29635	11367
		7990	2958				97487	49637	106381
23114	880	7920	35043		36436	6649	2092067	1545150	145661
			9227		3010	510	261798	73927	95627
7225							9626	2225	1929
10046	6500	1000	4556			1577	213566	93079	204937
		1544	4344				180781	101577	70179
							168849	168849	98111
47803			9023		86	217	102449	53962	63337
		4000	29392		309	15	743523	517735	108424
							18983	11721	4551
							14755	1232	77921
							1483		
							27350	25003	2108
			2001				5447	262	201
							9917	5437	5713
						6095	318115	222492	7960

3-22 教育经费收入情况

地区	总计	国家财政性教育经费	一般公共预算安排的教育经费	一般公共预算教育经费					
					教育事业费	基本建设经费	教育费附加	科研经费	其他
合计	**36638975**	**29360300**	**28546993**	**25750204**	**23940653**	**797858**	**1011693**	**1401**	**2795388**
北京	1775876	1697272	1679364	1678320	1678320				1044
天津	427343	367106	353476	311974	311974				41503
河北	1005868	855835	830428	793572	749282		44290		36857
山西	593116	562453	478570	421936	395822	20486	5627		56634
内蒙古	119885	118336	81939	61954	61149		805		19985
辽宁	536843	480919	476261	409997	351550	11892	46555		66264
吉林	287196	261580	261563	215419	146682	18373	50363		46144
黑龙江	880315	695763	693801	578363	524698	34218	19447		115438
上海	275598	208966	188713	153812	119798		34014		34901
江苏	2251708	1678466	1678022	1430517	1285870	23000	121646		247506
浙江	1697661	1494506	1354563	1141995	978770	134875	28350	101	212467
安徽	321821	275746	274110	236581	228594		7987		37529
福建	1235088	1011700	856144	774082	706678	8500	58905		82062
江西	239674	214383	214383	193411	193411				20973
山东	3500156	3098838	3024309	2905959	2812752	15000	78207		118350
河南	2319207	2109689	2077791	1741234	1658671	9392	73171	20	336537
湖北	541322	444567	444567	406242	406242				38324
湖南	714611	518358	507409	423438	381939		41499	50	83921
广东	9517601	7236787	7170710	6564912	6028612	181226	355074	430	605368
广西	2032226	1671282	1662055	1513515	1415774	80768	16973		148541
海南	353008	341453	334228	254193	232601	21592		50	79986
重庆	1229262	809843	794241	676069	463069	213000			118172
四川	851402	667249	661360	624974	613734	5301	5939		36386
贵州	482834	215874	215874	215874	215874				
云南	1449044	1282954	1226128	1067230	1050802		16428	750	158148
西藏									
陕西	1539933	696207	662816	630385	630385				32431
甘肃	114455	90920	90920	88717	88717				2203
青海									
宁夏									
新疆	345921	253245	253245	235530	208885	20234	6411		17715
大连	137780	136297	136297	121523	109631	11892			14775
宁波	159495	130036	130036	79155	73678	5476			50882
厦门	183824	178176	176174	163821	121281	4200	38340		12354
青岛	309856	294226	294226	278869	248799		30070		15357
深圳	1158973	826803	826803	710630	501701	55840	153089		116173

(地方技工学校)

单位：千元

政府性基金预算安排的教育经费	#彩票公益金	国有及国有控股企业办学中的企业拨款	校办产业和社会服务收入中用于教育的经费	其他属于国家财政性教育经费	民办学校中举办者投入	捐赠收入	事业收入	#学费	其他教育经费
512589	**10722**	**115774**	**184943**		**46681**	**10787**	**5702091**	**3489526**	**1519116**
			17908			2	47755	17715	30847
		13630				234	23919	17059	36084
		11939	13468				124488	67203	25544
83843	1592		40			277	27534	10915	2853
		26615	9783				1412	1192	137
		2720	1939				55875	24328	49
			17				5314	4732	20302
1246	1246		716		800		94354	71849	89398
		9369	10884				44641	34046	21991
444	444				1000	930	491894	295237	79419
130861			9082			80	151744	97877	51332
1163			473			102	22032	1100	23941
152060	60		3496		1368		183114	60246	38906
							25291	7106	
41668		10282	22579		3672	120	305940	152697	91586
13116		18765	16			75	180490	12271	28953
							85389	29635	11367
		7990	2958				90164	43659	106090
23114	880	7920	35043		36436	6649	2092067	1545150	145661
			9227		3010	510	261798	73927	95627
7225							9626	2225	1929
10046	6500	1000	4556			1577	212904	92417	204937
		1544	4344				119772	75358	64381
							168849	168849	98111
47803			9023		86	217	102449	53962	63337
		4000	29392		309	15	739538	515818	103864
							18983	11721	4551
							14755	1232	77921
							1483		
							27350	25003	2108
			2001				5447	262	201
							9917	5437	5713
						6095	318115	222492	7960

3-23 教育经费收入情况

地区	总计	国家财政性教育经费	一般公共预算安排的教育经费	一般公共预算教育经费	教育事业费	基本建设经费	教育费附加	科研经费	其他
合计	**10217862**	**8733073**	**8639309**	**7532980**	**7305761**	**6589**	**220630**	**1105**	**1105224**
北京	88939	68769	68769	63972	63972			170	4627
天津	85850	64810	64810	55492	55492				9318
河北	1247193	1179373	1173800	1077099	1052932	1512	22654		96702
山西	390554	380554	378438	325479	319572		5907		52959
内蒙古	302736	294938	294938	230417	226209		4209		64521
辽宁	5531	4842	4842	3232	3232				1609
吉林	716785	695330	693218	583745	578924	787	4033	100	109373
黑龙江	233536	227730	227730	191475	180247		11228		36255
上海	216643	196233	196233	181141	181141				15092
江苏	354280	238844	237440	216263	215580		683		21177
浙江	558971	495998	491462	454639	428678		25961	8	36815
安徽	180090	151615	151615	139433	128940		10493		12182
福建	37288	30995	30995	28223	28193		31		2772
江西	558573	519865	518557	493141	479559		13582		25416
山东	342997	275589	274202	254703	243617		11086		19499
河南	1337755	851992	851992	700112	683810		16302		151881
湖北	106645	83201	42201	32621	32621				9580
湖南	676361	533893	533633	503886	501047		2839		29747
广东	338965	304404	301969	254935	242572		12363		47033
广西	53874	51722	51722	38247	37744		503		13475
海南	14886	14880	14880	1288	1288				13592
重庆	733145	586615	586615	454308	439450		14858	120	132187
四川	484696	388395	357278	310172	308843		1328	628	46478
贵州	141397	137981	137981	130164	125875	4289			7816
云南	511227	491947	491430	398807	346504		52304		92623
西藏									
陕西	317042	296568	296568	277283	274067		3216		19285
甘肃	99239	89323	89323	70885	64023		6862		18438
青海	7986	7986	7986						7986
宁夏									
新疆	74678	68682	68682	61814	61628		186	79	6789
大连	1379	1379	1379	1185	1185				194
宁波	338926	306784	302249	280038	259116		20922	8	22203
厦门									
青岛	1159	1146	1146	646	646				500
深圳	50761	50311	49411	43891	43531		360		5520

(成人中等专业学校)

单位：千元

政府性基金预算安排的教育经费	#彩 票公益金	国有及国有控股企业办学中的企业拨款	校办产业和社会服务收入中用于教育的经费	其 他属于国家财 政 性教育经费	民办学校中举办者投 入	捐赠收入	事业收入	#学 费	其 他教育经费
59948	**5373**	**8709**	**25107**		**45176**	**6134**	**1255114**	**746348**	**178366**
						4152	16001	5231	17
							2494	1361	18546
5572						10	61172	11773	6638
2116	1359						8881	1484	1119
						260	7434	1530	103
							690	690	
		2112				15	10090	3182	11350
							5458	4387	347
							5930	5048	14480
1403	1403					60	100730	26268	14646
4476	170		60			100	45257	7071	17616
					9359		17125	3680	1991
						9	6234	3230	50
1308	1300					454	33209	9358	5045
700	700	687					54896	34690	12512
					17125	2	460499	370595	8137
41000					4892		17425	14353	1126
260	260				13800	29	121925	84528	6713
2435	100					58	32499	21099	2005
							2147	465	6
							6	6	
							107860	63497	38670
160	80	5910	25047				92080	50250	4221
							3417	1252	
517							7206	3910	12074
						983	18564	8926	927
							9915	4262	
							5970	4221	26
4476	170		60			100	22191	1459	9850
							12	7	1
899							450	296	1

3-24 教育经费收入情况

地区	总计	国家财政性教育经费	一般公共预算安排的教育经费	一般公共预算教育经费	教育事业费	基本建设经费	教育费附加	科研经费	其他
合计	**10182421**	**8724945**	**8631181**	**7526056**	**7298837**	**6589**	**220630**	**1105**	**1104020**
北京	79939	68769	68769	63972	63972			170	4627
天津	67704	64810	64810	55492	55492				9318
河北	1247193	1179373	1173800	1077099	1052932	1512	22654		96702
山西	390554	380554	378438	325479	319572		5907		52959
内蒙古	302736	294938	294938	230417	226209		4209		64521
辽宁	5531	4842	4842	3232	3232				1609
吉林	716785	695330	693218	583745	578924	787	4033	100	109373
黑龙江	230487	224836	224836	188581	177352		11228		36255
上海	216643	196233	196233	181141	181141				15092
江苏	354280	238844	237440	216263	215580		683		21177
浙江	558971	495998	491462	454639	428678		25961	8	36815
安徽	180090	151615	151615	139433	128940		10493		12182
福建	37288	30995	30995	28223	28193		31		2772
江西	558573	519865	518557	493141	479559		13582		25416
山东	342997	275589	274202	254703	243617		11086		19499
河南	1337755	851992	851992	700112	683810		16302		151881
湖北	106645	83201	42201	32621	32621				9580
湖南	676361	533893	533633	503886	501047		2839		29747
广东	338965	304404	301969	254935	242572		12363		47033
广西	53874	51722	51722	38247	37744		503		13475
海南	14886	14880	14880	1288	1288				13592
重庆	733145	586615	586615	454308	439450		14858	120	132187
四川	484696	388395	357278	310172	308843		1328	628	46478
贵州	141397	137981	137981	130164	125875	4289			7816
云南	511227	491947	491430	398807	346504		52304		92623
西藏									
陕西	317042	296568	296568	277283	274067		3216		19285
甘肃	99239	89323	89323	70885	64023		6862		18438
青海	7986	7986	7986						7986
宁夏									
新疆	69432	63448	63448	57784	57598		186	79	5585
大连	1379	1379	1379	1185	1185				194
宁波	338926	306784	302249	280038	259116		20922	8	22203
厦门									
青岛	1159	1146	1146	646	646				500
深圳	50761	50311	49411	43891	43531		360		5520

(地方成人中等专业学校)

单位：千元

政府性基金预算安排的教育经费	#彩票公益金	国有及国有控股企业办学中的企业拨款	校办产业和社会服务收入中用于教育的经费	其他属于国家财政性教育经费	民办学校中举办者投入	捐赠收入	事业收入	#学费	其他教育经费
59948	**5373**	**8709**	**25107**		**45176**	**6134**	**1245959**	**741193**	**160208**
						4152	7001	231	17
							2494	1361	400
5572						10	61172	11773	6638
2116	1359						8881	1484	1119
						260	7434	1530	103
							690	690	
		2112				15	10090	3182	11350
							5303	4232	347
							5930	5048	14480
1403	1403					60	100730	26268	14646
4476	170		60			100	45257	7071	17616
					9359		17125	3680	1991
						9	6234	3230	50
1308	1300					454	33209	9358	5045
700	700	687					54896	34690	12512
					17125	2	460499	370595	8137
41000					4892		17425	14353	1126
260	260				13800	29	121925	84528	6713
2435	100					58	32499	21099	2005
							2147	465	6
							6	6	
							107860	63497	38670
160	80	5910	25047				92080	50250	4221
							3417	1252	
517							7206	3910	12074
						983	18564	8926	927
							9915	4262	
							5970	4221	15
4476	170		60			100	22191	1459	9850
							12	7	1
899							450	296	1

3-25 教育经费收入情况

地区	总计	国家财政性教育经费	一般公共预算安排的教育经费	一般公共预算教育经费	教育事业费	基本建设经费	教育费附加	科研经费	其他
合计	**1392976174**	**1223404544**	**1208781376**	**1086551486**	**1004663823**	**21876429**	**60011234**	**142171**	**122087719**
北京	37780062	33326562	33109083	28841074	26395016	1401307	1044752	10011	4257998
天津	16925106	15990172	15975461	14486385	13619417		866968		1489076
河北	60834734	52787815	52107643	49630420	47430328	345602	1854490	255	2476968
山西	30210995	25645956	25291868	22719905	21121356	120928	1477622	7571	2564392
内蒙古	23746370	22895358	22634501	19512653	17784611	637193	1090849	987	3120861
辽宁	30312586	27965761	27938547	23475110	21781208	162447	1531454		4463438
吉林	19503754	17872002	17845451	16087106	14844756	195382	1046967		1758345
黑龙江	26727487	25192756	24990309	22067220	21167511	146716	752994	1734	2921354
上海	36431882	30946578	30918362	25890641	19564537	318492	6007612		5027721
江苏	92347288	82334961	80726074	74242257	67512163	358142	6371951	36871	6446946
浙江	78107554	61950568	59725162	54944903	50333322	1556880	3054701	7218	4773041
安徽	53929745	45642557	45425840	41266193	38803195	392253	2070745	61	4159586
福建	40066318	35160566	33441831	31547710	29304819	515139	1727752	8782	1885338
江西	46157352	41696352	41619301	39410306	36774437	656407	1979463	262	2208733
山东	93517245	83298741	81653764	77240083	71503528	111797	5624757	801	4412881
河南	85723741	73115805	72794046	62594201	58074154	959396	3560651	1865	10197980
湖北	50389920	44235733	44061338	40721568	40721568			20	3339749
湖南	57277137	47065934	46878590	44467749	41509819	354456	2603474	569	2410272
广东	141503955	117883979	116437535	101428883	90937741	4608072	5883070	26512	14982140
广西	42419181	38748502	38448498	34003636	32042203	1075660	885773	7680	4437182
海南	12910805	11668736	11123406	8935444	8222291	330858	382295	486	2187477
重庆	36728485	32573015	31850670	25758522	23925751	911528	921243	2421	6089728
四川	70848542	61743691	60978240	53136872	50280384	384158	2472330	697	7840671
贵州	43463552	38626262	38411971	35415442	33427924	308130	1679388	20213	2976316
云南	47240893	43336214	43109125	36784421	34940021	598323	1246077	715	6323989
西藏	8186239	8161699	8157362	7512356	7287084	213400	11872		645006
陕西	34504496	31906769	31842718	30852516	27041074	2093354	1718088		990202
甘肃	24092110	23063793	22945933	20516534	19638933	271983	605619	419	2428980
青海	9379799	8925627	8837470	7432607	6556947	635438	240222	3825	1401039
宁夏	8218327	7516031	7476562	6306899	5993581	59800	253518		1169662
新疆	33490514	32126049	32024713	29321870	26124144	2153189	1044537	2196	2700647
大连	5946081	5446810	5442458	4251845	3978611	77823	195411		1190613
宁波	10318412	8511730	8416532	7711775	7203872		507903		704757
厦门	5507589	5051504	4996111	4525104	3884727	235576	404800	5	471002
青岛	12158176	10941544	10909560	9983064	8942078		1040986		926495
深圳	26956504	23601962	23585180	19846497	13995260	4336794	1514443	986	3737697

(中学)

单位：千元

政府性基金预算安排的教育经费	#彩票公益金	国有及国有控股企业办学中的企业拨款	校办产业和社会服务收入中用于教育的经费	其他属于国家财政性教育经费	民办学校中举办者投入	捐赠收入	事业收入	#学费	其他教育经费
14422605	**1067754**	**178512**	**22050**		**7973569**	**1823301**	**145715985**	**122150251**	**14058776**
165635	15644	43819	8024		16777	23819	3607478	3088114	805426
14711	14711				5408	5037	859798	816334	64690
679856	60624		316		383912	40108	7537555	6374751	85343
352864	54620	1223			101325	14619	4121194	3564538	327901
260857	96115				63570	15328	664260	514331	107854
27213	7356				79437	8669	2196538	1904533	62182
26551	26551				8691	21596	1433351	1350316	168114
200842	13695	1605			6476	786	1321959	1200813	205510
28216	989				31459	32874	4659980	4506535	760991
1608888	40817				276314	81781	8552749	7475389	1101483
2193464	30875	31245	697		884343	366894	12066578	10593393	2839170
216717	55632				198057	40964	7558101	6276996	490066
1669351	53419	49384			77025	95278	3925492	3535010	807957
77051	37823				221042	59749	4053466	3171913	126743
1627906	69359	16981	90		467828	67930	9277020	7980396	405726
321759	83682				1516106	7745	10895414	8871767	188671
170499	14292		3896		207839	23520	5454216	4346042	468612
179344	40412		8000		1659620	54250	7856301	5894873	641031
1446444	93142				703501	145601	21991812	18860340	779061
299903	20990		101		316827	65410	3081293	2330982	207149
544921	1440		409		34581	3751	1042836	860669	160901
721829	18144		516		91352	133800	3545576	2560769	384741
765450	33925				270355	253603	8205465	6420234	375428
214291	8120				67439	24336	4227734	3311465	517781
217089	29918	10000			195356	71254	3285130	2857390	352939
4336	4036					3344	11717	10204	9479
64052	4455				57413	10966	2392428	1922719	136920
117860	11307				25640	11288	869017	759083	122372
88157	65917				1377	81170	136629	99913	234996
39469	11484				3548	42634	374183	328337	281930
77080	48262	24255			951	15194	510713	362104	837607
4352	986				55638	5564	434598	403123	3472
95198	1678				51259	16859	1689679	1562246	48886
55393	1657				20034	4302	342430	314295	89319
31984	7768				15014	17102	1133067	1005354	51450
16782	9591				94834	4121	3099996	2798816	155590

3-26 教育经费收入情况

地区	总计	国家财政性教育经费						科研经费	其他
			一般公共预算安排的教育经费						
				一般公共预算教育经费					
					教育事业费	基本建设经费	教育费附加		
合计	1386071664	1217695239	1203108071	1081342272	999680436	21680792	59981044	140295	121625505
北京	35830557	32131430	31913951	27675397	25229339	1401307	1044752	10011	4228543
天津	16925106	15990172	15975461	14486385	13619417		866968		1489076
河北	60834734	52787815	52107643	49630420	47430328	345602	1854490	255	2476968
山西	30210995	25645956	25291868	22719905	21121356	120928	1477622	7571	2564392
内蒙古	23746370	22895358	22634501	19512653	17784611	637193	1090849	987	3120861
辽宁	30312586	27965761	27938547	23475110	21781208	162447	1531454		4463438
吉林	19344054	17764716	17738165	15979819	14737470	195382	1046967		1758345
黑龙江	26442476	24913628	24711697	21789611	20889902	146716	752994	1734	2920352
上海	36193439	30783136	30754920	25736897	19440983	318492	5977422		5018024
江苏	92347288	82334961	80726074	74242257	67512163	358142	6371951	36871	6446946
浙江	78107554	61950568	59725162	54944903	50333322	1556880	3054701	7218	4773041
安徽	53929745	45642557	45425840	41266193	38803195	392253	2070745	61	4159586
福建	40066318	35160566	33441831	31547710	29304819	515139	1727752	8782	1885338
江西	46157352	41696352	41619301	39410306	36774437	656407	1979463	262	2208733
山东	93517245	83298741	81653764	77240083	71503528	111797	5624757	801	4412881
河南	85718474	73111216	72789456	62591048	58071002	959396	3560651	1865	10196543
湖北	50026281	43937715	43763319	40423550	40423550			20	3339749
湖南	57255266	47053981	46866637	44455796	41497866	354456	2603474	569	2410272
广东	141503955	117883979	116437535	101428883	90937741	4608072	5883070	26512	14982140
广西	42419181	38748502	38448498	34003636	32042203	1075660	885773	7680	4437182
海南	12910805	11668736	11123406	8935444	8222291	330858	382295	486	2187477
重庆	36589610	32471196	31748851	25656702	23823932	911528	921243	2421	6089728
四川	70817224	61742362	60976911	53135544	50279055	384158	2472330	697	7840671
贵州	43463552	38626262	38411971	35415442	33427924	308130	1679388	20213	2976316
云南	47240893	43336214	43109125	36784421	34940021	598323	1246077	715	6323989
西藏	8186239	8161699	8157362	7512356	7287084	213400	11872		645006
陕西	34347441	31778232	31714181	30723979	26912536	2093354	1718088		990202
甘肃	24087237	23059053	22941193	20513412	19635810	271983	605619	419	2427362
青海	9379799	8925627	8837470	7432607	6556947	635438	240222	3825	1401039
宁夏	8218327	7516031	7476562	6306899	5993581	59800	253518		1169662
新疆	29941561	28712719	28646866	26364904	23362815	1957552	1044537	320	2281642
大连	5946081	5446810	5442458	4251845	3978611	77823	195411		1190613
宁波	10318412	8511730	8416532	7711775	7203872		507903		704757
厦门	5507589	5051504	4996111	4525104	3884727	235576	404800	5	471002
青岛	12158176	10941544	10909560	9983064	8942078		1040986		926495
深圳	26956504	23601962	23585180	19846497	13995260	4336794	1514443	986	3737697

(地方中学)

单位：千元

政府性基金预算安排的教育经费	#彩票公益金	国有及国有控股企业办学中的企业拨款	校办产业和社会服务收入中用于教育的经费	其他属于国家财政性教育经费	民办学校中举办者投入	捐赠收入	事业收入	#学费	其他教育经费
14411330	**1062403**	**153788**	**22050**		**7973569**	**1814932**	**145405804**	**121967256**	**13182120**
165635	15644	43819	8024		16777	18151	3485674	3054142	178525
14711	14711				5408	5037	859798	816334	64690
679856	60624		316		383912	40108	7537555	6374751	85343
352864	54620	1223			101325	14619	4121194	3564538	327901
260857	96115				63570	15328	664260	514331	107854
27213	7356				79437	8669	2196538	1904533	62182
26551	26551				8691	21588	1406031	1323052	143030
200794	13647	1136			6476	786	1316077	1197963	205510
28216	989				31459	32490	4594548	4442696	751805
1608888	40817				276314	81781	8552749	7475389	1101483
2193464	30875	31245	697		884343	366894	12066578	10593393	2839170
216717	55632				198057	40964	7558101	6276996	490066
1669351	53419	49384			77025	95278	3925492	3535010	807957
77051	37823				221042	59749	4053466	3171913	126743
1627906	69359	16981	90		467828	67930	9277020	7980396	405726
321759	83682				1516106	7745	10895414	8871767	187993
170499	14292		3896		207839	23490	5434512	4329624	422726
179344	40412		8000		1659620	54150	7851259	5890483	636255
1446444	93142				703501	145601	21991812	18860340	779061
299903	20990		101		316827	65410	3081293	2330982	207149
544921	1440		409		34581	3751	1042836	860669	160901
721829	18144		516		91352	133800	3528854	2547469	364408
765450	33925				270355	253603	8204627	6419745	346277
214291	8120				67439	24336	4227734	3311465	517781
217089	29918	10000			195356	71254	3285130	2857390	352939
4336	4036					3344	11717	10204	9479
64052	4455				57413	10966	2380987	1913539	119844
117860	11307				25640	11288	868933	758999	122323
88157	65917				1377	81170	136629	99913	234996
39469	11484				3548	42634	374183	328337	281930
65853	42959				951	13016	474801	350895	740073
4352	986				55638	5564	434598	403123	3472
95198	1678				51259	16859	1689679	1562246	48886
55393	1657				20034	4302	342430	314295	89319
31984	7768				15014	17102	1133067	1005354	51450
16782	9591				94834	4121	3099996	2798816	155590

3-27 教育经费收入情况

地区	总计	国家财政性教育经费	一般公共预算安排的教育经费	一般公共预算教育经费	教育事业费	基本建设经费	教育费附加	科研经费	其他
合计	**1392237742**	**1222755104**	**1208132460**	**1085951766**	**1004173068**	**21874999**	**59903698**	**142110**	**122038583**
北京	37724161	33274749	33057271	28798908	26355427	1401307	1042174	10011	4248352
天津	16894494	15959563	15944852	14459717	13592748		866968		1485135
河北	60834734	52787815	52107643	49630420	47430328	345602	1854490	255	2476968
山西	30210995	25645956	25291868	22719905	21121356	120928	1477622	7571	2564392
内蒙古	23746370	22895358	22634501	19512653	17784611	637193	1090849	987	3120861
辽宁	30312586	27965761	27938547	23475110	21781208	162447	1531454		4463438
吉林	19501327	17869576	17843025	16085141	14842791	195382	1046967		1757884
黑龙江	26727487	25192756	24990309	22067220	21167511	146716	752994	1734	2921354
上海	36425866	30940572	30912356	25886296	19560193	318492	6007612		5026060
江苏	92095365	82112926	80504038	74038537	67392582	358142	6287813	36871	6428630
浙江	77797220	61687424	59462183	54684276	50086744	1555450	3042082	7157	4770750
安徽	53929745	45642557	45425840	41266193	38803195	392253	2070745	61	4159586
福建	40066318	35160566	33441831	31547710	29304819	515139	1727752	8782	1885338
江西	46157352	41696352	41619301	39410306	36774437	656407	1979463	262	2208733
山东	93517245	83298741	81653764	77240083	71503528	111797	5624757	801	4412881
河南	85723741	73115805	72794046	62594201	58074154	959396	3560651	1865	10197980
湖北	50382994	44228807	44054412	40714642	40714642			20	3339749
湖南	57273088	47063746	46876402	44465561	41507631	354456	2603474	569	2410272
广东	141433748	117819726	116373641	101377807	90894866	4608072	5874869	26512	14969321
广西	42419181	38748502	38448498	34003636	32042203	1075660	885773	7680	4437182
海南	12910805	11668736	11123406	8935444	8222291	330858	382295	486	2187477
重庆	36728485	32573015	31850670	25758522	23925751	911528	921243	2421	6089728
四川	70848502	61743651	60978201	53136833	50280344	384158	2472330	697	7840671
贵州	43463552	38626262	38411971	35415442	33427924	308130	1679388	20213	2976316
云南	47240893	43336214	43109125	36784421	34940021	598323	1246077	715	6323989
西藏	8186239	8161699	8157362	7512356	7287084	213400	11872		645006
陕西	34504496	31906769	31842718	30852516	27041074	2093354	1718088		990202
甘肃	24092110	23063793	22945933	20516534	19638933	271983	605619	419	2428980
青海	9379799	8925627	8837470	7432607	6556947	635438	240222	3825	1401039
宁夏	8218327	7516031	7476562	6306899	5993581	59800	253518		1169662
新疆	33490514	32126049	32024713	29321870	26124144	2153189	1044537	2196	2700647
大连	5946081	5446810	5442458	4251845	3978611	77823	195411		1190613
宁波	10318412	8511730	8416532	7711775	7203872		507903		704757
厦门	5507589	5051504	4996111	4525104	3884727	235576	404800	5	471002
青岛	12158176	10941544	10909560	9983064	8942078		1040986		926495
深圳	26956504	23601962	23585180	19846497	13995260	4336794	1514443	986	3737697

(普通中学)

单位：千元

政府性基金预算安排的教育经费	#彩票公益金	国有及国有控股企业办学中的企业拨款	校办产业和社会服务收入中用于教育的经费	其他属于国家财政性教育经费	民办学校中举办者投入	捐赠收入	事业收入	#学费	其他教育经费
14422082	**1067408**	**178512**	**22050**		**7973569**	**1823296**	**145668295**	**122137627**	**14017478**
165635	15644	43819	8024		16777	23819	3603389	3084026	805426
14711	14711				5408	5037	859798	816334	64687
679856	60624		316		383912	40108	7537555	6374751	85343
352864	54620	1223			101325	14619	4121194	3564538	327901
260857	96115				63570	15328	664260	514331	107854
27213	7356				79437	8669	2196538	1904533	62182
26551	26551				8691	21596	1433351	1350316	168114
200842	13695	1605			6476	786	1321959	1200813	205510
28216	989				31459	32874	4659970	4506525	760991
1608888	40817				276314	81781	8523092	7471384	1101253
2193300	30875	31245	697		884343	366890	12060436	10592639	2798126
216717	55632				198057	40964	7558101	6276996	490066
1669351	53419	49384			77025	95278	3925492	3535010	807957
77051	37823				221042	59749	4053466	3171913	126743
1627906	69359	16981	90		467828	67930	9277020	7980396	405726
321759	83682				1516106	7745	10895414	8871767	188671
170499	14292		3896		207839	23520	5454216	4346042	468612
179344	40412		8000		1659620	54250	7854440	5893251	641031
1446085	92796				703501	145601	21985880	18858195	779040
299903	20990		101		316827	65410	3081293	2330982	207149
544921	1440		409		34581	3751	1042836	860669	160901
721829	18144		516		91352	133800	3545576	2560769	384741
765450	33925				270355	253603	8205465	6420234	375428
214291	8120				67439	24336	4227734	3311465	517781
217089	29918	10000			195356	71254	3285130	2857390	352939
4336	4036					3344	11717	10204	9479
64052	4455				57413	10966	2392428	1922719	136920
117860	11307				25640	11288	869017	759083	122372
88157	65917				1377	81170	136629	99913	234996
39469	11484				3548	42634	374183	328337	281930
77080	48262	24255			951	15194	510713	362104	837607
4352	986				55638	5564	434598	403123	3472
95198	1678				51259	16859	1689679	1562246	48886
55393	1657				20034	4302	342430	314295	89319
31984	7768				15014	17102	1133067	1005354	51450
16782	9591				94834	4121	3099996	2798816	155590

3-28 教育经费收入情况

地区	总计	国家财政性教育经费	一般公共预算安排的教育经费	一般公共预算教育经费	教育事业费	基本建设经费	教育费附加	科研经费	其他
合计	**1385333232**	**1217045799**	**1202459155**	**1080742551**	**999189681**	**21679362**	**59873508**	**140234**	**121576369**
北京	35774656	32079617	31862139	27633230	25189750	1401307	1042174	10011	4218897
天津	16894494	15959563	15944852	14459717	13592748		866968		1485135
河北	60834734	52787815	52107643	49630420	47430328	345602	1854490	255	2476968
山西	30210995	25645956	25291868	22719905	21121356	120928	1477622	7571	2564392
内蒙古	23746370	22895358	22634501	19512653	17784611	637193	1090849	987	3120861
辽宁	30312586	27965761	27938547	23475110	21781208	162447	1531454		4463438
吉林	19341628	17762289	17735738	15977854	14735505	195382	1046967		1757884
黑龙江	26442476	24913628	24711697	21789611	20889902	146716	752994	1734	2920352
上海	36187423	30777130	30748914	25732552	19436639	318492	5977422		5016362
江苏	92095365	82112926	80504038	74038537	67392582	358142	6287813	36871	6428630
浙江	77797220	61687424	59462183	54684276	50086744	1555450	3042082	7157	4770750
安徽	53929745	45642557	45425840	41266193	38803195	392253	2070745	61	4159586
福建	40066318	35160566	33441831	31547710	29304819	515139	1727752	8782	1885338
江西	46157352	41696352	41619301	39410306	36774437	656407	1979463	262	2208733
山东	93517245	83298741	81653764	77240083	71503528	111797	5624757	801	4412881
河南	85718474	73111216	72789456	62591048	58071002	959396	3560651	1865	10196543
湖北	50019355	43930789	43756393	40416624	40416624			20	3339749
湖南	57251217	47051793	46864449	44453608	41495678	354456	2603474	569	2410272
广东	141433748	117819726	116373641	101377807	90894866	4608072	5874869	26512	14969321
广西	42419181	38748502	38448498	34003636	32042203	1075660	885773	7680	4437182
海南	12910805	11668736	11123406	8935444	8222291	330858	382295	486	2187477
重庆	36589610	32471196	31748851	25656702	23823932	911528	921243	2421	6089728
四川	70817185	61742322	60976872	53135504	50279016	384158	2472330	697	7840671
贵州	43463552	38626262	38411971	35415442	33427924	308130	1679388	20213	2976316
云南	47240893	43336214	43109125	36784421	34940021	598323	1246077	715	6323989
西藏	8186239	8161699	8157362	7512356	7287084	213400	11872		645006
陕西	34347441	31778232	31714181	30723979	26912536	2093354	1718088		990202
甘肃	24087237	23059053	22941193	20513412	19635810	271983	605619	419	2427362
青海	9379799	8925627	8837470	7432607	6556947	635438	240222	3825	1401039
宁夏	8218327	7516031	7476562	6306899	5993581	59800	253518		1169662
新疆	29941561	28712719	28646866	26364904	23362815	1957552	1044537	320	2281642
大连	5946081	5446810	5442458	4251845	3978611	77823	195411		1190613
宁波	10318412	8511730	8416532	7711775	7203872		507903		704757
厦门	5507589	5051504	4996111	4525104	3884727	235576	404800	5	471002
青岛	12158176	10941544	10909560	9983064	8942078		1040986		926495
深圳	26956504	23601962	23585180	19846497	13995260	4336794	1514443	986	3737697

(地方普通中学)

单位：千元

政府性基金预算安排的教育经费	#彩票公益金	国有及国有控股企业办学中的企业拨款	校办产业和社会服务收入中用于教育的经费	其他属于国家财政性教育经费	民办学校中举办者投入	捐赠收入	事业收入	#学费	其他教育经费
14410807	**1062057**	**153788**	**22050**		**7973569**	**1814927**	**145358114**	**121954631**	**13140822**
165635	15644	43819	8024		16777	18151	3481586	3050054	178525
14711	14711				5408	5037	859798	816334	64687
679856	60624		316		383912	40108	7537555	6374751	85343
352864	54620	1223			101325	14619	4121194	3564538	327901
260857	96115				63570	15328	664260	514331	107854
27213	7356				79437	8669	2196538	1904533	62182
26551	26551				8691	21588	1406031	1323052	143030
200794	13647	1136			6476	786	1316077	1197963	205510
28216	989				31459	32490	4594539	4442686	751805
1608888	40817				276314	81781	8523092	7471384	1101253
2193300	30875	31245	697		884343	366890	12060436	10592639	2798126
216717	55632				198057	40964	7558101	6276996	490066
1669351	53419	49384			77025	95278	3925492	3535010	807957
77051	37823				221042	59749	4053466	3171913	126743
1627906	69359	16981	90		467828	67930	9277020	7980396	405726
321759	83682				1516106	7745	10895414	8871767	187993
170499	14292		3896		207839	23490	5434512	4329624	422726
179344	40412		8000		1659620	54150	7849398	5888861	636255
1446085	92796				703501	145601	21985880	18858195	779040
299903	20990		101		316827	65410	3081293	2330982	207149
544921	1440		409		34581	3751	1042836	860669	160901
721829	18144		516		91352	133800	3528854	2547469	364408
765450	33925				270355	253603	8204627	6419745	346277
214291	8120				67439	24336	4227734	3311465	517781
217089	29918	10000			195356	71254	3285130	2857390	352939
4336	4036					3344	11717	10204	9479
64052	4455				57413	10966	2380987	1913539	119844
117860	11307				25640	11288	868933	758999	122323
88157	65917				1377	81170	136629	99913	234996
39469	11484				3548	42634	374183	328337	281930
65853	42959				951	13016	474801	350895	740073
4352	986				55638	5564	434598	403123	3472
95198	1678				51259	16859	1689679	1562246	48886
55393	1657				20034	4302	342430	314295	89319
31984	7768				15014	17102	1133067	1005354	51450
16782	9591				94834	4121	3099996	2798816	155590

3-29 教育经费收入情况

地区	总计	国家财政性教育经费	一般公共预算安排的教育经费	一般公共预算教育经费	教育事业费	基本建设经费	教育费附加	科研经费	其他
合计	**511079601**	**420944265**	**414414838**	**371098879**	**341553048**	**7861508**	**21684324**	**61891**	**43254068**
北京	15296246	12963062	12878708	11227398	10137350	701485	388564	5339	1645971
天津	6578592	6079509	6067973	5504860	5206269		298591		563113
河北	22702814	18543192	18204649	17388640	16677539	202676	508426	211	815798
山西	12535315	10225385	10020680	8949546	8298573	43425	607548	6928	1064207
内蒙古	9819642	9371579	9298896	8110183	7326291	374945	408948	902	1187811
辽宁	11177556	9534855	9515366	7989240	7474135	28099	487006		1526126
吉林	6794512	5855364	5844992	5316013	4762341	138111	415561		528979
黑龙江	9299683	8151957	7964203	7020521	6667240	99024	254258		943681
上海	12661179	10577161	10549925	8743233	6329988	161153	2252093		1806692
江苏	33969409	29266048	28695518	26156282	23340608	276768	2538905	12646	2526590
浙江	29221128	21714838	20687313	18970052	17085579	517166	1367307	2661	1714600
安徽	19137447	14548791	14454052	13068071	12281764	103754	682553		1385981
福建	13880303	11319806	11097000	10401044	9514918	202776	683351	2108	693848
江西	16540860	13520863	13508784	12778676	11799665	241739	737272	120	729988
山东	31747683	26006356	25395915	23820054	22223109	28580	1568365	398	1575463
河南	29790671	23045850	22850954	19765829	18132522	286501	1346806	420	3084705
湖北	19600364	15908832	15800058	14623891	14623891			20	1176146
湖南	21905852	16057211	15930142	15147387	13876447	96958	1173983	521	782234
广东	52825853	41998534	41280698	35404309	32602728	974660	1826922	15664	5860725
广西	15117974	12593365	12504701	10954413	10124302	596687	233424	1001	1549287
海南	4797393	4096682	3579420	2842117	2734414	53082	54621	53	737251
重庆	14272395	11660124	11254561	8987264	8491659	131619	363987	154	2267143
四川	24687453	20155052	19597600	16986707	16030775	160650	795282	498	2610395
贵州	17103736	13968894	13856586	12744758	11644994	209773	889990	7143	1104685
云南	16105164	13606177	13533585	11469306	10743283	265903	460120	342	2063937
西藏	2863278	2845325	2843418	2628589	2469989	158600			214830
陕西	13447046	12291821	12250559	11836205	10460628	770780	604796		414355
甘肃	9312194	8528983	8472612	7534614	7215402	112462	206751	224	937774
青海	3671025	3396943	3383816	2878789	2461940	294173	122676	3825	501202
宁夏	2872425	2522674	2520995	2086235	2019048	25800	41388		434760
新疆	11344405	10589032	10571159	9764650	8795659	604160	364831	714	805795
大连	2203973	1811528	1808178	1390380	1334832		55548		417797
宁波	3942803	2985339	2979605	2582747	2444036		138711		396858
厦门	1920341	1621829	1609812	1454820	1275152	23393	156275		154992
青岛	4093997	3396040	3390344	3071023	2817513		253511		319320
深圳	9338136	7662867	7659190	6379202	5045798	891684	441720	173	1279814

(普通高中)

单位：千元

政府性基金预算安排的教育经费	#彩　票公益金	国有及国有控股企业办学中的企业拨款	校办产业和社会服务收入中用于教育的经费	其　他属于国家财政性教育经费	民办学校中举办者投　入	捐赠收入	事业收入	#学　费	其　他教育经费
6459148	**333989**	**48230**	**22050**		**3343076**	**865242**	**79369523**	**63569037**	**6557495**
57129	6182	19200	8024		10596	9182	1807724	1451339	505683
11536	11536					1518	455501	427463	42063
338227	15767		316		67433	38253	4004226	3271446	49710
204704	32108				76347	9397	1987558	1667479	236627
72683	35383				25592	8171	363196	234122	51104
19490	2074				61019	5317	1539402	1322518	36963
10372	10372				8602	7634	850602	790258	72309
187284	3896	469			6033	598	999158	893471	141938
27236	10				10674	6354	1600548	1509465	466442
570530	17315				59631	37083	4115163	3459975	491484
1026829	3767		697		319916	107323	6275591	5321774	803460
94739	14481				42133	33217	4274938	3399730	238368
222806	31168				35741	39087	2112400	1857093	373270
12079	10117				167689	42365	2744281	2047945	65663
600746	10937	9604	90		159731	38922	5392328	4696975	150346
194896	32220				493746	6038	6117064	4824262	127973
104878	2561		3896		95756	11659	3317190	2469175	266927
119069	14161		8000		879827	26194	4655727	3335086	286892
717836	29448				182311	87590	10171358	8378221	386059
88564	662		101		266176	41666	2123255	1558136	93511
516853	618		409		4532	2675	578918	473696	114587
405047	5259		516		80000	46163	2245235	1449779	240873
557452	10182				96564	161376	4071665	2805750	202796
112308	1222				23669	5387	2835145	2143156	270641
62593	13242	10000			118787	34248	2162193	1828746	183759
1906	1906					11	11548	10204	6394
41262	860				33216	8263	1059294	728928	54453
56370	714				13797	5257	720912	641585	43246
13128	13128				187	1986	132800	97023	139109
1679	605				2789	32872	246569	204915	67521
8916	2088	8957			582	9435	398031	269322	347324
3351	15				50000	5312	335301	309792	1831
5734	338				23016	8870	898910	817007	26668
12017	204				20000	2253	247520	223708	28738
5696	5534				2469	5304	661212	561417	28972
3677	2223				53002	38	1548141	1327679	74087

3-30 教育经费收入情况

地区	总计	国家财政性教育经费	一般公共预算安排的教育经费	一般公共预算教育经费	教育事业费	基本建设经费	教育费附加	科研经费	其他
合计	**507370753**	**418111744**	**411594555**	**368449025**	**339068416**	**7715149**	**21665461**	**61436**	**43084093**
北京	13994787	12182902	12098549	10468217	9378169	701485	388564	5339	1624993
天津	6578592	6079509	6067973	5504860	5206269		298591		563113
河北	22702814	18543192	18204649	17388640	16677539	202676	508426	211	815798
山西	12535315	10225385	10020680	8949546	8298573	43425	607548	6928	1064207
内蒙古	9819642	9371579	9298896	8110183	7326291	374945	408948	902	1187811
辽宁	11177556	9534855	9515366	7989240	7474135	28099	487006		1526126
吉林	6634813	5748077	5737705	5208726	4655054	138111	415561		528979
黑龙江	9167995	8026152	7838867	6895186	6541904	99024	254258		943681
上海	12472421	10460150	10432914	8634933	6240550	161153	2233230		1797980
江苏	33969409	29266048	28695518	26156282	23340608	276768	2538905	12646	2526590
浙江	29221128	21714838	20687313	18970052	17085579	517166	1367307	2661	1714600
安徽	19137447	14548791	14454052	13068071	12281764	103754	682553		1385981
福建	13880303	11319806	11097000	10401044	9514918	202776	683351	2108	693848
江西	16540860	13520863	13508784	12778676	11799665	241739	737272	120	729988
山东	31747683	26006356	25395915	23820054	22223109	28580	1568365	398	1575463
河南	29790671	23045850	22850954	19765829	18132522	286501	1346806	420	3084705
湖北	19296078	15665047	15556273	14380106	14380106			20	1176146
湖南	21892659	16050633	15923564	15140809	13869869	96958	1173983	521	782234
广东	52825853	41998534	41280698	35404309	32602728	974660	1826922	15664	5860725
广西	15117974	12593365	12504701	10954413	10124302	596687	233424	1001	1549287
海南	4797393	4096682	3579420	2842117	2734414	53082	54621	53	737251
重庆	14189085	11604643	11199080	8931783	8436178	131619	363987	154	2267143
四川	24670608	20154348	19596896	16986003	16030071	160650	795282	498	2610395
贵州	17103736	13968894	13856586	12744758	11644994	209773	889990	7143	1104685
云南	16105164	13606177	13533585	11469306	10743283	265903	460120	342	2063937
西藏	2863278	2845325	2843418	2628589	2469989	158600			214830
陕西	13350918	12214571	12173309	11758955	10383378	770780	604796		414355
甘肃	9310786	8527683	8471312	7534123	7214910	112462	206751	224	936965
青海	3671025	3396943	3383816	2878789	2461940	294173	122676	3825	501202
宁夏	2872425	2522674	2520995	2086235	2019048	25800	41388		434760
新疆	9932332	9271872	9265768	8599190	7776558	457801	364831	259	666319
大连	2203973	1811528	1808178	1390380	1334832		55548		417797
宁波	3942803	2985339	2979605	2582747	2444036		138711		396858
厦门	1920341	1621829	1609812	1454820	1275152	23393	156275		154992
青岛	4093997	3396040	3390344	3071023	2817513		253511		319320
深圳	9338136	7662867	7659190	6379202	5045798	891684	441720	173	1279814

(地方普通高中)

单位：千元

政府性基金预算安排的教育经费	#彩票公益金	国有及国有控股企业办学中的企业拨款	校办产业和社会服务收入中用于教育的经费	其他属于国家财政性教育经费	民办学校中举办者投入	捐赠收入	事业收入	#学费	其他教育经费
6456335	**332927**	**38804**	**22050**		**3343076**	**859961**	**79060246**	**63386041**	**5995726**
57129	6182	19200	8024		10596	4128	1685921	1417367	111240
11536	11536					1518	455501	427463	42063
338227	15767		316		67433	38253	4004226	3271446	49710
204704	32108				76347	9397	1987558	1667479	236627
72683	35383				25592	8171	363196	234122	51104
19490	2074				61019	5317	1539402	1322518	36963
10372	10372				8602	7626	823282	762994	47225
187284	3896				6033	598	993275	890621	141938
27236	10				10674	6232	1535116	1445625	460249
570530	17315				59631	37083	4115163	3459975	491484
1026829	3767		697		319916	107323	6275591	5321774	803460
94739	14481				42133	33217	4274938	3399730	238368
222806	31168				35741	39087	2112400	1857093	373270
12079	10117				167689	42365	2744281	2047945	65663
600746	10937	9604	90		159731	38922	5392328	4696975	150346
194896	32220				493746	6038	6117064	4824262	127973
104878	2561		3896		95756	11629	3297486	2452757	226160
119069	14161		8000		879827	26139	4650858	3330696	285202
717836	29448				182311	87590	10171358	8378221	386059
88564	662		101		266176	41666	2123255	1558136	93511
516853	618		409		4532	2675	578918	473696	114587
405047	5259		516		80000	46163	2228513	1436479	229766
557452	10182				96564	161376	4070975	2805261	187344
112308	1222				23669	5387	2835145	2143156	270641
62593	13242	10000			118787	34248	2162193	1828746	183759
1906	1906					11	11548	10204	6394
41262	860				33216	8263	1047853	719748	47016
56370	714				13797	5257	720828	641501	43221
13128	13128				187	1986	132800	97023	139109
1679	605				2789	32872	246569	204915	67521
6104	1026				582	9423	362703	258114	287752
3351	15				50000	5312	335301	309792	1831
5734	338				23016	8870	898910	817007	26668
12017	204				20000	2253	247520	223708	28738
5696	5534				2469	5304	661212	561417	28972
3677	2223				53002	38	1548141	1327679	74087

3-31 教育经费收入情况

地区	总计	国家财政性教育经费	一般公共预算安排的教育经费	一般公共预算教育经费	教育事业费	基本建设经费	教育费附加	科研经费	其他
合计	**203596451**	**167949693**	**165928592**	**150070866**	**142458919**	**1822215**	**5789733**	**16161**	**15841564**
北京	1014055	763060	762711	684380	640674	40310	3396	100	78231
天津	773865	744941	744941	649149	649149				95792
河北	11791539	9494505	9256267	8806339	8521604	46262	238473	111	449817
山西	6058000	5107568	5056088	4481374	4205218	871	275284	60	574654
内蒙古	4473566	4345077	4324186	3820207	3571655	62671	185880		503979
辽宁	2573814	2128277	2128267	1806322	1729748	21976	54599		321945
吉林	2203744	1915925	1910796	1752916	1638116	39055	75744		157881
黑龙江	3821558	3312943	3238453	2939454	2816149	92218	31087		298999
上海	1037823	884876	884866	706412	589018		117394		178454
江苏	11031490	9334902	9191306	8524016	7768192		755823	929	666362
浙江	10593966	8084836	7906103	7289571	6762034	49973	477564	279	616252
安徽	10793518	7948304	7895177	7315814	7014624	8000	293190		579363
福建	6352609	5246485	5196134	4949118	4700211	30424	218483	102	246913
江西	8463932	7101659	7091902	6735719	6347130	34327	354262		356183
山东	11256752	8778158	8637445	8168737	7733924	28580	406233	58	468650
河南	16519045	12323416	12243551	10642666	10097954	56748	487964	100	1600785
湖北	5771377	4514709	4487748	4148185	4148185				339563
湖南	12217533	8770770	8748873	8258329	7784847	91347	382135	414	490130
广东	11128379	8971195	8724915	7506686	7239998	17088	249600	5566	1212663
广西	7233518	6065245	5992499	5268110	5052137	139641	76333	801	723588
海南	1675393	1552630	1546045	1247293	1192903	27569	26822		298752
重庆	4565745	3848696	3835296	3083860	3025686	21432	36743		751436
四川	12169047	10520702	10051610	8664351	8303758	123469	237124	418	1386841
贵州	9276031	7675554	7645580	7047595	6643995	197134	206466	6923	591062
云南	8692463	7634293	7627671	6430001	6220456	61164	148382		1197670
西藏	1012576	1010327	1008852	932155	922155	10000			76696
陕西	6853530	6420985	6399361	6229874	5754528	232200	243147		169487
甘肃	5670699	5299438	5249232	4739131	4589785	49400	99947	50	510050
青海	2050563	1885437	1885437	1557367	1465548	60970	30850		328069
宁夏	935166	833441	833441	684036	667489	7200	9347		149405
新疆	5585154	5431341	5423841	5001699	4662051	272187	67461	250	421893
大连	298150	132816	132816	92648	92219		429		40168
宁波	1264132	1024868	1024868	893245	851835		41410		131623
厦门	160441	145593	145593	129757	116497		13259		15836
青岛	533926	470816	470816	419901	399723		20178		50915
深圳									

(农村高中)

单位：千元

政府性基金预算安排的教育经费	#彩票公益金	国有及国有控股企业办学中的企业拨款	校办产业和社会服务收入中用于教育的经费	其他属于国家财政性教育经费	民办学校中举办者投入	捐赠收入	事业收入	#学费	其他教育经费
2008469	**127995**	**4215**	**8417**		**2108173**	**349759**	**31072409**	**24090749**	**2116417**
350	350				862	1724	245876	226156	2532
							27441	19882	1483
237922	11233		316		66512	35058	2168500	1758694	26963
51480	12756				63609	3615	866427	714850	16781
20891	19803				122	1217	86952	27944	40199
10	10				593	5	444020	364544	919
5129	5129					5009	268652	248931	14157
74489	2809				5889	237	368242	320710	134248
10	10					362	138531	124199	14054
143595	4864				6365	7887	1410954	1176805	271383
178733	1482				126030	20800	2059905	1755146	302395
53127	11182				18040	8372	2743607	2213643	75194
50351	11462				7048	16266	909062	775801	173749
9757	7797				5013	20156	1311695	901720	25409
140714	1224				123129	27133	2286796	2017534	41536
79865	15268				402626	5164	3746837	2837432	41002
26961	321				64703	3197	1104115	758420	84654
13897	3899		8000		744090	17166	2506524	1772574	178983
246280	3109				47813	39206	2022162	1643721	48004
72645	175		101		263555	26480	832756	578649	45482
6586					732	153	109498	83720	12379
13399	4202					1931	682928	387924	32191
469092	4283				73308	67863	1448119	891249	59055
29974	932				12822	4743	1408747	1020884	174165
6622	2799				48214	16998	898179	772168	94779
1475	1475						1537	868	712
21624	450				24308	6124	385876	213855	16237
50206	274					4644	343086	302313	23531
						1162	56037	31905	107927
					2789	1502	92611	80894	4824
3285	697	4215				5584	96739	67612	51490
							164867	151148	468
						4490	226329	203901	8445
							11711	9943	3137
						89	62717	53558	303

3-32 教育经费收入情况

地区	总计	国家财政性教育经费	一般公共预算安排的教育经费	一般公共预算教育经费	教育事业费	基本建设经费	教育费附加	科研经费	其他
合计	**202786260**	**167211286**	**165196623**	**149388479**	**141876847**	**1721898**	**5789733**	**15911**	**15792233**
北京	1014055	763060	762711	684380	640674	40310	3396	100	78231
天津	773865	744941	744941	649149	649149				95792
河北	11791539	9494505	9256267	8806339	8521604	46262	238473	111	449817
山西	6058000	5107568	5056088	4481374	4205218	871	275284	60	574654
内蒙古	4473566	4345077	4324186	3820207	3571655	62671	185880		503979
辽宁	2573814	2128277	2128267	1806322	1729748	21976	54599		321945
吉林	2203744	1915925	1910796	1752916	1638116	39055	75744		157881
黑龙江	3709025	3205823	3131334	2832335	2709030	92218	31087		298999
上海	1037823	884876	884866	706412	589018		117394		178454
江苏	11031490	9334902	9191306	8524016	7768192		755823	929	666362
浙江	10593966	8084836	7906103	7289571	6762034	49973	477564	279	616252
安徽	10793518	7948304	7895177	7315814	7014624	8000	293190		579363
福建	6352609	5246485	5196134	4949118	4700211	30424	218483	102	246913
江西	8463932	7101659	7091902	6735719	6347130	34327	354262		356183
山东	11256752	8778158	8637445	8168737	7733924	28580	406233	58	468650
河南	16519045	12323416	12243551	10642666	10097954	56748	487964	100	1600785
湖北	5591256	4381699	4354737	4015174	4015174				339563
湖南	12217533	8770770	8748873	8258329	7784847	91347	382135	414	490130
广东	11128379	8971195	8724915	7506686	7239998	17088	249600	5566	1212663
广西	7233518	6065245	5992499	5268110	5052137	139641	76333	801	723588
海南	1675393	1552630	1546045	1247293	1192903	27569	26822		298752
重庆	4565745	3848696	3835296	3083860	3025686	21432	36743		751436
四川	12169047	10520702	10051610	8664351	8303758	123469	237124	418	1386841
贵州	9276031	7675554	7645580	7047595	6643995	197134	206466	6923	591062
云南	8692463	7634293	7627671	6430001	6220456	61164	148382		1197670
西藏	1012576	1010327	1008852	932155	922155	10000			76696
陕西	6853530	6420985	6399361	6229874	5754528	232200	243147		169487
甘肃	5669291	5298138	5247932	4738640	4589293	49400	99947	50	509242
青海	2050563	1885437	1885437	1557367	1465548	60970	30850		328069
宁夏	935166	833441	833441	684036	667489	7200	9347		149405
新疆	5069026	4934364	4933302	4559932	4320601	171870	67461		373370
大连	298150	132816	132816	92648	92219		429		40168
宁波	1264132	1024868	1024868	893245	851835		41410		131623
厦门	160441	145593	145593	129757	116497		13259		15836
青岛	533926	470816	470816	419901	399723		20178		50915
深圳									

(地方农村高中)

单位：千元

政府性基金预算安排的教育经费	#彩票公益金	国有及国有控股企业办学中的企业拨款	校办产业和社会服务收入中用于教育的经费	其他属于国家财政性教育经费	民办学校中举办者投入	捐赠收入	事业收入	#学费	其他教育经费
2006245	**127522**		**8417**		**2108173**	**349729**	**31039356**	**24071560**	**2077716**
350	350				862	1724	245876	226156	2532
							27441	19882	1483
237922	11233		316		66512	35058	2168500	1758694	26963
51480	12756				63609	3615	866427	714850	16781
20891	19803				122	1217	86952	27944	40199
10	10				593	5	444020	364544	919
5129	5129					5009	268652	248931	14157
74489	2809				5889	237	362828	318229	134248
10	10					362	138531	124199	14054
143595	4864				6365	7887	1410954	1176805	271383
178733	1482				126030	20800	2059905	1755146	302395
53127	11182				18040	8372	2743607	2213643	75194
50351	11462				7048	16266	909062	775801	173749
9757	7797				5013	20156	1311695	901720	25409
140714	1224				123129	27133	2286796	2017534	41536
79865	15268				402626	5164	3746837	2837432	41002
26961	321				64703	3167	1089683	746898	52005
13897	3899		8000		744090	17166	2506524	1772574	178983
246280	3109				47813	39206	2022162	1643721	48004
72645	175		101		263555	26480	832756	578649	45482
6586					732	153	109498	83720	12379
13399	4202					1931	682928	387924	32191
469092	4283				73308	67863	1448119	891249	59055
29974	932				12822	4743	1408747	1020884	174165
6622	2799				48214	16998	898179	772168	94779
1475	1475						1537	868	712
21624	450				24308	6124	385876	213855	16237
50206	274					4644	343002	302229	23507
						1162	56037	31905	107927
					2789	1502	92611	80894	4824
1062	224					5584	83616	62510	45463
							164867	151148	468
						4490	226329	203901	8445
							11711	9943	3137
						89	62717	53558	303

3-33 教育经费收入情况

地区	总计	国家财政性教育经费	一般公共预算安排的教育经费	一般公共预算教育经费	教育事业费	基本建设经费	教育费附加	科研经费	其他
合计	**881158141**	**801810838**	**793717622**	**714852886**	**662620021**	**14013491**	**38219374**	**80220**	**78784516**
北京	22427915	20311687	20178562	17571510	16218078	699822	653610	4672	2602381
天津	10315902	9880054	9876879	8954857	8386480		568377		922022
河北	38131919	34244623	33902994	32241780	30752790	142926	1346064	44	1661170
山西	17675680	15420571	15271188	13770359	12822783	77503	870074	644	1500185
内蒙古	13926728	13523779	13335605	11402470	10458320	262247	681902	85	1933050
辽宁	19135030	18430905	18423182	15485870	14307074	134348	1044449		2937312
吉林	12706815	12014212	11998033	10769128	10080450	57271	631407		1228905
黑龙江	17427805	17040800	17026106	15046699	14500271	47692	498736	1734	1977673
上海	23764687	20363410	20362431	17143063	13230205	157339	3755519		3219368
江苏	58125956	52846878	51808520	47882255	44051974	81374	3748907	24225	3902041
浙江	48576092	39972586	38774870	35714224	33001165	1038284	1674775	4496	3056150
安徽	34792297	31093766	30971787	28198122	26521431	288500	1388191	61	2773605
福建	26186015	23840760	22344831	21146666	19789902	312363	1044401	6675	1191491
江西	29616492	28175490	28110517	26631630	24974771	414668	1242190	142	1478745
山东	61769563	57292385	56257849	53420028	49280419	83217	4056392	402	2837418
河南	55933070	50069955	49943092	42828372	39941632	672895	2213845	1445	7113275
湖北	30782630	28319975	28254354	26090751	26090751				2163603
湖南	35367236	31006535	30946261	29318174	27631185	257498	1429491	48	1628038
广东	88607895	75821192	75092942	65973498	58292137	3633412	4047948	10848	9108596
广西	27301207	26155137	25943798	23049223	21917901	478973	652348	6679	2887896
海南	8113412	7572054	7543986	6093327	5487877	277776	327675	433	1450226
重庆	22456089	20912891	20596110	16771258	15434092	779909	557256	2268	3822584
四川	46161049	41588599	41380600	36150125	34249569	223508	1677048	198	5230277
贵州	26359816	24657368	24555384	22670684	21782930	98356	789398	13070	1871631
云南	31135730	29730037	29575541	25315115	24196738	332420	785957	373	4260053
西藏	5322960	5316374	5313944	4883767	4817095	54800	11872		430177
陕西	21057450	19614948	19592159	19016311	16580445	1322574	1113292		575847
甘肃	14779916	14534810	14473321	12981920	12423531	159521	398868	195	1491206
青海	5708774	5528684	5453655	4553818	4095006	341266	117546		899837
宁夏	5345902	4993356	4955567	4220664	3974533	34000	212131		734902
新疆	22146109	21537017	21453554	19557219	17328485	1549029	679705	1483	1894852
大连	3742109	3635281	3634280	2861464	2643779	77823	139863		772816
宁波	6375609	5526391	5436927	5129029	4759836		369193		307899
厦门	3587248	3429675	3386299	3070283	2609575	212183	248525	5	316011
青岛	8064179	7545504	7519216	6912041	6124565		787476		607175
深圳	17618368	15939095	15925990	13467295	8949462	3445109	1072724	813	2457882

(普通初中)

单位：千元

政府性基金预算安排的教育经费	#彩票公益金	国有及国有控股企业办学中的企业拨款	校办产业和社会服务收入中用于教育的经费	其他属于国家财政性教育经费	民办学校中举办者投入	捐赠收入	事业收入	#学费	其他教育经费
7962935	**733418**	**130282**			**4630493**	**958054**	**66298772**	**58568590**	**7459983**
108506	9462	24619			6182	14637	1795665	1632687	299743
3175	3175				5408	3519	404297	388872	22624
341629	44858				316479	1855	3533329	3103305	35633
148160	22512	1223			24978	5222	2133636	1897058	91274
188174	60732				37978	7157	301064	280209	56750
7723	5283				18418	3352	657136	582015	25219
16179	16179				89	13961	582749	560058	95805
13558	9799	1136			443	188	322802	307343	63572
979	979				20785	26520	3059422	2997061	294549
1038358	23502				216683	44698	4407928	4011409	609769
1166471	27108	31245			564427	259566	5784845	5270865	1994667
121979	41151				155924	7746	3283163	2877265	251698
1446545	22251	49384			41284	56191	1813091	1677917	434688
64972	27706				53352	17384	1309185	1123967	61080
1027160	58422	7377			308097	29008	3884692	3283420	255380
126863	51462				1022360	1707	4778351	4047505	60698
65621	11730				112083	11861	2137026	1876867	201685
60275	26251				779793	28056	3198713	2558165	354139
728250	63347				521190	58011	11814522	10479975	392981
211339	20328				50651	23743	958038	772846	113638
28068	822				30049	1076	463918	386973	46314
316782	12885				11352	87637	1300341	1110990	143869
207999	23743				173791	92228	4133800	3614484	172632
101983	6898				43770	18949	1392589	1168309	247140
154496	16676				76569	37006	1122937	1028643	169180
2430	2130					3333	169		3085
22790	3595				24198	2703	1333134	1193790	82467
61489	10593				11843	6031	148105	117498	79126
75029	52789				1190	79184	3829	2890	95887
37790	10879				759	9763	127614	123422	214409
68164	46173	15298			369	5759	112682	92782	490283
1001	971				5638	252	99297	93331	1641
89464	1340				28243	7989	790769	745239	22218
43376	1453				34	2049	94910	90587	60580
26289	2234				12545	11798	471855	443937	22478
13105	7368				41832	4083	1551855	1471137	81503

3-34 教育经费收入情况

地区	总计	国家财政性教育经费	一般公共预算安排的教育经费	一般公共预算教育经费	教育事业费	基本建设经费	教育费附加	科研经费	其他
合计	**877962479**	**798934055**	**790864600**	**712293526**	**660121266**	**13964213**	**38208047**	**78798**	**78492276**
北京	21779869	19896715	19763590	17165013	15811581	699822	653610	4672	2593904
天津	10315902	9880054	9876879	8954857	8386480		568377		922022
河北	38131919	34244623	33902994	32241780	30752790	142926	1346064	44	1661170
山西	17675680	15420571	15271188	13770359	12822783	77503	870074	644	1500185
内蒙古	13926728	13523779	13335605	11402470	10458320	262247	681902	85	1933050
辽宁	19135030	18430905	18423182	15485870	14307074	134348	1044449		2937312
吉林	12706815	12014212	11998033	10769128	10080450	57271	631407		1228905
黑龙江	17274481	16887476	16872830	14894425	14347997	47692	498736	1734	1976671
上海	23715002	20316980	20316001	17097619	13196089	157339	3744192		3218382
江苏	58125956	52846878	51808520	47882255	44051974	81374	3748907	24225	3902041
浙江	48576092	39972586	38774870	35714224	33001165	1038284	1674775	4496	3056150
安徽	34792297	31093766	30971787	28198122	26521431	288500	1388191	61	2773605
福建	26186015	23840760	22344831	21146666	19789902	312363	1044401	6675	1191491
江西	29616492	28175490	28110517	26631630	24974771	414668	1242190	142	1478745
山东	61769563	57292385	56257849	53420028	49280419	83217	4056392	402	2837418
河南	55927802	50065366	49938503	42825220	39938480	672895	2213845	1445	7111838
湖北	30723277	28265741	28200120	26036518	26036518				2163603
湖南	35358558	31001160	30940886	29312799	27625810	257498	1429491	48	1628038
广东	88607895	75821192	75092942	65973498	58292137	3633412	4047948	10848	9108596
广西	27301207	26155137	25943798	23049223	21917901	478973	652348	6679	2887896
海南	8113412	7572054	7543986	6093327	5487877	277776	327675	433	1450226
重庆	22400525	20866553	20549771	16724919	15387754	779909	557256	2268	3822584
四川	46146577	41587975	41379976	36149501	34248945	223508	1677048	198	5230277
贵州	26359816	24657368	24555384	22670684	21782930	98356	789398	13070	1871631
云南	31135730	29730037	29575541	25315115	24196738	332420	785957	373	4260053
西藏	5322960	5316374	5313944	4883767	4817095	54800	11872		430177
陕西	20996523	19563661	19540871	18965024	16529158	1322574	1113292		575847
甘肃	14776451	14531370	14469881	12979289	12420900	159521	398868	195	1490397
青海	5708774	5528684	5453655	4553818	4095006	341266	117546		899837
宁夏	5345902	4993356	4955567	4220664	3974533	34000	212131		734902
新疆	20009229	19440847	19381098	17765714	15586258	1499751	679705	61	1615324
大连	3742109	3635281	3634280	2861464	2643779	77823	139863		772816
宁波	6375609	5526391	5436927	5129029	4759836		369193		307899
厦门	3587248	3429675	3386299	3070283	2609575	212183	248525	5	316011
青岛	8064179	7545504	7519216	6912041	6124565		787476		607175
深圳	17618368	15939095	15925990	13467295	8949462	3445109	1072724	813	2457882

(地方普通初中)

单位：千元

政府性基金预算安排的教育经费	#彩票公益金	国有及国有控股企业办学中的企业拨款	校办产业和社会服务收入中用于教育的经费	其他属于国家财政性教育经费	民办学校中举办者投入	捐赠收入	事业收入	#学费	其他教育经费
7954471	**729130**	**114984**			**4630493**	**954966**	**66297868**	**58568590**	**7145096**
108506	9462	24619			6182	14023	1795665	1632687	67285
3175	3175				5408	3519	404297	388872	22624
341629	44858				316479	1855	3533329	3103305	35633
148160	22512	1223			24978	5222	2133636	1897058	91274
188174	60732				37978	7157	301064	280209	56750
7723	5283				18418	3352	657136	582015	25219
16179	16179				89	13961	582749	560058	95805
13510	9751	1136			443	188	322802	307343	63572
979	979				20785	26258	3059422	2997061	291557
1038358	23502				216683	44698	4407928	4011409	609769
1166471	27108	31245			564427	259566	5784845	5270865	1994667
121979	41151				155924	7746	3283163	2877265	251698
1446545	22251	49384			41284	56191	1813091	1677917	434688
64972	27706				53352	17384	1309185	1123967	61080
1027160	58422	7377			308097	29008	3884692	3283420	255380
126863	51462				1022360	1707	4778351	4047505	60020
65621	11730				112083	11861	2137026	1876867	196566
60275	26251				779793	28011	3198541	2558165	351053
728250	63347				521190	58011	11814522	10479975	392981
211339	20328				50651	23743	958038	772846	113638
28068	822				30049	1076	463918	386973	46314
316782	12885				11352	87637	1300341	1110990	134642
207999	23743				173791	92228	4133652	3614484	158932
101983	6898				43770	18949	1392589	1168309	247140
154496	16676				76569	37006	1122937	1028643	169180
2430	2130					3333	169		3085
22790	3595				24198	2703	1333134	1193790	72828
61489	10593				11843	6031	148105	117498	79102
75029	52789				1190	79184	3829	2890	95887
37790	10879				759	9763	127614	123422	214409
59749	41933				369	3593	112098	92782	452321
1001	971				5638	252	99297	93331	1641
89464	1340				28243	7989	790769	745239	22218
43376	1453				34	2049	94910	90587	60580
26289	2234				12545	11798	471855	443937	22478
13105	7368				41832	4083	1551855	1471137	81503

3-35 教育经费收入情况

地区	总计	国家财政性教育经费	一般公共预算安排的教育经费	一般公共预算教育经费	教育事业费	基本建设经费	教育费附加	科研经费	其他
合计	**481051483**	**453074131**	**451198008**	**407691461**	**390943957**	**3468933**	**13278571**	**19425**	**43487122**
北京	4048868	3733710	3713061	3310987	3190700	83684	36604		402074
天津	2511375	2462714	2462714	2195300	2183016		12284		267414
河北	24511551	22427210	22294654	21155916	20405093	63111	687711	44	1138694
山西	10486137	9570695	9471333	8408120	8005341	20513	382266	48	1063164
内蒙古	8428646	8331666	8296893	7124966	6658381	66665	399920		1171927
辽宁	7927063	7797538	7793504	6648849	6349590	28043	271217		1144655
吉林	7648572	7423881	7409337	6667722	6304925	42553	320244		741615
黑龙江	9858056	9714681	9708247	8767180	8621967	36059	109155	1734	939333
上海	2705685	2422768	2422140	1921654	1742297		179358		500486
江苏	25616715	23646157	23549284	22061901	20541451	108	1520342	964	1486419
浙江	20985108	18335061	18076487	16826003	15893195	331152	601655	992	1249492
安徽	24758932	22502684	22476477	20390932	19502730	132631	755571	61	2085484
福建	13959306	12983010	12854266	12324073	11837430	75945	410698	799	529393
江西	20382381	19624611	19585578	18568179	17867221	179278	521680		1017399
山东	32883253	30816493	30613824	29272679	27346839	83217	1842623	82	1341063
河南	38125289	34061829	33989131	29137922	27704087	171113	1262721	920	4850289
湖北	16466896	15796544	15770266	14721274	14721274				1048992
湖南	24137287	21743562	21693532	20513852	19636092	184089	693671		1179680
广东	29215338	27239237	27122535	23588659	23158733	456	429470	355	3533521
广西	19290415	18888671	18804155	16718005	16257168	169437	291400	6426	2079725
海南	5024619	4911398	4904100	3927600	3521307	246047	160246	382	976117
重庆	11714488	11485746	11388008	9150619	8940701	71372	138546	2115	2235274
四川	30759521	29528532	29464465	25712866	24771788	192570	748508	162	3751436
贵州	19182650	18531859	18522735	17052680	16627720	65559	359400	2929	1467127
云南	23474858	23066012	22957997	19701435	19181619	148048	371768	352	3256210
西藏	3481343	3478084	3475704	3157313	3106943	49800	571		318391
陕西	11845352	11484069	11461755	11116338	10612514	159348	344476		345417
甘肃	10965349	10911583	10864580	9821824	9529752	133673	158400	95	1042661
青海	3855718	3775797	3752780	3112733	2852143	196333	64257		640047
宁夏	3028743	2827397	2800240	2359923	2314311	13600	32012		440317
新疆	13771969	13550934	13498226	12253958	11557630	524529	171798	963	1243305
大连	744846	738900	738840	574894	543735		31158		163947
宁波	2280354	2117550	2080214	1931275	1820385		110889		148939
厦门	488494	481932	473417	428682	373160	21504	34018		44735
青岛	2217955	2192972	2192772	1977014	1846132		130882		215758
深圳									

（农村初中）

单位：千元

政府性基金预算安排的教育经费	#彩票公益金	国有及国有控股企业办学中的企业拨款	校办产业和社会服务收入中用于教育的经费	其他属于国家财政性教育经费	民办学校中举办者投入	捐赠收入	事业收入	#学费	其他教育经费
1785878	**334481**	**90245**			**3008343**	**329188**	**21891180**	**18655321**	**2748641**
20649	105				2379	3403	299673	271460	9703
						645	40182	35009	7834
132557	23720				180510	1683	1873952	1633680	28195
99362	13402				14216	1084	880983	760288	19160
34774	30721				1196	2271	57174	49543	36338
4034	2733				9664	77	116202	91655	3582
14543	14543					9513	170714	161192	44465
5298	5265	1136				53	93270	89525	50052
628	628				1126	138	259129	246967	22524
96872	9676				177951	14180	1545413	1362448	233014
227329	7189	31245			328615	34578	1613937	1495084	672919
26207	16087				92471	6872	2121693	1864378	35213
79360	8629	49384			28118	25203	730813	663574	192162
39033	23242				7710	10409	700628	572026	39024
202670	24018				93486	13213	1898435	1538962	61626
72698	14306				920789	833	3121458	2564606	20381
26278	3848				89729	10394	488395	408330	81834
50030	19136				630782	18563	1513889	1177232	230490
116702	8693				228221	19500	1644997	1434895	83384
84516	11802				3846	14342	328452	251423	55102
7298	36				4609	246	87713	71987	20654
97738	12126				4277	2659	183466	130046	38339
64068	10903				110891	75749	1015850	880529	28498
9123	4889				22014	14695	515115	416238	98968
108015	8164				40361	26429	218310	181225	123746
2380	2080					3000			259
22314	3119				13334	1068	306710	254589	40172
47003	6832				320	6013	20546	12980	26886
23017	777				970	1929	1740	1001	75281
27157	4012				759	6673	34701	32028	159213
44228	43801	8480				3771	7641	2421	209622
60	60					27	5909	5512	10
37336	225				25477	6767	123708	117048	6853
8515	82				34		4933	4933	1595
200	200				1236	6330	17087	15888	330

3-36 教育经费收入情况

地区	总计	国家财政性教育经费							其他
			一般公共预算安排的教育经费					科研经费	
				一般公共预算教育经费					
					教育事业费	基本建设经费	教育费附加		
合计	**479447570**	**451500097**	**449636217**	**406310753**	**389596526**	**3435656**	**13278571**	**18462**	**43307002**
北京	4048868	3733710	3713061	3310987	3190700	83684	36604		402074
天津	2511375	2462714	2462714	2195300	2183016		12284		267414
河北	24511551	22427210	22294654	21155916	20405093	63111	687711	44	1138694
山西	10486137	9570695	9471333	8408120	8005341	20513	382266	48	1063164
内蒙古	8428646	8331666	8296893	7124966	6658381	66665	399920		1171927
辽宁	7927063	7797538	7793504	6648849	6349590	28043	271217		1144655
吉林	7648572	7423881	7409337	6667722	6304925	42553	320244		741615
黑龙江	9722252	9578877	9572491	8632426	8487212	36059	109155	1734	938330
上海	2705685	2422768	2422140	1921654	1742297		179358		500486
江苏	25616715	23646157	23549284	22061901	20541451	108	1520342	964	1486419
浙江	20985108	18335061	18076487	16826003	15893195	331152	601655	992	1249492
安徽	24758932	22502684	22476477	20390932	19502730	132631	755571	61	2085484
福建	13959306	12983010	12854266	12324073	11837430	75945	410698	799	529393
江西	20382381	19624611	19585578	18568179	17867221	179278	521680		1017399
山东	32883253	30816493	30613824	29272679	27346839	83217	1842623	82	1341063
河南	38125289	34061829	33989131	29137922	27704087	171113	1262721	920	4850289
湖北	16466896	15796544	15770266	14721274	14721274				1048992
湖南	24137287	21743562	21693532	20513852	19636092	184089	693671		1179680
广东	29215338	27239237	27122535	23588659	23158733	456	429470	355	3533521
广西	19290415	18888671	18804155	16718005	16257168	169437	291400	6426	2079725
海南	5024619	4911398	4904100	3927600	3521307	246047	160246	382	976117
重庆	11714488	11485746	11388008	9150619	8940701	71372	138546	2115	2235274
四川	30759521	29528532	29464465	25712866	24771788	192570	748508	162	3751436
贵州	19182650	18531859	18522735	17052680	16627720	65559	359400	2929	1467127
云南	23474858	23066012	22957997	19701435	19181619	148048	371768	352	3256210
西藏	3481343	3478084	3475704	3157313	3106943	49800	571		318391
陕西	11845352	11484069	11461755	11116338	10612514	159348	344476		345417
甘肃	10961884	10908143	10861140	9819194	9527121	133673	158400	95	1041852
青海	3855718	3775797	3752780	3112733	2852143	196333	64257		640047
宁夏	3028743	2827397	2800240	2359923	2314311	13600	32012		440317
新疆	12307324	12116144	12075631	11010634	10347584	491252	171798		1064997
大连	744846	738900	738840	574894	543735		31158		163947
宁波	2280354	2117550	2080214	1931275	1820385		110889		148939
厦门	488494	481932	473417	428682	373160	21504	34018		44735
青岛	2217955	2192972	2192772	1977014	1846132		130882		215758
深圳									

(地方农村初中)

单位: 千元

政府性基金预算安排的教育经费	#彩票公益金	国有及国有控股企业办学中的企业拨款	校办产业和社会服务收入中用于教育的经费	其他属于国家财政性教育经费	民办学校中举办者投入	捐赠收入	事业收入	#学费	其他教育经费
1782114	**331025**	**81765**			**3008343**	**328721**	**21891027**	**18655321**	**2719381**
20649	105				2379	3403	299673	271460	9703
						645	40182	35009	7834
132557	23720				180510	1683	1873952	1633680	28195
99362	13402				14216	1084	880983	760288	19160
34774	30721				1196	2271	57174	49543	36338
4034	2733				9664	77	116202	91655	3582
14543	14543					9513	170714	161192	44465
5250	5217	1136				53	93270	89525	50052
628	628				1126	138	259129	246967	22524
96872	9676				177951	14180	1545413	1362448	233014
227329	7189	31245			328615	34578	1613937	1495084	672919
26207	16087				92471	6872	2121693	1864378	35213
79360	8629	49384			28118	25203	730813	663574	192162
39033	23242				7710	10409	700628	572026	39024
202670	24018				93486	13213	1898435	1538962	61626
72698	14306				920789	833	3121458	2564606	20381
26278	3848				89729	10394	488395	408330	81834
50030	19136				630782	18563	1513889	1177232	230490
116702	8693				228221	19500	1644997	1434895	83384
84516	11802				3846	14342	328452	251423	55102
7298	36				4609	246	87713	71987	20654
97738	12126				4277	2659	183466	130046	38339
64068	10903				110891	75749	1015850	880529	28498
9123	4889				22014	14695	515115	416238	98968
108015	8164				40361	26429	218310	181225	123746
2380	2080					3000			259
22314	3119				13334	1068	306710	254589	40172
47003	6832				320	6013	20545	12980	26862
23017	777				970	1929	1740	1001	75281
27157	4012				759	6673	34701	32028	159213
40512	40392					3305	7489	2421	180387
60	60					27	5909	5512	10
37336	225				25477	6767	123708	117048	6853
8515	82				34		4933	4933	1595
200	200				1236	6330	17087	15888	330

3-37 教育经费收入情况

地区	总计	国家财政性教育经费	一般公共预算安排的教育经费	一般公共预算教育经费	教育事业费	基本建设经费	教育费附加	科研经费	其他
合计	**738432**	**649440**	**648917**	**599720**	**490755**	**1430**	**107536**	**61**	**49135**
北京	55901	51813	51813	42166	39589		2578		9646
天津	30612	30609	30609	26669	26669				3940
河北									
山西									
内蒙古									
辽宁									
吉林	2427	2427	2427	1965	1965				461
黑龙江									
上海	6016	6006	6006	4344	4344				1661
江苏	251922	222035	222035	203720	119581		84138		18315
浙江	310334	263144	262979	260627	246578	1430	12619	61	2292
安徽									
福建									
江西									
山东									
河南									
湖北	6926	6926	6926	6926	6926				
湖南	4049	2188	2188	2188	2188				
广东	70206	64253	63894	51076	42875		8200		12819
广西									
海南									
重庆									
四川	40	40	40	40	40				
贵州									
云南									
西藏									
陕西									
甘肃									
青海									
宁夏									
新疆									
大连									
宁波									
厦门									
青岛									
深圳									

(成人中学)

单位：千元

政府性基金预算安排的教育经费	#彩票公益金	国有及国有控股企业办学中的企业拨款	校办产业和社会服务收入中用于教育的经费	其他属于国家财政性教育经费	民办学校中举办者投入	捐赠收入	事业收入	#学费	其他教育经费
523	**346**					**5**	**47690**	**12624**	**41298**
							4088	4088	
									3
							10	10	
							29657	4005	230
164						5	6142	754	41043
							1861	1623	
359	346						5932	2144	21

3-38 教育经费收入情况

地区	总计	国家财政性教育经费	一般公共预算安排的教育经费	一般公共预算教育经费	教育事业费	基本建设经费	教育费附加	科研经费	其他
合计	**1380293895**	**1291552370**	**1280499030**	**1151737699**	**1080892050**	**16177719**	**54667930**	**92428**	**128668904**
北京	40841435	37194745	37028286	32621938	29769952	1983589	868397	1156	4405192
天津	15583193	14998717	14984506	13584141	13011796	32910	539435	200	1400165
河北	64174968	60482884	59986125	56644141	54490798	181251	1972092	1142	3340842
山西	27554755	25909469	25781971	23276040	21766232	214843	1294965	10025	2495907
内蒙古	24204166	23880362	23717392	19561172	18082583	268842	1209747	220	4156000
辽宁	26018798	25349898	25322512	21335661	20215456	69558	1050647	70	3986781
吉林	18990613	18379773	18337438	16221701	15416824	69673	735203		2115737
黑龙江	22439832	22141502	22098149	19406723	18739743	54631	612349	977	2690449
上海	30063311	26332253	26259437	22018338	17850563	98977	4068798		4241099
江苏	86349357	81209756	79904747	74871971	68999787	16849	5855336	11536	5021240
浙江	72811093	63526806	60908699	56736875	52996739	1024712	2715424	9617	4162207
安徽	54107799	51823652	51384845	46901901	44467051	379519	2055331	890	4482054
福建	39227276	37594759	37173813	35103098	32932076	307672	1863350	7937	2062778
江西	45862975	44730170	44629507	42271477	40215403	343461	1712613	129	2357901
山东	81899883	77281469	75931504	72179390	67101104	152277	4926010	780	3751334
河南	81860159	74493469	74336068	63905528	60234549	1006575	2664404	1150	10429391
湖北	44682267	42078556	41945826	38761839	38761839				3183987
湖南	52901451	49563407	49467534	47079548	44556480	496122	2026947	83	2387903
广东	156424416	133914817	132708469	116783147	106196090	2873270	7713787	8862	15916460
广西	47332544	46077190	45936079	40424180	38734361	368664	1321155	7152	5504747
海南	13590813	12550798	12446768	9871244	9278187	233258	359798	1646	2573878
重庆	35376532	34419954	33795005	26389068	24488103	1017968	882998	199	7405738
四川	71903143	67814378	67370578	58941644	55607068	548768	2785808	325	8428609
贵州	45991005	44457198	44209479	40845847	39322395	357844	1165608	19871	3343761
云南	53318830	52217616	52085785	43730898	42073940	488736	1168222	3416	8351471
西藏	10916923	10888684	10874144	10017320	9554423	425050	37847	1244	855580
陕西	34767963	33033606	33005065	32113211	29662816	1037561	1412834	1038	890816
甘肃	26434695	26034304	25941522	22934690	22024621	245928	664140	50	3006783
青海	9842372	9679879	9635089	7964826	7258491	504194	202142	484	1669779
宁夏	7995935	7759875	7660540	6449117	6294338	43000	111779	8	1211415
新疆	36825393	35732427	35632148	32791025	30788245	1332015	670764	2223	2838900
大连	5289099	5143307	5141038	4128833	3931641	20269	176923		1012205
宁波	10006259	9076715	8708502	8184536	7809809		374727		523966
厦门	6372334	6033434	5849835	5255926	4689700	108266	457960	43	593866
青岛	11701945	11086715	11069792	10276201	9039681		1236520		793591
深圳	33659369	28619389	28589967	24340644	18938840	2554925	2846879	2753	4246570

(小学)

单位：千元

政府性基金预算安排的教育经费	#彩票公益金	国有及国有控股企业办学中的企业拨款	校办产业和社会服务收入中用于教育的经费	其他属于国家财政性教育经费	民办学校中举办者投入	捐赠收入	事业收入	#学费	其他教育经费
10969495	**1115940**	**83623**	**222**		**3978670**	**1364370**	**73111865**	**66357967**	**10286620**
129186	13453	37273			18954	13913	3422871	3276474	190952
14211	14211				20792	18984	480045	469066	64656
496760	66683				246953	8493	3367629	2991740	69008
123180	28144	4317			42771	7547	1520062	1330941	74906
162970	40641				32977	14029	177935	167380	98862
27386	13787				27676	59660	533117	459479	48447
42335	42335				1110	28319	456039	443640	125373
42403	21740	949			254	692	180219	169497	117164
72817	1363				25931	15133	3247096	3199974	442897
1305008	41994				112035	62304	4096537	3795094	868726
2606094	44008	12013			487550	235690	6028030	5572577	2533018
438806	52531				110276	7839	1705477	1513114	460555
420946	29741				40494	88554	961496	898914	541973
100663	32082				30704	34870	982862	842157	84369
1336316	71127	13649			313388	69749	3998289	3607970	236989
155283	44927	2118			666231	5998	6602445	5517120	92017
132730	19207				219613	19139	2042309	1790065	322649
95873	36990				395900	40201	2468914	1934555	433029
1206348	102568				693215	122505	21207959	19891710	485920
141111	29523				120489	45990	939941	768726	148934
103810	1074		220		67061	609	878971	734185	93375
624950	48222				17414	79968	684890	577206	174305
443799	67952				174373	175241	3574612	3242367	164540
247719	26927				39245	31786	1154518	995935	308258
131830	52825				32647	84000	637193	581947	347374
14540	14510					19896	4485	4140	3858
28541	18568				30148	11456	1518105	1407774	174647
92782	25696				7962	17107	93235	67722	282086
44790	37715				373	5959	4794	4221	151367
99336	14742				1237	8696	55647	48448	170481
86973	60653	13305	2		898	30042	86143	53828	975883
2269	2249				5835	2364	126777	117691	10816
368213	4619				27131	2365	806424	774878	93624
183599	7221				7927	1239	218245	210889	111489
16923	16923				8884	29022	534207	518354	43116
29422	10972				60912	2683	4861309	4735672	115076

3-39 教育经费收入情况

地区	总计	国家财政性教育经费	一般公共预算安排的教育经费	一般公共预算教育经费	教育事业费	基本建设经费	教育费附加	科研经费	其他
合计	**1376338772**	**1287767797**	**1276742433**	**1148374317**	**1077597317**	**16109070**	**54667930**	**90317**	**128277799**
北京	40458892	36898616	36732157	32335308	29483322	1983589	868397	1156	4395693
天津	15543040	14965027	14950816	13550451	12978107	32910	539435	200	1400165
河北	64174968	60482884	59986125	56644141	54490798	181251	1972092	1142	3340842
山西	27554755	25909469	25781971	23276040	21766232	214843	1294965	10025	2495907
内蒙古	24204166	23880362	23717392	19561172	18082583	268842	1209747	220	4156000
辽宁	26018798	25349898	25322512	21335661	20215456	69558	1050647	70	3986781
吉林	18990613	18379773	18337438	16221701	15416824	69673	735203		2115737
黑龙江	22272521	21974191	21930940	19240182	18573202	54631	612349	977	2689781
上海	30051518	26320511	26247694	22007321	17839545	98977	4068798		4240373
江苏	86349357	81209756	79904747	74871971	68999787	16849	5855336	11536	5021240
浙江	72811093	63526806	60908699	56736875	52996739	1024712	2715424	9617	4162207
安徽	54107799	51823652	51384845	46901901	44467051	379519	2055331	890	4482054
福建	39227276	37594759	37173813	35103098	32932076	307672	1863350	7937	2062778
江西	45862975	44730170	44629507	42271477	40215403	343461	1712613	129	2357901
山东	81899883	77281469	75931504	72179390	67101104	152277	4926010	780	3751334
河南	81850033	74484646	74327245	63899467	60228488	1006575	2664404	1150	10426629
湖北	44525929	41932715	41799984	38615998	38615998				3183987
湖南	52888395	49553565	49457692	47069747	44546678	496122	2026947	83	2387863
广东	156424416	133914817	132708469	116783147	106196090	2873270	7713787	8862	15916460
广西	47332544	46077190	45936079	40424180	38734361	368664	1321155	7152	5504747
海南	13590813	12550798	12446768	9871244	9278187	233258	359798	1646	2573878
重庆	35315471	34361280	33736331	26331982	24431016	1017968	882998	199	7404150
四川	71893832	67813904	67370105	58941170	55606594	548768	2785808	325	8428609
贵州	45991005	44457198	44209479	40845847	39322395	357844	1165608	19871	3343761
云南	53318830	52217616	52085785	43730898	42073940	488736	1168222	3416	8351471
西藏	10916923	10888684	10874144	10017320	9554423	425050	37847	1244	855580
陕西	34681450	32948464	32919923	32028070	29577674	1037561	1412834	1038	890816
甘肃	26422561	26022498	25929716	22927524	22017456	245928	664140	50	3002142
青海	9842372	9679879	9635089	7964826	7258491	504194	202142	484	1669779
宁夏	7995935	7759875	7660540	6449117	6294338	43000	111779	8	1211415
新疆	33820610	32777328	32704923	30237092	28302961	1263367	670764	113	2467718
大连	5289099	5143307	5141038	4128833	3931641	20269	176923		1012205
宁波	10006259	9076715	8708502	8184536	7809809		374727		523966
厦门	6372334	6033434	5849835	5255926	4689700	108266	457960	43	593866
青岛	11701945	11086715	11069792	10276201	9039681		1236520		793591
深圳	33659369	28619389	28589967	24340644	18938840	2554925	2846879	2753	4246570

(地方小学)

单位：千元

政府性基金预算安排的教育经费	#彩票公益金	国有及国有控股企业办学中的企业拨款	校办产业和社会服务收入中用于教育的经费	其他属于国家财政性教育经费	民办学校中举办者投入	捐赠收入	事业收入	#学费	其他教育经费
10954825	**1106266**	**70319**	**220**		**3978670**	**1357105**	**73110386**	**66357967**	**10124816**
129186	13453	37273			18954	10413	3422871	3276474	108038
14211	14211				20792	18984	480045	469066	58193
496760	66683				246953	8493	3367629	2991740	69008
123180	28144	4317			42771	7547	1520062	1330941	74906
162970	40641				32977	14029	177935	167380	98862
27386	13787				27676	59660	533117	459479	48447
42335	42335				1110	28319	456039	443640	125373
42301	21638	949			254	692	180219	169497	117164
72817	1363				25931	15083	3247096	3199974	442897
1305008	41994				112035	62304	4096537	3795094	868726
2606094	44008	12013			487550	235690	6028030	5572577	2533018
438806	52531				110276	7839	1705477	1513114	460555
420946	29741				40494	88554	961496	898914	541973
100663	32082				30704	34870	982862	842157	84369
1336316	71127	13649			313388	69749	3998289	3607970	236989
155283	44927	2118			666231	5998	6602445	5517120	90713
132730	19207				219613	19139	2042309	1790065	312153
95873	36990				395900	40201	2468885	1934555	429844
1206348	102568				693215	122505	21207959	19891710	485920
141111	29523				120489	45990	939941	768726	148934
103810	1074		220		67061	609	878971	734185	93375
624950	48222				17414	79874	683562	577206	173341
443799	67952				174373	175241	3574612	3242367	155703
247719	26927				39245	31786	1154518	995935	308258
131830	52825				32647	84000	637193	581947	347374
14540	14510					19896	4485	4140	3858
28541	18568				30148	11456	1518105	1407774	173276
92782	25696				7962	17107	93235	67722	281758
44790	37715				373	5959	4794	4221	151367
99336	14742				1237	8696	55647	48448	170481
72405	51081				898	26421	86022	53828	929942
2269	2249				5835	2364	126777	117691	10816
368213	4619				27131	2365	806424	774878	93624
183599	7221				7927	1239	218245	210889	111489
16923	16923				8884	29022	534207	518354	43116
29422	10972				60912	2683	4861309	4735672	115076

3-40 教育经费收入情况

地区	总计	国家财政性教育经费	一般公共预算安排的教育经费	一般公共预算教育经费	教育事业费	基本建设经费	教育费附加	科研经费	其他
合计	**1380282490**	**1291540966**	**1280487626**	**1151726354**	**1080885761**	**16177719**	**54662875**	**92428**	**128668844**
北京	40841225	37194535	37028076	32621728	29769742	1983589	868397	1156	4405192
天津	15583193	14998717	14984506	13584141	13011796	32910	539435	200	1400165
河北	64174968	60482884	59986125	56644141	54490798	181251	1972092	1142	3340842
山西	27554755	25909469	25781971	23276040	21766232	214843	1294965	10025	2495907
内蒙古	24204166	23880362	23717392	19561172	18082583	268842	1209747	220	4156000
辽宁	26018798	25349898	25322512	21335661	20215456	69558	1050647	70	3986781
吉林	18990613	18379773	18337438	16221701	15416824	69673	735203		2115737
黑龙江	22439832	22141502	22098149	19406723	18739743	54631	612349	977	2690449
上海	30063311	26332253	26259437	22018338	17850563	98977	4068798		4241099
江苏	86349357	81209756	79904747	74871971	68999787	16849	5855336	11536	5021240
浙江	72811093	63526806	60908699	56736875	52996739	1024712	2715424	9617	4162207
安徽	54107799	51823652	51384845	46901901	44467051	379519	2055331	890	4482054
福建	39223621	37591103	37170157	35099442	32928421	307672	1863350	7937	2062778
江西	45862975	44730170	44629507	42271477	40215403	343461	1712613	129	2357901
山东	81899883	77281469	75931504	72179390	67101104	152277	4926010	780	3751334
河南	81860159	74493469	74336068	63905528	60234549	1006575	2664404	1150	10429391
湖北	44682267	42078556	41945826	38761839	38761839				3183987
湖南	52901451	49563407	49467534	47079548	44556480	496122	2026947	83	2387903
广东	156424416	133914817	132708469	116783147	106196090	2873270	7713787	8862	15916460
广西	47325318	46069964	45928853	40416954	38732190	368664	1316100	7152	5504747
海南	13590813	12550798	12446768	9871244	9278187	233258	359798	1646	2573878
重庆	35376219	34419642	33794692	26388816	24487850	1017968	882998	199	7405678
四川	71903143	67814378	67370578	58941644	55607068	548768	2785808	325	8428609
贵州	45991005	44457198	44209479	40845847	39322395	357844	1165608	19871	3343761
云南	53318830	52217616	52085785	43730898	42073940	488736	1168222	3416	8351471
西藏	10916923	10888684	10874144	10017320	9554423	425050	37847	1244	855580
陕西	34767963	33033606	33005065	32113211	29662816	1037561	1412834	1038	890816
甘肃	26434695	26034304	25941522	22934690	22024621	245928	664140	50	3006783
青海	9842372	9679879	9635089	7964826	7258491	504194	202142	484	1669779
宁夏	7995935	7759875	7660540	6449117	6294338	43000	111779	8	1211415
新疆	36825393	35732427	35632148	32791025	30788245	1332015	670764	2223	2838900
大连	5289099	5143307	5141038	4128833	3931641	20269	176923		1012205
宁波	10006259	9076715	8708502	8184536	7809809		374727		523966
厦门	6372334	6033434	5849835	5255926	4689700	108266	457960	43	593866
青岛	11701945	11086715	11069792	10276201	9039681		1236520		793591
深圳	33659369	28619389	28589967	24340644	18938840	2554925	2846879	2753	4246570

（普通小学）

单位：千元

政府性基金预算安排的教育经费	#彩票公益金	国有及国有控股企业办学中的企业拨款	校办产业和社会服务收入中用于教育的经费	其他属于国家财政性教育经费	民办学校中举办者投入	捐赠收入	事业收入	#学费	其他教育经费
10969495	**1115940**	**83623**	**222**		**3978670**	**1364370**	**73111865**	**66357967**	**10286620**
129186	13453	37273			18954	13913	3422871	3276474	190952
14211	14211				20792	18984	480045	469066	64656
496760	66683				246953	8493	3367629	2991740	69008
123180	28144	4317			42771	7547	1520062	1330941	74906
162970	40641				32977	14029	177935	167380	98862
27386	13787				27676	59660	533117	459479	48447
42335	42335				1110	28319	456039	443640	125373
42403	21740	949			254	692	180219	169497	117164
72817	1363				25931	15133	3247096	3199974	442897
1305008	41994				112035	62304	4096537	3795094	868726
2606094	44008	12013			487550	235690	6028030	5572577	2533018
438806	52531				110276	7839	1705477	1513114	460555
420946	29741				40494	88554	961496	898914	541973
100663	32082				30704	34870	982862	842157	84369
1336316	71127	13649			313388	69749	3998289	3607970	236989
155283	44927	2118			666231	5998	6602445	5517120	92017
132730	19207				219613	19139	2042309	1790065	322649
95873	36990				395900	40201	2468914	1934555	433029
1206348	102568				693215	122505	21207959	19891710	485920
141111	29523				120489	45990	939941	768726	148934
103810	1074		220		67061	609	878971	734185	93375
624950	48222				17414	79968	684890	577206	174305
443799	67952				174373	175241	3574612	3242367	164540
247719	26927				39245	31786	1154518	995935	308258
131830	52825				32647	84000	637193	581947	347374
14540	14510					19896	4485	4140	3858
28541	18568				30148	11456	1518105	1407774	174647
92782	25696				7962	17107	93235	67722	282086
44790	37715				373	5959	4794	4221	151367
99336	14742				1237	8696	55647	48448	170481
86973	60653	13305	2		898	30042	86143	53828	975883
2269	2249				5835	2364	126777	117691	10816
368213	4619				27131	2365	806424	774878	93624
183599	7221				7927	1239	218245	210889	111489
16923	16923				8884	29022	534207	518354	43116
29422	10972				60912	2683	4861309	4735672	115076

3-41 教育经费收入情况

地区	总计	国家财政性教育经费	一般公共预算安排的教育经费	一般公共预算教育经费	教育事业费	基本建设经费	教育费附加	科研经费	其他
合计	**1376327368**	**1287756392**	**1276731029**	**1148362972**	**1077591027**	**16109070**	**54662875**	**90317**	**128277739**
北京	40458682	36898406	36731947	32335098	29483112	1983589	868397	1156	4395693
天津	15543040	14965027	14950816	13550451	12978107	32910	539435	200	1400165
河北	64174968	60482884	59986125	56644141	54490798	181251	1972092	1142	3340842
山西	27554755	25909469	25781971	23276040	21766232	214843	1294965	10025	2495907
内蒙古	24204166	23880362	23717392	19561172	18082583	268842	1209747	220	4156000
辽宁	26018798	25349898	25322512	21335661	20215456	69558	1050647	70	3986781
吉林	18990613	18379773	18337438	16221701	15416824	69673	735203		2115737
黑龙江	22272521	21974191	21930940	19240182	18573202	54631	612349	977	2689781
上海	30051518	26320511	26247694	22007321	17839545	98977	4068798		4240373
江苏	86349357	81209756	79904747	74871971	68999787	16849	5855336	11536	5021240
浙江	72811093	63526806	60908699	56736875	52996739	1024712	2715424	9617	4162207
安徽	54107799	51823652	51384845	46901901	44467051	379519	2055331	890	4482054
福建	39223621	37591103	37170157	35099442	32928421	307672	1863350	7937	2062778
江西	45862975	44730170	44629507	42271477	40215403	343461	1712613	129	2357901
山东	81899883	77281469	75931504	72179390	67101104	152277	4926010	780	3751334
河南	81850033	74484646	74327245	63899467	60228488	1006575	2664404	1150	10426629
湖北	44525929	41932715	41799984	38615998	38615998				3183987
湖南	52888395	49553565	49457692	47069747	44546678	496122	2026947	83	2387863
广东	156424416	133914817	132708469	116783147	106196090	2873270	7713787	8862	15916460
广西	47325318	46069964	45928853	40416954	38732190	368664	1316100	7152	5504747
海南	13590813	12550798	12446768	9871244	9278187	233258	359798	1646	2573878
重庆	35315159	34360968	33736018	26331729	24430763	1017968	882998	199	7404090
四川	71893832	67813904	67370105	58941170	55606594	548768	2785808	325	8428609
贵州	45991005	44457198	44209479	40845847	39322395	357844	1165608	19871	3343761
云南	53318830	52217616	52085785	43730898	42073940	488736	1168222	3416	8351471
西藏	10916923	10888684	10874144	10017320	9554423	425050	37847	1244	855580
陕西	34681450	32948464	32919923	32028070	29577674	1037561	1412834	1038	890816
甘肃	26422561	26022498	25929716	22927524	22017456	245928	664140	50	3002142
青海	9842372	9679879	9635089	7964826	7258491	504194	202142	484	1669779
宁夏	7995935	7759875	7660540	6449117	6294338	43000	111779	8	1211415
新疆	33820610	32777328	32704923	30237092	28302961	1263367	670764	113	2467718
大连	5289099	5143307	5141038	4128833	3931641	20269	176923		1012205
宁波	10006259	9076715	8708502	8184536	7809809		374727		523966
厦门	6372334	6033434	5849835	5255926	4689700	108266	457960	43	593866
青岛	11701945	11086715	11069792	10276201	9039681		1236520		793591
深圳	33659369	28619389	28589967	24340644	18938840	2554925	2846879	2753	4246570

(地方普通小学)

单位：千元

政府性基金预算安排的教育经费	#彩票公益金	国有及国有控股企业办学中的企业拨款	校办产业和社会服务收入中用于教育的经费	其他属于国家财政性教育经费	民办学校中举办者投入	捐赠收入	事业收入	#学费	其他教育经费
10954825	**1106266**	**70319**	**220**		**3978670**	**1357105**	**73110386**	**66357967**	**10124816**
129186	13453	37273			18954	10413	3422871	3276474	108038
14211	14211				20792	18984	480045	469066	58193
496760	66683				246953	8493	3367629	2991740	69008
123180	28144	4317			42771	7547	1520062	1330941	74906
162970	40641				32977	14029	177935	167380	98862
27386	13787				27676	59660	533117	459479	48447
42335	42335				1110	28319	456039	443640	125373
42301	21638	949			254	692	180219	169497	117164
72817	1363				25931	15083	3247096	3199974	442897
1305008	41994				112035	62304	4096537	3795094	868726
2606094	44008	12013			487550	235690	6028030	5572577	2533018
438806	52531				110276	7839	1705477	1513114	460555
420946	29741				40494	88554	961496	898914	541973
100663	32082				30704	34870	982862	842157	84369
1336316	71127	13649			313388	69749	3998289	3607970	236989
155283	44927	2118			666231	5998	6602445	5517120	90713
132730	19207				219613	19139	2042309	1790065	312153
95873	36990				395900	40201	2468885	1934555	429844
1206348	102568				693215	122505	21207959	19891710	485920
141111	29523				120489	45990	939941	768726	148934
103810	1074		220		67061	609	878971	734185	93375
624950	48222				17414	79874	683562	577206	173341
443799	67952				174373	175241	3574612	3242367	155703
247719	26927				39245	31786	1154518	995935	308258
131830	52825				32647	84000	637193	581947	347374
14540	14510					19896	4485	4140	3858
28541	18568				30148	11456	1518105	1407774	173276
92782	25696				7962	17107	93235	67722	281758
44790	37715				373	5959	4794	4221	151367
99336	14742				1237	8696	55647	48448	170481
72405	51081				898	26421	86022	53828	929942
2269	2249				5835	2364	126777	117691	10816
368213	4619				27131	2365	806424	774878	93624
183599	7221				7927	1239	218245	210889	111489
16923	16923				8884	29022	534207	518354	43116
29422	10972				60912	2683	4861309	4735672	115076

3-42 教育经费收入情况

地区	总计	国家财政性教育经费	一般公共预算安排的教育经费	一般公共预算教育经费	教育事业费	基本建设经费	教育费附加	科研经费	其他
合计	**801536429**	**773124687**	**769004634**	**690562381**	**664250006**	**6878962**	**19433413**	**33131**	**78409122**
北京	8325197	7870534	7818086	7092802	5556555	1472896	63351		725285
天津	3543819	3486705	3485685	3128740	3090577		38162		356945
河北	46909533	44331600	44135370	41637304	40304828	104334	1228141	942	2497125
山西	17818036	17162587	17099603	15156921	14451588	64472	640861	83	1942598
内蒙古	16955640	16843409	16811253	13671809	12746144	132316	793348		3139444
辽宁	11463642	11330092	11318385	9579452	9341118	24733	213601	50	1738884
吉林	12317489	12049859	12012691	10525400	10176955	47304	301141		1487291
黑龙江	13830817	13681980	13661243	12171988	12026630	43874	101484	977	1488278
上海	3697455	3304736	3304155	2618023	2359911		258112		686132
江苏	38284915	36662720	36535513	34322028	32193469	800	2127759	95	2213389
浙江	33396138	31007239	29796721	27860897	26165669	572945	1122283	2663	1933161
安徽	39094735	37705298	37434730	34068618	32989907	168995	909716	890	3365222
福建	22503118	21837148	21637377	20664299	19682448	118196	863654	6454	966624
江西	33213837	32679769	32593174	30733031	29705951	274399	752681	94	1860049
山东	46282998	44302942	43884402	41896684	39644938	125095	2126652	320	1987397
河南	58761146	53581128	53486446	45875349	44461681	152449	1261219	427	7610670
湖北	24072483	23143063	23107159	21519675	21519675				1587484
湖南	35631322	33924961	33855408	32154598	30881745	250904	1021949		1700810
广东	52951343	50172393	49881691	43331999	42205767	25597	1100635		6549692
广西	35530549	35140460	35072644	30772583	29972097	180814	619672	6045	4294015
海南	9021818	8694575	8681592	6774185	6493860	104164	176161	1050	1906357
重庆	19705189	19549883	19335109	14710783	14328240	136058	246485	160	4624166
四川	50279459	49219630	48960025	42692830	41137700	480219	1074911	107	6267088
贵州	34565696	33913772	33863626	31146326	30397391	225973	522961	6501	2710799
云南	42543460	42136617	42057558	35314845	34449184	259221	606440	3366	6739347
西藏	8457303	8436884	8422634	7715730	7435124	246380	34226	1244	705660
陕西	21002352	20576933	20556244	20048852	19376710	168261	503881		507392
甘肃	21011700	20877480	20810849	18334286	17793766	213534	326985		2476563
青海	7570152	7427286	7417976	6154754	5701143	365665	87945		1263223
宁夏	4831363	4747513	4731165	3921782	3851335	21000	49448		809382
新疆	27963728	27325490	27236121	24965810	23807899	898364	259547	1662	2268648
大连	1129335	1118648	1118054	919313	891885		27428		198741
宁波	3837680	3607217	3421114	3163509	3012090		151419		257605
厦门	1098804	1085965	990386	914481	816639	5748	92094		75905
青岛	3070357	3019550	3018900	2762459	2593744		168714		256441
深圳									

（农村小学）

单位：千元

政府性基金预算安排的教育经费	#彩票公益金	国有及国有控股企业办学中的企业拨款	校办产业和社会服务收入中用于教育的经费	其他属于国家财政性教育经费	民办学校中举办者投入	捐赠收入	事业收入	#学费	其他教育经费
4090562	**711126**	**29491**			**2052558**	**597497**	**21604146**	**18690548**	**4157541**
52448	2505				13259	2197	432384	400118	6823
1020	1020				16000	101	36853	33244	4159
196230	45592				235492	8323	2316303	2050828	17815
60984	18698	2000			23702	5514	568896	493729	57336
32156	30831				2772	9454	42945	39344	57059
11706	10170				21101	1328	104614	79374	6506
37168	37168				291	23127	190817	182904	53395
19788	19105	949				310	45158	42422	103369
581	581				1874		242069	235094	148776
127207	21709				57140	16991	1256363	1141498	291701
1198505	22967	12013			211276	22153	1317644	1221475	837825
270568	39692				66200	6593	1282259	1138578	34385
199771	16453				23010	24958	350358	323177	267644
86596	27449				10059	10927	454586	363748	58495
418065	31466	475			111465	38654	1781153	1573444	48785
92565	31023	2118			469162	3206	4676941	3803456	30709
35904	14648				163135	11416	619219	525146	135650
69554	22600				307529	30612	1124056	906628	244163
290702	33716				142022	28863	2534404	2329057	73661
67817	24778				33200	16750	272635	200080	67503
12983	1029				21851	420	263500	215386	41471
214774	30049				3019	7112	69274	34130	75902
259605	56533				83268	164167	750479	646532	61915
50146	20922				20879	27959	417243	342634	185844
79059	37600				8050	58077	70772	55585	269944
14250	14220					19795			624
20689	13716				5383	4990	323642	271537	91404
66631	18129				200	16877	27014	22175	90129
9310	2235					5902	19	9	136945
16348	6372				1221	3931	17917	11554	60780
77432	58149	11937				26787	14629	7662	596822
594	594					865	9692	6840	130
186103	2046				19377	2119	145904	138146	63064
95579	647				70	112	10219	10219	2439
650	650				708	18345	30853	30478	902

3-43 教育经费收入情况

地区	总计	国家财政性教育经费	一般公共预算安排的教育经费	一般公共预算教育经费	教育事业费	基本建设经费	教育费附加	科研经费	其他
合计	**798781870**	**770410876**	**766311016**	**688180788**	**661936210**	**6811165**	**19433413**	**31582**	**78098647**
北京	8325197	7870534	7818086	7092802	5556555	1472896	63351		725285
天津	3543819	3486705	3485685	3128740	3090577		38162		356945
河北	46909533	44331600	44135370	41637304	40304828	104334	1228141	942	2497125
山西	17818036	17162587	17099603	15156921	14451588	64472	640861	83	1942598
内蒙古	16955640	16843409	16811253	13671809	12746144	132316	793348		3139444
辽宁	11463642	11330092	11318385	9579452	9341118	24733	213601	50	1738884
吉林	12317489	12049859	12012691	10525400	10176955	47304	301141		1487291
黑龙江	13688867	13540030	13519395	12030808	11885450	43874	101484	977	1487610
上海	3697455	3304736	3304155	2618023	2359911		258112		686132
江苏	38284915	36662720	36535513	34322028	32193469	800	2127759	95	2213389
浙江	33396138	31007239	29796721	27860897	26165669	572945	1122283	2663	1933161
安徽	39094735	37705298	37434730	34068618	32989907	168995	909716	890	3365222
福建	22503118	21837148	21637377	20664299	19682448	118196	863654	6454	966624
江西	33213837	32679769	32593174	30733031	29705951	274399	752681	94	1860049
山东	46282998	44302942	43884402	41896684	39644938	125095	2126652	320	1987397
河南	58761146	53581128	53486446	45875349	44461681	152449	1261219	427	7610670
湖北	24072483	23143063	23107159	21519675	21519675				1587484
湖南	35631322	33924961	33855408	32154598	30881745	250904	1021949		1700810
广东	52951343	50172393	49881691	43331999	42205767	25597	1100635		6549692
广西	35530549	35140460	35072644	30772583	29972097	180814	619672	6045	4294015
海南	9021818	8694575	8681592	6774185	6493860	104164	176161	1050	1906357
重庆	19705189	19549883	19335109	14710783	14328240	136058	246485	160	4624166
四川	50279459	49219630	48960025	42692830	41137700	480219	1074911	107	6267088
贵州	34565696	33913772	33863626	31146326	30397391	225973	522961	6501	2710799
云南	42543460	42136617	42057558	35314845	34449184	259221	606440	3366	6739347
西藏	8457303	8436884	8422634	7715730	7435124	246380	34226	1244	705660
陕西	21002352	20576933	20556244	20048852	19376710	168261	503881		507392
甘肃	20999565	20865674	20799043	18327121	17786601	213534	326985		2471922
青海	7570152	7427286	7417976	6154754	5701143	365665	87945		1263223
宁夏	4831363	4747513	4731165	3921782	3851335	21000	49448		809382
新疆	25363253	24765435	24696158	22732563	21642449	830567	259547	113	1963482
大连	1129335	1118648	1118054	919313	891885		27428		198741
宁波	3837680	3607217	3421114	3163509	3012090		151419		257605
厦门	1098804	1085965	990386	914481	816639	5748	92094		75905
青岛	3070357	3019550	3018900	2762459	2593744		168714		256441
深圳									

(地方农村小学)

单位：千元

政府性基金预算安排的教育经费	#彩票公益金	国有及国有控股企业办学中的企业拨款	校办产业和社会服务收入中用于教育的经费	其他属于国家财政性教育经费	民办学校中举办者投入	捐赠收入	事业收入	#学费	其他教育经费
4082305	**703114**	**17555**			**2052558**	**596647**	**21604025**	**18690548**	**4117765**
52448	2505				13259	2197	432384	400118	6823
1020	1020				16000	101	36853	33244	4159
196230	45592				235492	8323	2316303	2050828	17815
60984	18698	2000			23702	5514	568896	493729	57336
32156	30831				2772	9454	42945	39344	57059
11706	10170				21101	1328	104614	79374	6506
37168	37168				291	23127	190817	182904	53395
19686	19003	949				310	45158	42422	103369
581	581				1874		242069	235094	148776
127207	21709				57140	16991	1256363	1141498	291701
1198505	22967	12013			211276	22153	1317644	1221475	837825
270568	39692				66200	6593	1282259	1138578	34385
199771	16453				23010	24958	350358	323177	267644
86596	27449				10059	10927	454586	363748	58495
418065	31466	475			111465	38654	1781153	1573444	48785
92565	31023	2118			469162	3206	4676941	3803456	30709
35904	14648				163135	11416	619219	525146	135650
69554	22600				307529	30612	1124056	906628	244163
290702	33716				142022	28863	2534404	2329057	73661
67817	24778				33200	16750	272635	200080	67503
12983	1029				21851	420	263500	215386	41471
214774	30049				3019	7112	69274	34130	75902
259605	56533				83268	164167	750479	646532	61915
50146	20922				20879	27959	417243	342634	185844
79059	37600				8050	58077	70772	55585	269944
14250	14220					19795			624
20689	13716				5383	4990	323642	271537	91404
66631	18129				200	16877	27014	22175	89801
9310	2235					5902	19	9	136945
16348	6372				1221	3931	17917	11554	60780
69277	50239					25937	14508	7662	557374
594	594					865	9692	6840	130
186103	2046				19377	2119	145904	138146	63064
95579	647				70	112	10219	10219	2439
650	650				708	18345	30853	30478	902

3-44 教育经费收入情况

地区	总计	国家财政性教育经费	一般公共预算安排的教育经费	一般公共预算教育经费	教育事业费	基本建设经费	教育费附加	科研经费	其他
合计	**11404**	**11404**	**11404**	**11344**	**6289**		**5055**		**60**
北京	210	210	210	210	210				
天津									
河北									
山西									
内蒙古									
辽宁									
吉林									
黑龙江									
上海									
江苏									
浙江									
安徽									
福建	3656	3656	3656	3656	3656				
江西									
山东									
河南									
湖北									
湖南									
广东									
广西	7226	7226	7226	7226	2171		5055		
海南									
重庆	313	313	313	253	253				60
四川									
贵州									
云南									
西藏									
陕西									
甘肃									
青海									
宁夏									
新疆									
大连									
宁波									
厦门									
青岛									
深圳									

(成人小学)

单位：千元

政府性基金预算安排的教育经费	#彩票公益金	国有及国有控股企业办学中的企业拨款	校办产业和社会服务收入中用于教育的经费	其他属于国家财政性教育经费	民办学校中举办者投入	捐赠收入	事业收入	#学费	其他教育经费

3-45 教育经费收入情况

地区	总计	国家财政性教育经费	一般公共预算安排的教育经费	一般公共预算教育经费	教育事业费	基本建设经费	教育费附加	科研经费	其他
合计	**18759870**	**18498723**	**18329419**	**16221403**	**14801247**	**541974**	**878182**	**1446**	**2106570**
北京	614511	612925	612135	536751	524867		11885		75384
天津	255217	253897	253887	226010	225762		248		27877
河北	686666	677783	676075	640053	627721	1932	10400		36022
山西	374723	368953	368439	333862	316995		16867	30	34546
内蒙古	373527	370185	369268	318444	292606	8370	17468		50824
辽宁	646361	645652	635549	526195	504870	455	20870		109354
吉林	335075	330586	330586	297369	278749	9963	8657		33217
黑龙江	459221	457793	457687	394728	388909	71	5748		62959
上海	911546	901464	901464	747473	651197		96277		153991
江苏	1282276	1259780	1257104	1151161	1072292	30864	48005	17	105926
浙江	1131979	1109752	1086742	1008630	916301	4484	87845	299	77812
安徽	929632	921943	897101	859103	545646	226859	86598		37997
福建	633565	620666	614662	571384	551640		19744		43278
江西	507586	497071	496811	470603	445125	3849	21630		26208
山东	1398352	1388392	1344328	1273680	1154811	16000	102870	310	70338
河南	766023	762435	760970	637074	623921		13153		123896
湖北	581880	571534	568366	461841	461841				106525
湖南	750108	736294	727448	704843	534784	18710	151349	53	22551
广东	2171093	2139645	2123640	1778222	1573234	129995	74994	642	344777
广西	413962	411539	403289	352430	335335	13940	3155		50859
海南	137787	137420	137420	120656	117207		3450		16764
重庆	352491	350368	347682	280853	267517	780	12556		66829
四川	771613	761187	756184	629925	610172		19753		126259
贵州	499476	488375	488157	440540	432614		7926	95	47523
云南	477903	460987	459008	399136	394834	1680	2622		59872
西藏	108859	108803	108773	97315	97315				11458
陕西	412273	400473	399747	336592	321674	12636	2281		63156
甘肃	258379	255439	255258	235382	190001	19917	25464		19876
青海	129795	128526	128526	115080	79257	35469	353		13446
宁夏	171129	161713	156801	84077	75077	6000	3000		72723
新疆	216863	207143	206311	191990	188974		3016		14321
大连	136656	136077	136057	108736	104260		4476		27321
宁波	151383	150112	150063	135701	130891	484	4326		14361
厦门	103969	102013	96013	83151	75643		7508		12862
青岛	265041	263831	263831	242403	180116		62287		21427
深圳	409345	408635	408630	348042	227149	89995	30898		60588

(特殊教育)

单位：千元

政府性基金预算安排的教育经费	#彩票公益金	国有及国有控股企业办学中的企业拨款	校办产业和社会服务收入中用于教育的经费	其他属于国家财政性教育经费	民办学校中举办者投入	捐赠收入	事业收入	#学费	其他教育经费
168822	**55975**	**392**	**90**		**8063**	**22437**	**84771**	**47551**	**145876**
790	790					10	198	48	1378
10	10					132			1188
1656	1558		52		1066	313	7099	6455	405
514	494				3268	101	1197	1029	1205
918	302					312	2649	2649	381
10102	10079						36		674
					70	1750	600	501	2069
106	100					126	1260		41
						26			10056
2676	733					1449	5297	1548	15751
22972	26		38			2199	6606	2480	13422
24843	285				530	797	850	810	5512
6004	4					1974	3639	43	7287
260	180				1466	2438	3920	3642	2690
44064	3557				967	1325	4688	4387	2981
1465	758				300	291	2806	2240	191
3167	2067					772	104	1	9470
8846	8846				300	770	6105	4922	6639
16005	6934					1252	20548	11990	9648
8250	7848					221	1136	679	1066
						300			67
2686	147					27	1160	152	936
5003	4033					759	630		9037
218						293	2266	1100	8543
1979	1334					1804	496	467	14616
30	30								56
726	580				96	1390	7941	2248	2373
181	81					192	1211		1537
						22			1247
4912	4912					1170	2128	46	6118
439	285	392				226	200	115	9295
20	20								579
50						169			1101
6000									1956
						310			900
5	5						82		628

3-46 教育经费收入情况

地 区	总 计	国家财政性教育经费	一般公共预算安排的教育经费	一般公共预算教育经费	教育事业费	基本建设经费	教育费附加	科研经费	其 他
合 计	**17926103**	**17691116**	**17529401**	**15567546**	**14201178**	**541974**	**824394**	**1446**	**1960409**
北 京	502888	501982	501192	442137	434657		7480		59055
天 津	243950	242646	242636	217124	216876		248		25512
河 北	686666	677783	676075	640053	627721	1932	10400		36022
山 西	347956	342187	341673	309517	301388		8129	30	32126
内蒙古	373527	370185	369268	318444	292606	8370	17468		50824
辽 宁	584601	583983	573880	474359	458186	455	15718		99521
吉 林	323360	318874	318874	286012	270735	9963	5314		32862
黑龙江	452784	451358	451252	390224	384652	71	5502		61027
上 海	735652	727477	727477	601310	522597		78713		126168
江 苏	1282276	1259780	1257104	1151161	1072292	30864	48005	17	105926
浙 江	1107679	1085467	1070016	993801	901471	4484	87845	299	75917
安 徽	911774	904109	879266	844206	530749	226859	86598		35060
福 建	633565	620666	614662	571384	551640		19744		43278
江 西	493577	483062	482802	457776	437353	3849	16573		25027
山 东	1398352	1388392	1344328	1273680	1154811	16000	102870	310	70338
河 南	744532	740945	739480	619116	606000		13116		120364
湖 北	565114	554768	551600	448463	448463				103137
湖 南	730754	716946	708100	685495	519249	18710	147536	53	22551
广 东	2111843	2083653	2067653	1725614	1522453	129995	73166	642	341398
广 西	407244	404831	396581	346305	329695	13940	2671		50276
海 南	137787	137420	137420	120656	117207		3450		16764
重 庆	343567	341444	338758	273498	260161	780	12556		65261
四 川	709444	707380	702402	583577	563824		19753		118825
贵 州	413599	405300	405083	366163	361359		4804	95	38825
云 南	452679	439673	437694	381881	377581	1680	2621		55813
西 藏	108859	108803	108773	97315	97315				11458
陕 西	347660	340935	340209	323500	308582	12636	2281		16709
甘 肃	258379	255439	255258	235382	190001	19917	25464		19876
青 海	129795	128526	128526	115080	79257	35469	353		13446
宁 夏	171129	161713	156801	84077	75077	6000	3000		72723
新 疆	215109	205389	204558	190237	187221		3016		14321
大 连	123936	123357	123337	98205	96322		1883		25132
宁 波	151383	150112	150063	135701	130891	484	4326		14361
厦 门	103969	102013	96013	83151	75643		7508		12862
青 岛	265041	263831	263831	242403	180116		62287		21427
深 圳	393004	392809	392809	334924	215859	89995	29070		57885

(特殊教育学校)

单位：千元

政府性基金预算安排的教育经费	#彩票公益金	国有及国有控股企业办学中的企业拨款	校办产业和社会服务收入中用于教育的经费	其他属于国家财政性教育经费	民办学校中举办者投入	捐赠收入	事业收入	#学费	其他教育经费
161233	**55945**	**392**	**90**		**8063**	**22433**	**74410**	**44124**	**130081**
790	790					10	48	48	848
10	10					132			1172
1656	1558		52		1066	313	7099	6455	405
514	494				3268	101	1197	1029	1203
918	302					312	2649	2649	381
10102	10079						36		583
					70	1750	600	501	2065
106	100					126	1260		41
						22			8153
2676	733					1449	5297	1548	15751
15413	26		38			2199	6606	2480	13407
24843	285				530	797	850	810	5488
6004	4					1974	3639	43	7287
260	180				1466	2438	3920	3642	2690
44064	3557				967	1325	4688	4387	2981
1465	758				300	291	2806	2240	191
3167	2067					772	104	1	9470
8846	8846				300	770	6099	4922	6639
16000	6930					1252	17723	9663	9215
8250	7848					221	1132	679	1061
						300			67
2686	147					27	1160	152	936
4978	4008					759	575		731
218						293	20		7986
1979	1334					1804	496	467	10707
30	30								56
726	580				96	1390	2866	2248	2373
181	81					192	1211		1537
						22			1247
4912	4912					1170	2128	46	6118
439	285	392				226	200	115	9295
20	20								579
50						169			1101
6000									1956
						310			900
									195

3-47 教育经费收入情况

地区	总计	国家财政性教育经费	一般公共预算安排的教育经费	一般公共预算教育经费	教育事业费	基本建设经费	教育费附加	科研经费	其他
合计	**833767**	**807607**	**800018**	**653857**	**600069**		**53788**		**146161**
北京	111623	110943	110943	94614	90210		4405		16329
天津	11267	11251	11251	8886	8886				2365
河北									
山西	26767	26765	26765	24345	15607		8738		2420
内蒙古									
辽宁	61760	61669	61669	51836	46685		5151		9833
吉林	11715	11711	11711	11356	8014		3343		355
黑龙江	6436	6436	6436	4504	4258		246		1932
上海	175894	173987	173987	146164	128600		17564		27823
江苏									
浙江	24299	24285	16726	14830	14830				1896
安徽	17858	17835	17835	14897	14897				2937
福建									
江西	14009	14009	14009	12828	7772		5056		1181
山东									
河南	21491	21491	21491	17958	17922		36		3533
湖北	16766	16766	16766	13379	13379				3387
湖南	19354	19348	19348	19348	15535		3813		
广东	59250	55992	55987	52608	50780		1828		3379
广西	6718	6708	6708	6124	5640		484		584
海南									
重庆	8924	8924	8924	7356	7356				1568
四川	62169	53807	53782	46348	46348				7434
贵州	85877	83074	83074	74376	71254		3122		8698
云南	25224	21314	21314	17255	17253		2		4060
西藏									
陕西	64613	59538	59538	13092	13092				46446
甘肃									
青海									
宁夏									
新疆	1753	1753	1753	1753	1753				
大连	12720	12720	12720	10531	7937		2593		2189
宁波									
厦门									
青岛									
深圳	16341	15825	15821	13117	11290		1828		2703

（工读学校）

单位：千元

政府性基金预算安排的教育经费	#彩票公益金	国有及国有控股企业办学中的企业拨款	校办产业和社会服务收入中用于教育的经费	其他属于国家财政性教育经费	民办学校中举办者投入	捐赠收入	事业收入	#学费	其他教育经费
7589	**30**					**4**	**10361**	**3427**	**15795**
							150		530
									16
									2
									91
									4
									1
						4			1903
7560									14
									24
							6		
5	5						2825	2327	433
							4		6
25	25						55		8306
							2246	1100	557
									3909
							5075		
5	5						82		433

3-48 教育经费收入情况

地区	总计	国家财政性教育经费	一般公共预算安排的教育经费	一般公共预算教育经费	教育事业费	基本建设经费	教育费附加	科研经费	其他
合计	410424611	200794813	198367752	183345376	170511362	3112517	9721498	11000	15011376
北京	18862380	12587397	12558577	11550354	11077983	159249	313123	290	1007933
天津	5833035	3689793	3689793	3346149	3296229	14000	35919		343645
河北	15690164	8059294	8001202	7574889	7459196	21118	94576	69	426244
山西	6452980	3150738	2978726	2738987	2646829	13380	78777	70	239669
内蒙古	7842765	4930668	4883519	4276339	3705768	198094	372478	300	606880
辽宁	7613293	1980321	1961393	1770027	1655579	6700	107748	13	191353
吉林	4125402	1852837	1852811	1681905	1624103	22533	35269		170906
黑龙江	4111634	1843476	1803161	1574358	1539498	4944	29916		228803
上海	20308531	14677354	14656673	12553580	10606746	51305	1895529		2103093
江苏	29654668	15333658	14954943	14338706	12785161	73600	1479945	244	615992
浙江	29309973	14583690	14147011	13393637	12160127	241271	992238	3474	749900
安徽	11327325	5667970	5579371	5240506	4950343	71692	218472		338864
福建	14724159	7547020	7444130	6960986	6533486	78899	348600	4557	478587
江西	10698317	5815811	5807196	5623058	5296872	80355	245831	26	184112
山东	24057989	8981428	8695579	8490149	7770827	46230	673092	500	204929
河南	22029235	5784422	5741980	5068855	4854228	60280	154346	55	673070
湖北	12740263	4577791	4540107	4162577	4162577				377530
湖南	13934745	3579843	3553389	3444935	3246454	15240	183240		108454
广东	45042922	12506642	12439374	11531045	10405506	321248	804290	489	907841
广西	10197164	3955581	3899215	3578975	3233139	218042	127793	5	320235
海南	4255196	2063792	1892438	1514788	1432610	23886	58291	558	377093
重庆	8463104	3691358	3670879	3302715	3020111	179998	102606	9	368155
四川	20757088	10314245	10272653	9417124	8717963	320942	378220	21	855508
贵州	11564661	7281956	7231128	6599181	6376274	27713	195194	74	631873
云南	10212556	5276393	5261270	4517012	4292838	83213	140961	94	744163
西藏	3016924	2948275	2927993	2725256	2616503	96940	11813		202737
陕西	12589757	8028981	7959898	7746698	7194629	182516	369552	100	213100
甘肃	7113503	5483869	5428153	5041348	4877171	51536	112641		386805
青海	1892631	1366878	1355975	1239071	1113310	99558	26202		116904
宁夏	2159841	1171790	1158166	1062301	1046422		15879		95865
新疆	13842408	12061540	12021049	11279867	10812878	348034	118955	52	741130
大连	2357178	741428	740215	671018	652252		18766		69197
宁波	4650153	2511221	2469194	2338199	2153753		184446		130995
厦门	3148943	2212005	2187436	1918069	1841090	19632	57347	7	269359
青岛	3695570	1775609	1775609	1749633	1599205		150428		25977
深圳	8795785	3534720	3528901	3365492	2751658	243564	370270		163409

（幼儿园）

单位：千元

政府性基金预算安排的教育经费	#彩票公益金	国有及国有控股企业办学中的企业拨款	校办产业和社会服务收入中用于教育的经费	其他属于国家财政性教育经费	民办学校中举办者投入	捐赠收入	事业收入	#学费	其他教育经费
1658659	**174078**	**765957**	**2445**		**6346204**	**359219**	**198606778**	**194499664**	**4317598**
8937	49	19011	871		49586	7160	6065806	5986758	152430
					78651	647	2036285	2028108	27657
25223	1302	32869			133969	323	7489759	7441614	6818
61625	3055	109028	1358		70203	611	3182559	3087066	48870
9738	1733	37411			152679	1438	2687957	2665231	70022
60	60	18868			65596	1650	5530252	5397171	35474
26	26				94217	229	2117380	2095635	60739
3651	12	36663			56655	2728	2193068	2099626	15708
13981		6700			29467	3794	5318490	5293998	279426
363409	249	15307			444010	11474	13414140	13172662	451385
435379	12026	1300			918235	17628	12958400	12735381	832019
70814	70518	17785			196584	3581	5340066	5294130	119123
59158	189	43732			240005	9138	6640064	6527553	287932
8328	10	287			98921	3322	4735139	4358611	45124
87855	876	197813	181		365320	17464	14580606	14497746	113171
9278	145	33164			517661	12335	15653887	15190455	60930
7311	280	30373			179541	9094	7853342	7625267	120494
7641	353	18813			208166	4332	10090766	9904565	51638
60578	10730	6690			866752	76449	31246087	30809519	346992
52527	400	3839			142864	2542	6034737	5899760	61439
170430	74	924			195850	3	1968868	1819988	26683
18755	65	1724			186860	32393	4453717	4434084	98776
37469	605	4123			335895	55435	9876788	9660712	174724
50828	43755				87775	16728	4060309	3822124	117893
2266	1727	12857			303929	23334	4553565	4407924	55336
20282	782				1000	10684	56468	56468	497
4748	352	64335			127503	1605	4327034	4244380	104634
11535	693	44181			72748	591	1489860	1459936	66436
10027	10000	876			15336	1245	443346	436131	65825
10605	605	3019			57214	3352	865662	855696	61822
36195	13409	4262	35		53011	27909	1342368	1191364	357580
		1213			26328	1615	1578090	1538830	9718
42026	3053				86800	5432	2021621	1981443	25079
267		24302			74341	589	772716	765273	89292
					7589	4671	1886418	1883979	21283
5818					72476	1043	5128299	4880339	59248

3-49 教育经费收入情况

地区	总计	国家财政性教育经费	一般公共预算安排的教育经费	一般公共预算教育经费	教育事业费	基本建设经费	教育费附加	科研经费	其他
合计	**407569179**	**199107810**	**196746853**	**181806609**	**169016754**	**3068357**	**9721498**	**11000**	**14929244**
北京	17846496	12001602	11972782	10978523	10506151	159249	313123	290	993969
天津	5793302	3686835	3686835	3343339	3293419	14000	35919		343497
河北	15627464	8029077	7992356	7567096	7451403	21118	94576	69	425191
山西	6449246	3148633	2976621	2736882	2644724	13380	78777	70	239669
内蒙古	7836860	4930668	4883519	4276339	3705768	198094	372478	300	606880
辽宁	7526387	1976323	1957395	1768623	1654176	6700	107748	13	188759
吉林	4102369	1851892	1851866	1680959	1623157	22533	35269		170906
黑龙江	3989849	1761659	1748107	1520468	1485608	4944	29916		227639
上海	20105284	14610520	14589839	12497323	10550489	51305	1895529		2092516
江苏	29628574	15316430	14937714	14321478	12767932	73600	1479945	244	615992
浙江	29306518	14583690	14147011	13393637	12160127	241271	992238	3474	749900
安徽	11315360	5667942	5579343	5240479	4950315	71692	218472		338864
福建	14716319	7545770	7442880	6959736	6532237	78899	348600	4557	478587
江西	10698317	5815811	5807196	5623058	5296872	80355	245831	26	184112
山东	24057989	8981428	8695579	8490149	7770827	46230	673092	500	204929
河南	21974605	5774001	5731560	5060566	4845939	60280	154346	55	670939
湖北	12649030	4525367	4487683	4110153	4110153				377530
湖南	13905981	3565027	3538573	3430118	3231638	15240	183240		108454
广东	45022403	12505517	12438708	11530379	10404841	321248	804290	489	907841
广西	10196333	3955334	3898968	3578858	3233022	218042	127793	5	320105
海南	4234313	2062318	1890964	1513314	1431136	23886	58291	558	377093
重庆	8432836	3691358	3670879	3302715	3020111	179998	102606	9	368155
四川	20729574	10313968	10272519	9416989	8717828	320942	378220	21	855508
贵州	11564661	7281956	7231128	6599181	6376274	27713	195194	74	631873
云南	10205044	5274853	5259730	4515472	4291298	83213	140961	94	744163
西藏	3016924	2948275	2927993	2725256	2616503	96940	11813		202737
陕西	12576874	8027760	7958677	7745477	7193408	182516	369552	100	213100
甘肃	7095712	5476449	5420733	5034787	4870610	51536	112641		385947
青海	1885332	1366489	1355613	1238708	1112948	99558	26202		116904
宁夏	2158498	1171790	1158166	1062301	1046422		15879		95865
新疆	12920723	11259068	11235918	10544246	10121417	303875	118955	52	691620
大连	2313360	740025	738811	669614	650848		18766		69197
宁波	4650153	2511221	2469194	2338199	2153753		184446		130995
厦门	3144043	2210805	2186236	1916869	1839890	19632	57347	7	269359
青岛	3695570	1775609	1775609	1749633	1599205		150428		25977
深圳	8795785	3534720	3528901	3365492	2751658	243564	370270		163409

（地方幼儿园）

单位：千元

政府性基金预算安排的教育经费	#彩票公益金	国有及国有控股企业办学中的企业拨款	校办产业和社会服务收入中用于教育的经费	其他属于国家财政性教育经费	民办学校中举办者投入	捐赠收入	事业收入	#学费	其他教育经费
1643197	**161049**	**715350**	**2410**		**6346204**	**324510**	**197645598**	**193616524**	**4145056**
8937	49	19011	871		49586	2565	5684521	5629117	108223
					78651	647	1999959	1991817	27208
25223	1302	11499			133969	323	7457276	7409130	6818
61625	3055	109028	1358		70203	611	3180997	3085505	48802
9738	1733	37411			152679	1438	2682603	2659877	69471
60	60	18868			65596	1645	5449228	5347472	33595
26	26				94217	229	2103880	2082134	52152
3651	12	9901			56655	260	2155570	2062128	15707
13981		6700			29467	3794	5194532	5170039	266972
363409	249	15307			444010	11474	13405275	13164597	451385
435379	12026	1300			918235	16309	12956443	12733424	831841
70814	70518	17785			196584	3581	5328159	5283498	119093
59158	189	43732			240005	8787	6634449	6521937	287308
8328	10	287			98921	3322	4735139	4358611	45124
87855	876	197813	181		365320	17464	14580606	14497746	113171
9278	145	33164			517661	6362	15616809	15157031	59773
7311	280	30373			179541	8974	7814835	7587673	120312
7641	353	18813			208166	4332	10079926	9893927	48531
60578	10730	6230			866752	76449	31226765	30790197	346920
52527	400	3839			142864	2542	6034154	5899176	61439
170430	74	924			195850	3	1949746	1806493	26396
18755	65	1724			186860	31385	4441644	4422011	81589
37469	605	3981			335895	51396	9859771	9644272	168543
50828	43755				87775	16728	4060309	3822124	117893
2266	1727	12857			303929	23334	4547594	4402001	55336
20282	782				1000	10684	56468	56468	497
4748	352	64335			127503	1602	4319378	4236724	100631
11535	693	44181			72748	576	1479582	1449973	66358
10000	10000	876			15336	1245	436437	430575	65825
10605	605	3019			57214	3352	864319	854353	61822
20760	380	2390			53011	13098	1309224	1166491	286321
		1213			26328	1610	1535740	1522604	9657
42026	3053				86800	5432	2021621	1981443	25079
267		24302			74341	589	769015	761572	89292
					7589	4671	1886418	1883979	21283
5818					72476	1043	5128299	4880339	59248

3-50 教育经费收入情况

地区	总计	国家财政性教育经费	一般公共预算安排的教育经费	一般公共预算教育经费	教育事业费	基本建设经费	教育费附加	科研经费	其他
合计	**175679110**	**97502697**	**96645583**	**89861099**	**85680373**	**1264752**	**2915974**	**4987**	**6779497**
北京	2874439	2430736	2430716	2265359	2213433	29693	22232		165357
天津	676601	525991	525991	486696	486067		630		39295
河北	9773374	5639720	5615051	5304676	5232125	16118	56433	68	310307
山西	3189627	1948221	1864702	1703336	1664906	200	38230	30	161336
内蒙古	4311655	3017028	3008545	2624633	2367836	71160	185636		383912
辽宁	1371785	487841	487781	446221	413826	6700	25695	13	41547
吉林	1676931	934860	934834	839432	827975	8707	2749		95402
黑龙江	1673945	963902	956795	862258	856766	3150	2342		94538
上海	2279069	1848604	1841711	1518782	1391777		127005		322930
江苏	10076608	5155424	5042692	4868048	4402180		465867	71	174573
浙江	11304396	5920467	5723830	5471915	4926478	129252	416185		251914
安徽	7256756	3951437	3891426	3666166	3543945	27830	94391		225259
福建	6580012	3409748	3354557	3246788	3079417	34150	133220	4000	103769
江西	6841406	4001141	3992813	3854593	3685294	45136	124163	26	138194
山东	10537608	4405589	4331053	4253305	3889899	46230	317176		77748
河南	12903740	3342171	3332599	2939205	2829217	51680	58308	55	393339
湖北	4791896	1897972	1870918	1722405	1722405				148513
湖南	7923958	2294742	2283343	2216301	2111145	10240	94915		67043
广东	10316292	3063980	3046788	2732993	2626430	7477	99086		313795
广西	5855445	2463179	2441788	2273649	2139574	60911	73164		168139
海南	2251074	1337584	1306821	1074480	1023300	18331	32849	558	231784
重庆	2898883	1683938	1675616	1510094	1477547	5747	26801	9	165512
四川	9866386	5990312	5975412	5471542	5202217	154497	114828	6	503864
贵州	7688946	5325421	5302557	4840896	4736702	26495	77699	44	461618
云南	5504616	3277620	3273762	2817187	2719066	49867	48254	85	456490
西藏	1803549	1791757	1791050	1655184	1559699	87700	7784		135866
陕西	6473732	4972497	4967145	4819997	4632624	40317	147055		147148
甘肃	4776097	4241522	4235217	3942473	3853793	40981	47699		292744
青海	1262767	1034421	1031421	945206	862093	69856	13257		86215
宁夏	1038360	655850	655850	607525	603710		3815		48325
新疆	9899158	9489022	9452798	8879756	8598925	222327	58505	23	573019
大连	176542	97973	97973	91368	91201		167		6605
宁波	1608683	894196	866958	814769	764571		50197		52189
厦门	301722	220885	220885	215079	212637		2442		5806
青岛	543744	401769	401769	398678	367512		31166		3091
深圳									

(农村幼儿园)

单位：千元

政府性基金预算安排的教育经费	#彩票公益金	国有及国有控股企业办学中的企业拨款	校办产业和社会服务收入中用于教育的经费	其他属于国家财政性教育经费	民办学校中举办者投入	捐赠收入	事业收入	#学费	其他教育经费
728358	102136	128757			2835223	128312	73945215	72344174	1267662
20	20				6812	652	429892	420092	6346
					1125	509	147769	147669	1206
20028	1185	4641			76008	321	4055441	4035516	1884
55682	132	27837			20953	193	1201445	1190964	18815
8483	1733				74841	1399	1165584	1159069	52804
60	60				15926	126	866369	849435	1522
26	26				24935	96	703294	700893	13746
3651	12	3456			1473	5	697325	666092	11239
6892					3000	1178	395380	393031	30908
111715	16	1017			238632	2484	4563342	4493613	116726
195638	3799	1000			556684	3728	4473769	4382305	349748
57928	57757	2083			88578	885	3184670	3163437	31185
50072	180	5119			72281	3755	3009153	2961148	85076
8328	10				47091	1814	2773517	2598997	17842
40413	269	34122			209446	4047	5899172	5868825	19354
2244	15	7327			302854	9669	9244835	8956594	4210
2231	50	24822			25867	8493	2842941	2755041	16623
7114	153	4285			89901	3434	5514236	5422452	21646
16294	2180	898			272355	9979	6928578	6883690	41400
17552	400	3839			57252	800	3302755	3216979	31460
29839	74	924			137198	3	761399	683939	14890
8072	65	250			67259	809	1113921	1107164	32956
14600	135	300			154720	21664	3671456	3592993	28235
22864	15790				61378	6049	2247544	2097333	48554
1265	726	2594			114007	16506	2076152	1992632	20330
707	707					10057	1673	1673	62
1601		3752			49526	228	1422690	1397008	28790
6305	693				26590	208	488125	475861	19653
3000	3000				809	1245	175911	171296	50381
					24531	474	322409	318742	35096
35735	12949	490			13192	17501	264467	239690	114975
					10481	111	66789	66766	1188
27238	3012				59094	614	647124	619286	7654
					834		73871	73871	6132
					1131	417	140400	140368	26

3-51 教育经费收入情况

地区	总计	国家财政性教育经费	一般公共预算安排的教育经费	一般公共预算教育经费	教育事业费	基本建设经费	教育费附加	科研经费	其他
合计	**174865851**	**96773494**	**95936945**	**89190870**	**85053021**	**1221875**	**2915974**	**4987**	**6741087**
北京	2866452	2424682	2424662	2259305	2207379	29693	22232		165357
天津	675519	525991	525991	486696	486067		630		39295
河北	9762315	5635079	5615051	5304676	5232125	16118	56433	68	310307
山西	3187470	1946116	1862597	1701231	1662801	200	38230	30	161336
内蒙古	4311655	3017028	3008545	2624633	2367836	71160	185636		383912
辽宁	1371785	487841	487781	446221	413826	6700	25695	13	41547
吉林	1676931	934860	934834	839432	827975	8707	2749		95402
黑龙江	1629292	920365	913258	819885	814393	3150	2342		93373
上海	2279069	1848604	1841711	1518782	1391777		127005		322930
江苏	10076608	5155424	5042692	4868048	4402180		465867	71	174573
浙江	11304396	5920467	5723830	5471915	4926478	129252	416185		251914
安徽	7256756	3951437	3891426	3666166	3543945	27830	94391		225259
福建	6580012	3409748	3354557	3246788	3079417	34150	133220	4000	103769
江西	6841406	4001141	3992813	3854593	3685294	45136	124163	26	138194
山东	10537608	4405589	4331053	4253305	3889899	46230	317176		77748
河南	12889789	3342171	3332599	2939205	2829217	51680	58308	55	393339
湖北	4791567	1897892	1870838	1722325	1722325				148513
湖南	7923726	2294721	2283322	2216280	2111124	10240	94915		67043
广东	10307824	3063056	3046325	2732529	2625967	7477	99086		313795
广西	5855250	2463034	2441643	2273634	2139559	60911	73164		168008
海南	2249258	1337434	1306671	1074330	1023150	18331	32849	558	231784
重庆	2898883	1683938	1675616	1510094	1477547	5747	26801	9	165512
四川	9865467	5990312	5975412	5471542	5202217	154497	114828	6	503864
贵州	7688946	5325421	5302557	4840896	4736702	26495	77699	44	461618
云南	5504616	3277620	3273762	2817187	2719066	49867	48254	85	456490
西藏	1803549	1791757	1791050	1655184	1559699	87700	7784		135866
陕西	6472768	4972321	4966968	4819820	4632448	40317	147055		147148
甘肃	4767676	4235014	4228708	3936823	3848144	40981	47699		291885
青海	1262767	1034421	1031421	945206	862093	69856	13257		86215
宁夏	1038360	655850	655850	607525	603710		3815		48325
新疆	9188130	8824161	8803401	8266615	8028661	179449	58505	23	536763
大连	176542	97973	97973	91368	91201		167		6605
宁波	1608683	894196	866958	814769	764571		50197		52189
厦门	301722	220885	220885	215079	212637		2442		5806
青岛	543744	401769	401769	398678	367512		31166		3091
深圳									

(地方农村幼儿园)

单位：千元

政府性基金预算安排的教育经费	#彩票公益金	国有及国有控股企业办学中的企业拨款	校办产业和社会服务收入中用于教育的经费	其他属于国家财政性教育经费	民办学校中举办者投入	捐赠收入	事业收入	#学费	其他教育经费
713383	**89567**	**123165**			**2835223**	**107664**	**73907153**	**72309698**	**1242317**
20	20				6812	652	427960	418159	6346
					1125	509	146687	146587	1206
20028	1185				76008	321	4049022	4029098	1884
55682	132	27837			20953	193	1201393	1190912	18815
8483	1733				74841	1399	1165584	1159069	52804
60	60				15926	126	866369	849435	1522
26	26				24935	96	703294	700893	13746
3651	12	3456			1473	5	696211	664977	11238
6892					3000	1178	395380	393031	30908
111715	16	1017			238632	2484	4563342	4493613	116726
195638	3799	1000			556684	3728	4473769	4382305	349748
57928	57757	2083			88578	885	3184670	3163437	31185
50072	180	5119			72281	3755	3009153	2961148	85076
8328	10				47091	1814	2773517	2598997	17842
40413	269	34122			209446	4047	5899172	5868825	19354
2244	15	7327			302854	3696	9236885	8948644	4184
2231	50	24822			25867	8493	2842692	2754793	16623
7114	153	4285			89901	3434	5514024	5422413	21646
16294	2180	438			272355	9979	6921037	6876149	41397
17552	400	3839			57252	800	3302705	3216929	31460
29839	74	924			137198	3	759734	682287	14889
8072	65	250			67259	809	1113921	1107164	32956
14600	135	300			154720	21664	3670537	3592074	28235
22864	15790				61378	6049	2247544	2097333	48554
1265	726	2594			114007	16506	2076152	1992632	20330
707	707					10057	1673	1673	62
1601		3752			49526	228	1422665	1396983	28028
6305	693				26590	193	486305	474041	19575
3000	3000				809	1245	175911	171296	50381
					24531	474	322409	318742	35096
20760	380				13192	2841	257436	236059	90501
					10481	111	66789	66766	1188
27238	3012				59094	614	647124	619286	7654
					834		73871	73871	6132
					1131	417	140400	140368	26

3-52 教育经费收入情况

地区	总计	国家财政性教育经费	一般公共预算安排的教育经费	一般公共预算教育经费	教育事业费	基本建设经费	教育费附加	科研经费	其他
合计	**41412605**	**39835212**	**39108426**	**34138882**	**32012407**	**547697**	**1578778**	**198862**	**4770682**
北京	1159447	1159008	1159008	841176	832987		8189		317832
天津	420889	396258	395154	362674	362674				32480
河北	874293	851007	846592	766450	766450			700	79443
山西	1151663	1138209	1134040	902717	885245		17471	111209	120114
内蒙古	1197587	1153865	1139840	952352	822001		130351		187488
辽宁	751842	747325	745881	634514	540738	1317	92459	115	111253
吉林	461297	445289	444359	409228	403728	1371	4129	1125	34006
黑龙江	1570255	1514720	1453094	1293749	1146549	36341	110859		159345
上海	420214	384942	384942	298337	298337				86605
江苏	1813466	1745686	1712191	1526409	1479127		47282	50	185732
浙江	1931814	1807381	1765658	1617270	1534312		82958	1198	147191
安徽	1399923	1329282	1312472	1177093	1087303		89790		135379
福建	822891	759082	727597	670745	663193	614	6938	1660	55192
江西	779910	756763	746339	688496	675648	1900	10948		57843
山东	2734200	2614778	2532265	2353239	2297237	5220	50782		179027
河南	1752316	1727852	1634137	1346888	1221230		125657		287249
湖北	1606933	1560506	1555283	1415217	1415217			29	140038
湖南	2745177	2611431	2608260	2409158	2362344		46814	26180	172922
广东	5074021	5008187	4856199	4252148	3891128	32304	328716	2096	601955
广西	498806	488191	487736	414712	414093		619	1250	71774
海南	440786	422900	421760	351335	342513		8822	2492	67932
重庆	825695	774866	772650	624742	535498		89244	9290	138618
四川	2614291	2525601	2481845	2074220	1928933	4712	140574	2064	405562
贵州	1947545	1799562	1796301	1566301	1467396	25763	73142	25098	204903
云南	1610640	1494585	1447991	1142616	1051256	33203	58157	31	305344
西藏	502597	502597	484650	416988	416988				67662
陕西	997460	983661	974449	922236	862859	16600	42777	2835	49377
甘肃	861394	845872	806187	721701	675763	38500	7438	1770	82717
青海	452561	421815	421815	335350	292878	42020	453		86465
宁夏	200796	180048	179898	136019	131810		4209		43879
新疆	1791896	1683943	1679831	1514803	1206970	307833		9669	155359
大连	106642	103469	103469	76585	75633		952		26884
宁波	169143	164145	164075	138595	136088		2506		25480
厦门	131542	131467	113365	97140	96526	614			16224
青岛	374043	365130	339423	306124	306124				33299
深圳	1067896	1067624	1060828	947643	807605	14734	125305		113185

(教育行政单位)

单位：千元

政府性基金预算安排的教育经费	#彩票公益金	国有及国有控股企业办学中的企业拨款	校办产业和社会服务收入中用于教育的经费	其他属于国家财政性教育经费	民办学校中举办者投入	捐赠收入	事业收入	#学费	其他教育经费
726787	**233698**					**158199**	**179632**		**1239562**
									439
1104	1104								24631
4415	3143						3002		20284
4169	1413						807		12647
14025	12997					17710	11130		14882
1444	1444						675		3841
930	930								16008
61626	12889					5768	785		48983
									35272
33494	9425					1024	70		66687
41723	14379					40906	2267		81259
16809	14556					505	9400		60736
31485	347					2700	11549		49560
10424	8651					9962			13185
82512	35607					95	40726		78601
93716	30226						21095		3369
5223						966	1890		43571
3171	639					138	8647		124961
151988	11716					7684	25		58125
455	45					182			10433
1140						6			17880
2215	161						5163		45666
43756	15890					16709	12248		59733
3261	650					19248	42227		86508
46594	29236					19852	6752		89452
17948	17948								
9212	2524								13799
39685	4591					1321	1171		13030
						300			30446
151	151					703			20045
4112	3038					12421			95532
									3173
69									4998
18103									75
25707	10677								8913
6796	700						25		247

3-53 教育经费收入情况

地区	总计	国家财政性教育经费	一般公共预算安排的教育经费	一般公共预算教育经费	教育事业费	基本建设经费	教育费附加	科研经费	其他
合计	**40296999**	**38732170**	**38008446**	**33259860**	**31439662**	**241420**	**1578778**	**198752**	**4549835**
北京	712091	711677	711677	597934	589745		8189		113743
天津	420889	396258	395154	362674	362674				32480
河北	874293	851007	846592	766450	766450			700	79443
山西	1151663	1138209	1134040	902717	885245		17471	111209	120114
内蒙古	1197587	1153865	1139840	952352	822001		130351		187488
辽宁	751842	747325	745881	634514	540738	1317	92459	115	111253
吉林	461297	445289	444359	409228	403728	1371	4129	1125	34006
黑龙江	1555971	1500436	1438810	1279465	1134091	34515	110859		159345
上海	420214	384942	384942	298337	298337				86605
江苏	1813466	1745686	1712191	1526409	1479127		47282	50	185732
浙江	1931814	1807381	1765658	1617270	1534312		82958	1198	147191
安徽	1399923	1329282	1312472	1177093	1087303		89790		135379
福建	822891	759082	727597	670745	663193	614	6938	1660	55192
江西	779910	756763	746339	688496	675648	1900	10948		57843
山东	2734200	2614778	2532265	2353239	2297237	5220	50782		179027
河南	1752316	1727852	1634137	1346888	1221230		125657		287249
湖北	1606933	1560506	1555283	1415217	1415217			29	140038
湖南	2745177	2611431	2608260	2409158	2362344		46814	26180	172922
广东	5074021	5008187	4856199	4252148	3891128	32304	328716	2096	601955
广西	498806	488191	487736	414712	414093		619	1250	71774
海南	440786	422900	421760	351335	342513		8822	2492	67932
重庆	825695	774866	772650	624742	535498		89244	9290	138618
四川	2614291	2525601	2481845	2074220	1928933	4712	140574	2064	405562
贵州	1947545	1799562	1796301	1566301	1467396	25763	73142	25098	204903
云南	1610640	1494585	1447991	1142616	1051256	33203	58157	31	305344
西藏	502597	502597	484650	416988	416988				67662
陕西	997460	983661	974449	922236	862859	16600	42777	2835	49377
甘肃	861394	845872	806187	721701	675763	38500	7438	1770	82717
青海	452561	421815	421815	335350	292878	42020	453		86465
宁夏	200796	180048	179898	136019	131810		4209		43879
新疆	1137930	1042516	1041467	893306	889925	3381		9559	138602
大连	106642	103469	103469	76585	75633		952		26884
宁波	169143	164145	164075	138595	136088		2506		25480
厦门	131542	131467	113365	97140	96526	614			16224
青岛	374043	365130	339423	306124	306124				33299
深圳	1067896	1067624	1060828	947643	807605	14734	125305		113185

（地方教育行政单位）

单位：千元

政府性基金预算安排的教育经费	#彩票公益金	国有及国有控股企业办学中的企业拨款	校办产业和社会服务收入中用于教育的经费	其他属于国家财政性教育经费	民办学校中举办者投入	捐赠收入	事业收入	#学费	其他教育经费
723724	**230660**					**158199**	**179632**		**1226999**
									414
1104	1104								24631
4415	3143						3002		20284
4169	1413						807		12647
14025	12997					17710	11130		14882
1444	1444						675		3841
930	930								16008
61626	12889					5768	785		48983
									35272
33494	9425					1024	70		66687
41723	14379					40906	2267		81259
16809	14556					505	9400		60736
31485	347					2700	11549		49560
10424	8651					9962			13185
82512	35607					95	40726		78601
93716	30226						21095		3369
5223						966	1890		43571
3171	639					138	8647		124961
151988	11716					7684	25		58125
455	45					182			10433
1140						6			17880
2215	161						5163		45666
43756	15890					16709	12248		59733
3261	650					19248	42227		86508
46594	29236					19852	6752		89452
17948	17948								
9212	2524								13799
39685	4591					1321	1171		13030
						300			30446
151	151					703			20045
1049						12421			82993
									3173
69									4998
18103									75
25707	10677								8913
6796	700						25		247

3-54　教育经费收入情况

地　区	总　计								
		国家财政性教育经费							
			一般公共预算安排的教育经费						
				一般公共预算教育经费				科研经费	其　他
					教　育事业费	基本建设经　费	教育费附　加		
合　计	**87363340**	**73472668**	**71860731**	**63797641**	**60265591**	**825540**	**2706509**	**449113**	**7613978**
北　京	15346580	10490625	10328103	9352142	9050403	56705	245033	168771	807190
天　津	1526659	1453677	1443752	1312220	1300179		12041		131532
河　北	2826804	2447298	2372986	2159360	2135850	23511		19619	194006
山　西	1821582	1648856	1618661	1438818	1325821	9633	103365	34391	145452
内蒙古	1748211	1567235	1451533	1170722	1113809	1300	55612	207	280604
辽　宁	2926429	2777791	2754844	2260586	2119382	4230	136974	3294	490963
吉　林	1462822	1341761	1326314	1187018	1150937	2265	33816	504	138791
黑龙江	1579550	1470721	1465441	1177838	1101913	33410	42515	1449	286154
上　海	6092006	5564935	5436178	4769416	4318105	260000	191311		666762
江　苏	5668397	4481040	4379245	3930469	3763313		167156	34715	414062
浙　江	6354776	4992105	4724871	4257757	3922143	3022	332592	102124	364990
安　徽	1464921	1277502	1253616	1126489	1003964	83164	39360	38	127089
福　建	2691112	2237794	2217853	2077270	1959459	32222	85588	13895	126688
江　西	1980424	1887118	1854166	1756617	1667478	66367	22772		97549
山　东	3567280	2947778	2852424	2720264	2472920	9030	238314		132160
河　南	3325143	3056216	2963226	2434513	2302172	867	131474	1809	526905
湖　北	3143560	2927176	2919491	2693407	2693407			100	225983
湖　南	1495971	1304886	1275924	1226819	1071516		155303	976	48128
广　东	5801831	5308664	5281349	4624147	4261830	41889	320428	16862	640340
广　西	1726437	1325516	1323716	1113558	1082330	10436	20792	57	210101
海　南	395608	319785	314332	259144	253246		5898	3600	51589
重　庆	1574095	1158060	1132372	959484	916441	3590	39453	20	172868
四　川	3546969	3224115	3150626	2725016	2554376	11700	158939	12	425599
贵　州	612537	498341	498119	453988	441078		12909		44131
云　南	1482709	1305396	1224181	998651	932719	1300	64632	4270	221261
西　藏	1814159	1809041	1803611	1663665	1589568	68100	5997		139946
陕　西	2009521	1851433	1834770	1764649	1733201		31448	3265	66856
甘　肃	1072776	884789	830428	717814	691228		26585	5	112609
青　海	541895	488054	487984	354813	350545		4268		133171
宁　夏	327813	271483	266995	209053	190499		18554		57942
新　疆	1434760	1153477	1073624	901936	795757	102798	3380	39131	132557
大　连	585795	580093	578766	460925	371229	4230	85466	1704	116137
宁　波	764380	672755	671586	630897	577962	256	52679		40689
厦　门	402729	383883	378387	340558	339059		1499		37829
青　岛	533164	480918	480547	448704	440367		8337		31842
深　圳	1382912	1340832	1340802	1170677	929272	41889	199516		170124

(教育事业单位)

单位：千元

政府性基金预算安排的教育经费	#彩票公益金	国有及国有控股企业办学中的企业拨款	校办产业和社会服务收入中用于教育的经费	其他属于国家财政性教育经费	民办学校中举办者投入	捐赠收入	事业收入	#学费	其他教育经费
1065261	**409118**	**1077**	**545598**			**683067**	**10087268**		**3120336**
1220	1220		161302			536935	3805391		513629
1400	1400		8525			200	24604		48178
72348	38843		1964			38	344629		34838
30096	27445		100			40	159945		12740
113357	6043		2345			1701	168794		10482
11227	11227		11720				120851		27787
14075	14035		1372			580	86357		34124
4391	4298		889			645	105839		2344
87273	17232		41484			60	216155		310856
29401	14046		72394			66	1048871		138420
246427	16650		20807			296	468370		894005
23887	21008						123740		63678
19941	9529					4342	334917		114059
32944	30294		8			7243	53956		32106
22282	7693		73073			1063	542679		75761
53060	51341		39930			734	204488		63705
5019	1019		2667			90	175745		40549
26890	6690		2071			2213	150792		38080
26583	5552		732			4611	430290		58266
1800	1800					1893	294773		104256
5453	1665						65112		10711
25688	11793					1023	316102		98911
41221	13619		32267			5554	244564		72737
222	222					399	110074		3724
61254	61254		19960			65794	68654		42866
5430	5430					3628	340		1150
13287	12083		3375			35	113089		44965
5782	2385		48580			38006	108103		41878
70	70					1717	34971		17153
4456	4456		32			161	45011		11159
78776	8776	1077				4001	120061		157220
1327	1327						5174		528
1169	181						76805		14821
5496	96					462			18385
372	372					133	33506		18606
30	30					1000	34256		6824

3-55 教育经费收入情况

地区	总计	国家财政性教育经费	一般公共预算安排的教育经费	一般公共预算教育经费					
					教育事业费	基本建设经费	教育费附加	科研经费	其他
合计	**78050046**	**68771775**	**67300550**	**59638465**	**56166415**	**765540**	**2706509**	**283137**	**7378948**
北京	6266022	5981978	5958009	5344947	5043208	56705	245033	2956	610106
天津	1526659	1453677	1443752	1312220	1300179		12041		131532
河北	2826804	2447298	2372986	2159360	2135850	23511		19619	194006
山西	1821582	1648856	1618661	1438818	1325821	9633	103365	34391	145452
内蒙古	1748211	1567235	1451533	1170722	1113809	1300	55612	207	280604
辽宁	2926429	2777791	2754844	2260586	2119382	4230	136974	3294	490963
吉林	1462822	1341761	1326314	1187018	1150937	2265	33816	504	138791
黑龙江	1561951	1453123	1447842	1160239	1084314	33410	42515	1449	286154
上海	6092006	5564935	5436178	4769416	4318105	260000	191311		666762
江苏	5668397	4481040	4379245	3930469	3763313		167156	34715	414062
浙江	6354776	4992105	4724871	4257757	3922143	3022	332592	102124	364990
安徽	1464921	1277502	1253616	1126489	1003964	83164	39360	38	127089
福建	2691112	2237794	2217853	2077270	1959459	32222	85588	13895	126688
江西	1980424	1887118	1854166	1756617	1667478	66367	22772		97549
山东	3567280	2947778	2852424	2720264	2472920	9030	238314		132160
河南	3325143	3056216	2963226	2434513	2302172	867	131474	1809	526905
湖北	3143560	2927176	2919491	2693407	2693407			100	225983
湖南	1495971	1304886	1275924	1226819	1071516		155303	976	48128
广东	5801831	5308664	5281349	4624147	4261830	41889	320428	16862	640340
广西	1726437	1325516	1323716	1113558	1082330	10436	20792	57	210101
海南	395608	319785	314332	259144	253246		5898	3600	51589
重庆	1574095	1158060	1132372	959484	916441	3590	39453	20	172868
四川	3546969	3224115	3150626	2725016	2554376	11700	158939	12	425599
贵州	612537	498341	498119	453988	441078		12909		44131
云南	1482709	1305396	1224181	998651	932719	1300	64632	4270	221261
西藏	1814159	1809041	1803611	1663665	1589568	68100	5997		139946
陕西	2009521	1851433	1834770	1764649	1733201		31448	3265	66856
甘肃	1072776	884789	830428	717814	691228		26585	5	112609
青海	541895	488054	487984	354813	350545		4268		133171
宁夏	327813	271483	266995	209053	190499		18554		57942
新疆	1219622	978831	901135	767553	721374	42798	3380	38971	94610
大连	585795	580093	578766	460925	371229	4230	85466	1704	116137
宁波	764380	672755	671586	630897	577962	256	52679		40689
厦门	402729	383883	378387	340558	339059		1499		37829
青岛	533164	480918	480547	448704	440367		8337		31842
深圳	1382912	1340832	1340802	1170677	929272	41889	199516		170124

(地方教育事业单位)

单位：千元

政府性基金预算安排的教育经费	#彩票公益金	国有及国有控股企业办学中的企业拨款	校办产业和社会服务收入中用于教育的经费	其他属于国家财政性教育经费	民办学校中举办者投入	捐赠收入	事业收入	#学费	其他教育经费
1064181	**408038**		**407045**			**146283**	**6470381**		**2661607**
1220	1220		22749			170	191691		92183
1400	1400		8525			200	24604		48178
72348	38843		1964			38	344629		34838
30096	27445		100			40	159945		12740
113357	6043		2345			1701	168794		10482
11227	11227		11720				120851		27787
14075	14035		1372			580	86357		34124
4391	4298		889			645	105839		2344
87273	17232		41484			60	216155		310856
29401	14046		72394			66	1048871		138420
246427	16650		20807			296	468370		894005
23887	21008						123740		63678
19941	9529					4342	334917		114059
32944	30294		8			7243	53956		32106
22282	7693		73073			1063	542679		75761
53060	51341		39930			734	204488		63705
5019	1019		2667			90	175745		40549
26890	6690		2071			2213	150792		38080
26583	5552		732			4611	430290		58266
1800	1800					1893	294773		104256
5453	1665						65112		10711
25688	11793					1023	316102		98911
41221	13619		32267			5554	244564		72737
222	222					399	110074		3724
61254	61254		19960			65794	68654		42866
5430	5430					3628	340		1150
13287	12083		3375			35	113089		44965
5782	2385		48580			38006	108103		41878
70	70					1717	34971		17153
4456	4456		32			161	45011		11159
77696	7696					3981	116874		119937
1327	1327						5174		528
1169	181						76805		14821
5496	96					462			18385
372	372					133	33506		18606
30	30					1000	34256		6824

3-56 教育经费收入情况

地区	总计	国家财政性教育经费	一般公共预算安排的教育经费	一般公共预算教育经费	教育事业费	基本建设经费	教育费附加	科研经费	其他
合计	**65103479**	**61023909**	**59612368**	**52242585**	**48234560**	**2966650**	**1041374**	**366915**	**7002868**
北京	9774770	9246974	9219429	6849598	6836678	548	12372	194387	2175444
天津	699763	693358	680186	639731	482796	143148	13788	1040	39415
河北	1480498	1406989	1371511	1299028	1121041	72910	105077	2242	70240
山西	1396414	1360633	1183012	1084999	822223	112742	150033	4985	93028
内蒙古	1187119	1111825	988182	860121	788714	20822	50585	1838	126223
辽宁	1931766	1883113	1876097	1651710	1583961	55156	12592	166	224222
吉林	913686	890910	890910	824135	821873	2262		140	66635
黑龙江	816816	801823	801823	713856	712765	1091		500	87467
上海	1928887	1528159	1522671	1204779	1081734	123044		20500	297392
江苏	2519412	2380860	2360264	2039332	1998273	126	40932	13776	307156
浙江	4935051	4524780	4435478	4241032	4199753	13232	28048	6806	187640
安徽	1476414	1290804	1286220	1151111	1139279	10456	1377	965	134144
福建	1478754	1161758	1125172	974699	848211	126200	288	5357	145116
江西	1470503	1409659	1372947	1321250	1111476	208164	1610	4591	47106
山东	3204833	2989336	2905390	2680759	2670491		10268	507	224124
河南	3067646	2959421	2832150	2600738	2269458	275338	55942	12634	218778
湖北	2429983	2357551	2301702	2140048	2140048			14054	147600
湖南	1363429	1290945	1287020	1177442	1167738	7974	1730	1953	107624
广东	4198689	4027278	3826975	3241718	2586759	544481	110477	19657	565600
广西	1334915	1227799	1198390	1035381	1020408	13318	1655	1299	161710
海南	1039315	1029010	799979	753114	150611	602503		5829	41037
重庆	800618	772785	765718	541050	484941	42902	13207	1941	222727
四川	3272681	3124979	3106783	2786238	2574347	146156	65735	9040	311505
贵州	1852611	1712392	1709896	1522160	1499316	6662	16182	13386	174350
云南	1455358	1338251	1328151	1136347	1111215	16393	8739	4738	187066
西藏	287688	285120	285120	230219	228519	1700		560	54341
陕西	2294330	2113826	2112460	2021638	2013596	4345	3697	100	90722
甘肃	1137774	1029386	1028986	871941	838369	27300	6272	855	156190
青海	570838	512154	512154	418008	329741	86268	2000	594	93552
宁夏	296944	253216	253216	215570	215570			1380	36265
新疆	4485973	4308814	4244375	4014832	3384654	301409	328769	21095	208448
大连	271749	264289	259869	222169	222169				37700
宁波	475429	461432	455962	430059	430059				25903
厦门	148906	143692	143526	119592	103392	16200		10	23923
青岛	299077	276701	275567	225321	225321			27	50220
深圳	948829	926412	926153	833070	489143	342919	1008	9860	83223

(其他教育机构)

单位：千元

政府性基金预算安排的教育经费	#彩票公益金	国有及国有控股企业办学中的企业拨款	校办产业和社会服务收入中用于教育的经费	其他属于国家财政性教育经费	民办学校中举办者投入	捐赠收入	事业收入	#学费	其他教育经费
1311592	**15383**		**99949**			**5294**	**3015043**	**460359**	**1059233**
27544							379550	53618	148246
			13172				1187		5219
35479	951						66896	22721	6613
177622							29788		5993
123643	3737					100	73513	29119	1681
7016	4570						33183	828	15469
							6656	1069	16120
							10386		4607
			5489			383	324443	41897	75901
18634	1018		1962				105592	19615	32960
83882	200		5421				225870	5449	184401
4576			8				117946	19340	67663
3950	250		32636			10	282253	3929	34733
36712						951	58707	1609	1187
83946	387						133157	53261	82340
119264	2858		8007				87436	30121	20789
55849							64418	8177	8013
3925							60784	41254	11700
200044			259			215	155272	49348	15924
24304			5105			130	91063	5637	15923
229031	426						8664		1641
7067	7						15539	13434	12295
17000	70		1196				122366	21828	25336
2496	861						87966	3107	52253
4473			5627			526	84484	16930	32097
							2557	729	11
1366							173883	111	6621
400							99546	177	8841
						954	31960		25770
							33361	17050	10368
43371	48		21068			2025	46617		128517
4420	4420						7401		59
2903	200		2566				9758		4240
			166						5214
1134							8023		14353
			259				22396	8757	22

3-57 教育经费收入情况

地区	总计	国家财政性教育经费	一般公共预算安排的教育经费	一般公共预算教育经费	教育事业费	基本建设经费	教育费附加	科研经费	其他
合计	**59109100**	**56158347**	**54793729**	**49908703**	**45963509**	**2903820**	**1041374**	**191765**	**4693260**
北京	5262628	5224538	5196993	4980042	4967122	548	12372	19387	197564
天津	699763	693358	680186	639731	482796	143148	13788	1040	39414
河北	1476463	1402954	1367475	1299028	1121041	72910	105077	2242	66205
山西	1395874	1360093	1182472	1084999	822223	112742	150033	4985	92488
内蒙古	1186519	1111225	987582	860121	788714	20822	50585	1838	125623
辽宁	1928256	1879603	1872587	1651710	1583961	55156	12592	166	220712
吉林	912786	890010	890010	824135	821873	2262		140	65735
黑龙江	813190	798198	798198	710232	709141	1091		500	87466
上海	1254460	1220562	1217351	1005208	882164	123044		20500	191643
江苏	2475618	2337066	2316470	2039332	1998273	126	40932	13776	263362
浙江	4931499	4521228	4431926	4241032	4199753	13232	28048	6806	184088
安徽	1476030	1290420	1285836	1151111	1139279	10456	1377	965	133760
福建	1205221	1094160	1057574	922642	796153	126200	288	5357	129575
江西	1470095	1409251	1372539	1321250	1111476	208164	1610	4591	46698
山东	3197885	2982388	2898443	2680759	2670491		10268	507	217177
河南	3062930	2954705	2827434	2600738	2269458	275338	55942	12634	214062
湖北	2412931	2340499	2284650	2140048	2140048			14054	130548
湖南	1360971	1288487	1284562	1177442	1167738	7974	1730	1953	105167
广东	4198689	4027278	3826975	3241718	2586759	544481	110477	19657	565600
广西	1334915	1227799	1198390	1035381	1020408	13318	1655	1299	161710
海南	1039315	1029010	799979	753114	150611	602503		5829	41037
重庆	800618	772785	765718	541050	484941	42902	13207	1941	222727
四川	3241619	3093917	3075721	2786238	2574347	146156	65735	9040	280443
贵州	1851337	1711117	1708621	1522160	1499316	6662	16182	13386	173075
云南	1453832	1336725	1326625	1136347	1111215	16393	8739	4738	185540
西藏	287688	285120	285120	230219	228519	1700		560	54341
陕西	2275265	2094761	2093395	2021638	2013596	4345	3697	100	71657
甘肃	1131538	1023151	1022751	871941	838369	27300	6272	855	149955
青海	570838	512154	512154	418008	329741	86268	2000	594	93552
宁夏	296944	253216	253216	215570	215570			1380	36265
新疆	4103381	3992570	3972775	3805760	3238412	238579	328769	20945	146071
大连	271749	264289	259869	222169	222169				37700
宁波	475429	461432	455962	430059	430059				25903
厦门	148906	143692	143526	119592	103392	16200		10	23923
青岛	299077	276701	275567	225321	225321			27	50220
深圳	948829	926412	926153	833070	489143	342919	1008	9860	83223

(地方其他教育机构)

单位：千元

政府性基金预算安排的教育经费	#彩票公益金	国有及国有控股企业办学中的企业拨款	校办产业和社会服务收入中用于教育的经费	其他属于国家财政性教育经费	民办学校中举办者投入	捐赠收入	事业收入	#学费	其他教育经费
1271327	**15335**		**93292**			**4901**	**2151045**	**365756**	**794806**
27544							26637	2897	11453
			13172				1187		5219
35479	951						66896	22721	6613
177622							29788		5993
123643	3737					100	73513	29119	1681
7016	4570						33183	828	15469
							6656	1069	16120
							10386		4607
			3211				22072		11827
18634	1018		1962				105592	19615	32960
83882	200		5421				225870	5449	184401
4576			8				117946	19340	67663
3950	250		32636				83592	1943	27470
36712						951	58707	1609	1187
83946	387						133157	53261	82340
119264	2858		8007				87436	30121	20789
55849							64418	8177	8013
3925							60784	41254	11700
200044			259			215	155272	49348	15924
24304			5105			130	91063	5637	15923
229031	426						8664		1641
7067	7						15539	13434	12295
17000	70		1196				122366	21828	25336
2496	861						87966	3107	52253
4473			5627			526	84484	16930	32097
							2557	729	11
1366							173883	111	6621
400							99546	177	8841
						954	31960		25770
							33361	17050	10368
3106			16689			2025	36565		72221
4420	4420						7401		59
2903	200		2566				9758		4240
			166						5214
1134							8023		14353
			259				22396	8757	22

第四部分

各地区各级各类教育机构教育经费支出明细

4-1 教育经费支出明细

地区	合计	个人部分	工资福利支出	对个人和家庭的补助支出	#助学金
合计	**4939641550**	**3086972193**	**2683960377**	**403011817**	**202399879**
北京	261192436	139607469	118602921	21004547	14561143
天津	71941055	45617557	41385513	4232044	1941109
河北	198954207	130366574	115999179	14367395	6993014
山西	96816203	62720577	56987630	5732947	3179168
内蒙古	81354107	53238672	45956768	7281903	3631369
辽宁	114845180	76881599	68360022	8521577	3617392
吉林	74938168	47182511	40656610	6525902	2605032
黑龙江	90372950	62066514	50875838	11190677	2818537
上海	174715122	93150694	85425101	7725593	6198429
江苏	332343167	218670693	195597358	23073335	9590907
浙江	278510531	167129994	153587849	13542145	6999531
安徽	172692773	109432015	91852780	17579235	6646564
福建	142789791	86490864	78659981	7830883	3846697
江西	146604328	81416767	72396334	9020433	5344061
山东	299427536	192815873	171599173	21216700	7535310
河南	263557940	162417211	143276096	19141115	11577657
湖北	187166244	117818675	100960855	16857819	7401062
湖南	187266589	115382380	99009598	16372782	8531107
广东	509055759	324205735	275597582	48608152	12863638
广西	144056069	86189846	74225755	11964092	7631481
海南	41770651	24479740	22489910	1989830	1154527
重庆	120807810	77502205	65451989	12050216	6297181
四川	244264746	155062692	131172566	23890127	13768514
贵州	131241465	90344745	73751086	16593659	10288656
云南	146440863	105568664	90217851	15350813	11670449
西藏	25881678	17782537	13962731	3819805	3349631
陕西	148181309	81527007	68922693	12604314	8058111
甘肃	84594053	55195966	46384183	8811783	4764747
青海	29255581	17324282	14788497	2535786	1445641
宁夏	24431925	15076513	13252398	1824115	1307103
新疆	114171314	74305623	62553529	11752094	6782110
大连	16715348	12448378	11650459	797919	125032
宁波	36787282	24415942	22650825	1765118	840478
厦门	19591162	11873903	10783146	1090757	262522
青岛	35627341	22785091	20909954	1875137	355177
深圳	101235204	55968348	44215713	11752635	2584199

(各级各类教育机构)

单位：千元

公用部分	商品和服务支出	其他资本性支出			基本建设支出
			专项公用支出	专项项目支出	
1762439901	**980977046**	**781462855**	**297930767**	**483532088**	**90229456**
114458937	88939102	25519835	17008056	8511779	7126031
25970579	16188268	9782312	4969953	4812358	352919
66714395	33073757	33640638	9791411	23849227	1873238
33084818	18686648	14398171	5395968	9002202	1010808
26518174	12971538	13546636	4664683	8881953	1597261
36524175	24912028	11612147	5700926	5911221	1439406
26967565	15861583	11105982	4610727	6495255	788092
27254331	16805281	10449050	3472137	6976913	1052104
77738281	57702176	20036105	13599328	6436778	3826147
112282582	61071787	51210796	18532050	32678746	1389892
105597544	56404743	49192801	18158579	31034221	5782993
60147551	27220128	32927423	11290268	21637155	3113206
54913993	27261993	27651999	10172580	17479419	1384934
63141486	20305773	42835713	11617483	31218229	2046075
105357320	53380283	51977037	19133266	32843771	1254342
97150355	50914794	46235561	14125168	32110393	3990373
68379625	36685491	31694134	11246914	20447220	967944
70310616	36754838	33555778	12255625	21300153	1573593
166103543	107348463	58755081	27274733	31480348	18746481
55232257	23017732	32214525	11197238	21017288	2633965
15857379	8159867	7697511	3844700	3852811	1433532
39956067	25303735	14652332	5844223	8808109	3349538
86233437	48398519	37834917	16992611	20842306	2968617
39588588	20154396	19434192	6165256	13268936	1308132
39239884	19965266	19274619	5171364	14103255	1632315
5963626	2864127	3099498	1010741	2088757	2135515
62839017	34143246	28695771	9770380	18925392	3815285
28147817	12371082	15776735	4432952	11343783	1250270
10039048	3633325	6405723	2780644	3625079	1892250
9097767	4377900	4719866	2215279	2504587	257645
31629140	16099174	15529966	5485522	10044444	8236551
4062659	3182008	880651	607313	273338	204311
11992123	6935222	5056901	1848216	3208685	379216
7103817	4125600	2978216	1481721	1496495	613443
12842251	6266669	6575582	2831272	3744310	
29677184	24028583	5648600	4927223	721378	15589672

4-2 教育经费支出明细

地区	合计	个人部分	工资福利支出	对个人和家庭的补助支出	#助学金
合计	**4540081524**	**2895280348**	**2546319165**	**348961183**	**168712909**
北京	138936656	83522402	78451823	5070579	1610988
天津	60768019	40307439	37653136	2654302	1178013
河北	196911290	129235145	115130635	14104511	6885504
山西	96806019	62711874	56979320	5732553	3179168
内蒙古	81345581	53233976	45952072	7281903	3631369
辽宁	104392271	71652681	64784877	6867804	2778069
吉林	65593249	42408135	37249923	5158213	1913172
黑龙江	78871500	56701437	47057660	9643776	2056000
上海	136039288	76794262	72233252	4561011	3427032
江苏	304671266	204829666	185282355	19547312	7133377
浙江	267205705	162409498	150041477	12368021	6042702
安徽	164524599	105758580	89671487	16087093	5923057
福建	135699328	82959090	76227928	6731162	3206126
江西	146596772	81411286	72391202	9020083	5343989
山东	287834848	187334372	167865862	19468510	6791179
河南	263111979	162250839	143139986	19110854	11573022
湖北	156785494	101879250	90417679	11461571	4853274
湖南	178417392	110630178	95459329	15170849	7840907
广东	489913761	314665540	269140799	45524742	11727915
广西	144055240	86189375	74225284	11964092	7631481
海南	41739366	24452978	22464776	1988202	1153148
重庆	112163277	72942164	62251010	10691153	5651444
四川	223379499	143917815	122892406	21025409	12179981
贵州	131240190	90344745	73751086	16593659	10288656
云南	146430425	105561626	90210813	15350813	11670449
西藏	25881678	17782537	13962731	3819805	3349631
陕西	124955270	71291756	62099772	9191983	6337081
甘肃	79815799	52865248	44731363	8133884	4393315
青海	29244163	17315323	14779961	2535362	1445308
宁夏	23459017	14579839	12856427	1723412	1237389
新疆	103292583	67341292	56962734	10378558	6280167
大连	16664476	12406650	11609816	796834	124992
宁波	36666862	24415942	22650825	1765118	840478
厦门	19586234	11870374	10779618	1090757	262522
青岛	35627341	22785091	20909954	1875137	355177
深圳	101235204	55968348	44215713	11752635	2584199

（地方各级各类教育机构）

单位：千元

公用部分	商品和服务支出	其他资本性支出	专项公用支出	专项项目支出	基本建设支出
1562703972	**832499134**	**730204838**	**263170924**	**467033914**	**82097204**
50562473	38774171	11788302	8064057	3724246	4851782
20184116	12141689	8042427	3757030	4285397	276464
65859708	32519805	33339903	9612791	23727112	1816437
33083337	18685477	14397860	5395658	9002202	1010808
26514345	12967868	13546476	4664683	8881793	1597261
31652414	21222867	10429547	4862483	5567064	1087176
22640561	12362596	10277965	3968579	6309386	544553
21494763	12575032	8919731	2619848	6299883	675301
56098318	40549428	15548890	10246733	5302157	3146707
98891074	51667893	47223181	15510133	31713048	950525
99191543	51590704	47600838	17224451	30376387	5604664
55856785	24641515	31215270	9982741	21232529	2909234
51412837	24876473	26536364	9494370	17041995	1327400
63139411	20303706	42835705	11617476	31218229	2046075
99533233	49298016	50235217	17713770	32521447	967243
97008350	50792568	46215782	14106936	32108845	3852790
54799098	26889931	27909167	8589401	19319765	107146
66213621	33767171	32446450	11408476	21037974	1573593
156853306	101606312	55246994	25276830	29970164	18394915
55231900	23017375	32214525	11197238	21017288	2633965
15852856	8156814	7696042	3843520	3852522	1433532
36032790	22079268	13953522	5326853	8626668	3188324
76935740	41590025	35345715	14917102	20428613	2525944
39587314	20153121	19434192	6165256	13268936	1308132
39236484	19962239	19274245	5171250	14102995	1632315
5963626	2864127	3099498	1010741	2088757	2135515
50111596	24533380	25578216	7683037	17895179	3551919
25872358	10899740	14972618	3980455	10992163	1078193
10036590	3632119	6404471	2779392	3625079	1892250
8646533	4167491	4479042	2065922	2413120	232645
28206894	14210212	13996681	4913710	9082971	7744397
4053515	3173423	880093	606771	273322	204311
11871703	6934802	4936901	1848216	3088685	379216
7102417	4124200	2978216	1481721	1496495	613443
12842251	6266669	6575582	2831272	3744310	
29677184	24028583	5648600	4927223	721378	15589672

4-3 教育经费支出明细

地区	合计	个人部分	工资福利支出	对个人和家庭的补助支出	#助学金
合计	**1301082459**	**647506959**	**504982573**	**142524386**	**93191160**
北京	134399948	66531051	48894893	17636157	14089032
天津	28820022	14590402	11755471	2834931	1727380
河北	38873006	21177703	16727353	4450350	2789754
山西	22154885	11540728	9172198	2368530	1598330
内蒙古	17545876	9082950	7223270	1859680	1485825
辽宁	39187414	20706901	16515968	4190932	2632875
吉林	25747944	12653790	9884584	2769206	1751824
黑龙江	29584779	15794750	12149771	3644979	2008285
上海	71821885	31717074	26101843	5615231	4835742
江苏	93641383	49760517	40213766	9546751	6484609
浙江	65830460	31240326	25673751	5566575	3602884
安徽	38769009	19675610	14866329	4809280	2793113
福建	34358420	17189493	13611081	3578412	2375019
江西	32451964	16928651	13905707	3022944	2037847
山东	69400764	36242058	28055303	8186755	4101863
河南	54195948	26992437	21620658	5371779	3724974
湖北	63916790	33608242	24834212	8774030	4478406
湖南	44539187	22860479	17932705	4927774	2956793
广东	115309917	54918823	43390832	11527991	5283668
广西	32153070	13380073	10241743	3138330	2459240
海南	6755468	3649435	3091144	558291	461264
重庆	29662661	15617542	11738717	3878825	2612186
四川	60639838	30389385	23737760	6651624	4531421
贵州	22002853	10916997	7752274	3164723	2262139
云南	22601995	12237788	9667471	2570317	2113039
西藏	3827420	1495057	1029347	465709	430370
陕西	55549992	25848029	19367068	6480961	4140909
甘肃	20642539	9247174	6841413	2405761	1647125
青海	5053392	1844699	1449568	395131	187768
宁夏	5071371	2452248	1903546	548703	406163
新疆	16572258	7216547	5632823	1583724	1181312
大连	1185315	720522	638290	82232	45972
宁波	6836676	3272335	2705821	566514	354453
厦门	2702810	1125199	959828	165370	105761
青岛	3072062	935053	792022	143031	93099
深圳	22955360	7557962	6312217	1245745	643584

(高等学校)

单位：千元

公用部分	商品和服务支出	其他资本性支出	专项公用支出	专项项目支出	基本建设支出
618788438	**375032505**	**243755934**	**130360592**	**113395341**	**34787061**
64224946	47856128	16368818	10921066	5447751	3643952
14045513	9149966	4895547	3319106	1576441	184107
16515426	8728476	7786950	3059060	4727890	1179877
10350980	5241841	5109139	1846158	3262982	263177
8179195	3580920	4598275	2027233	2571042	283731
17626394	11895830	5730564	3269921	2460642	854120
12710473	8488842	4221630	2624250	1597381	383681
13047388	7857586	5189801	2082853	3106948	742641
37125052	29325293	7799759	6287213	1512546	2979759
43062872	27923508	15139363	8473391	6665973	817994
32755225	20696836	12058389	6464297	5594092	1834908
18008124	8601178	9406946	5407384	3999562	1085275
16972438	9396596	7575843	4114359	3461483	196488
15032760	7703183	7329577	3562551	3767027	490553
32476211	18810820	13665391	8990877	4674514	682495
26267567	14121120	12146447	6631869	5514578	935944
29362997	18097625	11265371	5867375	5397996	945551
21141589	12767489	8374101	4967811	3406290	537119
52298885	29736647	22562238	10660012	11902226	8092210
18498597	7328020	11170577	5004807	6165770	274400
2862260	1830839	1031421	630982	400439	243773
13649850	8975943	4673907	2531781	2142126	395269
28892761	16363823	12528938	7182048	5346890	1357692
10769073	5825395	4943678	2062266	2881412	316784
10268389	5574060	4694328	1618868	3075460	95818
873305	601437	271868	224957	46911	1459059
28887919	18330496	10557423	5131433	5425990	814044
10788911	4597118	6191793	1940244	4251549	606454
3077445	956034	2121411	1609984	511428	131248
2490722	1431309	1059414	684021	375393	128400
6525171	3238146	3287026	1162415	2124610	2830539
411954	286142	125812	88334	37477	52839
3437780	2114591	1323189	727403	595787	126561
1498690	695312	803378	307824	495554	78921
2137008	951429	1185579	570135	615445	
8191090	5865752	2325338	2231294	94044	7206308

4-4 教育经费支出明细

地区	合计	个人部分			
			工资福利支出	对个人和家庭的补助支出	
					#助学金
合计	**931241185**	**468853884**	**378680641**	**90173243**	**59951886**
北京	28515108	14777611	12759670	2017941	1206988
天津	17795834	9383956	8116575	1267381	964576
河北	36947989	20125739	15937578	4188161	2682353
山西	22154885	11540728	9172198	2368530	1598330
内蒙古	17545876	9082950	7223270	1859680	1485825
辽宁	28878835	15594088	13051841	2542247	1793593
吉林	16611841	8010094	6594577	1415516	1059982
黑龙江	18920790	11087922	8891012	2196911	1250218
上海	34167878	15759303	13297362	2461941	2071829
江苏	66069069	35963868	29941728	6022139	4028222
浙江	54537711	26526961	22133872	4393089	2646056
安徽	30626580	16023507	12705911	3317596	2069651
福建	27485711	13707416	11225798	2481618	1736583
江西	32451964	16928651	13905707	3022944	2037847
山东	57815024	30760557	24321991	6438565	3357731
河南	53840834	26893284	21546905	5346378	3720860
湖北	34155303	18083771	14633949	3449822	1933186
湖南	35828811	18210641	14483510	3727131	2267143
广东	96243315	45436189	36983483	8452706	4148967
广西	32153070	13380073	10241743	3138330	2459240
海南	6755468	3649435	3091144	558291	461264
重庆	21271822	11255495	8721514	2533981	1967183
四川	39959272	19361285	15569541	3791745	2946287
贵州	22002853	10916997	7752274	3164723	2262139
云南	22601995	12237788	9667471	2570317	2113039
西藏	3827420	1495057	1029347	465709	430370
陕西	32631618	15832903	12746348	3086555	2421022
甘肃	15926429	6966188	5234569	1731619	1276844
青海	5053392	1844699	1449568	395131	187768
宁夏	4101759	1958676	1510677	447999	336449
新疆	14362728	6058054	4739509	1318545	1030342
大连	1185315	720522	638290	82232	45972
宁波	6716256	3272335	2705821	566514	354453
厦门	2702810	1125199	959828	165370	105761
青岛	3072062	935053	792022	143031	93099
深圳	22955360	7557962	6312217	1245745	643584

(地方高等学校)

单位：千元

公用部分	商品和服务支出	其他资本性支出	专项公用支出	专项项目支出	基本建设支出
435318307	**240728965**	**194589342**	**96637471**	**97951871**	**27068994**
12356234	9207082	3149152	2445396	703755	1381263
8304227	5143005	3161222	2109718	1051504	107652
15699174	8206717	7492457	2883109	4609348	1123076
10350980	5241841	5109139	1846158	3262982	263177
8179195	3580920	4598275	2027233	2571042	283731
12782856	8229056	4553800	2434632	2119168	501891
8461606	5047961	3413645	1992398	1421247	140141
7467030	3763429	3703601	1246498	2457102	365837
16108255	12728300	3379955	2987956	391999	2300320
29726574	18572064	11154510	5453901	5700609	378627
26354171	15886997	10467174	5530362	4936812	1656580
13721770	6025188	7696582	4101585	3594997	881303
13639341	7170423	6468918	3444859	3024059	138954
15032760	7703183	7329577	3562551	3767027	490553
26659072	14735500	11923572	7571381	4352191	395395
26149191	14016160	12133031	6618453	5514578	798360
15986779	8471714	7515066	3232530	4282535	84753
17081051	9811986	7269065	4122702	3146363	537119
43066482	24009752	19056730	8664421	10392309	7740644
18498597	7328020	11170577	5004807	6165770	274400
2862260	1830839	1031421	630982	400439	243773
9782273	5787737	3994536	2031614	1962922	234054
19682967	9617353	10065613	5116068	4949545	915019
10769073	5825395	4943678	2062266	2881412	316784
10268389	5574060	4694328	1618868	3075460	95818
873305	601437	271868	224957	46911	1459059
16248037	8791552	7456485	3053313	4403172	550678
8525865	3136372	5389493	1489092	3900401	434376
3077445	956034	2121411	1609984	511428	131248
2039683	1221094	818589	534663	283926	103400
5563666	2507793	3055872	985013	2070859	2741009
411954	286142	125812	88334	37477	52839
3317360	2114171	1203189	727403	475787	126561
1498690	695312	803378	307824	495554	78921
2137008	951429	1185579	570135	615445	
8191090	5865752	2325338	2231294	94044	7206308

4-5 教育经费支出明细

地区	合计	个人部分	工资福利支出	对个人和家庭的补助支出	#助学金
合计	**1285339131**	**638863002**	**497222603**	**141640399**	**92980518**
北京	132066628	65373081	47810589	17562492	14088960
天津	28476412	14339719	11519959	2819760	1725756
河北	38162850	20716806	16309612	4407193	2777414
山西	21931119	11382025	9019595	2362430	1596775
内蒙古	17354527	8992102	7140574	1851528	1480816
辽宁	38659514	20377125	16203000	4174125	2631168
吉林	25170106	12336835	9604264	2732571	1745513
黑龙江	29107357	15446032	11876765	3569267	2008198
上海	70784653	31183679	25587095	5596584	4832585
江苏	93455505	49648105	40116137	9531968	6483178
浙江	64598697	30574219	25043383	5530836	3592510
安徽	38333471	19432869	14652343	4780527	2786322
福建	33777662	16923162	13374725	3548437	2361588
江西	31942271	16648484	13663264	2985221	2011065
山东	69078460	36100237	27932011	8168227	4100871
河南	53938851	26836536	21480067	5356469	3724138
湖北	63782595	33512486	24750509	8761977	4474022
湖南	43935077	22602011	17706054	4895957	2954192
广东	113577871	53950619	42591845	11358773	5270818
广西	31779717	13219112	10099896	3119216	2453396
海南	6646677	3593959	3043381	550578	453797
重庆	29625104	15594032	11716710	3877321	2612186
四川	60000096	30064154	23435657	6628498	4528924
贵州	21700830	10752307	7629596	3122711	2233031
云南	22167241	12019166	9484560	2534606	2078683
西藏	3827420	1495057	1029347	465709	430370
陕西	54839154	25447974	18996641	6451332	4122147
甘肃	20407739	9116062	6720541	2395521	1646941
青海	5015000	1818275	1425164	393111	187768
宁夏	5071371	2452248	1903546	548703	406163
新疆	16125155	6914524	5355775	1558749	1181222
大连	991360	575701	498196	77506	45876
宁波	6568243	3137966	2578534	559433	351497
厦门	2699591	1123927	958605	165322	105761
青岛	3005278	905185	765304	139881	93099
深圳	22824107	7472694	6249646	1223048	643422

（普通高等学校）

单位：千元

公用部分	商品和服务支出	其他资本性支出			基本建设支出
			专项公用支出	专项项目支出	
611730274	**369474378**	**242255895**	**129499344**	**112756552**	**34745856**
63049595	46861859	16187736	10827777	5359959	3643952
13952587	9068683	4883903	3307463	1576441	184107
16285606	8560623	7724983	3043247	4681736	1160438
10285917	5180799	5105118	1842152	3262966	263177
8078694	3522519	4556175	2015063	2541112	283731
17430297	11714675	5715622	3255532	2460090	852091
12457282	8317125	4140157	2595370	1544787	375989
12919046	7758744	5160302	2070867	3089436	742279
36621214	28870962	7750253	6251836	1498416	2979759
42989406	27866415	15122991	8460756	6662235	817994
32189570	20294991	11894579	6388252	5506327	1834908
17815327	8434969	9380358	5385306	3995052	1085275
16658012	9121640	7536372	4091614	3444758	196488
14803234	7579330	7223904	3506457	3717447	490553
32295728	18645376	13650352	8976225	4674126	682495
26166372	14035320	12131052	6625920	5505132	935944
29324558	18062745	11261813	5864209	5397604	945551
20798946	12509525	8289421	4904724	3384697	534119
51535043	29110953	22424089	10564733	11859356	8092210
18286205	7219149	11067056	4901476	6165580	274400
2808946	1784385	1024560	625548	399012	243773
13635804	8962557	4673248	2531122	2142126	395269
28578249	16118683	12459566	7159178	5300388	1357692
10640124	5730092	4910032	2037915	2872117	308399
10052257	5399160	4653098	1599682	3053416	95818
873305	601437	271868	224957	46911	1459059
28577136	18107222	10469914	5085093	5384821	814044
10685224	4527421	6157803	1919321	4238482	606454
3065477	946356	2119121	1607693	511428	131248
2490722	1431309	1059414	684021	375393	128400
6380391	3129356	3251035	1145834	2105201	2830239
362820	240278	122542	85515	37028	52839
3303716	2017428	1286287	716447	569840	126561
1496743	693995	802748	307194	495554	78921
2100092	916605	1183487	568430	615056	
8145105	5839644	2305461	2213919	91542	7206308

4-6 教育经费支出明细

地 区	合 计	个人部分	工资福利支出	对个人和家庭的补助支出	#助学金
合 计	**916870602**	**460753026**	**371431258**	**89321768**	**59741244**
北 京	27436601	14068005	12098387	1969618	1206916
天 津	17452225	9133272	7881062	1252210	962952
河 北	36237833	19664841	15519837	4145004	2670014
山 西	21931119	11382025	9019595	2362430	1596775
内蒙古	17354527	8992102	7140574	1851528	1480816
辽 宁	28367458	15278813	12753372	2525440	1791886
吉 林	16034004	7693138	6314257	1378881	1053671
黑龙江	18443368	10739204	8618005	2121199	1250131
上 海	33130646	15225908	12782613	2443295	2068672
江 苏	65883191	35851455	29844099	6007357	4026791
浙 江	53305948	25860853	21503504	4357350	2635682
安 徽	30191042	15780766	12491924	3288842	2062859
福 建	26904953	13441084	10989442	2451642	1723152
江 西	31942271	16648484	13663264	2985221	2011065
山 东	57492720	30618736	24198699	6420036	3356739
河 南	53583738	26737382	21406314	5331069	3720024
湖 北	34021108	17988015	14550246	3437769	1928802
湖 南	35224700	17952173	14256858	3695315	2264542
广 东	94511269	44467985	36184496	8283489	4136117
广 西	31779717	13219112	10099896	3119216	2453396
海 南	6646677	3593959	3043381	550578	453797
重 庆	21234265	11231985	8699507	2532478	1967183
四 川	39319529	19036055	15267437	3768618	2943791
贵 州	21700830	10752307	7629596	3122711	2233031
云 南	22167241	12019166	9484560	2534606	2078683
西 藏	3827420	1495057	1029347	465709	430370
陕 西	31920780	15432849	12375922	3056927	2402260
甘 肃	15691630	6835076	5113696	1721379	1276661
青 海	5015000	1818275	1425164	393111	187768
宁 夏	4101759	1958676	1510677	447999	336449
新 疆	14017033	5836267	4535527	1300739	1030252
大 连	991360	575701	498196	77506	45876
宁 波	6447823	3137966	2578534	559433	351497
厦 门	2699591	1123927	958605	165322	105761
青 岛	3005278	905185	765304	139881	93099
深 圳	22824107	7472694	6249646	1223048	643422

(地方普通高等学校)

单位：千元

公用部分	商品和服务支出	其他资本性支出	专项公用支出	专项项目支出	基本建设支出
429089788	**235853093**	**193236695**	**95837022**	**97399673**	**27027788**
11987333	8873764	3113569	2411013	702556	1381263
8211300	5061722	3149579	2098074	1051504	107652
15469354	8038864	7430490	2867296	4563194	1103637
10285917	5180799	5105118	1842152	3262966	263177
8078694	3522519	4556175	2015063	2541112	283731
12588784	8049925	4538859	2420243	2118616	499862
8208415	4876244	3332172	1963518	1368654	132450
7338689	3664587	3674101	1234512	2439590	365475
15604418	12273969	3330449	2952580	377869	2300320
29653108	18514971	11138137	5441266	5696871	378627
25788515	15485152	10303363	5454317	4849046	1656580
13528973	5858979	7669994	4079507	3590487	881303
13324914	6895467	6429447	3422113	3007334	138954
14803234	7579330	7223904	3506457	3717447	490553
26478589	14570056	11908532	7556730	4351802	395395
26047995	13930360	12117635	6612503	5505132	798360
15948340	8436833	7511507	3229365	4282142	84753
16738408	9554022	7184386	4059615	3124771	534119
42302640	23384059	18918581	8569142	10349439	7740644
18286205	7219149	11067056	4901476	6165580	274400
2808946	1784385	1024560	625548	399012	243773
9768227	5774350	3993877	2030955	1962922	234054
19368454	9372213	9996241	5093198	4903043	915019
10640124	5730092	4910032	2037915	2872117	308399
10052257	5399160	4653098	1599682	3053416	95818
873305	601437	271868	224957	46911	1459059
15937254	8568278	7368976	3006973	4362003	550678
8422178	3066674	5355504	1468169	3887334	434376
3065477	946356	2119121	1607693	511428	131248
2039683	1221094	818589	534663	283926	103400
5440058	2418283	3021775	970325	2051450	2740709
362820	240278	122542	85515	37028	52839
3183296	2017008	1166287	716447	449840	126561
1496743	693995	802748	307194	495554	78921
2100092	916605	1183487	568430	615056	
8145105	5839644	2305461	2213919	91542	7206308

4-7 教育经费支出明细

地区	合计	个人部分	工资福利支出	对个人和家庭的补助支出	#助学金
合计	**1048048763**	**518639861**	**398145941**	**120493920**	**78571945**
北京	127681036	62971349	45637748	17333601	13966275
天津	24512082	12034769	9474229	2560540	1550550
河北	27616691	15739948	12232410	3507538	2195628
山西	17239899	8749330	6805572	1943758	1280191
内蒙古	12414534	6267735	4934748	1332987	1047632
辽宁	33782133	17556450	13710082	3846368	2386096
吉林	22347329	10963882	8517396	2446485	1595549
黑龙江	24879613	12723265	9652521	3070744	1778834
上海	67521843	29761841	24334479	5427362	4700871
江苏	74431403	38957388	30783746	8173642	5584587
浙江	52638960	24016141	19284282	4731859	3052454
安徽	28928994	14899938	11114893	3785045	2136032
福建	26935652	14023395	10920680	3102714	2022400
江西	23842916	12409830	10080185	2329644	1518002
山东	53589829	27908155	21246306	6661849	3181585
河南	39845075	19819998	15640353	4179645	2852938
湖北	53712785	28198282	20464294	7733988	3946300
湖南	30614058	16127194	12441146	3686048	2191714
广东	90041851	41143739	31841151	9302588	4252740
广西	22775477	9870916	7439758	2431158	1899306
海南	5428998	2920729	2470561	450168	365745
重庆	22468183	12108719	9086462	3022257	1924292
四川	46588531	24212651	18704688	5507964	3666819
贵州	14990104	7276452	5165007	2111445	1452620
云南	16632164	9447077	7482702	1964375	1566975
西藏	3425575	1219854	792138	427717	394954
陕西	48287064	22097655	16292217	5805438	3609401
甘肃	15285942	7139131	5315031	1824100	1215071
青海	3630890	1425214	1092103	333111	149469
宁夏	3886331	1804974	1414188	390786	266497
新疆	12072822	4843862	3774866	1068997	820419
大连	722813	412927	354150	58777	32033
宁波	5166489	2470499	1980351	490148	301250
厦门	1895950	807189	674228	132961	85848
青岛	2206902	470845	393919	76926	68603
深圳	19488272	5518053	4557205	960848	508980

(普通高等本科学校)

单位：千元

公用部分	商品和服务支　出	其他资本性支　出			基本建设支　出
			专项公用支　出	专项项目支　出	
498419610	**317814897**	**180604712**	**101702205**	**78902507**	**30989292**
61148642	45570539	15578103	10344518	5233584	3561045
12293207	8085481	4207725	2808521	1399204	184107
11197617	6648189	4549428	2021793	2527635	679126
8347053	4116879	4230174	1472813	2757361	143516
6058314	2529996	3528318	1535210	1993108	88485
15433991	10520806	4913185	2750646	2162540	791693
11007459	7536620	3470839	2214048	1256790	375989
11468352	6770184	4698167	1801132	2897035	687996
34836673	27395734	7440939	5978891	1462048	2923328
34725009	23154779	11570230	6587030	4983200	749006
26949049	17237507	9711542	5210653	4500889	1673770
13205433	6608847	6596586	4067261	2529325	823623
12779646	7697275	5082371	3274075	1808295	132611
11119381	6267207	4852174	2527375	2324799	313705
25070243	15248670	9821573	7225807	2595766	611431
19244185	11134855	8109330	4605525	3503805	780891
24568952	15962424	8606528	4773321	3833207	945551
14111401	9873078	4238323	2716527	1521797	375463
41256447	23941260	17315187	8251667	9063520	7641666
12666744	5601891	7064853	3537971	3526883	237816
2271463	1399700	871763	501799	369963	236806
10090566	7266344	2824221	1699904	1124317	268899
21356026	13478244	7877781	4902264	2975518	1019854
7486569	4561239	2925331	1248282	1677049	227083
7119023	4281595	2837428	1257929	1579499	66064
758102	509499	248604	204753	43851	1447618
25417762	16547628	8870134	4407243	4462891	771648
7601233	3765877	3835355	1372727	2462628	545579
2205676	733462	1472213	1006527	465686	
1981357	1129758	851599	562292	289307	100000
4644035	2239327	2404708	833701	1571007	2584925
257048	170970	86077	62911	23166	52839
2651317	1618917	1032400	560764	471636	44673
1039839	472322	567518	254418	313100	48921
1736057	728902	1007156	500895	506260	
7066178	5017453	2048726	1957333	91393	6904040

4-8 教育经费支出明细

地区	合计	个人部分	工资福利支出	对个人和家庭的补助支出	#助学金
合计	**682218087**	**341979435**	**273547850**	**68431585**	**45437754**
北京	23288738	11755038	10004235	1750804	1093141
天津	13487895	6828322	5835333	992989	787746
河北	25691674	14687983	11442635	3245349	2088227
山西	17239899	8749330	6805572	1943758	1280191
内蒙古	12414534	6267735	4934748	1332987	1047632
辽宁	23490078	12458137	10260455	2197683	1546814
吉林	13211227	6320185	5227389	1092795	903707
黑龙江	14687437	8320522	6679875	1640647	1028087
上海	30075227	13919109	11633357	2285752	1943929
江苏	46859089	25160739	20511708	4649030	3128200
浙江	41346211	19302775	15744402	3558373	2095625
安徽	20786565	11247835	8954475	2293361	1412569
福建	20062942	10541317	8535397	2005920	1383965
江西	23842916	12409830	10080185	2329644	1518002
山东	42004089	22426654	17512995	4913659	2437454
河南	39489961	19720845	15566600	4154244	2848824
湖北	24318880	12911177	10408076	2503100	1426289
湖南	22014925	11563347	9077781	2485567	1502064
广东	71508274	31932845	25670768	6262078	3131874
广西	22775477	9870916	7439758	2431158	1899306
海南	5428998	2920729	2470561	450168	365745
重庆	14258666	7838735	6134629	1704106	1293146
四川	26162942	13308850	10627135	2681715	2099811
贵州	14990104	7276452	5165007	2111445	1452620
云南	16632164	9447077	7482702	1964375	1566975
西藏	3425575	1219854	792138	427717	394954
陕西	25368691	12082530	9671497	2411033	1889513
甘肃	10569832	4858144	3708186	1149958	844790
青海	3630890	1425214	1092103	333111	149469
宁夏	2916719	1311401	1021319	290082	196782
新疆	10237468	3895806	3056829	838977	680305
大连	722813	412927	354150	58777	32033
宁波	5046069	2470499	1980351	490148	301250
厦门	1895950	807189	674228	132961	85848
青岛	2206902	470845	393919	76926	68603
深圳	19488272	5518053	4557205	960848	508980

(地方普通高等本科学校)

单位：千元

公用部分	商品和服务支出	其他资本性支出			基本建设支出
			专项公用支出	专项项目支出	
316737838	**184904109**	**131833729**	**68168737**	**63664992**	**23500814**
10170049	7650274	2519775	1943595	576181	1363650
6551920	4078520	2473401	1599133	874268	107652
10381366	6126430	4254936	1845842	2409094	622325
8347053	4116879	4230174	1472813	2757361	143516
6058314	2529996	3528318	1535210	1993108	88485
10592477	6856055	3736422	1915356	1821065	439463
6758592	4095739	2662853	1582196	1080657	132450
6055723	2827714	3228009	973538	2254471	311192
13912230	10878942	3033288	2690432	342856	2243889
21388711	13803335	7585376	3567540	4017836	309639
20547994	12427668	8120327	4276718	3843608	1495442
8919079	4032857	4886222	2761462	2124759	619650
9446548	5471103	3975446	2604575	1370871	75077
11119381	6267207	4852174	2527375	2324799	313705
19253104	11173350	8079754	5806312	2273442	324331
19125809	11029895	8095914	4592109	3503805	643308
11322950	6434349	4888601	2152550	2736051	84753
10076114	6928440	3147674	1885804	1261870	375463
32153097	18279350	13873747	6291655	7582091	7422332
12666744	5601891	7064853	3537971	3526883	237816
2271463	1399700	871763	501799	369963	236806
6312248	4167397	2144850	1199737	945113	107684
12276911	6829638	5447273	2840541	2606732	577181
7486569	4561239	2925331	1248282	1677049	227083
7119023	4281595	2837428	1257929	1579499	66064
758102	509499	248604	204753	43851	1447618
12777879	7008684	5769196	2329123	3440072	508282
5338186	2305131	3033056	921575	2111480	373501
2205676	733462	1472213	1006527	465686	
1530318	919543	610775	412935	197840	75000
3814205	1578227	2235978	683348	1552630	2527457
257048	170970	86077	62911	23166	52839
2530897	1618497	912400	560764	351636	44673
1039839	472322	567518	254418	313100	48921
1736057	728902	1007156	500895	506260	
7066178	5017453	2048726	1957333	91393	6904040

4-9 教育经费支出明细

地区	合计	个人部分	工资福利支出	对个人和家庭的补助支出	#助学金
合计	**237290368**	**120223140**	**99076662**	**21146478**	**14408573**
北京	4385592	2401732	2172841	228891	122686
天津	3964330	2304950	2045730	259220	175206
河北	10546159	4976858	4077202	899656	581787
山西	4691219	2632695	2214022	418672	316584
内蒙古	4939993	2724367	2205826	518541	433184
辽宁	4877381	2820675	2492918	327758	245072
吉林	2822777	1372954	1086868	286086	149964
黑龙江	4227744	2722767	2224244	498523	229364
上海	3262810	1421838	1252616	169222	131714
江苏	19024102	10690717	9332390	1358326	898592
浙江	11959737	6558078	5759101	798977	540056
安徽	9404478	4532931	3537450	995482	650290
福建	6842010	2899767	2454045	445722	339188
江西	8099355	4238655	3583078	655577	493063
山东	15488631	8192082	6685704	1506377	919285
河南	14093776	7016538	5839713	1176824	871200
湖北	10069810	5314204	4286215	1027989	527722
湖南	13321018	6474817	5264908	1209909	762478
广东	23536020	12806880	10750695	2056185	1018078
广西	9004240	3348196	2660138	688058	554090
海南	1217680	673230	572820	100410	88051
重庆	7156921	3485313	2630249	855064	687894
四川	13411565	5851503	4730969	1120534	862106
贵州	6710726	3475855	2464589	1011266	780412
云南	5535077	2572089	2001858	570231	511708
西藏	401845	275202	237210	37993	35416
陕西	6552089	3350319	2704425	645894	512747
甘肃	5121797	1976931	1405510	571421	431870
青海	1384110	393061	333061	60000	38299
宁夏	1185040	647275	489358	157917	139666
新疆	4052333	2070662	1580910	489752	360802
大连	268547	162775	144046	18729	13843
宁波	1401755	667468	598183	69285	50247
厦门	803641	316737	284377	32361	19913
青岛	798375	434341	371385	62956	24496
深圳	3335835	1954640	1692441	262200	134442

（普通高职高专学校）

单位：千元

公用部分	商品和服务支出	其他资本性支出	专项公用支出	专项项目支出	基本建设支出
113310664	**51659481**	**61651183**	**27797138**	**33854045**	**3756563**
1900953	1291319	609634	483259	126375	82907
1659380	983202	676178	498942	177236	
5087989	1912434	3175555	1021454	2154100	481312
1938864	1063920	874944	369339	505605	119661
2020380	992523	1027857	479853	548004	195246
1996307	1193870	802437	504887	297550	60399
1449824	780505	669319	381322	287997	
1450694	988560	462135	269735	192400	54283
1784541	1475227	309314	272945	36369	56431
8264397	4711636	3552761	1873726	1679035	68989
5240521	3057484	2183037	1177599	1005438	161138
4609894	1826121	2783773	1318045	1465728	261653
3878366	1424365	2454001	817538	1636463	63878
3683853	1312123	2371730	979082	1392648	176848
7225485	3396706	3828778	1750418	2078360	71064
6922186	2900465	4021721	2020394	2001327	155052
4755605	2100321	2655285	1090888	1564396	
6687545	2636447	4051098	2188197	1862901	158656
10278596	5169694	5108902	2313066	2795836	450544
5619460	1617258	4002203	1363505	2638698	36584
537483	384685	152798	123749	29049	6967
3545239	1696212	1849026	831217	1017809	126370
7222224	2640439	4581785	2256915	2324870	337839
3153554	1168853	1984701	789633	1195068	81317
2933234	1117565	1815670	341753	1473916	29753
115203	91938	23265	20204	3060	11440
3159374	1559594	1599780	677850	921930	42396
3083991	761543	2322448	546594	1775854	60875
859801	212894	646908	601167	45741	131248
509365	301551	207815	121729	86086	28400
1736357	890029	846327	312133	534195	245315
105772	69307	36465	22604	13861	
652399	398511	253887	155683	98204	81888
456903	221673	235230	52776	182454	30000
364035	187704	176331	67535	108796	
1078927	822191	256735	256587	149	302267

4-10 教育经费支出明细

地区	合计	个人部分			
			工资福利支出	对个人和家庭的补助支出	
					#助学金
合计	**234652515**	**118773591**	**97883408**	**20890183**	**14303490**
北京	4147863	2312966	2094152	218814	113775
天津	3964330	2304950	2045730	259220	175206
河北	10546159	4976858	4077202	899656	581787
山西	4691219	2632695	2214022	418672	316584
内蒙古	4939993	2724367	2205826	518541	433184
辽宁	4877381	2820675	2492918	327758	245072
吉林	2822777	1372954	1086868	286086	149964
黑龙江	3755931	2418683	1938130	480553	222044
上海	3055419	1306800	1149257	157543	124743
江苏	19024102	10690717	9332390	1358326	898592
浙江	11959737	6558078	5759101	798977	540056
安徽	9404478	4532931	3537450	995482	650290
福建	6842010	2899767	2454045	445722	339188
江西	8099355	4238655	3583078	655577	493063
山东	15488631	8192082	6685704	1506377	919285
河南	14093776	7016538	5839713	1176824	871200
湖北	9702228	5076839	4142169	934669	502513
湖南	13209775	6388826	5179078	1209748	762478
广东	23002995	12535140	10513729	2021411	1004243
广西	9004240	3348196	2660138	688058	554090
海南	1217680	673230	572820	100410	88051
重庆	6975599	3393250	2564878	828372	674037
四川	13156587	5727205	4640302	1086903	843979
贵州	6710726	3475855	2464589	1011266	780412
云南	5535077	2572089	2001858	570231	511708
西藏	401845	275202	237210	37993	35416
陕西	6552089	3350319	2704425	645894	512747
甘肃	5121797	1976931	1405510	571421	431870
青海	1384110	393061	333061	60000	38299
宁夏	1185040	647275	489358	157917	139666
新疆	3779565	1940460	1478698	461762	349947
大连	268547	162775	144046	18729	13843
宁波	1401755	667468	598183	69285	50247
厦门	803641	316737	284377	32361	19913
青岛	798375	434341	371385	62956	24496
深圳	3335835	1954640	1692441	262200	134442

(地方普通高职高专学校)

单位：千元

公用部分	商品和服务支出	其他资本性支出			基本建设支出
			专项公用支出	专项项目支出	
112351950	**50948984**	**61402967**	**27668285**	**33734681**	**3526974**
1817284	1223490	593794	467419	126375	17613
1659380	983202	676178	498942	177236	
5087989	1912434	3175555	1021454	2154100	481312
1938864	1063920	874944	369339	505605	119661
2020380	992523	1027857	479853	548004	195246
1996307	1193870	802437	504887	297550	60399
1449824	780505	669319	381322	287997	
1282965	836873	446092	260973	185119	54283
1692188	1395027	297161	262147	35014	56431
8264397	4711636	3552761	1873726	1679035	68989
5240521	3057484	2183037	1177599	1005438	161138
4609894	1826121	2783773	1318045	1465728	261653
3878366	1424365	2454001	817538	1636463	63878
3683853	1312123	2371730	979082	1392648	176848
7225485	3396706	3828778	1750418	2078360	71064
6922186	2900465	4021721	2020394	2001327	155052
4625390	2002484	2622906	1076814	1546091	
6662293	2625582	4036711	2173811	1862901	158656
10149543	5104709	5044834	2277486	2767348	318311
5619460	1617258	4002203	1363505	2638698	36584
537483	384685	152798	123749	29049	6967
3455979	1606953	1849026	831217	1017809	126370
7091544	2542575	4548968	2252657	2296311	337839
3153554	1168853	1984701	789633	1195068	81317
2933234	1117565	1815670	341753	1473916	29753
115203	91938	23265	20204	3060	11440
3159374	1559594	1599780	677850	921930	42396
3083991	761543	2322448	546594	1775854	60875
859801	212894	646908	601167	45741	131248
509365	301551	207815	121729	86086	28400
1625853	840057	785797	286977	498820	213252
105772	69307	36465	22604	13861	
652399	398511	253887	155683	98204	81888
456903	221673	235230	52776	182454	30000
364035	187704	176331	67535	108796	
1078927	822191	256735	256587	149	302267

4-11 教育经费支出明细

地区	合计	个人部分			
			工资福利支出	对个人和家庭的补助支出	
					#助学金
合计	**15743327**	**8643957**	**7759970**	**883987**	**210641**
北京	2333320	1157970	1084304	73666	72
天津	343610	250683	235512	15171	1624
河北	710156	460897	417741	43156	12339
山西	223766	158703	152603	6100	1555
内蒙古	191349	90848	82696	8152	5009
辽宁	527900	329776	312969	16807	1707
吉林	577837	316955	280320	36635	6311
黑龙江	477422	348718	273007	75711	87
上海	1037232	533395	514748	18646	3157
江苏	185878	112412	97630	14783	1431
浙江	1231763	666108	630368	35740	10374
安徽	435538	242741	213987	28754	6791
福建	580758	266331	236356	29976	13431
江西	509693	280167	242444	37723	26782
山东	322304	141821	123292	18529	992
河南	257097	155901	140592	15310	836
湖北	134194	95755	83703	12053	4384
湖南	604111	258468	226651	31816	2601
广东	1732046	968204	798987	169218	12850
广西	373353	160961	141848	19113	5843
海南	108791	55477	47763	7713	7468
重庆	37556	23510	22007	1503	
四川	639742	325230	302103	23127	2497
贵州	302023	164689	122678	42012	29108
云南	434754	218623	182911	35711	34356
西藏					
陕西	710838	400055	370427	29628	18762
甘肃	234800	131113	120873	10240	184
青海	38392	26424	24405	2019	
宁夏					
新疆	447102	302023	277048	24975	90
大连	193955	144821	140095	4726	95
宁波	268433	134368	127287	7081	2956
厦门	3219	1272	1224	49	
青岛	66784	29868	26718	3150	
深圳	131253	85268	62571	22697	162

(成人高等学校)

单位：千元

公用部分	商品和服务支出	其他资本性支出			基本建设支出
			专项公用支出	专项项目支出	
7058165	**5558126**	**1500038**	**861249**	**638790**	**41206**
1175351	994269	181081	93289	87792	
92926	81283	11643	11643		
229820	167853	61967	15813	46154	19439
65063	61041	4022	4006	16	
100501	58401	42100	12170	29930	
196096	181155	14941	14389	552	2029
253191	171718	81473	28880	52593	7691
128341	98842	29499	11987	17513	362
503838	454331	49506	35376	14130	
73466	57093	16373	12635	3738	
565655	401845	163810	76045	87765	
192797	166210	26587	22078	4510	
314427	274956	39471	22746	16725	
229526	123853	105673	56093	49580	
180483	165444	15039	14651	388	
101196	85800	15396	5949	9446	
38439	34880	3559	3166	393	
342643	257964	84679	63087	21592	3000
763842	625693	138149	95279	42870	
212392	108872	103521	103331	189	
53314	46454	6861	5434	1427	
14046	13387	659	659		
314512	245140	69372	22870	46502	
128949	95303	33646	24352	9295	8385
216131	174901	41231	19186	22045	
310783	223274	87509	46340	41169	
103687	69698	33989	20923	13067	
11968	9678	2291	2291		
144780	108789	35991	16581	19409	300
49134	45865	3270	2820	450	
134065	97163	36902	10955	25946	
1947	1317	630	630		
36916	34824	2092	1704	388	
45985	26108	19877	17375	2502	

4-12 教育经费支出明细

地 区	合 计				
		个人部分			
			工资福利支 出	对个人和家庭的补助支出	
					#助学金
合 计	**14370583**	**8100858**	**7249382**	**851475**	**210641**
北 京	1078507	709606	661283	48323	72
天 津	343610	250683	235512	15171	1624
河 北	710156	460897	417741	43156	12339
山 西	223766	158703	152603	6100	1555
内蒙古	191349	90848	82696	8152	5009
辽 宁	511377	315276	298469	16807	1707
吉 林	577837	316955	280320	36635	6311
黑龙江	477422	348718	273007	75711	87
上 海	1037232	533395	514748	18646	3157
江 苏	185878	112412	97630	14783	1431
浙 江	1231763	666108	630368	35740	10374
安 徽	435538	242741	213987	28754	6791
福 建	580758	266331	236356	29976	13431
江 西	509693	280167	242444	37723	26782
山 东	322304	141821	123292	18529	992
河 南	257097	155901	140592	15310	836
湖 北	134194	95755	83703	12053	4384
湖 南	604111	258468	226651	31816	2601
广 东	1732046	968204	798987	169218	12850
广 西	373353	160961	141848	19113	5843
海 南	108791	55477	47763	7713	7468
重 庆	37556	23510	22007	1503	
四 川	639742	325230	302103	23127	2497
贵 州	302023	164689	122678	42012	29108
云 南	434754	218623	182911	35711	34356
西 藏					
陕 西	710838	400055	370427	29628	18762
甘 肃	234800	131113	120873	10240	184
青 海	38392	26424	24405	2019	
宁 夏					
新 疆	345694	221787	203981	17806	90
大 连	193955	144821	140095	4726	95
宁 波	268433	134368	127287	7081	2956
厦 门	3219	1272	1224	49	
青 岛	66784	29868	26718	3150	
深 圳	131253	85268	62571	22697	162

(地方成人高等学校)

单位：千元

公用部分	商品和服务支出	其他资本性支出			基本建设支出
			专项公用支出	专项项目支出	
6228519	**4875873**	**1352647**	**800449**	**552197**	**41206**
368901	333318	35583	34383	1200	
92926	81283	11643	11643		
229820	167853	61967	15813	46154	19439
65063	61041	4022	4006	16	
100501	58401	42100	12170	29930	
194073	179131	14941	14389	552	2029
253191	171718	81473	28880	52593	7691
128341	98842	29499	11987	17513	362
503838	454331	49506	35376	14130	
73466	57093	16373	12635	3738	
565655	401845	163810	76045	87765	
192797	166210	26587	22078	4510	
314427	274956	39471	22746	16725	
229526	123853	105673	56093	49580	
180483	165444	15039	14651	388	
101196	85800	15396	5949	9446	
38439	34880	3559	3166	393	
342643	257964	84679	63087	21592	3000
763842	625693	138149	95279	42870	
212392	108872	103521	103331	189	
53314	46454	6861	5434	1427	
14046	13387	659	659		
314512	245140	69372	22870	46502	
128949	95303	33646	24352	9295	8385
216131	174901	41231	19186	22045	
310783	223274	87509	46340	41169	
103687	69698	33989	20923	13067	
11968	9678	2291	2291		
123607	89510	34098	14688	19409	300
49134	45865	3270	2820	450	
134065	97163	36902	10955	25946	
1947	1317	630	630		
36916	34824	2092	1704	388	
45985	26108	19877	17375	2502	

4-13 教育经费支出明细

地区	合计	个人部分	工资福利支出	对个人和家庭的补助支出	#助学金
合计	**260334897**	**150353873**	**129752952**	**20600921**	**10909973**
北京	6649021	4246788	3916734	330054	70429
天津	2906427	2024188	1872872	151316	50313
河北	15146084	8183115	7364486	818628	364793
山西	5992584	3611965	3300890	311074	198870
内蒙古	4167787	2641410	2242747	398663	252717
辽宁	6178846	3959460	3396639	562820	202524
吉林	3895083	2385624	2047731	337893	159722
黑龙江	4089779	2783800	2298960	484840	86269
上海	6972771	3572257	3281397	290860	213073
江苏	20109726	12679618	11741677	937941	257993
浙江	17123217	10101500	9596311	505189	245414
安徽	9840317	4935594	3792687	1142907	632976
福建	7791860	3972872	3621878	350994	106784
江西	6672419	3014132	2529530	484602	370990
山东	19362053	10883948	9753187	1130761	391426
河南	13965590	7843979	6849703	994276	609007
湖北	7568333	4503597	3876061	627536	327452
湖南	10724512	5818891	4713441	1105450	739924
广东	29249702	18011481	15262283	2749197	521250
广西	8320745	4096688	3514553	582134	407005
海南	2222998	1168638	1026961	141677	113972
重庆	7293789	4071444	3154010	917434	644362
四川	11388292	6788282	5683593	1104690	742551
贵州	5548917	3272257	2472228	800028	648489
云南	8578095	5512878	4293722	1219156	982317
西藏	849640	608201	446222	161979	147593
陕西	5360073	3143188	2631618	511570	350602
甘肃	3770563	2270421	1916198	354222	234870
青海	1587953	650820	484111	166708	113702
宁夏	1196010	600682	458076	142606	128359
新疆	5811710	2996157	2212445	783712	594224
大连	1356998	811251	777092	34159	16006
宁波	3152456	1899844	1816441	83403	35995
厦门	1306968	702423	601462	100960	9345
青岛	3476496	1927671	1756559	171112	37102
深圳	3348956	1898650	1406672	491979	87778

(中等职业学校)

单位：千元

公用部分	商品和服务支出	其他资本性支出	专项公用支出	专项项目支出	基本建设支出
104656975	**54266893**	**50390082**	**22319794**	**28070287**	**5324049**
2385661	1564868	820793	622899	197894	16572
882239	533312	348927	315347	33580	
6894793	2587269	4307524	794588	3512936	68176
2239916	1272765	967151	519764	447387	140704
1427686	816531	611155	304353	306802	98691
2101133	1488224	612909	288413	324496	118254
1457913	772545	685369	337596	347773	51545
1221006	797437	423569	156832	266737	84973
3398145	2630013	768132	617910	150222	2369
7297386	3679611	3617775	1486325	2131450	132721
6192409	3183811	3008598	1474607	1533991	829309
4054806	1944794	2110013	883363	1226649	849917
3749835	1483391	2266445	842371	1424074	69152
3485317	1131813	2353504	749659	1603844	172971
8382361	4056596	4325764	1616681	2709083	95745
5814448	3146584	2667864	1087238	1580626	307163
3046115	1437402	1608713	807341	801372	18620
4759988	2392864	2367124	1022148	1344976	145633
10895820	6399883	4495937	2687638	1808300	342401
3807657	1684676	2122982	1127049	995933	416400
1003996	549845	454151	337768	116383	50364
2917741	1787074	1130667	376931	753736	304603
4504058	2551132	1952926	1044839	908087	95952
2093221	1099544	993677	328982	664695	183439
2914689	1549546	1365143	666740	698404	150528
215352	113834	101518	85122	16397	26087
2193096	1275572	917524	343364	574160	23788
1467783	611329	856454	303191	553263	32360
777963	234518	543445	289485	253961	159170
569328	244621	324707	202753	121954	26000
2505112	1245491	1259622	598499	661122	310442
518162	337192	180970	98054	82916	27585
1038763	609893	428871	188580	240291	213849
552542	347795	204747	157445	47302	52003
1548826	621937	926888	435453	491435	
1360563	1004144	356419	308643	47776	89742

4-14 教育经费支出明细

地区	合计	个人部分			
			工资福利支出	对个人和家庭的补助支出	
					#助学金
合计	**259271389**	**149755284**	**129245485**	**20509799**	**10866924**
北京	6460499	4145031	3823885	321147	67371
天津	2876696	2005544	1854567	150976	50056
河北	15094864	8155812	7337386	818426	364746
山西	5992584	3611965	3300890	311074	198870
内蒙古	4167787	2641410	2242747	398663	252717
辽宁	6178846	3959460	3396639	562820	202524
吉林	3895083	2385624	2047731	337893	159722
黑龙江	4031442	2735146	2253032	482115	85823
上海	6944539	3552946	3262086	290860	213073
江苏	20079795	12657785	11720813	936972	257024
浙江	17123217	10101500	9596311	505189	245414
安徽	9839896	4935203	3792340	1142862	632931
福建	7791860	3972872	3621878	350994	106784
江西	6665271	3008650	2524398	484252	370918
山东	19362053	10883948	9753187	1130761	391426
河南	13950019	7831463	6837451	994012	608783
湖北	7550598	4492504	3870615	621889	325108
湖南	10716998	5813265	4707815	1105450	739924
广东	29206222	17981403	15239426	2741978	520268
广西	8320745	4096688	3514553	582134	407005
海南	2222998	1168638	1026961	141677	113972
重庆	7293343	4071142	3153708	917434	644362
四川	11299780	6743536	5642427	1101109	739286
贵州	5548917	3272257	2472228	800028	648489
云南	8578095	5512878	4293722	1219156	982317
西藏	849640	608201	446222	161979	147593
陕西	5351709	3137713	2626301	511412	350503
甘肃	3770538	2270421	1916198	354222	234870
青海	1587953	650820	484111	166708	113702
宁夏	1196010	600682	458076	142606	128359
新疆	5323391	2750778	2027779	722999	562979
大连	1356998	811251	777092	34159	16006
宁波	3152456	1899844	1816441	83403	35995
厦门	1306968	702423	601462	100960	9345
青岛	3476496	1927671	1756559	171112	37102
深圳	3348956	1898650	1406672	491979	87778

(地方中等职业学校)

单位：千元

公用部分	商品和服务支出	其他资本性支出	专项公用支出	专项项目支出	基本建设支出
104217241	**53968285**	**50248956**	**22255391**	**27993565**	**5298863**
2298895	1485237	813658	615874	197784	16572
871152	522339	348813	315233	33580	
6870876	2568379	4302497	792144	3510353	68176
2239916	1272765	967151	519764	447387	140704
1427686	816531	611155	304353	306802	98691
2101133	1488224	612909	288413	324496	118254
1457913	772545	685369	337596	347773	51545
1211323	788830	422493	156357	266136	84973
3389224	2621092	768132	617910	150222	2369
7289288	3673338	3615950	1484500	2131450	132721
6192409	3183811	3008598	1474607	1533991	829309
4054777	1944764	2110013	883363	1226649	849917
3749835	1483391	2266445	842371	1424074	69152
3483650	1130154	2353496	749652	1603844	172971
8382361	4056596	4325764	1616681	2709083	95745
5811393	3143530	2667864	1087238	1580626	307163
3039474	1430761	1608713	807341	801372	18620
4758100	2391238	2366861	1022138	1344723	145633
10882418	6387421	4494997	2686697	1808300	342401
3807657	1684676	2122982	1127049	995933	416400
1003996	549845	454151	337768	116383	50364
2917597	1786930	1130667	376931	753736	304603
4460292	2530050	1930242	1037633	892609	95952
2093221	1099544	993677	328982	664695	183439
2914689	1549546	1365143	666740	698404	150528
215352	113834	101518	85122	16397	26087
2190207	1272706	917502	343342	574160	23788
1467758	611304	856454	303191	553263	32360
777963	234518	543445	289485	253961	159170
569328	244621	324707	202753	121954	26000
2287357	1129768	1157589	554164	603425	285256
518162	337192	180970	98054	82916	27585
1038763	609893	428871	188580	240291	213849
552542	347795	204747	157445	47302	52003
1548826	621937	926888	435453	491435	
1360563	1004144	356419	308643	47776	89742

4-15 教育经费支出明细

地区	合计	个人部分			
			工资福利支出	对个人和家庭的补助支出	
					#助学金
合计	**122079173**	**69465782**	**59176231**	**10289551**	**5710280**
北京	2453946	1531472	1421163	110309	37701
天津	1705983	1126490	1053008	73483	30442
河北	4535668	2720168	2321032	399136	203216
山西	2289947	1425359	1284609	140750	91516
内蒙古	1631421	969445	807086	162359	129118
辽宁	3392240	2147434	1795159	352275	72782
吉林	1322187	734370	620556	113814	73405
黑龙江	1307600	846202	693424	152778	53248
上海	4333274	2124997	1931113	193884	154306
江苏	14422577	9126364	8443274	683090	185968
浙江	3170823	1755793	1624029	131764	70135
安徽	7865900	3854089	2989926	864163	475099
福建	5473028	3001134	2754881	246252	85784
江西	3899503	1876216	1583736	292480	220584
山东	8892545	5105889	4506983	598906	252107
河南	5268552	2996623	2472250	524373	354695
湖北	4769707	2829004	2441440	387565	216336
湖南	2107641	964288	766712	197575	140344
广东	13741722	8422617	7143697	1278920	290045
广西	6140240	2941201	2510226	430975	308285
海南	1258426	649054	579776	69278	59387
重庆	1311847	659066	476985	182081	120417
四川	4126628	2364300	1944598	419702	278720
贵州	2167221	1181890	818881	363009	291419
云南	3662368	2332340	1706713	625628	520585
西藏	848040	608201	446222	161979	147593
陕西	982364	531654	443132	88521	70718
甘肃	2702275	1559949	1326566	233384	151146
青海	1575129	641490	478697	162793	110032
宁夏	551291	314666	223104	91562	83473
新疆	4169080	2124019	1567256	556763	431675
大连	742816	404410	388956	15454	3589
宁波	882473	461789	434843	26946	14332
厦门	1134846	622501	556326	66175	8609
青岛	453053	217256	189346	27910	1563
深圳	738479	481365	380765	100600	20216

(中等专业学校)

单位：千元

公用部分	商品和服务支出	其他资本性支出			基本建设支出
			专项公用支出	专项项目支出	
49481732	**26245207**	**23236525**	**10381375**	**12855149**	**3131659**
912985	675008	237977	198230	39748	9489
579492	330750	248742	221020	27723	
1768672	1125286	643386	225431	417955	46828
850668	555086	295582	154216	141365	13920
590508	365646	224862	130060	94803	71468
1173029	838148	334881	197982	136899	71777
563628	325108	238520	136472	102048	24189
426778	317432	109346	47975	61372	34621
2206521	1816874	389647	342704	46943	1756
5232517	2682171	2550345	998192	1552153	63697
1127171	520860	606311	209766	396545	287859
3173604	1504129	1669476	665901	1003574	838207
2428203	1041659	1386544	591448	795096	43691
1894256	667019	1227237	472342	754895	129031
3728006	1732272	1995734	686993	1308741	58650
2171074	1356389	814685	309348	505337	100854
1922082	999758	922324	456059	466265	18620
1110434	470134	640300	365704	274596	32920
5191333	2879392	2311940	1162681	1149259	127772
2854388	1200001	1654386	790905	863481	344651
580538	354500	226038	158515	67524	28834
593881	274653	319228	53702	265526	58901
1693972	1043104	650867	297262	353605	68356
861266	373169	488097	125212	362885	124065
1243379	747187	496191	238168	258024	86649
215352	113834	101518	85122	16397	24487
445632	216783	228849	58517	170332	5078
1111366	462249	649117	225032	424085	30960
774469	231146	543323	289404	253920	159170
236625	111148	125478	63232	62246	
1819904	914313	905591	423782	481809	225158
324413	168877	155537	84820	70717	13993
242565	124423	118142	42837	75305	178119
473131	303805	169326	122112	47214	39215
235798	106036	129762	68319	61443	
257114	205571	51543	46131	5412	

4-16 教育经费支出明细

地 区	合 计	个人部分	工资福利支 出	对个人和家庭的补助支出	#助学金
合 计	**121266842**	**69037516**	**58830348**	**10207168**	**5671654**
北 京	2284463	1443413	1340683	102730	34688
天 津	1705983	1126490	1053008	73483	30442
河 北	4484449	2692865	2293931	398933	203168
山 西	2289947	1425359	1284609	140750	91516
内蒙古	1631421	969445	807086	162359	129118
辽 宁	3392240	2147434	1795159	352275	72782
吉 林	1322187	734370	620556	113814	73405
黑龙江	1307600	846202	693424	152778	53248
上 海	4305042	2105687	1911802	193884	154306
江 苏	14422577	9126364	8443274	683090	185968
浙 江	3170823	1755793	1624029	131764	70135
安 徽	7865900	3854089	2989926	864163	475099
福 建	5473028	3001134	2754881	246252	85784
江 西	3892355	1870734	1578604	292130	220512
山 东	8892545	5105889	4506983	598906	252107
河 南	5263594	2992621	2468287	524333	354695
湖 北	4751972	2817911	2435993	381918	213992
湖 南	2107641	964288	766712	197575	140344
广 东	13698242	8392540	7120840	1271700	289063
广 西	6140240	2941201	2510226	430975	308285
海 南	1258426	649054	579776	69278	59387
重 庆	1311847	659066	476985	182081	120417
四 川	4120389	2363377	1944598	418779	277797
贵 州	2167221	1181890	818881	363009	291419
云 南	3662368	2332340	1706713	625628	520585
西 藏	848040	608201	446222	161979	147593
陕 西	982364	531654	443132	88521	70718
甘 肃	2702250	1559949	1326566	233384	151146
青 海	1575129	641490	478697	162793	110032
宁 夏	551291	314666	223104	91562	83473
新 疆	3685267	1882003	1385661	496342	400430
大 连	742816	404410	388956	15454	3589
宁 波	882473	461789	434843	26946	14332
厦 门	1134846	622501	556326	66175	8609
青 岛	453053	217256	189346	27910	1563
深 圳	738479	481365	380765	100600	20216

(地方中等专业学校)

单位：千元

公用部分	商品和服务支出	其他资本性支出	专项公用支出	专项项目支出	基本建设支出
49122853	**26001290**	**23121562**	**10326804**	**12794758**	**3106473**
831562	600720	230842	191204	39637	9489
579492	330750	248742	221020	27723	
1744755	1106396	638359	222987	415372	46828
850668	555086	295582	154216	141365	13920
590508	365646	224862	130060	94803	71468
1173029	838148	334881	197982	136899	71777
563628	325108	238520	136472	102048	24189
426778	317432	109346	47975	61372	34621
2197600	1807953	389647	342704	46943	1756
5232517	2682171	2550345	998192	1552153	63697
1127171	520860	606311	209766	396545	287859
3173604	1504129	1669476	665901	1003574	838207
2428203	1041659	1386544	591448	795096	43691
1892590	665360	1227230	472335	754895	129031
3728006	1732272	1995734	686993	1308741	58650
2170119	1355434	814685	309348	505337	100854
1915441	993117	922324	456059	466265	18620
1110434	470134	640300	365704	274596	32920
5177930	2866930	2311000	1161741	1149259	127772
2854388	1200001	1654386	790905	863481	344651
580538	354500	226038	158515	67524	28834
593881	274653	319228	53702	265526	58901
1688656	1037788	650867	297262	353605	68356
861266	373169	488097	125212	362885	124065
1243379	747187	496191	238168	258024	86649
215352	113834	101518	85122	16397	24487
445632	216783	228849	58517	170332	5078
1111340	462223	649117	225032	424085	30960
774469	231146	543323	289404	253920	159170
236625	111148	125478	63232	62246	
1603292	799554	803738	379627	424111	199972
324413	168877	155537	84820	70717	13993
242565	124423	118142	42837	75305	178119
473131	303805	169326	122112	47214	39215
235798	106036	129762	68319	61443	
257114	205571	51543	46131	5412	

4-17 教育经费支出明细

地区	合计	个人部分			
			工资福利支出	对个人和家庭的补助支出	
					#助学金
合计	**91267780**	**54338291**	**47317266**	**7021026**	**3818305**
北京	2341763	1775805	1617877	157928	8399
天津	620420	475886	436159	39727	5559
河北	8331339	3797196	3531998	265198	131967
山西	2725094	1598464	1474929	123535	90037
内蒙古	2112389	1298838	1110820	188018	120249
辽宁	2176835	1409821	1289227	120594	56237
吉林	1562588	874755	797215	77540	26547
黑龙江	1736403	1180382	952320	228061	28665
上海	2127327	1211157	1127093	84064	53516
江苏	3237175	2168420	2034056	134365	34470
浙江	11664283	7197187	6880117	317071	158377
安徽	1430959	789508	592950	196558	112748
福建	949032	399900	365968	33932	6530
江西	1949849	721491	578718	142773	119311
山东	6435611	3682114	3355187	326927	82431
河南	5019811	2967955	2638832	329124	211482
湖北	2135319	1390238	1184055	206183	100066
湖南	7229956	3981003	3267145	713858	462301
广东	5810296	4097969	3353421	744548	72694
广西	108061	62974	53195	9779	3426
海南	633927	351018	298333	52685	36341
重庆	4027080	2391769	1871586	520183	408388
四川	5821950	3602896	3017857	585040	403350
贵州	2707997	1696997	1315746	381251	305111
云南	2968575	2055369	1654531	400839	312503
西藏	1600				
陕西	2702255	1634440	1351186	283254	189898
甘肃	866411	569733	464700	105033	81105
青海	4690	4123	453	3670	3670
宁夏	644719	286016	234972	51044	44886
新疆	1184064	664864	466620	198245	148043
大连	465162	350278	334128	16150	10597
宁波	1760281	1166040	1120857	45183	20103
厦门					
青岛	2711750	1555299	1416902	138397	35212
深圳	1443912	867973	638953	229020	27394

(职业高中)

单位：千元

公用部分	商品和服务支出	其他资本性支出	专项公用支出	专项项目支出	基本建设支出
35742159	**16689279**	**19052880**	**7175454**	**11877425**	**1187330**
558874	418964	139911	88318	51593	7084
144533	102150	42383	41735	648	
4514237	1064362	3449875	452832	2997043	19906
1022201	533525	488676	235210	253466	104429
786328	405773	380555	169512	211043	27223
734129	474787	259342	74584	184758	32885
672856	287509	385347	143395	241953	14977
539887	300125	239763	87840	151922	16134
915556	587663	327894	229113	98780	613
1045571	421514	624057	197551	426506	23183
4126168	2138366	1987802	1015003	972799	340928
629741	277756	351984	156288	195697	11710
549132	165465	383667	100572	283094	
1184419	301532	882887	200684	682202	43939
2731797	1085287	1646509	609039	1037470	21700
2014728	895563	1119165	470933	648232	37127
745082	349428	395654	193553	202101	
3136241	1563592	1572649	602692	969957	112713
1663924	1112525	551400	354062	197338	48403
45086	15981	29105	14423	14682	
282909	133569	149340	120922	28418	
1574641	941001	633641	242546	391094	60670
2196714	1175752	1020962	507226	513737	22340
955915	500473	455442	159027	296415	55085
849327	420023	429304	155561	273743	63879
					1600
1049105	519388	529718	234291	295426	18710
295278	111719	183559	60966	122593	1400
567	449	118	77	41	
332703	133474	199229	139521	59708	26000
444507	251565	192941	117979	74963	74693
114884	95898	18986	6787	12199	
572593	319248	253346	95864	157481	21648
1156451	404062	752388	353428	398960	
542036	394344	147692	134098	13594	33903

4-18 教育经费支出明细

地区	合计	个人部分	工资福利支出	对个人和家庭的补助支出	#助学金
合计	**91251142**	**54325487**	**47306565**	**7018922**	**3817942**
北京	2341763	1775805	1617877	157928	8399
天津	620420	475886	436159	39727	5559
河北	8331339	3797196	3531998	265198	131967
山西	2725094	1598464	1474929	123535	90037
内蒙古	2112389	1298838	1110820	188018	120249
辽宁	2176835	1409821	1289227	120594	56237
吉林	1562588	874755	797215	77540	26547
黑龙江	1719765	1167577	941619	225958	28303
上海	2127327	1211157	1127093	84064	53516
江苏	3237175	2168420	2034056	134365	34470
浙江	11664283	7197187	6880117	317071	158377
安徽	1430959	789508	592950	196558	112748
福建	949032	399900	365968	33932	6530
江西	1949849	721491	578718	142773	119311
山东	6435611	3682114	3355187	326927	82431
河南	5019811	2967955	2638832	329124	211482
湖北	2135319	1390238	1184055	206183	100066
湖南	7229956	3981003	3267145	713858	462301
广东	5810296	4097969	3353421	744548	72694
广西	108061	62974	53195	9779	3426
海南	633927	351018	298333	52685	36341
重庆	4027080	2391769	1871586	520183	408388
四川	5821950	3602896	3017857	585040	403350
贵州	2707997	1696997	1315746	381251	305111
云南	2968575	2055369	1654531	400839	312503
西藏	1600				
陕西	2702255	1634440	1351186	283254	189898
甘肃	866411	569733	464700	105033	81105
青海	4690	4123	453	3670	3670
宁夏	644719	286016	234972	51044	44886
新疆	1184064	664864	466620	198245	148043
大连	465162	350278	334128	16150	10597
宁波	1760281	1166040	1120857	45183	20103
厦门					
青岛	2711750	1555299	1416902	138397	35212
深圳	1443912	867973	638953	229020	27394

(地方职业高中)

单位：千元

公用部分	商品和服务支出	其他资本性支出			基本建设支出
			专项公用支出	专项项目支出	
35738325	**16686516**	**19051810**	**7174985**	**11876824**	**1187330**
558874	418964	139911	88318	51593	7084
144533	102150	42383	41735	648	
4514237	1064362	3449875	452832	2997043	19906
1022201	533525	488676	235210	253466	104429
786328	405773	380555	169512	211043	27223
734129	474787	259342	74584	184758	32885
672856	287509	385347	143395	241953	14977
536054	297361	238693	87371	151322	16134
915556	587663	327894	229113	98780	613
1045571	421514	624057	197551	426506	23183
4126168	2138366	1987802	1015003	972799	340928
629741	277756	351984	156288	195697	11710
549132	165465	383667	100572	283094	
1184419	301532	882887	200684	682202	43939
2731797	1085287	1646509	609039	1037470	21700
2014728	895563	1119165	470933	648232	37127
745082	349428	395654	193553	202101	
3136241	1563592	1572649	602692	969957	112713
1663924	1112525	551400	354062	197338	48403
45086	15981	29105	14423	14682	
282909	133569	149340	120922	28418	
1574641	941001	633641	242546	391094	60670
2196714	1175752	1020962	507226	513737	22340
955915	500473	455442	159027	296415	55085
849327	420023	429304	155561	273743	63879
					1600
1049105	519388	529718	234291	295426	18710
295278	111719	183559	60966	122593	1400
567	449	118	77	41	
332703	133474	199229	139521	59708	26000
444507	251565	192941	117979	74963	74693
114884	95898	18986	6787	12199	
572593	319248	253346	95864	157481	21648
1156451	404062	752388	353428	398960	
542036	394344	147692	134098	13594	33903

4-19 教育经费支出明细

地区	合计	个人部分	工资福利支出	对个人和家庭的补助支出	#助学金
合计	**39016314**	**23064304**	**20182752**	**2881552**	**1995769**
北京	156685	116296	111457	4838	1969
天津	115842	83829	81654	2175	356
河北	3659294	2059076	1898222	160854	96458
山西	1741122	984414	907313	77101	55659
内蒙古	1471434	880308	759349	120959	78896
辽宁	593123	413132	384761	28371	15538
吉林	655007	336208	308889	27318	14089
黑龙江	694230	492400	407641	84759	16536
上海	190297	115224	106284	8939	7745
江苏	1284900	917644	859729	57914	15399
浙江	4521009	2698383	2559383	139001	79081
安徽	843689	461613	361572	100041	66410
福建	175194	75333	69801	5532	2181
江西	1144678	378299	311707	66592	50398
山东	1790790	1050895	984505	66390	20377
河南	2940060	1664754	1517162	147592	113392
湖北	657112	430650	371311	59340	46412
湖南	3538833	1875223	1563103	312120	244264
广东	675466	457213	415296	41916	8490
广西	92136	61926	53195	8731	2378
海南	240792	135017	116425	18592	12743
重庆	1415665	861063	718264	142799	117328
四川	3156021	1987952	1660396	327556	256300
贵州	1634016	993239	769657	223582	185614
云南	2035633	1422788	1189073	233715	181778
西藏					
陕西	1568269	907631	762235	145396	103271
甘肃	665102	453450	379282	74168	55256
青海	2436	1869	453	1416	1416
宁夏	307426	167357	136976	30381	26074
新疆	1050053	581118	417656	163463	119961
大连	83746	71382	69356	2026	237
宁波	536596	407343	391318	16025	9622
厦门					
青岛	134440	32630	31785	844	495
深圳					

（农村职业高中）

单位：千元

公用部分	商品和服务支出	其他资本性支出			基本建设支出
			专项公用支出	专项项目支出	
15360368	**6965671**	**8394696**	**3220597**	**5174099**	**591642**
35390	29805	5584	5437	147	5000
32013	17173	14839	14839		
1586093	592753	993340	278976	714364	14125
681759	303055	378704	176997	201707	74950
579701	271382	308318	133275	175043	11426
174692	125992	48700	15142	33558	5300
308067	121256	186811	50181	136630	10733
185696	97833	87863	40455	47408	16134
75073	56520	18553	6326	12226	
367257	170707	196549	73718	122831	
1748919	800509	948410	419769	528640	73707
382076	145357	236719	111300	125419	
99861	58438	41423	25491	15932	
722439	132848	589592	127842	461750	43939
724895	297811	427084	142287	284797	15000
1238860	509375	729484	257613	471871	36446
226462	96543	129919	46778	83141	
1618087	739187	878900	313271	565629	45523
218254	118689	99565	35013	64553	
30209	15981	14228	10065	4163	
105774	52728	53047	41618	11429	
554602	382949	171653	111441	60212	
1145729	651707	494022	235892	258130	22340
599462	321937	277525	86527	190998	41315
548966	238227	310740	105031	205708	63879
641928	241616	400311	174977	225335	18710
210251	83865	126387	48654	77732	1400
567	449	118	77	41	
120069	65482	54587	29743	24845	20000
397217	225495	171722	101861	69861	71718
12364	11720	644	408	236	
129254	81681	47573	27766	19807	
101810	11889	89921	22125	67796	

4-20 教育经费支出明细

地 区	合 计				
		个人部分			
			工资福利支出	对个人和家庭的补助支出	
					#助学金
合 计	**39006290**	**23055174**	**20175369**	**2879805**	**1995450**
北 京	156685	116296	111457	4838	1969
天 津	115842	83829	81654	2175	356
河 北	3659294	2059076	1898222	160854	96458
山 西	1741122	984414	907313	77101	55659
内蒙古	1471434	880308	759349	120959	78896
辽 宁	593123	413132	384761	28371	15538
吉 林	655007	336208	308889	27318	14089
黑龙江	684206	483270	400258	83012	16217
上 海	190297	115224	106284	8939	7745
江 苏	1284900	917644	859729	57914	15399
浙 江	4521009	2698383	2559383	139001	79081
安 徽	843689	461613	361572	100041	66410
福 建	175194	75333	69801	5532	2181
江 西	1144678	378299	311707	66592	50398
山 东	1790790	1050895	984505	66390	20377
河 南	2940060	1664754	1517162	147592	113392
湖 北	657112	430650	371311	59340	46412
湖 南	3538833	1875223	1563103	312120	244264
广 东	675466	457213	415296	41916	8490
广 西	92136	61926	53195	8731	2378
海 南	240792	135017	116425	18592	12743
重 庆	1415665	861063	718264	142799	117328
四 川	3156021	1987952	1660396	327556	256300
贵 州	1634016	993239	769657	223582	185614
云 南	2035633	1422788	1189073	233715	181778
西 藏					
陕 西	1568269	907631	762235	145396	103271
甘 肃	665102	453450	379282	74168	55256
青 海	2436	1869	453	1416	1416
宁 夏	307426	167357	136976	30381	26074
新 疆	1050053	581118	417656	163463	119961
大 连	83746	71382	69356	2026	237
宁 波	536596	407343	391318	16025	9622
厦 门					
青 岛	134440	32630	31785	844	495
深 圳					

（地方农村职业高中）

单位：千元

公用部分	商品和服务支出	其他资本性支出	专项公用支出	专项项目支出	基本建设支出
			（其他资本性支出）	（其他资本性支出）	
15359473	**6965362**	**8394111**	**3220303**	**5173808**	**591642**
35390	29805	5584	5437	147	5000
32013	17173	14839	14839		
1586093	592753	993340	278976	714364	14125
681759	303055	378704	176997	201707	74950
579701	271382	308318	133275	175043	11426
174692	125992	48700	15142	33558	5300
308067	121256	186811	50181	136630	10733
184802	97524	87278	40161	47117	16134
75073	56520	18553	6326	12226	
367257	170707	196549	73718	122831	
1748919	800509	948410	419769	528640	73707
382076	145357	236719	111300	125419	
99861	58438	41423	25491	15932	
722439	132848	589592	127842	461750	43939
724895	297811	427084	142287	284797	15000
1238860	509375	729484	257613	471871	36446
226462	96543	129919	46778	83141	
1618087	739187	878900	313271	565629	45523
218254	118689	99565	35013	64553	
30209	15981	14228	10065	4163	
105774	52728	53047	41618	11429	
554602	382949	171653	111441	60212	
1145729	651707	494022	235892	258130	22340
599462	321937	277525	86527	190998	41315
548966	238227	310740	105031	205708	63879
641928	241616	400311	174977	225335	18710
210251	83865	126387	48654	77732	1400
567	449	118	77	41	
120069	65482	54587	29743	24845	20000
397217	225495	171722	101861	69861	71718
12364	11720	644	408	236	
129254	81681	47573	27766	19807	
101810	11889	89921	22125	67796	

4-21 教育经费支出明细

地区	合计	个人部分	工资福利支出	对个人和家庭的补助支出	#助学金
合计	36772993	19552859	16892479	2660380	1294209
北京	1755952	875245	816482	58764	23797
天津	494864	354685	322067	32618	14312
河北	1026433	630838	539346	91492	28119
山西	590565	275528	239066	36462	16653
内蒙古	120404	95397	87606	7791	2155
辽宁	604223	398413	308627	89786	73506
吉林	291840	168826	98521	70304	59502
黑龙江	808540	558030	481709	76321	4234
上海	291436	179741	170035	9706	5236
江苏	2117090	1159900	1062953	96947	33922
浙江	1724397	798154	760249	37906	15751
安徽	357656	186639	124954	61686	41752
福建	1331522	545449	476210	69238	14452
江西	263925	162785	129908	32877	31044
山东	3686449	1829850	1644830	185020	56147
河南	2359011	1031155	945796	85358	23969
湖北	560007	241779	216318	25461	8045
湖南	693533	468311	333988	134324	107610
广东	9362641	5267795	4582507	685289	153572
广西	2012779	1050783	914228	136555	94722
海南	313256	160898	141194	19704	18244
重庆	1232876	588669	425040	163628	112684
四川	956492	484788	413534	71254	49171
贵州	526569	353093	301790	51303	51227
云南	1445259	735406	566767	168640	149180
西藏					
陕西	1356695	734468	606731	127737	88856
甘肃	101847	64026	56114	7912	1972
青海					
宁夏					
新疆	386733	152207	125908	26299	14371
大连	147640	55561	53134	2427	1820
宁波	168385	60427	58756	1671	867
厦门	172122	79922	45137	34785	736
青岛	309851	153762	148984	4778	300
深圳	1115419	518165	364325	153840	36282

(技工学校)

单位：千元

公用部分	商品和服务支出	其他资本性支出			基本建设支出
			专项公用支出	专项项目支出	
16221593	**8915645**	**7305948**	**4401606**	**2904342**	**998541**
880707	439542	441164	334611	106553	
140180	83773	56406	51440	4966	
395595	219137	176458	94361	82097	
292682	113757	178925	127206	51719	22356
25007	21792	3215	3205	10	
192219	173563	18656	15817	2839	13591
111423	67104	44319	44228	91	11591
216292	148627	67665	16128	51538	34218
111695	66844	44851	40352	4499	
911348	497645	413703	279330	134374	45842
725722	343557	382165	224463	157702	200521
171017	94248	76769	55854	20915	
760612	266580	494033	148387	345646	25461
101140	46342	54798	29218	25581	
1841204	1170582	670622	309096	361526	15395
1158674	546088	612586	244424	368162	169182
318228	72406	245821	156555	89266	
225222	127537	97686	23757	73929	
3928619	2318913	1609707	1159051	450655	166226
890246	452385	437861	320994	116867	71749
130828	52489	78339	57898	20441	21530
459175	349576	109599	65133	44466	185033
466449	209342	257107	217352	39755	5256
173476	173476				
709853	286346	423506	267386	156121	
622227	487450	134776	44454	90322	
37821	21216	16606	16606		
223935	65329	158606	54301	104305	10591
78488	72070	6417	6417		13591
93877	52239	41638	40312	1326	14082
79412	43990	35421	35333	89	12789
156089	111351	44738	13706	31032	
541415	385963	155452	127761	27691	55840

4-22 教育经费支出明细

地区	合计	个人部分	工资福利支出	对个人和家庭的补助支出	#助学金
合计	**36572372**	**19415577**	**16761002**	**2654575**	**1290147**
北京	1744103	864154	806719	57435	23753
天津	484306	347753	315475	32278	14055
河北	1026433	630838	539346	91492	28119
山西	590565	275528	239066	36462	16653
内蒙古	120404	95397	87606	7791	2155
辽宁	604223	398413	308627	89786	73506
吉林	291840	168826	98521	70304	59502
黑龙江	769890	524736	448498	76238	4151
上海	291436	179741	170035	9706	5236
江苏	2087159	1138067	1042089	95978	32953
浙江	1724397	798154	760249	37906	15751
安徽	357235	186248	124607	61641	41707
福建	1331522	545449	476210	69238	14452
江西	263925	162785	129908	32877	31044
山东	3686449	1829850	1644830	185020	56147
河南	2348398	1022641	937507	85134	23745
湖北	560007	241779	216318	25461	8045
湖南	686019	462685	328361	134324	107610
广东	9362641	5267795	4582507	685289	153572
广西	2012779	1050783	914228	136555	94722
海南	313256	160898	141194	19704	18244
重庆	1232430	588367	424738	163628	112684
四川	874219	440964	372368	68596	46830
贵州	526569	353093	301790	51303	51227
云南	1445259	735406	566767	168640	149180
西藏					
陕西	1348330	728993	601413	127579	88758
甘肃	101847	64026	56114	7912	1972
青海					
宁夏					
新疆	386733	152207	125908	26299	14371
大连	147640	55561	53134	2427	1820
宁波	168385	60427	58756	1671	867
厦门	172122	79922	45137	34785	736
青岛	309851	153762	148984	4778	300
深圳	1115419	518165	364325	153840	36282

(地方技工学校)

单位：千元

公用部分	商品和服务支出	其他资本性支出	专项公用支出	专项项目支出	基本建设支出
16158254	**8877113**	**7281141**	**4392530**	**2888612**	**998541**
879948	438784	441164	334611	106553	
136553	80160	56393	51427	4966	
395595	219137	176458	94361	82097	
292682	113757	178925	127206	51719	22356
25007	21792	3215	3205	10	
192219	173563	18656	15817	2839	13591
111423	67104	44319	44228	91	11591
210936	143271	67665	16128	51538	34218
111695	66844	44851	40352	4499	
903250	491372	411878	277505	134374	45842
725722	343557	382165	224463	157702	200521
170987	94218	76769	55854	20915	
760612	266580	494033	148387	345646	25461
101140	46342	54798	29218	25581	
1841204	1170582	670622	309096	361526	15395
1156575	543989	612586	244424	368162	169182
318228	72406	245821	156555	89266	
223334	125911	97423	23748	73676	
3928619	2318913	1609707	1159051	450655	166226
890246	452385	437861	320994	116867	71749
130828	52489	78339	57898	20441	21530
459031	349432	109599	65133	44466	185033
427999	193575	234424	210147	24277	5256
173476	173476				
709853	286346	423506	267386	156121	
619338	484584	134754	44431	90322	
37821	21216	16606	16606		
223935	65329	158606	54301	104305	10591
78488	72070	6417	6417		13591
93877	52239	41638	40312	1326	14082
79412	43990	35421	35333	89	12789
156089	111351	44738	13706	31032	
541415	385963	155452	127761	27691	55840

4-23 教育经费支出明细

地区	合计	个人部分	工资福利支出	对个人和家庭的补助支出	#助学金
合计	**10214950**	**6996941**	**6366976**	**629965**	**87179**
北京	97360	64266	61212	3054	532
天津	85161	67127	61638	5489	
河北	1252644	1034913	972110	62803	1492
山西	386978	312613	302286	10327	664
内蒙古	303572	277730	237236	40494	1196
辽宁	5548	3792	3627	165	
吉林	718468	607674	531438	76236	268
黑龙江	237235	199186	171507	27680	121
上海	220735	56361	53155	3206	15
江苏	332884	224934	201395	23539	3633
浙江	563714	350365	331916	18449	1150
安徽	185802	105358	84857	20501	3377
福建	38278	26390	24819	1571	18
江西	559142	253640	237168	16472	51
山东	347448	266094	246186	19908	741
河南	1318217	848246	792825	55421	18861
湖北	103300	42576	34249	8328	3005
湖南	693381	405290	345596	59694	29669
广东	335043	223099	182658	40441	4940
广西	59666	41729	36904	4825	572
海南	17388	7668	7657	10	
重庆	721985	431941	380400	51541	2873
四川	483222	336298	307604	28694	11310
贵州	147130	40277	35812	4465	732
云南	501893	389762	365713	24049	49
西藏					
陕西	318760	242627	230570	12058	1129
甘肃	100030	76712	68819	7894	648
青海	8133	5207	4962	245	
宁夏					
新疆	71834	55066	52660	2406	134
大连	1379	1002	873	129	
宁波	341317	211589	201986	9603	694
厦门					
青岛	1843	1354	1327	27	27
深圳	51146	31147	22628	8519	3887

(成人中等专业学校)

单位：千元

公用部分	商品和服务支出	其他资本性支出	专项公用支出	专项项目支出	基本建设支出
3211491	**2416761**	**794730**	**361359**	**433371**	**6519**
33094	31353	1741	1741		
18034	16639	1395	1153	243	
216289	178484	37805	21964	15841	1442
74365	70397	3968	3132	836	
25843	23320	2523	1576	946	
1756	1726	29	29		
110007	92824	17183	13501	3682	787
38049	31254	6795	4890	1905	
164373	158632	5741	5741		
107950	78281	29669	11253	18416	
213348	181028	32320	25375	6945	
80445	68661	11784	5320	6464	
11888	9687	2201	1964	237	
305502	116921	188581	47415	141167	
81354	68456	12898	11553	1345	
469971	348544	121427	62532	58895	
60724	15809	44914	1174	43740	
288091	231601	56490	29995	26495	
111943	89053	22891	11844	11047	
17937	16308	1629	727	902	
9721	9287	434	434		
290045	221845	68200	15550	52650	
146924	122935	23989	22998	991	
102564	52425	50139	44744	5395	4289
112131	95989	16141	5625	10516	
76133	51952	24181	6102	18079	
23318	16146	7173	588	6585	
2926	2922	4	4		
16767	14284	2484	2438	46	
377	348	29	29		
129728	113984	15744	9566	6178	
489	489				
19999	18267	1732	653	1079	

4-24 教育经费支出明细

地区	合计	个人部分	工资福利支出	对个人和家庭的补助支出	#助学金
合计	**10181032**	**6976704**	**6347570**	**629134**	**87179**
北京	90170	61659	58605	3054	532
天津	65988	55414	49925	5489	
河北	1252644	1034913	972110	62803	1492
山西	386978	312613	302286	10327	664
内蒙古	303572	277730	237236	40494	1196
辽宁	5548	3792	3627	165	
吉林	718468	607674	531438	76236	268
黑龙江	234186	196631	169490	27141	121
上海	220735	56361	53155	3206	15
江苏	332884	224934	201395	23539	3633
浙江	563714	350365	331916	18449	1150
安徽	185802	105358	84857	20501	3377
福建	38278	26390	24819	1571	18
江西	559142	253640	237168	16472	51
山东	347448	266094	246186	19908	741
河南	1318217	848246	792825	55421	18861
湖北	103300	42576	34249	8328	3005
湖南	693381	405290	345596	59694	29669
广东	335043	223099	182658	40441	4940
广西	59666	41729	36904	4825	572
海南	17388	7668	7657	10	
重庆	721985	431941	380400	51541	2873
四川	483222	336298	307604	28694	11310
贵州	147130	40277	35812	4465	732
云南	501893	389762	365713	24049	49
西藏					
陕西	318760	242627	230570	12058	1129
甘肃	100030	76712	68819	7894	648
青海	8133	5207	4962	245	
宁夏					
新疆	67327	51704	49590	2114	134
大连	1379	1002	873	129	
宁波	341317	211589	201986	9603	694
厦门					
青岛	1843	1354	1327	27	27
深圳	51146	31147	22628	8519	3887

（地方成人中等专业学校）

单位：千元

公用部分	商品和服务支出	其他资本性支出		基本建设支出
		专项公用支出	专项项目支出	

公用部分	商品和服务支出	其他资本性支出	专项公用支出	专项项目支出	基本建设支出
3197809	**2403366**	**794443**	**361073**	**433371**	**6519**
28511	26770	1741	1741		
10574	9279	1295	1052	243	
216289	178484	37805	21964	15841	1442
74365	70397	3968	3132	836	
25843	23320	2523	1576	946	
1756	1726	29	29		
110007	92824	17183	13501	3682	787
37555	30766	6789	4884	1905	
164373	158632	5741	5741		
107950	78281	29669	11253	18416	
213348	181028	32320	25375	6945	
80445	68661	11784	5320	6464	
11888	9687	2201	1964	237	
305502	116921	188581	47415	141167	
81354	68456	12898	11553	1345	
469971	348544	121427	62532	58895	
60724	15809	44914	1174	43740	
288091	231601	56490	29995	26495	
111943	89053	22891	11844	11047	
17937	16308	1629	727	902	
9721	9287	434	434		
290045	221845	68200	15550	52650	
146924	122935	23989	22998	991	
102564	52425	50139	44744	5395	4289
112131	95989	16141	5625	10516	
76133	51952	24181	6102	18079	
23318	16146	7173	588	6585	
2926	2922	4	4		
15623	13320	2304	2258	46	
377	348	29	29		
129728	113984	15744	9566	6178	
489	489				
19999	18267	1732	653	1079	

4-25 教育经费支出明细

地区	合计	个人部分			
			工资福利支出	对个人和家庭的补助支出	
					#助学金
合计	**1386792703**	**957582650**	**860647469**	**96935181**	**46381730**
北京	37213993	24378387	23163683	1214704	160637
天津	16440097	12338569	11819153	519416	95267
河北	60412908	41271996	37757604	3514392	1854089
山西	30148922	21186877	19846337	1340540	811807
内蒙古	23666665	16533515	14725734	1807781	993889
辽宁	30159170	23350468	21915145	1435323	379260
吉林	19393241	13704442	12312019	1392423	441216
黑龙江	26293416	20256734	17408786	2847949	416222
上海	35808689	21990643	21204120	786523	504838
江苏	91849208	66549972	61819515	4730457	1293266
浙江	78853966	52455097	49658268	2796829	1482884
安徽	53677617	37711223	32671113	5040110	1718025
福建	40431036	26799987	25233226	1566761	759581
江西	46130594	25941224	23330854	2610370	1583053
山东	93350188	66246266	60831080	5415186	1621427
河南	84147701	54795224	48696363	6098861	3593661
湖北	50901795	36229643	32935898	3293745	1206306
湖南	57869462	38157289	33585470	4571819	2247748
广东	142469261	99693064	87457781	12235282	2486811
广西	42038548	27693350	23880133	3813217	2649191
海南	12838470	7740140	7160043	580097	285996
重庆	36618568	25957100	22924875	3032225	1661744
四川	70553607	50705463	44205028	6500436	3820914
贵州	42888346	31354037	26315947	5038090	3618648
云南	47141052	35789036	30944547	4844489	4031945
西藏	7098649	5453652	4389368	1064284	974955
陕西	34360060	21283478	18955568	2327910	1601486
甘肃	23541891	17643184	15497646	2145539	1289682
青海	9386845	6113661	5365339	748322	468079
宁夏	7797790	5264489	4749841	514648	390296
新疆	33310946	22994441	19886986	3107455	1938805
大连	5910362	4848460	4653981	194479	39641
宁波	10390588	7543853	7146876	396977	231397
厦门	5339482	3666085	3379458	286627	63746
青岛	12126282	8612963	7896231	716732	108501
深圳	26988613	16021883	12643921	3377962	402231

(中学)

单位：千元

公用部分	商品和服务支出	其他资本性支出			基本建设支出
			专项公用支出	专项项目支出	
404810430	**193518177**	**211292253**	**60942055**	**150350198**	**24399623**
11183862	7870690	3313172	1934871	1378301	1651744
4101528	2167815	1933714	458102	1475612	
18784870	8299701	10485169	2606241	7878928	356042
8782557	4989817	3792740	1185885	2606854	179489
6405991	3177332	3228659	961138	2267522	727159
6577753	4220217	2357536	890175	1467360	230949
5474739	2550345	2924394	741383	2183011	214060
5897115	3624732	2272383	543269	1729114	139566
13483059	8478093	5004966	2438148	2566818	334987
24964919	10347511	14617408	3635645	10981763	334317
24782779	11025623	13757156	4246873	9510283	1616090
15568703	6819838	8748866	2040494	6708372	397691
13125710	5335981	7789729	2095790	5693939	505339
19517849	4446841	15071008	3160518	11910490	671521
26950680	11230998	15719682	3626478	12093204	153242
28059889	12920728	15139161	3200240	11938921	1292588
14670335	6064820	8605515	2290453	6315062	1818
19354682	8591914	10762768	2797921	7964848	357490
37020853	24773330	12247523	5279271	6968252	5755344
13331763	5125901	8205862	2404989	5800874	1013434
4825714	2140827	2684887	1241067	1443820	272616
9520425	5565458	3954967	1387486	2567481	1141043
19379160	10470356	8908803	3358833	5549970	468984
11189762	5168098	6021664	1871285	4150379	344548
10656935	4918169	5738766	1331930	4406835	695081
1471099	580999	890100	217060	673040	173898
11183141	4851034	6332107	1545512	4786595	1893441
5632051	2426282	3205768	901622	2304146	266656
2614811	817261	1797550	422219	1375331	658373
2479056	1012682	1466374	714153	752221	54245
7818639	3504784	4313855	1413004	2900852	2497865
973263	773007	200256	158330	41926	88639
2823829	1451869	1371960	433292	938668	22907
1422739	868424	554315	316756	237559	250658
3513319	1609453	1903866	936675	967191	
6206702	5276469	930233	793515	136718	4760028

4-26 教育经费支出明细

地区	合计	个人部分	工资福利支出	对个人和家庭的补助支出	#助学金
合计	**1380021977**	**952967903**	**856648659**	**96319245**	**46226214**
北京	35365367	23286453	22123048	1163405	154714
天津	16440097	12338569	11819153	519416	95267
河北	60412908	41271996	37757604	3514392	1854089
山西	30148922	21186877	19846337	1340540	811807
内蒙古	23666665	16533515	14725734	1807781	993889
辽宁	30159170	23350468	21915145	1435323	379260
吉林	19214064	13594708	12216178	1378530	441199
黑龙江	26008053	20038375	17240393	2797982	412848
上海	35570971	21823944	21040877	783067	503731
江苏	91849208	66549972	61819515	4730457	1293266
浙江	78853966	52455097	49658268	2796829	1482884
安徽	53677617	37711223	32671113	5040110	1718025
福建	40431036	26799987	25233226	1566761	759581
江西	46130594	25941224	23330854	2610370	1583053
山东	93350188	66246266	60831080	5415186	1621427
河南	84142126	54790378	48693038	6097341	3593609
湖北	50543658	35982349	32739557	3242792	1206090
湖南	57804502	38104003	33533025	4570977	2247263
广东	142469261	99693064	87457781	12235282	2486811
广西	42038548	27693350	23880133	3813217	2649191
海南	12838470	7740140	7160043	580097	285996
重庆	36464075	25837014	22814464	3022550	1661010
四川	70522289	50677716	44177408	6500309	3820787
贵州	42888346	31354037	26315947	5038090	3618648
云南	47141052	35789036	30944547	4844489	4031945
西藏	7098649	5453652	4389368	1064284	974955
陕西	34199880	21158835	18844358	2314478	1600790
甘肃	23526417	17628981	15484676	2144305	1289568
青海	9386845	6113661	5365339	748322	468079
宁夏	7797790	5264489	4749841	514648	390296
新疆	29881242	20558526	17870610	2687916	1796134
大连	5910362	4848460	4653981	194479	39641
宁波	10390588	7543853	7146876	396977	231397
厦门	5339482	3666085	3379458	286627	63746
青岛	12126282	8612963	7896231	716732	108501
深圳	26988613	16021883	12643921	3377962	402231

(地方中学)

单位：千元

公用部分	商品和服务支出	其他资本性支出			基本建设支出
			专项公用支出	专项项目支出	
402733363	**192279054**	**210454308**	**60536820**	**149917488**	**24320712**
10427169	7332474	3094695	1737627	1357069	1651744
4101528	2167815	1933714	458102	1475612	
18784870	8299701	10485169	2606241	7878928	356042
8782557	4989817	3792740	1185885	2606854	179489
6405991	3177332	3228659	961138	2267522	727159
6577753	4220217	2357536	890175	1467360	230949
5405296	2497870	2907426	732114	2175312	214060
5830112	3576501	2253611	538852	1714759	139566
13412040	8422516	4989525	2423097	2566428	334987
24964919	10347511	14617408	3635645	10981763	334317
24782779	11025623	13757156	4246873	9510283	1616090
15568703	6819838	8748866	2040494	6708372	397691
13125710	5335981	7789729	2095790	5693939	505339
19517849	4446841	15071008	3160518	11910490	671521
26950680	11230998	15719682	3626478	12093204	153242
28059159	12920001	15139158	3200237	11938921	1292588
14559491	5967412	8592079	2277018	6315062	1818
19343008	8580958	10762051	2797203	7964848	357490
37020853	24773330	12247523	5279271	6968252	5755344
13331763	5125901	8205862	2404989	5800874	1013434
4825714	2140827	2684887	1241067	1443820	272616
9486018	5541732	3944286	1376804	2567481	1141043
19375589	10468063	8907526	3357556	5549970	468984
11189762	5168098	6021664	1871285	4150379	344548
10656935	4918169	5738766	1331930	4406835	695081
1471099	580999	890100	217060	673040	173898
11147604	4823583	6324021	1541509	4782512	1893441
5630781	2425495	3205286	901237	2304049	266656
2614811	817261	1797550	422219	1375331	658373
2479056	1012682	1466374	714153	752221	54245
6903762	3123509	3780253	1264253	2516000	2418954
973263	773007	200256	158330	41926	88639
2823829	1451869	1371960	433292	938668	22907
1422739	868424	554315	316756	237559	250658
3513319	1609453	1903866	936675	967191	
6206702	5276469	930233	793515	136718	4760028

4-27 教育经费支出明细

地区	合计	个人部分	工资福利支出	对个人和家庭的补助支出	#助学金
合计	**1386062428**	**957135919**	**860231894**	**96904025**	**46381721**
北京	37159670	24343587	23132316	1211271	160637
天津	16409458	12308688	11789704	518984	95267
河北	60412908	41271996	37757604	3514392	1854089
山西	30148922	21186877	19846337	1340540	811807
内蒙古	23666665	16533515	14725734	1807781	993889
辽宁	30159170	23350468	21915145	1435323	379260
吉林	19390846	13702333	12310392	1391941	441216
黑龙江	26293416	20256734	17408786	2847949	416222
上海	35802673	21986147	21200150	785997	504838
江苏	91598465	66433140	61708533	4724606	1293257
浙江	78550893	52257308	49471275	2786034	1482884
安徽	53677617	37711223	32671113	5040110	1718025
福建	40431036	26799987	25233226	1566761	759581
江西	46130594	25941224	23330854	2610370	1583053
山东	93350188	66246266	60831080	5415186	1621427
河南	84147701	54795224	48696363	6098861	3593661
湖北	50894869	36223257	32929517	3293740	1206306
湖南	57865413	38154618	33583106	4571511	2247748
广东	142397189	99641335	87415339	12225996	2486811
广西	42038548	27693350	23880133	3813217	2649191
海南	12838470	7740140	7160043	580097	285996
重庆	36618568	25957100	22924875	3032225	1661744
四川	70553567	50705424	44205028	6500396	3820914
贵州	42888346	31354037	26315947	5038090	3618648
云南	47141052	35789036	30944547	4844489	4031945
西藏	7098649	5453652	4389368	1064284	974955
陕西	34360060	21283478	18955568	2327910	1601486
甘肃	23541891	17643184	15497646	2145539	1289682
青海	9386845	6113661	5365339	748322	468079
宁夏	7797790	5264489	4749841	514648	390296
新疆	33310946	22994441	19886986	3107455	1938805
大连	5910362	4848460	4653981	194479	39641
宁波	10390588	7543853	7146876	396977	231397
厦门	5339482	3666085	3379458	286627	63746
青岛	12126282	8612963	7896231	716732	108501
深圳	26988613	16021883	12643921	3377962	402231

(普通中学)

单位：千元

公用部分	商品和服务支出	其他资本性支出			基本建设支出
			专项公用支出	专项项目支出	
404528315	**193338672**	**211189643**	**60923207**	**150266436**	**24398193**
11164338	7851879	3312459	1934158	1378301	1651744
4100770	2167160	1933609	457997	1475612	
18784870	8299701	10485169	2606241	7878928	356042
8782557	4989817	3792740	1185885	2606854	179489
6405991	3177332	3228659	961138	2267522	727159
6577753	4220217	2357536	890175	1467360	230949
5474453	2550108	2924345	741335	2183011	214060
5897115	3624732	2272383	543269	1729114	139566
13481540	8476702	5004838	2438019	2566818	334987
24831009	10284593	14546416	3630288	10916128	334317
24678925	10944480	13734445	4238826	9495619	1614660
15568703	6819838	8748866	2040494	6708372	397691
13125710	5335981	7789729	2095790	5693939	505339
19517849	4446841	15071008	3160518	11910490	671521
26950680	11230998	15719682	3626478	12093204	153242
28059889	12920728	15139161	3200240	11938921	1292588
14669795	6064289	8605505	2290444	6315062	1818
19353305	8590539	10762766	2797918	7964848	357490
37000509	24760886	12239623	5274834	6964789	5755344
13331763	5125901	8205862	2404989	5800874	1013434
4825714	2140827	2684887	1241067	1443820	272616
9520425	5565458	3954967	1387486	2567481	1141043
19379160	10470356	8908803	3358833	5549970	468984
11189762	5168098	6021664	1871285	4150379	344548
10656935	4918169	5738766	1331930	4406835	695081
1471099	580999	890100	217060	673040	173898
11183141	4851034	6332107	1545512	4786595	1893441
5632051	2426282	3205768	901622	2304146	266656
2614811	817261	1797550	422219	1375331	658373
2479056	1012682	1466374	714153	752221	54245
7818639	3504784	4313855	1413004	2900852	2497865
973263	773007	200256	158330	41926	88639
2823829	1451869	1371960	433292	938668	22907
1422739	868424	554315	316756	237559	250658
3513319	1609453	1903866	936675	967191	
6206702	5276469	930233	793515	136718	4760028

4-28 教育经费支出明细

地 区	合 计	个人部分	工资福利支出	对个人和家庭的补助支出	#助学金
合 计	**1379291702**	**952521173**	**856233083**	**96288089**	**46226205**
北 京	35311043	23251654	22091681	1159973	154714
天 津	16409458	12308688	11789704	518984	95267
河 北	60412908	41271996	37757604	3514392	1854089
山 西	30148922	21186877	19846337	1340540	811807
内蒙古	23666665	16533515	14725734	1807781	993889
辽 宁	30159170	23350468	21915145	1435323	379260
吉 林	19211670	13592599	12214551	1378048	441199
黑龙江	26008053	20038375	17240393	2797982	412848
上 海	35564955	21819448	21036907	782542	503731
江 苏	91598465	66433140	61708533	4724606	1293257
浙 江	78550893	52257308	49471275	2786034	1482884
安 徽	53677617	37711223	32671113	5040110	1718025
福 建	40431036	26799987	25233226	1566761	759581
江 西	46130594	25941224	23330854	2610370	1583053
山 东	93350188	66246266	60831080	5415186	1621427
河 南	84142126	54790378	48693038	6097341	3593609
湖 北	50536732	35975963	32733176	3242787	1206090
湖 南	57800453	38101331	33530662	4570670	2247263
广 东	142397189	99641335	87415339	12225996	2486811
广 西	42038548	27693350	23880133	3813217	2649191
海 南	12838470	7740140	7160043	580097	285996
重 庆	36464075	25837014	22814464	3022550	1661010
四 川	70522250	50677677	44177408	6500269	3820787
贵 州	42888346	31354037	26315947	5038090	3618648
云 南	47141052	35789036	30944547	4844489	4031945
西 藏	7098649	5453652	4389368	1064284	974955
陕 西	34199880	21158835	18844358	2314478	1600790
甘 肃	23526417	17628981	15484676	2144305	1289568
青 海	9386845	6113661	5365339	748322	468079
宁 夏	7797790	5264489	4749841	514648	390296
新 疆	29881242	20558526	17870610	2687916	1796134
大 连	5910362	4848460	4653981	194479	39641
宁 波	10390588	7543853	7146876	396977	231397
厦 门	5339482	3666085	3379458	286627	63746
青 岛	12126282	8612963	7896231	716732	108501
深 圳	26988613	16021883	12643921	3377962	402231

（地方普通中学）

单位：千元

公用部分	商品和服务支出	其他资本性支出	专项公用支出	专项项目支出	基本建设支出
402451248	**192099549**	**210351699**	**60517972**	**149833727**	**24319282**
10407645	7313663	3093982	1736913	1357069	1651744
4100770	2167160	1933609	457997	1475612	
18784870	8299701	10485169	2606241	7878928	356042
8782557	4989817	3792740	1185885	2606854	179489
6405991	3177332	3228659	961138	2267522	727159
6577753	4220217	2357536	890175	1467360	230949
5405010	2497632	2907377	732065	2175312	214060
5830112	3576501	2253611	538852	1714759	139566
13410521	8421124	4989396	2422969	2566428	334987
24831009	10284593	14546416	3630288	10916128	334317
24678925	10944480	13734445	4238826	9495619	1614660
15568703	6819838	8748866	2040494	6708372	397691
13125710	5335981	7789729	2095790	5693939	505339
19517849	4446841	15071008	3160518	11910490	671521
26950680	11230998	15719682	3626478	12093204	153242
28059159	12920001	15139158	3200237	11938921	1292588
14558951	5966881	8592070	2277008	6315062	1818
19341631	8579583	10762048	2797200	7964848	357490
37000509	24760886	12239623	5274834	6964789	5755344
13331763	5125901	8205862	2404989	5800874	1013434
4825714	2140827	2684887	1241067	1443820	272616
9486018	5541732	3944286	1376804	2567481	1141043
19375589	10468063	8907526	3357556	5549970	468984
11189762	5168098	6021664	1871285	4150379	344548
10656935	4918169	5738766	1331930	4406835	695081
1471099	580999	890100	217060	673040	173898
11147604	4823583	6324021	1541509	4782512	1893441
5630781	2425495	3205286	901237	2304049	266656
2614811	817261	1797550	422219	1375331	658373
2479056	1012682	1466374	714153	752221	54245
6903762	3123509	3780253	1264253	2516000	2418954
973263	773007	200256	158330	41926	88639
2823829	1451869	1371960	433292	938668	22907
1422739	868424	554315	316756	237559	250658
3513319	1609453	1903866	936675	967191	
6206702	5276469	930233	793515	136718	4760028

4-29 教育经费支出明细

地区	合计	个人部分	工资福利支出	对个人和家庭的补助支出	#助学金
合计	**506688175**	**341326929**	**310748323**	**30578606**	**14248466**
北京	14981776	9439128	8959864	479264	42650
天津	6465258	4689019	4543908	145112	30720
河北	22692327	14917039	13783579	1133460	625890
山西	12583220	8347233	7784359	562874	345767
内蒙古	9863363	6449937	5724145	725792	474170
辽宁	11082925	8141282	7696511	444771	132527
吉林	6439920	4432238	4033604	398634	173551
黑龙江	8863669	6548482	5804218	744263	165265
上海	12499618	7473019	7268210	204809	102377
江苏	33512364	23631838	22183120	1448718	304186
浙江	29580672	19731604	18956615	774989	308616
安徽	19176912	13553353	12029529	1523825	526161
福建	14102696	9365764	8860064	505700	161870
江西	16343862	9264509	8377190	887318	465102
山东	31682136	22548991	21205607	1343385	393200
河南	29051619	18038046	16307498	1730548	1113650
湖北	19845985	13511001	12481035	1029966	365938
湖南	21847242	13755558	12361551	1394007	638623
广东	53155262	37190129	32895785	4294343	721145
广西	14654641	9152877	8045825	1107052	730451
海南	4804167	2650442	2507799	142643	84513
重庆	13843733	9719196	8746774	972422	525546
四川	24549183	17684763	15699568	1985195	1162547
贵州	16613646	11019158	9343685	1675473	1180209
云南	15614741	11341101	9939451	1401649	1080909
西藏	2571568	1826548	1464161	362387	323124
陕西	13368959	8100174	7278737	821437	513123
甘肃	9055907	6750025	6031261	718764	434271
青海	3809419	2252448	2016551	235897	140466
宁夏	2756922	1970145	1800003	170142	137780
新疆	11274461	7831883	6618117	1213766	844120
大连	2176601	1788780	1717202	71577	12981
宁波	3993749	2770520	2654785	115735	57866
厦门	1865825	1295457	1184453	111004	8077
青岛	4108203	2936253	2749018	187235	44298
深圳	9306989	5977771	4693921	1283849	102390

(普通高中)

单位：千元

公用部分	商品和服务支出	其他资本性支出			基本建设支出
			专项公用支出	专项项目支出	
156525321	**79875723**	**76649598**	**25544916**	**51104682**	**8835925**
4720362	3194757	1525605	890268	635337	822286
1776239	980237	796002	234957	561045	
7567993	3519952	4048041	925921	3122120	207294
4138453	2149550	1988903	572558	1416344	97534
2931627	1500018	1431609	428095	1003514	481798
2856315	1851699	1004616	384373	620243	85328
1836884	1128548	708336	237253	471082	170798
2216164	1385504	830660	198055	632605	99024
4848952	3003145	1845807	837346	1008460	177648
9637397	4125024	5512372	1703667	3808706	243130
9312253	4484854	4827399	1827562	2999837	536815
5516350	2759049	2757301	794689	1962612	107209
4536998	2196613	2340384	880364	1460021	199935
6818792	1938910	4879882	1270738	3609144	260561
9095259	4622427	4472833	1229811	3243022	37886
10569721	5475105	5094615	1417035	3677580	443852
6334984	2560135	3774849	1398328	2376521	
7992977	3724419	4268558	1255706	3012853	98707
14702371	9900138	4802232	2232153	2570079	1262763
4971276	2004500	2966777	1048887	1917890	530488
2096464	798043	1298421	525872	772549	57261
3859428	2409920	1449508	508915	940594	265109
6696747	4145021	2551725	1173255	1378470	167673
5350415	2335176	3015239	1005370	2009870	244073
4021704	2059329	1962375	601291	1361084	251937
585844	225403	360441	68173	292268	159177
4570651	2338967	2231685	625750	1605935	698134
2177635	1071473	1106163	277075	829087	128247
1210309	325324	884985	247021	637964	346661
760977	400492	360484	202743	157741	25800
2813780	1261991	1551789	541685	1010105	628797
381041	297283	83758	72810	10948	6781
1222439	668904	553536	194669	358867	790
547076	353262	193815	124302	69513	23291
1171950	667267	504684	189474	315210	
2417822	2120632	297191	270164	27026	911396

4-30 教育经费支出明细

地区	合计	个人部分	工资福利支出	对个人和家庭的补助支出	#助学金
合计	**502974834**	**338951748**	**308662841**	**30288907**	**14181922**
北京	13687091	8682422	8239364	443057	36883
天津	6465258	4689019	4543908	145112	30720
河北	22692327	14917039	13783579	1133460	625890
山西	12583220	8347233	7784359	562874	345767
内蒙古	9863363	6449937	5724145	725792	474170
辽宁	11082925	8141282	7696511	444771	132527
吉林	6260744	4322505	3937763	384742	173533
黑龙江	8732159	6449461	5728525	720936	162643
上海	12305649	7337622	7135905	201717	101270
江苏	33512364	23631838	22183120	1448718	304186
浙江	29580672	19731604	18956615	774989	308616
安徽	19176912	13553353	12029529	1523825	526161
福建	14102696	9365764	8860064	505700	161870
江西	16343862	9264509	8377190	887318	465102
山东	31682136	22548991	21205607	1343385	393200
河南	29051619	18038046	16307498	1730548	1113650
湖北	19542148	13294710	12312847	981863	365807
湖南	21818725	13733106	12339717	1393389	638247
广东	53155262	37190129	32895785	4294343	721145
广西	14654641	9152877	8045825	1107052	730451
海南	4804167	2650442	2507799	142643	84513
重庆	13758055	9652311	8685472	966839	525146
四川	24532337	17669810	15684682	1985128	1162480
贵州	16613646	11019158	9343685	1675473	1180209
云南	15614741	11341101	9939451	1401649	1080909
西藏	2571568	1826548	1464161	362387	323124
陕西	13270562	8025936	7211049	814887	512680
甘肃	9049096	6743757	6025655	718102	434216
青海	3809419	2252448	2016551	235897	140466
宁夏	2756922	1970145	1800003	170142	137780
新疆	9900548	6958647	5896477	1062170	788562
大连	2176601	1788780	1717202	71577	12981
宁波	3993749	2770520	2654785	115735	57866
厦门	1865825	1295457	1184453	111004	8077
青岛	4108203	2936253	2749018	187235	44298
深圳	9306989	5977771	4693921	1283849	102390

(地方普通高中)

单位：千元

公用部分	商品和服务支出	其他资本性支出	专项公用支出	专项项目支出	基本建设支出
155227641	**79130338**	**76097304**	**25264964**	**50832340**	**8795444**
4182384	2831461	1350923	732396	618527	822286
1776239	980237	796002	234957	561045	
7567993	3519952	4048041	925921	3122120	207294
4138453	2149550	1988903	572558	1416344	97534
2931627	1500018	1431609	428095	1003514	481798
2856315	1851699	1004616	384373	620243	85328
1767441	1076073	691368	227984	463383	170798
2183674	1364990	818684	196005	622680	99024
4790378	2957156	1833222	825153	1008070	177648
9637397	4125024	5512372	1703667	3808706	243130
9312253	4484854	4827399	1827562	2999837	536815
5516350	2759049	2757301	794689	1962612	107209
4536998	2196613	2340384	880364	1460021	199935
6818792	1938910	4879882	1270738	3609144	260561
9095259	4622427	4472833	1229811	3243022	37886
10569721	5475105	5094615	1417035	3677580	443852
6247438	2482743	3764695	1388174	2376521	
7986912	3718491	4268420	1255568	3012853	98707
14702371	9900138	4802232	2232153	2570079	1262763
4971276	2004500	2966777	1048887	1917890	530488
2096464	798043	1298421	525872	772549	57261
3840635	2396947	1443688	503094	940594	265109
6694854	4143806	2551049	1172578	1378470	167673
5350415	2335176	3015239	1005370	2009870	244073
4021704	2059329	1962375	601291	1361084	251937
585844	225403	360441	68173	292268	159177
4546492	2320843	2225649	623287	1602362	698134
2177093	1071121	1105972	276908	829064	128247
1210309	325324	884985	247021	637964	346661
760977	400492	360484	202743	157741	25800
2353584	1114864	1238721	462537	776183	588317
381041	297283	83758	72810	10948	6781
1222439	668904	553536	194669	358867	790
547076	353262	193815	124302	69513	23291
1171950	667267	504684	189474	315210	
2417822	2120632	297191	270164	27026	911396

4-31 教育经费支出明细

地区	合计	个人部分	工资福利支出	对个人和家庭的补助支出	#助学金
合计	202518165	139841313	126317240	13524073	8379940
北京	994971	608265	590106	18159	3109
天津	790498	680013	663573	16440	4229
河北	11810479	7363434	6785380	578054	382157
山西	5969053	4207716	3867540	340177	211096
内蒙古	4474331	2943641	2550607	393033	252832
辽宁	2475948	1907067	1833446	73621	36538
吉林	2137830	1531392	1384844	146548	65051
黑龙江	3607355	2632190	2247094	385096	77143
上海	1011109	739912	722907	17005	10223
江苏	10806793	8067003	7601694	465308	150946
浙江	10882648	7716227	7411547	304679	128720
安徽	10931288	7823601	7002272	821329	324178
福建	6591515	4648742	4435352	213390	97666
江西	8407855	4558208	4146931	411277	267685
山东	11337592	8037601	7668053	369548	175581
河南	16082839	9760885	8835566	925319	712508
湖北	5710104	4151849	3817420	334429	198593
湖南	12181853	7668241	6917718	750523	454371
广东	11191179	7925491	7260127	665364	216381
广西	7144747	4547072	3831211	715861	498789
海南	1755500	1124998	1046746	78251	55783
重庆	4524598	3501494	3125278	376216	258395
四川	12145657	8780020	7656269	1123751	715959
贵州	8929365	6439448	5362111	1077337	857393
云南	8519973	6618062	5699778	918284	763998
西藏	922758	810320	672714	137606	124656
陕西	6828192	4170893	3741620	429273	307798
甘肃	5616343	4304919	3785204	519715	309066
青海	2152041	1487208	1337919	149290	99446
宁夏	912890	727577	674395	53182	39652
新疆	5670860	4357826	3641818	716008	579997
大连	246750	197999	194813	3186	617
宁波	1316605	931716	898350	33366	15559
厦门	156165	113687	99901	13786	1824
青岛	544354	410029	393742	16287	4564
深圳					

(农村高中)

单位：千元

公用部分	商品和服务支出	其他资本性支出			基本建设支出
			专项公用支出	专项项目支出	
60673520	**30090116**	**30583404**	**8879286**	**21704118**	**2003333**
346396	279917	66479	53887	12593	40310
110485	92101	18384	6080	12304	
4393728	1911879	2481848	457092	2024757	53318
1744812	974167	770645	270530	500114	16524
1402938	687789	715149	201696	513453	127753
530510	393222	137287	55328	81960	38372
573063	350730	222333	77373	144960	33375
882947	580637	302310	81048	221263	92218
271197	214067	57130	45200	11930	
2739790	1193185	1546605	446905	1099700	
3102522	1497884	1604638	554477	1050161	63898
3098333	1607401	1490933	458010	1032923	9354
1915557	989530	926027	387997	538030	27217
3815320	1065296	2750024	630903	2119121	34327
3271411	1641883	1629527	408912	1220616	28580
6238525	3272126	2966399	815230	2151169	83429
1558254	735586	822668	184243	638425	
4420466	1907239	2513227	598914	1914313	93147
3248600	1941967	1306633	494673	811960	17088
2458044	966093	1491951	424496	1067454	139630
602929	311225	291704	121427	170278	27573
1004767	678655	326112	123003	203109	18337
3239502	1894308	1345193	580326	764867	126136
2281858	1202957	1078901	264192	814709	208059
1853800	983575	870225	333194	537031	48112
102438	81261	21177	15092	6086	10000
2425099	1206427	1218671	294889	923782	232200
1241836	589192	652643	146942	505702	69589
538020	153950	384070	118770	265300	126813
178113	113968	64145	31211	32934	7200
1082260	571897	510363	197248	313115	230774
48750	42552	6199	4426	1773	
384100	220919	163181	63927	99254	790
42478	29813	12665	8247	4417	
134325	91823	42502	13272	29230	

4-32 教育经费支出明细

地区	合计	个人部分	工资福利支出	对个人和家庭的补助支出	#助学金
合计	**201695250**	**139301157**	**125877230**	**13423927**	**8367524**
北京	994971	608265	590106	18159	3109
天津	790498	680013	663573	16440	4229
河北	11810479	7363434	6785380	578054	382157
山西	5969053	4207716	3867540	340177	211096
内蒙古	4474331	2943641	2550607	393033	252832
辽宁	2475948	1907067	1833446	73621	36538
吉林	2137830	1531392	1384844	146548	65051
黑龙江	3494621	2543511	2180650	362861	74975
上海	1011109	739912	722907	17005	10223
江苏	10806793	8067003	7601694	465308	150946
浙江	10882648	7716227	7411547	304679	128720
安徽	10931288	7823601	7002272	821329	324178
福建	6591515	4648742	4435352	213390	97666
江西	8407855	4558208	4146931	411277	267685
山东	11337592	8037601	7668053	369548	175581
河南	16082839	9760885	8835566	925319	712508
湖北	5530013	4015702	3712753	302949	198593
湖南	12181853	7668241	6917718	750523	454371
广东	11191179	7925491	7260127	665364	216381
广西	7144747	4547072	3831211	715861	498789
海南	1755500	1124998	1046746	78251	55783
重庆	4524598	3501494	3125278	376216	258395
四川	12145657	8780020	7656269	1123751	715959
贵州	8929365	6439448	5362111	1077337	857393
云南	8519973	6618062	5699778	918284	763998
西藏	922758	810320	672714	137606	124656
陕西	6828192	4170893	3741620	429273	307798
甘肃	5609532	4298651	3779598	519053	309011
青海	2152041	1487208	1337919	149290	99446
宁夏	912890	727577	674395	53182	39652
新疆	5147581	4048764	3378525	670238	569804
大连	246750	197999	194813	3186	617
宁波	1316605	931716	898350	33366	15559
厦门	156165	113687	99901	13786	1824
青岛	544354	410029	393742	16287	4564
深圳					

（地方农村高中）

单位：千元

公用部分	商品和服务支出	其他资本性支出	专项公用支出	专项项目支出	基本建设支出
60394816	**29977267**	**30417549**	**8836082**	**21581467**	**1999277**
346396	279917	66479	53887	12593	40310
110485	92101	18384	6080	12304	
4393728	1911879	2481848	457092	2024757	53318
1744812	974167	770645	270530	500114	16524
1402938	687789	715149	201696	513453	127753
530510	393222	137287	55328	81960	38372
573063	350730	222333	77373	144960	33375
858892	563650	295242	79025	216217	92218
271197	214067	57130	45200	11930	
2739790	1193185	1546605	446905	1099700	
3102522	1497884	1604638	554477	1050161	63898
3098333	1607401	1490933	458010	1032923	9354
1915557	989530	926027	387997	538030	27217
3815320	1065296	2750024	630903	2119121	34327
3271411	1641883	1629527	408912	1220616	28580
6238525	3272126	2966399	815230	2151169	83429
1514310	695252	819058	180633	638425	
4420466	1907239	2513227	598914	1914313	93147
3248600	1941967	1306633	494673	811960	17088
2458044	966093	1491951	424496	1067454	139630
602929	311225	291704	121427	170278	27573
1004767	678655	326112	123003	203109	18337
3239502	1894308	1345193	580326	764867	126136
2281858	1202957	1078901	264192	814709	208059
1853800	983575	870225	333194	537031	48112
102438	81261	21177	15092	6086	10000
2425099	1206427	1218671	294889	923782	232200
1241293	588840	652452	146774	505678	69589
538020	153950	384070	118770	265300	126813
178113	113968	64145	31211	32934	7200
872098	516720	355378	159845	195533	226718
48750	42552	6199	4426	1773	
384100	220919	163181	63927	99254	790
42478	29813	12665	8247	4417	
134325	91823	42502	13272	29230	

4-33 教育经费支出明细

地区	合计	个人部分	工资福利支出	对个人和家庭的补助支出	#助学金
合计	**879374253**	**615808991**	**549483571**	**66325419**	**32133255**
北京	22177894	14904459	14172452	732007	117988
天津	9944200	7619669	7245797	373872	64548
河北	37720580	26354956	23974025	2380931	1228199
山西	17565703	12839644	12061978	777665	466041
内蒙古	13803303	10083578	9001589	1081989	519719
辽宁	19076245	15209186	14218634	990552	246733
吉林	12950926	9270094	8276788	993307	267665
黑龙江	17429746	13708253	11604567	2103685	250957
上海	23303055	14513128	13931940	581189	402461
江苏	58086101	42801302	39525413	3275888	989071
浙江	48970221	32525704	30514659	2011045	1174268
安徽	34500705	24157869	20641584	3516285	1191864
福建	26328340	17434223	16373162	1061061	597710
江西	29786732	16676716	14953664	1723052	1117951
山东	61668052	43697274	39625473	4071801	1228227
河南	55096082	36757177	32388865	4368313	2480011
湖北	31048884	22712256	20448482	2263774	840368
湖南	36018171	24399060	21221555	3177504	1609124
广东	89241927	62451207	54519554	7931653	1765666
广西	27383907	18540474	15834308	2706165	1918740
海南	8034303	5089698	4652244	437453	201483
重庆	22774836	16237904	14178101	2059803	1136198
四川	46004385	33020661	28505460	4515201	2658367
贵州	26274700	20334879	16972262	3362617	2438439
云南	31526310	24447935	21005095	3442840	2951036
西藏	4527081	3627104	2925207	701897	651831
陕西	20991101	13183305	11676832	1506473	1088363
甘肃	14485983	10893159	9466384	1426774	855412
青海	5577426	3861213	3348788	512425	327613
宁夏	5040868	3294344	2949838	344506	252517
新疆	22036485	15162558	13268870	1893689	1094685
大连	3733761	3059680	2936779	122901	26660
宁波	6396839	4773333	4492091	281242	173531
厦门	3473657	2370628	2195005	175623	55669
青岛	8018078	5676710	5147213	529497	64203
深圳	17681624	10044112	7950000	2094112	299841

（普通初中）

单位：千元

公用部分	商品和服务支出	其他资本性支出			基本建设支出
			专项公用支出	专项项目支出	
248002994	**113462949**	**134540045**	**35378291**	**99161754**	**15562268**
6443976	4657122	1786854	1043891	742963	829458
2324531	1186924	1137607	223040	914567	
11216877	4779749	6437128	1680320	4756808	148747
4644104	2840267	1803837	613327	1190510	81955
3474364	1677313	1797050	533042	1264008	245361
3721438	2368518	1352920	505802	847118	145621
3637569	1421560	2216010	504081	1711928	43262
3680951	2239229	1441722	345213	1096509	40542
8632588	5473557	3159031	1600673	1558358	157339
15193612	6159568	9034044	1926621	7107423	91187
15366672	6459626	8907046	2411264	6495782	1077845
10052354	4060789	5991565	1245805	4745759	290482
8588713	3139368	5449345	1215426	4233918	305404
12699056	2507931	10191126	1889780	8301346	410960
17855421	6608572	11246849	2396667	8850182	115356
17490168	7445622	10044546	1783206	8261340	848736
8334811	3504154	4830657	892116	3938541	1818
11360328	4866120	6494207	1542212	4951995	258783
22298138	14860747	7437391	3042681	4394710	4492582
8360487	3121401	5239086	1356102	3882984	482946
2729250	1342784	1386466	715195	671271	215355
5660997	3155538	2505459	878571	1626888	875934
12682413	6325335	6357078	2185578	4171500	301311
5839346	2832922	3006425	865915	2140510	100475
6635231	2858840	3776391	730639	3045752	443144
885255	355596	529659	148887	380772	14722
6612490	2512067	4100423	919762	3180661	1195307
3454415	1354810	2099606	624547	1475059	138409
1404501	491937	912565	175198	737366	311712
1718079	612190	1105889	511410	594480	28445
5004859	2242793	2762066	871319	1890747	1869068
592222	475725	116498	85520	30978	81858
1601390	782965	818424	238623	579801	22117
875663	515163	360501	192454	168046	227366
2341368	942186	1399182	747201	651981	
3788880	3155837	633042	523351	109691	3848632

4-34 教育经费支出明细

地区	合计	个人部分	工资福利支出	对个人和家庭的补助支出	#助学金
合计	**876316868**	**613569424**	**547570242**	**65999182**	**32044284**
北京	21623952	14569232	13852317	716916	117832
天津	9944200	7619669	7245797	373872	64548
河北	37720580	26354956	23974025	2380931	1228199
山西	17565703	12839644	12061978	777665	466041
内蒙古	13803303	10083578	9001589	1081989	519719
辽宁	19076245	15209186	14218634	990552	246733
吉林	12950926	9270094	8276788	993307	267665
黑龙江	17275894	13588914	11511868	2077045	250205
上海	23259307	14481826	13901002	580824	402461
江苏	58086101	42801302	39525413	3275888	989071
浙江	48970221	32525704	30514659	2011045	1174268
安徽	34500705	24157869	20641584	3516285	1191864
福建	26328340	17434223	16373162	1061061	597710
江西	29786732	16676716	14953664	1723052	1117951
山东	61668052	43697274	39625473	4071801	1228227
河南	55090506	36752332	32385539	4366793	2479959
湖北	30994584	22681253	20420330	2260924	840283
湖南	35981728	24368226	21190945	3177281	1609016
广东	89241927	62451207	54519554	7931653	1765666
广西	27383907	18540474	15834308	2706165	1918740
海南	8034303	5089698	4652244	437453	201483
重庆	22706020	16184703	14128992	2055711	1135864
四川	45989913	33007867	28492726	4515142	2658307
贵州	26274700	20334879	16972262	3362617	2438439
云南	31526310	24447935	21005095	3442840	2951036
西藏	4527081	3627104	2925207	701897	651831
陕西	20929318	13132899	11633308	1499591	1088111
甘肃	14477321	10885223	9459021	1426203	855353
青海	5577426	3861213	3348788	512425	327613
宁夏	5040868	3294344	2949838	344506	252517
新疆	19980695	13599879	11974133	1625746	1007571
大连	3733761	3059680	2936779	122901	26660
宁波	6396839	4773333	4492091	281242	173531
厦门	3473657	2370628	2195005	175623	55669
青岛	8018078	5676710	5147213	529497	64203
深圳	17681624	10044112	7950000	2094112	299841

(地方普通初中)

单位：千元

公用部分					基本建设支出
	商品和服务支出	其他资本性支出			
			专项公用支出	专项项目支出	
247223606	**112969211**	**134254395**	**35253008**	**99001387**	**15523838**
6225261	4482202	1743059	1004517	738541	829458
2324531	1186924	1137607	223040	914567	
11216877	4779749	6437128	1680320	4756808	148747
4644104	2840267	1803837	613327	1190510	81955
3474364	1677313	1797050	533042	1264008	245361
3721438	2368518	1352920	505802	847118	145621
3637569	1421560	2216010	504081	1711928	43262
3646438	2211511	1434927	342848	1092079	40542
8620142	5463968	3156174	1597816	1558358	157339
15193612	6159568	9034044	1926621	7107423	91187
15366672	6459626	8907046	2411264	6495782	1077845
10052354	4060789	5991565	1245805	4745759	290482
8588713	3139368	5449345	1215426	4233918	305404
12699056	2507931	10191126	1889780	8301346	410960
17855421	6608572	11246849	2396667	8850182	115356
17489438	7444896	10044543	1783203	8261340	848736
8311513	3484138	4827375	888834	3938541	1818
11354719	4861092	6493628	1541632	4951995	258783
22298138	14860747	7437391	3042681	4394710	4492582
8360487	3121401	5239086	1356102	3882984	482946
2729250	1342784	1386466	715195	671271	215355
5645383	3144786	2500598	873710	1626888	875934
12680735	6324257	6356478	2184978	4171500	301311
5839346	2832922	3006425	865915	2140510	100475
6635231	2858840	3776391	730639	3045752	443144
885255	355596	529659	148887	380772	14722
6601112	2502740	4098372	918222	3180149	1195307
3453688	1354374	2099314	624329	1474985	138409
1404501	491937	912565	175198	737366	311712
1718079	612190	1105889	511410	594480	28445
4550177	2008646	2541532	801715	1739817	1830638
592222	475725	116498	85520	30978	81858
1601390	782965	818424	238623	579801	22117
875663	515163	360501	192454	168046	227366
2341368	942186	1399182	747201	651981	
3788880	3155837	633042	523351	109691	3848632

4-35 教育经费支出明细

地区	合计	个人部分	工资福利支出	对个人和家庭的补助支出	#助学金
合计	**480539736**	**353386988**	**312873249**	**40513739**	**22555406**
北京	3955009	2793289	2657392	135897	35262
天津	2473482	2135405	2081903	53502	1091
河北	24518037	17046995	15629486	1417509	766688
山西	10420608	8006440	7525870	480570	298596
内蒙古	8329259	6281046	5525352	755695	380854
辽宁	7809218	6481122	6041604	439517	139244
吉林	7643123	5658099	5100490	557608	161625
黑龙江	9944760	7685001	6435995	1249006	104467
上海	2736711	2074426	1997249	77177	47792
江苏	25470038	19435494	18089864	1345630	269712
浙江	21421289	14903704	13821552	1082151	635387
安徽	24661662	18109761	15295710	2814051	959860
福建	14062246	10431048	9937019	494029	261756
江西	20385061	11470339	10496305	974034	621965
山东	32819478	24187187	21905293	2281894	698368
河南	37373182	25463051	22374609	3088442	1871975
湖北	16397166	12635514	11349019	1286495	652468
湖南	24420185	17026633	14591057	2435576	1362923
广东	29381818	22517695	20350389	2167306	601289
广西	19387807	13863049	11550178	2312872	1696735
海南	5000494	3280995	2944000	336995	156768
重庆	11884217	9356809	8108798	1248011	783140
四川	30767684	22791031	19621314	3169717	1922957
贵州	19199761	15726164	12979379	2746785	2194058
云南	23794614	19330211	16471858	2858353	2548505
西藏	3024946	2484137	2020876	463261	438422
陕西	11809982	8155846	7100450	1055396	851232
甘肃	10920049	8378606	7166419	1212187	760345
青海	3785148	2889238	2463154	426085	298938
宁夏	2897214	2085784	1860247	225537	173079
新疆	13845492	10702866	9380417	1322449	859904
大连	736386	633363	588234	45128	1641
宁波	2293255	1765741	1644457	121283	78274
厦门	461948	328549	293460	35089	6281
青岛	2220452	1733043	1529390	203653	28143
深圳					

（农村初中）

单位：千元

公用部分	商品和服务支出	其他资本性支出			基本建设支出
			专项公用支出	专项项目支出	
123500645	**54435810**	**69064836**	**16273319**	**52791516**	**3652103**
1075758	785458	290300	162802	127498	85962
338077	205352	132725	11740	120985	
7401110	3142552	4258558	1153398	3105160	69932
2383066	1529079	853987	277542	576445	31101
1975479	946585	1028895	297754	731141	72733
1304103	774772	529331	149895	379436	23993
1954530	883648	1070882	249743	821139	30494
2230850	1301752	929097	208978	720119	28909
662285	527627	134657	106447	28210	
6033936	2543518	3490417	764241	2726176	608
6177221	2546031	3631190	1252097	2379093	340364
6418274	2919433	3498842	771570	2727272	133627
3564487	1643641	1920845	617835	1303010	66711
8733664	1708947	7024717	1188082	5836634	181058
8516950	3089258	5427692	902941	4524751	115341
11702228	5037740	6664488	1059064	5605424	207902
3761651	1692720	2068931	334262	1734669	
7208312	2853957	4354355	795985	3558370	185239
6862495	4132959	2729536	1033860	1695675	1628
5348765	2174385	3174380	643273	2531108	175992
1541880	628106	913775	464852	448922	177618
2474062	1442612	1031450	348103	683348	53345
7710985	3729067	3981919	1038557	2943361	265667
3402897	1824939	1577958	386089	1191869	70701
4328444	2016871	2311573	324908	1986665	135959
526088	213119	312969	76968	236001	14722
3494788	1404049	2090738	475570	1615169	159348
2427162	915465	1511697	417047	1094650	114281
764989	333977	431013	128526	302486	130920
797830	292611	505220	279415	225805	13600
2378278	1195579	1182698	351775	830923	764348
103024	82949	20074	19034	1040	
520623	276339	244283	132640	111643	6891
111895	60717	51178	22838	28340	21504
487409	165485	321924	192173	129751	

4-36 教育经费支出明细

地区	合计	个人部分	工资福利支出	对个人和家庭的补助支出	#助学金
合计	478970911	352181777	311873875	40307903	22497802
北京	3955009	2793289	2657392	135897	35262
天津	2473482	2135405	2081903	53502	1091
河北	24518037	17046995	15629486	1417509	766688
山西	10420608	8006440	7525870	480570	298596
内蒙古	8329259	6281046	5525352	755695	380854
辽宁	7809218	6481122	6041604	439517	139244
吉林	7643123	5658099	5100490	557608	161625
黑龙江	9808953	7579061	6355203	1223858	104057
上海	2736711	2074426	1997249	77177	47792
江苏	25470038	19435494	18089864	1345630	269712
浙江	21421289	14903704	13821552	1082151	635387
安徽	24661662	18109761	15295710	2814051	959860
福建	14062246	10431048	9937019	494029	261756
江西	20385061	11470339	10496305	974034	621965
山东	32819478	24187187	21905293	2281894	698368
河南	37373182	25463051	22374609	3088442	1871975
湖北	16397166	12635514	11349019	1286495	652468
湖南	24420185	17026633	14591057	2435576	1362923
广东	29381818	22517695	20350389	2167306	601289
广西	19387807	13863049	11550178	2312872	1696735
海南	5000494	3280995	2944000	336995	156768
重庆	11884217	9356809	8108798	1248011	783140
四川	30767684	22791031	19621314	3169717	1922957
贵州	19199761	15726164	12979379	2746785	2194058
云南	23794614	19330211	16471858	2858353	2548505
西藏	3024946	2484137	2020876	463261	438422
陕西	11809982	8155846	7100450	1055396	851232
甘肃	10911386	8370671	7159055	1211615	760286
青海	3785148	2889238	2463154	426085	298938
宁夏	2897214	2085784	1860247	225537	173079
新疆	12421135	9611531	8469199	1142332	802769
大连	736386	633363	588234	45128	1641
宁波	2293255	1765741	1644457	121283	78274
厦门	461948	328549	293460	35089	6281
青岛	2220452	1733043	1529390	203653	28143
深圳					

(地方农村初中)

单位：千元

公用部分	商品和服务支出	其他资本性支出	专项公用支出	专项项目支出	基本建设支出
123167955	**54260630**	**68907325**	**16223621**	**52683704**	**3621178**
1075758	785458	290300	162802	127498	85962
338077	205352	132725	11740	120985	
7401110	3142552	4258558	1153398	3105160	69932
2383066	1529079	853987	277542	576445	31101
1975479	946585	1028895	297754	731141	72733
1304103	774772	529331	149895	379436	23993
1954530	883648	1070882	249743	821139	30494
2200983	1276323	924660	207159	717501	28909
662285	527627	134657	106447	28210	
6033936	2543518	3490417	764241	2726176	608
6177221	2546031	3631190	1252097	2379093	340364
6418274	2919433	3498842	771570	2727272	133627
3564487	1643641	1920845	617835	1303010	66711
8733664	1708947	7024717	1188082	5836634	181058
8516950	3089258	5427692	902941	4524751	115341
11702228	5037740	6664488	1059064	5605424	207902
3761651	1692720	2068931	334262	1734669	
7208312	2853957	4354355	795985	3558370	185239
6862495	4132959	2729536	1033860	1695675	1628
5348765	2174385	3174380	643273	2531108	175992
1541880	628106	913775	464852	448922	177618
2474062	1442612	1031450	348103	683348	53345
7710985	3729067	3981919	1038557	2943361	265667
3402897	1824939	1577958	386089	1191869	70701
4328444	2016871	2311573	324908	1986665	135959
526088	213119	312969	76968	236001	14722
3494788	1404049	2090738	475570	1615169	159348
2426435	915029	1511406	416829	1094577	114281
764989	333977	431013	128526	302486	130920
797830	292611	505220	279415	225805	13600
2076181	1046265	1029916	304114	725802	733423
103024	82949	20074	19034	1040	
520623	276339	244283	132640	111643	6891
111895	60717	51178	22838	28340	21504
487409	165485	321924	192173	129751	

4-37 教育经费支出明细

地区	合计	个人部分	工资福利支出	对个人和家庭的补助支出	#助学金
合计	**730275**	**446731**	**415575**	**31155**	**9**
北京	54323	34799	31367	3432	
天津	30639	29880	29448	432	
河北					
山西					
内蒙古					
辽宁					
吉林	2395	2109	1627	482	
黑龙江					
上海	6016	4496	3970	526	
江苏	250743	116833	110982	5851	9
浙江	303073	197789	186994	10795	
安徽					
福建					
江西					
山东					
河南					
湖北	6926	6386	6381	5	
湖南	4049	2671	2364	308	
广东	72073	51728	42442	9286	
广西					
海南					
重庆					
四川	40	40		40	
贵州					
云南					
西藏					
陕西					
甘肃					
青海					
宁夏					
新疆					
大连					
宁波					
厦门					
青岛					
深圳					

(成人中学)

单位：千元

公用部分	商品和服务支出	其他资本性支出	专项公用支出	专项项目支出	基本建设支出
282115	**179505**	**102609**	**18848**	**83762**	**1430**
19524	18811	713	713		
759	654	104	104		
286	237	49	49		
1520	1391	129	129		
133910	62918	70992	5357	65635	
103854	81143	22710	8047	14664	1430
540	531	10	10		
1377	1375	3	3		
20344	12444	7900	4437	3463	

4-38 教育经费支出明细

地 区	合 计				
		个人部分			
			工资福利支 出	对个人和家庭的补助支出	
					#助学金
合 计	**1379302619**	**979950980**	**864208669**	**115742311**	**44141774**
北 京	39986554	26855759	25743519	1112240	174383
天 津	15260556	11433746	10912826	520920	65593
河 北	63261902	45783114	40897737	4885377	1833463
山 西	27585965	19985788	18711479	1274310	425510
内蒙古	24111971	18094773	15428275	2666498	765426
辽 宁	26365831	20660134	18839599	1820535	350818
吉 林	18787712	14318092	12580578	1737514	222916
黑龙江	22317306	18034990	14525123	3509868	282121
上 海	29818891	19500152	18678309	821843	569228
江 苏	86281785	63969890	57534571	6435319	1292036
浙 江	73547176	49843033	46340587	3502445	1570902
安 徽	53971894	37642583	31777882	5864701	1353451
福 建	40145237	27072400	25217054	1855345	501368
江 西	46074161	27853741	25409254	2444487	1232188
山 东	82111797	58647107	53411293	5235813	1048403
河 南	81244816	55461901	49635836	5826065	3422786
湖 北	44651755	31553916	28220857	3333059	1251766
湖 南	53868005	36498974	31824893	4674082	2242986
广 东	157761950	112651268	94613207	18038061	3893943
广 西	47643755	33034836	29055765	3979072	1978923
海 南	13644758	9103908	8543985	559923	214457
重 庆	35504226	25687984	22235527	3452458	1031464
四 川	71853067	50522216	42757491	7764726	4071049
贵 州	45357502	34767887	28360675	6407212	3087755
云 南	53262462	42577615	36588622	5988993	4246295
西 藏	9599622	7251815	5675285	1576531	1429839
陕 西	34722632	21455018	18853766	2601253	1706179
甘 肃	26484481	19771566	16565703	3205863	1352998
青 海	9704442	6771475	5863184	908291	554547
宁 夏	7440802	5169696	4693352	476344	309495
新 疆	36929607	27975602	24712438	3263164	1659488
大 连	5321583	4205188	3764884	440304	19163
宁 波	10099419	7564111	7099581	464530	202357
厦 门	6367770	4373822	3925897	447925	76941
青 岛	11684390	8118139	7425203	692936	91531
深 圳	33780889	22102621	17037569	5065051	1124828

(小学)

单位：千元

公用部分	商品和服务支出	其他资本性支出			基本建设支出
			专项公用支出	专项项目支出	
381845843	**185886699**	**195959144**	**52725804**	**143233340**	**17505796**
11616353	9186970	2429383	1527321	902062	1514442
3823478	2079401	1744076	495629	1248447	3332
17306307	8259850	9046457	2557921	6488536	172480
7331303	4377661	2953642	1048064	1905578	268874
5769692	2669603	3100088	751646	2348442	247507
5603851	3454569	2149282	856319	1292962	101846
4375097	2157460	2217637	625412	1592225	94524
4240537	2482990	1757547	429305	1328242	41779
10219762	6974172	3245590	1781621	1463969	98977
22294269	9867654	12426616	2978858	9447757	17627
22532598	10479632	12052966	3065221	8987745	1171545
15949791	6125555	9824236	2171188	7653048	379519
12693869	5436897	7256972	2000827	5256145	378968
17877855	3969327	13908528	2832027	11076501	342565
23223219	9842564	13380656	2909623	10471032	241471
24661402	11895423	12765980	2138888	10627092	1121513
13095884	5841381	7254502	1352057	5902445	1955
16872909	7195745	9677165	2647936	7029229	496122
41671002	27999228	13671774	6001511	7670263	3439680
14000184	5405946	8594238	1989405	6604832	608735
4304748	2161466	2143282	1000271	1143011	236102
8649668	4870962	3778706	1142699	2636007	1166574
20721043	10183704	10537339	3584455	6952884	609808
10187981	4587091	5600890	1293777	4307113	401634
10143830	4436704	5707125	929294	4777832	541018
2030825	730345	1300480	293133	1007347	316981
12413837	5229235	7184603	1646991	5537612	853776
6455594	2452751	4002843	908731	3094111	257320
2220068	829287	1390781	325954	1064827	712899
2228105	936417	1291689	434159	857529	43000
7330781	3766708	3564073	1005558	2558515	1623224
1096126	870495	225631	164235	61395	20269
2521202	1334005	1187197	279179	908019	14105
1794916	972706	822209	393762	428447	199033
3566252	1747034	1819218	567807	1251411	
8910601	7447023	1463578	1151883	311694	2767667

4-39 教育经费支出明细

地区	合计	个人部分	工资福利支出	对个人和家庭的补助支出	#助学金
合计	**1375374022**	**976959998**	**861655160**	**115304838**	**44027860**
北京	39597488	26587343	25480024	1107319	174016
天津	15214772	11400459	10889227	511232	65593
河北	63261902	45783114	40897737	4885377	1833463
山西	27585965	19985788	18711479	1274310	425510
内蒙古	24111971	18094773	15428275	2666498	765426
辽宁	26365831	20660134	18839599	1820535	350818
吉林	18787712	14318092	12580578	1737514	222916
黑龙江	22149318	17892111	14420535	3471575	281661
上海	29803112	19489900	18668062	821838	569228
江苏	86281785	63969890	57534571	6435319	1292036
浙江	73547176	49843033	46340587	3502445	1570902
安徽	53971894	37642583	31777882	5864701	1353451
福建	40145237	27072400	25217054	1855345	501368
江西	46074161	27853741	25409254	2444487	1232188
山东	82111797	58647107	53411293	5235813	1048403
河南	81234098	55452599	49629443	5823156	3422699
湖北	44486154	31448129	28129136	3318993	1251766
湖南	53833859	36470275	31796230	4674046	2242986
广东	157761950	112651268	94613207	18038061	3893943
广西	47643755	33034836	29055765	3979072	1978923
海南	13644758	9103908	8543985	559923	214457
重庆	35445856	25641308	22192541	3448767	1031464
四川	71841735	50512600	42747881	7764718	4071042
贵州	45357502	34767887	28360675	6407212	3087755
云南	53262462	42577615	36588622	5988993	4246295
西藏	9599622	7251815	5675285	1576531	1429839
陕西	34636129	21392249	18794798	2597451	1705894
甘肃	26467499	19756424	16551330	3205094	1352927
青海	9704442	6771475	5863184	908291	554547
宁夏	7440802	5169696	4693352	476344	309495
新疆	34003281	25717445	22813569	2903876	1546850
大连	5321583	4205188	3764884	440304	19163
宁波	10099419	7564111	7099581	464530	202357
厦门	6367770	4373822	3925897	447925	76941
青岛	11684390	8118139	7425203	692936	91531
深圳	33780889	22102621	17037569	5065051	1124828

(地方小学)

单位：千元

公用部分	商品和服务支出	其他资本性支出			基本建设支出
			专项公用支出	专项项目支出	
380970610	**185375057**	**195595553**	**52586099**	**143009454**	**17443414**
11495703	9088232	2407471	1505409	902062	1514442
3810980	2071182	1739799	493377	1246422	3332
17306307	8259850	9046457	2557921	6488536	172480
7331303	4377661	2953642	1048064	1905578	268874
5769692	2669603	3100088	751646	2348442	247507
5603851	3454569	2149282	856319	1292962	101846
4375097	2157460	2217637	625412	1592225	94524
4215428	2468436	1746992	425436	1321556	41779
10214234	6969688	3244546	1780577	1463969	98977
22294269	9867654	12426616	2978858	9447757	17627
22532598	10479632	12052966	3065221	8987745	1171545
15949791	6125555	9824236	2171188	7653048	379519
12693869	5436897	7256972	2000827	5256145	378968
17877855	3969327	13908528	2832027	11076501	342565
23223219	9842564	13380656	2909623	10471032	241471
24659986	11894012	12765974	2138882	10627092	1121513
13036070	5800463	7235607	1344658	5890949	1955
16867462	7190663	9676799	2647571	7029229	496122
41671002	27999228	13671774	6001511	7670263	3439680
14000184	5405946	8594238	1989405	6604832	608735
4304748	2161466	2143282	1000271	1143011	236102
8637974	4863121	3774853	1138874	2635979	1166574
20719327	10182177	10537150	3584267	6952884	609808
10187981	4587091	5600890	1293777	4307113	401634
10143830	4436704	5707125	929294	4777832	541018
2030825	730345	1300480	293133	1007347	316981
12390104	5211368	7178736	1643544	5535192	853776
6453755	2451576	4002179	908197	3093981	257320
2220068	829287	1390781	325954	1064827	712899
2228105	936417	1291689	434159	857529	43000
6724994	3456884	3268110	910695	2357415	1560841
1096126	870495	225631	164235	61395	20269
2521202	1334005	1187197	279179	908019	14105
1794916	972706	822209	393762	428447	199033
3566252	1747034	1819218	567807	1251411	
8910601	7447023	1463578	1151883	311694	2767667

4-40 教育经费支出明细

地 区	合 计	个人部分	工资福利支出	对个人和家庭的补助支出	#助学金
合 计	**1379291222**	**979947813**	**864205502**	**115742311**	**44141774**
北 京	39986351	26855759	25743519	1112240	174383
天 津	15260556	11433746	10912826	520920	65593
河 北	63261902	45783114	40897737	4885377	1833463
山 西	27585965	19985788	18711479	1274310	425510
内蒙古	24111971	18094773	15428275	2666498	765426
辽 宁	26365831	20660134	18839599	1820535	350818
吉 林	18787712	14318092	12580578	1737514	222916
黑龙江	22317306	18034990	14525123	3509868	282121
上 海	29818891	19500152	18678309	821843	569228
江 苏	86281785	63969890	57534571	6435319	1292036
浙 江	73547176	49843033	46340587	3502445	1570902
安 徽	53971894	37642583	31777882	5864701	1353451
福 建	40141581	27069472	25214127	1855345	501368
江 西	46074161	27853741	25409254	2444487	1232188
山 东	82111797	58647107	53411293	5235813	1048403
河 南	81244816	55461901	49635836	5826065	3422786
湖 北	44651755	31553916	28220857	3333059	1251766
湖 南	53868005	36498974	31824893	4674082	2242986
广 东	157761950	112651268	94613207	18038061	3893943
广 西	47636529	33034836	29055765	3979072	1978923
海 南	13644758	9103908	8543985	559923	214457
重 庆	35503913	25687744	22235287	3452458	1031464
四 川	71853067	50522216	42757491	7764726	4071049
贵 州	45357502	34767887	28360675	6407212	3087755
云 南	53262462	42577615	36588622	5988993	4246295
西 藏	9599622	7251815	5675285	1576531	1429839
陕 西	34722632	21455018	18853766	2601253	1706179
甘 肃	26484481	19771566	16565703	3205863	1352998
青 海	9704442	6771475	5863184	908291	554547
宁 夏	7440802	5169696	4693352	476344	309495
新 疆	36929607	27975602	24712438	3263164	1659488
大 连	5321583	4205188	3764884	440304	19163
宁 波	10099419	7564111	7099581	464530	202357
厦 门	6367770	4373822	3925897	447925	76941
青 岛	11684390	8118139	7425203	692936	91531
深 圳	33780889	22102621	17037569	5065051	1124828

(普通小学)

单位：千元

公用部分	商品和服务支出	其他资本性支出			基本建设支出
			专项公用支出	专项项目支出	
381837612	**185886040**	**195951573**	**52718633**	**143232940**	**17505796**
11616150	9186767	2429383	1527321	902062	1514442
3823478	2079401	1744076	495629	1248447	3332
17306307	8259850	9046457	2557921	6488536	172480
7331303	4377661	2953642	1048064	1905578	268874
5769692	2669603	3100088	751646	2348442	247507
5603851	3454569	2149282	856319	1292962	101846
4375097	2157460	2217637	625412	1592225	94524
4240537	2482990	1757547	429305	1328242	41779
10219762	6974172	3245590	1781621	1463969	98977
22294269	9867654	12426616	2978858	9447757	17627
22532598	10479632	12052966	3065221	8987745	1171545
15949791	6125555	9824236	2171188	7653048	379519
12693141	5436569	7256572	2000827	5255745	378968
17877855	3969327	13908528	2832027	11076501	342565
23223219	9842564	13380656	2909623	10471032	241471
24661402	11895423	12765980	2138888	10627092	1121513
13095884	5841381	7254502	1352057	5902445	1955
16872909	7195745	9677165	2647936	7029229	496122
41671002	27999228	13671774	6001511	7670263	3439680
13992958	5405891	8587067	1982234	6604832	608735
4304748	2161466	2143282	1000271	1143011	236102
8649596	4870890	3778706	1142699	2636007	1166574
20721043	10183704	10537339	3584455	6952884	609808
10187981	4587091	5600890	1293777	4307113	401634
10143830	4436704	5707125	929294	4777832	541018
2030825	730345	1300480	293133	1007347	316981
12413837	5229235	7184603	1646991	5537612	853776
6455594	2452751	4002843	908731	3094111	257320
2220068	829287	1390781	325954	1064827	712899
2228105	936417	1291689	434159	857529	43000
7330781	3766708	3564073	1005558	2558515	1623224
1096126	870495	225631	164235	61395	20269
2521202	1334005	1187197	279179	908019	14105
1794916	972706	822209	393762	428447	199033
3566252	1747034	1819218	567807	1251411	
8910601	7447023	1463578	1151883	311694	2767667

4-41 教育经费支出明细

地区	合计	个人部分	工资福利支出	对个人和家庭的补助支出	#助学金
合计	**1375362625**	**976956831**	**861651993**	**115304838**	**44027860**
北京	39597285	26587343	25480024	1107319	174016
天津	15214772	11400459	10889227	511232	65593
河北	63261902	45783114	40897737	4885377	1833463
山西	27585965	19985788	18711479	1274310	425510
内蒙古	24111971	18094773	15428275	2666498	765426
辽宁	26365831	20660134	18839599	1820535	350818
吉林	18787712	14318092	12580578	1737514	222916
黑龙江	22149318	17892111	14420535	3471575	281661
上海	29803112	19489900	18668062	821838	569228
江苏	86281785	63969890	57534571	6435319	1292036
浙江	73547176	49843033	46340587	3502445	1570902
安徽	53971894	37642583	31777882	5864701	1353451
福建	40141581	27069472	25214127	1855345	501368
江西	46074161	27853741	25409254	2444487	1232188
山东	82111797	58647107	53411293	5235813	1048403
河南	81234098	55452599	49629443	5823156	3422699
湖北	44486154	31448129	28129136	3318993	1251766
湖南	53833859	36470275	31796230	4674046	2242986
广东	157761950	112651268	94613207	18038061	3893943
广西	47636529	33034836	29055765	3979072	1978923
海南	13644758	9103908	8543985	559923	214457
重庆	35445543	25641068	22192301	3448767	1031464
四川	71841735	50512600	42747881	7764718	4071042
贵州	45357502	34767887	28360675	6407212	3087755
云南	53262462	42577615	36588622	5988993	4246295
西藏	9599622	7251815	5675285	1576531	1429839
陕西	34636129	21392249	18794798	2597451	1705894
甘肃	26467499	19756424	16551330	3205094	1352927
青海	9704442	6771475	5863184	908291	554547
宁夏	7440802	5169696	4693352	476344	309495
新疆	34003281	25717445	22813569	2903876	1546850
大连	5321583	4205188	3764884	440304	19163
宁波	10099419	7564111	7099581	464530	202357
厦门	6367770	4373822	3925897	447925	76941
青岛	11684390	8118139	7425203	692936	91531
深圳	33780889	22102621	17037569	5065051	1124828

(地方普通小学)

单位：千元

公用部分	商品和服务支出	其他资本性支出	专项公用支出	专项项目支出	基本建设支出
380962380	**185374398**	**195587982**	**52578928**	**143009054**	**17443414**
11495500	9088029	2407471	1505409	902062	1514442
3810980	2071182	1739799	493377	1246422	3332
17306307	8259850	9046457	2557921	6488536	172480
7331303	4377661	2953642	1048064	1905578	268874
5769692	2669603	3100088	751646	2348442	247507
5603851	3454569	2149282	856319	1292962	101846
4375097	2157460	2217637	625412	1592225	94524
4215428	2468436	1746992	425436	1321556	41779
10214234	6969688	3244546	1780577	1463969	98977
22294269	9867654	12426616	2978858	9447757	17627
22532598	10479632	12052966	3065221	8987745	1171545
15949791	6125555	9824236	2171188	7653048	379519
12693141	5436569	7256572	2000827	5255745	378968
17877855	3969327	13908528	2832027	11076501	342565
23223219	9842564	13380656	2909623	10471032	241471
24659986	11894012	12765974	2138882	10627092	1121513
13036070	5800463	7235607	1344658	5890949	1955
16867462	7190663	9676799	2647571	7029229	496122
41671002	27999228	13671774	6001511	7670263	3439680
13992958	5405891	8587067	1982234	6604832	608735
4304748	2161466	2143282	1000271	1143011	236102
8637901	4863048	3774853	1138874	2635979	1166574
20719327	10182177	10537150	3584267	6952884	609808
10187981	4587091	5600890	1293777	4307113	401634
10143830	4436704	5707125	929294	4777832	541018
2030825	730345	1300480	293133	1007347	316981
12390104	5211368	7178736	1643544	5535192	853776
6453755	2451576	4002179	908197	3093981	257320
2220068	829287	1390781	325954	1064827	712899
2228105	936417	1291689	434159	857529	43000
6724994	3456884	3268110	910695	2357415	1560841
1096126	870495	225631	164235	61395	20269
2521202	1334005	1187197	279179	908019	14105
1794916	972706	822209	393762	428447	199033
3566252	1747034	1819218	567807	1251411	
8910601	7447023	1463578	1151883	311694	2767667

4-42 教育经费支出明细

地区	合计	个人部分	工资福利支出	对个人和家庭的补助支出	#助学金
合计	**801442348**	**596751309**	**520870858**	**75880451**	**32517025**
北京	7694414	4878077	4620086	257991	45258
天津	3508882	2957505	2821715	135790	1550
河北	46651730	34036165	30238526	3797640	1606425
山西	17907780	13788882	12885104	903777	315906
内蒙古	16933873	13048711	10824824	2223887	596965
辽宁	11497849	9755848	8712863	1042985	207127
吉林	12217313	9601809	8479488	1122320	136174
黑龙江	13892537	11357613	8998543	2359070	137322
上海	3712256	2833782	2718772	115010	68054
江苏	38197909	29693089	26425061	3268027	420357
浙江	34038732	23668683	21612786	2055897	831354
安徽	39033655	28474721	23887196	4587524	1119453
福建	22975933	16216598	15171363	1045235	138407
江西	33219842	20620972	18984819	1636152	780558
山东	46469002	34646162	31516560	3129602	569404
河南	58574480	41274864	36896259	4378605	2752315
湖北	23989013	17903292	16004117	1899175	929043
湖南	35750576	25566131	22130970	3435161	1981470
广东	53543495	40752113	34763682	5988430	1371823
广西	35673492	25922854	22403760	3519093	1800896
海南	9181562	6666708	6238527	428181	183344
重庆	19875186	15972696	13610941	2361755	786837
四川	50256774	36727794	30948905	5778889	3045058
贵州	34259587	28030261	22662476	5367786	2879152
云南	42504918	35304089	30288253	5015836	3705703
西藏	7539905	5742264	4496546	1245718	1149332
陕西	21013420	13925347	11964568	1960779	1386508
甘肃	21056142	16044351	13184891	2859460	1240710
青海	7553074	5390269	4600886	789383	534668
宁夏	4655721	3636574	3283846	352728	227781
新疆	28063296	22313087	19494523	2818564	1568072
大连	1118625	977305	721473	255832	1224
宁波	3905203	2898485	2667121	231364	101315
厦门	1105822	775767	596777	178990	5736
青岛	3077161	2385649	2150480	235169	32440
深圳					

(农村小学)

单位：千元

公用部分					基本建设支出
	商品和服务支出	其他资本性支出			
			专项公用支出	专项项目支出	
197644824	**91347897**	**106296927**	**24551370**	**81745557**	**7046215**
1831221	1350194	481027	268740	212287	985116
551377	370035	181343	42113	139230	
12514268	5847982	6666286	1846721	4819565	101297
4009988	2477506	1532482	465393	1067088	108910
3753778	1687911	2065868	435044	1630824	131383
1709425	1080628	628797	217897	410900	32576
2544325	1337454	1206872	380427	826445	71179
2503902	1441816	1062085	234797	827288	31022
878474	741964	136510	110013	26497	
8503601	4097018	4406583	1146617	3259966	1220
9745856	4364253	5381603	1393084	3988519	624193
10389939	4494088	5895851	1397525	4498327	168995
6651815	2838832	3812983	1026945	2786038	107520
12323393	2799516	9523877	1935378	7588499	275477
11608774	4783028	6825746	1296602	5529145	214067
17146474	8600722	8545751	1327421	7218330	153142
6085721	2684509	3401212	422154	2979058	
9933541	4307678	5625863	978806	4647058	250904
12761702	7787337	4974365	1897064	3077301	29680
9566155	3857979	5708176	1279242	4428933	184483
2420239	1083464	1336774	610802	725973	94615
3736927	2151137	1585790	341892	1243898	165563
12997048	6261574	6735474	1722064	5013411	531932
5950575	2981552	2969023	588582	2380441	278751
6978030	3194482	3783548	451335	3332214	222798
1611109	578952	1032158	217970	814188	186532
6919812	2826970	4092842	924948	3167894	168261
4789402	1794520	2994882	598412	2396470	222389
1600986	596864	1004122	229005	775117	561819
998147	522453	475694	133264	342430	21000
4628817	2405479	2223339	631117	1592221	1121391
141320	111830	29490	26079	3411	
996381	484295	512087	125865	386222	10337
323642	123161	200482	71733	128748	6413
691512	299119	392393	86192	306201	

4-43 教育经费支出明细

地 区	合 计	个人部分	工资福利支出	对个人和家庭的补助支出	#助学金
合 计	**798741638**	**594639087**	**519114562**	**75524525**	**32412715**
北 京	7694414	4878077	4620086	257991	45258
天 津	3508882	2957505	2821715	135790	1550
河 北	46651730	34036165	30238526	3797640	1606425
山 西	17907780	13788882	12885104	903777	315906
内蒙古	16933873	13048711	10824824	2223887	596965
辽 宁	11497849	9755848	8712863	1042985	207127
吉 林	12217313	9601809	8479488	1122320	136174
黑龙江	13750283	11229882	8907545	2322337	137149
上 海	3712256	2833782	2718772	115010	68054
江 苏	38197909	29693089	26425061	3268027	420357
浙 江	34038732	23668683	21612786	2055897	831354
安 徽	39033655	28474721	23887196	4587524	1119453
福 建	22975933	16216598	15171363	1045235	138407
江 西	33219842	20620972	18984819	1636152	780558
山 东	46469002	34646162	31516560	3129602	569404
河 南	58574480	41274864	36896259	4378605	2752315
湖 北	23989013	17903292	16004117	1899175	929043
湖 南	35750576	25566131	22130970	3435161	1981470
广 东	53543495	40752113	34763682	5988430	1371823
广 西	35673492	25922854	22403760	3519093	1800896
海 南	9181562	6666708	6238527	428181	183344
重 庆	19875186	15972696	13610941	2361755	786837
四 川	50256774	36727794	30948905	5778889	3045058
贵 州	34259587	28030261	22662476	5367786	2879152
云 南	42504918	35304089	30288253	5015836	3705703
西 藏	7539905	5742264	4496546	1245718	1149332
陕 西	21013420	13925347	11964568	1960779	1386508
甘 肃	21039160	16029209	13170518	2858691	1240640
青 海	7553074	5390269	4600886	789383	534668
宁 夏	4655721	3636574	3283846	352728	227781
新 疆	25521821	20343739	17843599	2500140	1464004
大 连	1118625	977305	721473	255832	1224
宁 波	3905203	2898485	2667121	231364	101315
厦 门	1105822	775767	596777	178990	5736
青 岛	3077161	2385649	2150480	235169	32440
深 圳					

(地方农村小学)

单位：千元

公用部分	商品和服务支出	其他资本性支出			基本建设支出
			专项公用支出	专项项目支出	
197116568	**91071527**	**106045041**	**24468236**	**81576804**	**6985983**
1831221	1350194	481027	268740	212287	985116
551377	370035	181343	42113	139230	
12514268	5847982	6666286	1846721	4819565	101297
4009988	2477506	1532482	465393	1067088	108910
3753778	1687911	2065868	435044	1630824	131383
1709425	1080628	628797	217897	410900	32576
2544325	1337454	1206872	380427	826445	71179
2489379	1429809	1059571	233001	826570	31022
878474	741964	136510	110013	26497	
8503601	4097018	4406583	1146617	3259966	1220
9745856	4364253	5381603	1393084	3988519	624193
10389939	4494088	5895851	1397525	4498327	168995
6651815	2838832	3812983	1026945	2786038	107520
12323393	2799516	9523877	1935378	7588499	275477
11608774	4783028	6825746	1296602	5529145	214067
17146474	8600722	8545751	1327421	7218330	153142
6085721	2684509	3401212	422154	2979058	
9933541	4307678	5625863	978806	4647058	250904
12761702	7787337	4974365	1897064	3077301	29680
9566155	3857979	5708176	1279242	4428933	184483
2420239	1083464	1336774	610802	725973	94615
3736927	2151137	1585790	341892	1243898	165563
12997048	6261574	6735474	1722064	5013411	531932
5950575	2981552	2969023	588582	2380441	278751
6978030	3194482	3783548	451335	3332214	222798
1611109	578952	1032158	217970	814188	186532
6919812	2826970	4092842	924948	3167894	168261
4787562	1793344	2994218	597878	2396340	222389
1600986	596864	1004122	229005	775117	561819
998147	522453	475694	133264	342430	21000
4116923	2142292	1974631	550314	1424317	1061159
141320	111830	29490	26079	3411	
996381	484295	512087	125865	386222	10337
323642	123161	200482	71733	128748	6413
691512	299119	392393	86192	306201	

4-44 教育经费支出明细

地区	合计	个人部分	工资福利支出	对个人和家庭的补助支出	#助学金
合计	**11397**	**3167**	**3167**		
北京	203				
天津					
河北					
山西					
内蒙古					
辽宁					
吉林					
黑龙江					
上海					
江苏					
浙江					
安徽					
福建	3656	2927	2927		
江西					
山东					
河南					
湖北					
湖南					
广东					
广西	7226				
海南					
重庆	313	240	240		
四川					
贵州					
云南					
西藏					
陕西					
甘肃					
青海					
宁夏					
新疆					
大连					
宁波					
厦门					
青岛					
深圳					

(成人小学)

单位：千元

公用部分	商品和服务支出	其他资本性支出	专项公用支出	专项项目支出	基本建设支出
8230	**659**	**7571**	**7171**	**400**	
203	203				
729	329	400		400	
7226	55	7171	7171		
73	73				

4-45 教育经费支出明细

地 区	合 计	个人部分	工资福利支出	对个人和家庭的补助支出	#助学金
合 计	**18778686**	**12278533**	**11160935**	**1117598**	**374421**
北 京	609972	477011	456291	20720	3826
天 津	270073	189840	182404	7436	445
河 北	675294	503432	477459	25973	8798
山 西	380438	269375	257633	11742	5938
内蒙古	359630	249535	237588	11947	6154
辽 宁	673910	513933	460714	53220	14245
吉 林	338590	233915	207133	26782	6648
黑龙江	455606	349335	297218	52117	8967
上 海	903401	642337	621519	20819	13271
江 苏	1278392	931224	848462	82762	23471
浙 江	1155295	657416	618032	39384	18047
安 徽	910336	321535	282198	39336	12237
福 建	624971	416894	380731	36162	18205
江 西	511815	242963	221307	21655	9994
山 东	1363495	925563	824903	100661	41721
河 南	767352	562101	515531	46570	15817
湖 北	573670	409209	351933	57276	12311
湖 南	747613	420792	372954	47838	17176
广 东	2213138	1363329	1203020	160309	14108
广 西	410953	272817	248828	23989	8804
海 南	140226	73832	66883	6948	4811
重 庆	351230	240082	215553	24529	11790
四 川	767425	536540	474340	62200	26741
贵 州	481710	357593	317591	40002	16938
云 南	477517	349482	316297	33184	26141
西 藏	96191	80063	73246	6818	6309
陕 西	402074	238875	224138	14737	7171
甘 肃	258285	148629	138435	10194	3903
青 海	169807	53562	48260	5302	2402
宁 夏	179449	89839	77038	12801	3464
新 疆	230826	157481	143295	14185	4568
大 连	138023	112511	110318	2193	348
宁 波	153621	93478	89030	4447	2357
厦 门	100310	57689	52433	5256	1514
青 岛	264645	169499	145172	24327	7440
深 圳	409153	198023	146658	51366	134

(特殊教育)

单位：千元

公用部分					基本建设支出
	商品和服务支出	其他资本性支出			
			专项公用支出	专项项目支出	
5984478	**3193074**	**2791404**	**1260788**	**1530616**	**515675**
132216	107835	24381	17940	6441	746
80233	49563	30670	30614	56	
169930	111311	58619	33928	24691	1932
111063	72700	38363	19566	18797	
101985	57504	44481	17697	26784	8110
158354	122388	35966	21501	14465	1623
104072	52675	51396	15400	35996	604
106201	66189	40012	26374	13638	71
261064	203909	57155	48741	8414	
333662	192140	141522	73321	68200	13507
493143	182755	310388	193366	117021	4736
362145	90905	271240	33979	237262	226656
207294	99025	108269	34495	73774	783
265003	79550	185453	60862	124590	3849
424034	220974	203060	102788	100272	13897
205251	141718	63533	30889	32644	
164462	93071	71391	26200	45191	
312806	122023	190783	115867	74917	14015
719815	408694	311120	122299	188822	129995
124196	68063	56133	24118	32015	13940
61896	25812	36085	18358	17727	4498
110368	73409	36959	21894	15066	780
230885	166264	64621	18073	46547	
123964	89756	34208	22714	11494	153
126355	76033	50322	20281	30041	1680
16128	10322	5806	5333	473	
150563	74685	75877	23742	52136	12636
89740	36661	53079	11159	41919	19917
80697	14897	65800	15427	50372	35548
83610	43712	39897	30078	9819	6000
73345	38529	34816	23784	11032	
25512	19939	5573	4573	1000	
59659	31712	27947	7428	20519	484
41838	27210	14628	3798	10830	783
95146	50450	44696	43607	1089	
121135	94117	27018	27018		89995

4-46 教育经费支出明细

地区	合计	个人部分	工资福利支出	对个人和家庭的补助支出	#助学金
合计	**17958320**	**11735962**	**10658709**	**1077253**	**367964**
北京	494745	386752	371536	15215	2844
天津	260197	181318	175138	6181	445
河北	675294	503432	477459	25973	8798
山西	353671	255909	244282	11627	5921
内蒙古	359630	249535	237588	11947	6154
辽宁	608231	461406	412910	48496	14173
吉林	328302	227557	201645	25912	6612
黑龙江	449180	344996	293232	51764	8957
上海	729903	524339	507135	17205	12389
江苏	1278392	931224	848462	82762	23471
浙江	1131050	645660	606888	38772	17981
安徽	892477	308095	272833	35263	12237
福建	624971	416894	380731	36162	18205
江西	497806	235854	214201	21653	9994
山东	1363495	925563	824903	100661	41721
河南	745865	547366	502720	44646	15782
湖北	556904	395138	339605	55533	12311
湖南	728259	407099	360345	46755	17175
广东	2153679	1326136	1170257	155878	14108
广西	404191	267540	243844	23696	8804
海南	140226	73832	66883	6948	4811
重庆	342436	232767	208894	23873	11790
四川	704834	496627	435980	60647	26299
贵州	397434	297603	264506	33097	13223
云南	453878	335952	303320	32632	25942
西藏	96191	80063	73246	6818	6309
陕西	350466	228718	214061	14656	7171
甘肃	258285	148629	138435	10194	3903
青海	169807	53562	48260	5302	2402
宁夏	179449	89839	77038	12801	3464
新疆	229072	156557	142371	14185	4568
大连	124606	102800	100864	1936	302
宁波	153621	93478	89030	4447	2357
厦门	100310	57689	52433	5256	1514
青岛	264645	169499	145172	24327	7440
深圳	392807	188276	140044	48232	134

(特殊教育学校)

单位：千元

公用部分	商品和服务支出	其他资本性支出	专项公用支出	专项项目支出	基本建设支出
5707632	**3018552**	**2689079**	**1217746**	**1471333**	**514727**
107248	89881	17367	10926	6441	746
78879	48240	30639	30583	56	
169930	111311	58619	33928	24691	1932
97762	68207	29555	19376	10179	
101985	57504	44481	17697	26784	8110
146151	115427	30724	18854	11870	675
100141	49412	50729	14732	35996	604
104113	64559	39554	26346	13207	71
205563	163721	41842	38247	3595	
333662	192140	141522	73321	68200	13507
480655	179491	301164	192481	108682	4735
357726	87806	269920	32659	237262	226656
207294	99025	108269	34495	73774	783
258103	77790	180313	57823	122490	3849
424034	220974	203060	102788	100272	13897
198499	137002	61497	29323	32174	
161766	90676	71090	25899	45191	
307145	120439	186707	115305	71401	14015
697548	389993	307555	118734	188822	129995
122711	66631	56081	24066	32015	13940
61896	25812	36085	18358	17727	4498
108888	72044	36844	21875	14969	780
208207	152274	55933	17513	38420	
99678	68969	30710	21725	8984	153
116246	71395	44851	14810	30041	1680
16128	10322	5806	5333	473	
109113	54538	54574	20100	34474	12636
89740	36661	53079	11159	41919	19917
80697	14897	65800	15427	50372	35548
83610	43712	39897	30078	9819	6000
72516	37700	34816	23784	11032	
21806	18219	3587	2587	1000	
59659	31712	27947	7428	20519	484
41838	27210	14628	3798	10830	783
95146	50450	44696	43607	1089	
114536	88692	25844	25844		89995

4-47 教育经费支出明细

地区	合计	个人部分	工资福利支出	对个人和家庭的补助支出	#助学金
合计	**820366**	**542571**	**502226**	**40345**	**6456**
北京	115227	90259	84754	5505	981
天津	9876	8522	7267	1255	
河北					
山西	26767	13466	13351	115	17
内蒙古					
辽宁	65679	52527	47803	4724	72
吉林	10289	6358	5488	870	36
黑龙江	6427	4339	3986	353	9
上海	173498	117998	114384	3614	882
江苏					
浙江	24245	11756	11144	612	66
安徽	17858	13439	9366	4074	
福建					
江西	14009	7108	7106	3	
山东					
河南	21487	14735	12811	1924	35
湖北	16766	14070	12327	1743	
湖南	19354	13692	12609	1083	1
广东	59459	37193	32763	4430	
广西	6762	5277	4984	293	
海南					
重庆	8795	7315	6659	656	
四川	62591	39913	38360	1553	442
贵州	84276	59991	53085	6905	3716
云南	23639	13529	12977	552	199
西藏					
陕西	51608	10158	10077	81	
甘肃					
青海					
宁夏					
新疆	1753	924	924		
大连	13417	9711	9454	257	46
宁波					
厦门					
青岛					
深圳	16346	9747	6614	3134	

（工读学校）

单位：千元

公用部分	商品和服务支出	其他资本性支出			基本建设支出
			专项公用支出	专项项目支出	
276846	**174522**	**102325**	**43042**	**59283**	**948**
24968	17954	7015	7015		
1354	1324	31	31		
13301	4493	8808	190	8618	
12204	6961	5243	2647	2596	948
3931	3263	667	667		
2088	1630	458	27	431	
55500	40187	15313	10493	4819	
12488	3264	9224	885	8339	
4419	3099	1320	1320		
6900	1760	5140	3040	2100	
6752	4716	2035	1565	470	
2695	2395	301	301		
5661	1584	4077	561	3515	
22266	18701	3565	3565		
1485	1433	53	53		
1480	1365	116	18	97	
22678	13991	8688	561	8127	
24285	20787	3498	988	2510	
10109	4639	5471	5471		
41450	20147	21303	3642	17661	
829	829				
3707	1720	1986	1986		
6599	5425	1174	1174		

4-48 教育经费支出明细

地 区	合 计	个人部分	工资福利支 出	对个人和家庭的补助支出	#助学金
合 计	**408088705**	**254616394**	**241011073**	**13605320**	**7323298**
北 京	18431585	10587116	10395215	191900	2963
天 津	5616008	3426276	3319848	106427	2110
河 北	15620276	10349064	10012637	336427	142118
山 西	6373155	3950548	3763296	187252	138713
内蒙古	7712634	4504091	4223534	280558	127358
辽 宁	6818612	4407433	4275065	132368	37669
吉 林	3982375	2503215	2421681	81534	22706
黑龙江	4135683	2685513	2549583	135930	16117
上 海	20041651	12454031	12345495	108536	54717
江 苏	29281344	19499846	18903434	596412	238834
浙 江	29461139	17764663	17370822	393840	78585
安 徽	11474963	7172563	6833106	339457	136761
福 建	14649741	8802598	8596479	206119	83605
江 西	10577418	5535699	5361749	173950	109951
山 东	24367001	14848581	14278447	570134	330470
河 南	21769909	13448098	13114411	333687	211412
湖 北	12657251	8047456	7773158	274299	124169
湖 南	13945980	8531237	8071764	459473	324629
广 东	47199362	31377727	29069373	2308354	662203
广 西	9998889	6053800	5789895	263905	128318
海 南	4274975	2216022	2115940	100082	74026
重 庆	8378141	4638923	4180226	458698	335406
四 川	20245455	11710454	10833891	876562	574429
贵 州	11279199	7686310	6822732	863578	654686
云 南	10024179	6675797	6271632	404164	270712
西 藏	2579126	1851402	1450513	400888	360516
陕 西	12548802	7404984	7027638	377346	251764
甘 肃	6905608	4563720	4134829	428891	236169
青 海	1863466	1046629	889685	156945	119142
宁 夏	1991148	1054591	954396	100194	69325
新 疆	13883628	9818008	7860597	1957411	1403715
大 连	1857982	1214930	1204346	10584	3902
宁 波	4744561	3201720	3166230	35490	13919
厦 门	3108951	1637959	1598921	39038	5215
青 岛	3793543	2251056	2194566	56490	17503
深 圳	10376047	7059697	5862317	1197379	325642

（幼儿园）

单位：千元

公用部分	商品和服务支出	其他资本性支出	专项公用支出	专项项目支出	基本建设支出
150168159	**100760171**	**49407988**	**17343689**	**32064299**	**3304152**
7642003	6472875	1169128	757613	411515	202467
2170713	1469725	700988	236740	464248	19019
5259863	3727907	1531956	541118	990838	11350
2395622	1716151	679471	257093	422378	26986
2997890	1839067	1158823	306196	852627	210652
2389920	1976981	412940	203269	209670	21258
1443026	921741	521284	171130	350155	36134
1447020	1101048	345972	107961	238011	3150
7536315	6213684	1322631	791253	531378	51305
9707898	5609532	4098367	1432346	2666021	73600
11445862	6960493	4485369	1165941	3319428	250615
4221872	2198861	2023011	554674	1468337	80528
5768881	3649075	2119806	873981	1245825	78263
4965864	1806960	3158904	864107	2294797	75855
9472178	6180000	3292177	1150164	2142013	46242
8235255	6113573	2121683	574088	1547595	86555
4609795	3206873	1402922	494606	908316	
5399503	3901862	1497641	426652	1070988	15240
15483465	12402675	3080791	1667072	1413719	338170
3724002	2242858	1481144	437234	1043910	221087
2034212	991033	1043179	545893	497286	24741
3543374	2686123	857251	275798	581453	195844
8251094	5211745	3039349	1227311	1812038	283907
3567261	2131976	1435285	366492	1068793	25627
3253142	2125515	1127627	387758	739869	95241
665099	325395	339704	87038	252666	62626
4958086	2949371	2008715	648648	1360067	185731
2303217	1398132	905085	214058	691027	38671
735231	451395	283836	57660	226176	81605
936558	463594	472964	119514	353450	
3603938	2313952	1289986	400282	889704	461682
640052	562116	77936	43051	34885	3000
1541786	927017	614769	146859	467910	1054
1450510	946414	504096	265478	238618	20482
1542487	959322	583165	239159	344006	
3071411	2720505	350905	261064	89841	244940

4-49 教育经费支出明细

地区	合计	个人部分	工资福利支出	对个人和家庭的补助支出	#助学金
合计	**404636855**	**252172012**	**238753857**	**13418156**	**7255430**
北京	17115405	9657582	9494255	163326	2950
天津	5542675	3374536	3268272	106264	2075
河北	15557632	10296902	9960968	335934	142055
山西	6363511	3941845	3754986	186859	138713
内蒙古	7704708	4499395	4218838	280558	127358
辽宁	6677792	4291327	4164047	127280	37629
吉林	3953635	2482269	2400842	81427	22706
黑龙江	3845417	2463226	2330291	132935	15926
上海	19859569	12349987	12242817	107170	54717
江苏	29255482	19477302	18881332	595970	238660
浙江	29452614	17757532	17364329	393203	78585
安徽	11450023	7151622	6812578	339044	136761
福建	14640343	8795104	8589010	206094	83605
江西	10577418	5535699	5361749	173950	109951
山东	24367001	14848581	14278447	570134	330470
河南	21715644	13407544	13074025	333520	211254
湖北	12596513	7996677	7723753	272924	124160
湖南	13916238	8516485	8057425	459060	324563
广东	47167446	31350243	29042796	2307447	662162
广西	9998061	6053329	5789424	263905	128318
海南	4243690	2189260	2090806	98454	72647
重庆	8337756	4607993	4150149	457844	335406
四川	20202999	11675786	10800346	875440	574429
贵州	11279199	7686310	6822732	863578	654686
云南	10015267	6668759	6264595	404164	270712
西藏	2579126	1851402	1450513	400888	360516
陕西	12515249	7377746	7000932	376813	251700
甘肃	6882180	4543334	4116197	427138	235202
青海	1852048	1037670	881149	156521	118809
宁夏	1987852	1051489	951295	100194	69325
新疆	12984364	9235078	7414959	1820119	1339379
大连	1807110	1173202	1163704	9498	3862
宁波	4744561	3201720	3166230	35490	13919
厦门	3104023	1634431	1595393	39038	5215
青岛	3793543	2251056	2194566	56490	17503
深圳	10376047	7059697	5862317	1197379	325642

(地方幼儿园)

单位：千元

公用部分	商品和服务支出	其他资本性支出	专项公用支出	专项项目支出	基本建设支出
149185659	**100060972**	**49124687**	**17214552**	**31910134**	**3279184**
7255356	6137795	1117561	717096	400465	202467
2149120	1449301	699819	235571	464248	19019
5249380	3718639	1530741	540893	989848	11350
2394680	1715520	679160	256782	422378	26986
2994660	1835997	1158663	306196	852467	210652
2365206	1958103	407103	200115	206988	21258
1435231	917011	518221	170103	348118	36134
1379042	1040796	338246	103940	234305	3150
7458276	6147308	1310968	787370	523598	51305
9704580	5607149	4097431	1431744	2665687	73600
11444467	6959845	4484622	1165748	3318874	250615
4217874	2196651	2021222	552946	1468277	80528
5766976	3647294	2119682	873857	1245825	78263
4965864	1806960	3158904	864107	2294797	75855
9472178	6180000	3292177	1150164	2142013	46242
8221544	6106215	2115329	569281	1546048	86555
4599836	3199245	1400591	492772	907819	
5384514	3889819	1494694	425706	1068988	15240
15479033	12399881	3079152	1665701	1413452	338170
3723645	2242500	1481144	437234	1043910	221087
2029689	987979	1041710	544713	496996	24741
3533919	2681573	852346	273101	579245	195844
8243306	5205687	3037619	1226453	1811167	283907
3567261	2131976	1435285	366492	1068793	25627
3251268	2124015	1127253	387644	739609	95241
665099	325395	339704	87038	252666	62626
4951772	2945699	2006073	646896	1359177	185731
2300175	1395761	904414	213632	690782	38671
732772	450188	282584	56408	226176	81605
936363	463399	472964	119514	353450	
3312572	2193269	1119303	345334	773969	436714
630908	553530	77378	42508	34869	3000
1541786	927017	614769	146859	467910	1054
1449110	945014	504096	265478	238618	20482
1542487	959322	583165	239159	344006	
3071411	2720505	350905	261064	89841	244940

4-50 教育经费支出明细

地区	合计	个人部分	工资福利支出	对个人和家庭的补助支出	#助学金
合计	**174323029**	**111689430**	**104314640**	**7374790**	**5114240**
北京	2698424	1668878	1644962	23917	447
天津	676352	419870	405989	13881	1253
河北	9712272	6503316	6354180	149136	67098
山西	3144388	2001840	1881941	119899	95337
内蒙古	4198258	2599548	2411536	188012	72580
辽宁	1341547	842649	826900	15749	5977
吉林	1644803	1082502	1054821	27681	9124
黑龙江	1660659	1160980	1109991	50989	9149
上海	2285259	1659659	1642322	17336	7704
江苏	9999072	6643298	6419918	223379	140434
浙江	11265714	6752845	6535196	217649	36029
安徽	7283687	4550220	4343510	206711	84920
福建	6512714	4035401	3963695	71706	31519
江西	6792537	3477443	3356885	120558	94714
山东	10652734	6526587	6231213	295374	191094
河南	12816404	8027733	7842961	184772	145471
湖北	4727030	3188074	3052992	135083	97094
湖南	7951114	4886088	4575549	310539	239238
广东	10465103	6978192	6673453	304739	202066
广西	5741943	3493329	3323612	169717	101399
海南	2266663	1191094	1117962	73132	58418
重庆	2865127	1666592	1384909	281683	234130
四川	9760414	5809391	5194578	614813	471230
贵州	7589130	5517589	4851270	666320	557611
云南	5414579	3785388	3532028	253360	190834
西藏	1634471	1231163	937834	293330	274637
陕西	6456693	4059665	3801045	258619	179694
甘肃	4636777	3145250	2913435	231815	91665
青海	1209128	685992	563597	122395	101546
宁夏	947348	493320	430080	63239	41304
新疆	9972686	7605533	5936277	1669257	1280525
大连	155729	103846	101621	2225	1324
宁波	1634177	1078402	1061192	17210	8102
厦门	250309	127076	116796	10280	1960
青岛	539742	355626	346556	9070	5696
深圳					

（农村幼儿园）

单位：千元

公用部分	商品和服务支出	其他资本性支出			基本建设支出
			专项公用支出	专项项目支出	
61351363	**37775209**	**23576155**	**6752072**	**16824082**	**1282235**
991835	811471	180364	116856	63508	37710
256483	122198	134284	10457	123828	
3197606	2218007	979599	315823	663777	11350
1127924	779617	348308	112526	235782	14623
1539999	957769	582230	167059	415171	58712
493416	372428	120988	43746	77242	5482
548427	340781	207646	73669	133977	13874
496529	366188	130342	39446	90895	3150
625600	525212	100389	79932	20456	
3355774	1825967	1529807	423685	1106122	
4358429	2340769	2017661	419112	1598548	154440
2705637	1415899	1289738	328640	961099	27830
2442776	1538696	904079	335061	569018	34537
3270958	1132099	2138859	586445	1552414	44136
4079914	2503502	1576412	434996	1141416	46234
4741990	3501111	1240879	248114	992766	46680
1538956	997719	541237	142084	399153	
3054786	2209952	844833	211019	633815	10240
3479434	2491085	988349	477061	511288	7477
2187703	1221859	965844	250818	715026	60911
1064767	491208	573559	237699	335859	10802
1193387	833512	359875	108011	251864	5149
3780089	2160571	1619518	439564	1179954	170935
2047934	1288076	759858	192938	566921	23606
1600803	1060492	540312	143289	397023	28387
343743	164136	179607	48940	130667	59565
2356711	1408061	948650	302376	646274	40317
1453635	765827	687808	139674	548135	37891
502559	289548	213010	42390	170620	20577
454029	212291	241738	46269	195468	
2059530	1429159	630371	234374	395997	307622
51883	45761	6122	5259	864	
555775	315609	240166	42316	197851	
122846	94045	28802	20242	8560	386
184116	116903	67213	19151	48062	

4-51 教育经费支出明细

地区	合计	个人部分	工资福利支出	对个人和家庭的补助支出	#助学金
合计	**173517861**	**111165349**	**103913486**	**7251863**	**5056085**
北京	2684369	1658746	1634829	23917	447
天津	672597	416996	403115	13881	1253
河北	9701213	6494055	6344919	149136	67098
山西	3142280	1999977	1880078	119899	95337
内蒙古	4198258	2599548	2411536	188012	72580
辽宁	1341547	842649	826900	15749	5977
吉林	1644803	1082502	1054821	27681	9124
黑龙江	1615993	1124720	1076500	48220	8969
上海	2285259	1659659	1642322	17336	7704
江苏	9999072	6643298	6419918	223379	140434
浙江	11265714	6752845	6535196	217649	36029
安徽	7283687	4550220	4343510	206711	84920
福建	6512714	4035401	3963695	71706	31519
江西	6792537	3477443	3356885	120558	94714
山东	10652734	6526587	6231213	295374	191094
河南	12805881	8022128	7837356	184772	145471
湖北	4726701	3187794	3052711	135083	97094
湖南	7950881	4885909	4575371	310538	239237
广东	10456641	6972326	6667689	304637	202025
广西	5741747	3493156	3323438	169717	101399
海南	2263002	1187842	1114710	73132	58418
重庆	2865127	1666592	1384909	281683	234130
四川	9759670	5808683	5193870	614813	471230
贵州	7589130	5517589	4851270	666320	557611
云南	5414579	3785388	3532028	253360	190834
西藏	1634471	1231163	937834	293330	274637
陕西	6455729	4058755	3800138	258617	179692
甘肃	4623644	3133522	2902469	231053	91609
青海	1209128	685992	563597	122395	101546
宁夏	947348	493320	430080	63239	41304
新疆	9281404	7170545	5620579	1549965	1222649
大连	155729	103846	101621	2225	1324
宁波	1634177	1078402	1061192	17210	8102
厦门	250309	127076	116796	10280	1960
青岛	539742	355626	346556	9070	5696
深圳					

（地方农村幼儿园）

单位：千元

公用部分					基本建设支出
	商品和服务支出	其他资本性支出			
			专项公用支出	专项项目支出	
61094048	**37664624**	**23429424**	**6699378**	**16730046**	**1258465**
987913	808204	179710	116341	63368	37710
255601	121317	134284	10457	123828	
3195808	2216209	979599	315823	663777	11350
1127680	779572	348108	112326	235782	14623
1539999	957769	582230	167059	415171	58712
493416	372428	120988	43746	77242	5482
548427	340781	207646	73669	133977	13874
488123	361247	126876	36173	90703	3150
625600	525212	100389	79932	20456	
3355774	1825967	1529807	423685	1106122	
4358429	2340769	2017661	419112	1598548	154440
2705637	1415899	1289738	328640	961099	27830
2442776	1538696	904079	335061	569018	34537
3270958	1132099	2138859	586445	1552414	44136
4079914	2503502	1576412	434996	1141416	46234
4737073	3499702	1237371	245395	991976	46680
1538908	997671	541237	142084	399153	
3054732	2209922	844810	210995	633815	10240
3476838	2489662	987176	476128	511048	7477
2187681	1221837	965844	250818	715026	60911
1064358	490977	573381	237538	335842	10802
1193387	833512	359875	108011	251864	5149
3780053	2160535	1619518	439564	1179954	170935
2047934	1288076	759858	192938	566921	23606
1600803	1060492	540312	143289	397023	28387
343743	164136	179607	48940	130667	59565
2356657	1408007	948650	302376	646274	40317
1452231	764938	687292	139353	547940	37891
502559	289548	213010	42390	170620	20577
454029	212291	241738	46269	195468	
1827008	1333648	493360	189825	303535	283852
51883	45761	6122	5259	864	
555775	315609	240166	42316	197851	
122846	94045	28802	20242	8560	386
184116	116903	67213	19151	48062	

4-52 教育经费支出明细

地 区	合 计	个人部分	工资福利支出	对个人和家庭的补助支出	#助学金
合 计	**38595264**	**21926863**	**17734654**	**4192209**	
北 京	1060465	732386	647434	84952	
天 津	390814	287713	268990	18723	
河 北	822412	560527	458691	101836	
山 西	1103631	715219	637961	77258	
内蒙古	895357	510801	402853	107948	
辽 宁	723814	457252	363641	93611	
吉 林	403946	237664	202065	35599	
黑龙江	1151133	547440	362036	185404	
上 海	432869	262271	251095	11177	
江 苏	1766968	1104424	936780	167645	
浙 江	1833125	976001	881823	94177	
安 徽	1382972	679866	512584	167282	
福 建	751395	381553	324154	57400	
江 西	710568	400180	334115	66065	
山 东	2723030	1761014	1537789	223225	
河 南	1448995	750642	594738	155904	
湖 北	1458697	850863	707600	143264	
湖 南	2701876	1535671	1265268	270402	
广 东	5023990	2342217	1684130	658087	
广 西	492848	287724	250958	36766	
海 南	454812	262222	227142	35080	
重 庆	755477	360623	257380	103243	
四 川	2505329	1380946	956690	424256	
贵 州	1831695	1137956	969981	167975	
云 南	1540708	893655	759242	134413	
西 藏	417697	291743	263770	27973	
陕 西	976849	472384	392742	79643	
甘 肃	823686	483643	332852	150792	
青 海	301509	200315	138309	62007	
宁 夏	172394	127125	117549	9576	
新 疆	1536206	934822	694295	240527	
大 连	106987	82648	69119	13529	
宁 波	169579	125816	117152	8663	
厦 门	134794	53910	44436	9474	
青 岛	372001	255496	240504	14992	
深 圳	1050754	398587	246296	152291	

（教育行政单位）

单位：千元

公用部分	商品和服务支出	其他资本性支出	专项公用支出	专项项目支出	基本建设支出
16322124	**12945055**	**3377069**	**1800669**	**1576400**	**346277**
328079	319933	8146	8146		
103101	87045	16056	12377	3680	
261885	224340	37545	22927	14618	
388412	261864	126547	105067	21481	
384556	274008	110548	51013	59535	
233123	171932	61191	17002	44189	33438
164912	140941	23971	16031	7940	1371
569177	275479	293699	71499	222199	34515
170598	161132	9465	2999	6466	
662544	524531	138013	95844	42169	
857124	758094	99030	78318	20712	
703106	504050	199056	97104	101952	
369228	307104	62124	31039	31084	614
308488	256683	51805	34343	17463	1900
956797	820997	135799	83528	52271	5220
698352	528713	169639	56916	112723	
607833	465124	142710	50238	92471	
1166206	942590	223616	97677	125939	
2642989	2092614	550376	282637	267738	38784
205124	180580	24544	18508	6036	
192590	152848	39741	36177	3564	
394854	375475	19379	18528	850	
1119671	935284	184387	116705	67682	4712
667976	562464	105512	77830	27682	25763
618830	463280	155550	68099	87451	28223
125954	75787	50167	19931	30237	
476942	309400	167542	103823	63719	27523
336783	268744	68039	53679	14360	3259
101194	82959	18234	15476	2758	
45269	43354	1915	1885	30	
460429	377706	82723	55322	27401	140955
24339	20695	3644	244	3400	
43764	40478	3286	3261	25	
80270	50374	29896	4077	25819	614
116505	91019	25486	17974	7512	
629538	516239	113298	85742	27557	22630

4-53 教育经费支出明细

地区	合计	个人部分	工资福利支出	对个人和家庭的补助支出	#助学金
合计	**37807467**	**21576822**	**17522053**	**4054769**	
北京	710617	517621	462731	54890	
天津	390814	287713	268990	18723	
河北	822412	560527	458691	101836	
山西	1103631	715219	637961	77258	
内蒙古	895357	510801	402853	107948	
辽宁	723814	457252	363641	93611	
吉林	403946	237664	202065	35599	
黑龙江	1136849	540824	356626	184198	
上海	432869	262271	251095	11177	
江苏	1766968	1104424	936780	167645	
浙江	1833125	976001	881823	94177	
安徽	1382972	679866	512584	167282	
福建	751395	381553	324154	57400	
江西	710568	400180	334115	66065	
山东	2723030	1761014	1537789	223225	
河南	1448995	750642	594738	155904	
湖北	1458697	850863	707600	143264	
湖南	2701876	1535671	1265268	270402	
广东	5023990	2342217	1684130	658087	
广西	492848	287724	250958	36766	
海南	454812	262222	227142	35080	
重庆	755477	360623	257380	103243	
四川	2505329	1380946	956690	424256	
贵州	1831695	1137956	969981	167975	
云南	1540708	893655	759242	134413	
西藏	417697	291743	263770	27973	
陕西	976849	472384	392742	79643	
甘肃	823686	483643	332852	150792	
青海	301509	200315	138309	62007	
宁夏	172394	127125	117549	9576	
新疆	1112541	806163	671808	134355	
大连	106987	82648	69119	13529	
宁波	169579	125816	117152	8663	
厦门	134794	53910	44436	9474	
青岛	372001	255496	240504	14992	
深圳	1050754	398587	246296	152291	

(地方教育行政单位)

单位：千元

公用部分	商品和服务支出	其他资本性支出			基本建设支出
			专项公用支出	专项项目支出	
16021942	**12681046**	**3340896**	**1776867**	**1564028**	**208703**
192997	187174	5823	5823		
103101	87045	16056	12377	3680	
261885	224340	37545	22927	14618	
388412	261864	126547	105067	21481	
384556	274008	110548	51013	59535	
233123	171932	61191	17002	44189	33438
164912	140941	23971	16031	7940	1371
561510	272790	288720	68346	220374	34515
170598	161132	9465	2999	6466	
662544	524531	138013	95844	42169	
857124	758094	99030	78318	20712	
703106	504050	199056	97104	101952	
369228	307104	62124	31039	31084	614
308488	256683	51805	34343	17463	1900
956797	820997	135799	83528	52271	5220
698352	528713	169639	56916	112723	
607833	465124	142710	50238	92471	
1166206	942590	223616	97677	125939	
2642989	2092614	550376	282637	267738	38784
205124	180580	24544	18508	6036	
192590	152848	39741	36177	3564	
394854	375475	19379	18528	850	
1119671	935284	184387	116705	67682	4712
667976	562464	105512	77830	27682	25763
618830	463280	155550	68099	87451	28223
125954	75787	50167	19931	30237	
476942	309400	167542	103823	63719	27523
336783	268744	68039	53679	14360	3259
101194	82959	18234	15476	2758	
45269	43354	1915	1885	30	
302997	249145	53851	36997	16855	3381
24339	20695	3644	244	3400	
43764	40478	3286	3261	25	
80270	50374	29896	4077	25819	614
116505	91019	25486	17974	7512	
629538	516239	113298	85742	27557	22630

4-54 教育经费支出明细

地区	合计	个人部分	工资福利支出	对个人和家庭的补助支出	#助学金
合计	**84562582**	**42634314**	**37695083**	**4939231**	**44267**
北京	13584677	4572822	4278028	294793	44267
天津	1556292	1058442	1003351	55092	
河北	2743711	1836522	1671805	164717	
山西	1757919	968770	842919	125851	
内蒙古	1718019	1189280	1088478	100802	
辽宁	2909883	2079527	1970300	109227	
吉林	1411247	781412	687071	94341	
黑龙江	1535871	1148737	897578	251160	
上海	7140337	2551061	2505152	45908	
江苏	5614653	3061544	2661532	400012	
浙江	6320614	2930960	2675412	255548	
安徽	1435903	699234	583173	116060	
福建	2599191	1257785	1159398	98387	
江西	1976828	1055276	902888	152388	
山东	3620531	1971482	1772899	198582	
河南	3009966	1814922	1576870	238052	
湖北	3109180	1738760	1545227	193533	
湖南	1531880	778025	672649	105376	
广东	5615609	2545308	1873605	671703	
广西	1713987	959973	867436	92537	
海南	397596	176363	171280	5083	
重庆	1430926	607488	477395	130093	
四川	3444719	2059389	1739809	319580	
贵州	594805	304223	260157	44067	
云南	1364023	751682	674579	77104	
西藏	1165629	602238	490054	112184	
陕西	1961751	1169922	986198	183724	
甘肃	1058244	641061	574554	66507	
青海	553798	404278	337255	67024	
宁夏	286008	192418	181347	11071	
新疆	1398785	725411	566685	158726	
大连	580288	331996	320420	11576	
宁波	764834	446055	410301	35753	
厦门	397622	196156	172234	23922	
青岛	538745	367347	325968	41379	
深圳	1372611	519889	385168	134721	

(教育事业单位)

单位：千元

公用部分	商品和服务支出	其他资本性支出			基本建设支出
			专项公用支出	专项项目支出	
41042262	**30976204**	**10066058**	**5550911**	**4515147**	**886006**
8916296	8397801	518495	409670	108825	95559
494537	392107	102430	94967	7463	3312
886948	720638	166310	102116	64194	20241
778199	492527	285672	180301	105371	10950
528013	340488	187525	71512	116013	726
814556	670784	143772	128958	14814	15800
629835	405816	224019	58130	165888	
381725	315798	65926	40789	25138	5409
4326244	2575336	1750908	1562261	188647	263032
2553109	1941254	611855	293604	318252	
3377074	1913187	1463887	516035	947852	12581
653505	529562	123943	61529	62414	83164
1309185	1060819	248366	128467	119899	32222
842855	557488	285367	169665	115702	78697
1640019	1234557	405462	90425	315037	9030
1194177	886464	307713	134939	172774	867
1370420	744562	625858	145923	479935	
753855	439606	314249	131757	182492	
3014539	2177391	837148	382380	454768	55762
743578	653474	90104	68911	21193	10436
221233	193735	27499	24945	2553	
819187	662552	156635	78374	78260	4251
1372330	1014670	357660	307622	50038	13000
290560	277287	13273	11993	1281	22
611041	466344	144697	70781	73916	1300
498890	382322	116568	58753	57815	64500
791830	605022	186808	105137	81671	
417183	322730	94453	37421	57032	
138274	108745	29529	21020	8509	11246
93590	88398	5192	4256	936	
579475	404742	174733	58268	116465	93898
236333	189538	46795	43908	2887	11960
318524	259978	58546	40533	18014	256
201466	176125	25341	25117	224	
171398	152601	18797	12304	6493	
796961	723960	73001	60765	12236	55762

4-55 教育经费支出明细

地区	合计	个人部分	工资福利支出	对个人和家庭的补助支出	#助学金
合计	**76628868**	**41392781**	**36575641**	**4817140**	
北京	5853117	3394987	3206215	188772	
天津	1556292	1058442	1003351	55092	
河北	2743711	1836522	1671805	164717	
山西	1757919	968770	842919	125851	
内蒙古	1718019	1189280	1088478	100802	
辽宁	2909883	2079527	1970300	109227	
吉林	1411247	781412	687071	94341	
黑龙江	1518273	1132474	884533	247940	
上海	7140337	2551061	2505152	45908	
江苏	5614653	3061544	2661532	400012	
浙江	6320614	2930960	2675412	255548	
安徽	1435903	699234	583173	116060	
福建	2599191	1257785	1159398	98387	
江西	1976828	1055276	902888	152388	
山东	3620531	1971482	1772899	198582	
河南	3009966	1814922	1576870	238052	
湖北	3109180	1738760	1545227	193533	
湖南	1531880	778025	672649	105376	
广东	5615609	2545308	1873605	671703	
广西	1713987	959973	867436	92537	
海南	397596	176363	171280	5083	
重庆	1430926	607488	477395	130093	
四川	3444719	2059389	1739809	319580	
贵州	594805	304223	260157	44067	
云南	1364023	751682	674579	77104	
西藏	1165629	602238	490054	112184	
陕西	1961751	1169922	986198	183724	
甘肃	1058244	641061	574554	66507	
青海	553798	404278	337255	67024	
宁夏	286008	192418	181347	11071	
新疆	1214230	677977	532101	145875	
大连	580288	331996	320420	11576	
宁波	764834	446055	410301	35753	
厦门	397622	196156	172234	23922	
青岛	538745	367347	325968	41379	
深圳	1372611	519889	385168	134721	

（地方教育事业单位）

单位：千元

公用部分	商品和服务支出	其他资本性支出	专项公用支出	专项项目支出	基本建设支出
34412642	**24558519**	**9854122**	**5383030**	**4471093**	**823446**
2374131	2005733	368398	262306	106092	83999
494537	392107	102430	94967	7463	3312
886948	720638	166310	102116	64194	20241
778199	492527	285672	180301	105371	10950
528013	340488	187525	71512	116013	726
814556	670784	143772	128958	14814	15800
629835	405816	224019	58130	165888	
380390	314475	65915	40789	25127	5409
4326244	2575336	1750908	1562261	188647	263032
2553109	1941254	611855	293604	318252	
3377074	1913187	1463887	516035	947852	12581
653505	529562	123943	61529	62414	83164
1309185	1060819	248366	128467	119899	32222
842855	557488	285367	169665	115702	78697
1640019	1234557	405462	90425	315037	9030
1194177	886464	307713	134939	172774	867
1370420	744562	625858	145923	479935	
753855	439606	314249	131757	182492	
3014539	2177391	837148	382380	454768	55762
743578	653474	90104	68911	21193	10436
221233	193735	27499	24945	2553	
819187	662552	156635	78374	78260	4251
1372330	1014670	357660	307622	50038	13000
290560	277287	13273	11993	1281	22
611041	466344	144697	70781	73916	1300
498890	382322	116568	58753	57815	64500
791830	605022	186808	105137	81671	
417183	322730	94453	37421	57032	
138274	108745	29529	21020	8509	11246
93590	88398	5192	4256	936	
493355	380450	112906	37750	75156	42898
236333	189538	46795	43908	2887	11960
318524	259978	58546	40533	18014	256
201466	176125	25341	25117	224	
171398	152601	18797	12304	6493	
796961	723960	73001	60765	12236	55762

4-56 教育经费支出明细

地区	合计	个人部分	工资福利支出	对个人和家庭的补助支出	#助学金
合计	**62103637**	**20121627**	**16766967**	**3354660**	**33256**
北京	9256220	1226151	1107124	119027	15606
天津	680765	268380	250598	17783	
河北	1398614	701101	631406	69695	
山西	1318704	491307	454917	36390	
内蒙古	1176168	432317	384290	48027	
辽宁	1827700	746491	622950	123541	
吉林	978031	364357	313748	50609	
黑龙江	809377	465215	386784	78431	557
上海	1774628	460868	436171	24697	7561
江苏	2519708	1113658	937622	176036	698
浙江	4385539	1161000	772842	388158	814
安徽	1229762	593808	533708	60101	
福建	1437941	597283	515980	81303	2136
江西	1498560	444901	400929	43973	38
山东	3128677	1289855	1134272	155583	
河南	3007662	747906	671985	75921	
湖北	2328773	876989	715910	161078	653
湖南	1338073	781023	570454	210569	1851
广东	4212831	1302520	1043352	259168	1656
广西	1283272	410585	376444	34141	
海南	1041349	89181	86531	2649	
重庆	812793	321018	268306	52712	228
四川	2867013	970017	783964	186052	1409
贵州	1256438	547485	479501	67985	
云南	1450831	780731	701739	78992	
西藏	247704	148366	144926	3440	50
陕西	2299076	511128	483957	27170	
甘肃	1108756	426566	382553	44013	
青海	634369	238843	212787	26056	
宁夏	296953	125425	117253	8172	
新疆	4497349	1487154	843965	643189	
大连	257810	120873	112009	8864	
宁波	475547	268732	99392	169340	
厦门	132455	60661	48476	12185	
青岛	299177	147868	133730	14137	
深圳	952821	211036	174895	36142	

(其他教育机构)

单位：千元

公用部分	商品和服务支出	其他资本性支出	专项公用支出	专项项目支出	基本建设支出
38821193	**24398268**	**14422925**	**5626465**	**8796460**	**3160816**
8029521	7162002	867519	808529	58990	548
269237	259333	9904	7072	2832	143148
634373	414266	220107	73512	146596	63140
706768	261322	445446	234070	211376	120629
723166	216085	507081	173895	333186	20685
1019091	911103	107988	25366	82622	62118
607500	371218	236282	21396	214886	6173
344163	284021	60142	13256	46886	
1218042	1140544	77498	69182	8317	95718
1405924	986047	419877	62715	357162	126
3161330	1204311	1957018	953921	1003097	63210
625498	405386	220112	40553	179559	10456
717553	493106	224446	51250	173196	123105
845495	353928	491567	183750	307816	208164
1831822	982777	849045	562701	286344	7000
2014013	1160472	853541	270101	583440	245743
1451785	734632	717152	212721	504431	
549077	400746	148331	47856	100475	7974
2356175	1358002	998172	191913	806259	554136
797156	328214	468942	122217	346725	75532
350730	113463	237267	9238	228028	601439
350600	306738	43862	10733	33128	141175
1762435	1501540	260895	152725	108171	134561
698791	412787	286004	129917	156087	10162
646674	355615	291060	77612	213447	23426
66974	43687	23286	19415	3871	32364
1783603	518430	1265172	221731	1043441	4345
656555	257334	399221	62847	336375	25634
293366	138230	155136	23418	131718	102160
171528	113813	57715	24460	33254	
2732250	1209117	1523133	768390	754743	277946
136919	122884	14035	6584	7451	19
206816	165680	41136	21683	19453	
60845	41238	19606	7465	12141	10949
151310	83424	67886	8157	59729	
389184	380373	8811	7299	1512	352601

4-57 教育经费支出明细

地区	合计	个人部分	工资福利支出	对个人和家庭的补助支出	#助学金
合计	**56328242**	**19328224**	**16080662**	**3247562**	**10260**
北京	4709085	678765	645705	33060	1123
天津	680765	268380	250598	17783	
河北	1394579	701101	631406	69695	
山西	1318164	491307	454917	36390	
内蒙古	1175568	432317	384290	48027	
辽宁	1824190	746491	622950	123541	
吉林	977131	364357	313748	50609	
黑龙江	805752	462025	384021	78004	557
上海	1216611	362512	344282	18230	1183
江苏	2475914	1113658	937622	176036	698
浙江	4381987	1161000	772842	388158	814
安徽	1229378	593808	533708	60101	
福建	1229585	555081	476678	78403	
江西	1498152	444901	400929	43973	38
山东	3121729	1289855	1134272	155583	
河南	3002946	747906	671985	75921	
湖北	2311721	876989	715910	161078	653
湖南	1335616	781023	570454	210569	1851
广东	4212831	1302520	1043352	259168	1656
广西	1283272	410585	376444	34141	
海南	1041349	89181	86531	2649	
重庆	812793	321018	268306	52712	228
四川	2835951	970017	783964	186052	1409
贵州	1255163	547485	479501	67985	
云南	1449305	780731	701739	78992	
西藏	247704	148366	144926	3440	50
陕西	2280011	511128	483957	27170	
甘肃	1102520	426566	382553	44013	
青海	634369	238843	212787	26056	
宁夏	296953	125425	117253	8172	
新疆	4187147	1384885	753032	631853	
大连	257810	120873	112009	8864	
宁波	475547	268732	99392	169340	
厦门	132455	60661	48476	12185	
青岛	299177	147868	133730	14137	
深圳	952821	211036	174895	36142	

(地方其他教育机构)

单位：千元

公用部分					基本建设支出
	商品和服务支出	其他资本性支出			
			专项公用支出	专项项目支出	
33861804	**19655920**	**14205884**	**5520219**	**8685664**	**3138214**
4029772	3222608	807164	756585	50579	548
269237	259333	9904	7072	2832	143148
630338	410231	220107	73512	146596	63140
706228	260782	445446	234070	211376	120629
722566	215485	507081	173895	333186	20685
1015581	907593	107988	25366	82622	62118
606600	370318	236282	21396	214886	6173
343728	283586	60142	13256	46886	
758382	720147	38235	35821	2414	95718
1362130	942253	419877	62715	357162	126
3157778	1200759	1957018	953921	1003097	63210
625114	405002	220112	40553	179559	10456
551399	335538	215861	42665	173196	123105
845087	353520	491567	183750	307816	208164
1824874	975829	849045	562701	286344	7000
2009297	1155756	853541	270101	583440	245743
1434733	717580	717152	212721	504431	
546619	398288	148331	47856	100475	7974
2356175	1358002	998172	191913	806259	554136
797156	328214	468942	122217	346725	75532
350730	113463	237267	9238	228028	601439
350600	306738	43862	10733	33128	141175
1731373	1470478	260895	152725	108171	134561
697516	411512	286004	129917	156087	10162
645148	354089	291060	77612	213447	23426
66974	43687	23286	19415	3871	32364
1764538	499365	1265172	221731	1043441	4345
650320	251098	399221	62847	336375	25634
293366	138230	155136	23418	131718	102160
171528	113813	57715	24460	33254	
2546919	1132623	1414296	756034	658261	255343
136919	122884	14035	6584	7451	19
206816	165680	41136	21683	19453	
60845	41238	19606	7465	12141	10949
151310	83424	67886	8157	59729	
389184	380373	8811	7299	1512	352601

第五部分

各地区各级各类教育机构财政补助支出明细

5-1 财政补助支出明细

地 区	合 计	个人部分	工资福利支 出	对个人和家庭的补助支出	#助学金
合 计	**3888155806**	**2576180454**	**2224220098**	**351960355**	**174040246**
北 京	187271392	112513951	95951664	16562286	11704165
天 津	55067686	37855818	34558947	3296871	1307269
河 北	162336666	111419107	98673909	12745198	5844719
山 西	79424639	53146286	48053753	5092533	2873259
内蒙古	72058474	49747687	42722574	7025113	3462084
辽 宁	89961441	65768053	58232384	7535669	2980076
吉 林	60144976	40272094	34513326	5758768	2081007
黑龙江	74203064	54637212	44521572	10115641	2212605
上 海	130791967	74537332	69053930	5483402	4302058
江 苏	257476124	177804997	158741809	19063188	6963297
浙 江	204069711	132493498	121430943	11062555	5322872
安 徽	138487895	89885784	74090156	15795628	5892304
福 建	111869480	70781766	64561479	6220287	2740605
江 西	122850419	69255505	61434545	7820960	4843049
山 东	237560416	163800126	145507262	18292863	6412934
河 南	205175686	130725616	113650314	17075302	10745507
湖 北	142122997	94512014	81176070	13335944	6083555
湖 南	141016978	93902409	79730194	14172215	7704776
广 东	377339919	256220494	212948454	43272040	10211168
广 西	117140366	71551338	60444143	11107195	7186922
海 南	34624692	20393229	18515735	1877493	1085363
重 庆	95351768	64622445	54039329	10583116	5508250
四 川	190171572	129032263	107764835	21267428	12100220
贵 州	113699123	82129077	66359214	15769862	9777230
云 南	125859300	96199543	81770492	14429051	11024381
西 藏	25592377	17671794	13874092	3797702	3333954
陕 西	110461558	64051648	53810762	10240886	6772443
甘 肃	74264947	50474834	42430464	8044370	4468257
青 海	26822391	16529496	14163856	2365640	1340469
宁 夏	20822447	13519164	11801965	1717198	1264090
新 疆	104115335	70725875	59691924	11033951	6491358
大 连	14504013	11242391	10462079	780312	115333
宁 波	27451999	19310155	17920090	1390065	538675
厦 门	16614931	10486852	9514942	971910	181959
青 岛	29767262	19989239	18180935	1808304	326456
深 圳	81645951	45939758	34892525	11047232	2194355

(各级各类教育机构)

单位：千元

公用部分	商品和服务支出	其他资本性支出			基本建设支出
			专项公用支出	专项项目支出	
1221745897	**613783845**	**607962052**	**229059994**	**378902058**	**90229456**
67631410	50817730	16813680	13064009	3749671	7126031
16858949	9502084	7356864	3934650	3422215	352919
49044321	21856226	27188095	7637565	19550530	1873238
25267545	13029763	12237782	4452860	7784921	1010808
20713526	9438924	11274601	3902970	7371631	1597261
22753983	15328477	7425507	3703760	3721747	1439406
19084790	10498320	8586470	3654900	4931570	788092
18513748	10736842	7776906	2889370	4887535	1052104
52428489	36294278	16134210	11250419	4883791	3826147
78281235	36897096	41384138	13721083	27663055	1389892
65793221	31871591	33921629	13828902	20092728	5782993
45488905	18548627	26940278	8478729	18461549	3113206
39702780	17654394	22048386	7795225	14253161	1384934
51548839	13466066	38082773	9659206	28423567	2046075
72505948	31858796	40647152	13410317	27236835	1254342
70459696	33657477	36802219	10583038	26219181	3990373
46643038	21329736	25313302	8409338	16903964	967944
45540976	21532986	24007990	9074701	14933289	1573593
102372944	61850949	40521996	19617096	20904899	18746481
42955063	15541597	27413466	9182226	18231240	2633965
12797932	6103405	6694527	3427528	3266999	1433532
27379784	16768694	10611091	4515592	6095498	3349538
58170691	29914821	28255870	12640413	15615457	2968617
30261914	14584010	15677905	4968843	10709061	1308132
28027442	13051942	14975500	3893828	11081672	1632315
5785068	2757807	3027261	990217	2037045	2135515
42594625	20132627	22461997	7511077	14950921	3815285
22539842	9352822	13187020	3861961	9325059	1250270
8400645	2710002	5690643	2554971	3135672	1892250
7045638	3034787	4010851	1897117	2113735	257645
25152909	13660967	11491942	4548082	6943860	8236551
3057312	2389303	668009	438414	229596	204311
7762628	4094572	3668056	1233637	2434419	379216
5514636	3113399	2401237	1169025	1232213	613443
9778023	4366285	5411739	2110814	3300924	
20116521	15622398	4494123	4217808	276316	15589672

5-2 财政补助支出明细

地 区	合 计	个人部分	工资福利支出	对个人和家庭的补助支出	#助学金
合 计	**3659500902**	**2446520062**	**2131220352**	**315299709**	**150379051**
北 京	118763821	74249912	69692555	4557357	1377014
天 津	48903524	34351436	32115155	2236281	905197
河 北	160893994	110602913	98058681	12544232	5778241
山 西	79421994	53144423	48051890	5092533	2873259
内蒙古	72057874	49747687	42722574	7025113	3462084
辽 宁	83670755	61982596	55695621	6286975	2387844
吉 林	54490176	36738255	31957105	4781150	1664340
黑龙江	67552613	50798336	41753872	9044464	1733958
上 海	109219144	64235460	60578296	3657164	2665404
江 苏	242282627	169304320	152359124	16945197	5575508
浙 江	198639674	129212959	118852786	10360173	4789584
安 徽	133327753	86814729	72162681	14652048	5243255
福 建	108283084	68737560	63152135	5585426	2455785
江 西	122849545	69255433	61434545	7820887	4842977
山 东	230771784	159945034	142925593	17019441	5883897
河 南	204807153	130604031	113556758	17047273	10740872
湖 北	124984654	84471942	74284449	10187493	4390152
湖 南	135969009	91057752	77732838	13324915	7065657
广 东	365808996	249948942	208372454	41576487	9455246
广 西	117140118	71551207	60444012	11107195	7186922
海 南	34623219	20393229	18515735	1877493	1085363
重 庆	90289421	61551684	52045116	9506568	5045370
四 川	179061531	122390670	102842561	19548109	11238614
贵 州	113697848	82129077	66359214	15769862	9777230
云 南	125856257	96198383	81769332	14429051	11024381
西 藏	25592377	17671794	13874092	3797702	3333954
陕 西	98305181	57142181	49103234	8038947	5613029
甘 肃	71107543	48637313	40943862	7693451	4213362
青 海	26822021	16529136	14163829	2365307	1340136
宁 夏	19994973	13040447	11417667	1622780	1200657
新 疆	94312237	64081221	54282584	9798637	6029759
大 连	14502610	11242023	10461711	780312	115333
宁 波	27331579	19310155	17920090	1390065	538675
厦 门	16613431	10485402	9513492	971910	181959
青 岛	29767262	19989239	18180935	1808304	326456
深 圳	81645951	45939758	34892525	11047232	2194355

(地方各级各类教育机构)

单位：千元

公用部分	商品和服务支出	其他资本性支出			基本建设支出
			专项公用支出	专项项目支出	
1130883636	**551434887**	**579448749**	**205842916**	**373605833**	**82097204**
39662128	29669437	9992691	7294018	2698673	4851782
14275624	7925206	6350418	3075026	3275392	276464
48474644	21545899	26928745	7481227	19447518	1816437
25266763	13029181	12237582	4452660	7784921	1010808
20712926	9438325	11274601	3902970	7371631	1597261
20600982	13883006	6717977	3133753	3584224	1087176
17207369	9083255	8124113	3252339	4871774	544553
16078976	9504659	6574317	2232918	4341400	675301
41836976	28148638	13688339	9102143	4586195	3146707
72027782	33237144	38790638	11635290	27155348	950525
63822051	30613946	33208105	13243704	19964401	5604664
43603790	17431180	26172609	7711060	18461549	2909234
38218124	16834832	21383292	7240509	14142783	1327400
51548038	13465265	38082773	9659206	28423567	2046075
69859507	29964932	39894575	12720267	27174309	967243
70350333	33561530	36788803	10569622	26219181	3852790
40405566	17250287	23155279	6720688	16434590	107146
43337663	20084733	23252931	8387718	14865213	1573593
97465140	58614963	38850177	18161655	20688523	18394915
42954946	15541480	27413466	9182226	18231240	2633965
12796458	6102335	6694123	3427372	3266751	1433532
25549414	15304944	10244470	4156638	6087832	3188324
54144917	27466419	26678498	11170456	15508042	2525944
30260640	14582735	15677905	4968843	10709061	1308132
28025559	13050114	14975446	3893773	11081672	1632315
5785068	2757807	3027261	990217	2037045	2135515
37611081	17023662	20587419	6134500	14452919	3551919
21392038	8573943	12818095	3552711	9265383	1078193
8400635	2709992	5690643	2554971	3135672	1892250
6721881	2889845	3832035	1753394	2078642	232645
22486619	12145195	10341424	4081040	6260383	7744397
3056276	2388267	668009	438414	229596	204311
7642208	4094152	3548056	1233637	2314419	379216
5514586	3113349	2401237	1169025	1232213	613443
9778023	4366285	5411739	2110814	3300924	
20116521	15622398	4494123	4217808	276316	15589672

5-3 财政补助支出明细

地区	合计	个人部分	工资福利支出	对个人和家庭的补助支出	#助学金
合计	**771192056**	**423379728**	**321656625**	**101723103**	**70212278**
北京	79650579	47642705	34213205	13429500	11316327
天津	16195368	8973774	6997309	1976465	1109404
河北	24277188	14254135	10766012	3488123	2243813
山西	15075347	7635683	5801862	1833821	1347083
内蒙古	12893879	7635125	5997035	1638090	1334562
辽宁	22850594	14357465	11065009	3292456	2024648
吉林	16191788	8476155	6393058	2083096	1271698
黑龙江	18191314	11090251	8369501	2720750	1428170
上海	44209097	21353347	17824815	3528532	3065639
江苏	51983179	30087965	24065631	6022334	4014857
浙江	35998245	19432717	15679622	3753096	2361891
安徽	22942093	11878940	8235231	3643709	2314126
福建	19051035	9384430	7146402	2238028	1380901
江西	20008747	11397197	9240408	2156789	1703092
山东	40925516	24969714	19359021	5610694	3087199
河南	33018467	16723718	12977077	3746641	3145710
湖北	37775939	21123026	15531636	5591390	3300184
湖南	25042846	15460208	12109184	3351024	2413224
广东	70184631	35970475	28057690	7912784	3472446
广西	17747906	5921796	3379863	2541933	2131821
海南	4396404	2195348	1691176	504172	421223
重庆	15732736	9050129	6299841	2750288	2034745
四川	32435973	19266827	14750975	4515852	3165583
贵州	15988306	8979913	6154427	2825486	2084828
云南	12909481	8543984	6594691	1949293	1670540
西藏	3671284	1451513	997562	453951	424018
陕西	28272188	14686865	10374920	4311946	2963686
甘肃	13925334	6263216	4536025	1727191	1390996
青海	4248947	1614937	1287180	327757	157761
宁夏	3578019	1840946	1347655	493291	387868
新疆	11819625	5717226	4412604	1304623	1044237
大连	872566	568292	492366	75926	41585
宁波	2781052	1339032	1052476	286556	134097
厦门	1480477	590617	511753	78864	30680
青岛	1303083	410670	300043	110627	76350
深圳	19302661	6414489	5495208	919281	428128

(高等学校)

单位：千元

公用部分					基本建设支出
	商品和服务支出	其他资本性支出			
			专项公用支出	专项项目支出	
313025267	**174083050**	**138942217**	**86970706**	**51971511**	**34787061**
28363923	19368896	8995027	7656141	1338886	3643952
7037486	4199930	2837556	2551309	286247	184107
8843177	4459693	4383484	1975802	2407682	1179877
7176488	3031020	4145468	1421762	2723706	263177
4975023	1996296	2978727	1552117	1426610	283731
7639009	5415344	2223665	1677620	546045	854120
7331953	4711343	2620610	1974378	646232	383681
6358422	3557803	2800619	1601554	1199065	742641
19875991	14798238	5077753	4542663	535091	2979759
21077219	12189467	8887752	5175430	3712321	817994
14730619	7828505	6902114	4207110	2695004	1834908
9977878	4663727	5314151	3403154	1910998	1085275
9470117	4581479	4888638	3028318	1860320	196488
8120997	3714346	4406651	2330423	2076228	490553
15273306	8264417	7008889	5218891	1789998	682495
15358806	8677859	6680947	4478002	2202945	935944
15707362	7844079	7863283	3948080	3915203	945551
9045519	5043473	4002046	3163310	838736	537119
26121946	13942998	12178949	6761179	5417770	8092210
11551710	3519492	8032218	3640921	4391297	274400
1957283	1226613	730670	516295	214375	243773
6287339	4384065	1903274	1692775	210499	395269
11811454	6224422	5587032	4018365	1568667	1357692
6691609	4052842	2638768	1425805	1212963	316784
4269679	2172348	2097332	969185	1128147	95818
760713	516997	243716	207319	36397	1459059
12771279	7361813	5409466	3351548	2057917	814044
7055665	2993738	4061927	1544502	2517425	606454
2502761	516920	1985841	1558889	426952	131248
1608673	839461	769212	602860	166352	128400
3271860	1985426	1286434	775001	511433	2830539
251435	132928	118507	82044	36463	52839
1315459	701473	613986	339934	274052	126561
810938	263915	547023	197801	349222	78921
892412	443619	448793	97853	350940	
5681864	3679555	2002310	1952498	49811	7206308

5-4 财政补助支出明细

地区	合计	个人部分	工资福利支出	对个人和家庭的补助支出	#助学金
合计	**564107841**	**303559789**	**237033351**	**66526437**	**46935645**
北京	21969455	11939713	10348967	1590746	1006938
天津	10069826	5496689	4572890	923799	707588
河北	22852506	13451365	10163777	3287587	2177335
山西	15075347	7635683	5801862	1833821	1347083
内蒙古	12893879	7635125	5997035	1638090	1334562
辽宁	16575535	10582274	8536989	2045285	1432416
吉林	10646120	5018086	3905974	1112112	855033
黑龙江	12134521	7729334	5981210	1748123	953987
上海	23126489	11247029	9539868	1707161	1432066
江苏	36859602	21603438	17697729	3905709	2628208
浙江	30571759	16152178	13101465	3050713	1828603
安徽	17782579	8808072	6307899	2500174	1665122
福建	15533515	7353509	5748200	1605309	1098213
江西	20008747	11397197	9240408	2156789	1703092
山东	34143831	21114623	16777351	4337272	2558162
河南	32682271	16626656	12903324	3723332	3141595
湖北	21123416	11395092	8902241	2492852	1609350
湖南	20048399	12653759	10149886	2503873	1774171
广东	58691486	29725244	23501823	6223421	2717525
广西	17747906	5921796	3379863	2541933	2131821
海南	4396404	2195348	1691176	504172	421223
重庆	10828003	6098004	4412783	1685221	1572313
四川	21385334	12641639	9841714	2799924	2307234
贵州	15988306	8979913	6154427	2825486	2084828
云南	12909481	8543984	6594691	1949293	1670540
西藏	3671284	1451513	997562	453951	424018
陕西	16350504	7936037	5808948	2127089	1805101
甘肃	10818219	4465902	3086045	1379856	1137250
青海	4248947	1614937	1287180	327757	157761
宁夏	2750545	1362229	963357	398872	324434
新疆	10223624	4783425	3636709	1146715	928073
大连	872566	568292	492366	75926	41585
宁波	2660632	1339032	1052476	286556	134097
厦门	1480477	590617	511753	78864	30680
青岛	1303083	410670	300043	110627	76350
深圳	19302661	6414489	5495208	919281	428128

(地方高等学校)

单位：千元

公用部分	商品和服务支出	其他资本性支出	专项公用支出	专项项目支出	基本建设支出
233479058	**121623063**	**111855995**	**64426785**	**47429209**	**27068994**
8648479	6207420	2441059	2123838	317222	1381263
4465485	2630355	1835130	1693685	141444	107652
8278065	4153707	4124359	1819689	2304670	1123076
7176488	3031020	4145468	1421762	2723706	263177
4975023	1996296	2978727	1552117	1426610	283731
5491370	3974958	1516412	1107890	408522	501891
5487893	3318238	2169654	1575519	594135	140141
4039350	2402028	1637322	959796	677526	365837
9579141	6907195	2671946	2434061	237885	2300320
14877537	8580872	6296665	3092051	3204614	378627
12763002	6574412	6188590	3621912	2566677	1656580
8093203	3546694	4546510	2635512	1910998	881303
8041052	3815412	4225640	2475698	1749942	138954
8120997	3714346	4406651	2330423	2076228	490553
12633813	6377501	6256312	4528840	1727472	395395
15257255	8589725	6667530	4464586	2202945	798360
9643571	3917181	5726390	2276157	3450232	84753
6857521	3608017	3249504	2476845	772659	537119
21225598	10717511	10508087	5306694	5201393	7740644
11551710	3519492	8032218	3640921	4391297	274400
1957283	1226613	730670	516295	214375	243773
4495946	2945648	1550297	1347437	202860	234054
7828676	3814648	4014028	2548939	1465089	915019
6691609	4052842	2638768	1425805	1212963	316784
4269679	2172348	2097332	969185	1128147	95818
760713	516997	243716	207319	36397	1459059
7863789	4315005	3548784	1982364	1566419	550678
5917941	2223566	3694375	1236299	2458076	434376
2502761	516920	1985841	1558889	426952	131248
1284916	694520	590397	459137	131260	103400
2699190	1561578	1137613	637120	500492	2741009
251435	132928	118507	82044	36463	52839
1195039	701053	493986	339934	154052	126561
810938	263915	547023	197801	349222	78921
892412	443619	448793	97853	350940	
5681864	3679555	2002310	1952498	49811	7206308

5-5 财政补助支出明细

地区	合计	个人部分			
			工资福利支出	对个人和家庭的补助支出	
					#助学金
合计	**762080785**	**417179103**	**316146785**	**101032318**	**70044401**
北京	78421274	46879065	33496619	13382446	11316255
天津	15975003	8779394	6816150	1963244	1108328
河北	23788404	13881429	10429736	3451693	2234665
山西	14930391	7519599	5691583	1828016	1345601
内蒙古	12773130	7571886	5938511	1633375	1332880
辽宁	22552428	14117771	10840225	3277547	2023037
吉林	15771931	8213601	6165249	2048351	1265586
黑龙江	17829712	10802744	8143283	2659461	1428115
上海	43452239	20883527	17366045	3517481	3065475
江苏	51879008	30013357	23995892	6017465	4013701
浙江	35302068	18937774	15208395	3729379	2354667
安徽	22720999	11738622	8119192	3619430	2307680
福建	18763092	9212096	6997199	2214897	1368979
江西	19736778	11211669	9070787	2140881	1690424
山东	40783893	24862764	19268233	5594531	3086948
河南	32893945	16620885	12884919	3735965	3145091
湖北	37668388	21039467	15459916	5579551	3295851
湖南	24766561	15306685	11977421	3329264	2412650
广东	69170921	35220093	27459024	7761070	3462556
广西	17524710	5852513	3322370	2530143	2126247
海南	4310428	2153846	1657288	496558	413774
重庆	15725097	9043702	6294917	2748785	2034745
四川	32111413	19050026	14551609	4498417	3163842
贵州	15768610	8843768	6056437	2787331	2055755
云南	12694739	8361711	6443820	1917891	1640181
西藏	3671284	1451513	997562	453951	424018
陕西	27942914	14523542	10234968	4288574	2946491
甘肃	13800619	6178396	4459969	1718427	1390996
青海	4222751	1590853	1265116	325738	157761
宁夏	3578019	1840946	1347655	493291	387868
新疆	11550037	5475859	4186695	1289164	1044237
大连	740984	452666	381170	71496	41585
宁波	2635383	1237182	955177	282006	132626
厦门	1477258	589345	510529	78816	30680
青岛	1272363	386526	278470	108056	76350
深圳	19190063	6337774	5440739	897035	428128

（普通高等学校）

单位：千元

公用部分	商品和服务支出	其他资本性支出	专项公用支出	专项项目支出	基本建设支出
310155826	**172097723**	**138058103**	**86397873**	**51660230**	**34745856**
27898256	18972270	8925987	7596974	1329012	3643952
7011502	4180313	2831189	2544942	286247	184107
8746537	4397450	4349087	1966160	2382927	1160438
7147615	3004908	4142707	1419001	2723706	263177
4917513	1975977	2941536	1542349	1399187	283731
7582566	5368299	2214266	1668236	546030	852091
7182341	4602477	2579863	1951561	628303	375989
6284689	3504403	2780286	1592116	1188170	742279
19588953	14544915	5044038	4523077	520961	2979759
21047657	12170018	8877639	5165643	3711996	817994
14529386	7720195	6809192	4182154	2627038	1834908
9897101	4600887	5296214	3387089	1909125	1085275
9354507	4488911	4865597	3018629	1846968	196488
8034557	3678925	4355632	2298299	2057333	490553
15238634	8239525	6999110	5209111	1789998	682495
15337117	8662554	6674563	4473539	2201024	935944
15683369	7823011	7860358	3945548	3914810	945551
8925757	4983643	3942114	3114838	827276	534119
25858618	13773268	12085350	6696435	5388914	8092210
11397796	3462012	7935785	3544487	4391297	274400
1912809	1185118	727691	513689	214002	243773
6286126	4382853	1903274	1692775	210499	395269
11703694	6144398	5559296	4005131	1554165	1357692
6616442	4004971	2611471	1403255	1208216	308399
4237210	2158343	2078867	966017	1112850	95818
760713	516997	243716	207319	36397	1459059
12605328	7261463	5343865	3308288	2035576	814044
7015769	2973560	4042209	1527744	2514465	606454
2500650	516791	1983859	1556906	426952	131248
1608673	839461	769212	602860	166352	128400
3243939	1959807	1284132	773699	510433	2830239
235479	118094	117385	80937	36448	52839
1271639	679357	592282	335802	256480	126561
808991	262598	546393	197171	349222	78921
885837	437975	447862	96922	350940	
5645981	3663251	1982730	1935420	47309	7206308

5-6 财政补助支出明细

地　区	合　计	个人部分			
			工资福利支　出	对个人和家庭的补助支出	
					#助学金
合　计	**555438858**	**297575939**	**231729176**	**65846763**	**46767768**
北　京	21116921	11332084	9783573	1548511	1006866
天　津	9849461	5302308	4391730	910577	706513
河　北	22363721	13078659	9827501	3251158	2168188
山　西	14930391	7519599	5691583	1828016	1345601
内蒙古	12773130	7571886	5938511	1633375	1332880
辽　宁	16277369	10342580	8312204	2030376	1430805
吉　林	10226262	4755532	3678165	1077368	848921
黑龙江	11772919	7441827	5754992	1686835	953932
上　海	22369632	10777208	9081098	1696110	1431902
江　苏	36755432	21528830	17627990	3900839	2627052
浙　江	29875583	15657235	12630238	3026996	1821378
安　徽	17561484	8667755	6191860	2475895	1658676
福　建	15245572	7181175	5598997	1582178	1086292
江　西	19736778	11211669	9070787	2140881	1690424
山　东	34002209	21007672	16686563	4321109	2557911
河　南	32557749	16523823	12811166	3712656	3140976
湖　北	21015865	11311534	8830520	2481013	1605016
湖　南	19772114	12500236	10018123	2482113	1773597
广　东	57677776	28974862	22903156	6071706	2707634
广　西	17524710	5852513	3322370	2530143	2126247
海　南	4310428	2153846	1657288	496558	413774
重　庆	10820363	6091576	4407858	1683718	1572313
四　川	21060774	12424839	9642349	2782490	2305493
贵　州	15768610	8843768	6056437	2787331	2055755
云　南	12694739	8361711	6443820	1917891	1640181
西　藏	3671284	1451513	997562	453951	424018
陕　西	16021229	7772714	5668997	2103717	1787906
甘　肃	10693504	4381082	3009989	1371093	1137250
青　海	4222751	1590853	1265116	325738	157761
宁　夏	2750545	1362229	963357	398872	324434
新　疆	10019552	4602822	3465274	1137548	928073
大　连	740984	452666	381170	71496	41585
宁　波	2514963	1237182	955177	282006	132626
厦　门	1477258	589345	510529	78816	30680
青　岛	1272363	386526	278470	108056	76350
深　圳	19190063	6337774	5440739	897035	428128

（地方普通高等学校）

单位：千元

公用部分	商品和服务支出	其他资本性支出			基本建设支出
			专项公用支出	专项项目支出	
230835130	**119825235**	**111009896**	**63883293**	**47126603**	**27027788**
8403574	5993548	2410027	2094005	316022	1381263
4439501	2610738	1828762	1687318	141444	107652
8181425	4091464	4089962	1810047	2279915	1103637
7147615	3004908	4142707	1419001	2723706	263177
4917513	1975977	2941536	1542349	1399187	283731
5434927	3927913	1507014	1098506	408507	499862
5338280	3209372	2128907	1552702	576206	132450
3965617	2348627	1616990	950359	666631	365475
9292104	6653873	2638231	2414476	223755	2300320
14847975	8561422	6286552	3082264	3204289	378627
12561769	6466102	6095667	3596956	2498711	1656580
8012427	3483854	4528572	2619447	1909125	881303
7925442	3722843	4202599	2466009	1736590	138954
8034557	3678925	4355632	2298299	2057333	490553
12599141	6352608	6246533	4519061	1727472	395395
15235566	8574420	6661147	4460123	2201024	798360
9619578	3896114	5723465	2273625	3449840	84753
6737759	3548186	3189572	2428373	761200	534119
20962270	10547782	10414488	5241950	5172538	7740644
11397796	3462012	7935785	3544487	4391297	274400
1912809	1185118	727691	513689	214002	243773
4494733	2944436	1550297	1347437	202860	234054
7720916	3734624	3986292	2535705	1450587	915019
6616442	4004971	2611471	1403255	1208216	308399
4237210	2158343	2078867	966017	1112850	95818
760713	516997	243716	207319	36397	1459059
7697838	4214655	3483182	1939104	1544078	550678
5878046	2203388	3674658	1219542	2455116	434376
2500650	516791	1983859	1556906	426952	131248
1284916	694520	590397	459137	131260	103400
2676021	1540704	1135317	635825	499492	2740709
235479	118094	117385	80937	36448	52839
1151219	678937	472282	335802	136480	126561
808991	262598	546393	197171	349222	78921
885837	437975	447862	96922	350940	
5645981	3663251	1982730	1935420	47309	7206308

5-7 财政补助支出明细

地区	合计	个人部分	工资福利支出	对个人和家庭的补助支出	#助学金
合计	**605587832**	**333376984**	**249731299**	**83645685**	**57674613**
北京	74871506	44848982	31643330	13205652	11230255
天津	13562581	7200262	5442665	1757597	958604
河北	16911599	10526684	7808537	2718148	1754526
山西	11578482	5653558	4186442	1467115	1060859
内蒙古	8811897	5215554	4050776	1164778	938668
辽宁	19004010	12042587	9050669	2991918	1810773
吉林	13783643	7239830	5454414	1785416	1125137
黑龙江	15248237	9017558	6786279	2231279	1218821
上海	41525761	20162489	16753848	3408640	2982935
江苏	39329577	22682275	17688448	4993827	3351184
浙江	28308943	14730635	11610842	3119793	1941834
安徽	15856510	8743444	5978351	2765093	1728320
福建	14646533	7539518	5628331	1911188	1146562
江西	14053087	8047339	6478906	1568433	1236751
山东	30456600	18318424	14000975	4317449	2288822
河南	22398758	11350480	8597086	2753394	2359576
湖北	30951024	17602538	12780393	4822146	2816359
湖南	16478454	10472600	8092516	2380084	1763844
广东	54692918	26327223	20223132	6104090	2659829
广西	11977685	4342164	2363802	1978362	1653671
海南	3602942	1806144	1399438	406706	334692
重庆	12083586	7147505	4986713	2160793	1484358
四川	24792690	15278310	11726113	3552197	2413038
贵州	10503436	6048193	4197395	1850798	1316035
云南	9656396	6422328	5016578	1405749	1163193
西藏	3308297	1193742	775670	418072	390208
陕西	23585032	12458245	8706921	3751324	2487762
甘肃	9712616	4708999	3505092	1203907	987701
青海	2960662	1228824	960650	268174	121154
宁夏	2652620	1331258	989939	341319	251675
新疆	8281749	3689292	2847049	842243	697464
大连	554445	338327	280020	58308	32033
宁波	1750886	771852	535647	236205	95702
厦门	1091081	468729	405030	63699	24652
青岛	780167	125267	61512	63756	55567
深圳	16223072	4498778	3847288	651490	308761

（普通高等本科学校）

单位：千元

公用部分	商品和服务支出	其他资本性支出			基本建设支出
			专项公用支出	专项项目支出	
241221556	**142131245**	**99090311**	**66410477**	**32679834**	**30989292**
26461479	18012340	8449140	7184045	1265095	3561045
6178212	3707498	2470714	2185701	285013	184107
5705789	3387560	2318229	1314920	1003310	679126
5781409	2274817	3506592	1134150	2372442	143516
3507859	1345583	2162276	1152938	1009338	88485
6169730	4547888	1621842	1253719	368123	791693
6167824	4072037	2095787	1634969	460818	375989
5542683	3027709	2514973	1392400	1122573	687996
18439945	13630339	4809605	4305814	503791	2923328
15898296	9337595	6560701	3857712	2702989	749006
11904538	6269957	5634582	3406693	2227888	1673770
6289443	3325977	2963466	2210944	752522	823623
6974404	3696304	3278100	2405317	872783	132611
5692043	2701109	2990933	1527252	1463682	313705
11526746	6638124	4888621	4267567	621054	611431
10267387	6489201	3778186	2829075	949111	780891
12402935	6838649	5564285	3084687	2479599	945551
5630391	3719442	1910949	1495345	415604	375463
20724030	11414591	9309439	5303810	4005629	7641666
7397705	2511307	4886397	2399882	2486515	237816
1559992	931683	628308	427594	200714	236806
4667182	3393913	1273269	1192374	80895	268899
8494526	4752809	3741717	2880621	861096	1019854
4228161	3123416	1104745	766404	338341	227083
3168004	1643404	1524600	794847	729753	66064
666936	446217	220719	187383	33336	1447618
10355139	6125674	4229465	2761409	1468056	771648
4458038	2453808	2004230	1029548	974682	545579
1731838	369199	1362639	975916	386723	
1221362	643572	577790	486157	91633	100000
2007532	1299521	708011	561286	146725	2584925
163279	80231	83048	59895	23153	52839
934361	465726	468635	245950	222685	44673
573431	169783	403648	161469	242179	48921
654900	355711	299189	51443	247746	
4820254	3073553	1746701	1699540	47161	6904040

5-8 财政补助支出明细

地区	合计	个人部分	工资福利支出	对个人和家庭的补助支出	#助学金
合计	**400275458**	**214424326**	**165808896**	**48615431**	**34491931**
北京	17792063	9384640	8003826	1380814	929035
天津	7437039	3723176	3018246	704930	556788
河北	15486917	9723914	7206302	2517612	1688049
山西	11578482	5653558	4186442	1467115	1060859
内蒙古	8811897	5215554	4050776	1164778	938668
辽宁	12728951	8267396	6522648	1744748	1218541
吉林	8237975	3781761	2967329	814432	708471
黑龙江	9263849	5710767	4434313	1276455	751949
上海	20544251	10115145	8519742	1595403	1352976
江苏	24206001	14197748	11320546	2877201	1964535
浙江	22882458	11450096	9032685	2417411	1408546
安徽	10696996	5672577	4051019	1621558	1079316
福建	11129013	5508597	4230129	1278468	863875
江西	14053087	8047339	6478906	1568433	1236751
山东	23674915	14463332	11419305	3044027	1759785
河南	22062562	11253418	8523333	2730085	2355461
湖北	14331888	7901324	6150997	1750327	1150608
湖南	11537094	7700942	6167999	1532944	1124792
广东	43580901	20209746	15781763	4427982	1912944
广西	11977685	4342164	2363802	1978362	1653671
海南	3602942	1806144	1399438	406706	334692
重庆	7268223	4234478	3113034	1121444	1035783
四川	13911213	8763547	6896152	1867394	1572816
贵州	10503436	6048193	4197395	1850798	1316035
云南	9656396	6422328	5016578	1405749	1163193
西藏	3308297	1193742	775670	418072	390208
陕西	11663347	5707417	4140949	1566467	1329177
甘肃	6605501	2911685	2055112	856573	733955
青海	2960662	1228824	960650	268174	121154
宁夏	1825146	852541	605640	246901	188242
新疆	6956272	2932232	2218167	714065	591054
大连	554445	338327	280020	58308	32033
宁波	1630466	771852	535647	236205	95702
厦门	1091081	468729	405030	63699	24652
青岛	780167	125267	61512	63756	55567
深圳	16223072	4498778	3847288	651490	308761

(地方普通高等本科学校)

单位：千元

公用部分	商品和服务支出	其他资本性支出	专项公用支出	专项项目支出	基本建设支出
162350318	**90172173**	**72178145**	**43993698**	**28184447**	**23500814**
7043772	5094753	1949019	1696915	252105	1363650
3606211	2137923	1468288	1328078	140210	107652
5140678	3081573	2059104	1158807	900298	622325
5781409	2274817	3506592	1134150	2372442	143516
3507859	1345583	2162276	1152938	1009338	88485
4022092	3107502	914590	683989	230600	439463
4323763	2678932	1644831	1236110	408721	132450
3241889	1885854	1356035	752699	603336	311192
8185218	5777073	2408144	2200204	207941	2243889
9698614	5728999	3969615	1774333	2195282	309639
9936921	5015864	4921057	2821495	2099562	1495442
4404768	2208944	2195824	1443302	752522	619650
5545339	2930236	2615102	1852697	762405	75077
5692043	2701109	2990933	1527252	1463682	313705
8887252	4751208	4136044	3577517	558528	324331
10165836	6401066	3764770	2815659	949111	643308
6345811	2912849	3432962	1416854	2016108	84753
3460689	2287895	1172794	823266	349527	375463
15948823	8246304	7702519	3884778	3817741	7422332
7397705	2511307	4886397	2399882	2486515	237816
1559992	931683	628308	427594	200714	236806
2926061	2005768	920293	847036	73257	107684
4570485	2399946	2170539	1413021	757519	577181
4228161	3123416	1104745	766404	338341	227083
3168004	1643404	1524600	794847	729753	66064
666936	446217	220719	187383	33336	1447618
5447649	3078866	2368783	1392225	976558	508282
3320314	1683636	1636678	721345	915333	373501
1731838	369199	1362639	975916	386723	
897605	498631	398974	342434	56540	75000
1496583	911613	584970	444570	140400	2527457
163279	80231	83048	59895	23153	52839
813941	465306	348635	245950	102685	44673
573431	169783	403648	161469	242179	48921
654900	355711	299189	51443	247746	
4820254	3073553	1746701	1699540	47161	6904040

5-9 财政补助支出明细

地区	合计	个人部分	工资福利支出	对个人和家庭的补助支出	#助学金
合计	**156492953**	**83802119**	**66415486**	**17386633**	**12369788**
北京	3549767	2030083	1853289	176794	86000
天津	2412421	1579132	1373484	205647	149724
河北	6876805	3354745	2621199	733546	480139
山西	3351909	1866041	1505140	360901	284742
内蒙古	3961233	2356332	1887736	468597	394212
辽宁	3548418	2075184	1789556	285628	212264
吉林	1988288	973771	710836	262935	140450
黑龙江	2581475	1785187	1357004	428182	209294
上海	1926478	721038	612197	108841	82540
江苏	12549431	7331082	6307444	1023638	662517
浙江	6993125	4207139	3597553	609586	412832
安徽	6864489	2995178	2140841	854337	579360
福建	4116559	1672578	1368868	303710	222417
江西	5683692	3164330	2591881	572449	453673
山东	10327293	6544340	5267258	1277082	798126
河南	10495187	5270405	4287834	982572	785515
湖北	6717364	3436929	2679523	757406	479492
湖南	8288107	4834085	3884905	949180	648806
广东	14478003	8892871	7235891	1656979	802726
广西	5547025	1510349	958568	551781	472576
海南	707486	347702	257850	89852	79082
重庆	3641511	1896196	1308204	587992	550387
四川	7318723	3771716	2825496	946220	750804
贵州	5265173	2795575	1859042	936533	739720
云南	3038343	1939383	1427241	512142	476988
西藏	362988	257771	221892	35879	33810
陕西	4357882	2065297	1528048	537250	458729
甘肃	4088003	1469396	954876	514520	403294
青海	1262089	362029	304465	57564	36607
宁夏	925399	509688	357716	151971	136192
新疆	3268288	1786567	1339646	446921	346773
大连	186539	114339	101150	13188	9552
宁波	884498	465331	419530	45801	36925
厦门	386176	120616	105499	15117	6028
青岛	492196	261259	216959	44300	20783
深圳	2966991	1838996	1593451	245545	119367

(普通高职高专学校)

单位：千元

公用部分	商品和服务支出	其他资本性支出		基本建设支出
		专项公用支出	专项项目支出	
68934271	29966479	38967792	19987395	18980396	3756563
1436777	959930	476847	412930	63917	82907
833290	472815	360475	359241	1234	
3040748	1009891	2030857	651240	1379617	481312
1366206	730091	636115	284851	351264	119661
1409654	630394	779260	389411	389850	195246
1412835	820411	592424	414517	177907	60399
1014517	530440	484076	316592	167485	
742006	476693	265313	199716	65597	54283
1149009	914576	234433	217263	17169	56431
5149361	2832423	2316938	1307931	1009007	68989
2624848	1450238	1174610	775461	399149	161138
3607658	1274910	2332748	1176145	1156603	261653
2380104	792607	1587497	613311	974185	63878
2342514	977815	1364699	771048	593651	176848
3711889	1601400	2110489	941544	1168944	71064
5069730	2173353	2896377	1644464	1251913	155052
3280435	984362	2296073	860861	1435212	
3295366	1264201	2031165	1619493	411672	158656
5134588	2358678	2775911	1392625	1383285	450544
4000092	950704	3049387	1144605	1904782	36584
352817	253434	99383	86095	13288	6967
1618944	988940	630005	500401	129603	126370
3209168	1391589	1817579	1124510	693069	337839
2388282	881556	1506726	636851	869875	81317
1069206	514938	554268	171170	383098	29753
93777	70780	22996	19936	3060	11440
2250189	1135789	1114399	546879	567521	42396
2557732	519752	2037980	498197	1539783	60875
768812	147592	621220	580991	40230	131248
387311	195889	191423	116703	74720	28400
1236407	660286	576121	212413	363708	245315
72200	37863	34337	21042	13295	
337279	213632	123647	89852	33795	81888
235560	92814	142746	35703	107043	30000
230937	82264	148674	45479	103195	
825727	589699	236029	235880	149	302267

5-10 财政补助支出明细

地区	合计	个人部分			
			工资福利支出	对个人和家庭的补助支出	
					#助学金
合计	**155163400**	**83151613**	**65920280**	**17231333**	**12275837**
北京	3324859	1947444	1779747	167697	77830
天津	2412421	1579132	1373484	205647	149724
河北	6876805	3354745	2621199	733546	480139
山西	3351909	1866041	1505140	360901	284742
内蒙古	3961233	2356332	1887736	468597	394212
辽宁	3548418	2075184	1789556	285628	212264
吉林	1988288	973771	710836	262935	140450
黑龙江	2509070	1731059	1320680	410380	201983
上海	1825380	662063	561356	100707	78926
江苏	12549431	7331082	6307444	1023638	662517
浙江	6993125	4207139	3597553	609586	412832
安徽	6864489	2995178	2140841	854337	579360
福建	4116559	1672578	1368868	303710	222417
江西	5683692	3164330	2591881	572449	453673
山东	10327293	6544340	5267258	1277082	798126
河南	10495187	5270405	4287834	982572	785515
湖北	6683977	3410210	2679523	730686	454408
湖南	8235020	4799294	3850125	949169	648806
广东	14096875	8765117	7121393	1643724	794690
广西	5547025	1510349	958568	551781	472576
海南	707486	347702	257850	89852	79082
重庆	3552141	1857098	1294824	562274	536530
四川	7149562	3661292	2746196	915095	732677
贵州	5265173	2795575	1859042	936533	739720
云南	3038343	1939383	1427241	512142	476988
西藏	362988	257771	221892	35879	33810
陕西	4357882	2065297	1528048	537250	458729
甘肃	4088003	1469396	954876	514520	403294
青海	1262089	362029	304465	57564	36607
宁夏	925399	509688	357716	151971	136192
新疆	3063280	1670590	1247107	423483	337019
大连	186539	114339	101150	13188	9552
宁波	884498	465331	419530	45801	36925
厦门	386176	120616	105499	15117	6028
青岛	492196	261259	216959	44300	20783
深圳	2966991	1838996	1593451	245545	119367

（地方普通高职高专学校）

单位：千元

公用部分	商品和服务支出	其他资本性支出	专项公用支出	专项项目支出	基本建设支出
68484813	**29653062**	**38831751**	**19889595**	**18942156**	**3526974**
1359802	898795	461007	397090	63917	17613
833290	472815	360475	359241	1234	
3040748	1009891	2030857	651240	1379617	481312
1366206	730091	636115	284851	351264	119661
1409654	630394	779260	389411	389850	195246
1412835	820411	592424	414517	177907	60399
1014517	530440	484076	316592	167485	
723727	462772	260955	197660	63295	54283
1106886	876800	230086	214272	15814	56431
5149361	2832423	2316938	1307931	1009007	68989
2624848	1450238	1174610	775461	399149	161138
3607658	1274910	2332748	1176145	1156603	261653
2380104	792607	1587497	613311	974185	63878
2342514	977815	1364699	771048	593651	176848
3711889	1601400	2110489	941544	1168944	71064
5069730	2173353	2896377	1644464	1251913	155052
3273768	983265	2290503	856771	1433732	
3277070	1260291	2016779	1605106	411672	158656
5013447	2301477	2711970	1357173	1354797	318311
4000092	950704	3049387	1144605	1904782	36584
352817	253434	99383	86095	13288	6967
1568673	938668	630005	500401	129603	126370
3150431	1334678	1815753	1122684	693069	337839
2388282	881556	1506726	636851	869875	81317
1069206	514938	554268	171170	383098	29753
93777	70780	22996	19936	3060	11440
2250189	1135789	1114399	546879	567521	42396
2557732	519752	2037980	498197	1539783	60875
768812	147592	621220	580991	40230	131248
387311	195889	191423	116703	74720	28400
1179438	629090	550348	191255	359092	213252
72200	37863	34337	21042	13295	
337279	213632	123647	89852	33795	81888
235560	92814	142746	35703	107043	30000
230937	82264	148674	45479	103195	
825727	589699	236029	235880	149	302267

5-11 财政补助支出明细

地区	合计	个人部分	工资福利支出	对个人和家庭的补助支出	#助学金
合计	**9111271**	**6200625**	**5509840**	**690785**	**167878**
北京	1229306	763639	716585	47054	72
天津	220365	194381	181159	13222	1075
河北	488784	372705	336276	36429	9148
山西	144957	116084	110279	5805	1482
内蒙古	120748	63239	58523	4715	1682
辽宁	298166	239694	224785	14909	1611
吉林	419858	262554	227809	34745	6112
黑龙江	361602	287507	226218	61289	55
上海	756858	469820	458770	11051	164
江苏	104170	74608	69739	4869	1156
浙江	696177	494944	471227	23717	7225
安徽	221095	140318	116039	24279	6446
福建	287943	172334	149203	23131	11922
江西	271969	185528	169621	15908	12669
山东	141622	106950	90788	16163	251
河南	124522	102833	92158	10675	619
湖北	107551	83559	71720	11838	4333
湖南	276285	153523	131763	21760	574
广东	1013710	750381	598666	151715	9891
广西	223197	69283	57492	11791	5574
海南	85976	41502	33888	7614	7449
重庆	7640	6427	4924	1503	
四川	324560	216800	199366	17435	1741
贵州	219696	136145	97989	38155	29073
云南	214742	182273	150871	31402	30359
西藏					
陕西	329274	163323	139951	23372	17195
甘肃	124715	84820	76057	8763	
青海	26196	24084	22065	2019	
宁夏					
新疆	269588	241367	225909	15458	
大连	131582	115626	111196	4430	
宁波	145669	101849	97299	4550	1470
厦门	3219	1272	1224	49	
青岛	30719	24144	21573	2571	
深圳	112598	76715	54469	22245	

(成人高等学校)

单位：千元

公用部分	商品和服务支出	其他资本性支出			基本建设支出
			专项公用支出	专项项目支出	
2869440	**1985326**	**884114**	**572833**	**311281**	**41206**
465666	396626	69040	59167	9874	
25984	19617	6367	6367		
96640	62243	34397	9642	24755	19439
28873	26112	2761	2761		
57509	20319	37191	9768	27423	
56443	47045	9399	9384	15	2029
149613	108866	40747	22817	17929	7691
73733	53401	20332	9437	10895	362
287037	253322	33715	19585	14130	
29562	19449	10113	9787	326	
201233	108310	92923	24956	67967	
80777	62839	17937	16065	1873	
115610	92568	23041	9690	13352	
86440	35422	51019	32123	18895	
34672	24893	9779	9779		
21689	15305	6384	4463	1921	
23993	21068	2925	2532	393	
119762	59831	59931	48472	11460	3000
263328	169729	93599	64744	28855	
153914	57480	96434	96434		
44474	41496	2979	2606	373	
1212	1212				
107760	80024	27736	13234	14502	
75167	47870	27297	22550	4747	8385
32469	14005	18464	3168	15297	
165951	100350	65601	43260	22341	
39895	20178	19718	16757	2960	
2112	129	1983	1983		
27921	25618	2302	1302	1000	300
15956	14835	1122	1107	15	
43820	22116	21704	4132	17572	
1947	1317	630	630		
6575	5644	931	931		
35883	16303	19580	17078	2502	

5-12 财政补助支出明细

地区	合计	个人部分	工资福利支出	对个人和家庭的补助支出	#助学金
合计	**8668983**	**5983849**	**5304175**	**679674**	**167878**
北京	852534	607629	565394	42234	72
天津	220365	194381	181159	13222	1075
河北	488784	372705	336276	36429	9148
山西	144957	116084	110279	5805	1482
内蒙古	120748	63239	58523	4715	1682
辽宁	298166	239694	224785	14909	1611
吉林	419858	262554	227809	34745	6112
黑龙江	361602	287507	226218	61289	55
上海	756858	469820	458770	11051	164
江苏	104170	74608	69739	4869	1156
浙江	696177	494944	471227	23717	7225
安徽	221095	140318	116039	24279	6446
福建	287943	172334	149203	23131	11922
江西	271969	185528	169621	15908	12669
山东	141622	106950	90788	16163	251
河南	124522	102833	92158	10675	619
湖北	107551	83559	71720	11838	4333
湖南	276285	153523	131763	21760	574
广东	1013710	750381	598666	151715	9891
广西	223197	69283	57492	11791	5574
海南	85976	41502	33888	7614	7449
重庆	7640	6427	4924	1503	
四川	324560	216800	199366	17435	1741
贵州	219696	136145	97989	38155	29073
云南	214742	182273	150871	31402	30359
西藏					
陕西	329274	163323	139951	23372	17195
甘肃	124715	84820	76057	8763	
青海	26196	24084	22065	2019	
宁夏					
新疆	204072	180602	171435	9167	
大连	131582	115626	111196	4430	
宁波	145669	101849	97299	4550	1470
厦门	3219	1272	1224	49	
青岛	30719	24144	21573	2571	
深圳	112598	76715	54469	22245	

(地方成人高等学校)

单位：千元

公用部分	商品和服务支出	其他资本性支出	专项公用支出	专项项目支出	基本建设支出
2643928	**1797828**	**846099**	**543492**	**302607**	**41206**
244905	213872	31033	29833	1200	
25984	19617	6367	6367		
96640	62243	34397	9642	24755	19439
28873	26112	2761	2761		
57509	20319	37191	9768	27423	
56443	47045	9399	9384	15	2029
149613	108866	40747	22817	17929	7691
73733	53401	20332	9437	10895	362
287037	253322	33715	19585	14130	
29562	19449	10113	9787	326	
201233	108310	92923	24956	67967	
80777	62839	17937	16065	1873	
115610	92568	23041	9690	13352	
86440	35422	51019	32123	18895	
34672	24893	9779	9779		
21689	15305	6384	4463	1921	
23993	21068	2925	2532	393	
119762	59831	59931	48472	11460	3000
263328	169729	93599	64744	28855	
153914	57480	96434	96434		
44474	41496	2979	2606	373	
1212	1212				
107760	80024	27736	13234	14502	
75167	47870	27297	22550	4747	8385
32469	14005	18464	3168	15297	
165951	100350	65601	43260	22341	
39895	20178	19718	16757	2960	
2112	129	1983	1983		
23169	20874	2295	1295	1000	300
15956	14835	1122	1107	15	
43820	22116	21704	4132	17572	
1947	1317	630	630		
6575	5644	931	931		
35883	16303	19580	17078	2502	

5-13 财政补助支出明细

地区	合计	个人部分	工资福利支出	对个人和家庭的补助支出	#助学金
合计	**228342367**	**135989550**	**116543302**	**19446248**	**10356522**
北京	6171844	4049187	3741284	307903	58094
天津	2515670	1847479	1707202	140277	48227
河北	13731391	7569844	6791348	778497	333136
山西	5535953	3396937	3092815	304122	195623
内蒙古	3908662	2523548	2128182	395366	250146
辽宁	5538391	3705606	3162979	542627	197238
吉林	3612738	2300286	1971541	328745	153247
黑龙江	3604597	2539558	2070617	468941	83907
上海	6460377	3355842	3087716	268126	197371
江苏	17505003	11358515	10504223	854292	224807
浙江	15461000	9489922	9010424	479498	230125
安徽	8498110	4203839	3146745	1057094	593212
福建	7041022	3790663	3461402	329261	91694
江西	5700518	2577664	2125303	452360	349989
山东	17435702	10082003	8992301	1089702	376298
河南	12123183	6958688	6007819	950870	596578
湖北	6625220	4022141	3431218	590924	318962
湖南	8582642	4864190	3860517	1003673	686434
广东	25237937	16260457	13644273	2616184	480582
广西	7269884	3560555	3031204	529351	390202
海南	2039374	1089378	950919	138458	112273
重庆	5911892	3447139	2625169	821970	592183
四川	9452638	5819100	4763218	1055882	710918
贵州	4459080	2630677	1889145	741533	607498
云南	7630409	5108631	3928620	1180012	951605
西藏	848746	608187	446222	161966	147593
陕西	4160345	2592121	2136551	455570	330208
甘肃	3552309	2180743	1838283	342460	227332
青海	1434627	625267	462911	162357	110479
宁夏	1068754	561727	422066	139661	126753
新疆	5224349	2869656	2111085	758571	583806
大连	1225397	777463	746187	31275	15024
宁波	3011956	1878219	1795860	82359	35426
厦门	1251234	698716	598096	100620	9203
青岛	3241304	1818215	1651867	166348	32752
深圳	2936348	1794779	1305308	489470	86291

(中等职业学校)

单位：千元

公用部分	商品和服务支出	其他资本性支出			基本建设支出
			专项公用支出	专项项目支出	
87028769	**42790435**	**44238334**	**19617930**	**24620404**	**5324049**
2106085	1339376	766709	576388	190321	16572
668192	383203	284989	261012	23976	
6093371	2001123	4092248	680056	3412192	68176
1998313	1096283	902030	470538	431493	140704
1286423	706590	579834	288326	291508	98691
1714531	1209787	504744	196582	308162	118254
1260906	643352	617554	311965	305589	51545
980066	600190	379876	144397	235479	84973
3102166	2396532	705634	567085	138549	2369
6013767	2861990	3151777	1314982	1836795	132721
5141770	2621627	2520143	1266056	1254087	829309
3444354	1512762	1931593	782197	1149396	849917
3181206	1240654	1940553	725475	1215078	69152
2949884	802706	2147178	659209	1487969	172971
7257955	3366984	3890971	1441950	2449021	95745
4857331	2494473	2362859	955349	1407510	307163
2584458	1132452	1452006	713800	738206	18620
3572819	1635525	1937294	840408	1096885	145633
8635079	4748650	3886429	2321783	1564647	342401
3292928	1340553	1952375	1056414	895961	416400
899632	503367	396266	325202	71064	50364
2160150	1304192	855959	330432	525526	304603
3537587	1944243	1593344	925341	668002	95952
1644964	844789	800175	274615	525560	183439
2371250	1170888	1200362	602786	597577	150528
214471	112953	101518	85122	16397	26087
1544436	786988	757447	291453	465994	23788
1339207	515814	823393	282994	540398	32360
650190	195939	454251	258009	196242	159170
481027	190819	290207	186284	103923	26000
2044252	1085634	958617	481721	476897	310442
420350	313322	107027	31320	75707	27585
919888	516545	403343	170676	232666	213849
500515	302622	197893	152261	45632	52003
1423089	541248	881841	403348	478493	
1051827	715670	336157	293124	43033	89742

5-14 财政补助支出明细

地区	合计	个人部分			
			工资福利支出	对个人和家庭的补助支出	
					#助学金
合计	**227621452**	**135578131**	**116215058**	**19363074**	**10315771**
北京	6060224	3979633	3677194	302438	56474
天津	2514144	1846661	1706641	140020	47970
河北	13726283	7564736	6786239	778497	333136
山西	5535953	3396937	3092815	304122	195623
内蒙古	3908662	2523548	2128182	395366	250146
辽宁	5538391	3705606	3162979	542627	197238
吉林	3612738	2300286	1971541	328745	153247
黑龙江	3547583	2492008	2025792	466216	83462
上海	6458147	3353612	3085486	268126	197371
江苏	17496132	11357252	10503927	853325	223840
浙江	15461000	9489922	9010424	479498	230125
安徽	8497893	4203651	3146602	1057049	593167
福建	7041022	3790663	3461402	329261	91694
江西	5700052	2577591	2125303	452288	349917
山东	17435702	10082003	8992301	1089702	376298
河南	12119634	6956190	6005544	950646	596354
湖北	6616508	4016495	3431218	585277	316619
湖南	8582642	4864190	3860517	1003673	686434
广东	25200825	16234558	13624522	2610036	479622
广西	7269884	3560555	3031204	529351	390202
海南	2039374	1089378	950919	138458	112273
重庆	5911892	3447139	2625169	821970	592183
四川	9429761	5806484	4753729	1052755	707791
贵州	4459080	2630677	1889145	741533	607498
云南	7630409	5108631	3928620	1180012	951605
西藏	848746	608187	446222	161966	147593
陕西	4159618	2592023	2136551	455472	330110
甘肃	3552309	2180743	1838283	342460	227332
青海	1434627	625267	462911	162357	110479
宁夏	1068754	561727	422066	139661	126753
新疆	4763464	2631780	1931609	700171	553215
大连	1225397	777463	746187	31275	15024
宁波	3011956	1878219	1795860	82359	35426
厦门	1251234	698716	598096	100620	9203
青岛	3241304	1818215	1651867	166348	32752
深圳	2936348	1794779	1305308	489470	86291

(地方中等职业学校)

单位：千元

公用部分	商品和服务支出	其他资本性支出	专项公用支出	专项项目支出	基本建设支出
86744458	**42610245**	**44134213**	**19574626**	**24559587**	**5298863**
2064020	1300295	763724	573403	190321	16572
667483	382495	284989	261012	23976	
6093371	2001123	4092248	680056	3412192	68176
1998313	1096283	902030	470538	431493	140704
1286423	706590	579834	288326	291508	98691
1714531	1209787	504744	196582	308162	118254
1260906	643352	617554	311965	305589	51545
970603	591802	378800	143922	234878	84973
3102166	2396532	705634	567085	138549	2369
6006159	2856207	3149952	1313157	1836795	132721
5141770	2621627	2520143	1266056	1254087	829309
3444325	1512732	1931593	782197	1149396	849917
3181206	1240654	1940553	725475	1215078	69152
2949491	802312	2147178	659209	1487969	172971
7257955	3366984	3890971	1441950	2449021	95745
4856280	2493422	2362859	955349	1407510	307163
2581393	1129387	1452006	713800	738206	18620
3572819	1635525	1937294	840408	1096885	145633
8623866	4738378	3885489	2320842	1564647	342401
3292928	1340553	1952375	1056414	895961	416400
899632	503367	396266	325202	71064	50364
2160150	1304192	855959	330432	525526	304603
3527325	1938086	1589239	925074	664165	95952
1644964	844789	800175	274615	525560	183439
2371250	1170888	1200362	602786	597577	150528
214471	112953	101518	85122	16397	26087
1543807	786359	757447	291453	465994	23788
1339207	515814	823393	282994	540398	32360
650190	195939	454251	258009	196242	159170
481027	190819	290207	186284	103923	26000
1846428	981000	865428	444910	420518	285256
420350	313322	107027	31320	75707	27585
919888	516545	403343	170676	232666	213849
500515	302622	197893	152261	45632	52003
1423089	541248	881841	403348	478493	
1051827	715670	336157	293124	43033	89742

5-15 财政补助支出明细

地 区	合 计	个人部分	工资福利支出	对个人和家庭的补助支出	#助学金
合 计	**107663388**	**62710764**	**52994221**	**9716544**	**5439554**
北 京	2225267	1434044	1339139	94905	29084
天 津	1522451	1047421	976916	70505	29624
河 北	3575103	2285649	1916486	369163	178793
山 西	2099165	1342782	1205556	137225	90608
内蒙古	1483273	905880	744585	161296	128435
辽 宁	3099522	2055240	1713189	342052	70376
吉 林	1189540	707905	600430	107476	67747
黑龙江	997124	672946	532733	140213	51121
上 海	4041650	1991835	1816389	175446	141988
江 苏	12881624	8280121	7644825	635296	160561
浙 江	2836742	1588705	1467642	121063	65772
安 徽	6810807	3267052	2468735	798317	442686
福 建	5082732	2884794	2653205	231589	75550
江 西	3454403	1692315	1409551	282765	217913
山 东	7938102	4719136	4148136	571000	244987
河 南	4585886	2635746	2133105	502640	351061
湖 北	4173023	2515754	2147349	368405	211560
湖 南	1731652	780215	609364	170851	125783
广 东	12352438	7706353	6491572	1214781	268699
广 西	5461902	2629613	2229092	400521	299104
海 南	1140132	604109	537789	66320	57774
重 庆	764014	446188	295453	150735	106268
四 川	3328025	1919512	1522515	396997	266541
贵 州	1833875	1019873	675607	344266	277069
云 南	3085863	2058331	1446901	611430	509953
西 藏	847146	608187	446222	161966	147593
陕 西	873958	473658	399595	74063	62867
甘 肃	2573396	1509641	1280839	228803	148165
青 海	1421864	615937	457496	158442	106809
宁 夏	496867	292343	201801	90541	82991
新 疆	3755845	2019478	1482004	537474	422074
大 连	660785	395878	382515	13363	3018
宁 波	869412	461789	434843	26946	14332
厦 门	1088566	618945	553109	65835	8467
青 岛	424997	203192	175687	27504	1215
深 圳	708374	481250	380701	100548	20200

(中等专业学校)

单位：千元

公用部分	商品和服务支出	其他资本性支出	专项公用支出	专项项目支出	基本建设支出
41820964	**21176212**	**20644752**	**9323768**	**11320985**	**3131659**
781735	566849	214885	178734	36152	9489
475030	248743	226287	203345	22942	
1242625	735244	507382	148546	358836	46828
742463	469664	272799	141488	131311	13920
505925	298012	207913	123332	84581	71468
972504	719942	252562	119008	133554	71777
457445	268677	188768	124938	63830	24189
289557	200056	89501	40836	48665	34621
2048060	1685595	362464	318608	43856	1756
4537807	2138474	2399333	915856	1483477	63697
960178	408561	551617	174571	377046	287859
2705548	1174994	1530554	599530	931024	838207
2154246	915791	1238456	543779	694677	43691
1633056	530448	1102608	429256	673352	129031
3160315	1394349	1765966	610798	1155168	58650
1849286	1127792	721495	267716	453778	100854
1638649	786590	852058	425807	426252	18620
918517	321864	596653	338184	258469	32920
4518313	2392442	2125871	1090833	1035038	127772
2487637	971024	1516613	731718	784895	344651
507189	325289	181900	151271	30630	28834
258925	151863	107062	35462	71600	58901
1340156	789304	550852	273042	277811	68356
689937	267016	422921	102848	320073	124065
940883	513039	427844	215680	212164	86649
214471	112953	101518	85122	16397	24487
395221	176032	219189	57500	161689	5078
1032795	406947	625848	212457	413391	30960
646756	192627	454129	257928	196201	159170
204525	81245	123279	62064	61215	
1511209	804786	706423	343511	362913	225158
250914	161133	89780	19064	70717	13993
229504	114047	115457	41748	73709	178119
430407	265201	165206	119662	45544	39215
221805	92503	129302	67860	61443	
227125	176548	50577	45164	5412	

5-16 财政补助支出明细

地 区	合 计	个人部分	工资福利支 出	对个人和家庭的补助支出	#助学金
合 计	**107035697**	**62366817**	**52726635**	**9640182**	**5403044**
北 京	2113647	1364489	1275048	89441	27465
天 津	1522451	1047421	976916	70505	29624
河 北	3569994	2280541	1911378	369163	178793
山 西	2099165	1342782	1205556	137225	90608
内蒙古	1483273	905880	744585	161296	128435
辽 宁	3099522	2055240	1713189	342052	70376
吉 林	1189540	707905	600430	107476	67747
黑龙江	997124	672946	532733	140213	51121
上 海	4039420	1989605	1814159	175446	141988
江 苏	12881624	8280121	7644825	635296	160561
浙 江	2836742	1588705	1467642	121063	65772
安 徽	6810807	3267052	2468735	798317	442686
福 建	5082732	2884794	2653205	231589	75550
江 西	3453937	1692243	1409551	282692	217840
山 东	7938102	4719136	4148136	571000	244987
河 南	4585886	2635746	2133105	502640	351061
湖 北	4164311	2510107	2147349	362758	209217
湖 南	1731652	780215	609364	170851	125783
广 东	12315326	7680453	6471821	1208633	267739
广 西	5461902	2629613	2229092	400521	299104
海 南	1140132	604109	537789	66320	57774
重 庆	764014	446188	295453	150735	106268
四 川	3321972	1918590	1522515	396074	265618
贵 州	1833875	1019873	675607	344266	277069
云 南	3085863	2058331	1446901	611430	509953
西 藏	847146	608187	446222	161966	147593
陕 西	873958	473658	399595	74063	62867
甘 肃	2573396	1509641	1280839	228803	148165
青 海	1421864	615937	457496	158442	106809
宁 夏	496867	292343	201801	90541	82991
新 疆	3299455	1784965	1305599	479366	391483
大 连	660785	395878	382515	13363	3018
宁 波	869412	461789	434843	26946	14332
厦 门	1088566	618945	553109	65835	8467
青 岛	424997	203192	175687	27504	1215
深 圳	708374	481250	380701	100548	20200

(地方中等专业学校)

单位：千元

公用部分	商品和服务支出	其他资本性支出	专项公用支出	专项项目支出	基本建设支出
41562406	**21014589**	**20547817**	**9283211**	**11264606**	**3106473**
739669	527769	211900	175748	36152	9489
475030	248743	226287	203345	22942	
1242625	735244	507382	148546	358836	46828
742463	469664	272799	141488	131311	13920
505925	298012	207913	123332	84581	71468
972504	719942	252562	119008	133554	71777
457445	268677	188768	124938	63830	24189
289557	200056	89501	40836	48665	34621
2048060	1685595	362464	318608	43856	1756
4537807	2138474	2399333	915856	1483477	63697
960178	408561	551617	174571	377046	287859
2705548	1174994	1530554	599530	931024	838207
2154246	915791	1238456	543779	694677	43691
1632662	530054	1102608	429256	673352	129031
3160315	1394349	1765966	610798	1155168	58650
1849286	1127792	721495	267716	453778	100854
1635584	783526	852058	425807	426252	18620
918517	321864	596653	338184	258469	32920
4507100	2382169	2124931	1089892	1035038	127772
2487637	971024	1516613	731718	784895	344651
507189	325289	181900	151271	30630	28834
258925	151863	107062	35462	71600	58901
1335026	784174	550852	273042	277811	68356
689937	267016	422921	102848	320073	124065
940883	513039	427844	215680	212164	86649
214471	112953	101518	85122	16397	24487
395221	176032	219189	57500	161689	5078
1032795	406947	625848	212457	413391	30960
646756	192627	454129	257928	196201	159170
204525	81245	123279	62064	61215	
1314518	701104	613414	306879	306534	199972
250914	161133	89780	19064	70717	13993
229504	114047	115457	41748	73709	178119
430407	265201	165206	119662	45544	39215
221805	92503	129302	67860	61443	
227125	176548	50577	45164	5412	

5-17 财政补助支出明细

地 区	合 计	个人部分	工资福利支出	对个人和家庭的补助支出	#助学金
合 计	**82807460**	**50999068**	**44254183**	**6744886**	**3648187**
北 京	2218129	1724852	1569257	155595	6461
天 津	594565	470553	431912	38641	5513
河 北	8138650	3720333	3461259	259075	126619
山 西	2507474	1482965	1362663	120302	87833
内蒙古	2047158	1272047	1086238	185809	118361
辽 宁	1894837	1285410	1172688	112721	54039
吉 林	1465670	841891	765791	76100	25731
黑龙江	1698397	1170022	942523	227499	28614
上 海	2033300	1183950	1103307	80643	50221
江 苏	2822465	2054047	1928894	125153	29984
浙 江	10659718	6890229	6586337	303892	148553
安 徽	1256653	685707	506061	179647	106161
福 建	926800	391672	357767	33906	6504
江 西	1492225	499780	378441	121339	100981
山 东	5963821	3472783	3151767	321016	77987
河 南	4550841	2778096	2456845	321250	208516
湖 北	1914150	1282046	1086632	195414	96421
湖 南	5814121	3375948	2704558	671390	446774
广 东	5397803	3984827	3252279	732548	67569
广 西	106696	62557	52830	9727	3416
海 南	582819	322310	269876	52433	36257
重 庆	3742025	2298598	1788674	509924	399412
四 川	5067275	3290454	2726099	564355	387819
贵 州	2288165	1536739	1193184	343555	278478
云 南	2782270	1978000	1595824	382176	296747
西 藏	1600				
陕 西	2310865	1467001	1192865	274136	181685
甘 肃	817211	546197	445957	100240	76605
青 海	4690	4123	453	3670	3670
宁 夏	571887	269385	220265	49120	43762
新 疆	1135179	656548	462939	193609	147496
大 连	417434	325415	309913	15502	10332
宁 波	1700705	1153152	1108844	44309	19534
厦 门					
青 岛	2520935	1460163	1326076	134087	31210
深 圳	1351606	847235	619070	228165	27394

(职业高中)

单位：千元

公用部分	商品和服务支出	其他资本性支出	专项公用支出	专项项目支出	基本建设支出
30621062	**13619491**	**17001571**	**6378588**	**10622983**	**1187330**
486194	359229	126965	79173	47792	7084
124012	82390	41622	40973	648	
4398411	977607	3420804	440729	2980076	19906
920080	467745	452336	202676	249660	104429
747888	379998	367890	161708	206182	27223
576543	339885	236658	64427	172230	32885
608802	237041	371761	133774	237987	14977
512242	276830	235412	84224	151188	16134
848737	532686	316051	221358	94693	613
745235	343709	401526	160463	241063	23183
3428562	1842618	1585944	866616	719327	340928
559235	214514	344721	151513	193208	11710
535128	155907	379221	96464	282757	
948505	140427	808078	158834	649244	43939
2469338	919866	1549472	549980	999493	21700
1735618	750012	985606	431348	554257	37127
632103	282038	350065	158467	191598	
2325460	1087643	1237818	481727	756091	112713
1364574	885258	479316	315236	164080	48403
44139	15070	29069	14387	14682	
260509	121857	138652	115953	22698	
1382757	771766	610992	229276	381716	60670
1754481	927711	826769	457126	369643	22340
696342	368843	327499	127407	200092	55085
740392	345017	395375	138068	257307	63879
					1600
825155	358967	466188	215083	251105	18710
269614	91212	178402	57980	120422	1400
567	449	118	77	41	
276502	109574	166928	124220	42708	26000
403938	233623	170315	99321	70994	74693
92019	81218	10800	5810	4991	
525905	290049	235856	83182	152674	21648
1060772	337778	722994	329823	393172	
470469	328847	141622	130781	10841	33903

5-18 财政补助支出明细

地区	合计	个人部分	工资福利支出	对个人和家庭的补助支出	#助学金
合计	**82790823**	**50986264**	**44243482**	**6742782**	**3647825**
北京	2218129	1724852	1569257	155595	6461
天津	594565	470553	431912	38641	5513
河北	8138650	3720333	3461259	259075	126619
山西	2507474	1482965	1362663	120302	87833
内蒙古	2047158	1272047	1086238	185809	118361
辽宁	1894837	1285410	1172688	112721	54039
吉林	1465670	841891	765791	76100	25731
黑龙江	1681760	1157217	931822	225396	28252
上海	2033300	1183950	1103307	80643	50221
江苏	2822465	2054047	1928894	125153	29984
浙江	10659718	6890229	6586337	303892	148553
安徽	1256653	685707	506061	179647	106161
福建	926800	391672	357767	33906	6504
江西	1492225	499780	378441	121339	100981
山东	5963821	3472783	3151767	321016	77987
河南	4550841	2778096	2456845	321250	208516
湖北	1914150	1282046	1086632	195414	96421
湖南	5814121	3375948	2704558	671390	446774
广东	5397803	3984827	3252279	732548	67569
广西	106696	62557	52830	9727	3416
海南	582819	322310	269876	52433	36257
重庆	3742025	2298598	1788674	509924	399412
四川	5067275	3290454	2726099	564355	387819
贵州	2288165	1536739	1193184	343555	278478
云南	2782270	1978000	1595824	382176	296747
西藏	1600				
陕西	2310865	1467001	1192865	274136	181685
甘肃	817211	546197	445957	100240	76605
青海	4690	4123	453	3670	3670
宁夏	571887	269385	220265	49120	43762
新疆	1135179	656548	462939	193609	147496
大连	417434	325415	309913	15502	10332
宁波	1700705	1153152	1108844	44309	19534
厦门					
青岛	2520935	1460163	1326076	134087	31210
深圳	1351606	847235	619070	228165	27394

(地方职业高中)

单位：千元

公用部分	商品和服务支出	其他资本性支出			基本建设支出
			专项公用支出	专项项目支出	
30617229	**13616727**	**17000501**	**6378119**	**10622382**	**1187330**
486194	359229	126965	79173	47792	7084
124012	82390	41622	40973	648	
4398411	977607	3420804	440729	2980076	19906
920080	467745	452336	202676	249660	104429
747888	379998	367890	161708	206182	27223
576543	339885	236658	64427	172230	32885
608802	237041	371761	133774	237987	14977
508408	274066	234342	83755	150587	16134
848737	532686	316051	221358	94693	613
745235	343709	401526	160463	241063	23183
3428562	1842618	1585944	866616	719327	340928
559235	214514	344721	151513	193208	11710
535128	155907	379221	96464	282757	
948505	140427	808078	158834	649244	43939
2469338	919866	1549472	549980	999493	21700
1735618	750012	985606	431348	554257	37127
632103	282038	350065	158467	191598	
2325460	1087643	1237818	481727	756091	112713
1364574	885258	479316	315236	164080	48403
44139	15070	29069	14387	14682	
260509	121857	138652	115953	22698	
1382757	771766	610992	229276	381716	60670
1754481	927711	826769	457126	369643	22340
696342	368843	327499	127407	200092	55085
740392	345017	395375	138068	257307	63879
					1600
825155	358967	466188	215083	251105	18710
269614	91212	178402	57980	120422	1400
567	449	118	77	41	
276502	109574	166928	124220	42708	26000
403938	233623	170315	99321	70994	74693
92019	81218	10800	5810	4991	
525905	290049	235856	83182	152674	21648
1060772	337778	722994	329823	393172	
470469	328847	141622	130781	10841	33903

5-19 财政补助支出明细

地　区	合　计	个人部分	工资福利支出	对个人和家庭的补助支出	#助学金
合　计	**35875384**	**21829815**	**19072666**	**2757149**	**1917000**
北　京	125306	98839	95063	3776	907
天　津	115775	83829	81654	2175	356
河　北	3574528	2031511	1872751	158760	94571
山　西	1608428	919018	844414	74604	54033
内蒙古	1431402	865449	744790	120659	78840
辽　宁	541208	399401	371126	28274	15490
吉　林	619009	323978	297053	26926	14010
黑龙江	681701	491235	406789	84446	16532
上　海	181202	113093	106284	6808	5711
江　苏	1211353	897293	840637	56656	14837
浙　江	4041535	2562382	2430372	132010	74252
安　徽	785749	430394	333237	97156	63687
福　建	165437	71578	66045	5532	2181
江　西	968564	290964	231174	59789	45579
山　东	1659022	1001407	935362	66044	20303
河　南	2717180	1557609	1416367	141242	111189
湖　北	597194	391408	341177	50232	42994
湖　南	3049587	1683218	1391263	291955	236871
广　东	616680	441085	401260	39825	7771
广　西	90771	61509	52830	8679	2368
海　南	226954	130029	111570	18458	12687
重　庆	1332330	840595	704529	136067	110618
四　川	2778376	1781878	1469112	312766	245288
贵　州	1415898	928690	721628	207062	175604
云　南	1924710	1381150	1162215	218935	168528
西　藏					
陕　西	1461687	867000	725355	141645	99663
甘　肃	645284	447773	373856	73918	55256
青　海	2436	1869	453	1416	1416
宁　夏	284607	157780	127986	29794	25678
新　疆	1021471	577851	416311	161540	119779
大　连	83746	71382	69356	2026	237
宁　波	510215	400087	384519	15568	9441
厦　门					
青　岛	102688	24851	24007	844	495
深　圳					

(农村职业高中)

单位：千元

公用部分	商品和服务支出	其他资本性支出			基本建设支出
			专项公用支出	专项项目支出	
13453926	**5845413**	**7608513**	**2885308**	**4723204**	**591642**
21467	16340	5126	5126		5000
31945	17106	14839	14839		
1528893	555521	973372	271825	701547	14125
614461	266207	348254	147172	201082	74950
554527	256172	298355	126863	171493	11426
136507	93917	42590	13134	29456	5300
284298	102162	182135	48248	133887	10733
174332	89962	84370	37612	46758	16134
68109	52831	15278	6235	9043	
314060	148501	165559	63214	102345	
1405446	662049	743396	352453	390943	73707
355355	123350	232006	108512	123493	
93859	53063	40796	25116	15680	
633661	78934	554727	116622	438104	43939
642616	259704	382912	115193	267719	15000
1123125	426135	696990	228849	468141	36446
205786	85608	120177	44406	75771	
1320846	546679	774167	282227	491940	45523
175594	96133	79461	32465	46996	
29262	15070	14192	10029	4163	
96926	49115	47811	37734	10077	
491735	333328	158407	105457	52950	
974159	517314	456845	203018	253828	22340
445893	245143	200749	63344	137406	41315
479682	198444	281237	91585	189653	63879
575977	214746	361231	167703	193528	18710
196110	72883	123227	47105	76122	1400
567	449	118	77	41	
106827	52493	54334	29489	24845	20000
371903	216052	155851	89658	66192	71718
12364	11720	644	408	236	
110128	69502	40627	22808	17818	
77837	7928	69909	2113	67796	

5-20 财政补助支出明细

地区	合计	个人部分			
			工资福利支出	对个人和家庭的补助支出	
					#助学金
合计	35865359	21820685	19065283	2755402	1916681
北京	125306	98839	95063	3776	907
天津	115775	83829	81654	2175	356
河北	3574528	2031511	1872751	158760	94571
山西	1608428	919018	844414	74604	54033
内蒙古	1431402	865449	744790	120659	78840
辽宁	541208	399401	371126	28274	15490
吉林	619009	323978	297053	26926	14010
黑龙江	671677	482105	399406	82698	16214
上海	181202	113093	106284	6808	5711
江苏	1211353	897293	840637	56656	14837
浙江	4041535	2562382	2430372	132010	74252
安徽	785749	430394	333237	97156	63687
福建	165437	71578	66045	5532	2181
江西	968564	290964	231174	59789	45579
山东	1659022	1001407	935362	66044	20303
河南	2717180	1557609	1416367	141242	111189
湖北	597194	391408	341177	50232	42994
湖南	3049587	1683218	1391263	291955	236871
广东	616680	441085	401260	39825	7771
广西	90771	61509	52830	8679	2368
海南	226954	130029	111570	18458	12687
重庆	1332330	840595	704529	136067	110618
四川	2778376	1781878	1469112	312766	245288
贵州	1415898	928690	721628	207062	175604
云南	1924710	1381150	1162215	218935	168528
西藏					
陕西	1461687	867000	725355	141645	99663
甘肃	645284	447773	373856	73918	55256
青海	2436	1869	453	1416	1416
宁夏	284607	157780	127986	29794	25678
新疆	1021471	577851	416311	161540	119779
大连	83746	71382	69356	2026	237
宁波	510215	400087	384519	15568	9441
厦门					
青岛	102688	24851	24007	844	495
深圳					

(地方农村职业高中)

单位：千元

公用部分	商品和服务支出	其他资本性支出			基本建设支出
			专项公用支出	专项项目支出	
13453032	**5845104**	**7607928**	**2885014**	**4722913**	**591642**
21467	16340	5126	5126		5000
31945	17106	14839	14839		
1528893	555521	973372	271825	701547	14125
614461	266207	348254	147172	201082	74950
554527	256172	298355	126863	171493	11426
136507	93917	42590	13134	29456	5300
284298	102162	182135	48248	133887	10733
173438	89653	83785	37318	46467	16134
68109	52831	15278	6235	9043	
314060	148501	165559	63214	102345	
1405446	662049	743396	352453	390943	73707
355355	123350	232006	108512	123493	
93859	53063	40796	25116	15680	
633661	78934	554727	116622	438104	43939
642616	259704	382912	115193	267719	15000
1123125	426135	696990	228849	468141	36446
205786	85608	120177	44406	75771	
1320846	546679	774167	282227	491940	45523
175594	96133	79461	32465	46996	
29262	15070	14192	10029	4163	
96926	49115	47811	37734	10077	
491735	333328	158407	105457	52950	
974159	517314	456845	203018	253828	22340
445893	245143	200749	63344	137406	41315
479682	198444	281237	91585	189653	63879
575977	214746	361231	167703	193528	18710
196110	72883	123227	47105	76122	1400
567	449	118	77	41	
106827	52493	54334	29489	24845	20000
371903	216052	155851	89658	66192	71718
12364	11720	644	408	236	
110128	69502	40627	22808	17818	
77837	7928	69909	2113	67796	

5-21 财政补助支出明细

地区	合计	个人部分	工资福利支出	对个人和家庭的补助支出	#助学金
合计	**29222044**	**15946929**	**13569402**	**2377526**	**1189025**
北京	1660832	836209	781312	54898	22519
天津	335215	274450	248808	25642	13091
河北	834305	541280	452662	88618	26336
山西	553082	258880	222571	36308	16519
内蒙古	81181	68738	60947	7791	2155
辽宁	539173	361164	273475	87688	72824
吉林	264197	153902	84802	69100	59502
黑龙江	679245	498781	425227	73554	4050
上海	189265	129980	121133	8846	5163
江苏	1581157	867981	793461	74521	31613
浙江	1469941	679468	642979	36489	14755
安徽	277872	159123	99766	59356	40988
福建	999137	488458	426263	62195	9622
江西	231462	143928	111606	32322	31044
山东	3262430	1653136	1475067	178069	52697
河南	2149004	923082	846427	76654	22593
湖北	455421	193950	174747	19203	7986
湖南	495873	358672	255360	103312	84355
广东	7192991	4366254	3736680	629574	139444
广西	1644372	828166	713889	114277	87110
海南	302999	156154	136453	19701	18241
重庆	803165	309345	196163	113182	84441
四川	703031	353219	286717	66502	45353
贵州	224780	51303		51303	51227
云南	1274980	685260	522823	162436	144855
西藏					
陕西	676514	414675	319362	95313	84527
甘肃	72699	51945	46421	5524	1914
青海					
宁夏					
新疆	267720	139425	114281	25145	14102
大连	145799	55168	52886	2282	1675
宁波	138641	56021	54350	1671	867
厦门	162668	79771	44986	34785	736
青岛	294226	153714	148984	4730	300
深圳	826056	435147	282909	152238	34810

(技工学校)

单位：千元

公用部分	商品和服务支出	其他资本性支出			基本建设支出
			专项公用支出	专项项目支出	
12276574	**6331062**	**5945512**	**3654466**	**2291045**	**998541**
824623	401504	423118	316741	106378	
60764	44928	15836	15693	143	
293025	160208	132817	74863	57954	
271847	97844	174003	124318	49685	22356
12443	10451	1992	1982	10	
164418	148923	15495	13117	2378	13591
98704	58379	40325	40235	91	11591
146246	97881	48365	14644	33721	34218
59285	36411	22874	22874		
667334	339020	328314	234476	93838	45842
589951	232855	357096	205072	152023	200521
118750	72851	45899	27026	18873	
485218	162443	322775	85131	237645	25461
87534	34656	52878	27497	25381	
1593900	1027335	566564	273172	293393	15395
1056741	466191	590550	228335	362215	169182
261471	56450	205021	128404	76617	
137201	62846	74355	12743	61612	
2660511	1397760	1262751	905792	356959	166226
744457	339280	405177	309695	95482	71749
125315	50011	75304	57568	17736	21530
308788	222290	86498	53481	33017	185033
344556	151541	193015	173266	19749	5256
173476	173476				
589721	228343	361378	243788	117589	
261838	210531	51307	15726	35582	
20754	8384	12370	12370		
117703	38268	79435	36459	42976	10591
77040	70623	6417	6417		13591
68539	27795	40744	39418	1326	14082
70108	37421	32687	32599	89	12789
140512	110967	29545	5665	23879	
335070	192739	142331	116630	25700	55840

5-22 财政补助支出明细

地区	合计	个人部分	工资福利支出	对个人和家庭的补助支出	#助学金
合计	**29152846**	**15898180**	**13524532**	**2373648**	**1185147**
北京	1660832	836209	781312	54898	22519
天津	333689	273633	248247	25386	12834
河北	834305	541280	452662	88618	26336
山西	553082	258880	222571	36308	16519
内蒙古	81181	68738	60947	7791	2155
辽宁	539173	361164	273475	87688	72824
吉林	264197	153902	84802	69100	59502
黑龙江	641763	466590	393119	73471	3967
上海	189265	129980	121133	8846	5163
江苏	1572286	866718	793165	73554	30646
浙江	1469941	679468	642979	36489	14755
安徽	277655	158935	99624	59311	40943
福建	999137	488458	426263	62195	9622
江西	231462	143928	111606	32322	31044
山东	3262430	1653136	1475067	178069	52697
河南	2145455	920583	844153	76430	22369
湖北	455421	193950	174747	19203	7986
湖南	495873	358672	255360	103312	84355
广东	7192991	4366254	3736680	629574	139444
广西	1644372	828166	713889	114277	87110
海南	302999	156154	136453	19701	18241
重庆	803165	309345	196163	113182	84441
四川	686206	341526	277229	64298	43148
贵州	224780	51303		51303	51227
云南	1274980	685260	522823	162436	144855
西藏					
陕西	675786	414577	319362	95215	84429
甘肃	72699	51945	46421	5524	1914
青海					
宁夏					
新疆	267720	139425	114281	25145	14102
大连	145799	55168	52886	2282	1675
宁波	138641	56021	54350	1671	867
厦门	162668	79771	44986	34785	736
青岛	294226	153714	148984	4730	300
深圳	826056	435147	282909	152238	34810

(地方技工学校)

单位：千元

公用部分	商品和服务支出	其他资本性支出	专项公用支出	专项项目支出	基本建设支出
12256125	**6316543**	**5939582**	**3652374**	**2287207**	**998541**
824623	401504	423118	316741	106378	
60056	44220	15836	15693	143	
293025	160208	132817	74863	57954	
271847	97844	174003	124318	49685	22356
12443	10451	1992	1982	10	
164418	148923	15495	13117	2378	13591
98704	58379	40325	40235	91	11591
140955	92590	48365	14644	33721	34218
59285	36411	22874	22874		
659726	333237	326489	232651	93838	45842
589951	232855	357096	205072	152023	200521
118720	72821	45899	27026	18873	
485218	162443	322775	85131	237645	25461
87534	34656	52878	27497	25381	
1593900	1027335	566564	273172	293393	15395
1055690	465140	590550	228335	362215	169182
261471	56450	205021	128404	76617	
137201	62846	74355	12743	61612	
2660511	1397760	1262751	905792	356959	166226
744457	339280	405177	309695	95482	71749
125315	50011	75304	57568	17736	21530
308788	222290	86498	53481	33017	185033
339424	150514	188911	172999	15911	5256
173476	173476				
589721	228343	361378	243788	117589	
261209	209902	51307	15726	35582	
20754	8384	12370	12370		
117703	38268	79435	36459	42976	10591
77040	70623	6417	6417		13591
68539	27795	40744	39418	1326	14082
70108	37421	32687	32599	89	12789
140512	110967	29545	5665	23879	
335070	192739	142331	116630	25700	55840

5-23 财政补助支出明细

地区	合计	个人部分	工资福利支出	对个人和家庭的补助支出	#助学金
合计	**8649476**	**6332788**	**5725496**	**607292**	**79755**
北京	67616	54082	51577	2505	30
天津	63440	55054	49566	5489	
河北	1183333	1022582	960942	61641	1388
山西	376233	312310	302024	10286	664
内蒙古	297050	276882	236413	40470	1196
辽宁	4858	3792	3627	165	
吉林	693330	596588	520519	76068	268
黑龙江	229831	197809	170134	27675	121
上海	196162	50077	46887	3191	
江苏	219756	156366	137044	19322	2650
浙江	494599	331519	313465	18054	1044
安徽	152778	91957	72183	19774	3377
福建	32353	25738	24168	1571	18
江西	522429	241640	225705	15935	51
山东	271349	236947	217331	19617	628
河南	837452	621766	571441	50324	14407
湖北	82626	30391	22489	7902	2995
湖南	540995	349355	291236	58119	29522
广东	294705	203023	163741	39282	4871
广西	56914	40218	35393	4825	572
海南	13424	6805	6801	4	
重庆	602688	393008	344880	48129	2063
四川	354308	255914	227887	28028	11206
贵州	112261	22763	20354	2408	725
云南	487295	387041	363072	23969	49
西藏					
陕西	299009	236787	224729	12058	1129
甘肃	89003	72960	65066	7894	648
青海	8073	5207	4962	245	
宁夏					
新疆	65606	54204	51860	2344	134
大连	1379	1002	873	129	
宁波	303197	207257	197824	9434	694
厦门					
青岛	1146	1146	1119	27	27
深圳	50311	31147	22628	8519	3887

(成人中等专业学校)

单位：千元

公用部分	商品和服务支出	其他资本性支出			基本建设支出
			专项公用支出	专项项目支出	
2310169	**1663670**	**646499**	**261108**	**385391**	**6519**
13534	11793	1741	1741		
8385	7141	1244	1001	243	
159308	128064	31244	15918	15327	1442
63923	61030	2893	2056	836	
20168	18129	2039	1305	734	
1066	1037	29	29		
95955	79256	16700	13018	3682	787
32022	25423	6599	4694	1905	
146085	141840	4244	4244		
63390	40787	22603	4187	18416	
163079	137592	25487	19796	5691	
60821	50402	10418	4128	6291	
6614	6513	101	101		
280789	97175	183614	43621	139993	
34402	25433	8969	8001	968	
215686	150478	65208	27949	37259	
52235	7373	44862	1122	43740	
191640	163173	28468	7753	20714	
91682	73191	18491	9922	8569	
16696	15180	1516	614	902	
6620	6210	410	410		
209680	158274	51406	12213	39193	
98394	75687	22707	21907	799	
85209	35454	49756	44360	5395	4289
100254	84489	15765	5249	10516	
62222	41459	20763	3145	17617	
16044	9270	6773	188	6585	
2866	2862	4	4		
11401	8957	2444	2430	14	
377	348	29	29		
95939	84653	11286	6329	4957	
19163	17536	1628	549	1079	

5-24 财政补助支出明细

地区	合计	个人部分	工资福利支出	对个人和家庭的补助支出	#助学金
合计	**8642087**	**6326871**	**5720409**	**606461**	**79755**
北京	67616	54082	51577	2505	30
天津	63440	55054	49566	5489	
河北	1183333	1022582	960942	61641	1388
山西	376233	312310	302024	10286	664
内蒙古	297050	276882	236413	40470	1196
辽宁	4858	3792	3627	165	
吉林	693330	596588	520519	76068	268
黑龙江	226937	195254	168118	27136	121
上海	196162	50077	46887	3191	
江苏	219756	156366	137044	19322	2650
浙江	494599	331519	313465	18054	1044
安徽	152778	91957	72183	19774	3377
福建	32353	25738	24168	1571	18
江西	522429	241640	225705	15935	51
山东	271349	236947	217331	19617	628
河南	837452	621766	571441	50324	14407
湖北	82626	30391	22489	7902	2995
湖南	540995	349355	291236	58119	29522
广东	294705	203023	163741	39282	4871
广西	56914	40218	35393	4825	572
海南	13424	6805	6801	4	
重庆	602688	393008	344880	48129	2063
四川	354308	255914	227887	28028	11206
贵州	112261	22763	20354	2408	725
云南	487295	387041	363072	23969	49
西藏					
陕西	299009	236787	224729	12058	1129
甘肃	89003	72960	65066	7894	648
青海	8073	5207	4962	245	
宁夏					
新疆	61111	50842	48790	2052	134
大连	1379	1002	873	129	
宁波	303197	207257	197824	9434	694
厦门					
青岛	1146	1146	1119	27	27
深圳	50311	31147	22628	8519	3887

(地方成人中等专业学校)

单位：千元

公用部分	商品和服务支出	其他资本性支出			基本建设支出
			专项公用支出	专项项目支出	
2308698	**1662385**	**646313**	**260922**	**385391**	**6519**
13534	11793	1741	1741		
8385	7141	1244	1001	243	
159308	128064	31244	15918	15327	1442
63923	61030	2893	2056	836	
20168	18129	2039	1305	734	
1066	1037	29	29		
95955	79256	16700	13018	3682	787
31683	25090	6593	4688	1905	
146085	141840	4244	4244		
63390	40787	22603	4187	18416	
163079	137592	25487	19796	5691	
60821	50402	10418	4128	6291	
6614	6513	101	101		
280789	97175	183614	43621	139993	
34402	25433	8969	8001	968	
215686	150478	65208	27949	37259	
52235	7373	44862	1122	43740	
191640	163173	28468	7753	20714	
91682	73191	18491	9922	8569	
16696	15180	1516	614	902	
6620	6210	410	410		
209680	158274	51406	12213	39193	
98394	75687	22707	21907	799	
85209	35454	49756	44360	5395	4289
100254	84489	15765	5249	10516	
62222	41459	20763	3145	17617	
16044	9270	6773	188	6585	
2866	2862	4	4		
10269	8004	2264	2250	14	
377	348	29	29		
95939	84653	11286	6329	4957	
19163	17536	1628	549	1079	

5-25 财政补助支出明细

地区	合计	个人部分	工资福利支出	对个人和家庭的补助支出	#助学金
合计	**1217779496**	**870544867**	**778425856**	**92119012**	**43511358**
北京	33127163	22482134	21304674	1177460	142496
天津	15440664	11837242	11343641	493601	83995
河北	51998788	36851814	33677120	3174694	1525116
山西	25569930	18719373	17437833	1281539	772653
内蒙古	22823763	16152098	14358863	1793235	985962
辽宁	27973186	22291675	20887774	1403901	361971
吉林	17376535	12765509	11422445	1343064	414149
黑龙江	24814429	19392123	16617164	2774959	398667
上海	30446521	19053513	18352014	701499	429016
江苏	81913227	60511443	55960178	4551265	1228030
浙江	62332028	43988124	41572482	2415642	1193026
安徽	45338476	32357556	27660284	4697272	1534878
福建	35276937	24207270	22770935	1436335	683879
江西	41840563	23643958	21239397	2404561	1483344
山东	83184213	61722488	56473427	5249060	1564279
河南	72504580	48862958	43011047	5851910	3439462
湖北	44238305	32614343	29533571	3080772	1111378
湖南	47532620	33504293	29224710	4279582	2127797
广东	118507937	88400545	76931226	11469319	2043738
广西	38398397	26017100	22319587	3697513	2578204
海南	11622654	7121034	6568335	552698	274233
重庆	32468851	23608390	20709539	2898852	1580842
四川	61645083	45508461	39296060	6212401	3629860
贵州	38368430	29018411	24188169	4830242	3481838
云南	43527672	34004257	29277237	4727021	3938116
西藏	7083343	5449312	4385317	1063995	974940
陕西	31805117	19621266	17371171	2250096	1552465
甘肃	22542792	17243288	15131673	2111615	1271936
青海	8936831	6007225	5302147	705077	432931
宁夏	7128381	5000211	4516004	484206	369901
新疆	32012079	22587457	19581829	3005628	1902256
大连	5439133	4588106	4398160	189946	35774
宁波	8566296	6470393	6141646	328747	166789
厦门	4935173	3466738	3192565	274173	61230
青岛	10953023	8024578	7319853	704724	103046
深圳	23481531	14402994	11117326	3285668	368729

(中学)

单位：千元

公用部分	商品和服务支出	其他资本性支出			基本建设支出
			专项公用支出	专项项目支出	
322835006	**142053142**	**180781864**	**50758906**	**130022958**	**24399623**
8993284	6168367	2824917	1703645	1121272	1651744
3603422	1747696	1855726	399360	1456366	
14790933	5938028	8852904	2160170	6692735	356042
6671068	3618996	3052072	951237	2100835	179489
5944506	2909328	3035178	885793	2149385	727159
5450562	3304448	2146114	756396	1389718	230949
4396966	2052085	2344881	592986	1751895	214060
5282740	3114676	2168063	504925	1663139	139566
11058022	6491815	4566207	2202259	2363949	334987
21067467	7950124	13117343	3186804	9930540	334317
16727815	6997470	9730345	3429730	6300615	1616090
12583229	4749510	7833718	1680508	6153210	397691
10564328	4056146	6508182	1636858	4871324	505339
17525084	3554397	13970687	2781553	11189134	671521
21308484	7684521	13623962	2847344	10776619	153242
22349034	9164513	13184520	2561952	10622568	1292588
11622145	4518423	7103722	1927000	5176721	1818
13670837	5930370	7740467	2090304	5650163	357490
24352048	15136032	9216017	3889498	5326519	5755344
11367862	4052172	7315690	2115587	5200103	1013434
4229005	1793268	2435736	1114503	1321233	272616
7719417	4319880	3399537	1147467	2252070	1141043
15667638	7703404	7964235	2860178	5104057	468984
9005470	3652277	5353193	1587354	3765839	344548
8828334	3871830	4956503	1095896	3860607	695081
1460133	575468	884665	216771	667895	173898
10290410	4207818	6082592	1439825	4642768	1893441
5032848	2011250	3021599	828077	2193522	266656
2271233	699797	1571436	337117	1234319	658373
2073926	825213	1248712	553630	695083	54245
6926757	3253818	3672939	1274181	2398758	2497865
762387	625121	137266	105557	31709	88639
2072996	963875	1109121	348786	760335	22907
1217777	752851	464926	280044	184883	250658
2928445	1189212	1739233	851116	888117	
4318509	3592198	726311	671392	54919	4760028

5-26 财政补助支出明细

地区	合计	个人部分	工资福利支出	对个人和家庭的补助支出	#助学金
合计	**1212188068**	**866506410**	**774945616**	**91560794**	**43364971**
北京	31929922	21655949	20518382	1137568	141155
天津	15440664	11837242	11343641	493601	83995
河北	51998788	36851814	33677120	3174694	1525116
山西	25569930	18719373	17437833	1281539	772653
内蒙古	22823763	16152098	14358863	1793235	985962
辽宁	27973186	22291675	20887774	1403901	361971
吉林	17269249	12689738	11353309	1336430	414147
黑龙江	24535663	19173770	16448771	2724999	395300
上海	30297720	18952764	18252793	699972	429016
江苏	81913227	60511443	55960178	4551265	1228030
浙江	62332028	43988124	41572482	2415642	1193026
安徽	45338476	32357556	27660284	4697272	1534878
福建	35276937	24207270	22770935	1436335	683879
江西	41840563	23643958	21239397	2404561	1483344
山东	83184213	61722488	56473427	5249060	1564279
河南	72499990	48858947	43008526	5850421	3439410
湖北	43935319	32411825	29361642	3050183	1111162
湖南	47511259	33487494	29207951	4279543	2127797
广东	118507937	88400545	76931226	11469319	2043738
广西	38398397	26017100	22319587	3697513	2578204
海南	11622654	7121034	6568335	552698	274233
重庆	32369551	23536431	20645370	2891060	1580394
四川	61643755	45508334	39296060	6212274	3629734
贵州	38368430	29018411	24188169	4830242	3481838
云南	43527672	34004257	29277237	4727021	3938116
西藏	7083343	5449312	4385317	1063995	974940
陕西	31676580	19525300	17288322	2236977	1552084
甘肃	22527857	17229620	15119239	2110381	1271822
青海	8936831	6007225	5302147	705077	432931
宁夏	7128381	5000211	4516004	484206	369901
新疆	28725783	20175103	17575292	2599810	1761916
大连	5439133	4588106	4398160	189946	35774
宁波	8566296	6470393	6141646	328747	166789
厦门	4935173	3466738	3192565	274173	61230
青岛	10953023	8024578	7319853	704724	103046
深圳	23481531	14402994	11117326	3285668	368729

(地方中学)

单位：千元

公用部分	商品和服务支出	其他资本性支出	专项公用支出	专项项目支出	基本建设支出
321360947	**141159153**	**180201794**	**50516209**	**129685585**	**24320712**
8622228	5876803	2745425	1636204	1109221	1651744
3603422	1747696	1855726	399360	1456366	
14790933	5938028	8852904	2160170	6692735	356042
6671068	3618996	3052072	951237	2100835	179489
5944506	2909328	3035178	885793	2149385	727159
5450562	3304448	2146114	756396	1389718	230949
4365450	2031970	2333480	589285	1744196	214060
5222326	3070041	2152285	501476	1650809	139566
11009969	6456707	4553262	2189704	2363558	334987
21067467	7950124	13117343	3186804	9930540	334317
16727815	6997470	9730345	3429730	6300615	1616090
12583229	4749510	7833718	1680508	6153210	397691
10564328	4056146	6508182	1636858	4871324	505339
17525084	3554397	13970687	2781553	11189134	671521
21308484	7684521	13623962	2847344	10776619	153242
22348455	9163934	13184520	2561952	10622568	1292588
11521677	4427560	7094116	1917395	5176721	1818
13666274	5925807	7740467	2090304	5650163	357490
24352048	15136032	9216017	3889498	5326519	5755344
11367862	4052172	7315690	2115587	5200103	1013434
4229005	1793268	2435736	1114503	1321233	272616
7692077	4302331	3389745	1137675	2252070	1141043
15666437	7702466	7963971	2859914	5104057	468984
9005470	3652277	5353193	1587354	3765839	344548
8828334	3871830	4956503	1095896	3860607	695081
1460133	575468	884665	216771	667895	173898
10257840	4183158	6074682	1435998	4638684	1893441
5031582	2010465	3021117	827692	2193425	266656
2271233	699797	1571436	337117	1234319	658373
2073926	825213	1248712	553630	695083	54245
6131726	2891187	3240539	1142502	2098037	2418954
762387	625121	137266	105557	31709	88639
2072996	963875	1109121	348786	760335	22907
1217777	752851	464926	280044	184883	250658
2928445	1189212	1739233	851116	888117	
4318509	3592198	726311	671392	54919	4760028

5-27 财政补助支出明细

地区	合计	个人部分	工资福利支出	对个人和家庭的补助支出	#助学金
合计	**1217135154**	**870113771**	**778023902**	**92089869**	**43511349**
北京	33076930	22448654	21274626	1174028	142496
天津	15410027	11807362	11314193	493169	83995
河北	51998788	36851814	33677120	3174694	1525116
山西	25569930	18719373	17437833	1281539	772653
内蒙古	22823763	16152098	14358863	1793235	985962
辽宁	27973186	22291675	20887774	1403901	361971
吉林	17374173	12763401	11420818	1342582	414149
黑龙江	24814429	19392123	16617164	2774959	398667
上海	30440516	19049027	18348053	700973	429016
江苏	81691970	60397473	55851984	4545490	1228021
浙江	62071534	43798061	41391883	2406178	1193026
安徽	45338476	32357556	27660284	4697272	1534878
福建	35276937	24207270	22770935	1436335	683879
江西	41840563	23643958	21239397	2404561	1483344
山东	83184213	61722488	56473427	5249060	1564279
河南	72504580	48862958	43011047	5851910	3439462
湖北	44231379	32607957	29527190	3080767	1111378
湖南	47530432	33502125	29222817	4279308	2127797
广东	118443737	88352029	76891424	11460605	2043738
广西	38398397	26017100	22319587	3697513	2578204
海南	11622654	7121034	6568335	552698	274233
重庆	32468851	23608390	20709539	2898852	1580842
四川	61645044	45508421	39296060	6212361	3629860
贵州	38368430	29018411	24188169	4830242	3481838
云南	43527672	34004257	29277237	4727021	3938116
西藏	7083343	5449312	4385317	1063995	974940
陕西	31805117	19621266	17371171	2250096	1552465
甘肃	22542792	17243288	15131673	2111615	1271936
青海	8936831	6007225	5302147	705077	432931
宁夏	7128381	5000211	4516004	484206	369901
新疆	32012079	22587457	19581829	3005628	1902256
大连	5439133	4588106	4398160	189946	35774
宁波	8566296	6470393	6141646	328747	166789
厦门	4935173	3466738	3192565	274173	61230
青岛	10953023	8024578	7319853	704724	103046
深圳	23481531	14402994	11117326	3285668	368729

(普通中学)

单位：千元

公用部分	商品和服务支出	其他资本性支出			基本建设支出
			专项公用支出	专项项目支出	
322623189	**141923633**	**180699556**	**50745454**	**129954102**	**24398193**
8976532	6152275	2824257	1702986	1121272	1651744
3602665	1747044	1855622	399255	1456366	
14790933	5938028	8852904	2160170	6692735	356042
6671068	3618996	3052072	951237	2100835	179489
5944506	2909328	3035178	885793	2149385	727159
5450562	3304448	2146114	756396	1389718	230949
4396712	2051880	2344832	592938	1751895	214060
5282740	3114676	2168063	504925	1663139	139566
11056502	6490424	4566079	2202130	2363949	334987
20960180	7903614	13056566	3182432	9874134	334317
16658813	6941735	9717078	3425449	6291629	1614660
12583229	4749510	7833718	1680508	6153210	397691
10564328	4056146	6508182	1636858	4871324	505339
17525084	3554397	13970687	2781553	11189134	671521
21308484	7684521	13623962	2847344	10776619	153242
22349034	9164513	13184520	2561952	10622568	1292588
11621605	4517892	7103712	1926991	5176721	1818
13670816	5930349	7740467	2090304	5650163	357490
24336363	15127659	9208704	3885648	5323056	5755344
11367862	4052172	7315690	2115587	5200103	1013434
4229005	1793268	2435736	1114503	1321233	272616
7719417	4319880	3399537	1147467	2252070	1141043
15667638	7703404	7964235	2860178	5104057	468984
9005470	3652277	5353193	1587354	3765839	344548
8828334	3871830	4956503	1095896	3860607	695081
1460133	575468	884665	216771	667895	173898
10290410	4207818	6082592	1439825	4642768	1893441
5032848	2011250	3021599	828077	2193522	266656
2271233	699797	1571436	337117	1234319	658373
2073926	825213	1248712	553630	695083	54245
6926757	3253818	3672939	1274181	2398758	2497865
762387	625121	137266	105557	31709	88639
2072996	963875	1109121	348786	760335	22907
1217777	752851	464926	280044	184883	250658
2928445	1189212	1739233	851116	888117	
4318509	3592198	726311	671392	54919	4760028

5-28 财政补助支出明细

地 区	合 计	个人部分	工资福利支出	对个人和家庭的补助支出	#助学金
合 计	**1211543726**	**866075314**	**774543662**	**91531652**	**43364962**
北 京	31879689	21622469	20488334	1134136	141155
天 津	15410027	11807362	11314193	493169	83995
河 北	51998788	36851814	33677120	3174694	1525116
山 西	25569930	18719373	17437833	1281539	772653
内蒙古	22823763	16152098	14358863	1793235	985962
辽 宁	27973186	22291675	20887774	1403901	361971
吉 林	17266886	12687629	11351681	1335948	414147
黑龙江	24535663	19173770	16448771	2724999	395300
上 海	30291714	18948278	18248832	699446	429016
江 苏	81691970	60397473	55851984	4545490	1228021
浙 江	62071534	43798061	41391883	2406178	1193026
安 徽	45338476	32357556	27660284	4697272	1534878
福 建	35276937	24207270	22770935	1436335	683879
江 西	41840563	23643958	21239397	2404561	1483344
山 东	83184213	61722488	56473427	5249060	1564279
河 南	72499990	48858947	43008526	5850421	3439410
湖 北	43928393	32405439	29355261	3050178	1111162
湖 南	47509071	33485327	29206058	4279269	2127797
广 东	118443737	88352029	76891424	11460605	2043738
广 西	38398397	26017100	22319587	3697513	2578204
海 南	11622654	7121034	6568335	552698	274233
重 庆	32369551	23536431	20645370	2891060	1580394
四 川	61643715	45508294	39296060	6212234	3629734
贵 州	38368430	29018411	24188169	4830242	3481838
云 南	43527672	34004257	29277237	4727021	3938116
西 藏	7083343	5449312	4385317	1063995	974940
陕 西	31676580	19525300	17288322	2236977	1552084
甘 肃	22527857	17229620	15119239	2110381	1271822
青 海	8936831	6007225	5302147	705077	432931
宁 夏	7128381	5000211	4516004	484206	369901
新 疆	28725783	20175103	17575292	2599810	1761916
大 连	5439133	4588106	4398160	189946	35774
宁 波	8566296	6470393	6141646	328747	166789
厦 门	4935173	3466738	3192565	274173	61230
青 岛	10953023	8024578	7319853	704724	103046
深 圳	23481531	14402994	11117326	3285668	368729

(地方普通中学)

单位：千元

公用部分	商品和服务支出	其他资本性支出			基本建设支出
			专项公用支出	专项项目支出	
321149130	**141029645**	**180119486**	**50502756**	**129616730**	**24319282**
8605475	5860711	2744765	1635544	1109221	1651744
3602665	1747044	1855622	399255	1456366	
14790933	5938028	8852904	2160170	6692735	356042
6671068	3618996	3052072	951237	2100835	179489
5944506	2909328	3035178	885793	2149385	727159
5450562	3304448	2146114	756396	1389718	230949
4365197	2031765	2333432	589236	1744196	214060
5222326	3070041	2152285	501476	1650809	139566
11008449	6455316	4553134	2189576	2363558	334987
20960180	7903614	13056566	3182432	9874134	334317
16658813	6941735	9717078	3425449	6291629	1614660
12583229	4749510	7833718	1680508	6153210	397691
10564328	4056146	6508182	1636858	4871324	505339
17525084	3554397	13970687	2781553	11189134	671521
21308484	7684521	13623962	2847344	10776619	153242
22348455	9163934	13184520	2561952	10622568	1292588
11521137	4427030	7094107	1917386	5176721	1818
13666253	5925786	7740467	2090304	5650163	357490
24336363	15127659	9208704	3885648	5323056	5755344
11367862	4052172	7315690	2115587	5200103	1013434
4229005	1793268	2435736	1114503	1321233	272616
7692077	4302331	3389745	1137675	2252070	1141043
15666437	7702466	7963971	2859914	5104057	468984
9005470	3652277	5353193	1587354	3765839	344548
8828334	3871830	4956503	1095896	3860607	695081
1460133	575468	884665	216771	667895	173898
10257840	4183158	6074682	1435998	4638684	1893441
5031582	2010465	3021117	827692	2193425	266656
2271233	699797	1571436	337117	1234319	658373
2073926	825213	1248712	553630	695083	54245
6131726	2891187	3240539	1142502	2098037	2418954
762387	625121	137266	105557	31709	88639
2072996	963875	1109121	348786	760335	22907
1217777	752851	464926	280044	184883	250658
2928445	1189212	1739233	851116	888117	
4318509	3592198	726311	671392	54919	4760028

5-29 财政补助支出明细

地区	合计	个人部分			
			工资福利支出	对个人和家庭的补助支出	
					#助学金
合计	**418503756**	**300598750**	**272812669**	**27786081**	**12734512**
北京	12893431	8627188	8168772	458416	32456
天津	5861286	4407342	4277722	129620	25185
河北	18370229	12949833	11978319	971514	471932
山西	10221799	7295040	6761372	533668	329022
内蒙古	9430546	6278330	5562144	716186	469588
辽宁	9587962	7510626	7087045	423581	120211
吉林	5579478	3987130	3612533	374597	165542
黑龙江	7999186	6088571	5379626	708944	155779
上海	10440689	6600336	6433734	166603	68998
江苏	28982497	21201725	19838715	1363010	275417
浙江	21937809	15625639	15005929	619710	194925
安徽	14579053	10864647	9567391	1297256	399737
福建	11371652	8146978	7720794	426185	118413
江西	13543798	7899562	7148661	750900	414494
山东	25954503	20421367	19198496	1222871	358153
河南	22662657	15392329	13828810	1563519	1022116
湖北	16059028	11330224	10449254	880970	312589
湖南	15917364	11388376	10204689	1183688	556734
广东	42427040	33039188	29117836	3921352	546306
广西	12205828	8168617	7137238	1031379	684777
海南	4148030	2342007	2209690	132317	78035
重庆	11511124	8423226	7544046	879180	473628
四川	20075842	15175808	13369342	1806466	1059469
贵州	13731348	9714234	8169407	1544827	1100340
云南	13385996	10368244	9038234	1330010	1023445
西藏	2561175	1822655	1460505	362150	323110
陕西	12246899	7451485	6675908	775576	480921
甘肃	8283636	6495390	5804190	691199	418252
青海	3517082	2175246	1966077	209168	118761
宁夏	2426189	1805837	1658342	147495	118347
新疆	10590600	7601570	6437845	1163725	817827
大连	1812309	1595014	1527140	67874	9880
宁波	3037000	2246260	2161777	84483	28282
厦门	1583869	1161188	1058383	102805	6058
青岛	3389406	2606415	2426520	179894	40229
深圳	7603899	5232729	4007139	1225590	86591

(普通高中)

单位：千元

公用部分	商品和服务支出	其他资本性支出			基本建设支出
			专项公用支出	专项项目支出	
109069081	**47815305**	**61253776**	**19687386**	**41566390**	**8835925**
3443957	2266516	1177441	720382	457059	822286
1453944	703957	749987	192677	557311	
5213101	1905679	3307422	709249	2598173	207294
2829224	1354587	1474637	446933	1027704	97534
2670417	1342588	1327829	393662	934167	481798
1992009	1131807	860201	276669	583533	85328
1421550	787074	634476	194337	440139	170798
1811592	1053354	758238	172078	586160	99024
3662705	2043188	1619517	718844	900674	177648
7537642	2709116	4828526	1461131	3367395	243130
5775355	2298921	3476434	1469748	2006686	536815
3607197	1367929	2239268	561848	1677420	107209
3024739	1404124	1620615	602540	1018074	199935
5383675	1277791	4105885	964188	3141696	260561
5495251	2187198	3308053	756654	2551399	37886
6826476	2891864	3934612	987300	2947312	443852
4728803	1573222	3155581	1218329	1937253	
4430281	1873738	2556542	778264	1778279	98707
8125089	4671996	3453093	1501174	1951919	1262763
3506723	1176913	2329809	812660	1517150	530488
1748763	616521	1132242	425049	707193	57261
2822788	1595974	1226814	404450	822364	265109
4732361	2535142	2197219	971485	1225735	167673
3773041	1212200	2560841	817697	1743144	244073
2765815	1288855	1476960	433311	1043649	251937
579343	220369	358974	68054	290920	159177
4097281	1994751	2102530	571598	1530932	698134
1659999	697570	962430	221464	740965	128247
995175	246297	748878	168043	580835	346661
594552	280658	313894	177198	136696	25800
2360233	1105406	1254827	490372	764455	628797
210514	184984	25530	24148	1381	6781
789950	363434	426516	148699	277817	790
399390	262901	136489	103083	33406	23291
782991	380865	402126	131366	270760	
1459774	1241119	218655	208030	10625	911396

5-30 财政补助支出明细

地区	合计	个人部分			
			工资福利支出	对个人和家庭的补助支出	
					#助学金
合　计	**415686118**	**298669279**	**271125770**	**27543509**	**12675324**
北　京	12107303	8082427	7651537	430890	31245
天　津	5861286	4407342	4277722	129620	25185
河　北	18370229	12949833	11978319	971514	471932
山　西	10221799	7295040	6761372	533668	329022
内蒙古	9430546	6278330	5562144	716186	469588
辽　宁	9587962	7510626	7087045	423581	120211
吉　林	5472192	3911359	3543396	367963	165541
黑龙江	7873851	5989557	5303933	685625	153164
上　海	10329438	6529318	6363879	165440	68998
江　苏	28982497	21201725	19838715	1363010	275417
浙　江	21937809	15625639	15005929	619710	194925
安　徽	14579053	10864647	9567391	1297256	399737
福　建	11371652	8146978	7720794	426185	118413
江　西	13543798	7899562	7148661	750900	414494
山　东	25954503	20421367	19198496	1222871	358153
河　南	22662657	15392329	13828810	1563519	1022116
湖　北	15810343	11158709	10305478	853231	312458
湖　南	15905609	11379132	10195466	1183666	556734
广　东	42427040	33039188	29117836	3921352	546306
广　西	12205828	8168617	7137238	1031379	684777
海　南	4148030	2342007	2209690	132317	78035
重　庆	11456875	8383759	7509136	874623	473384
四　川	20075138	15175741	13369342	1806399	1059402
贵　州	13731348	9714234	8169407	1544827	1100340
云　南	13385996	10368244	9038234	1330010	1023445
西　藏	2561175	1822655	1460505	362150	323110
陕　西	12169649	7396127	6626888	769240	480691
甘　肃	8277092	6489389	5798852	690537	418197
青　海	3517082	2175246	1966077	209168	118761
宁　夏	2426189	1805837	1658342	147495	118347
新　疆	9302150	6744314	5725136	1019179	763195
大　连	1812309	1595014	1527140	67874	9880
宁　波	3037000	2246260	2161777	84483	28282
厦　门	1583869	1161188	1058383	102805	6058
青　岛	3389406	2606415	2426520	179894	40229
深　圳	7603899	5232729	4007139	1225590	86591

(地方普通高中)

单位：千元

公用部分	商品和服务支出	其他资本性支出			基本建设支出
			专项公用支出	专项项目支出	
108221395	**47331627**	**60889768**	**19539050**	**41350717**	**8795444**
3202590	2082645	1119945	670515	449430	822286
1453944	703957	749987	192677	557311	
5213101	1905679	3307422	709249	2598173	207294
2829224	1354587	1474637	446933	1027704	97534
2670417	1342588	1327829	393662	934167	481798
1992009	1131807	860201	276669	583533	85328
1390035	766959	623075	190635	432440	170798
1785269	1036015	749255	170994	578260	99024
3622472	2014199	1608273	707990	900283	177648
7537642	2709116	4828526	1461131	3367395	243130
5775355	2298921	3476434	1469748	2006686	536815
3607197	1367929	2239268	561848	1677420	107209
3024739	1404124	1620615	602540	1018074	199935
5383675	1277791	4105885	964188	3141696	260561
5495251	2187198	3308053	756654	2551399	37886
6826476	2891864	3934612	987300	2947312	443852
4651633	1502375	3149258	1212005	1937253	
4427770	1871227	2556542	778264	1778279	98707
8125089	4671996	3453093	1501174	1951919	1262763
3506723	1176913	2329809	812660	1517150	530488
1748763	616521	1132242	425049	707193	57261
2808007	1586528	1221479	399115	822364	265109
4731724	2534645	2197079	971345	1225735	167673
3773041	1212200	2560841	817697	1743144	244073
2765815	1288855	1476960	433311	1043649	251937
579343	220369	358974	68054	290920	159177
4075388	1978718	2096670	569311	1527360	698134
1659457	697218	962239	221297	740942	128247
995175	246297	748878	168043	580835	346661
594552	280658	313894	177198	136696	25800
1969519	971728	997792	421795	575997	588317
210514	184984	25530	24148	1381	6781
789950	363434	426516	148699	277817	790
399390	262901	136489	103083	33406	23291
782991	380865	402126	131366	270760	
1459774	1241119	218655	208030	10625	911396

5-31 财政补助支出明细

地区	合计	个人部分			
			工资福利支出	对个人和家庭的补助支出	
					#助学金
合计	**167414590**	**124675602**	**112408232**	**12267370**	**7694160**
北京	737384	478044	463844	14200	1787
天津	728153	642862	626473	16388	4178
河北	9338379	6353084	5865616	487468	296642
山西	5061513	3767874	3441701	326173	202222
内蒙古	4344736	2908105	2519434	388671	250773
辽宁	2096439	1743150	1675696	67455	33942
吉林	1862058	1399440	1259300	140140	60501
黑龙江	3213140	2429887	2068305	361582	73919
上海	884742	688177	673265	14912	8276
江苏	9232083	7263545	6840863	422682	136677
浙江	8232441	6354689	6090559	264130	97881
安徽	8089817	6203821	5516538	687283	246427
福建	5373681	4088330	3923292	165038	70524
江西	7111974	3908283	3558169	350113	241019
山东	8810400	7118882	6802628	316254	163205
河南	12014496	8247601	7425458	822143	649910
湖北	4504121	3430718	3165085	265633	183539
湖南	8639600	6355809	5742771	613037	397669
广东	9083260	7248981	6651772	597208	192003
广西	6027656	4196583	3527409	669174	470442
海南	1610854	1053986	978377	75609	53907
重庆	3871671	3197794	2837999	359795	248472
四川	10503220	7952509	6920209	1032299	661031
贵州	7493838	5853562	4852392	1001169	805516
云南	7586911	6313325	5431693	881632	734074
西藏	920842	808970	671394	137576	124656
陕西	6429981	4000250	3584995	415256	297466
甘肃	5270092	4231126	3732067	499060	297282
青海	1982747	1455786	1321741	134045	88976
宁夏	821353	686325	634893	51432	38536
新疆	5537009	4294105	3604293	689812	562707
大连	131098	112733	109917	2817	447
宁波	1070948	795268	765975	29293	12406
厦门	142518	109800	96953	12847	1740
青岛	470816	380493	365181	15312	3758
深圳					

（农村高中）

单位：千元

公用部分	商品和服务支出	其他资本性支出	专项公用支出	专项项目支出	基本建设支出
40735655	**17432652**	**23303002**	**6319768**	**16983234**	**2003333**
219030	161060	57970	46734	11237	40310
85291	68642	16649	5127	11522	
2931977	946574	1985403	340304	1645099	53318
1277114	622262	654852	214620	440231	16524
1308878	632662	676216	193500	482716	127753
314917	196441	118475	41888	76587	38372
429243	229840	199403	59447	139956	33375
691034	424903	266131	69891	196240	92218
196565	153479	43086	37043	6044	
1968538	761954	1206584	365993	840591	
1813854	776337	1037517	416620	620897	63898
1876643	743420	1133223	302965	830258	9354
1258135	670467	587668	243870	343798	27217
3169365	712890	2456475	454532	2001943	34327
1662939	626875	1036064	227212	808851	28580
3683466	1574464	2109002	517782	1591221	83429
1073403	423518	649885	139961	509924	
2190645	948414	1242231	253196	989036	93147
1817191	866876	950316	301425	648891	17088
1691442	616459	1074983	269669	805314	139630
529295	271037	258258	115521	142736	27573
655539	403477	252062	77870	174191	18337
2424575	1202140	1222436	513729	708707	126136
1432217	577187	855030	176026	679004	208059
1225474	624363	601111	259006	342105	48112
101872	80695	21177	15092	6086	10000
2197530	1045028	1152502	272266	880236	232200
969377	356807	612569	115516	497053	69589
400148	107691	292457	77920	214537	126813
127828	70614	57215	25572	31643	7200
1012130	536077	476053	169473	306580	230774
18365	15443	2922	1922	1000	
274890	129477	145413	56328	89085	790
32718	22651	10067	6650	3417	
90323	58587	31736	8173	23563	

5-32 财政补助支出明细

地区	合计	个人部分			
			工资福利支出	对个人和家庭的补助支出	
					#助学金
合计	**166653875**	**124180656**	**111992700**	**12187955**	**7681916**
北京	737384	478044	463844	14200	1787
天津	728153	642862	626473	16388	4178
河北	9338379	6353084	5865616	487468	296642
山西	5061513	3767874	3441701	326173	202222
内蒙古	4344736	2908105	2519434	388671	250773
辽宁	2096439	1743150	1675696	67455	33942
吉林	1862058	1399440	1259300	140140	60501
黑龙江	3106020	2341216	2001862	339354	71758
上海	884742	688177	673265	14912	8276
江苏	9232083	7263545	6840863	422682	136677
浙江	8232441	6354689	6090559	264130	97881
安徽	8089817	6203821	5516538	687283	246427
福建	5373681	4088330	3923292	165038	70524
江西	7111974	3908283	3558169	350113	241019
山东	8810400	7118882	6802628	316254	163205
河南	12014496	8247601	7425458	822143	649910
湖北	4366211	3331350	3078730	252620	183539
湖南	8639600	6355809	5742771	613037	397669
广东	9083260	7248981	6651772	597208	192003
广西	6027656	4196583	3527409	669174	470442
海南	1610854	1053986	978377	75609	53907
重庆	3871671	3197794	2837999	359795	248472
四川	10503220	7952509	6920209	1032299	661031
贵州	7493838	5853562	4852392	1001169	805516
云南	7586911	6313325	5431693	881632	734074
西藏	920842	808970	671394	137576	124656
陕西	6429981	4000250	3584995	415256	297466
甘肃	5263549	4225126	3726728	498398	297227
青海	1982747	1455786	1321741	134045	88976
宁夏	821353	686325	634893	51432	38536
新疆	5027868	3993199	3346898	646301	552679
大连	131098	112733	109917	2817	447
宁波	1070948	795268	765975	29293	12406
厦门	142518	109800	96953	12847	1740
青岛	470816	380493	365181	15312	3758
深圳					

（地方农村高中）

单位：千元

公用部分	商品和服务支出	其他资本性支出	专项公用支出	专项项目支出	基本建设支出
40473943	**17328881**	**23145061**	**6282319**	**16862742**	**1999277**
219030	161060	57970	46734	11237	40310
85291	68642	16649	5127	11522	
2931977	946574	1985403	340304	1645099	53318
1277114	622262	654852	214620	440231	16524
1308878	632662	676216	193500	482716	127753
314917	196441	118475	41888	76587	38372
429243	229840	199403	59447	139956	33375
672586	410530	262056	68835	193220	92218
196565	153479	43086	37043	6044	
1968538	761954	1206584	365993	840591	
1813854	776337	1037517	416620	620897	63898
1876643	743420	1133223	302965	830258	9354
1258135	670467	587668	243870	343798	27217
3169365	712890	2456475	454532	2001943	34327
1662939	626875	1036064	227212	808851	28580
3683466	1574464	2109002	517782	1591221	83429
1034861	387930	646931	137007	509924	
2190645	948414	1242231	253196	989036	93147
1817191	866876	950316	301425	648891	17088
1691442	616459	1074983	269669	805314	139630
529295	271037	258258	115521	142736	27573
655539	403477	252062	77870	174191	18337
2424575	1202140	1222436	513729	708707	126136
1432217	577187	855030	176026	679004	208059
1225474	624363	601111	259006	342105	48112
101872	80695	21177	15092	6086	10000
2197530	1045028	1152502	272266	880236	232200
968834	356456	612378	115348	497030	69589
400148	107691	292457	77920	214537	126813
127828	70614	57215	25572	31643	7200
807950	482618	325332	136201	189132	226718
18365	15443	2922	1922	1000	
274890	129477	145413	56328	89085	790
32718	22651	10067	6650	3417	
90323	58587	31736	8173	23563	

5-33 财政补助支出明细

地 区	合 计	个人部分	工资福利支出	对个人和家庭的补助支出	#助学金
合 计	**798631397**	**569515021**	**505211233**	**64303788**	**30776838**
北 京	20183499	13821466	13105853	715613	110040
天 津	9548741	7400020	7036471	363549	58809
河 北	33628559	23901981	21698801	2203180	1053184
山 西	15348131	11424332	10676461	747871	443632
内蒙古	13393218	9873768	8796719	1077049	516374
辽 宁	18385224	14781049	13800729	980320	241760
吉 林	11794695	8776270	7808285	967985	248607
黑龙江	16815242	13303552	11237537	2066015	242888
上 海	19999827	12448690	11914320	534371	360018
江 苏	52709474	39195749	36013269	3182480	952604
浙 江	40133725	28172422	26385954	1786468	998100
安 徽	30759423	21492909	18092894	3400016	1135141
福 建	23905285	16060291	15050141	1010150	565466
江 西	28296765	15744396	14090735	1653661	1068850
山 东	57229710	41301121	37274931	4026189	1206126
河 南	49841923	33470629	29182238	4288391	2417346
湖 北	28172351	21277732	19077936	2199797	798788
湖 南	31613067	22113749	19018129	3095620	1571063
广 东	76016698	55312841	47773588	7539253	1497432
广 西	26192569	17848483	15182349	2666134	1893426
海 南	7474624	4779027	4358645	420382	196198
重 庆	20957727	15185164	13165492	2019672	1107214
四 川	41569201	30332613	25926718	4405895	2570391
贵 州	24637081	19304177	16018762	3285415	2381499
云 南	30141676	23636014	20239003	3397011	2914670
西 藏	4522168	3626656	2924812	701845	651831
陕 西	19558218	12169782	10695262	1474519	1071544
甘 肃	14259157	10747898	9327483	1420415	853684
青 海	5419749	3831979	3336070	495909	314170
宁 夏	4702192	3194373	2857662	336711	251554
新 疆	21421479	14985887	13143984	1841903	1084429
大 连	3626824	2993092	2871020	122072	25894
宁 波	5529296	4224133	3979869	244264	138507
厦 门	3351304	2305551	2134183	171368	55172
青 岛	7563617	5418163	4893333	524830	62817
深 圳	15877632	9170265	7110187	2060078	282138

（普通初中）

单位：千元

公用部分	商品和服务支出	其他资本性支出			基本建设支出
			专项公用支出	专项项目支出	
213554108	**94108328**	**119445780**	**31058067**	**88387712**	**15562268**
5532575	3885759	1646816	982604	664213	829458
2148721	1043087	1105634	206578	899056	
9577832	4032349	5545482	1450921	4094561	148747
3841844	2264409	1577435	504304	1073132	81955
3274089	1566740	1707349	492131	1215218	245361
3458553	2172641	1285912	479727	806185	145621
2975162	1264806	1710357	398601	1311756	43262
3471148	2061322	1409826	332847	1076979	40542
7393797	4447236	2946562	1483287	1463275	157339
13422538	5194498	8228039	1721301	6506739	91187
10883458	4642815	6240643	1955701	4284943	1077845
8976032	3381581	5594450	1118660	4475790	290482
7539589	2652022	4887567	1034318	3853249	305404
12141408	2276606	9864802	1817364	8047438	410960
15813233	5497324	10315909	2090690	8225219	115356
15522558	6272649	9249908	1574653	7675256	848736
6892801	2944670	3948131	708662	3239469	1818
9240535	4056611	5183924	1312040	3871884	258783
16211275	10455663	5755611	2384475	3371137	4492582
7861139	2875259	4985880	1302927	3682953	482946
2480242	1176747	1303495	689454	614040	215355
4896629	2723906	2172723	743017	1429706	875934
10935277	5168262	5767016	1888693	3878322	301311
5232429	2440077	2792352	769657	2022695	100475
6062518	2582975	3479543	662585	2816958	443144
880790	355099	525691	148716	376975	14722
6193129	2213067	3980063	868227	3111835	1195307
3372849	1313680	2059169	606612	1452557	138409
1276058	453500	822558	169074	653484	311712
1479374	544555	934818	376432	558386	28445
4566524	2148411	2418112	783810	1634303	1869068
551874	440137	111736	81408	30328	81858
1283046	600441	682605	200087	482518	22117
818387	489950	328437	176961	151477	227366
2145454	808347	1337108	719750	617357	
2858735	2351079	507656	463361	44295	3848632

5-34 财政补助支出明细

地区	合计	个人部分	工资福利支出	对个人和家庭的补助支出	#助学金
合计	**795857608**	**567406034**	**503417892**	**63988142**	**30689638**
北京	19772386	13540042	12836797	703246	109911
天津	9548741	7400020	7036471	363549	58809
河北	33628559	23901981	21698801	2203180	1053184
山西	15348131	11424332	10676461	747871	443632
内蒙古	13393218	9873768	8796719	1077049	516374
辽宁	18385224	14781049	13800729	980320	241760
吉林	11794695	8776270	7808285	967985	248607
黑龙江	16661812	13184213	11144839	2039374	242136
上海	19962276	12418960	11884953	534006	360018
江苏	52709474	39195749	36013269	3182480	952604
浙江	40133725	28172422	26385954	1786468	998100
安徽	30759423	21492909	18092894	3400016	1135141
福建	23905285	16060291	15050141	1010150	565466
江西	28296765	15744396	14090735	1653661	1068850
山东	57229710	41301121	37274931	4026189	1206126
河南	49837333	33466618	29179716	4286902	2417294
湖北	28118051	21246730	19049783	2196947	798704
湖南	31603462	22106195	19010593	3095603	1571063
广东	76016698	55312841	47773588	7539253	1497432
广西	26192569	17848483	15182349	2666134	1893426
海南	7474624	4779027	4358645	420382	196198
重庆	20912676	15152671	13136234	2016437	1107010
四川	41568577	30332554	25926718	4405836	2570332
贵州	24637081	19304177	16018762	3285415	2381499
云南	30141676	23636014	20239003	3397011	2914670
西藏	4522168	3626656	2924812	701845	651831
陕西	19506931	12129173	10661435	1467738	1071393
甘肃	14250765	10740231	9320387	1419844	853624
青海	5419749	3831979	3336070	495909	314170
宁夏	4702192	3194373	2857662	336711	251554
新疆	19423633	13430788	11850156	1580632	998721
大连	3626824	2993092	2871020	122072	25894
宁波	5529296	4224133	3979869	244264	138507
厦门	3351304	2305551	2134183	171368	55172
青岛	7563617	5418163	4893333	524830	62817
深圳	15877632	9170265	7110187	2060078	282138

（地方普通初中）

单位：千元

公用部分	商品和服务支出	其他资本性支出			基本建设支出
			专项公用支出	专项项目支出	
212927736	**93698017**	**119229718**	**30963706**	**88266013**	**15523838**
5402886	3778065	1624820	965029	659791	829458
2148721	1043087	1105634	206578	899056	
9577832	4032349	5545482	1450921	4094561	148747
3841844	2264409	1577435	504304	1073132	81955
3274089	1566740	1707349	492131	1215218	245361
3458553	2172641	1285912	479727	806185	145621
2975162	1264806	1710357	398601	1311756	43262
3437057	2034027	1403031	330482	1072549	40542
7385977	4441116	2944861	1481586	1463275	157339
13422538	5194498	8228039	1721301	6506739	91187
10883458	4642815	6240643	1955701	4284943	1077845
8976032	3381581	5594450	1118660	4475790	290482
7539589	2652022	4887567	1034318	3853249	305404
12141408	2276606	9864802	1817364	8047438	410960
15813233	5497324	10315909	2090690	8225219	115356
15521979	6272070	9249908	1574653	7675256	848736
6869504	2924654	3944849	705380	3239469	1818
9238484	4054559	5183924	1312040	3871884	258783
16211275	10455663	5755611	2384475	3371137	4492582
7861139	2875259	4985880	1302927	3682953	482946
2480242	1176747	1303495	689454	614040	215355
4884070	2715803	2168267	738560	1429706	875934
10934712	5167821	5766892	1888569	3878322	301311
5232429	2440077	2792352	769657	2022695	100475
6062518	2582975	3479543	662585	2816958	443144
880790	355099	525691	148716	376975	14722
6182451	2204440	3978012	866688	3111324	1195307
3372125	1313247	2058878	606395	1452483	138409
1276058	453500	822558	169074	653484	311712
1479374	544555	934818	376432	558386	28445
4162207	1919460	2242747	720707	1522040	1830638
551874	440137	111736	81408	30328	81858
1283046	600441	682605	200087	482518	22117
818387	489950	328437	176961	151477	227366
2145454	808347	1337108	719750	617357	
2858735	2351079	507656	463361	44295	3848632

5-35 财政补助支出明细

地 区	合 计	个人部分	工资福利支出	对个人和家庭的补助支出	#助学金
合 计	**452171478**	**337349844**	**297713933**	**39635910**	**22009670**
北 京	3644326	2591036	2458061	132974	33756
天 津	2447651	2122645	2069145	53500	1089
河 北	22201930	15741574	14422735	1318839	669790
山 西	9552302	7416784	6948628	468156	288639
内蒙古	8235464	6232589	5479028	753560	378964
辽 宁	7698295	6423074	5984290	438784	138688
吉 林	7409995	5534150	4983282	550869	157261
黑龙江	9649197	7482157	6263675	1218481	103097
上 海	2421043	1895100	1819371	75729	46377
江 苏	23591585	18155884	16850827	1305057	254463
浙 江	18360687	13625578	12615983	1009595	587653
安 徽	22398931	16550203	13791169	2759033	925193
福 建	12982351	9832240	9370163	462076	240901
江 西	19631870	10978707	10042582	936125	592331
山 东	30831424	23059855	20798522	2261333	687196
河 南	33924317	23254488	20226685	3027803	1823663
湖 北	15743849	12284875	11020597	1264278	640232
湖 南	22088803	15916523	13534449	2382074	1340027
广 东	27279106	21408656	19322947	2085709	562440
广 西	18915165	13608064	11318342	2289721	1686021
海 南	4850855	3191614	2865511	326103	155672
重 庆	11553842	9204824	7964993	1239831	777625
四 川	29525932	22079890	18947996	3131894	1894719
贵 州	18531272	15306986	12616968	2690018	2148646
云 南	23353411	19145482	16316258	2829224	2525252
西 藏	3021494	2483929	2020673	463256	438422
陕 西	11454883	7951162	6909084	1042078	841121
甘 肃	10849124	8348757	7141741	1207017	759336
青 海	3697776	2866950	2455764	411186	287007
宁 夏	2710178	2057134	1833647	223487	172714
新 疆	13614422	10598933	9320815	1278118	851377
大 连	730286	630682	585597	45084	1629
宁 波	2103219	1652707	1535674	117034	74703
厦 门	456613	324356	289305	35051	6248
青 岛	2192972	1724342	1521030	203312	28143
深 圳					

（农村初中）

单位：千元

公用部分	商品和服务支出	其他资本性支出			基本建设支出
			专项公用支出	专项项目支出	
111169531	**48680418**	**62489113**	**14567220**	**47921893**	**3652103**
967329	687909	279419	156020	123400	85962
325006	194930	130076	11401	118675	
6390424	2697785	3692639	1032674	2659965	69932
2104417	1329458	774959	235647	539312	31101
1930142	926226	1003916	295139	708777	72733
1251227	752807	498420	139160	359260	23993
1845351	798025	1047326	242449	804878	30494
2138132	1230904	907227	200933	706294	28909
525943	412258	113685	96920	16764	
5435092	2263459	3171634	693397	2478237	608
4394745	2052632	2342113	1036699	1305414	340364
5715102	2463582	3251520	682007	2569513	133627
3083401	1438977	1644424	512779	1131646	66711
8472105	1597998	6874107	1146507	5727601	181058
7656228	2618233	5037995	790619	4247376	115341
10461926	4336187	6125739	923852	5201887	207902
3458974	1549628	1909346	309963	1599382	
5987041	2518839	3468202	663741	2804461	185239
5868822	3574552	2294271	842723	1451548	1628
5131109	2092982	3038127	631113	2407013	175992
1481623	595294	886329	458872	427456	177618
2295672	1336355	959318	309162	650155	53345
7180374	3435399	3744975	976595	2768380	265667
3153586	1655794	1497792	336246	1161546	70701
4071971	1932035	2139935	297684	1842252	135959
522843	212974	309869	76868	233001	14722
3344373	1315967	2028406	459866	1568540	159348
2386086	903897	1482189	400876	1081313	114281
699905	304550	395356	126323	269033	130920
639444	274458	364985	151634	213351	13600
2251141	1176327	1074814	329354	745460	764348
99604	81388	18216	17176	1040	
443620	240727	202893	125382	77511	6891
110753	59675	51078	22738	28340	21504
468630	153631	314999	186373	128626	

5-36 财政补助支出明细

地区	合计	个人部分			
			工资福利支出	对个人和家庭的补助支出	
					#助学金
合计	**450641308**	**336150303**	**296715641**	**39434662**	**21952860**
北京	3644326	2591036	2458061	132974	33756
天津	2447651	2122645	2069145	53500	1089
河北	22201930	15741574	14422735	1318839	669790
山西	9552302	7416784	6948628	468156	288639
内蒙古	8235464	6232589	5479028	753560	378964
辽宁	7698295	6423074	5984290	438784	138688
吉林	7409995	5534150	4983282	550869	157261
黑龙江	9513391	7376216	6182883	1193333	102686
上海	2421043	1895100	1819371	75729	46377
江苏	23591585	18155884	16850827	1305057	254463
浙江	18360687	13625578	12615983	1009595	587653
安徽	22398931	16550203	13791169	2759033	925193
福建	12982351	9832240	9370163	462076	240901
江西	19631870	10978707	10042582	936125	592331
山东	30831424	23059855	20798522	2261333	687196
河南	33924317	23254488	20226685	3027803	1823663
湖北	15743849	12284875	11020597	1264278	640232
湖南	22088803	15916523	13534449	2382074	1340027
广东	27279106	21408656	19322947	2085709	562440
广西	18915165	13608064	11318342	2289721	1686021
海南	4850855	3191614	2865511	326103	155672
重庆	11553842	9204824	7964993	1239831	777625
四川	29525932	22079890	18947996	3131894	1894719
贵州	18531272	15306986	12616968	2690018	2148646
云南	23353411	19145482	16316258	2829224	2525252
西藏	3021494	2483929	2020673	463256	438422
陕西	11454883	7951162	6909084	1042078	841121
甘肃	10840732	8341090	7134645	1206445	759277
青海	3697776	2866950	2455764	411186	287007
宁夏	2710178	2057134	1833647	223487	172714
新疆	12228450	9513000	8410411	1102589	795036
大连	730286	630682	585597	45084	1629
宁波	2103219	1652707	1535674	117034	74703
厦门	456613	324356	289305	35051	6248
青岛	2192972	1724342	1521030	203312	28143
深圳					

(地方农村初中)

单位：千元

公用部分	商品和服务支出	其他资本性支出	专项公用支出	专项项目支出	基本建设支出
110869827	**48508758**	**62361069**	**14522554**	**47838515**	**3621178**
967329	687909	279419	156020	123400	85962
325006	194930	130076	11401	118675	
6390424	2697785	3692639	1032674	2659965	69932
2104417	1329458	774959	235647	539312	31101
1930142	926226	1003916	295139	708777	72733
1251227	752807	498420	139160	359260	23993
1845351	798025	1047326	242449	804878	30494
2108265	1205475	902790	199114	703676	28909
525943	412258	113685	96920	16764	
5435092	2263459	3171634	693397	2478237	608
4394745	2052632	2342113	1036699	1305414	340364
5715102	2463582	3251520	682007	2569513	133627
3083401	1438977	1644424	512779	1131646	66711
8472105	1597998	6874107	1146507	5727601	181058
7656228	2618233	5037995	790619	4247376	115341
10461926	4336187	6125739	923852	5201887	207902
3458974	1549628	1909346	309963	1599382	
5987041	2518839	3468202	663741	2804461	185239
5868822	3574552	2294271	842723	1451548	1628
5131109	2092982	3038127	631113	2407013	175992
1481623	595294	886329	458872	427456	177618
2295672	1336355	959318	309162	650155	53345
7180374	3435399	3744975	976595	2768380	265667
3153586	1655794	1497792	336246	1161546	70701
4071971	1932035	2139935	297684	1842252	135959
522843	212974	309869	76868	233001	14722
3344373	1315967	2028406	459866	1568540	159348
2385362	903464	1481898	400658	1081240	114281
699905	304550	395356	126323	269033	130920
639444	274458	364985	151634	213351	13600
1982027	1030529	951498	286725	664774	733423
99604	81388	18216	17176	1040	
443620	240727	202893	125382	77511	6891
110753	59675	51078	22738	28340	21504
468630	153631	314999	186373	128626	

5-37 财政补助支出明细

地 区	合 计	个人部分	工资福利支出	对个人和家庭的补助支出	#助学金
合 计	**644342**	**431096**	**401954**	**29142**	**9**
北 京	50232	33480	30048	3432	
天 津	30637	29880	29448	432	
河 北					
山 西					
内蒙古					
辽 宁					
吉 林	2362	2109	1627	482	
黑龙江					
上 海	6006	4486	3960	526	
江 苏	221257	113970	108195	5775	9
浙 江	260494	190063	180599	9463	
安 徽					
福 建					
江 西					
山 东					
河 南					
湖 北	6926	6386	6381	5	
湖 南	2188	2167	1893	274	
广 东	64200	48515	39802	8714	
广 西					
海 南					
重 庆					
四 川	40	40		40	
贵 州					
云 南					
西 藏					
陕 西					
甘 肃					
青 海					
宁 夏					
新 疆					
大 连					
宁 波					
厦 门					
青 岛					
深 圳					

(成人中学)

单位：千元

公用部分	商品和服务支出	其他资本性支出	专项公用支出	专项项目支出	基本建设支出
211816	**129508**	**82308**	**13453**	**68855**	**1430**
16752	16092	660	660		
757	653	104	104		
253	205	49	49		
1520	1391	129	129		
107287	46510	60777	4371	56406	
69002	55734	13267	4281	8986	1430
540	531	10	10		
21	21				
15685	8372	7312	3849	3463	

5-38 财政补助支出明细

地区	合计	个人部分	工资福利支出	对个人和家庭的补助支出	#助学金
合计	**1287867073**	**929270162**	**815517788**	**113752374**	**43038695**
北京	36295058	25025093	23930899	1094194	164988
天津	14736595	11147314	10633075	514239	63962
河北	59303790	43338997	38610707	4728290	1681857
山西	25932097	18993294	17742208	1251087	416782
内蒙古	23765936	17946376	15282631	2663745	763913
辽宁	25692033	20331158	18515989	1815169	348074
吉林	18170676	13945234	12220028	1725205	214716
黑龙江	21919849	17807738	14332367	3475371	280953
上海	25942390	17468514	16683316	785198	540909
江苏	81157861	60510610	54155038	6355572	1273485
浙江	63848561	45489246	42177500	3311746	1453390
安徽	51470881	35894728	30146598	5748130	1331914
福建	38372533	26214999	24413092	1801907	489545
江西	44952541	27123774	24727968	2395806	1195931
山东	77357633	56005456	50818008	5187448	1028120
河南	74052728	50837514	45093804	5743710	3363437
湖北	41949769	30229126	26932873	3296254	1229592
湖南	50330446	34670388	30068421	4601966	2215975
广东	134439897	99590914	82013566	17577348	3632642
广西	46381474	32376737	28430001	3946736	1962334
海南	12582537	8494218	7948618	545601	206685
重庆	34619878	25207147	21780089	3427058	1015225
四川	67626914	48229885	40539853	7690031	4016890
贵州	43764336	33834457	27515774	6318683	3029819
云南	52068983	41995468	36072644	5922824	4212539
西藏	9563935	7235235	5668123	1567112	1421059
陕西	32980429	20322447	17744749	2577699	1686264
甘肃	26124301	19549887	16357935	3191951	1347644
青海	9418147	6693604	5822374	871229	526921
宁夏	7198917	5112792	4644816	467975	308881
新疆	35845948	27647812	24494724	3153089	1614251
大连	5148310	4125688	3685780	439909	18995
宁波	9125155	7010499	6559938	450561	191663
厦门	6035757	4208187	3769541	438647	74184
青岛	11098432	7828366	7137481	690884	89836
深圳	28493139	19309340	14328647	4980693	1063317

（小学）

单位：千元

公用部分	商品和服务支出	其他资本性支出	专项公用支出	专项项目支出	基本建设支出
341091114	**160210469**	**180880646**	**48058733**	**132821913**	**17505796**
9755523	7667997	2087526	1416557	670969	1514442
3585949	1916434	1669515	464816	1204699	3332
15792313	7470512	8321801	2355073	5966728	172480
6669929	3887546	2782382	956786	1825597	268874
5572054	2590096	2981958	732405	2249554	247507
5259030	3244404	2014625	813518	1201107	101846
4130918	2011027	2119891	582985	1536906	94524
4070332	2360820	1709512	420375	1289137	41779
8374898	5415193	2959705	1658087	1301618	98977
20629624	8667825	11961799	2755166	9206634	17627
17187769	7980067	9207702	2568000	6639701	1171545
15196633	5659597	9537036	2030612	7506424	379519
11778566	4965236	6813330	1777210	5036120	378968
17486202	3771785	13714417	2768409	10946008	342565
21110705	8550090	12560616	2588094	9972521	241471
22093701	10254406	11839295	1875096	9964199	1121513
11718688	5153616	6565072	1203610	5361462	1955
15163937	6458026	8705911	2445344	6260567	496122
31409304	20041637	11367666	4988369	6379298	3439680
13396002	5092347	8303655	1911825	6391830	608735
3852217	1848016	2004201	942472	1061729	236102
8246157	4627838	3618319	1079509	2538810	1166574
18787222	9034419	9752803	3313592	6439211	609808
9528245	4207866	5320379	1210873	4109506	401634
9532497	4114477	5418020	833262	4584759	541018
2011719	729151	1282568	293098	989470	316981
11804205	4842295	6961910	1545374	5416536	853776
6317094	2384671	3932424	899103	3033321	257320
2011644	787927	1223717	307433	916285	712899
2043126	837068	1206058	417199	788858	43000
6574912	3638079	2936833	904483	2032350	1623224
1002353	797082	205271	150777	54494	20269
2100550	1063705	1036845	232299	804546	14105
1628537	868361	760176	341768	418409	199033
3270067	1539760	1730306	509874	1220433	
6416131	5332322	1083809	998064	85745	2767667

5-39 财政补助支出明细

地区	合计	个人部分	工资福利支出	对个人和家庭的补助支出	#助学金
合计	**1284163190**	**926386323**	**813061431**	**113324891**	**42925627**
北京	36000777	24810214	23719513	1090701	164621
天津	14702459	11123124	10616539	506585	63962
河北	59303790	43338997	38610707	4728290	1681857
山西	25932097	18993294	17742208	1251087	416782
内蒙古	23765936	17946376	15282631	2663745	763913
辽宁	25692033	20331158	18515989	1815169	348074
吉林	18170676	13945234	12220028	1725205	214716
黑龙江	21752538	17665161	14227857	3437304	280492
上海	25929577	17459526	16674332	785193	540909
江苏	81157861	60510610	54155038	6355572	1273485
浙江	63848561	45489246	42177500	3311746	1453390
安徽	51470881	35894728	30146598	5748130	1331914
福建	38372533	26214999	24413092	1801907	489545
江西	44952541	27123774	24727968	2395806	1195931
山东	77357633	56005456	50818008	5187448	1028120
河南	74043905	50829817	45088956	5740861	3363350
湖北	41803579	30132101	26849516	3282585	1229592
湖南	50317195	34657249	30055301	4601948	2215975
广东	134439897	99590914	82013566	17577348	3632642
广西	46381474	32376737	28430001	3946736	1962334
海南	12582537	8494218	7948618	545601	206685
重庆	34561565	25160472	21737103	3423368	1015225
四川	67624371	48227812	40537783	7690029	4016887
贵州	43764336	33834457	27515774	6318683	3029819
云南	52068983	41995468	36072644	5922824	4212539
西藏	9563935	7235235	5668123	1567112	1421059
陕西	32895287	20260078	17686180	2573897	1685980
甘肃	26107462	19534794	16343612	3191182	1347574
青海	9418147	6693604	5822374	871229	526921
宁夏	7198917	5112792	4644816	467975	308881
新疆	32981706	25398678	22599053	2799624	1502455
大连	5148310	4125688	3685780	439909	18995
宁波	9125155	7010499	6559938	450561	191663
厦门	6035757	4208187	3769541	438647	74184
青岛	11098432	7828366	7137481	690884	89836
深圳	28493139	19309340	14328647	4980693	1063317

(地方小学)

单位：千元

公用部分	商品和服务支出	其他资本性支出			基本建设支出
			专项公用支出	专项项目支出	
340333453	**159758778**	**180574675**	**47933265**	**132641410**	**17443414**
9676121	7610004	2066117	1395148	670969	1514442
3576003	1910509	1665495	462816	1202679	3332
15792313	7470512	8321801	2355073	5966728	172480
6669929	3887546	2782382	956786	1825597	268874
5572054	2590096	2981958	732405	2249554	247507
5259030	3244404	2014625	813518	1201107	101846
4130918	2011027	2119891	582985	1536906	94524
4045598	2346641	1698957	416506	1282451	41779
8371074	5412368	2958706	1657087	1301618	98977
20629624	8667825	11961799	2755166	9206634	17627
17187769	7980067	9207702	2568000	6639701	1171545
15196633	5659597	9537036	2030612	7506424	379519
11778566	4965236	6813330	1777210	5036120	378968
17486202	3771785	13714417	2768409	10946008	342565
21110705	8550090	12560616	2588094	9972521	241471
22092575	10253280	11839295	1875096	9964199	1121513
11669523	5114973	6554550	1196994	5357556	1955
15163825	6457914	8705911	2445344	6260567	496122
31409304	20041637	11367666	4988369	6379298	3439680
13396002	5092347	8303655	1911825	6391830	608735
3852217	1848016	2004201	942472	1061729	236102
8234520	4620054	3614466	1075684	2538782	1166574
18786751	9033948	9752803	3313592	6439211	609808
9528245	4207866	5320379	1210873	4109506	401634
9532497	4114477	5418020	833262	4584759	541018
2011719	729151	1282568	293098	989470	316981
11781433	4825390	6956044	1541928	5414116	853776
6315348	2383588	3931760	898569	3033191	257320
2011644	787927	1223717	307433	916285	712899
2043126	837068	1206058	417199	788858	43000
6022187	3333435	2688752	821714	1867038	1560841
1002353	797082	205271	150777	54494	20269
2100550	1063705	1036845	232299	804546	14105
1628537	868361	760176	341768	418409	199033
3270067	1539760	1730306	509874	1220433	
6416131	5332322	1083809	998064	85745	2767667

5-40 财政补助支出明细

地区	合计	个人部分	工资福利支出	对个人和家庭的补助支出	#助学金
合计	**1287855675**	**929266995**	**815514621**	**113752374**	**43038695**
北京	36294855	25025093	23930899	1094194	164988
天津	14736595	11147314	10633075	514239	63962
河北	59303790	43338997	38610707	4728290	1681857
山西	25932097	18993294	17742208	1251087	416782
内蒙古	23765936	17946376	15282631	2663745	763913
辽宁	25692033	20331158	18515989	1815169	348074
吉林	18170676	13945234	12220028	1725205	214716
黑龙江	21919849	17807738	14332367	3475371	280953
上海	25942390	17468514	16683316	785198	540909
江苏	81157861	60510610	54155038	6355572	1273485
浙江	63848561	45489246	42177500	3311746	1453390
安徽	51470881	35894728	30146598	5748130	1331914
福建	38368878	26212072	24410165	1801907	489545
江西	44952541	27123774	24727968	2395806	1195931
山东	77357633	56005456	50818008	5187448	1028120
河南	74052728	50837514	45093804	5743710	3363437
湖北	41949769	30229126	26932873	3296254	1229592
湖南	50330446	34670388	30068421	4601966	2215975
广东	134439897	99590914	82013566	17577348	3632642
广西	46374248	32376737	28430001	3946736	1962334
海南	12582537	8494218	7948618	545601	206685
重庆	34619565	25206907	21779849	3427058	1015225
四川	67626914	48229885	40539853	7690031	4016890
贵州	43764336	33834457	27515774	6318683	3029819
云南	52068983	41995468	36072644	5922824	4212539
西藏	9563935	7235235	5668123	1567112	1421059
陕西	32980429	20322447	17744749	2577699	1686264
甘肃	26124301	19549887	16357935	3191951	1347644
青海	9418147	6693604	5822374	871229	526921
宁夏	7198917	5112792	4644816	467975	308881
新疆	35845948	27647812	24494724	3153089	1614251
大连	5148310	4125688	3685780	439909	18995
宁波	9125155	7010499	6559938	450561	191663
厦门	6035757	4208187	3769541	438647	74184
青岛	11098432	7828366	7137481	690884	89836
深圳	28493139	19309340	14328647	4980693	1063317

(普通小学)

单位：千元

公用部分	商品和服务支出	其他资本性支出	专项公用支出	专项项目支出	基本建设支出
341082884	**160209809**	**180873075**	**48051562**	**132821513**	**17505796**
9755320	7667794	2087526	1416557	670969	1514442
3585949	1916434	1669515	464816	1204699	3332
15792313	7470512	8321801	2355073	5966728	172480
6669929	3887546	2782382	956786	1825597	268874
5572054	2590096	2981958	732405	2249554	247507
5259030	3244404	2014625	813518	1201107	101846
4130918	2011027	2119891	582985	1536906	94524
4070332	2360820	1709512	420375	1289137	41779
8374898	5415193	2959705	1658087	1301618	98977
20629624	8667825	11961799	2755166	9206634	17627
17187769	7980067	9207702	2568000	6639701	1171545
15196633	5659597	9537036	2030612	7506424	379519
11777838	4964908	6812930	1777210	5035720	378968
17486202	3771785	13714417	2768409	10946008	342565
21110705	8550090	12560616	2588094	9972521	241471
22093701	10254406	11839295	1875096	9964199	1121513
11718688	5153616	6565072	1203610	5361462	1955
15163937	6458026	8705911	2445344	6260567	496122
31409304	20041637	11367666	4988369	6379298	3439680
13388776	5092292	8296484	1904654	6391830	608735
3852217	1848016	2004201	942472	1061729	236102
8246084	4627766	3618319	1079509	2538810	1166574
18787222	9034419	9752803	3313592	6439211	609808
9528245	4207866	5320379	1210873	4109506	401634
9532497	4114477	5418020	833262	4584759	541018
2011719	729151	1282568	293098	989470	316981
11804205	4842295	6961910	1545374	5416536	853776
6317094	2384671	3932424	899103	3033321	257320
2011644	787927	1223717	307433	916285	712899
2043126	837068	1206058	417199	788858	43000
6574912	3638079	2936833	904483	2032350	1623224
1002353	797082	205271	150777	54494	20269
2100550	1063705	1036845	232299	804546	14105
1628537	868361	760176	341768	418409	199033
3270067	1539760	1730306	509874	1220433	
6416131	5332322	1083809	998064	85745	2767667

5-41 财政补助支出明细

地区	合计	个人部分	工资福利支出	对个人和家庭的补助支出	#助学金
合计	**1284151792**	**926383155**	**813058264**	**113324891**	**42925627**
北京	36000574	24810214	23719513	1090701	164621
天津	14702459	11123124	10616539	506585	63962
河北	59303790	43338997	38610707	4728290	1681857
山西	25932097	18993294	17742208	1251087	416782
内蒙古	23765936	17946376	15282631	2663745	763913
辽宁	25692033	20331158	18515989	1815169	348074
吉林	18170676	13945234	12220028	1725205	214716
黑龙江	21752538	17665161	14227857	3437304	280492
上海	25929577	17459526	16674332	785193	540909
江苏	81157861	60510610	54155038	6355572	1273485
浙江	63848561	45489246	42177500	3311746	1453390
安徽	51470881	35894728	30146598	5748130	1331914
福建	38368878	26212072	24410165	1801907	489545
江西	44952541	27123774	24727968	2395806	1195931
山东	77357633	56005456	50818008	5187448	1028120
河南	74043905	50829817	45088956	5740861	3363350
湖北	41803579	30132101	26849516	3282585	1229592
湖南	50317195	34657249	30055301	4601948	2215975
广东	134439897	99590914	82013566	17577348	3632642
广西	46374248	32376737	28430001	3946736	1962334
海南	12582537	8494218	7948618	545601	206685
重庆	34561253	25160232	21736863	3423368	1015225
四川	67624371	48227812	40537783	7690029	4016887
贵州	43764336	33834457	27515774	6318683	3029819
云南	52068983	41995468	36072644	5922824	4212539
西藏	9563935	7235235	5668123	1567112	1421059
陕西	32895287	20260078	17686180	2573897	1685980
甘肃	26107462	19534794	16343612	3191182	1347574
青海	9418147	6693604	5822374	871229	526921
宁夏	7198917	5112792	4644816	467975	308881
新疆	32981706	25398678	22599053	2799624	1502455
大连	5148310	4125688	3685780	439909	18995
宁波	9125155	7010499	6559938	450561	191663
厦门	6035757	4208187	3769541	438647	74184
青岛	11098432	7828366	7137481	690884	89836
深圳	28493139	19309340	14328647	4980693	1063317

（地方普通小学）

单位：千元

公用部分	商品和服务支出	其他资本性支出	专项公用支出	专项项目支出	基本建设支出
340325223	**159758119**	**180567104**	**47926094**	**132641010**	**17443414**
9675918	7609801	2066117	1395148	670969	1514442
3576003	1910509	1665495	462816	1202679	3332
15792313	7470512	8321801	2355073	5966728	172480
6669929	3887546	2782382	956786	1825597	268874
5572054	2590096	2981958	732405	2249554	247507
5259030	3244404	2014625	813518	1201107	101846
4130918	2011027	2119891	582985	1536906	94524
4045598	2346641	1698957	416506	1282451	41779
8371074	5412368	2958706	1657087	1301618	98977
20629624	8667825	11961799	2755166	9206634	17627
17187769	7980067	9207702	2568000	6639701	1171545
15196633	5659597	9537036	2030612	7506424	379519
11777838	4964908	6812930	1777210	5035720	378968
17486202	3771785	13714417	2768409	10946008	342565
21110705	8550090	12560616	2588094	9972521	241471
22092575	10253280	11839295	1875096	9964199	1121513
11669523	5114973	6554550	1196994	5357556	1955
15163825	6457914	8705911	2445344	6260567	496122
31409304	20041637	11367666	4988369	6379298	3439680
13388776	5092292	8296484	1904654	6391830	608735
3852217	1848016	2004201	942472	1061729	236102
8234447	4619981	3614466	1075684	2538782	1166574
18786751	9033948	9752803	3313592	6439211	609808
9528245	4207866	5320379	1210873	4109506	401634
9532497	4114477	5418020	833262	4584759	541018
2011719	729151	1282568	293098	989470	316981
11781433	4825390	6956044	1541928	5414116	853776
6315348	2383588	3931760	898569	3033191	257320
2011644	787927	1223717	307433	916285	712899
2043126	837068	1206058	417199	788858	43000
6022187	3333435	2688752	821714	1867038	1560841
1002353	797082	205271	150777	54494	20269
2100550	1063705	1036845	232299	804546	14105
1628537	868361	760176	341768	418409	199033
3270067	1539760	1730306	509874	1220433	
6416131	5332322	1083809	998064	85745	2767667

5-42 财政补助支出明细

地区	合计	个人部分			
			工资福利支出	对个人和家庭的补助支出	
					#助学金
合计	**771602320**	**579964557**	**505008225**	**74956332**	**32035215**
北京	7212196	4625186	4373868	251318	43399
天津	3459113	2940405	2804633	135772	1547
河北	43817122	32313893	28625102	3688791	1502042
山西	17231395	13372330	12484434	887897	312138
内蒙古	16812711	13008954	10786688	2222266	595869
辽宁	11360843	9688322	8646744	1041578	206593
吉林	11953431	9459470	8344427	1115043	131439
黑龙江	13643096	11197772	8872695	2325077	136384
上海	3301458	2608703	2496328	112375	65647
江苏	36610793	28564235	25341869	3222365	411040
浙江	31264807	22602416	20614086	1988330	808116
安徽	37591236	27513228	22959627	4553602	1104039
福建	22192825	15862276	14852119	1010157	132595
江西	32669437	20249960	18644182	1605778	760593
山东	44393935	33386392	30276410	3109982	562327
河南	53504278	37884802	33563250	4321551	2710814
湖北	23080840	17471534	15593306	1878228	916542
湖南	34055472	24723982	21333386	3390596	1966657
广东	50560405	39016476	33106581	5909894	1336939
广西	35280685	25711362	22220329	3491033	1787054
海南	8788719	6425901	6003595	422306	180004
重庆	19715950	15912600	13555932	2356668	784241
四川	49205622	36165652	30409525	5756127	3029534
贵州	33550835	27635703	22339272	5296431	2829952
云南	42061645	35162252	30200449	4961804	3677007
西藏	7509353	5730365	4494050	1236315	1140552
陕西	20591575	13684626	11741187	1943440	1371799
甘肃	20890743	15968579	13121744	2846834	1235365
青海	7287696	5326791	4573867	752925	507381
宁夏	4565955	3615063	3268108	346955	227300
新疆	27438149	22135327	19360433	2774894	1560308
大连	1107597	973237	717474	255763	1162
宁波	3660054	2755239	2531003	224236	96290
厦门	1092029	766464	587591	178874	5650
青岛	3019550	2364285	2129170	235115	32390
深圳					

（农村小学）

单位：千元

公用部分	商品和服务支出	其他资本性支出			基本建设支出
			专项公用支出	专项项目支出	
184591548	**84484671**	**100106878**	**22975483**	**77131394**	**7046215**
1601894	1161059	440835	252306	188529	985116
518708	348357	170350	39635	130716	
11401932	5310013	6091919	1711732	4380187	101297
3750155	2301188	1448967	421334	1027633	108910
3672374	1658858	2013515	422242	1591273	131383
1639945	1047825	592120	200076	392044	32576
2422782	1252933	1169849	367035	802814	71179
2414302	1390176	1024127	230414	793712	31022
692756	578309	114447	99095	15352	
8045339	3824060	4221279	1074973	3146306	1220
8038198	3693396	4344802	1202580	3142221	624193
9909012	4197765	5711247	1304029	4407219	168995
6223028	2619723	3603306	930179	2673126	107520
12144000	2703721	9440279	1910632	7529647	275477
10793477	4288806	6504670	1179922	5324748	214067
15466335	7543985	7922349	1157876	6764473	153142
5609305	2479168	3130137	381845	2748293	
9080586	3966096	5114490	896870	4217620	250904
11514249	6882408	4631842	1744868	2886974	29680
9384839	3768842	5615997	1253510	4362487	184483
2268204	987410	1280793	590739	690054	94615
3637787	2088710	1549077	335875	1213202	165563
12508039	6042651	6465388	1667980	4797408	531932
5636381	2819422	2816959	550994	2265964	278751
6676594	3065236	3611358	410343	3201015	222798
1592455	578210	1014245	217934	796311	186532
6738688	2732501	4006186	904884	3101302	168261
4699775	1764741	2935035	590747	2344288	222389
1399086	560139	838947	210487	628460	561819
929893	477880	452012	125295	326717	21000
4181431	2351081	1830350	589051	1241299	1121391
134360	107505	26855	23483	3371	
894479	435921	458558	117195	341363	10337
319152	119248	199904	71155	128748	6413
655265	279811	375453	70566	304887	

5-43 财政补助支出明细

地 区	合 计	个人部分	工资福利支出	对个人和家庭的补助支出	#助学金
合 计	**768953123**	**577859674**	**503255106**	**74604568**	**31931561**
北 京	7212196	4625186	4373868	251318	43399
天 津	3459113	2940405	2804633	135772	1547
河 北	43817122	32313893	28625102	3688791	1502042
山 西	17231395	13372330	12484434	887897	312138
内蒙古	16812711	13008954	10786688	2222266	595869
辽 宁	11360843	9688322	8646744	1041578	206593
吉 林	11953431	9459470	8344427	1115043	131439
黑龙江	13501146	11070344	8781774	2288569	136210
上 海	3301458	2608703	2496328	112375	65647
江 苏	36610793	28564235	25341869	3222365	411040
浙 江	31264807	22602416	20614086	1988330	808116
安 徽	37591236	27513228	22959627	4553602	1104039
福 建	22192825	15862276	14852119	1010157	132595
江 西	32669437	20249960	18644182	1605778	760593
山 东	44393935	33386392	30276410	3109982	562327
河 南	53504278	37884802	33563250	4321551	2710814
湖 北	23080840	17471534	15593306	1878228	916542
湖 南	34055472	24723982	21333386	3390596	1966657
广 东	50560405	39016476	33106581	5909894	1336939
广 西	35280685	25711362	22220329	3491033	1787054
海 南	8788719	6425901	6003595	422306	180004
重 庆	19715950	15912600	13555932	2356668	784241
四 川	49205622	36165652	30409525	5756127	3029534
贵 州	33550835	27635703	22339272	5296431	2829952
云 南	42061645	35162252	30200449	4961804	3677007
西 藏	7509353	5730365	4494050	1236315	1140552
陕 西	20591575	13684626	11741187	1943440	1371799
甘 肃	20873904	15953486	13107421	2846065	1235295
青 海	7287696	5326791	4573867	752925	507381
宁 夏	4565955	3615063	3268108	346955	227300
新 疆	24947741	20172964	17712559	2460406	1456897
大 连	1107597	973237	717474	255763	1162
宁 波	3660054	2755239	2531003	224236	96290
厦 门	1092029	766464	587591	178874	5650
青 岛	3019550	2364285	2129170	235115	32390
深 圳					

(地方农村小学)

单位：千元

公用部分	商品和服务支出	其他资本性支出	专项公用支出	专项项目支出	基本建设支出
184107466	**84211584**	**99895882**	**22902710**	**76993172**	**6985983**
1601894	1161059	440835	252306	188529	985116
518708	348357	170350	39635	130716	
11401932	5310013	6091919	1711732	4380187	101297
3750155	2301188	1448967	421334	1027633	108910
3672374	1658858	2013515	422242	1591273	131383
1639945	1047825	592120	200076	392044	32576
2422782	1252933	1169849	367035	802814	71179
2399780	1378168	1021612	228618	792994	31022
692756	578309	114447	99095	15352	
8045339	3824060	4221279	1074973	3146306	1220
8038198	3693396	4344802	1202580	3142221	624193
9909012	4197765	5711247	1304029	4407219	168995
6223028	2619723	3603306	930179	2673126	107520
12144000	2703721	9440279	1910632	7529647	275477
10793477	4288806	6504670	1179922	5324748	214067
15466335	7543985	7922349	1157876	6764473	153142
5609305	2479168	3130137	381845	2748293	
9080586	3966096	5114490	896870	4217620	250904
11514249	6882408	4631842	1744868	2886974	29680
9384839	3768842	5615997	1253510	4362487	184483
2268204	987410	1280793	590739	690054	94615
3637787	2088710	1549077	335875	1213202	165563
12508039	6042651	6465388	1667980	4797408	531932
5636381	2819422	2816959	550994	2265964	278751
6676594	3065236	3611358	410343	3201015	222798
1592455	578210	1014245	217934	796311	186532
6738688	2732501	4006186	904884	3101302	168261
4698029	1763658	2934371	590213	2344158	222389
1399086	560139	838947	210487	628460	561819
929893	477880	452012	125295	326717	21000
3713618	2091085	1622533	518607	1103925	1061159
134360	107505	26855	23483	3371	
894479	435921	458558	117195	341363	10337
319152	119248	199904	71155	128748	6413
655265	279811	375453	70566	304887	

5-44 财政补助支出明细

地区	合计	个人部分	工资福利支出	对个人和家庭的补助支出	#助学金
合计	**11397**	**3167**	**3167**		
北京	203				
天津					
河北					
山西					
内蒙古					
辽宁					
吉林					
黑龙江					
上海					
江苏					
浙江					
安徽					
福建	3656	2927	2927		
江西					
山东					
河南					
湖北					
湖南					
广东					
广西	7226				
海南					
重庆	313	240	240		
四川					
贵州					
云南					
西藏					
陕西					
甘肃					
青海					
宁夏					
新疆					
大连					
宁波					
厦门					
青岛					
深圳					

（成人小学）

单位：千元

公用部分	商品和服务支出	其他资本性支出			基本建设支出
			专项公用支出	专项项目支出	
8230	**659**	**7571**	**7171**	**400**	
203	203				
729	329	400		400	
7226	55	7171	7171		
73	73				

5-45 财政补助支出明细

地区	合计	个人部分	工资福利支出	对个人和家庭的补助支出	#助学金
合计	**18388815**	**12148195**	**11055192**	**1093003**	**364792**
北京	606517	476063	455466	20597	3826
天津	266043	187447	180383	7065	429
河北	665462	497483	471847	25636	8517
山西	373140	265737	254097	11640	5855
内蒙古	355776	248495	236727	11768	5976
辽宁	668889	510366	457517	52848	14230
吉林	331388	230952	204845	26107	6217
黑龙江	454211	348235	297114	51121	8825
上海	889730	638214	617650	20563	13016
江苏	1255277	919884	837845	82039	23442
浙江	1127172	647809	610108	37701	16872
安徽	900019	316224	278444	37780	11787
福建	610271	410969	375613	35357	17829
江西	501395	237900	216545	21355	9968
山东	1352066	920312	820677	99635	41191
河南	760768	556586	510996	45590	14918
湖北	559656	405845	349582	56262	11882
湖南	730750	411350	365263	46087	16577
广东	2161942	1340921	1184997	155924	13343
广西	407818	271294	248112	23182	8241
海南	138860	73659	66799	6860	4811
重庆	346479	238946	214430	24516	11778
四川	754800	534492	473265	61227	26515
贵州	468300	353609	314476	39133	16863
云南	462040	346983	315424	31559	24633
西藏	96168	80060	73243	6818	6309
陕西	355442	233674	219668	14006	6779
甘肃	254322	147041	136872	10169	3878
青海	154874	53347	48182	5165	2361
宁夏	166924	88841	76720	12120	3460
新疆	212315	155460	142285	13175	4461
大连	136708	112432	110255	2176	333
宁波	150547	93408	88963	4445	2357
厦门	97818	57296	52063	5232	1514
青岛	263014	169266	145029	24237	7350
深圳	408456	198023	146658	51366	134

(特殊教育)

单位：千元

公用部分					基本建设支出
	商品和服务支出	其他资本性支出	专项公用支出	专项项目支出	
5724945	**3043084**	**2681861**	**1222573**	**1459288**	**515675**
129708	105524	24184	17743	6441	746
78596	48526	30070	30014	56	
166046	108228	57819	33128	24691	1932
107404	69524	37879	19083	18797	
99170	54937	44233	17450	26784	8110
156900	121059	35842	21376	14465	1623
99833	48730	51103	15121	35982	604
105905	65955	39950	26312	13638	71
251517	195597	55920	47506	8414	
321886	185492	136395	72321	64074	13507
474628	171438	303190	186836	116353	4736
357139	87726	269414	33092	236321	226656
198518	92194	106324	33040	73284	783
259647	75721	183926	60378	123547	3849
417856	216088	201768	101865	99903	13897
204182	140705	63477	30833	32644	
153812	88318	65494	25303	40191	
305385	119209	186176	112564	73613	14015
691026	388592	302434	118463	183972	129995
122585	66514	56071	24056	32015	13940
60703	24649	36054	18327	17727	4498
106753	71921	34832	21769	13063	780
220308	162818	57490	17942	39547	
114538	83937	30601	21389	9212	153
113377	70875	42502	15930	26572	1680
16108	10302	5806	5333	473	
109132	51234	57898	22299	35600	12636
87364	36075	51289	9370	41919	19917
65979	13387	52592	15387	37205	35548
72083	33262	38821	29788	9034	6000
56855	34548	22306	18556	3751	
24277	18808	5468	4468	1000	
56655	29150	27505	6986	20519	484
39739	25117	14622	3792	10830	783
93748	49096	44653	43564	1089	
120438	93441	26997	26997		89995

5-46 财政补助支出明细

地　区	合　计	个人部分	工资福利支　出	对个人和家庭的补助支出	#助学金
合　计	**17628324**	**11614535**	**10561877**	**1052658**	**358335**
北　京	493210	386584	371491	15093	2844
天　津	256167	178926	173116	5810	429
河　北	665462	497483	471847	25636	8517
山　西	346375	252271	240746	11525	5839
内蒙古	355776	248495	236727	11768	5976
辽　宁	603301	457839	409714	48125	14158
吉　林	321099	224593	199357	25236	6181
黑龙江	447785	343896	293128	50768	8815
上　海	718044	521455	504506	16949	12134
江　苏	1255277	919884	837845	82039	23442
浙　江	1102939	636064	598975	37089	16806
安　徽	882184	302784	269078	33706	11787
福　建	610271	410969	375613	35357	17829
江　西	487387	230791	209439	21352	9968
山　东	1352066	920312	820677	99635	41191
河　南	739281	541851	498184	43666	14883
湖　北	542890	391774	337255	54519	11882
湖　南	711402	397657	352653	45004	16576
广　东	2105950	1305493	1153999	151494	13343
广　西	401065	266019	243130	22889	8241
海　南	138860	73659	66799	6860	4811
重　庆	337684	231631	207772	23860	11778
四　川	700766	495587	435913	59674	26073
贵　州	388282	295746	263518	32227	13147
云　南	441046	333453	302447	31006	24434
西　藏	96168	80060	73243	6818	6309
陕　西	340904	225493	211568	13925	6779
甘　肃	254322	147041	136872	10169	3878
青　海	154874	53347	48182	5165	2361
宁　夏	166924	88841	76720	12120	3460
新　疆	210562	154535	141360	13175	4461
大　连	123291	102721	100801	1919	287
宁　波	150547	93408	88963	4445	2357
厦　门	97818	57296	52063	5232	1514
青　岛	263014	169266	145029	24237	7350
深　圳	392630	188276	140044	48232	134

(特殊教育学校)

单位：千元

公用部分	商品和服务支出	其他资本性支出			基本建设支出
			专项公用支出	专项项目支出	
5499062	**2893918**	**2605144**	**1182721**	**1422423**	**514727**
105880	88514	17367	10926	6441	746
77242	47203	30039	29983	56	
166046	108228	57819	33128	24691	1932
94104	65033	29072	18893	10179	
99170	54937	44233	17450	26784	8110
144787	114188	30599	18729	11870	675
95902	45467	50435	14454	35982	604
103818	64326	39492	26285	13207	71
196589	155832	40757	37162	3595	
321886	185492	136395	72321	64074	13507
462140	168174	293965	185951	108014	4735
352744	84650	268094	31772	236321	226656
198518	92194	106324	33040	73284	783
252747	73961	178786	57339	121447	3849
417856	216088	201768	101865	99903	13897
197431	135989	61442	29268	32174	
151116	85923	65193	25002	40191	
299730	117630	182100	112003	70097	14015
670462	371572	298890	114918	183972	129995
121106	65088	56018	24003	32015	13940
60703	24649	36054	18327	17727	4498
105273	70557	34716	21750	12966	780
205179	149377	55802	17382	38420	
92384	64349	28035	20500	7535	153
105913	66964	38948	12376	26572	1680
16108	10302	5806	5333	473	
102775	50790	51985	19461	32524	12636
87364	36075	51289	9370	41919	19917
65979	13387	52592	15387	37205	35548
72083	33262	38821	29788	9034	6000
56026	33720	22306	18556	3751	
20570	17088	3482	2482	1000	
56655	29150	27505	6986	20519	484
39739	25117	14622	3792	10830	783
93748	49096	44653	43564	1089	
114360	88516	25844	25844		89995

5-47 财政补助支出明细

地区	合计	个人部分	工资福利支出	对个人和家庭的补助支出	#助学金
合计	**760491**	**533660**	**493315**	**40345**	**6456**
北京	113307	89479	83975	5505	981
天津	9876	8522	7267	1255	
河北					
山西	26765	13466	13351	115	17
内蒙古					
辽宁	65588	52527	47803	4724	72
吉林	10289	6358	5488	870	36
黑龙江	6426	4339	3986	353	9
上海	171686	116758	113144	3614	882
江苏					
浙江	24234	11745	11133	612	66
安徽	17835	13439	9366	4074	
福建					
江西	14009	7108	7106	3	
山东					
河南	21487	14735	12811	1924	35
湖北	16766	14070	12327	1743	
湖南	19348	13692	12609	1083	1
广东	55992	35428	30997	4430	
广西	6753	5275	4982	293	
海南					
重庆	8795	7315	6659	656	
四川	54034	38905	37352	1553	442
贵州	80018	57863	50958	6905	3716
云南	20994	13529	12977	552	199
西藏					
陕西	14538	8181	8100	81	
甘肃					
青海					
宁夏					
新疆	1753	924	924		
大连	13417	9711	9454	257	46
宁波					
厦门					
青岛					
深圳	15825	9747	6614	3134	

(工读学校)

单位：千元

公用部分	商品和服务支出	其他资本性支出	专项公用支出	专项项目支出	基本建设支出
225883	**149166**	**76717**	**39852**	**36865**	**948**
23828	17011	6817	6817		
1354	1324	31	31		
13299	4492	8808	190	8618	
12113	6870	5243	2647	2596	948
3931	3263	667	667		
2087	1629	458	27	431	
54928	39765	15163	10344	4819	
12488	3264	9224	885	8339	
4395	3075	1320	1320		
6900	1760	5140	3040	2100	
6752	4716	2035	1565	470	
2695	2395	301	301		
5655	1579	4076	560	3515	
20564	17020	3544	3544		
1478	1426	53	53		
1480	1365	116	18	97	
15129	13441	1688	561	1127	
22155	19588	2566	888	1678	
7464	3910	3554	3554		
6357	444	5913	2838	3076	
829	829				
3707	1720	1986	1986		
6078	4925	1153	1153		

5-48 财政补助支出明细

地区	合计	个人部分	工资福利支出	对个人和家庭的补助支出	#助学金
合计	**197781181**	**123118769**	**111272833**	**11845936**	**6528092**
北京	11985539	7304658	7156417	148241	2889
天津	3425986	2267111	2191306	75806	1252
河北	7883155	5894474	5660560	233913	52279
山西	2990333	1977041	1801129	175912	135263
内蒙古	4795315	3141018	2870240	270778	121525
辽宁	1968672	1316108	1213101	103007	33915
吉林	1827120	1182130	1107768	74362	20980
黑龙江	1867109	1325911	1207962	117949	11527
上海	14440933	9505262	9402838	102424	51843
江苏	15195823	9388771	8922517	466254	197977
浙江	14552935	8522855	8181869	340985	66754
安徽	5736140	3348246	3069594	278652	106387
福建	7581788	4675524	4514477	161046	74624
江西	5855827	2448403	2299465	148938	100724
山东	8824408	5179137	4676402	502734	315847
河南	5644042	3518625	3241516	277108	185403
湖北	4425501	2725498	2493454	232044	110904
湖南	3610770	2006711	1679322	327389	243613
广东	12781464	8597076	6605648	1991428	567180
广西	3943909	1787279	1573675	213604	116120
海南	2071646	904006	815210	88795	66139
重庆	3642480	1827722	1444031	383691	273249
四川	9965867	5332838	4516577	816261	549280
贵州	7358332	5348719	4610750	737969	556383
云南	5250827	3818164	3477642	340521	226948
西藏	2504799	1805216	1404875	400342	359985
陕西	7976423	4472219	4126845	345374	233039
甘肃	5201524	3582448	3172030	410418	226472
青海	1298659	706964	563326	143638	110016
宁夏	1027511	490959	395300	95659	67228
新疆	12146344	8717678	6876987	1840690	1342347
大连	756461	541088	533270	7818	3621
宁波	2530879	1684864	1660848	24016	8343
厦门	2173637	1156493	1127686	28807	5149
青岛	1783774	981499	936163	45336	17123
深圳	3732490	2700509	1693996	1006513	247756

（幼儿园）

单位：千元

公用部分	商品和服务支出	其他资本性支出	专项公用支出	专项项目支出	基本建设支出
71358259	**36325318**	**35032942**	**10528922**	**24504019**	**3304152**
4478414	3644816	833598	566620	266979	202467
1139855	569663	570192	130267	439925	19019
1977332	881868	1095464	262855	832609	11350
986307	491460	494847	147615	347232	26986
1443644	558921	884723	163603	721121	210652
631306	435274	196032	72261	123771	21258
608856	254458	354398	87643	266755	36134
538048	266397	271651	76484	195167	3150
4884366	3840719	1043647	639346	404301	51305
5733452	2659185	3074268	850261	2224006	73600
5779465	3300736	2478729	694800	1783929	250615
2307366	690091	1617275	368796	1248479	80528
2828002	1452772	1375230	435113	940117	78263
3331568	484050	2847519	676785	2170733	75855
3599030	1499800	2099229	526974	1572255	46242
2038862	659474	1379388	253083	1126305	86555
1700003	873238	826764	213415	613349	
1588819	804574	784245	168182	616062	15240
3846218	2577975	1268243	741377	526866	338170
1935542	699611	1235932	262803	973129	221087
1142899	339332	803567	453841	349726	24741
1618915	1020501	598414	150677	447737	195844
4349122	1795591	2553531	964313	1589218	283907
1983985	800825	1183161	246257	936904	25627
1337422	621846	715576	180462	535115	95241
636957	312467	324490	86998	237492	62626
3318473	1642205	1676268	513043	1163225	185731
1580404	786576	793828	158087	635740	38671
510090	275847	234242	42024	192218	81605
536552	138825	397727	81434	316293	
2966984	1946220	1020764	313502	707262	461682
212373	179515	32858	13897	18962	3000
844961	452604	392357	74326	318031	1054
996663	653182	343481	158428	185053	20482
802276	339677	462598	170688	291911	
787041	652236	134805	122665	12140	244940

5-49 财政补助支出明细

地区	合计	个人部分	工资福利支出	对个人和家庭的补助支出	#助学金
合计	**196171301**	**121996406**	**110293988**	**11702419**	**6463458**
北京	11370216	6887734	6741763	145972	2876
天津	3423028	2264823	2189030	75792	1252
河北	7874309	5886158	5652675	233483	52279
山西	2988228	1975178	1799266	175912	135263
内蒙古	4795315	3141018	2870240	270778	121525
辽宁	1956555	1305843	1204359	101484	33915
吉林	1826175	1182130	1107768	74362	20980
黑龙江	1812049	1282503	1167500	115003	11336
上海	14374099	9458163	9355937	102226	51843
江苏	15178568	9373884	8908029	465855	197805
浙江	14552935	8522855	8181869	340985	66754
安徽	5736113	3348246	3069594	278652	106387
福建	7580238	4674024	4512978	161046	74624
江西	5855827	2448403	2299465	148938	100724
山东	8824408	5179137	4676402	502734	315847
河南	5633384	3508307	3231356	276950	185245
湖北	4414620	2718549	2486514	232035	110895
湖南	3594317	1998440	1671143	327297	243547
广东	12780798	8596654	6605267	1991387	567139
广西	3943661	1787149	1573545	213604	116120
海南	2070172	904006	815210	88795	66139
重庆	3642480	1827722	1444031	383691	273249
四川	9964277	5331248	4515122	816126	549280
贵州	7358332	5348719	4610750	737969	556383
云南	5249310	3817004	3476483	340521	226948
西藏	2504799	1805216	1404875	400342	359985
陕西	7975202	4472015	4126705	345310	232975
甘肃	5189245	3571002	3162165	408837	225507
青海	1298289	706604	563299	143306	109683
宁夏	1027511	490959	395300	95659	67228
新疆	11376841	8182715	6475350	1707365	1279724
大连	755058	540720	532902	7818	3621
宁波	2530879	1684864	1660848	24016	8343
厦门	2172137	1155043	1126236	28807	5149
青岛	1783774	981499	936163	45336	17123
深圳	3732490	2700509	1693996	1006513	247756

(地方幼儿园)

单位：千元

公用部分	商品和服务支出	其他资本性支出			基本建设支出
			专项公用支出	专项项目支出	
70895711	**35999425**	**34896286**	**10464642**	**24431644**	**3279184**
4280015	3472730	807285	546444	260841	202467
1139186	568994	570192	130267	439925	19019
1976801	881563	1095239	262630	832609	11350
986065	491418	494647	147415	347232	26986
1443644	558921	884723	163603	721121	210652
629454	433699	195754	71983	123771	21258
607911	253513	354398	87643	266755	36134
526397	261638	264758	72735	192023	3150
4864631	3821083	1043547	639246	404301	51305
5731084	2657405	3073679	849673	2224006	73600
5779465	3300736	2478729	694800	1783929	250615
2307339	690091	1617248	368769	1248479	80528
2827952	1452722	1375230	435113	940117	78263
3331568	484050	2847519	676785	2170733	75855
3599030	1499800	2099229	526974	1572255	46242
2038522	659134	1379388	253083	1126305	86555
1696071	870309	825762	212910	612852	
1580637	798910	781726	167664	614062	15240
3845974	2577748	1268226	741360	526866	338170
1935425	699494	1235932	262803	973129	221087
1141425	338262	803164	453685	349478	24741
1618915	1020501	598414	150677	447737	195844
4349122	1795591	2553531	964313	1589218	283907
1983985	800825	1183161	246257	936904	25627
1337065	621544	715522	180407	535115	95241
636957	312467	324490	86998	237492	62626
3317456	1641308	1676148	512923	1163225	185731
1579572	785972	793600	157960	635640	38671
510079	275837	234242	42024	192218	81605
536552	138825	397727	81434	316293	
2757412	1834338	923075	276062	647013	436714
211337	178479	32858	13897	18962	3000
844961	452604	392357	74326	318031	1054
996613	653132	343481	158428	185053	20482
802276	339677	462598	170688	291911	
787041	652236	134805	122665	12140	244940

5-50 财政补助支出明细

地区	合计	个人部分	工资福利支出	对个人和家庭的补助支出	#助学金
合计	**96608440**	**63085970**	**56387840**	**6698130**	**4739254**
北京	2259929	1459093	1436604	22489	429
天津	521943	319609	306153	13456	960
河北	5561510	4208087	4106678	101409	26782
山西	1887675	1285765	1170234	115531	93915
内蒙古	2911937	2080208	1894889	185319	71136
辽宁	490471	333783	322512	11271	4895
吉林	907619	632445	606870	25575	8948
黑龙江	944808	721403	677418	43985	6192
上海	1846714	1413107	1397110	15997	6474
江苏	5146847	3168933	2987625	181309	115409
浙江	5918934	3459015	3260996	198019	30849
安徽	4000372	2446099	2273774	172326	64062
福建	3446348	2251627	2201223	50404	27232
江西	4024625	1685350	1580836	104514	87067
山东	4411911	2798572	2528188	270384	183617
河南	3323895	2078119	1926683	151436	124614
湖北	1817443	1155388	1037439	117950	88846
湖南	2311558	1315074	1076938	238136	204425
广东	3080052	1997178	1720923	276255	195340
广西	2422789	1045936	914882	131054	90503
海南	1356199	683272	615949	67324	54214
重庆	1650187	955314	709526	245788	201128
四川	5904977	3402960	2822524	580436	456346
贵州	5415184	4268287	3684026	584262	492594
云南	3252549	2545198	2328048	217150	166582
西藏	1626518	1229982	936752	293229	274548
陕西	4971964	3119028	2874378	244650	172679
甘肃	4120220	2853702	2627078	226624	89870
青海	961358	538415	426822	111593	94453
宁夏	574956	297436	236821	60616	40634
新疆	9536948	7337584	5697943	1639641	1264510
大连	100637	70783	68988	1795	1194
宁波	910329	570779	558999	11779	5306
厦门	202462	106512	101816	4697	1957
青岛	401769	266534	258040	8494	5644
深圳					

（农村幼儿园）

单位：千元

公用部分	商品和服务支出	其他资本性支出	专项公用支出	专项项目支出	基本建设支出
32240235	**14442125**	**17798110**	**4254434**	**13543676**	**1282235**
763126	613891	149235	96709	52526	37710
202334	72118	130216	8890	121326	
1342074	603364	738710	167160	571550	11350
587287	312282	275005	65446	209559	14623
773018	341889	431129	91390	339740	58712
151206	80768	70437	23860	46578	5482
261301	105327	155974	50160	105815	13874
220255	110778	109477	30581	78896	3150
433607	355471	78136	64185	13950	
1977913	868712	1109201	240959	868242	
2305479	1185866	1119614	248811	870802	154440
1526443	463860	1062583	210448	852135	27830
1160184	546423	613762	159963	453798	34537
2295139	329424	1965715	488611	1477103	44136
1567106	589308	977798	152389	825409	46234
1199096	317521	881575	115175	766400	46680
662055	265944	396111	72272	323839	
986243	468633	517610	93608	424002	10240
1075397	625777	449619	222667	226952	7477
1315942	476623	839319	166930	672389	60911
662124	235317	426807	191993	234814	10802
689725	418659	271066	73974	197092	5149
2331082	867639	1463444	363358	1100085	170935
1123291	482735	640556	129363	511193	23606
678964	334808	344156	48699	295457	28387
336972	163404	173567	48900	124667	59565
1812619	993510	819109	248723	570386	40317
1228626	578818	649808	120474	529334	37891
402366	212932	189434	36742	152693	20577
277520	66514	211006	28577	182428	
1891742	1353810	537932	193415	344516	307622
29854	26252	3602	3105	497	
339550	181310	158240	18833	139407	
95563	74879	20683	16152	4532	386
135235	75733	59503	13136	46367	

5-51 财政补助支出明细

地区	合计	个人部分	工资福利支出	对个人和家庭的补助支出	#助学金
合计	**95909382**	**62604662**	**56027149**	**6577513**	**4681300**
北京	2252804	1454915	1432427	22489	429
天津	521943	319609	306153	13456	960
河北	5561510	4208087	4106678	101409	26782
山西	1885570	1283902	1168371	115531	93915
内蒙古	2911937	2080208	1894889	185319	71136
辽宁	490471	333783	322512	11271	4895
吉林	907619	632445	606870	25575	8948
黑龙江	901266	685143	643927	41216	6012
上海	1846714	1413107	1397110	15997	6474
江苏	5146847	3168933	2987625	181309	115409
浙江	5918934	3459015	3260996	198019	30849
安徽	4000372	2446099	2273774	172326	64062
福建	3446348	2251627	2201223	50404	27232
江西	4024625	1685350	1580836	104514	87067
山东	4411911	2798572	2528188	270384	183617
河南	3323895	2078119	1926683	151436	124614
湖北	1817363	1155328	1037379	117950	88846
湖南	2311537	1315073	1076938	238135	204424
广东	3079588	1996756	1720542	276214	195299
广西	2422643	1045805	914751	131054	90503
海南	1356049	683272	615949	67324	54214
重庆	1650187	955314	709526	245788	201128
四川	5904977	3402960	2822524	580436	456346
贵州	5415184	4268287	3684026	584262	492594
云南	3252549	2545198	2328048	217150	166582
西藏	1626518	1229982	936752	293229	274548
陕西	4971788	3118886	2874238	244648	172677
甘肃	4108853	2843167	2617212	225955	89817
青海	961358	538415	426822	111593	94453
宁夏	574956	297436	236821	60616	40634
新疆	8903066	6909868	5387361	1522507	1206833
大连	100637	70783	68988	1795	1194
宁波	910329	570779	558999	11779	5306
厦门	202462	106512	101816	4697	1957
青岛	401769	266534	258040	8494	5644
深圳					

(地方农村幼儿园)

单位：千元

公用部分	商品和服务支出	其他资本性支出	专项公用支出	专项项目支出	基本建设支出
32046255	**14342725**	**17703530**	**4219611**	**13483919**	**1258465**
760178	611436	148742	96356	52387	37710
202334	72118	130216	8890	121326	
1342074	603364	738710	167160	571550	11350
587045	312240	274805	65246	209559	14623
773018	341889	431129	91390	339740	58712
151206	80768	70437	23860	46578	5482
261301	105327	155974	50160	105815	13874
212973	106910	106063	27360	78703	3150
433607	355471	78136	64185	13950	
1977913	868712	1109201	240959	868242	
2305479	1185866	1119614	248811	870802	154440
1526443	463860	1062583	210448	852135	27830
1160184	546423	613762	159963	453798	34537
2295139	329424	1965715	488611	1477103	44136
1567106	589308	977798	152389	825409	46234
1199096	317521	881575	115175	766400	46680
662035	265924	396111	72272	323839	
986223	468633	517590	93588	424002	10240
1075355	625736	449619	222667	226952	7477
1315927	476608	839319	166930	672389	60911
661974	235317	426657	191856	234802	10802
689725	418659	271066	73974	197092	5149
2331082	867639	1463444	363358	1100085	170935
1123291	482735	640556	129363	511193	23606
678964	334808	344156	48699	295457	28387
336972	163404	173567	48900	124667	59565
1812585	993476	819109	248723	570386	40317
1227794	578214	649580	120347	529234	37891
402366	212932	189434	36742	152693	20577
277520	66514	211006	28577	182428	
1709346	1261491	447856	162653	285203	283852
29854	26252	3602	3105	497	
339550	181310	158240	18833	139407	
95563	74879	20683	16152	4532	386
135235	75733	59503	13136	46367	

5-52 财政补助支出明细

地区	合计	个人部分	工资福利支出	对个人和家庭的补助支出	#助学金
合计	**37082556**	**21657007**	**17557445**	**4099561**	
北京	1055058	732386	647434	84952	
天津	386540	287346	268622	18723	
河北	799450	560124	458337	101787	
山西	1089251	712582	637143	75439	
内蒙古	865020	506167	401536	104631	
辽宁	716075	456044	363139	92905	
吉林	396281	235753	200927	34826	
黑龙江	1138130	543875	361740	182135	
上海	382452	261235	250058	11177	
江苏	1704032	1091934	927415	164519	
浙江	1730403	961136	869440	91696	
安徽	1309726	667785	502630	165156	
福建	699084	369497	315317	54180	
江西	690827	393739	328191	65548	
山东	2593420	1743083	1531497	211586	
河南	1437756	749549	594163	155386	
湖北	1413570	844673	701816	142857	
湖南	2574325	1512499	1247635	264864	
广东	4867007	2287639	1635479	652160	
广西	482964	286884	250467	36417	
海南	429177	255661	222180	33481	
重庆	707551	356440	255117	101322	
四川	2440436	1372215	950884	421331	
贵州	1693434	1122332	956540	165792	
云南	1434508	881356	755707	125650	
西藏	417612	291718	263770	27948	
陕西	971532	471907	392376	79532	
甘肃	798067	479062	331615	147447	
青海	258239	192787	134077	58710	
宁夏	161868	124958	116405	8554	
新疆	1438763	904644	685790	218853	
大连	103228	81946	69119	12827	
宁波	164126	125524	117040	8484	
厦门	134666	53870	44397	9474	
青岛	363217	255466	240504	14962	
深圳	1039374	398494	246296	152198	

(教育行政单位)

单位：千元

公用部分					基本建设支出
	商品和服务支出	其他资本性支出			
			专项公用支出	专项项目支出	
15079273	**11852262**	**3227011**	**1716261**	**1510750**	**346277**
322672	315528	7144	7144		
99195	83326	15869	12189	3680	
239326	203043	36283	22075	14208	
376669	250308	126361	104880	21481	
358853	250826	108027	49298	58728	
226592	167837	58756	16967	41789	33438
159158	135271	23887	15947	7940	1371
559740	266936	292804	70605	222199	34515
121217	111786	9430	2964	6466	
612099	477929	134170	92733	41437	
769268	674113	95154	74468	20687	
641940	449907	192033	90970	101063	
328973	272902	56071	25087	30984	614
295188	243468	51720	34258	17463	1900
845117	723085	122032	80604	41428	5220
688206	518603	169604	56881	112723	
568897	429203	139693	47449	92244	
1061826	849684	212142	91040	121103	
2540584	2005377	535207	280411	254796	38784
196080	172902	23178	17142	6036	
173516	140701	32815	31975	840	
351111	333200	17911	17060	850	
1063509	881068	182441	115701	66741	4712
545339	454889	90450	68269	22181	25763
524929	391397	133532	56979	76552	28223
125894	75727	50167	19931	30237	
472102	306573	165528	102092	63436	27523
315746	250743	65004	51025	13979	3259
65452	56537	8915	7008	1907	
36910	35561	1350	1350		
393164	323833	69331	51759	17572	140955
21282	20038	1244	244	1000	
38602	35342	3261	3261		
80182	50286	29896	4077	25819	614
107751	84214	23536	17517	6020	
618251	514938	103313	85742	17571	22630

5-53 财政补助支出明细

地区	合计	个人部分	工资福利支出	对个人和家庭的补助支出	#助学金
合 计	**36311815**	**21309843**	**17345530**	**3964313**	
北 京	705210	517621	462731	54890	
天 津	386540	287346	268622	18723	
河 北	799450	560124	458337	101787	
山 西	1089251	712582	637143	75439	
内蒙古	865020	506167	401536	104631	
辽 宁	716075	456044	363139	92905	
吉 林	396281	235753	200927	34826	
黑龙江	1123846	537258	356330	180928	
上 海	382452	261235	250058	11177	
江 苏	1704032	1091934	927415	164519	
浙 江	1730403	961136	869440	91696	
安 徽	1309726	667785	502630	165156	
福 建	699084	369497	315317	54180	
江 西	690827	393739	328191	65548	
山 东	2593420	1743083	1531497	211586	
河 南	1437756	749549	594163	155386	
湖 北	1413570	844673	701816	142857	
湖 南	2574325	1512499	1247635	264864	
广 东	4867007	2287639	1635479	652160	
广 西	482964	286884	250467	36417	
海 南	429177	255661	222180	33481	
重 庆	707551	356440	255117	101322	
四 川	2440436	1372215	950884	421331	
贵 州	1693434	1122332	956540	165792	
云 南	1434508	881356	755707	125650	
西 藏	417612	291718	263770	27948	
陕 西	971532	471907	392376	79532	
甘 肃	798067	479062	331615	147447	
青 海	258239	192787	134077	58710	
宁 夏	161868	124958	116405	8554	
新 疆	1032153	778862	663988	114874	
大 连	103228	81946	69119	12827	
宁 波	164126	125524	117040	8484	
厦 门	134666	53870	44397	9474	
青 岛	363217	255466	240504	14962	
深 圳	1039374	398494	246296	152198	

(地方教育行政单位)

单位：千元

公用部分	商品和服务支出	其他资本性支出	专项公用支出	专项项目支出	基本建设支出
14793269	**11596722**	**3196546**	**1693171**	**1503376**	**208703**
187589	182768	4821	4821		
99195	83326	15869	12189	3680	
239326	203043	36283	22075	14208	
376669	250308	126361	104880	21481	
358853	250826	108027	49298	58728	
226592	167837	58756	16967	41789	33438
159158	135271	23887	15947	7940	1371
552073	264248	287825	67451	220374	34515
121217	111786	9430	2964	6466	
612099	477929	134170	92733	41437	
769268	674113	95154	74468	20687	
641940	449907	192033	90970	101063	
328973	272902	56071	25087	30984	614
295188	243468	51720	34258	17463	1900
845117	723085	122032	80604	41428	5220
688206	518603	169604	56881	112723	
568897	429203	139693	47449	92244	
1061826	849684	212142	91040	121103	
2540584	2005377	535207	280411	254796	38784
196080	172902	23178	17142	6036	
173516	140701	32815	31975	840	
351111	333200	17911	17060	850	
1063509	881068	182441	115701	66741	4712
545339	454889	90450	68269	22181	25763
524929	391397	133532	56979	76552	28223
125894	75727	50167	19931	30237	
472102	306573	165528	102092	63436	27523
315746	250743	65004	51025	13979	3259
65452	56537	8915	7008	1907	
36910	35561	1350	1350		
249910	203742	46169	34145	12023	3381
21282	20038	1244	244	1000	
38602	35342	3261	3261		
80182	50286	29896	4077	25819	614
107751	84214	23536	17517	6020	
618251	514938	103313	85742	17571	22630

5-54 财政补助支出明细

地区	合计	个人部分			
			工资福利支出	对个人和家庭的补助支出	
					#助学金
合计	**71803087**	**40674205**	**35994144**	**4680061**	
北京	9706730	3711679	3512133	199546	
天津	1435978	1045202	991766	53436	
河北	2386406	1794548	1633170	161378	
山西	1578376	958360	834094	124266	
内蒙古	1553907	1164644	1064859	99785	
辽宁	2766536	2058641	1949424	109217	
吉林	1292653	772989	679998	92991	
黑龙江	1422736	1129980	880875	249104	
上海	6573305	2505024	2460507	44516	
江苏	4391042	2860530	2466493	394037	
浙江	4992330	2823039	2578870	244169	
安徽	1244177	671178	558247	112931	
福建	2117595	1181911	1096853	85058	
江西	1901978	1029468	882434	147035	
山东	2982622	1911377	1721378	189999	
河南	2752667	1792732	1558167	234566	
湖北	2876050	1687704	1498197	189507	
湖南	1347448	714425	615627	98797	
广东	5121951	2492938	1848148	644790	
广西	1321719	934184	849721	84463	
海南	312476	171947	167155	4791	
重庆	1143217	574503	450591	123912	
四川	3133293	2017795	1706324	311471	
贵州	472706	301041	257370	43671	
云南	1224600	730385	656565	73820	
西藏	1160627	602186	490054	112132	
陕西	1824814	1157354	976814	180540	
甘肃	839094	613733	550295	63438	
青海	497200	396842	330999	65843	
宁夏	241713	183827	175897	7930	
新疆	1187141	684038	551117	132921	
大连	571872	331927	320355	11572	
宁波	663096	439507	403949	35558	
厦门	377813	194579	170657	23922	
青岛	484710	361630	323902	37728	
深圳	1328237	510611	384694	125916	

(教育事业单位)

单位：千元

公用部分	商品和服务支出	其他资本性支出			基本建设支出
			专项公用支出	专项项目支出	
30242876	**21692611**	**8550265**	**4910021**	**3640244**	**886006**
5899492	5463766	435726	332164	103562	95559
387464	303488	83975	79542	4433	3312
571617	434095	137522	79477	58044	20241
609067	349877	259190	154218	104972	10950
388537	230747	157789	43033	114756	726
692094	552716	139379	124643	14736	15800
519664	300588	219076	53678	165398	
287347	231766	55580	32581	22999	5409
3805249	2153371	1651878	1528888	122990	263032
1530512	1007550	522962	220565	302396	
2156710	1322240	834470	456230	378240	12581
489834	409753	80081	56240	23841	83164
903462	696817	206645	93535	113110	32222
793813	512068	281745	167538	114207	78697
1062215	725223	336992	56303	280689	9030
959068	671105	287963	118708	169254	867
1188346	597715	590631	122945	467685	
633023	337010	296014	118918	177096	
2573251	1788448	784803	334291	450512	55762
377099	318817	58282	38382	19900	10436
140530	122561	17968	15691	2277	
564463	424489	139974	66086	73888	4251
1102497	783964	318533	281703	36830	13000
171643	161979	9664	9474	190	22
492915	362428	130487	66089	64398	1300
493941	381055	112886	58071	54815	64500
667460	493951	173509	98812	74697	
225361	171911	53450	33696	19754	
89112	64310	24802	18235	6567	11246
57885	53403	4482	3546	936	
409205	265399	143806	46739	97068	93898
227986	181654	46332	43522	2810	11960
223333	182769	40564	35747	4816	256
183234	159525	23709	23485	224	
123080	107406	15674	9181	6493	
761865	689325	72540	60306	12234	55762

5-55 财政补助支出明细

地区	合计	个人部分	工资福利支出	对个人和家庭的补助支出	#助学金
合计	**67392166**	**40210668**	**35562527**	**4648140**	
北京	5467241	3308609	3127084	181525	
天津	1435978	1045202	991766	53436	
河北	2386406	1794548	1633170	161378	
山西	1578376	958360	834094	124266	
内蒙古	1553907	1164644	1064859	99785	
辽宁	2766536	2058641	1949424	109217	
吉林	1292653	772989	679998	92991	
黑龙江	1405137	1113716	867831	245885	
上海	6573305	2505024	2460507	44516	
江苏	4391042	2860530	2466493	394037	
浙江	4992330	2823039	2578870	244169	
安徽	1244177	671178	558247	112931	
福建	2117595	1181911	1096853	85058	
江西	1901978	1029468	882434	147035	
山东	2982622	1911377	1721378	189999	
河南	2752667	1792732	1558167	234566	
湖北	2876050	1687704	1498197	189507	
湖南	1347448	714425	615627	98797	
广东	5121951	2492938	1848148	644790	
广西	1321719	934184	849721	84463	
海南	312476	171947	167155	4791	
重庆	1143217	574503	450591	123912	
四川	3133293	2017795	1706324	311471	
贵州	472706	301041	257370	43671	
云南	1224600	730385	656565	73820	
西藏	1160627	602186	490054	112132	
陕西	1824814	1157354	976814	180540	
甘肃	839094	613733	550295	63438	
青海	497200	396842	330999	65843	
宁夏	241713	183827	175897	7930	
新疆	1033307	639834	517593	122241	
大连	571872	331927	320355	11572	
宁波	663096	439507	403949	35558	
厦门	377813	194579	170657	23922	
青岛	484710	361630	323902	37728	
深圳	1328237	510611	384694	125916	

(地方教育事业单位)

单位：千元

公用部分	商品和服务支出	其他资本性支出			基本建设支出
			专项公用支出	专项项目支出	
26358052	**17939330**	**8418722**	**4803196**	**3615527**	**823446**
2074633	1732539	342094	241266	100828	83999
387464	303488	83975	79542	4433	3312
571617	434095	137522	79477	58044	20241
609067	349877	259190	154218	104972	10950
388537	230747	157789	43033	114756	726
692094	552716	139379	124643	14736	15800
519664	300588	219076	53678	165398	
286012	230443	55569	32581	22988	5409
3805249	2153371	1651878	1528888	122990	263032
1530512	1007550	522962	220565	302396	
2156710	1322240	834470	456230	378240	12581
489834	409753	80081	56240	23841	83164
903462	696817	206645	93535	113110	32222
793813	512068	281745	167538	114207	78697
1062215	725223	336992	56303	280689	9030
959068	671105	287963	118708	169254	867
1188346	597715	590631	122945	467685	
633023	337010	296014	118918	177096	
2573251	1788448	784803	334291	450512	55762
377099	318817	58282	38382	19900	10436
140530	122561	17968	15691	2277	
564463	424489	139974	66086	73888	4251
1102497	783964	318533	281703	36830	13000
171643	161979	9664	9474	190	22
492915	362428	130487	66089	64398	1300
493941	381055	112886	58071	54815	64500
667460	493951	173509	98812	74697	
225361	171911	53450	33696	19754	
89112	64310	24802	18235	6567	11246
57885	53403	4482	3546	936	
350575	244668	105907	30812	75095	42898
227986	181654	46332	43522	2810	11960
223333	182769	40564	35747	4816	256
183234	159525	23709	23485	224	
123080	107406	15674	9181	6493	
761865	689325	72540	60306	12234	55762

5-56 财政补助支出明细

地区	合计	个人部分	工资福利支出	对个人和家庭的补助支出	#助学金
合计	**57919176**	**19397970**	**16196913**	**3201057**	**28509**
北京	8672905	1090047	990154	99893	15546
天津	664841	262902	245643	17259	
河北	1291034	657687	604808	52879	
山西	1280209	487280	452572	34708	
内蒙古	1096216	430217	382502	47715	
辽宁	1787066	740990	617451	123539	
吉林	945796	363087	312714	50373	
黑龙江	790689	459541	384230	75311	557
上海	1447163	396382	375015	21367	4264
江苏	2370680	1075346	902470	172876	698
浙江	4027037	1138650	750627	388023	814
安徽	1048274	547288	492384	54904	
福建	1119216	546504	467388	79116	2133
江西	1398024	403403	374835	28568	
山东	2904835	1266556	1114551	152005	
河南	2881495	725247	655725	69522	
湖北	2258986	859658	703723	155935	653
湖南	1265133	758347	559514	198833	1156
广东	4037154	1279531	1027428	252102	1237
广西	1186295	395508	361513	33996	
海南	1031564	87979	85342	2637	
重庆	778683	312028	260521	51508	228
四川	2716568	950652	767679	182972	1173
贵州	1126200	539917	472564	67353	
云南	1350779	770314	691962	78352	
西藏	245864	148366	144926	3440	50
陕西	2115267	493794	467670	26124	
甘肃	1027204	415416	375735	39681	
青海	574867	238524	212660	25864	
宁夏	250359	114903	107101	7802	
新疆	4228772	1441905	835504	606401	
大连	250337	115449	106586	8864	
宁波	458893	268709	99370	169338	
厦门	128354	60355	48184	12171	
青岛	276705	139549	126093	13456	
深圳	923715	210519	174393	36127	

(其他教育机构)

单位：千元

公用部分	商品和服务支出	其他资本性支出			基本建设支出
			专项公用支出	专项项目支出	
35360389	**21733476**	**13626913**	**5275942**	**8350971**	**3160816**
7582309	6743461	838848	787607	51241	548
258791	249818	8973	6141	2832	143148
570207	359636	210571	68930	141642	63140
672300	234749	437551	226742	210810	120629
645315	141183	504132	170946	333186	20685
983959	877607	106352	24398	81954	62118
576536	341467	235069	20196	214873	6173
331148	272299	58849	12138	46712	
955063	891028	64035	61621	2414	95718
1295208	897535	397673	52821	344852	126
2825178	975395	1849782	945672	904110	63210
490530	325554	164976	33159	131817	10456
449607	296194	153413	40589	112824	123105
786457	307526	478931	180654	298277	208164
1631280	828588	802692	548291	254401	7000
1910504	1076338	834166	253134	581032	245743
1399328	692692	706636	207735	498902	
498812	355115	143697	44632	99065	7974
2203487	1221240	982248	181727	800521	554136
715254	279189	436065	115097	320968	75532
342147	104896	237250	9222	228028	601439
325479	282607	42872	9818	33054	141175
1631355	1384893	246462	143278	103184	134561
576121	324606	251515	124809	126706	10162
557039	275854	281185	73240	207945	23426
65134	43687	21446	17575	3871	32364
1617128	439749	1177379	146631	1030749	4345
586153	202046	384107	55107	329000	25634
234184	99338	134845	10869	123977	102160
135455	81175	54280	21026	33254	
2508921	1128011	1380910	682140	698770	277946
134869	120834	14035	6584	7451	19
190184	149108	41076	21622	19453	
57050	37539	19511	7369	12141	10949
137155	72052	65103	7675	57429	
360595	352713	7882	7020	862	352601

5-57 财政补助支出明细

地区	合计	个人部分	工资福利支出	对个人和家庭的补助支出	#助学金
合计	**53163003**	**18829378**	**15711588**	**3117790**	**8872**
北京	4654260	674377	641456	32921	1123
天津	664841	262902	245643	17259	
河北	1286999	657687	604808	52879	
山西	1279669	487280	452572	34708	
内蒙古	1095617	430217	382502	47715	
辽宁	1783556	740990	617451	123539	
吉林	944896	363087	312714	50373	
黑龙江	787064	456351	381467	74884	557
上海	1187625	359895	341665	18230	1183
江苏	2326886	1075346	902470	172876	698
浙江	4023485	1138650	750627	388023	814
安徽	1047890	547288	492384	54904	
福建	1051889	534719	457745	76974	
江西	1397616	403403	374835	28568	
山东	2897888	1266556	1114551	152005	
河南	2876779	725247	655725	69522	
湖北	2241934	859658	703723	155935	653
湖南	1262675	758347	559514	198833	1156
广东	4037154	1279531	1027428	252102	1237
广西	1186295	395508	361513	33996	
海南	1031564	87979	85342	2637	
重庆	778683	312028	260521	51508	228
四川	2685506	950652	767679	182972	1173
贵州	1124925	539917	472564	67353	
云南	1349253	770314	691962	78352	
西藏	245864	148366	144926	3440	50
陕西	2096202	493794	467670	26124	
甘肃	1020968	415416	375735	39681	
青海	574867	238524	212660	25864	
宁夏	250359	114903	107101	7802	
新疆	3969793	1340446	744633	595813	
大连	250337	115449	106586	8864	
宁波	458893	268709	99370	169338	
厦门	128354	60355	48184	12171	
青岛	276705	139549	126093	13456	
深圳	923715	210519	174393	36127	

(地方其他教育机构)

单位：千元

公用部分	商品和服务支出	其他资本性支出			基本建设支出
			专项公用支出	专项项目支出	
31195412	**17706442**	**13488970**	**5208763**	**8280207**	**3138214**
3979335	3181353	797982	755151	42831	548
258791	249818	8973	6141	2832	143148
566172	355600	210571	68930	141642	63140
671760	234209	437551	226742	210810	120629
644715	140583	504132	170946	333186	20685
980449	874097	106352	24398	81954	62118
575636	340567	235069	20196	214873	6173
330713	271863	58849	12138	46712	
732013	693998	38015	35602	2414	95718
1251414	853741	397673	52821	344852	126
2821626	971843	1849782	945672	904110	63210
490146	325170	164976	33159	131817	10456
394065	242749	151316	38493	112824	123105
786049	307118	478931	180654	298277	208164
1624332	821641	802692	548291	254401	7000
1905788	1071622	834166	253134	581032	245743
1382276	675640	706636	207735	498902	
496354	352657	143697	44632	99065	7974
2203487	1221240	982248	181727	800521	554136
715254	279189	436065	115097	320968	75532
342147	104896	237250	9222	228028	601439
325479	282607	42872	9818	33054	141175
1600293	1353831	246462	143278	103184	134561
574846	323331	251515	124809	126706	10162
555513	274328	281185	73240	207945	23426
65134	43687	21446	17575	3871	32364
1598063	420684	1177379	146631	1030749	4345
579918	195810	384107	55107	329000	25634
234184	99338	134845	10869	123977	102160
135455	81175	54280	21026	33254	
2374004	1062055	1311949	675533	636417	255343
134869	120834	14035	6584	7451	19
190184	149108	41076	21622	19453	
57050	37539	19511	7369	12141	10949
137155	72052	65103	7675	57429	
360595	352713	7882	7020	862	352601

第六部分

各地区各级各类教育机构一般公共预算教育事业费和基本建设支出明细

6-1 一般公共预算教育事业费和

地 区	合 计	个人部分	工资福利支出	对个人和家庭的补助支出	#助学金
合 计	**3290810512**	**2224403278**	**1931356056**	**293047222**	**167529869**
北 京	158100374	93566051	80197379	13368672	11313198
天 津	47371192	32703003	29576503	3126500	1277775
河 北	145889111	104222650	92539116	11683534	5765681
山 西	65380743	46522539	42231159	4291380	2766483
内蒙古	57003516	38850909	34963125	3887784	3306181
辽 宁	72517046	52429334	46532282	5897053	2802435
吉 林	52350900	35404727	30762510	4642217	2058632
黑龙江	63626567	47168206	38611479	8556727	2177964
上 海	94754721	56118546	51638401	4480145	3846538
江 苏	214463906	157852138	141234797	16617342	6733340
浙 江	169685775	117121124	107481363	9639761	4843357
安 徽	118918471	78135616	66492227	11643390	5582088
福 建	95862730	65108531	59907365	5201166	2654387
江 西	111619675	63741245	56324294	7416951	4804212
山 东	206420160	152681980	136326577	16355403	6196572
河 南	168451531	104627370	92302752	12324617	10483307
湖 北	128313552	84701073	72677945	12023128	5958798
湖 南	126627398	87820282	74800469	13019813	7598089
广 东	309235657	213454153	182207676	31246477	9088572
广 西	97688752	60480759	50264487	10216272	7114607
海 南	26347343	15026384	13673954	1352431	903114
重 庆	75311568	48920920	41831102	7089818	5304676
四 川	160655044	109186434	90212297	18974137	11688867
贵 州	101274757	73436542	58621258	14815284	9385115
云 南	103131512	78961856	67046508	11915348	10640079
西 藏	23476539	15707958	11955387	3752571	3314290
陕 西	101053188	60254719	50504808	9749911	6675792
甘 肃	63991509	43126315	36685738	6440578	4373318
青 海	21347398	12525853	10908942	1616911	1317254
宁 夏	17119525	10615271	9136776	1478495	1253243
新 疆	92820350	63930789	53707381	10223408	6301908
大 连	11098615	8449662	7849098	600564	109756
宁 波	23294773	17141745	15972362	1169383	502134
厦 门	13445083	9229895	8559054	670841	181069
青 岛	23874610	17767503	16066719	1700785	280708
深 圳	63505148	34347307	26360090	7987217	1408294

基本建设支出明细(各级各类教育机构)

单位：千元

公用部分	商品和服务支出	其他资本性支出			基本建设支出
			专项公用支出	专项项目支出	
985590883	**542403344**	**443187540**	**177600651**	**265586889**	**80816351**
58021887	44644489	13377398	10733983	2643414	6512436
14315271	8723643	5591627	3374464	2217164	352919
39898173	20238774	19659399	6273239	13386160	1768288
18086526	11558198	6528328	3059708	3468620	771678
16616171	8065785	8550385	3272968	5277418	1536436
19010352	13495146	5515206	2965810	2549396	1077359
16252329	9505613	6746716	3065456	3681260	693844
15701459	9756640	5944820	2406935	3537885	756902
34846490	26143395	8703095	6432888	2270207	3789685
55258085	32305653	22952433	9727098	13225335	1353682
47981537	27239576	20741961	10870659	9871302	4583114
37973169	16727236	21245933	7103844	14142089	2809686
29538850	15155094	14383756	5272994	9110762	1215349
45974719	12803671	33171048	8282479	24888569	1903711
52681434	27552650	25128784	9433411	15695373	1056746
60762807	31855920	28906887	8916751	19990136	3061355
42749147	20403279	22345868	7594504	14751364	863332
37291050	19057143	18233908	6897253	11336655	1516065
78720622	50770488	27950134	14292405	13657730	17060882
34992488	14614958	20377530	7432710	12944821	2215505
9922747	5395746	4527001	2424578	2102422	1398212
23552371	15578929	7973442	3684679	4288763	2838278
48604389	27508353	21096035	8880350	12215686	2864222
26640472	13672894	12967578	3690939	9276639	1197743
22703364	11541317	11162047	3030657	8131390	1466292
5663730	2734163	2929567	934714	1994853	2104851
37048281	18966473	18081808	6535528	11546280	3750188
19634415	8652693	10981722	3407020	7574703	1230779
7188224	2477214	4711011	2281780	2429230	1633321
6246609	2735593	3511016	1650354	1860662	257645
21713715	12522618	9191098	3670493	5520605	7175846
2476505	2064611	411894	256423	155471	172448
5811878	3397410	2414468	925183	1489285	341150
3757659	2510174	1247485	538293	709192	457529
6107106	3111296	2995810	930015	2065796	
14142102	11367073	2775028	2665847	109182	15015739

6-2 一般公共预算教育事业费和

地 区	合 计	个人部分	工资福利支出	对个人和家庭的补助支出	#助学金
合 计	**3100469329**	**2113210973**	**1854947613**	**258263361**	**144813361**
北 京	103959618	63590313	61484900	2105412	1323970
天 津	42633849	29893033	27811773	2081260	890640
河 北	144480151	103436132	91944829	11491304	5699203
山 西	65378638	46520676	42229296	4291380	2766483
内蒙古	57003516	38850909	34963125	3887784	3306181
辽 宁	66769911	48924321	44263088	4661233	2217055
吉 林	47061614	32086279	28412220	3674059	1641965
黑龙江	58147626	43566086	36069711	7496375	1708831
上 海	77238322	46692445	43943526	2748920	2274312
江 苏	201894423	150304263	135748771	14555493	5384717
浙 江	164818040	114052740	105086037	8966703	4339392
安 徽	115658519	75901883	65116824	10785060	5158362
福 建	92718745	63250746	58661822	4588925	2372998
江 西	111619209	63741172	56324294	7416878	4804139
山 东	200391072	149452837	134239046	15213790	5671610
河 南	168106357	104524427	92217252	12307175	10478671
湖 北	113386370	76137379	67191285	8946094	4326276
湖 南	122347790	85214712	73039691	12175021	6959990
广 东	300533417	207986437	178297274	29689163	8432504
广 西	97688635	60480759	50264487	10216272	7114607
海 南	26345869	15026384	13673954	1352431	903114
重 庆	70477261	46047422	40020269	6027153	4841795
四 川	150603140	103132143	85862829	17269315	10829994
贵 州	101274757	73436542	58621258	14815284	9385115
云 南	103129996	78960696	67045349	11915348	10640079
西 藏	23476539	15707958	11955387	3752571	3314290
陕 西	90149171	53846930	46289075	7557854	5520206
甘 肃	61012824	41426504	35333467	6093037	4119703
青 海	21347055	12525520	10908942	1616579	1316922
宁 夏	16314051	10158554	8774477	1384077	1189810
新 疆	84502843	58334769	49153358	9181411	5880427
大 连	11097211	8449294	7848730	600564	109756
宁 波	23174353	17141745	15972362	1169383	502134
厦 门	13443583	9228445	8557604	670841	181069
青 岛	23874610	17767503	16066719	1700785	280708
深 圳	63505148	34347307	26360090	7987217	1408294

基本建设支出明细(地方各级各类教育机构)

单位：千元

公用部分					基本建设支出
	商品和服务支出	其他资本性支出			
			专项公用支出	专项项目支出	
913744388	**492925167**	**420819221**	**159044506**	**261774715**	**73513968**
35965461	27824360	8141101	6323135	1817966	4403844
12464352	7416287	5048065	2837683	2210382	276464
39332531	19932482	19400049	6116901	13283148	1711487
18086284	11558156	6528128	3059508	3468620	771678
16616171	8065785	8550385	3272968	5277418	1536436
17025976	12124955	4901021	2467297	2433724	819614
14500672	8164327	6336345	2714881	3621464	474663
13969103	8751968	5217135	1959478	3257657	612437
27399170	20640592	6758578	4773962	1984615	3146707
50673098	29429412	21243685	8148123	13095563	917062
46360444	26235298	20125146	10382171	9742975	4404855
37011674	16187325	20824349	6682260	14142089	2744962
28310184	14455611	13854573	4843588	9010986	1157815
45974326	12803277	33171048	8282479	24888569	1903711
50168588	25782016	24386572	8753725	15632847	769647
60658160	31764689	28893471	8903334	19990136	2923771
37160466	16732111	20428354	6099823	14328532	88526
35617012	18053197	17563816	6294802	11269013	1516065
75837665	49204911	26632754	13138625	13494129	16709316
34992371	14614841	20377530	7432710	12944821	2215505
9921273	5394676	4526597	2424423	2102174	1398212
21752777	14142504	7610273	3329176	4281097	2677063
45049448	25212065	19837382	7687973	12149410	2421549
26640472	13672894	12967578	3690939	9276639	1197743
22703007	11541015	11161993	3030603	8131390	1466292
5663730	2734163	2929567	934714	1994853	2104851
32809750	16301778	16507972	5287009	11220963	3492491
18527618	7901713	10625905	3110879	7515027	1058702
7188214	2477203	4711011	2281780	2429230	1633321
5922852	2590651	3332200	1506631	1825569	232645
19441540	11214904	8226637	3272924	4953712	6726534
2475469	2063575	411894	256423	155471	172448
5691458	3396990	2294468	925183	1369285	341150
3757609	2510124	1247485	538293	709192	457529
6107106	3111296	2995810	930015	2065796	
14142102	11367073	2775028	2665847	109182	15015739

6-3 一般公共预算教育事业费和

地区	合计	个人部分	工资福利支出	对个人和家庭的补助支出	#助学金
合 计	**665284106**	**372051306**	**278810157**	**93241149**	**68140893**
北 京	67606034	39542525	26900409	12642116	10936774
天 津	13585327	7327477	5440719	1886758	1079992
河 北	22438355	14001117	10584264	3416853	2236553
山 西	11690237	7175616	5578714	1596902	1341300
内蒙古	10623634	5794096	4388595	1405501	1290241
辽 宁	19427228	11456407	8589846	2866561	1986596
吉 林	15165349	8148118	6082759	2065358	1270764
黑龙江	16197806	10542068	7924928	2617140	1416947
上 海	37155241	17871609	14601709	3269901	2932751
江 苏	42523981	24979138	19776630	5202508	3853255
浙 江	28270717	15810062	12491021	3319041	2203663
安 徽	19553227	10251440	7484908	2766532	2071092
福 建	15869432	8372776	6391715	1981061	1346152
江 西	19040623	11161862	9036860	2125002	1690617
山 东	37144133	23637784	18331889	5305894	3062522
河 南	28261028	14171647	10807635	3364012	3115380
湖 北	32615016	18924320	13567366	5356954	3232018
湖 南	22797362	14878115	11577918	3300197	2407761
广 东	59996559	32068310	25709360	6358950	3233873
广 西	13474448	5140469	2709709	2430760	2111550
海 南	3647486	1711571	1226528	485043	418395
重 庆	14546439	8003457	5334497	2668960	1996596
四 川	29878308	18219823	13851137	4368686	3138029
贵 州	14558578	7829240	5263258	2565982	1884390
云 南	10999271	7486980	5670793	1816186	1620792
西 藏	3569846	1358535	925815	432719	406338
陕 西	25260276	13383857	9171670	4212187	2944935
甘 肃	12353593	5161501	3600320	1561181	1370270
青 海	3218871	1066411	856279	210132	156051
宁 夏	3109969	1529426	1079329	450098	384119
新 疆	10705731	5045550	3853577	1191972	1001180
大 连	690752	403118	348944	54174	41585
宁 波	2434558	1083285	827371	255914	134031
厦 门	1235952	522857	470945	51912	30679
青 岛	1051882	356933	247346	109587	75310
深 圳	15951619	4858047	4239079	618968	328140

基本建设支出明细(高等学校)

单位：千元

公用部分	商品和服务支出	其他资本性支出	专项公用支出	专项项目支出	基本建设支出
260998145	**152078313**	**108919832**	**75163009**	**33756823**	**32234655**
24592552	17197315	7395237	6292195	1103042	3470956
6073743	3717676	2356067	2210761	145306	184107
7349379	4204511	3144868	1913690	1231178	1087859
4365993	2730091	1635902	1054621	581281	148628
4545806	1740278	2805528	1431579	1373949	283731
7251608	5172515	2079093	1578374	500719	719213
6657910	4394059	2263850	1784603	479247	359322
5199029	3184981	2014048	1329936	684112	456709
16340335	11923014	4417321	3999477	417844	2943297
16733782	10595390	6138392	4386249	1752143	811061
11337334	6467811	4869523	3452958	1416565	1123322
8511007	3856662	4654344	2966841	1687503	790781
7304831	4078462	3226369	2134801	1091568	191825
7388209	3466802	3921407	1960225	1961182	490553
12873177	7128860	5744317	4443428	1300889	633172
13372456	8172188	5200268	4131825	1068443	716925
12831137	7137481	5693655	3249466	2444189	859559
7439270	3834505	3604765	2840756	764010	479976
19836039	9749035	10087004	5581125	4505880	8092210
8086621	3326383	4760238	2909549	1850688	247359
1696530	991973	704556	490181	214375	239386
6167713	4304766	1862948	1663230	199718	375269
10317137	5676315	4640822	3553758	1087064	1341348
6429404	3910723	2518681	1390239	1128442	299933
3419123	1928810	1490313	882382	607931	93169
752253	513831	238422	202276	36147	1459059
11068044	6845802	4222242	3139060	1083182	808375
6599643	2910211	3689432	1506517	2182915	592449
2132174	396667	1735507	1438148	297359	20287
1452143	734669	717474	566416	151058	128400
2873766	1786528	1087239	678345	408894	2786415
245092	130050	115042	81544	33497	42542
1224712	640560	584151	330780	253372	126561
634668	247046	387621	85209	302412	78428
694949	373386	321564	37623	283940	
3887263	2234855	1652408	1633673	18735	7206308

6-4 一般公共预算教育事业费和

地区	合计	个人部分	工资福利支出	对个人和家庭的补助支出	#助学金
合计	**492332330**	**269297136**	**209563635**	**59733501**	**45804972**
北京	21595842	11707740	10204780	1502960	965309
天津	8886456	4544656	3695228	849428	693113
河北	21042296	13226971	10002348	3224623	2170075
山西	11690237	7175616	5578714	1596902	1341300
内蒙古	10623634	5794096	4388595	1405501	1290241
辽宁	13681497	7951762	6321020	1630742	1401216
吉林	9984295	4905440	3801606	1103835	854099
黑龙江	11309538	7415073	5761045	1654028	952278
上海	19996636	8615988	7072489	1543500	1363607
江苏	29980624	17447412	14305387	3142025	2505771
浙江	23402982	12741678	10095695	2645983	1699698
安徽	16293519	8017894	6109647	1908247	1647411
福建	12778783	6528276	5157314	1370962	1066896
江西	19040623	11161862	9036860	2125002	1690617
山东	31115045	20408641	16244359	4164282	2537560
河南	27937143	14086897	10739806	3347091	3111265
湖北	18156602	10672765	8342932	2329833	1602065
湖南	18568778	12310754	9855199	2455555	1769728
广东	51332097	26626915	21819090	4807825	2578805
广西	13474448	5140469	2709709	2430760	2111550
海南	3647486	1711571	1226528	485043	418395
重庆	9866385	5245234	3627458	1617776	1534163
四川	19851218	12178412	9511157	2667256	2282413
贵州	14558578	7829240	5263258	2565982	1884390
云南	10999271	7486980	5670793	1816186	1620792
西藏	3569846	1358535	925815	432719	406338
陕西	14571885	7134706	5097493	2037212	1790177
甘肃	9391015	3475687	2260580	1215107	1117785
青海	3218871	1066411	856279	210132	156051
宁夏	2304495	1072709	717030	355680	320685
新疆	9462201	4256747	3165423	1091325	921178
大连	690752	403118	348944	54174	41585
宁波	2314138	1083285	827371	255914	134031
厦门	1235952	522857	470945	51912	30679
青岛	1051882	356933	247346	109587	75310
深圳	15951619	4858047	4239079	618968	328140

基本建设支出明细(地方高等学校)

单位：千元

公用部分	商品和服务支出	其他资本性支出	专项公用支出	专项项目支出	基本建设支出
197694810	**109890176**	**87804634**	**57220940**	**30583694**	**25340383**
8514178	6104225	2409953	2103025	306928	1373924
4234147	2417622	1816525	1675981	140544	107652
6784267	3898524	2885743	1757577	1128166	1031058
4365993	2730091	1635902	1054621	581281	148628
4545806	1740278	2805528	1431579	1373949	283731
5268268	3803360	1464908	1079861	385047	461467
4938713	3073833	1864880	1437730	427150	140141
3582221	2256566	1325655	897174	428481	312245
9080328	6572371	2507957	2375314	132643	2300320
12158770	7726712	4432058	2809687	1622371	374442
9716241	5463533	4252708	2964470	1288238	945063
7549569	3316781	4232787	2545284	1687503	726057
6116216	3416934	2699282	1707491	991791	134291
7388209	3466802	3921407	1960225	1961182	490553
10360331	5358226	5002105	3763743	1238362	346073
13270905	8084054	5186852	4118409	1068443	579342
7399084	3601813	3797271	1771511	2025760	84753
5778048	2840857	2937191	2238823	698368	479976
16964539	8193958	8770581	4428302	4342279	7740644
8086621	3326383	4760238	2909549	1850688	247359
1696530	991973	704556	490181	214375	239386
4407097	2893674	1513423	1321343	192080	214054
6774130	3387593	3386538	2361911	1024626	898676
6429404	3910723	2518681	1390239	1128442	299933
3419123	1928810	1490313	882382	607931	93169
752253	513831	238422	202276	36147	1459059
6886501	4224199	2662302	1897933	764369	550678
5494957	2160481	3334476	1210909	2123566	420371
2132174	396667	1735507	1438148	297359	20287
1128386	589727	538659	422693	115965	103400
2471800	1499576	972224	572566	399658	2733654
245092	130050	115042	81544	33497	42542
1104292	640140	464151	330780	133372	126561
634668	247046	387621	85209	302412	78428
694949	373386	321564	37623	283940	
3887263	2234855	1652408	1633673	18735	7206308

6-5 一般公共预算教育事业费和

地区	合计	个人部分	工资福利支出	对个人和家庭的补助支出	#助学金
合计	**657699939**	**366839679**	**274112319**	**92727359**	**67973502**
北京	66617476	38887173	26268379	12618794	10936702
天津	13397246	7164893	5290039	1874855	1078916
河北	21973869	13649212	10265909	3383303	2227405
山西	11565358	7077395	5483583	1593812	1339818
内蒙古	10524514	5738216	4334804	1403412	1288559
辽宁	19183936	11267161	8407713	2859448	1984984
吉林	14790727	7923766	5889378	2034388	1264652
黑龙江	15905333	10301342	7728797	2572545	1416892
上海	36536521	17524731	14258040	3266690	2932588
江苏	42440126	24916281	19717944	5198336	3852099
浙江	27690610	15379958	12079387	3300571	2196807
安徽	19362766	10140623	7382539	2758084	2064646
福建	15668639	8239998	6276844	1963154	1334230
江西	18775605	10980964	8871510	2109454	1677948
山东	37007248	23535571	18245839	5289732	3062270
河南	28165511	14095408	10734643	3360765	3114760
湖北	32540622	18860551	13514350	5346201	3227684
湖南	22557101	14731294	11450561	3280733	2407187
广东	59168097	31451986	25197837	6254149	3223982
广西	13345751	5084137	2664043	2420095	2105977
海南	3588809	1677458	1199898	477560	410945
重庆	14542468	8000698	5331798	2668900	1996596
四川	29610433	18051750	13696985	4354766	3136288
贵州	14354099	7708313	5179925	2528388	1855393
云南	10810643	7330486	5544691	1785795	1590433
西藏	3569846	1358535	925815	432719	406338
陕西	24956161	13245685	9053838	4191847	2927781
甘肃	12272991	5104036	3544825	1559210	1370270
青海	3200929	1050581	840449	210132	156051
宁夏	3109969	1529426	1079329	450098	384119
新疆	10466532	4832053	3652631	1179422	1001180
大连	591388	318833	266097	52735	41585
宁波	2300507	992941	740046	252895	132575
厦门	1233039	521888	469980	51907	30679
青岛	1025489	337115	230099	107016	75310
深圳	15889003	4809124	4202743	606381	328140

基本建设支出明细(普通高等学校)

单位：千元

公用部分	商品和服务支出	其他资本性支出	专项公用支出	专项项目支出	基本建设支出
258666811	**150379937**	**108286874**	**74766937**	**33519937**	**32193449**
24259347	16894646	7364701	6261659	1103042	3470956
6048246	3698478	2349768	2204462	145306	184107
7256236	4145211	3111025	1904602	1206423	1068420
4339335	2706194	1633141	1051860	581281	148628
4502567	1720229	2782338	1421811	1360526	283731
7199591	5128926	2070666	1569961	500704	717184
6515330	4288016	2227314	1765499	461815	351631
5147645	3153059	1994585	1321218	673367	456347
16068494	11674603	4393891	3980337	413554	2943297
16712784	10578441	6134343	4382526	1751817	811061
11187330	6367236	4820095	3442597	1377498	1123322
8431362	3794955	4636407	2950777	1685631	790781
7236816	4032566	3204250	2126034	1078216	191825
7304089	3431480	3872609	1930322	1942287	490553
12838505	7103967	5734538	4433649	1300889	633172
13353178	8157194	5195984	4128141	1067843	716925
12820512	7128196	5692316	3248326	2443991	859559
7348831	3786130	3562701	2809823	752878	476976
19623901	9613018	10010883	5530114	4480769	8092210
8014255	3276340	4737915	2887227	1850688	247359
1671966	970378	701588	487586	214002	239386
6166501	4303553	1862948	1663230	199718	375269
10217335	5601395	4615939	3541792	1074147	1341348
6354237	3862853	2491385	1367689	1123696	291549
3386987	1915049	1471939	879304	592634	93169
752253	513831	238422	202276	36147	1459059
10902100	6745459	4156641	3095799	1060842	808375
6576507	2894945	3681562	1498646	2182915	592449
2130062	396538	1733525	1436166	297359	20287
1452143	734669	717474	566416	151058	128400
2848365	1762383	1085982	677088	408894	2786115
230013	116093	113920	80437	33483	42542
1181005	618557	562448	326648	235800	126561
632724	245733	386991	84579	302412	78428
688374	367741	320633	36693	283940	
3873571	2225961	1647610	1628875	18735	7206308

6-6 一般公共预算教育事业费和

地 区	合 计	个人部分	工资福利支 出	对个人和家庭的补助支出	#助学金
合 计	**485028850**	**264257485**	**205027819**	**59229666**	**45637581**
北 京	20825252	11166167	9682224	1483944	965237
天 津	8698375	4382072	3544547	837525	692037
河 北	20577809	12875065	9683992	3191073	2160927
山 西	11565358	7077395	5483583	1593812	1339818
内蒙古	10524514	5738216	4334804	1403412	1288559
辽 宁	13438205	7762515	6138886	1623629	1399605
吉 林	9609673	4681089	3608225	1072864	847987
黑龙江	11017065	7174346	5564914	1609433	952223
上 海	19377916	8269109	6728820	1540289	1363443
江 苏	29896769	17384555	14246702	3137853	2504615
浙 江	22822874	12311573	9684061	2627513	1692842
安 徽	16103058	7907077	6007278	1899799	1640965
福 建	12577990	6395497	5042443	1353055	1054974
江 西	18775605	10980964	8871510	2109454	1677948
山 东	30978160	20306428	16158309	4148119	2537309
河 南	27841627	14010658	10666815	3343843	3110646
湖 北	18082208	10608996	8289916	2319080	1597732
湖 南	18328517	12163932	9727841	2436090	1769154
广 东	50503635	26010591	21307567	4703024	2568915
广 西	13345751	5084137	2664043	2420095	2105977
海 南	3588809	1677458	1199898	477560	410945
重 庆	9862414	5242475	3624759	1617716	1534163
四 川	19583343	12010340	9357005	2653335	2280672
贵 州	14354099	7708313	5179925	2528388	1855393
云 南	10810643	7330486	5544691	1785795	1590433
西 藏	3569846	1358535	925815	432719	406338
陕 西	14267771	6996535	4979662	2016872	1773024
甘 肃	9310414	3418222	2205085	1213137	1117785
青 海	3200929	1050581	840449	210132	156051
宁 夏	2304495	1072709	717030	355680	320685
新 疆	9285722	4101446	3017023	1084423	921178
大 连	591388	318833	266097	52735	41585
宁 波	2180087	992941	740046	252895	132575
厦 门	1233039	521888	469980	51907	30679
青 岛	1025489	337115	230099	107016	75310
深 圳	15889003	4809124	4202743	606381	328140

基本建设支出明细(地方普通高等学校)

单位：千元

公用部分	商品和服务支出	其他资本性支出	专项公用支出	专项项目支出	基本建设支出
195472187	**108299160**	**87173027**	**56826220**	**30346807**	**25299178**
8285160	5904391	2380769	2073841	306928	1373924
4208650	2398424	1810226	1669682	140544	107652
6691125	3839225	2851900	1748489	1103411	1011619
4339335	2706194	1633141	1051860	581281	148628
4502567	1720229	2782338	1421811	1360526	283731
5216251	3759770	1456481	1071449	385032	459439
4796134	2967790	1828344	1418627	409718	132450
3530837	2224644	1306192	888456	417736	311882
8808487	6323960	2484528	2356175	128353	2300320
12137773	7709763	4428010	2805965	1622045	374442
9566238	5362958	4203280	2954109	1249171	945063
7469924	3255074	4214850	2529220	1685631	726057
6048201	3371037	2677164	1698725	978439	134291
7304089	3431480	3872609	1930322	1942287	490553
10325659	5333333	4992326	3753963	1238362	346073
13251628	8069060	5182568	4114725	1067843	579342
7388459	3592527	3795932	1770371	2025561	84753
5687609	2792482	2895127	2207890	687237	476976
16752400	8057941	8694460	4377291	4317169	7740644
8014255	3276340	4737915	2887227	1850688	247359
1671966	970378	701588	487586	214002	239386
4405885	2892462	1513423	1321343	192080	214054
6674328	3312673	3361655	2349945	1011709	898676
6354237	3862853	2491385	1367689	1123696	291549
3386987	1915049	1471939	879304	592634	93169
752253	513831	238422	202276	36147	1459059
6720558	4123857	2596701	1854673	742028	550678
5471820	2145214	3326606	1203039	2123566	420371
2130062	396538	1733525	1436166	297359	20287
1128386	589727	538659	422693	115965	103400
2450923	1479955	970968	571309	399658	2733354
230013	116093	113920	80437	33483	42542
1060585	618137	442448	326648	115800	126561
632724	245733	386991	84579	302412	78428
688374	367741	320633	36693	283940	
3873571	2225961	1647610	1628875	18735	7206308

6-7 一般公共预算教育事业费和

地区	合计	个人部分	工资福利支出	对个人和家庭的补助支出	#助学金
合计	521598743	293047913	215717595	77330317	56030463
北京	63252132	37000694	24529981	12470713	10856575
天津	11203989	5790146	4109237	1680909	929950
河北	16053974	10382569	7706949	2675619	1751586
山西	8700569	5345868	4088642	1257226	1056172
内蒙古	7189359	3944946	2932384	1012562	912695
辽宁	16171770	9656397	7018125	2638272	1778294
吉林	13029475	7007978	5233034	1774944	1125137
黑龙江	13570958	8705187	6499016	2206171	1207598
上海	34896779	16981441	13810287	3171155	2852208
江苏	31690761	18820765	14441892	4378873	3221561
浙江	22319331	12218399	9373047	2845352	1804885
安徽	13069609	7489761	5392212	2097548	1496047
福建	12272027	6735521	5035726	1699795	1127924
江西	13470979	7940996	6383323	1557673	1235040
山东	27570009	17211160	13170431	4040728	2273193
河南	19431210	9513887	7012992	2500895	2346011
湖北	26669857	15681653	11040104	4641549	2749370
湖南	14874001	10144662	7777745	2366918	1761327
广东	46954150	23682882	18691198	4991684	2527551
广西	8699723	3790196	1892377	1897819	1639626
海南	3065918	1438075	1042483	395593	332135
重庆	11208133	6375807	4264877	2110930	1458068
四川	23262791	14603881	11125380	3478500	2390179
贵州	9732557	5339872	3614643	1725228	1224907
云南	8150369	5635504	4338710	1296794	1122023
西藏	3219133	1112243	715214	397030	372716
陕西	21114037	11393796	7711422	3682375	2483934
甘肃	8507664	3905019	2823566	1081453	970043
青海	2296132	788626	615000	173626	121154
宁夏	2336129	1124347	813100	311247	247926
新疆	7615219	3285635	2514496	771139	654626
大连	439080	238273	195564	42709	32033
宁波	1577002	668303	454764	213540	95651
厦门	914217	415215	373407	41807	24652
青岛	707402	111981	49266	62716	54527
深圳	14005158	3612177	3075788	536389	302101

基本建设支出明细(普通高等本科学校)

单位：千元

公用部分	商品和服务支出	其他资本性支出	专项公用支出	专项项目支出	基本建设支出
199653653	**122789367**	**76864286**	**56945756**	**19918530**	**28897177**
22863389	15959138	6904251	5856098	1048152	3388049
5229735	3234319	1995416	1850556	144860	184107
5083484	3174229	1909256	1271641	637615	587921
3216429	2039101	1177328	818591	358737	138272
3155928	1126376	2029553	1040291	989261	88485
5834137	4328298	1505839	1162532	343307	681237
5669867	3800447	1869420	1541833	327587	351631
4456003	2688044	1767959	1139461	628498	409768
15028471	10832713	4195758	3785481	410277	2886866
12123737	7888193	4235545	3204381	1031164	746259
9136034	5193106	3942928	2871329	1071599	964898
5050720	2546933	2503787	1788861	714925	529128
5404389	3328726	2075663	1583197	492466	132117
5216277	2490482	2725795	1272613	1453182	313705
9751268	5646285	4104982	3563896	541087	607582
9308434	6134190	3174244	2675133	499112	608889
10128645	6181912	3946733	2451482	1495251	859559
4358400	2621153	1737247	1324662	412585	370938
15629602	7765254	7864349	4479439	3384909	7641666
4698752	2338285	2360467	1955047	405420	210775
1391037	783940	607097	406383	200714	236806
4563428	3320979	1242449	1167740	74709	268899
7639806	4422669	3217137	2547505	669632	1019104
4179710	3090800	1088911	759355	329556	212976
2451450	1425319	1026130	730121	296009	63416
659271	443595	215676	182340	33336	1447618
8954262	5655672	3298590	2562160	736430	765979
4070197	2388636	1681560	1007378	674182	532449
1507506	262908	1244598	958843	285755	
1111781	559701	552080	460528	91552	100000
1781504	1117964	663540	526879	136661	2548080
158266	78479	79787	59599	20188	42542
864025	424395	439630	237625	202005	44673
450575	166576	283999	77689	206310	48428
595420	335802	259618	11873	247746	
3488941	1933891	1555049	1536463	18587	6904040

6-8 一般公共预算教育事业费和

地 区	合 计	个人部分	工资福利支出	对个人和家庭的补助支出	#助学金
合 计	**350033368**	**190965942**	**147018844**	**43947098**	**33785016**
北 京	17660999	9339803	7998851	1340952	889822
天 津	6505117	3007325	2363746	643580	543071
河 北	14657914	9608422	7125033	2483389	1685109
山 西	8700569	5345868	4088642	1257226	1056172
内蒙古	7189359	3944946	2932384	1012562	912695
辽 宁	10426039	6151751	4749299	1402452	1192915
吉 林	7848421	3765300	2951880	813420	708471
黑龙江	8755095	5632319	4371457	1260862	750240
上 海	17825276	7775902	6327535	1448367	1286678
江 苏	19147404	11289039	8970649	2318390	1874076
浙 江	17451595	9150015	6977721	2172293	1300921
安 徽	9809901	5256215	4016952	1239263	1072367
福 建	9181378	4891021	3801325	1089696	848668
江 西	13470979	7940996	6383323	1557673	1235040
山 东	21540921	13982017	11082901	2899116	1748231
河 南	19107325	9429137	6945164	2483973	2341897
湖 北	12244829	7456817	5815670	1641148	1144501
湖 南	10691403	7604990	6082704	1522286	1123294
广 东	38574324	18330596	14882021	3448575	1880499
广 西	8699723	3790196	1892377	1897819	1639626
海 南	3065918	1438075	1042483	395593	332135
重 庆	6592208	3631441	2557838	1073603	1009493
四 川	13389962	8657995	6860500	1797495	1552689
贵 州	9732557	5339872	3614643	1725228	1224907
云 南	8150369	5635504	4338710	1296794	1122023
西 藏	3219133	1112243	715214	397030	372716
陕 西	10425647	5144646	3637246	1507400	1329177
甘 肃	5545087	2219206	1483826	735379	717557
青 海	2296132	788626	615000	173626	121154
宁 夏	1530655	667630	450802	216829	184493
新 疆	6597126	2638028	1942948	695080	584378
大 连	439080	238273	195564	42709	32033
宁 波	1456582	668303	454764	213540	95651
厦 门	914217	415215	373407	41807	24652
青 岛	707402	111981	49266	62716	54527
深 圳	14005158	3612177	3075788	536389	302101

基本建设支出明细(地方普通高等本科学校)

单位：千元

公用部分					基本建设支出
	商品和服务支出	其他资本性支出			
			专项公用支出	专项项目支出	
136834931	**81007597**	**55827334**	**39075242**	**16752093**	**22232495**
6964884	5028728	1936157	1684118	252038	1356311
3390140	1934265	1455875	1315777	140098	107652
4518373	2868242	1650131	1115528	534603	531119
3216429	2039101	1177328	818591	358737	138272
3155928	1126376	2029553	1040291	989261	88485
3850797	2959143	891654	664019	227635	423491
3950671	2480220	1470450	1194960	275490	132450
2857474	1773550	1083924	708755	375168	265303
7805485	5516928	2288557	2163481	125076	2243889
7548726	5019515	2529211	1627819	901392	309639
7514941	4188828	3326113	2382841	943272	786640
4089282	2007052	2082230	1367304	714925	464404
4215774	2667198	1548576	1155888	392689	74583
5216277	2490482	2725795	1272613	1453182	313705
7238422	3875652	3362770	2884210	478560	320482
9206883	6046055	3160828	2661716	499112	471305
4703259	2647341	2055918	977617	1078302	84753
2715475	1631415	1084059	737116	346943	370938
12821396	6263375	6558021	3336712	3221309	7422332
4698752	2338285	2360467	1955047	405420	210775
1391037	783940	607097	406383	200714	236806
2853083	1960159	892924	825853	67071	107684
4155536	2190857	1964679	1357485	607194	576432
4179710	3090800	1088911	759355	329556	212976
2451450	1425319	1026130	730121	296009	63416
659271	443595	215676	182340	33336	1447618
4772719	3034069	1738650	1321034	417616	508282
2965510	1638906	1326605	711771	614833	360371
1507506	262908	1244598	958843	285755	
788025	414760	373265	316805	56459	75000
1431717	860532	571184	440848	130336	2527382
158266	78479	79787	59599	20188	42542
743605	423975	319630	237625	82005	44673
450575	166576	283999	77689	206310	48428
595420	335802	259618	11873	247746	
3488941	1933891	1555049	1536463	18587	6904040

6-9 一般公共预算教育事业费和

地区	合计	个人部分	工资福利支出	对个人和家庭的补助支出	#助学金
合计	**136101196**	**73791766**	**58394724**	**15397042**	**11943039**
北京	3365344	1886479	1738398	148082	80128
天津	2193257	1374747	1180801	193945	148966
河北	5919895	3266644	2558960	707684	475819
山西	2864788	1731527	1394940	336586	283645
内蒙古	3335155	1793270	1402419	390851	375863
辽宁	3012166	1610764	1389587	221177	206690
吉林	1761252	915788	656344	259444	139516
黑龙江	2334376	1596155	1229781	366374	209294
上海	1639743	543289	447753	95536	80379
江苏	10749365	6095516	5276053	819463	630539
浙江	5371279	3161559	2706340	455219	391921
安徽	6293157	2650862	1990326	660536	568599
福建	3396612	1504476	1241118	263359	206306
江西	5304626	3039967	2488186	551781	442908
山东	9437239	6324411	5075408	1249003	789077
河南	8734302	4581521	3721651	859870	768749
湖北	5870765	3178898	2474246	704652	478314
湖南	7683100	4586631	3672816	913815	645860
广东	12213946	7769104	6506639	1262465	696431
广西	4646028	1293941	771665	522276	466351
海南	522891	239382	157415	81967	78810
重庆	3334335	1624891	1066921	557970	538528
四川	6347642	3447870	2571604	876265	746109
贵州	4621542	2368441	1565281	803160	630486
云南	2660274	1694983	1205981	489001	468410
西藏	350713	246291	210601	35690	33621
陕西	3842124	1851889	1342417	509473	443847
甘肃	3765327	1199017	721259	477758	400227
青海	904797	261955	225449	36506	34897
宁夏	773841	405079	266228	138851	136192
新疆	2851314	1546418	1138135	408283	346554
大连	152307	80560	70533	10027	9552
宁波	723505	324637	285282	39355	36925
厦门	318822	106673	96573	10100	6027
青岛	318087	225133	180833	44300	20783
深圳	1883846	1196948	1126955	69992	26039

基本建设支出明细(普通高职高专学校)

单位：千元

公用部分	商品和服务支出	其他资本性支出	专项公用支出	专项项目支出	基本建设支出
59013158	**27590570**	**31422587**	**17821181**	**13601407**	**3296272**
1395958	935508	460450	405561	54890	82907
818511	464159	354352	353905	446	
2172752	970982	1201769	632962	568808	480500
1122906	667093	455813	233268	222544	10355
1346639	593854	752785	381520	371265	195246
1365454	800628	564827	407430	157397	35947
845463	487569	357894	223667	134228	
691642	465015	226626	181757	44869	46579
1040022	841890	198133	194856	3277	56431
4589047	2690248	1898799	1178145	720654	64803
2051297	1174130	877167	571268	305899	158423
3380642	1248022	2132621	1161915	970706	261653
1832427	703839	1128588	542837	585750	59708
2087811	940998	1146814	657709	489105	176848
3087237	1457682	1629555	869753	759802	25591
4044744	2023004	2021740	1453009	568731	108037
2691867	946283	1745584	796844	948740	
2990430	1164976	1825454	1485161	340293	106038
3994299	1847764	2146535	1050675	1095860	450544
3315503	938055	2377449	932180	1445268	36584
280929	186439	94491	81202	13288	2580
1603074	982574	620499	495490	125009	106370
2577529	1178727	1398802	994287	404515	322244
2174527	772053	1402474	608334	794140	78573
935538	489729	445808	149183	296625	29753
92981	70235	22746	19936	2810	11440
1947839	1089788	858051	533639	324411	42396
2506310	506309	2000001	491268	1508733	60000
622556	133630	488926	477322	11604	20287
340361	174967	165394	105888	59506	28400
1066861	644419	422442	150210	272233	238035
71748	37615	34133	20838	13295	
316980	194162	122818	89023	33795	81888
182149	79157	102992	6890	96102	30000
92954	31940	61014	24820	36195	
384631	292070	92561	92412	149	302267

6-10 一般公共预算教育事业费和

地区	合计	个人部分	工资福利支出	对个人和家庭的补助支出	#助学金
合计	**134995482**	**73291543**	**58008975**	**15282568**	**11852564**
北京	3164253	1826364	1683372	142992	75415
天津	2193257	1374747	1180801	193945	148966
河北	5919895	3266644	2558960	707684	475819
山西	2864788	1731527	1394940	336586	283645
内蒙古	3335155	1793270	1402419	390851	375863
辽宁	3012166	1610764	1389587	221177	206690
吉林	1761252	915788	656344	259444	139516
黑龙江	2261970	1542028	1193456	348571	201983
上海	1552641	493207	401285	91923	76766
江苏	10749365	6095516	5276053	819463	630539
浙江	5371279	3161559	2706340	455219	391921
安徽	6293157	2650862	1990326	660536	568599
福建	3396612	1504476	1241118	263359	206306
江西	5304626	3039967	2488186	551781	442908
山东	9437239	6324411	5075408	1249003	789077
河南	8734302	4581521	3721651	859870	768749
湖北	5837379	3152179	2474246	677933	453230
湖南	7637114	4558942	3645138	913804	645860
广东	11929311	7679995	6425546	1254449	688415
广西	4646028	1293941	771665	522276	466351
海南	522891	239382	157415	81967	78810
重庆	3270206	1611034	1066921	544113	524671
四川	6193381	3352346	2496505	855841	727983
贵州	4621542	2368441	1565281	803160	630486
云南	2660274	1694983	1205981	489001	468410
西藏	350713	246291	210601	35690	33621
陕西	3842124	1851889	1342417	509473	443847
甘肃	3765327	1199017	721259	477758	400227
青海	904797	261955	225449	36506	34897
宁夏	773841	405079	266228	138851	136192
新疆	2688596	1463418	1074075	389343	336800
大连	152307	80560	70533	10027	9552
宁波	723505	324637	285282	39355	36925
厦门	318822	106673	96573	10100	6027
青岛	318087	225133	180833	44300	20783
深圳	1883846	1196948	1126955	69992	26039

基本建设支出明细(地方普通高职高专学校)

单位：千元

公用部分	商品和服务支出	其他资本性支出	专项公用支出	专项项目支出	基本建设支出
58637256	**27291563**	**31345693**	**17750978**	**13594715**	**3066683**
1320276	875664	444612	389723	54890	17613
818511	464159	354352	353905	446	
2172752	970982	1201769	632962	568808	480500
1122906	667093	455813	233268	222544	10355
1346639	593854	752785	381520	371265	195246
1365454	800628	564827	407430	157397	35947
845463	487569	357894	223667	134228	
673363	451094	222269	179701	42568	46579
1003002	807031	195971	192694	3277	56431
4589047	2690248	1898799	1178145	720654	64803
2051297	1174130	877167	571268	305899	158423
3380642	1248022	2132621	1161915	970706	261653
1832427	703839	1128588	542837	585750	59708
2087811	940998	1146814	657709	489105	176848
3087237	1457682	1629555	869753	759802	25591
4044744	2023004	2021740	1453009	568731	108037
2685200	945186	1740014	792754	947260	
2972134	1161067	1811068	1470774	340293	106038
3931005	1794566	2136439	1040579	1095860	318311
3315503	938055	2377449	932180	1445268	36584
280929	186439	94491	81202	13288	2580
1552802	932303	620499	495490	125009	106370
2518792	1121816	1396976	992461	404515	322244
2174527	772053	1402474	608334	794140	78573
935538	489729	445808	149183	296625	29753
92981	70235	22746	19936	2810	11440
1947839	1089788	858051	533639	324411	42396
2506310	506309	2000001	491268	1508733	60000
622556	133630	488926	477322	11604	20287
340361	174967	165394	105888	59506	28400
1019206	619423	399783	130461	269322	205972
71748	37615	34133	20838	13295	
316980	194162	122818	89023	33795	81888
182149	79157	102992	6890	96102	30000
92954	31940	61014	24820	36195	
384631	292070	92561	92412	149	302267

6-11 一般公共预算教育事业费和

地 区	合 计	个人部分	工资福利支出	对个人和家庭的补助支出	#助学金
合 计	**7584167**	**5211627**	**4697837**	**513790**	**167391**
北 京	988558	655352	632031	23322	72
天 津	188081	162584	150681	11903	1075
河 北	464487	351905	318355	33550	9148
山 西	124880	98221	95131	3090	1482
内蒙古	99120	55880	53792	2089	1682
辽 宁	243292	189246	182133	7113	1611
吉 林	374622	224352	193381	30970	6112
黑龙江	292473	240726	196131	44596	55
上 海	618720	346879	343669	3210	164
江 苏	83855	62857	58686	4171	1156
浙 江	580107	430104	411634	18470	6856
安 徽	190461	110817	102369	8448	6446
福 建	200793	132779	114871	17908	11922
江 西	265018	180898	165350	15547	12669
山 东	136885	102213	86050	16163	251
河 南	95516	76239	72991	3248	619
湖 北	74393	63769	53016	10753	4333
湖 南	240261	146822	127357	19464	574
广 东	828462	616324	511523	104801	9891
广 西	128697	56332	45666	10666	5574
海 南	58676	34113	26630	7483	7449
重 庆	3971	2759	2698	60	
四 川	267874	168072	154152	13920	1741
贵 州	204479	120927	83333	37594	28997
云 南	188629	156493	126102	30391	30359
西 藏					
陕 西	304115	138171	117831	20340	17153
甘 肃	80602	57465	55495	1970	
青 海	17942	15830	15830		
宁 夏					
新 疆	239198	213497	200947	12550	
大 连	99364	84285	82847	1439	
宁 波	134051	90344	87326	3018	1455
厦 门	2913	970	965	5	
青 岛	26393	19818	17247	2571	
深 圳	62615	48923	36336	12587	

基本建设支出明细(成人高等学校)

单位：千元

公用部分	商品和服务支出	其他资本性支出	专项公用支出	专项项目支出	基本建设支出
2331334	**1698376**	**632958**	**396072**	**236887**	**41206**
333206	302670	30536	30536		
25497	19198	6299	6299		
93143	59300	33843	9088	24755	19439
26658	23897	2761	2761		
43239	20049	23191	9768	13423	
52016	43589	8427	8412	15	2029
142579	106043	36536	19104	17432	7691
51384	31921	19463	8718	10745	362
271841	248411	23430	19140	4290	
20998	16950	4048	3723	326	
150003	100575	49428	10362	39066	
79645	61708	17937	16065	1872	
68015	45896	22118	8766	13352	
84120	35322	48799	29903	18895	
34672	24893	9779	9779		
19277	14994	4284	3684	600	
10625	9286	1339	1140	198	
90439	48375	42065	30933	11132	3000
212138	136017	76121	51011	25111	
72365	50043	22322	22322		
24563	21595	2969	2596	373	
1212	1212				
99802	74919	24883	11966	12917	
75167	47870	27297	22550	4747	8385
32135	13761	18374	3078	15297	
165943	100342	65601	43260	22341	
23136	15266	7870	7870		
2112	129	1983	1983		
25401	24144	1257	1257		300
15079	13957	1122	1107	15	
43707	22003	21704	4132	17572	
1943	1314	630	630		
6575	5644	931	931		
13692	8894	4798	4798		

6-12 一般公共预算教育事业费和

地区	合计	个人部分	工资福利支出	对个人和家庭的补助支出	#助学金
合计	**7303480**	**5039652**	**4535816**	**503835**	**167391**
北京	770591	541573	522557	19016	72
天津	188081	162584	150681	11903	1075
河北	464487	351905	318355	33550	9148
山西	124880	98221	95131	3090	1482
内蒙古	99120	55880	53792	2089	1682
辽宁	243292	189246	182133	7113	1611
吉林	374622	224352	193381	30970	6112
黑龙江	292473	240726	196131	44596	55
上海	618720	346879	343669	3210	164
江苏	83855	62857	58686	4171	1156
浙江	580107	430104	411634	18470	6856
安徽	190461	110817	102369	8448	6446
福建	200793	132779	114871	17908	11922
江西	265018	180898	165350	15547	12669
山东	136885	102213	86050	16163	251
河南	95516	76239	72991	3248	619
湖北	74393	63769	53016	10753	4333
湖南	240261	146822	127357	19464	574
广东	828462	616324	511523	104801	9891
广西	128697	56332	45666	10666	5574
海南	58676	34113	26630	7483	7449
重庆	3971	2759	2698	60	
四川	267874	168072	154152	13920	1741
贵州	204479	120927	83333	37594	28997
云南	188629	156493	126102	30391	30359
西藏					
陕西	304115	138171	117831	20340	17153
甘肃	80602	57465	55495	1970	
青海	17942	15830	15830		
宁夏					
新疆	176479	155301	148400	6901	
大连	99364	84285	82847	1439	
宁波	134051	90344	87326	3018	1455
厦门	2913	970	965	5	
青岛	26393	19818	17247	2571	
深圳	62615	48923	36336	12587	

基本建设支出明细(地方成人高等学校)

单位：千元

公用部分	商品和服务支出	其他资本性支出	专项公用支出	专项项目支出	基本建设支出
2222623	**1591016**	**631607**	**394720**	**236887**	**41206**
229018	199834	29184	29184		
25497	19198	6299	6299		
93143	59300	33843	9088	24755	19439
26658	23897	2761	2761		
43239	20049	23191	9768	13423	
52016	43589	8427	8412	15	2029
142579	106043	36536	19104	17432	7691
51384	31921	19463	8718	10745	362
271841	248411	23430	19140	4290	
20998	16950	4048	3723	326	
150003	100575	49428	10362	39066	
79645	61708	17937	16065	1872	
68015	45896	22118	8766	13352	
84120	35322	48799	29903	18895	
34672	24893	9779	9779		
19277	14994	4284	3684	600	
10625	9286	1339	1140	198	
90439	48375	42065	30933	11132	3000
212138	136017	76121	51011	25111	
72365	50043	22322	22322		
24563	21595	2969	2596	373	
1212	1212				
99802	74919	24883	11966	12917	
75167	47870	27297	22550	4747	8385
32135	13761	18374	3078	15297	
165943	100342	65601	43260	22341	
23136	15266	7870	7870		
2112	129	1983	1983		
20877	19621	1257	1257		300
15079	13957	1122	1107	15	
43707	22003	21704	4132	17572	
1943	1314	630	630		
6575	5644	931	931		
13692	8894	4798	4798		

6-13 一般公共预算教育事业费和

地区	合计	个人部分			
			工资福利支出	对个人和家庭的补助支出	
					#助学金
合计	**185436694**	**115751591**	**100024712**	**15726878**	**9661675**
北京	5223445	3375844	3228611	147233	55882
天津	2193060	1591973	1463510	128463	48161
河北	10733057	7047165	6364739	682427	299198
山西	4568616	2843450	2598989	244460	177710
内蒙古	3177485	1969779	1710150	259629	240239
辽宁	4145956	2810919	2440397	370522	107084
吉林	3004868	1956100	1690095	266005	149102
黑龙江	3079647	2150257	1773419	376837	78242
上海	3224765	2250197	2128054	122143	93472
江苏	14047293	9663130	8967206	695924	209706
浙江	12670978	8188049	7834421	353628	197909
安徽	7147666	3653270	2791929	861342	588807
福建	5432410	3377826	3127427	250399	87346
江西	4911897	2325146	1893960	431186	346165
山东	13843022	9286107	8292465	993641	365338
河南	9722502	5624950	4946508	678443	575622
湖北	5853145	3396601	2904111	492490	308624
湖南	7236822	4520270	3605134	915136	633167
广东	20409727	13593868	11821143	1772724	419383
广西	5770994	3010943	2539101	471843	380150
海南	1748087	869710	744280	125430	110152
重庆	4729542	2612190	1982999	629191	561745
四川	8162005	4962412	3981944	980468	700721
贵州	3966110	2288787	1613354	675433	557001
云南	6263239	4133010	3154338	978671	889672
西藏	786531	551609	390811	160798	146452
陕西	3796434	2364306	1960113	404192	310563
甘肃	2943106	1835042	1552337	282706	219998
青海	1193237	474832	345886	128946	106437
宁夏	908698	465791	335488	130303	124605
新疆	4542353	2558056	1841793	716263	573026
大连	976186	593483	572279	21204	14990
宁波	2428570	1495510	1453027	42483	21744
厦门	919860	603576	537872	65703	9202
青岛	2049358	1568929	1408680	160248	32688
深圳	2057904	1272589	948988	323601	62408

基本建设支出明细(中等职业学校)

单位：千元

公用部分	商品和服务支出	其他资本性支出	专项公用支出	专项项目支出	基本建设支出
65196363	**36148734**	**29047629**	**14221407**	**14826222**	**4488740**
1831029	1142512	688517	518483	170033	16572
601087	363404	237683	214356	23328	
3619205	1740267	1878938	493680	1385258	66686
1595536	982458	613078	328552	284526	129630
1109015	590883	518132	261468	256664	98691
1285382	902695	382688	117896	264791	49655
1007223	527399	479824	230262	249561	41545
844418	536657	307761	132262	175500	84973
972199	828429	143770	83437	60333	2369
4279441	2405424	1874017	946971	927046	104721
3770591	2228838	1541752	959986	581766	712338
2644879	1326029	1318850	615334	703516	849517
2033468	1026458	1007010	415549	591461	21115
2477444	741274	1736170	536315	1199855	109307
4472620	2861146	1611474	711618	899856	84295
4027660	2318492	1709169	803442	905727	69891
2456544	1065583	1390961	701673	689288	
2570919	1485995	1084924	400172	684752	145633
6486258	4024763	2461495	1449956	1011539	329601
2396628	1101133	1295495	873369	422126	363422
846104	483244	362860	307090	55770	32274
1839993	1174194	665799	256951	408848	277359
3103641	1795012	1308629	797956	510673	95952
1510904	795120	715783	249495	466289	166419
1984075	1035572	948503	511036	437467	146154
208834	111415	97419	84972	12447	26087
1408340	739448	668891	238246	430645	23788
1076704	463742	612962	218426	394536	31360
589149	183939	405210	222202	183009	129255
416907	187138	229769	159862	69908	26000
1730166	980073	750094	380391	369703	254130
355118	270685	84433	13226	71207	27585
719211	417496	301716	116790	184926	213849
312084	253564	58521	38156	20365	4200
480429	336322	144107	57968	86139	
695573	584165	111408	99687	11721	89742

6-14 一般公共预算教育事业费和

地区	合计	个人部分	工资福利支出	对个人和家庭的补助支出	#助学金
合 计	**184820249**	**115402528**	**99747057**	**15655470**	**9622225**
北 京	5130442	3323905	3181000	142905	54262
天 津	2191534	1591156	1462949	128207	47904
河 北	10727949	7042057	6359631	682427	299198
山 西	4568616	2843450	2598989	244460	177710
内蒙古	3177485	1969779	1710150	259629	240239
辽 宁	4145956	2810919	2440397	370522	107084
吉 林	3004868	1956100	1690095	266005	149102
黑龙江	3022633	2102706	1728594	374112	77797
上 海	3222535	2247967	2125824	122143	93472
江 苏	14038422	9661867	8966910	694957	208739
浙 江	12670978	8188049	7834421	353628	197909
安 徽	7147449	3653083	2791786	861297	588762
福 建	5432410	3377826	3127427	250399	87346
江 西	4911431	2325074	1893960	431114	346093
山 东	13843022	9286107	8292465	993641	365338
河 南	9718952	5622452	4944233	678219	575398
湖 北	5844434	3390954	2904111	486843	306280
湖 南	7236822	4520270	3605134	915136	633167
广 东	20372615	13567968	11801391	1766577	418423
广 西	5770994	3010943	2539101	471843	380150
海 南	1748087	869710	744280	125430	110152
重 庆	4729542	2612190	1982999	629191	561745
四 川	8139128	4949796	3972456	977341	697594
贵 州	3966110	2288787	1613354	675433	557001
云 南	6263239	4133010	3154338	978671	889672
西 藏	786531	551609	390811	160798	146452
陕 西	3795706	2364207	1960113	404094	310464
甘 肃	2943106	1835042	1552337	282706	219998
青 海	1193237	474832	345886	128946	106437
宁 夏	908698	465791	335488	130303	124605
新 疆	4167321	2364920	1696427	668493	543735
大 连	976186	593483	572279	21204	14990
宁 波	2428570	1495510	1453027	42483	21744
厦 门	919860	603576	537872	65703	9202
青 岛	2049358	1568929	1408680	160248	32688
深 圳	2057904	1272589	948988	323601	62408

基本建设支出明细(地方中等职业学校)

单位：千元

公用部分	商品和服务支出	其他资本性支出	专项公用支出	专项项目支出	基本建设支出
64954166	**35984919**	**28969247**	**14183736**	**14785511**	**4463555**
1789964	1104433	685531	515498	170033	16572
600378	362695	237683	214356	23328	
3619205	1740267	1878938	493680	1385258	66686
1595536	982458	613078	328552	284526	129630
1109015	590883	518132	261468	256664	98691
1285382	902695	382688	117896	264791	49655
1007223	527399	479824	230262	249561	41545
834955	528269	306685	131787	174899	84973
972199	828429	143770	83437	60333	2369
4271833	2399641	1872192	945146	927046	104721
3770591	2228838	1541752	959986	581766	712338
2644850	1326000	1318850	615334	703516	849517
2033468	1026458	1007010	415549	591461	21115
2477050	740880	1736170	536315	1199855	109307
4472620	2861146	1611474	711618	899856	84295
4026609	2317441	1709169	803442	905727	69891
2453479	1062518	1390961	701673	689288	
2570919	1485995	1084924	400172	684752	145633
6475045	4014491	2460554	1449016	1011539	329601
2396628	1101133	1295495	873369	422126	363422
846104	483244	362860	307090	55770	32274
1839993	1174194	665799	256951	408848	277359
3093380	1788855	1304525	797690	506835	95952
1510904	795120	715783	249495	466289	166419
1984075	1035572	948503	511036	437467	146154
208834	111415	97419	84972	12447	26087
1407711	738819	668891	238246	430645	23788
1076704	463742	612962	218426	394536	31360
589149	183939	405210	222202	183009	129255
416907	187138	229769	159862	69908	26000
1573456	890813	682644	349213	333431	228944
355118	270685	84433	13226	71207	27585
719211	417496	301716	116790	184926	213849
312084	253564	58521	38156	20365	4200
480429	336322	144107	57968	86139	
695573	584165	111408	99687	11721	89742

6-15 一般公共预算教育事业费和

地 区	合 计	个人部分	工资福利支出	对个人和家庭的补助支出	#助学金
合 计	**86765589**	**53055504**	**45024728**	**8030776**	**5064402**
北 京	1807258	1137229	1053317	83912	27767
天 津	1359838	913981	850060	63921	29580
河 北	3227259	2159298	1839829	319468	150129
山 西	1737312	1093740	994312	99428	76038
内蒙古	1200215	688625	556387	132238	124430
辽 宁	2241584	1556072	1280661	275412	47793
吉 林	1007789	623058	522053	101004	65834
黑龙江	852002	573324	460511	112813	46295
上 海	1753050	1333399	1263286	70114	59241
江 苏	10094422	6945549	6429277	516271	148682
浙 江	2050498	1227218	1158436	68782	41418
安 徽	5831165	2855900	2209411	646489	439519
福 建	4049737	2549043	2375187	173856	71564
江 西	2963965	1522219	1256064	266155	214089
山 东	6371312	4332447	3819038	513409	238294
河 南	3779804	2204570	1803872	400698	342052
湖 北	3689203	2115718	1808879	306839	204623
湖 南	1353581	733814	570132	163682	120778
广 东	9838781	6497292	5649706	847586	232375
广 西	4166868	2207701	1852982	354719	289056
海 南	1028873	500112	434592	65520	57687
重 庆	595359	316770	213759	103011	84633
四 川	2929321	1667560	1303284	364277	261622
贵 州	1617517	876777	564170	312607	251452
云 南	2660867	1721040	1176423	544617	501535
西 藏	784931	551609	390811	160798	146452
陕 西	762088	389219	334977	54242	46261
甘 肃	2147421	1254787	1069001	185786	140955
青 海	1188547	470709	345433	125277	102767
宁 夏	410776	243894	161499	82395	80843
新 疆	3264247	1792828	1277378	515450	420639
大 连	517514	300473	294749	5725	2984
宁 波	675258	316388	311329	5059	2347
厦 门	802374	535780	499150	36630	8467
青 岛	197057	158260	132781	25478	1215
深 圳	475920	340287	279986	60301	8584

基本建设支出明细(中等专业学校)

单位：千元

公用部分					基本建设支出
	商品和服务支出	其他资本性支出	专项公用支出	专项项目支出	
31033442	**17079896**	**13953546**	**6760872**	**7192674**	**2676644**
660540	462434	198106	164365	33741	9489
445857	239884	205973	183032	22942	
1022623	626922	395701	129865	265836	45338
629651	425690	203961	119779	84182	13920
440122	264052	176069	107168	68902	71468
660922	488603	172319	64525	107794	24589
370542	225409	145134	91556	53577	14189
244058	170568	73490	38423	35068	34621
417895	388837	29058	27973	1086	1756
3090176	1761632	1328544	668789	659755	58697
558693	314216	244477	110057	134420	264588
2137458	1021755	1115703	516963	598740	837807
1496451	756035	740416	318960	421456	4243
1376379	484841	891538	350126	541412	65368
1990464	1139457	851007	329719	521288	48400
1548854	1075715	473139	228740	244399	26380
1573485	735464	838021	417648	420374	
586846	263450	323397	128400	194996	32920
3226517	1931589	1294928	596046	698882	114972
1665799	751294	914505	584532	329973	293368
499927	318281	181647	151017	30630	28834
229688	146452	83236	31839	51397	48901
1193405	724980	468425	247499	220926	68356
626674	238707	387967	93359	294608	114065
854904	482854	372051	208362	163689	84923
208834	111415	97419	84972	12447	24487
367791	152524	215267	55187	160080	5078
862675	368939	493736	160021	333714	29960
588582	183489	405093	222125	182968	129255
166882	78309	88574	61224	27349	
1290745	746098	544647	268603	276044	180674
203047	124002	79045	8329	70717	13993
180751	84421	96329	36901	59428	178119
266594	220345	46248	25883	20365	
38798	35204	3594	3507	87	
135633	127458	8175	7324	851	

6-16 一般公共预算教育事业费和

地 区	合 计	个人部分	工资福利支出	对个人和家庭的补助支出	#助学金
合 计	**86241430**	**52773011**	**44807123**	**7965888**	**5029193**
北 京	1714255	1085291	1005707	79584	26148
天 津	1359838	913981	850060	63921	29580
河 北	3222151	2154189	1834721	319468	150129
山 西	1737312	1093740	994312	99428	76038
内蒙古	1200215	688625	556387	132238	124430
辽 宁	2241584	1556072	1280661	275412	47793
吉 林	1007789	623058	522053	101004	65834
黑龙江	852002	573324	460511	112813	46295
上 海	1750820	1331169	1261056	70114	59241
江 苏	10094422	6945549	6429277	516271	148682
浙 江	2050498	1227218	1158436	68782	41418
安 徽	5831165	2855900	2209411	646489	439519
福 建	4049737	2549043	2375187	173856	71564
江 西	2963499	1522146	1256064	266082	214017
山 东	6371312	4332447	3819038	513409	238294
河 南	3779804	2204570	1803872	400698	342052
湖 北	3680492	2110071	1808879	301192	202279
湖 南	1353581	733814	570132	163682	120778
广 东	9801669	6471393	5629954	841439	231415
广 西	4166868	2207701	1852982	354719	289056
海 南	1028873	500112	434592	65520	57687
重 庆	595359	316770	213759	103011	84633
四 川	2923269	1666638	1303284	363354	260699
贵 州	1617517	876777	564170	312607	251452
云 南	2660867	1721040	1176423	544617	501535
西 藏	784931	551609	390811	160798	146452
陕 西	762088	389219	334977	54242	46261
甘 肃	2147421	1254787	1069001	185786	140955
青 海	1188547	470709	345433	125277	102767
宁 夏	410776	243894	161499	82395	80843
新 疆	2892772	1602154	1134474	467680	391349
大 连	517514	300473	294749	5725	2984
宁 波	675258	316388	311329	5059	2347
厦 门	802374	535780	499150	36630	8467
青 岛	197057	158260	132781	25478	1215
深 圳	475920	340287	279986	60301	8584

基本建设支出明细(地方中等专业学校)

单位：千元

公用部分	商品和服务支出	其他资本性支出			基本建设支出
			专项公用支出	专项项目支出	
30816961	**16934610**	**13882350**	**6725948**	**7156402**	**2651458**
619476	424355	195121	161380	33741	9489
445857	239884	205973	183032	22942	
1022623	626922	395701	129865	265836	45338
629651	425690	203961	119779	84182	13920
440122	264052	176069	107168	68902	71468
660922	488603	172319	64525	107794	24589
370542	225409	145134	91556	53577	14189
244058	170568	73490	38423	35068	34621
417895	388837	29058	27973	1086	1756
3090176	1761632	1328544	668789	659755	58697
558693	314216	244477	110057	134420	264588
2137458	1021755	1115703	516963	598740	837807
1496451	756035	740416	318960	421456	4243
1375986	484447	891538	350126	541412	65368
1990464	1139457	851007	329719	521288	48400
1548854	1075715	473139	228740	244399	26380
1570421	732399	838021	417648	420374	
586846	263450	323397	128400	194996	32920
3215304	1921316	1293988	595106	698882	114972
1665799	751294	914505	584532	329973	293368
499927	318281	181647	151017	30630	28834
229688	146452	83236	31839	51397	48901
1188275	719850	468425	247499	220926	68356
626674	238707	387967	93359	294608	114065
854904	482854	372051	208362	163689	84923
208834	111415	97419	84972	12447	24487
367791	152524	215267	55187	160080	5078
862675	368939	493736	160021	333714	29960
588582	183489	405093	222125	182968	129255
166882	78309	88574	61224	27349	
1135129	657752	477377	237605	239772	155488
203047	124002	79045	8329	70717	13993
180751	84421	96329	36901	59428	178119
266594	220345	46248	25883	20365	
38798	35204	3594	3507	87	
135633	127458	8175	7324	851	

6-17 一般公共预算教育事业费和

地 区	合 计	个人部分	工资福利支出	对个人和家庭的补助支出	#助学金
合 计	**66717913**	**43685524**	**38230132**	**5455392**	**3478122**
北 京	1693620	1354000	1346231	7769	5566
天 津	492330	398839	362069	36770	5490
河 北	5688914	3454051	3223324	230727	123272
山 西	2111834	1269808	1160997	108812	85813
内蒙古	1687864	1016460	896583	119877	112458
辽 宁	1526155	1026434	943070	83364	52961
吉 林	1246996	714982	662557	52424	24167
黑龙江	1450459	997420	807678	189742	27775
上 海	1170844	791232	743343	47889	34231
江 苏	2476345	1883345	1771655	111690	29037
浙 江	9089217	6088201	5840313	247888	140754
安 徽	954941	584197	439839	144359	104989
福 建	629760	365084	340854	24230	6336
江 西	1258577	463130	343567	119563	100981
山 东	4310698	3191797	2892022	299775	77764
河 南	3626669	2189116	1971967	217149	197072
湖 北	1723787	1099829	930863	168967	94421
湖 南	5016152	3178610	2550506	628104	429569
广 东	4209382	3168622	2721368	447254	56904
广 西	88596	51999	43365	8634	3412
海 南	488612	244500	203542	40958	34224
重 庆	3033051	1810499	1389746	420753	393868
四 川	4278874	2771703	2240224	531479	383778
贵 州	2019315	1345070	1035163	309907	253597
云 南	2180686	1551391	1261368	290023	258259
西 藏	1600				
陕 西	2116033	1373919	1124587	249332	179170
甘 肃	667925	480119	390236	89884	76584
青 海	4690	4123	453	3670	3670
宁 夏	497921	221897	173989	47907	43762
新 疆	976066	595145	418652	176493	138241
大 连	331422	251180	238082	13098	10332
宁 波	1410143	950241	921608	28632	17837
厦 门					
青 岛	1602855	1291685	1158813	132872	31146
深 圳	981659	600957	471229	129728	26033

基本建设支出明细(职业高中)

单位：千元

公用部分	商品和服务支出	其他资本性支出	专项公用支出	专项项目支出	基本建设支出
21952226	**11763020**	**10189207**	**4441630**	**5747577**	**1080164**
332536	266985	65551	35636	29915	7084
93490	73076	20414	20414		
2214957	851152	1363806	304513	1059293	19906
746997	416215	330782	169128	161653	95029
644181	304939	339242	151489	187752	27223
488247	284889	203358	48736	154622	11474
517037	205152	311885	119074	192812	14977
436905	252039	184866	75191	109675	16134
378999	270369	108630	49382	59248	613
569817	307254	262563	99947	162616	23183
2693503	1587126	1106378	709998	396379	307513
359034	204799	154235	72626	81609	11710
264677	118475	146202	44230	101972	
751508	132588	618919	123885	495034	43939
1098401	713806	384595	180186	204409	20500
1403427	683354	720073	375615	344458	34126
623957	278007	345951	156393	189558	
1724829	1013747	711081	254317	456765	112713
992357	749369	242988	183011	59977	48403
36597	11368	25229	11066	14163	
244112	115290	128821	110925	17897	
1179126	706412	472714	175320	297395	43426
1484831	853622	631209	360637	270571	22340
626180	348119	278061	111775	166286	48065
568063	298299	269764	114571	155193	61232
					1600
723404	340094	383310	165945	217365	18710
186405	79789	106617	45865	60752	1400
567	449	118	77	41	
250024	108829	141196	98637	42558	26000
318056	187407	130650	73041	57609	62865
80242	77330	2912	2422	491	
438255	244457	193798	72607	121191	21648
311170	196504	114666	51793	62873	
346799	272563	74236	64236	10000	33903

6-18 一般公共预算教育事业费和

地区	合计	个人部分	工资福利支出	对个人和家庭的补助支出	#助学金
合计	**66701276**	**43672719**	**38219431**	**5453288**	**3477760**
北京	1693620	1354000	1346231	7769	5566
天津	492330	398839	362069	36770	5490
河北	5688914	3454051	3223324	230727	123272
山西	2111834	1269808	1160997	108812	85813
内蒙古	1687864	1016460	896583	119877	112458
辽宁	1526155	1026434	943070	83364	52961
吉林	1246996	714982	662557	52424	24167
黑龙江	1433821	984616	796977	187639	27413
上海	1170844	791232	743343	47889	34231
江苏	2476345	1883345	1771655	111690	29037
浙江	9089217	6088201	5840313	247888	140754
安徽	954941	584197	439839	144359	104989
福建	629760	365084	340854	24230	6336
江西	1258577	463130	343567	119563	100981
山东	4310698	3191797	2892022	299775	77764
河南	3626669	2189116	1971967	217149	197072
湖北	1723787	1099829	930863	168967	94421
湖南	5016152	3178610	2550506	628104	429569
广东	4209382	3168622	2721368	447254	56904
广西	88596	51999	43365	8634	3412
海南	488612	244500	203542	40958	34224
重庆	3033051	1810499	1389746	420753	393868
四川	4278874	2771703	2240224	531479	383778
贵州	2019315	1345070	1035163	309907	253597
云南	2180686	1551391	1261368	290023	258259
西藏	1600				
陕西	2116033	1373919	1124587	249332	179170
甘肃	667925	480119	390236	89884	76584
青海	4690	4123	453	3670	3670
宁夏	497921	221897	173989	47907	43762
新疆	976066	595145	418652	176493	138241
大连	331422	251180	238082	13098	10332
宁波	1410143	950241	921608	28632	17837
厦门					
青岛	1602855	1291685	1158813	132872	31146
深圳	981659	600957	471229	129728	26033

基本建设支出明细(地方职业高中)

单位：千元

公用部分	商品和服务支出	其他资本性支出			基本建设支出
			专项公用支出	专项项目支出	
21948393	**11760256**	**10188137**	**4441161**	**5746976**	**1080164**
332536	266985	65551	35636	29915	7084
93490	73076	20414	20414		
2214957	851152	1363806	304513	1059293	19906
746997	416215	330782	169128	161653	95029
644181	304939	339242	151489	187752	27223
488247	284889	203358	48736	154622	11474
517037	205152	311885	119074	192812	14977
433071	249276	183796	74722	109074	16134
378999	270369	108630	49382	59248	613
569817	307254	262563	99947	162616	23183
2693503	1587126	1106378	709998	396379	307513
359034	204799	154235	72626	81609	11710
264677	118475	146202	44230	101972	
751508	132588	618919	123885	495034	43939
1098401	713806	384595	180186	204409	20500
1403427	683354	720073	375615	344458	34126
623957	278007	345951	156393	189558	
1724829	1013747	711081	254317	456765	112713
992357	749369	242988	183011	59977	48403
36597	11368	25229	11066	14163	
244112	115290	128821	110925	17897	
1179126	706412	472714	175320	297395	43426
1484831	853622	631209	360637	270571	22340
626180	348119	278061	111775	166286	48065
568063	298299	269764	114571	155193	61232
					1600
723404	340094	383310	165945	217365	18710
186405	79789	106617	45865	60752	1400
567	449	118	77	41	
250024	108829	141196	98637	42558	26000
318056	187407	130650	73041	57609	62865
80242	77330	2912	2422	491	
438255	244457	193798	72607	121191	21648
311170	196504	114666	51793	62873	
346799	272563	74236	64236	10000	33903

6-19 一般公共预算教育事业费和

地区	合计	个人部分	工资福利支出	对个人和家庭的补助支出	#助学金
合计	**30172546**	**19088055**	**16620776**	**2467279**	**1858886**
北京	106783	80675	79753	922	907
天津	102245	70479	68304	2175	356
河北	3070221	1920582	1771589	148993	94224
山西	1319066	780905	713822	67083	52841
内蒙古	1214005	717601	638541	79060	74298
辽宁	442122	325231	301926	23305	14799
吉林	558295	284897	260867	24031	14010
黑龙江	585022	421493	345274	76219	16450
上海	40966	17475	14914	2560	2490
江苏	1101159	828970	778244	50726	14246
浙江	3445156	2314015	2192263	121753	70217
安徽	603684	378028	293224	84803	62515
福建	100792	65917	60385	5532	2181
江西	769682	266511	208080	58431	45579
山东	1326578	949992	886665	63327	20151
河南	2140231	1255215	1137189	118026	110622
湖北	562410	358737	310917	47820	40994
湖南	2631753	1578240	1298369	279871	234855
广东	476173	345869	317333	28535	7692
广西	73190	50951	43365	7586	2364
海南	189165	97431	81951	15481	12387
重庆	1099579	670419	554907	115512	106833
四川	2390839	1514713	1213858	300855	242893
贵州	1271477	822274	626688	195586	167759
云南	1522069	1092277	928214	164062	149847
西藏					
陕西	1335143	824737	689240	135498	98243
甘肃	554278	394644	326823	67821	55236
青海	2436	1869	453	1416	1416
宁夏	256568	130336	101169	29167	25678
新疆	881458	527573	376450	151123	116805
大连	69287	57662	55766	1896	237
宁波	445472	347459	335342	12117	9313
厦门					
青岛	20452	15716	14872	844	495
深圳					

基本建设支出明细(农村职业高中)

单位：千元

公用部分	商品和服务支出	其他资本性支出			基本建设支出
			专项公用支出	专项项目支出	
10543946	**5198814**	**5345132**	**2162681**	**3182451**	**540545**
21108	15981	5126	5126		5000
31766	17106	14659	14659		
1135514	484042	651472	191402	460070	14125
470611	228482	242129	118610	123520	67550
484979	205830	279149	119562	159587	11426
111697	78111	33587	9215	24371	5194
262666	93900	168765	44744	124021	10733
147395	83086	64309	32639	31671	16134
23491	16684	6807	688	6119	
272189	135962	136227	53452	82775	
1076809	588794	488015	286314	201702	54331
225656	116994	108662	42628	66034	
34875	28422	6453	4773	1680	
459232	72489	386743	91148	295595	43939
361586	213861	147725	65892	81832	15000
851571	377550	474021	180421	293601	33445
203673	85608	118065	42334	75731	
1007990	519778	488212	145892	342320	45523
130304	92617	37687	22314	15373	
22239	11368	10871	6708	4163	
91734	45102	46632	37271	9361	
429161	300936	128224	89541	38683	
853786	482780	371006	156949	214056	22340
414628	235045	179583	62184	117399	34575
368560	180488	188072	79024	109048	61232
491696	197347	294349	125920	168429	18710
158234	67043	91192	35140	56052	1400
567	449	118	77	41	
106232	52048	54184	29489	24695	20000
293995	170909	123086	68565	54521	59890
11624	10980	644	408	236	
98013	63064	34950	18131	16818	
4736	4736				

6-20 一般公共预算教育事业费和

地区	合计	个人部分	工资福利支出	对个人和家庭的补助支出	#助学金
合计	**30162522**	**19078925**	**16613393**	**2465532**	**1858568**
北京	106783	80675	79753	922	907
天津	102245	70479	68304	2175	356
河北	3070221	1920582	1771589	148993	94224
山西	1319066	780905	713822	67083	52841
内蒙古	1214005	717601	638541	79060	74298
辽宁	442122	325231	301926	23305	14799
吉林	558295	284897	260867	24031	14010
黑龙江	574998	412363	337891	74472	16131
上海	40966	17475	14914	2560	2490
江苏	1101159	828970	778244	50726	14246
浙江	3445156	2314015	2192263	121753	70217
安徽	603684	378028	293224	84803	62515
福建	100792	65917	60385	5532	2181
江西	769682	266511	208080	58431	45579
山东	1326578	949992	886665	63327	20151
河南	2140231	1255215	1137189	118026	110622
湖北	562410	358737	310917	47820	40994
湖南	2631753	1578240	1298369	279871	234855
广东	476173	345869	317333	28535	7692
广西	73190	50951	43365	7586	2364
海南	189165	97431	81951	15481	12387
重庆	1099579	670419	554907	115512	106833
四川	2390839	1514713	1213858	300855	242893
贵州	1271477	822274	626688	195586	167759
云南	1522069	1092277	928214	164062	149847
西藏					
陕西	1335143	824737	689240	135498	98243
甘肃	554278	394644	326823	67821	55236
青海	2436	1869	453	1416	1416
宁夏	256568	130336	101169	29167	25678
新疆	881458	527573	376450	151123	116805
大连	69287	57662	55766	1896	237
宁波	445472	347459	335342	12117	9313
厦门					
青岛	20452	15716	14872	844	495
深圳					

基本建设支出明细(地方农村职业高中)

单位：千元

公用部分	商品和服务支出	其他资本性支出			基本建设支出
			专项公用支出	专项项目支出	
10543052	**5198505**	**5344547**	**2162387**	**3182160**	**540545**
21108	15981	5126	5126		5000
31766	17106	14659	14659		
1135514	484042	651472	191402	460070	14125
470611	228482	242129	118610	123520	67550
484979	205830	279149	119562	159587	11426
111697	78111	33587	9215	24371	5194
262666	93900	168765	44744	124021	10733
146501	82777	63724	32345	31380	16134
23491	16684	6807	688	6119	
272189	135962	136227	53452	82775	
1076809	588794	488015	286314	201702	54331
225656	116994	108662	42628	66034	
34875	28422	6453	4773	1680	
459232	72489	386743	91148	295595	43939
361586	213861	147725	65892	81832	15000
851571	377550	474021	180421	293601	33445
203673	85608	118065	42334	75731	
1007990	519778	488212	145892	342320	45523
130304	92617	37687	22314	15373	
22239	11368	10871	6708	4163	
91734	45102	46632	37271	9361	
429161	300936	128224	89541	38683	
853786	482780	371006	156949	214056	22340
414628	235045	179583	62184	117399	34575
368560	180488	188072	79024	109048	61232
491696	197347	294349	125920	168429	18710
158234	67043	91192	35140	56052	1400
567	449	118	77	41	
106232	52048	54184	29489	24695	20000
293995	170909	123086	68565	54521	59890
11624	10980	644	408	236	
98013	63064	34950	18131	16818	
4736	4736				

6-21 一般公共预算教育事业费和

地 区	合 计	个人部分	工资福利支出	对个人和家庭的补助支出	#助学金
合 计	**24691464**	**13724661**	**11861030**	**1863632**	**1039438**
北 京	1659788	835165	780859	54306	22519
天 津	286555	232990	210450	22540	13091
河 北	754436	504583	419036	85547	24409
山 西	405432	216072	185683	30389	15210
内蒙古	61528	51918	48476	3442	2155
辽 宁	374985	225980	214391	11589	6331
吉 林	169651	122365	59851	62514	58859
黑龙江	594308	420326	366817	53509	4050
上 海	119798	90053	86838	3215	
江 苏	1279451	698666	644912	53753	29337
浙 江	1104690	576621	554488	22133	14693
安 徽	231468	132991	78672	54319	40923
福 建	723359	439753	388360	51394	9428
江 西	207337	123954	91774	32180	31044
山 东	2919507	1543645	1378214	165431	48653
河 南	1646004	754235	715985	38251	22091
湖 北	408109	158365	148995	9369	6584
湖 南	366657	287004	218289	68715	53298
广 东	6127201	3768958	3314597	454360	125234
广 西	1477528	719781	615437	104343	87110
海 南	229314	124987	106035	18952	18241
重 庆	645295	220284	122658	97625	81182
四 川	647458	311790	251170	60620	44116
贵 州	224780	51303		51303	51227
云 南	1077213	561965	427060	134905	129829
西 藏					
陕 西	641862	383573	291751	91823	84004
甘 肃	64118	44690	40575	4115	1811
青 海					
宁 夏					
新 疆	243636	122645	99656	22989	14011
大 连	126065	41021	38769	2253	1675
宁 波	87760	42040	40958	1082	867
厦 门	117486	67795	38722	29073	736
青 岛	248799	118338	116467	1871	300
深 圳	556794	305718	179757	125960	23904

基本建设支出明细(技工学校)

单位：千元

公用部分	商品和服务支出	其他资本性支出			基本建设支出
			专项公用支出	专项项目支出	
10241389	**5859226**	**4382163**	**2795681**	**1586482**	**725414**
824623	401504	423118	316741	106378	
53565	43513	10052	9908	143	
249853	152849	97004	46826	50177	
168678	92418	76260	38355	37904	20682
9611	7927	1684	1674	10	
135413	128431	6982	4606	2376	13591
35695	28460	7234	7144	91	11591
139764	96268	43496	14644	28852	34218
29745	27907	1837	1837		
557943	296775	261168	174910	86258	22842
387832	216662	171170	123898	47272	140238
98477	59783	38694	21817	16877	
266734	146442	120291	52258	68033	16872
83383	31001	52382	27002	25381	
1360467	988460	372007	198217	173790	15395
882384	421363	461021	176645	284376	9385
249744	46617	203127	126510	76617	
79653	49455	30198	11387	18811	
2192017	1278305	913712	664698	249013	166226
687692	332673	355019	277428	77591	70055
100887	48495	52392	45149	7243	3440
239978	176912	63066	40123	22943	185033
330412	143710	186702	168074	18628	5256
173476	173476				
515248	216153	299095	182994	116101	
258289	208702	49587	14006	35582	
19428	7058	12370	12370		
110400	37905	72495	36459	36036	10591
71452	69006	2446	2446		13591
31638	27012	4626	3299	1326	14082
45491	33219	12272	12272		4200
130462	104615	25847	2668	23179	
195237	167003	28234	27578	656	55840

6-22 一般公共预算教育事业费和

地区	合计				
		个人部分			
			工资福利支出	对个人和家庭的补助支出	
					#助学金
合计	**24622267**	**13675912**	**11816159**	**1859754**	**1035560**
北京	1659788	835165	780859	54306	22519
天津	285029	232172	209889	22284	12834
河北	754436	504583	419036	85547	24409
山西	405432	216072	185683	30389	15210
内蒙古	61528	51918	48476	3442	2155
辽宁	374985	225980	214391	11589	6331
吉林	169651	122365	59851	62514	58859
黑龙江	556826	388135	334709	53426	3967
上海	119798	90053	86838	3215	
江苏	1270580	697403	644616	52786	28370
浙江	1104690	576621	554488	22133	14693
安徽	231251	132804	78529	54274	40878
福建	723359	439753	388360	51394	9428
江西	207337	123954	91774	32180	31044
山东	2919507	1543645	1378214	165431	48653
河南	1642455	751737	713710	38027	21867
湖北	408109	158365	148995	9369	6584
湖南	366657	287004	218289	68715	53298
广东	6127201	3768958	3314597	454360	125234
广西	1477528	719781	615437	104343	87110
海南	229314	124987	106035	18952	18241
重庆	645295	220284	122658	97625	81182
四川	630633	300097	241682	58416	41911
贵州	224780	51303		51303	51227
云南	1077213	561965	427060	134905	129829
西藏					
陕西	641135	383475	291751	91724	83905
甘肃	64118	44690	40575	4115	1811
青海					
宁夏					
新疆	243636	122645	99656	22989	14011
大连	126065	41021	38769	2253	1675
宁波	87760	42040	40958	1082	867
厦门	117486	67795	38722	29073	736
青岛	248799	118338	116467	1871	300
深圳	556794	305718	179757	125960	23904

基本建设支出明细(地方技工学校)

单位：千元

公用部分	商品和服务支出	其他资本性支出			基本建设支出
			专项公用支出	专项项目支出	
10220940	**5844707**	**4376233**	**2793589**	**1582644**	**725414**
824623	401504	423118	316741	106378	
52856	42805	10052	9908	143	
249853	152849	97004	46826	50177	
168678	92418	76260	38355	37904	20682
9611	7927	1684	1674	10	
135413	128431	6982	4606	2376	13591
35695	28460	7234	7144	91	11591
134473	90977	43496	14644	28852	34218
29745	27907	1837	1837		
550335	290992	259343	173085	86258	22842
387832	216662	171170	123898	47272	140238
98448	59754	38694	21817	16877	
266734	146442	120291	52258	68033	16872
83383	31001	52382	27002	25381	
1360467	988460	372007	198217	173790	15395
881333	420312	461021	176645	284376	9385
249744	46617	203127	126510	76617	
79653	49455	30198	11387	18811	
2192017	1278305	913712	664698	249013	166226
687692	332673	355019	277428	77591	70055
100887	48495	52392	45149	7243	3440
239978	176912	63066	40123	22943	185033
325280	142683	182597	167807	14790	5256
173476	173476				
515248	216153	299095	182994	116101	
257660	208073	49587	14006	35582	
19428	7058	12370	12370		
110400	37905	72495	36459	36036	10591
71452	69006	2446	2446		13591
31638	27012	4626	3299	1326	14082
45491	33219	12272	12272		4200
130462	104615	25847	2668	23179	
195237	167003	28234	27578	656	55840

6-23 一般公共预算教育事业费和

地区	合计	个人部分	工资福利支出	对个人和家庭的补助支出	#助学金
合计	**7261727**	**5285902**	**4908823**	**377079**	**79713**
北京	62779	49450	48203	1246	30
天津	54338	46163	40931	5232	
河北	1062448	929234	882549	46685	1388
山西	314038	263829	257997	5832	649
内蒙古	227878	212776	208704	4072	1196
辽宁	3232	2432	2275	157	
吉林	580431	495695	445633	50062	242
黑龙江	182878	159187	138413	20774	121
上海	181073	35513	34587	926	
江苏	197076	135571	121361	14209	2650
浙江	426572	296009	281183	14826	1044
安徽	130092	80181	64006	16175	3376
福建	29554	23946	23027	919	18
江西	482017	215843	202555	13288	51
山东	241504	218217	203190	15027	628
河南	670024	477029	454684	22345	14407
湖北	32047	22689	15374	7315	2995
湖南	500432	320842	266207	54635	29522
广东	234363	158995	135472	23523	4871
广西	38003	31463	27316	4146	572
海南	1288	111	111		
重庆	455838	264637	256836	7802	2063
四川	306352	211359	187266	24092	11206
贵州	104498	15636	14020	1616	725
云南	344474	298614	289488	9126	49
西藏					
陕西	276450	217595	208799	8796	1129
甘肃	63642	55446	52526	2920	648
青海					
宁夏					
新疆	58404	47439	46107	1331	134
大连	1185	808	680	129	
宁波	255409	186841	179131	7710	694
厦门					
青岛	646	646	619	27	27
深圳	43531	25627	18015	7611	3887

基本建设支出明细(成人中等专业学校)

单位：千元

公用部分	商品和服务支出	其他资本性支出	专项公用支出	专项项目支出	基本建设支出
1969306	**1446593**	**522713**	**223224**	**299490**	**6519**
13329	11588	1741	1741		
8174	6930	1244	1001	243	
131772	109344	22428	12476	9952	1442
50209	48134	2075	1289	786	
15102	13965	1137	1137		
800	771	29	29		
83948	68378	15571	12489	3082	787
23691	17782	5909	4004	1905	
145560	141316	4244	4244		
61505	39763	21742	3325	18416	
130563	110835	19727	16033	3695	
49910	39692	10218	3928	6291	
5607	5506	101	101		
266174	92844	173330	35302	138028	
23288	19423	3865	3496	369	
192994	138060	54935	22442	32493	
9357	5495	3862	1122	2740	
179591	159343	20248	6068	14180	
75368	65501	9867	6200	3667	
6540	5797	743	343	400	
1178	1178				
191201	144418	46783	9670	37113	
94994	72700	22294	21746	548	
84573	34817	49756	44360	5395	4289
45860	38267	7593	5109	2484	
58856	38129	20727	3109	17617	
8196	7956	240	170	70	
10965	8663	2302	2288	14	
377	348	29	29		
68568	61605	6963	3983	2981	
17904	17141	763	549	215	

6-24 一般公共预算教育事业费和

地区	合计	个人部分	工资福利支出	对个人和家庭的补助支出	#助学金
合计	**7255276**	**5280885**	**4904344**	**376541**	**79713**
北京	62779	49450	48203	1246	30
天津	54338	46163	40931	5232	
河北	1062448	929234	882549	46685	1388
山西	314038	263829	257997	5832	649
内蒙古	227878	212776	208704	4072	1196
辽宁	3232	2432	2275	157	
吉林	580431	495695	445633	50062	242
黑龙江	179984	156632	136397	20235	121
上海	181073	35513	34587	926	
江苏	197076	135571	121361	14209	2650
浙江	426572	296009	281183	14826	1044
安徽	130092	80181	64006	16175	3376
福建	29554	23946	23027	919	18
江西	482017	215843	202555	13288	51
山东	241504	218217	203190	15027	628
河南	670024	477029	454684	22345	14407
湖北	32047	22689	15374	7315	2995
湖南	500432	320842	266207	54635	29522
广东	234363	158995	135472	23523	4871
广西	38003	31463	27316	4146	572
海南	1288	111	111		
重庆	455838	264637	256836	7802	2063
四川	306352	211359	187266	24092	11206
贵州	104498	15636	14020	1616	725
云南	344474	298614	289488	9126	49
西藏					
陕西	276450	217595	208799	8796	1129
甘肃	63642	55446	52526	2920	648
青海					
宁夏					
新疆	54847	44977	43645	1331	134
大连	1185	808	680	129	
宁波	255409	186841	179131	7710	694
厦门					
青岛	646	646	619	27	27
深圳	43531	25627	18015	7611	3887

基本建设支出明细(地方成人中等专业学校)

单位：千元

公用部分	商品和服务支出	其他资本性支出	专项公用支出	专项项目支出	基本建设支出
1967873	**1445345**	**522528**	**223038**	**299490**	**6519**
13329	11588	1741	1741		
8174	6930	1244	1001	243	
131772	109344	22428	12476	9952	1442
50209	48134	2075	1289	786	
15102	13965	1137	1137		
800	771	29	29		
83948	68378	15571	12489	3082	787
23352	17449	5904	3998	1905	
145560	141316	4244	4244		
61505	39763	21742	3325	18416	
130563	110835	19727	16033	3695	
49910	39692	10218	3928	6291	
5607	5506	101	101		
266174	92844	173330	35302	138028	
23288	19423	3865	3496	369	
192994	138060	54935	22442	32493	
9357	5495	3862	1122	2740	
179591	159343	20248	6068	14180	
75368	65501	9867	6200	3667	
6540	5797	743	343	400	
1178	1178				
191201	144418	46783	9670	37113	
94994	72700	22294	21746	548	
84573	34817	49756	44360	5395	4289
45860	38267	7593	5109	2484	
58856	38129	20727	3109	17617	
8196	7956	240	170	70	
9871	7748	2122	2108	14	
377	348	29	29		
68568	61605	6963	3983	2981	
17904	17141	763	549	215	

6-25 一般公共预算教育事业费和

地区	合计	个人部分	工资福利支出	对个人和家庭的补助支出	#助学金
合计	**1022198781**	**749897674**	**674667934**	**75229740**	**41820829**
北京	27616583	18649439	18409214	240224	139972
天津	13219653	10394445	9927159	467286	83995
河北	47047179	34431292	31479003	2952289	1506548
山西	21116765	16108667	15013243	1095424	717460
内蒙古	18340616	13028493	11941443	1087050	934651
辽宁	22041635	17804591	16778825	1025766	337176
吉林	14718177	11023409	10033391	990017	398910
黑龙江	21007859	16376935	14100496	2276439	386394
上海	19639508	13581889	13158725	423163	311632
江苏	67846956	54027590	50056830	3970760	1188626
浙江	52111434	39286917	37208276	2078641	1093000
安徽	38916794	28119027	24731107	3387920	1501934
福建	29981060	22443247	21270804	1172443	663008
江西	37479881	21351165	19094914	2256251	1468331
山东	71653454	57276625	52681552	4595073	1476942
河南	58524486	38762719	34801179	3961540	3316457
湖北	40704074	29400010	26701272	2698738	1087209
湖南	42348687	31103044	27270993	3832051	2097742
广东	95855774	72962986	64737734	8225253	1836112
广西	32789906	21935658	18469243	3466415	2562333
海南	8506423	5165463	4833785	331678	189543
重庆	24932559	17714813	15804812	1910001	1508884
四川	50514810	37656697	32208666	5448031	3454580
贵州	33717541	25998754	21390058	4608696	3388561
云南	35612066	28015139	23885633	4129507	3824477
西藏	6473516	4844673	3781287	1063386	974940
陕西	29031310	18613005	16523433	2089572	1521145
甘肃	19384776	14890249	13127082	1763167	1246746
青海	7155376	4650158	4157485	492673	422660
宁夏	5779605	3912799	3485721	427077	366491
新疆	28130315	20367776	17604566	2763210	1814369
大连	4068208	3400389	3263186	137204	32554
宁波	7208671	5723908	5451663	272245	159503
厦门	3992325	3022864	2844980	177884	60809
青岛	8953168	7109181	6441679	667502	91642
深圳	18257406	10802632	8494145	2308487	210430

基本建设支出明细(中学)

单位：千元

公用部分	商品和服务支出	其他资本性支出			基本建设支出
			专项公用支出	专项项目支出	
251170853	**125816067**	**125354786**	**35532228**	**89822559**	**21130253**
7624689	5646890	1977799	1242303	735496	1342455
2825208	1620713	1204495	328455	876040	
12263841	5479830	6784010	1603847	5180164	352047
4883712	3171059	1712653	635103	1077550	124386
4609284	2502561	2106724	703492	1403232	702839
4068446	2737602	1330844	513544	817300	168599
3527872	1809025	1718847	474812	1244035	166896
4491358	2833573	1657785	419119	1238667	139566
5722633	3828169	1894464	878167	1016297	334987
13485549	6903667	6581882	1859782	4722100	333817
11354375	6013626	5340749	2614934	2725815	1470143
10406114	4341713	6064401	1308024	4756377	391653
7048646	3436604	3612042	972012	2640030	489166
15524265	3425575	12098690	2376175	9722516	604451
14265032	6572615	7692416	1583781	6108636	111797
18770683	8660846	10109837	2029222	8080615	991084
11302246	4494186	6808060	1878977	4929083	1818
10888538	5411584	5476954	1407148	4069806	357106
18246400	12859973	5386428	2578338	2808090	4646387
9856591	3838952	6017639	1689074	4328565	997657
3071759	1616290	1455469	709375	746094	269201
6302534	3956178	2346356	822663	1523693	915212
12454425	7122771	5331655	1559997	3771657	403687
7407275	3384053	4023222	814308	3208914	311512
7042377	3406946	3635431	706615	2928816	554549
1454945	573998	880947	214312	666635	173898
8548933	4002957	4545976	1198850	3347126	1869372
4228071	1817435	2410636	690348	1720288	266456
1874462	657778	1216684	278113	938572	630756
1812561	744293	1068267	480996	587272	54245
5808029	2944605	2863423	960344	1903079	1954511
589996	526636	63360	60035	3325	77823
1484763	756281	728482	232694	495788	
734021	587973	146047	90836	55212	235441
1843987	818460	1025527	415124	610403	
3079665	2754707	324958	298651	26307	4375109

6-26 一般公共预算教育事业费和

地 区	合 计	个人部分	工资福利支 出	对个人和家庭的补助支出	#助学金
合 计	**1017137353**	**746322097**	**671584351**	**74737746**	**41676127**
北 京	26448328	17852241	17649455	202786	138632
天 津	13219653	10394445	9927159	467286	83995
河 北	47047179	34431292	31479003	2952289	1506548
山 西	21116765	16108667	15013243	1095424	717460
内蒙古	18340616	13028493	11941443	1087050	934651
辽 宁	22041635	17804591	16778825	1025766	337176
吉 林	14610890	10947638	9964254	983383	398909
黑龙江	20730143	16159584	13932493	2227091	383027
上 海	19515972	13489881	13068245	421636	311632
江 苏	67846956	54027590	50056830	3970760	1188626
浙 江	52111434	39286917	37208276	2078641	1093000
安 徽	38916794	28119027	24731107	3387920	1501934
福 建	29981060	22443247	21270804	1172443	663008
江 西	37479881	21351165	19094914	2256251	1468331
山 东	71653454	57276625	52681552	4595073	1476942
河 南	58521334	38760146	34798657	3961488	3316405
湖 北	40401088	29197493	26529343	2668150	1086993
湖 南	42327326	31086245	27254234	3832012	2097742
广 东	95855774	72962986	64737734	8225253	1836112
广 西	32789906	21935658	18469243	3466415	2562333
海 南	8506423	5165463	4833785	331678	189543
重 庆	24833260	17642854	15740644	1902210	1508435
四 川	50513481	37656570	32208666	5447904	3454453
贵 州	33717541	25998754	21390058	4608696	3388561
云 南	35612066	28015139	23885633	4129507	3824477
西 藏	6473516	4844673	3781287	1063386	974940
陕 西	28902773	18517039	16440584	2076454	1520764
甘 肃	19381408	14887701	13124627	1763073	1246652
青 海	7155376	4650158	4157485	492673	422660
宁 夏	5779605	3912799	3485721	427077	366491
新 疆	25305714	18367016	15949043	2417973	1675695
大 连	4068208	3400389	3263186	137204	32554
宁 波	7208671	5723908	5451663	272245	159503
厦 门	3992325	3022864	2844980	177884	60809
青 岛	8953168	7109181	6441679	667502	91642
深 圳	18257406	10802632	8494145	2308487	210430

基本建设支出明细(地方中学)

单位：千元

公用部分	商品和服务支出	其他资本性支出			基本建设支出
			专项公用支出	专项项目支出	
249762772	**124949701**	**124813071**	**35307939**	**89505132**	**21052484**
7253633	5355326	1898307	1174862	723445	1342455
2825208	1620713	1204495	328455	876040	
12263841	5479830	6784010	1603847	5180164	352047
4883712	3171059	1712653	635103	1077550	124386
4609284	2502561	2106724	703492	1403232	702839
4068446	2737602	1330844	513544	817300	168599
3496357	1788910	1707447	471110	1236336	166896
4430993	2788986	1642007	415670	1226337	139566
5691104	3805084	1886020	870114	1015906	334987
13485549	6903667	6581882	1859782	4722100	333817
11354375	6013626	5340749	2614934	2725815	1470143
10406114	4341713	6064401	1308024	4756377	391653
7048646	3436604	3612042	972012	2640030	489166
15524265	3425575	12098690	2376175	9722516	604451
14265032	6572615	7692416	1583781	6108636	111797
18770104	8660267	10109837	2029222	8080615	991084
11201778	4403324	6798454	1869371	4929083	1818
10883975	5407021	5476954	1407148	4069806	357106
18246400	12859973	5386428	2578338	2808090	4646387
9856591	3838952	6017639	1689074	4328565	997657
3071759	1616290	1455469	709375	746094	269201
6275194	3938629	2336565	812872	1523693	915212
12453224	7121833	5331391	1559733	3771657	403687
7407275	3384053	4023222	814308	3208914	311512
7042377	3406946	3635431	706615	2928816	554549
1454945	573998	880947	214312	666635	173898
8516362	3978297	4538065	1195024	3343042	1869372
4227252	1816995	2410256	690065	1720191	266456
1874462	657778	1216684	278113	938572	630756
1812561	744293	1068267	480996	587272	54245
5061955	2597182	2464773	842470	1622303	1876742
589996	526636	63360	60035	3325	77823
1484763	756281	728482	232694	495788	
734021	587973	146047	90836	55212	235441
1843987	818460	1025527	415124	610403	
3079665	2754707	324958	298651	26307	4375109

6-27 一般公共预算教育事业费和

地区	合计	个人部分			
			工资福利支出	对个人和家庭的补助支出	
					#助学金
合计	**1021710687**	**749515078**	**674304806**	**75210272**	**41820820**
北京	27578539	18626282	18386370	239911	139972
天津	13192956	10368505	9901651	466854	83995
河北	47047179	34431292	31479003	2952289	1506548
山西	21116765	16108667	15013243	1095424	717460
内蒙古	18340616	13028493	11941443	1087050	934651
辽宁	22041635	17804591	16778825	1025766	337176
吉林	14716279	11021764	10032228	989536	398910
黑龙江	21007859	16376935	14100496	2276439	386394
上海	19635164	13578775	13155794	422981	311632
江苏	67727310	53931886	49966901	3964985	1188617
浙江	51865863	39098150	37028874	2069276	1093000
安徽	38916794	28119027	24731107	3387920	1501934
福建	29981060	22443247	21270804	1172443	663008
江西	37479881	21351165	19094914	2256251	1468331
山东	71653454	57276625	52681552	4595073	1476942
河南	58524486	38762719	34801179	3961540	3316457
湖北	40697148	29393624	26694891	2698733	1087209
湖南	42346499	31100876	27269100	3831776	2097742
广东	95813035	72927310	64704659	8222651	1836112
广西	32789906	21935658	18469243	3466415	2562333
海南	8506423	5165463	4833785	331678	189543
重庆	24932559	17714813	15804812	1910001	1508884
四川	50514770	37656657	32208666	5447991	3454580
贵州	33717541	25998754	21390058	4608696	3388561
云南	35612066	28015139	23885633	4129507	3824477
西藏	6473516	4844673	3781287	1063386	974940
陕西	29031310	18613005	16523433	2089572	1521145
甘肃	19384776	14890249	13127082	1763167	1246746
青海	7155376	4650158	4157485	492673	422660
宁夏	5779605	3912799	3485721	427077	366491
新疆	28130315	20367776	17604566	2763210	1814369
大连	4068208	3400389	3263186	137204	32554
宁波	7208671	5723908	5451663	272245	159503
厦门	3992325	3022864	2844980	177884	60809
青岛	8953168	7109181	6441679	667502	91642
深圳	18257406	10802632	8494145	2308487	210430

基本建设支出明细(普通中学)

单位：千元

公用部分	商品和服务支出	其他资本性支出			基本建设支出
			专项公用支出	专项项目支出	
251066786	**125719843**	**125346943**	**35525608**	**89821336**	**21128823**
7609802	5632416	1977387	1241891	735496	1342455
2824451	1620060	1204391	328351	876040	
12263841	5479830	6784010	1603847	5180164	352047
4883712	3171059	1712653	635103	1077550	124386
4609284	2502561	2106724	703492	1403232	702839
4068446	2737602	1330844	513544	817300	168599
3527619	1808820	1718799	474763	1244035	166896
4491358	2833573	1657785	419119	1238667	139566
5721402	3827067	1894335	878039	1016297	334987
13461608	6881310	6580298	1858204	4722094	333817
11299000	5963430	5335570	2610970	2724601	1468713
10406114	4341713	6064401	1308024	4756377	391653
7048646	3436604	3612042	972012	2640030	489166
15524265	3425575	12098690	2376175	9722516	604451
14265032	6572615	7692416	1583781	6108636	111797
18770683	8660846	10109837	2029222	8080615	991084
11301706	4493656	6808050	1878967	4929083	1818
10888518	5411564	5476954	1407148	4069806	357106
18239337	12853287	5386051	2577964	2808087	4646387
9856591	3838952	6017639	1689074	4328565	997657
3071759	1616290	1455469	709375	746094	269201
6302534	3956178	2346356	822663	1523693	915212
12454425	7122771	5331655	1559997	3771657	403687
7407275	3384053	4023222	814308	3208914	311512
7042377	3406946	3635431	706615	2928816	554549
1454945	573998	880947	214312	666635	173898
8548933	4002957	4545976	1198850	3347126	1869372
4228071	1817435	2410636	690348	1720288	266456
1874462	657778	1216684	278113	938572	630756
1812561	744293	1068267	480996	587272	54245
5808029	2944605	2863423	960344	1903079	1954511
589996	526636	63360	60035	3325	77823
1484763	756281	728482	232694	495788	
734021	587973	146047	90836	55212	235441
1843987	818460	1025527	415124	610403	
3079665	2754707	324958	298651	26307	4375109

6-28 一般公共预算教育事业费和

地 区	合 计	个人部分			
			工资福利支 出	对个人和家庭的补助支出	
					#助学金
合 计	**1016649260**	**745939501**	**671221223**	**74718278**	**41676119**
北 京	26410284	17829084	17626611	202473	138632
天 津	13192956	10368505	9901651	466854	83995
河 北	47047179	34431292	31479003	2952289	1506548
山 西	21116765	16108667	15013243	1095424	717460
内蒙古	18340616	13028493	11941443	1087050	934651
辽 宁	22041635	17804591	16778825	1025766	337176
吉 林	14608992	10945993	9963091	982902	398909
黑龙江	20730143	16159584	13932493	2227091	383027
上 海	19511627	13486767	13065313	421454	311632
江 苏	67727310	53931886	49966901	3964985	1188617
浙 江	51865863	39098150	37028874	2069276	1093000
安 徽	38916794	28119027	24731107	3387920	1501934
福 建	29981060	22443247	21270804	1172443	663008
江 西	37479881	21351165	19094914	2256251	1468331
山 东	71653454	57276625	52681552	4595073	1476942
河 南	58521334	38760146	34798657	3961488	3316405
湖 北	40394162	29191107	26522962	2668145	1086993
湖 南	42325138	31084078	27252341	3831737	2097742
广 东	95813035	72927310	64704659	8222651	1836112
广 西	32789906	21935658	18469243	3466415	2562333
海 南	8506423	5165463	4833785	331678	189543
重 庆	24833260	17642854	15740644	1902210	1508435
四 川	50513441	37656531	32208666	5447864	3454453
贵 州	33717541	25998754	21390058	4608696	3388561
云 南	35612066	28015139	23885633	4129507	3824477
西 藏	6473516	4844673	3781287	1063386	974940
陕 西	28902773	18517039	16440584	2076454	1520764
甘 肃	19381408	14887701	13124627	1763073	1246652
青 海	7155376	4650158	4157485	492673	422660
宁 夏	5779605	3912799	3485721	427077	366491
新 疆	25305714	18367016	15949043	2417973	1675695
大 连	4068208	3400389	3263186	137204	32554
宁 波	7208671	5723908	5451663	272245	159503
厦 门	3992325	3022864	2844980	177884	60809
青 岛	8953168	7109181	6441679	667502	91642
深 圳	18257406	10802632	8494145	2308487	210430

基本建设支出明细(地方普通中学)

单位：千元

公用部分	商品和服务支出	其他资本性支出			基本建设支出
			专项公用支出	专项项目支出	
249658704	**124853477**	**124805228**	**35301319**	**89503909**	**21051054**
7238746	5340852	1897894	1174449	723445	1342455
2824451	1620060	1204391	328351	876040	
12263841	5479830	6784010	1603847	5180164	352047
4883712	3171059	1712653	635103	1077550	124386
4609284	2502561	2106724	703492	1403232	702839
4068446	2737602	1330844	513544	817300	168599
3496103	1788705	1707398	471062	1236336	166896
4430993	2788986	1642007	415670	1226337	139566
5689873	3803981	1885892	869986	1015906	334987
13461608	6881310	6580298	1858204	4722094	333817
11299000	5963430	5335570	2610970	2724601	1468713
10406114	4341713	6064401	1308024	4756377	391653
7048646	3436604	3612042	972012	2640030	489166
15524265	3425575	12098690	2376175	9722516	604451
14265032	6572615	7692416	1583781	6108636	111797
18770104	8660267	10109837	2029222	8080615	991084
11201238	4402793	6798445	1869362	4929083	1818
10883955	5407001	5476954	1407148	4069806	357106
18239337	12853287	5386051	2577964	2808087	4646387
9856591	3838952	6017639	1689074	4328565	997657
3071759	1616290	1455469	709375	746094	269201
6275194	3938629	2336565	812872	1523693	915212
12453224	7121833	5331391	1559733	3771657	403687
7407275	3384053	4023222	814308	3208914	311512
7042377	3406946	3635431	706615	2928816	554549
1454945	573998	880947	214312	666635	173898
8516362	3978297	4538065	1195024	3343042	1869372
4227252	1816995	2410256	690065	1720191	266456
1874462	657778	1216684	278113	938572	630756
1812561	744293	1068267	480996	587272	54245
5061955	2597182	2464773	842470	1622303	1876742
589996	526636	63360	60035	3325	77823
1484763	756281	728482	232694	495788	
734021	587973	146047	90836	55212	235441
1843987	818460	1025527	415124	610403	
3079665	2754707	324958	298651	26307	4375109

6-29 一般公共预算教育事业费和

地区	合计	个人部分	工资福利支出	对个人和家庭的补助支出	#助学金
合计	**347566413**	**257357081**	**234873643**	**22483438**	**12192046**
北京	10770102	7208505	7118131	90374	32126
天津	4973821	3854936	3734273	120663	25185
河北	16688097	12129841	11231114	898727	461547
山西	8276368	6188060	5735438	452622	308147
内蒙古	7712158	5082855	4582069	500786	446529
辽宁	7614381	5986312	5674216	312095	112535
吉林	4755431	3442149	3137538	304610	157781
黑龙江	6632098	5101421	4515503	585918	144343
上海	6546027	4645805	4561464	84341	43123
江苏	23646329	18702587	17546316	1156271	264202
浙江	17702593	13597467	13115462	482005	186755
安徽	12410220	9404089	8455937	948153	384400
福建	9786703	7499591	7191178	308413	111217
江西	12028662	7079031	6395993	683038	405553
山东	22259632	18902315	17792168	1110147	348949
河南	18040977	12360632	11219928	1140704	959773
湖北	14744055	10190158	9406360	783797	301705
湖南	13869486	10610806	9515616	1095190	550472
广东	33769371	27055691	24313019	2742671	499677
广西	10420368	6722168	5772476	949691	680547
海南	2836274	1724996	1624055	100942	65864
重庆	8637558	6255139	5705458	549681	446465
四川	16107811	12535262	10939887	1595375	1026758
贵州	11783568	8578435	7153350	1425085	1030952
云南	10775388	8409716	7322086	1087630	975854
西藏	2363463	1625991	1264320	361671	323110
陕西	11186917	7018569	6310176	708394	471765
甘肃	7053838	5549927	4995174	554753	409451
青海	2819117	1673889	1533381	140508	113538
宁夏	1995185	1401571	1274355	127215	115768
新疆	9360414	6819168	5737201	1081967	787954
大连	1355495	1181256	1133476	47779	8720
宁波	2462641	1834094	1779399	54695	26539
厦门	1260253	1004462	940004	64457	6004
青岛	2810737	2301768	2130762	171006	37821
深圳	5890399	3894415	3059136	835279	49376

基本建设支出明细(普通高中)

单位：千元

公用部分	商品和服务支出	其他资本性支出	专项公用支出	专项项目支出	基本建设支出
82547122	**41889645**	**40657477**	**13243931**	**27413545**	**7662210**
2843546	2076969	766577	494057	272521	718050
1118885	660283	458602	157352	301251	
4353104	1745019	2608085	536924	2071162	205152
2040928	1174364	866564	309518	557046	47380
2162094	1210787	951307	309192	642115	467209
1581404	947751	633653	204959	428693	46665
1184195	679865	504330	154286	350044	129088
1431653	930176	501477	136403	365074	99024
1722574	1183126	539448	257665	281783	177648
4700613	2249784	2450828	818409	1632419	243130
3662891	1989981	1672910	1011565	661345	442235
2902823	1215850	1686972	381414	1305559	103308
2087599	1129027	958572	300463	658110	199513
4730940	1227499	3503441	820794	2682647	218691
3328737	1849285	1479453	326227	1153226	28580
5435885	2667408	2768477	776905	1991572	244460
4553898	1565383	2988515	1190786	1797729	
3160222	1629242	1530979	456979	1074001	98458
5719723	3837697	1882026	880703	1001323	993957
3176834	1127265	2049569	687282	1362287	521366
1055612	531120	524492	263141	261352	55665
2245041	1492987	752053	292472	459582	137378
3410076	2320432	1089643	461535	628108	162473
2987640	1087433	1900207	318194	1582012	217493
2114446	1084645	1029801	244926	784874	251226
578295	219878	358417	67497	290920	159177
3471550	1890040	1581510	483080	1098430	696798
1375665	625726	749939	179943	569996	128247
798567	236655	561912	122092	439820	346661
567814	264566	303249	171466	131783	25800
2043869	1039401	1004467	427703	576764	497377
174240	166164	8076	7076	1000	
628546	287757	340789	96165	244624	
232500	192250	40249	27157	13092	23291
508968	247734	261235	42296	218939	
1085002	980353	104649	101480	3169	910982

6-30 一般公共预算教育事业费和

地 区	合 计				
		个人部分			
			工资福利支出	对个人和家庭的补助支出	
					#助学金
合 计	**344972571**	**255602165**	**233339613**	**22262552**	**12133112**
北 京	10004484	6684254	6620182	64073	30915
天 津	4973821	3854936	3734273	120663	25185
河 北	16688097	12129841	11231114	898727	461547
山 西	8276368	6188060	5735438	452622	308147
内蒙古	7712158	5082855	4582069	500786	446529
辽 宁	7614381	5986312	5674216	312095	112535
吉 林	4648145	3366377	3068401	297976	157780
黑龙江	6506762	5002407	4439809	562598	141728
上 海	6456637	4580760	4497583	83178	43123
江 苏	23646329	18702587	17546316	1156271	264202
浙 江	17702593	13597467	13115462	482005	186755
安 徽	12410220	9404089	8455937	948153	384400
福 建	9786703	7499591	7191178	308413	111217
江 西	12028662	7079031	6395993	683038	405553
山 东	22259632	18902315	17792168	1110147	348949
河 南	18040977	12360632	11219928	1140704	959773
湖 北	14495370	10018643	9262584	756059	301573
湖 南	13857730	10601561	9506393	1095168	550472
广 东	33769371	27055691	24313019	2742671	499677
广 西	10420368	6722168	5772476	949691	680547
海 南	2836274	1724996	1624055	100942	65864
重 庆	8583309	6215672	5670548	545124	446221
四 川	16107107	12535195	10939887	1595308	1026691
贵 州	11783568	8578435	7153350	1425085	1030952
云 南	10775388	8409716	7322086	1087630	975854
西 藏	2363463	1625991	1264320	361671	323110
陕 西	11109667	6963212	6261155	702057	471534
甘 肃	7053128	5549536	4994828	554708	409406
青 海	2819117	1673889	1533381	140508	113538
宁 夏	1995185	1401571	1274355	127215	115768
新 疆	8247556	6104374	5147109	957265	733567
大 连	1355495	1181256	1133476	47779	8720
宁 波	2462641	1834094	1779399	54695	26539
厦 门	1260253	1004462	940004	64457	6004
青 岛	2810737	2301768	2130762	171006	37821
深 圳	5890399	3894415	3059136	835279	49376

基本建设支出明细(地方普通高中)

单位：千元

公用部分	商品和服务支出	其他资本性支出	专项公用支出	专项项目支出	基本建设支出
81748597	**41425474**	**40323123**	**13110530**	**27212593**	**7621809**
2602179	1893098	709081	444190	264891	718050
1118885	660283	458602	157352	301251	
4353104	1745019	2608085	536924	2071162	205152
2040928	1174364	866564	309518	557046	47380
2162094	1210787	951307	309192	642115	467209
1581404	947751	633653	204959	428693	46665
1152679	659750	492929	150584	342345	129088
1405331	912837	492494	135319	357175	99024
1698229	1165840	532388	250996	281392	177648
4700613	2249784	2450828	818409	1632419	243130
3662891	1989981	1672910	1011565	661345	442235
2902823	1215850	1686972	381414	1305559	103308
2087599	1129027	958572	300463	658110	199513
4730940	1227499	3503441	820794	2682647	218691
3328737	1849285	1479453	326227	1153226	28580
5435885	2667408	2768477	776905	1991572	244460
4476728	1494536	2982191	1184462	1797729	
3157711	1626731	1530979	456979	1074001	98458
5719723	3837697	1882026	880703	1001323	993957
3176834	1127265	2049569	687282	1362287	521366
1055612	531120	524492	263141	261352	55665
2230259	1483541	746718	287137	459582	137378
3409439	2319935	1089503	461395	628108	162473
2987640	1087433	1900207	318194	1582012	217493
2114446	1084645	1029801	244926	784874	251226
578295	219878	358417	67497	290920	159177
3449657	1874007	1575651	480794	1094857	696798
1375346	625547	749799	179826	569973	128247
798567	236655	561912	122092	439820	346661
567814	264566	303249	171466	131783	25800
1686205	913354	772851	369825	403026	456976
174240	166164	8076	7076	1000	
628546	287757	340789	96165	244624	
232500	192250	40249	27157	13092	23291
508968	247734	261235	42296	218939	
1085002	980353	104649	101480	3169	910982

6-31　一般公共预算教育事业费和

地　区	合　计				
		个人部分			
			工资福利支　出	对个人和家庭的补助支出	
					#助学金
合　计	**143765877**	**108848930**	**98168628**	**10680302**	**7426855**
北　京	657811	402664	397644	5020	1762
天　津	637230	551939	536699	15240	4178
河　北	8398670	5910156	5450696	459459	295710
山　西	4146513	3144041	2868119	275922	188315
内蒙古	3634682	2402269	2145967	256302	232614
辽　宁	1719337	1427329	1378415	48914	31921
吉　林	1648154	1231048	1113592	117456	55073
黑龙江	2847352	2129697	1800292	329405	72840
上　海	587766	469102	463108	5994	4775
江　苏	7763826	6558563	6188562	370001	131919
浙　江	6907236	5622688	5383702	238986	92270
安　徽	7131675	5572587	5021649	550938	241793
福　建	4828566	3854884	3710386	144498	68589
江　西	6385957	3538495	3207936	330559	235800
山　东	7779814	6717890	6448463	269427	159388
河　南	9882408	6692591	6030145	662446	591524
湖　北	4130584	3117879	2870806	247073	175666
湖　南	7769088	5900642	5333949	566693	394925
广　东	7277492	6024433	5593769	430664	186908
广　西	5175520	3560796	2922005	638791	467683
海　南	1272435	776640	717631	59009	44733
重　庆	3056618	2436657	2171957	264700	227955
四　川	8415183	6575103	5628796	946307	652485
贵　州	6753034	5214414	4284331	930084	763822
云　南	6237378	5217028	4442755	774273	716395
西　藏	848640	737117	599558	137559	124656
陕　西	5996436	3809966	3413995	395971	291728
甘　肃	4575531	3692567	3286576	405991	291072
青　海	1608457	1124384	1030046	94338	84513
宁　夏	670325	537551	491606	45945	38421
新　疆	5022159	3897808	3235473	662335	557420
大　连	92014	78421	76430	1991	447
宁　波	891345	659234	639154	20080	11639
厦　门	113992	93921	84031	9890	1690
青　岛	399723	332275	317885	14389	2838
深　圳					

基本建设支出明细(农村高中)

单位：千元

公用部分	商品和服务支出	其他资本性支出	专项公用支出	专项项目支出	基本建设支出
33073949	**15993609**	**17080340**	**4470897**	**12609443**	**1842998**
214837	156935	57902	46665	11237	40310
85291	68642	16649	5127	11522	
2437339	890041	1547297	245645	1301652	51176
998756	532019	466737	155250	311487	3716
1115899	567091	548809	161372	387437	116514
269229	167850	101379	38275	63104	22779
384531	203366	181165	53744	127421	32575
625436	414774	210662	60995	149667	92218
118664	107073	11591	7140	4451	
1205264	650466	554798	171586	383212	
1233889	675468	558421	313870	244551	50658
1551088	705764	845324	222561	622763	8000
946465	551748	394717	160638	234079	27217
2813135	698678	2114456	394196	1720260	34327
1033344	558355	474988	97297	377691	28580
3152642	1477394	1675248	366837	1308410	37175
1012705	420072	592633	139086	453547	
1775300	861472	913828	201910	711918	93147
1235971	762192	473780	202654	271126	17088
1475094	592890	882204	181426	700779	139630
468443	239788	228656	101727	126929	27351
601624	386410	215213	67801	147413	18337
1716544	1103771	612773	212241	400532	123536
1334215	541355	792860	150335	642524	204405
972449	563307	409142	134102	275040	47901
101523	80560	20963	14878	6086	10000
1954270	1002081	952189	230999	721190	232200
813375	325079	488296	102057	386240	69589
357261	102156	255105	61980	193125	126813
125574	69873	55701	25028	30673	7200
943794	516942	426852	143474	283378	180557
13593	10671	2922	1922	1000	
232111	115762	116349	28190	88158	
20071	16921	3151	2151	1000	
67449	44763	22685	1832	20853	

6-32 一般公共预算教育事业费和

地区	合计				
		个人部分			
			工资福利支出	对个人和家庭的补助支出	
					#助学金
合计	**143073135**	**108414271**	**97805503**	**10608768**	**7414702**
北京	657811	402664	397644	5020	1762
天津	637230	551939	536699	15240	4178
河北	8398670	5910156	5450696	459459	295710
山西	4146513	3144041	2868119	275922	188315
内蒙古	3634682	2402269	2145967	256302	232614
辽宁	1719337	1427329	1378415	48914	31921
吉林	1648154	1231048	1113592	117456	55073
黑龙江	2740232	2041026	1733849	307177	70679
上海	587766	469102	463108	5994	4775
江苏	7763826	6558563	6188562	370001	131919
浙江	6907236	5622688	5383702	238986	92270
安徽	7131675	5572587	5021649	550938	241793
福建	4828566	3854884	3710386	144498	68589
江西	6385957	3538495	3207936	330559	235800
山东	7779814	6717890	6448463	269427	159388
河南	9882408	6692591	6030145	662446	591524
湖北	3992674	3018510	2784451	234059	175666
湖南	7769088	5900642	5333949	566693	394925
广东	7277492	6024433	5593769	430664	186908
广西	5175520	3560796	2922005	638791	467683
海南	1272435	776640	717631	59009	44733
重庆	3056618	2436657	2171957	264700	227955
四川	8415183	6575103	5628796	946307	652485
贵州	6753034	5214414	4284331	930084	763822
云南	6237378	5217028	4442755	774273	716395
西藏	848640	737117	599558	137559	124656
陕西	5996436	3809966	3413995	395971	291728
甘肃	4574821	3692176	3286230	405946	291028
青海	1608457	1124384	1030046	94338	84513
宁夏	670325	537551	491606	45945	38421
新疆	4575156	3651580	3025492	626088	547473
大连	92014	78421	76430	1991	447
宁波	891345	659234	639154	20080	11639
厦门	113992	93921	84031	9890	1690
青岛	399723	332275	317885	14389	2838
深圳					

基本建设支出明细(地方农村高中)

单位：千元

公用部分	商品和服务支出	其他资本性支出			基本建设支出
			专项公用支出	专项项目支出	
32819841	**15890952**	**16928890**	**4438566**	**12490324**	**1839022**
214837	156935	57902	46665	11237	40310
85291	68642	16649	5127	11522	
2437339	890041	1547297	245645	1301652	51176
998756	532019	466737	155250	311487	3716
1115899	567091	548809	161372	387437	116514
269229	167850	101379	38275	63104	22779
384531	203366	181165	53744	127421	32575
606988	400402	206586	59940	146647	92218
118664	107073	11591	7140	4451	
1205264	650466	554798	171586	383212	
1233889	675468	558421	313870	244551	50658
1551088	705764	845324	222561	622763	8000
946465	551748	394717	160638	234079	27217
2813135	698678	2114456	394196	1720260	34327
1033344	558355	474988	97297	377691	28580
3152642	1477394	1675248	366837	1308410	37175
974163	384484	589679	136132	453547	
1775300	861472	913828	201910	711918	93147
1235971	762192	473780	202654	271126	17088
1475094	592890	882204	181426	700779	139630
468443	239788	228656	101727	126929	27351
601624	386410	215213	67801	147413	18337
1716544	1103771	612773	212241	400532	123536
1334215	541355	792860	150335	642524	204405
972449	563307	409142	134102	275040	47901
101523	80560	20963	14878	6086	10000
1954270	1002081	952189	230999	721190	232200
813056	324900	488156	101940	386216	69589
357261	102156	255105	61980	193125	126813
125574	69873	55701	25028	30673	7200
746996	464424	282572	115269	167303	176580
13593	10671	2922	1922	1000	
232111	115762	116349	28190	88158	
20071	16921	3151	2151	1000	
67449	44763	22685	1832	20853	

6-33 一般公共预算教育事业费和

地 区	合 计	个人部分	工资福利支 出	对个人和家庭的补助支出	#助学金
合 计	**674144274**	**492157997**	**439431163**	**52726834**	**29628774**
北 京	16808437	11417776	11268239	149538	107846
天 津	8219135	6513569	6167378	346191	58809
河 北	30359082	22301451	20247889	2053562	1045002
山 西	12840397	9920607	9277805	642802	409313
内蒙古	10628458	7945638	7359374	586264	488122
辽 宁	14427255	11818279	11104608	713671	224642
吉 林	9960847	7579615	6894690	684925	241129
黑龙江	14375761	11275514	9584993	1690521	242051
上 海	13089138	8932971	8594330	338641	268508
江 苏	44080981	35229299	32420585	2808714	924416
浙 江	34163270	25500683	23913413	1587271	906245
安 徽	26506575	18714938	16275170	2439768	1117535
福 建	20194357	14943657	14079627	864030	551790
江 西	25451219	14272134	12698921	1573213	1062778
山 东	49393822	38374311	34889385	3484926	1127992
河 南	40483509	26402087	23581251	2820836	2356684
湖 北	25953092	19203467	17288531	1914936	785504
湖 南	28477014	20490070	17753484	2736587	1547269
广 东	62043663	45871619	40391639	5479980	1336435
广 西	22369538	15213490	12696766	2516724	1881787
海 南	5670149	3440467	3209731	230736	123679
重 庆	16295001	11459674	10099354	1360320	1062419
四 川	34406959	25121395	21268780	3852616	2427822
贵 州	21933973	17420319	14236708	3183611	2357610
云 南	24836678	19605423	16563547	3041876	2848623
西 藏	4110054	3218682	2516967	701715	651831
陕 西	17844393	11594436	10213257	1381179	1049381
甘 肃	12330938	9340323	8131908	1208415	837295
青 海	4336259	2976269	2624104	352165	309122
宁 夏	3784420	2511228	2211366	299862	250722
新 疆	18769901	13548608	11867365	1681243	1026415
大 连	2712713	2219134	2129710	89424	23834
宁 波	4746031	3889814	3672264	217550	132964
厦 门	2732072	2018402	1904976	113426	54805
青 岛	6142432	4807413	4310917	496496	53821
深 圳	12367007	6908217	5435009	1473208	161054

基本建设支出明细(普通初中)

单位：千元

公用部分	商品和服务支出	其他资本性支出			基本建设支出
			专项公用支出	专项项目支出	
168519664	**83830198**	**84689466**	**22281676**	**62407790**	**13466613**
4766256	3555447	1210809	747834	462975	624404
1705566	959777	745788	170999	574789	
7910736	3734811	4175925	1066923	3109002	146895
2842784	1996695	846089	325585	520504	77006
2447191	1291774	1155417	394299	761118	235630
2487041	1789850	697191	308585	388607	121934
2343424	1128955	1214469	320477	893991	37808
3059705	1903397	1156308	282716	873592	40542
3998828	2643941	1354887	620373	734514	157339
8760995	4631525	4129470	1039795	3089675	90687
7636109	3973448	3662660	1599405	2063255	1026478
7503291	3125863	4377428	926610	3450818	288346
4961047	2307577	2653470	671549	1981921	289653
10793325	2198076	8595249	1555381	7039868	385760
10936294	4723331	6212963	1257553	4955410	83217
13334798	5993438	7341360	1252317	6089043	746624
6747808	2928273	3819535	688181	3131354	1818
7728296	3782321	3945974	950169	2995805	258648
12519614	9015589	3504025	1697261	1806764	3652430
6679757	2711687	3968070	1001792	2966277	476291
2016147	1085170	930977	446234	484743	213535
4057493	2463190	1594303	530191	1064112	777834
9044350	4802338	4242011	1098462	3143549	241214
4419636	2296620	2123016	496114	1626902	94019
4927932	2322301	2605630	461688	2143942	303323
876650	354121	522530	146815	375715	14722
5077383	2112917	2964466	715770	2248696	1172574
2852406	1191709	1660697	510405	1150292	138209
1075896	421123	654773	156021	498752	284095
1244747	479728	765019	309530	455489	28445
3764160	1905204	1858956	532641	1326315	1457134
415757	360472	55284	52959	2325	77823
856217	468524	387693	136529	251164	
501521	395723	105798	63679	42120	212149
1335019	570726	764293	372828	391465	
1994663	1774354	220309	197171	23138	3464127

6-34 一般公共预算教育事业费和

地区	合计	个人部分	工资福利支出	对个人和家庭的补助支出	#助学金
合计	**671676689**	**490337336**	**437881610**	**52455726**	**29543006**
北京	16405800	11144829	11006429	138400	107717
天津	8219135	6513569	6167378	346191	58809
河北	30359082	22301451	20247889	2053562	1045002
山西	12840397	9920607	9277805	642802	409313
内蒙古	10628458	7945638	7359374	586264	488122
辽宁	14427255	11818279	11104608	713671	224642
吉林	9960847	7579615	6894690	684925	241129
黑龙江	14223381	11157177	9492684	1664493	241299
上海	13054991	8906007	8567730	338277	268508
江苏	44080981	35229299	32420585	2808714	924416
浙江	34163270	25500683	23913413	1587271	906245
安徽	26506575	18714938	16275170	2439768	1117535
福建	20194357	14943657	14079627	864030	551790
江西	25451219	14272134	12698921	1573213	1062778
山东	49393822	38374311	34889385	3484926	1127992
河南	40480356	26399514	23578730	2820784	2356632
湖北	25898792	19172464	17260378	1912086	785420
湖南	28467409	20482517	17745948	2736569	1547269
广东	62043663	45871619	40391639	5479980	1336435
广西	22369538	15213490	12696766	2516724	1881787
海南	5670149	3440467	3209731	230736	123679
重庆	16249950	11427182	10070096	1357086	1062215
四川	34406335	25121336	21268780	3852556	2427762
贵州	21933973	17420319	14236708	3183611	2357610
云南	24836678	19605423	16563547	3041876	2848623
西藏	4110054	3218682	2516967	701715	651831
陕西	17793106	11553827	10179430	1374397	1049230
甘肃	12328280	9338165	8129799	1208366	837246
青海	4336259	2976269	2624104	352165	309122
宁夏	3784420	2511228	2211366	299862	250722
新疆	17058158	12262642	10801934	1460708	942128
大连	2712713	2219134	2129710	89424	23834
宁波	4746031	3889814	3672264	217550	132964
厦门	2732072	2018402	1904976	113426	54805
青岛	6142432	4807413	4310917	496496	53821
深圳	12367007	6908217	5435009	1473208	161054

基本建设支出明细(地方普通初中)

单位：千元

公用部分	商品和服务支出	其他资本性支出	专项公用支出	专项项目支出	基本建设支出
167910108	**83428003**	**84482105**	**22190789**	**62291316**	**13429245**
4636567	3447753	1188813	730260	458553	624404
1705566	959777	745788	170999	574789	
7910736	3734811	4175925	1066923	3109002	146895
2842784	1996695	846089	325585	520504	77006
2447191	1291774	1155417	394299	761118	235630
2487041	1789850	697191	308585	388607	121934
2343424	1128955	1214469	320477	893991	37808
3025662	1876149	1149513	280350	869162	40542
3991645	2638141	1353504	618990	734514	157339
8760995	4631525	4129470	1039795	3089675	90687
7636109	3973448	3662660	1599405	2063255	1026478
7503291	3125863	4377428	926610	3450818	288346
4961047	2307577	2653470	671549	1981921	289653
10793325	2198076	8595249	1555381	7039868	385760
10936294	4723331	6212963	1257553	4955410	83217
13334219	5992859	7341360	1252317	6089043	746624
6724510	2908257	3816253	684899	3131354	1818
7726244	3780270	3945974	950169	2995805	258648
12519614	9015589	3504025	1697261	1806764	3652430
6679757	2711687	3968070	1001792	2966277	476291
2016147	1085170	930977	446234	484743	213535
4044935	2455088	1589847	525735	1064112	777834
9043785	4801898	4241887	1098338	3143549	241214
4419636	2296620	2123016	496114	1626902	94019
4927932	2322301	2605630	461688	2143942	303323
876650	354121	522530	146815	375715	14722
5066705	2104290	2962415	714230	2248185	1172574
2851906	1191449	1660457	510239	1150218	138209
1075896	421123	654773	156021	498752	284095
1244747	479728	765019	309530	455489	28445
3375750	1683828	1691922	472644	1219277	1419766
415757	360472	55284	52959	2325	77823
856217	468524	387693	136529	251164	
501521	395723	105798	63679	42120	212149
1335019	570726	764293	372828	391465	
1994663	1774354	220309	197171	23138	3464127

6-35 一般公共预算教育事业费和

地 区	合 计	个人部分	工资福利支出	对个人和家庭的补助支出	#助学金
合 计	**393402812**	**294601216**	**261062868**	**33538348**	**21383581**
北 京	3187376	2197426	2154863	42563	33682
天 津	2168379	1855496	1805632	49865	1089
河 北	20229954	14630703	13389496	1241207	662710
山 西	7994612	6328043	5937318	390725	257959
内蒙古	6643052	5054939	4638094	416846	363672
辽 宁	6273807	5267554	4927372	340182	137020
吉 林	6310301	4800699	4414549	386150	150306
黑龙江	8602465	6543275	5454841	1088434	102381
上 海	1740202	1368180	1333133	35047	31575
江 苏	20530659	16565881	15450472	1115409	230575
浙 江	16252223	12528996	11603876	925120	535135
安 徽	19566697	14459343	12493778	1965565	915260
福 建	11934799	9317349	8906840	410509	231122
江 西	18027767	9963442	9075010	888432	587602
山 东	27470372	21633361	19729396	1903965	657346
河 南	27777393	18426248	16374521	2051727	1766395
湖 北	14669530	11258086	10099248	1158838	627892
湖 南	20157717	14758975	12622885	2136090	1319989
广 东	23115367	17827972	16352368	1475604	555654
广 西	16402385	11691935	9501944	2189991	1676320
海 南	3684135	2271165	2110882	160283	85979
重 庆	9072564	7021817	6121967	899850	748952
四 川	24956228	18409829	15593828	2816002	1818841
贵 州	16685337	13819556	11196644	2622911	2137168
云 南	19607799	16031970	13428445	2603525	2480395
西 藏	2718353	2183505	1720315	463190	438422
陕 西	10741717	7604863	6588828	1016035	825269
甘 肃	9546750	7318388	6267845	1050543	747821
青 海	2961558	2244945	1926227	318718	282151
宁 夏	2231505	1645861	1443509	202351	171896
新 疆	12141810	9571414	8398739	1172674	803002
大 连	535172	467328	428877	38451	1596
宁 波	1796908	1490738	1386473	104264	73985
厦 门	364180	280461	253788	26673	6207
青 岛	1846132	1508734	1319700	189035	27661
深 圳					

基本建设支出明细(农村初中)

单位：千元

公用部分	商品和服务支出	其他资本性支出			基本建设支出
			专项公用支出	专项项目支出	
95577298	**45711706**	**49865593**	**11946361**	**37919232**	**3224297**
910898	664583	246314	146045	100270	79052
312882	192056	120826	11401	109425	
5530171	2578779	2951393	824681	2126711	69080
1636383	1163232	473151	173688	299463	30186
1523197	788908	734289	254395	479894	64916
982439	661138	321301	110456	210845	23814
1482063	718256	763806	201869	561937	27540
2030281	1195728	834553	184995	649557	28909
372022	325254	46768	36623	10145	
3964670	2041479	1923191	460328	1462863	108
3401361	1796528	1604833	875452	729381	321866
4974723	2343360	2631363	612918	2018445	132631
2550740	1293473	1257267	376774	880493	66711
7883266	1562611	6320655	1055866	5264789	181058
5753794	2410031	3343762	575965	2767797	83217
9173037	4222449	4950588	744047	4206540	178108
3411444	1543478	1867966	306118	1561848	
5213504	2423335	2790169	567148	2223020	185239
5286939	3429957	1856982	745973	1111009	456
4540897	2009869	2531028	530665	2000363	169553
1235788	544880	690909	333212	357697	177182
1997402	1235242	762160	214337	547823	53345
6339724	3231056	3108668	746597	2362070	206675
2800591	1565704	1234887	273217	961670	65190
3443185	1807258	1635928	250900	1385028	132644
520126	212117	308009	76268	231741	14722
2977506	1248119	1729387	389851	1339537	159348
2114281	829845	1284436	343280	941156	114081
601059	283271	317788	116865	200923	115554
572044	265017	307027	125800	181227	13600
2040882	1124693	916190	280626	635564	529514
67844	53196	14647	14647		
306170	189325	116845	80904	35941	
62215	50182	12032	8737	3296	21504
337398	124726	212672	133943	78729	

6-36 一般公共预算教育事业费和

地区	合计	个人部分	工资福利支出	对个人和家庭的补助支出	#助学金
合计	**392065160**	**293586047**	**260222745**	**33363302**	**21326927**
北京	3187376	2197426	2154863	42563	33682
天津	2168379	1855496	1805632	49865	1089
河北	20229954	14630703	13389496	1241207	662710
山西	7994612	6328043	5937318	390725	257959
内蒙古	6643052	5054939	4638094	416846	363672
辽宁	6273807	5267554	4927372	340182	137020
吉林	6310301	4800699	4414549	386150	150306
黑龙江	8467708	6438337	5374439	1063898	101970
上海	1740202	1368180	1333133	35047	31575
江苏	20530659	16565881	15450472	1115409	230575
浙江	16252223	12528996	11603876	925120	535135
安徽	19566697	14459343	12493778	1965565	915260
福建	11934799	9317349	8906840	410509	231122
江西	18027767	9963442	9075010	888432	587602
山东	27470372	21633361	19729396	1903965	657346
河南	27777393	18426248	16374521	2051727	1766395
湖北	14669530	11258086	10099248	1158838	627892
湖南	20157717	14758975	12622885	2136090	1319989
广东	23115367	17827972	16352368	1475604	555654
广西	16402385	11691935	9501944	2189991	1676320
海南	3684135	2271165	2110882	160283	85979
重庆	9072564	7021817	6121967	899850	748952
四川	24956228	18409829	15593828	2816002	1818841
贵州	16685337	13819556	11196644	2622911	2137168
云南	19607799	16031970	13428445	2603525	2480395
西藏	2718353	2183505	1720315	463190	438422
陕西	10741717	7604863	6588828	1016035	825269
甘肃	9544092	7316230	6265736	1050494	747772
青海	2961558	2244945	1926227	318718	282151
宁夏	2231505	1645861	1443509	202351	171896
新疆	10941573	8663340	7641128	1022212	746807
大连	535172	467328	428877	38451	1596
宁波	1796908	1490738	1386473	104264	73985
厦门	364180	280461	253788	26673	6207
青岛	1846132	1508734	1319700	189035	27661
深圳					

基本建设支出明细(地方农村初中)

单位：千元

公用部分					基本建设支出
	商品和服务支出	其他资本性支出	专项公用支出	专项项目支出	
95284678	**45543944**	**49740734**	**11903866**	**37836868**	**3194435**
910898	664583	246314	146045	100270	79052
312882	192056	120826	11401	109425	
5530171	2578779	2951393	824681	2126711	69080
1636383	1163232	473151	173688	299463	30186
1523197	788908	734289	254395	479894	64916
982439	661138	321301	110456	210845	23814
1482063	718256	763806	201869	561937	27540
2000462	1170347	830116	183176	646939	28909
372022	325254	46768	36623	10145	
3964670	2041479	1923191	460328	1462863	108
3401361	1796528	1604833	875452	729381	321866
4974723	2343360	2631363	612918	2018445	132631
2550740	1293473	1257267	376774	880493	66711
7883266	1562611	6320655	1055866	5264789	181058
5753794	2410031	3343762	575965	2767797	83217
9173037	4222449	4950588	744047	4206540	178108
3411444	1543478	1867966	306118	1561848	
5213504	2423335	2790169	567148	2223020	185239
5286939	3429957	1856982	745973	1111009	456
4540897	2009869	2531028	530665	2000363	169553
1235788	544880	690909	333212	357697	177182
1997402	1235242	762160	214337	547823	53345
6339724	3231056	3108668	746597	2362070	206675
2800591	1565704	1234887	273217	961670	65190
3443185	1807258	1635928	250900	1385028	132644
520126	212117	308009	76268	231741	14722
2977506	1248119	1729387	389851	1339537	159348
2113781	829585	1284197	343114	941083	114081
601059	283271	317788	116865	200923	115554
572044	265017	307027	125800	181227	13600
1778581	982573	796008	240116	555892	499652
67844	53196	14647	14647		
306170	189325	116845	80904	35941	
62215	50182	12032	8737	3296	21504
337398	124726	212672	133943	78729	

6-37　一般公共预算教育事业费和

地　区	合　计	个人部分	工资福利支　出	对个人和家庭的补助支出	#助学金
合　计	**488093**	**382596**	**363127**	**19468**	**9**
北　京	38044	23157	22844	313	
天　津	26697	25940	25508	432	
河　北					
山　西					
内蒙古					
辽　宁					
吉　林	1898	1645	1164	482	
黑龙江					
上　海	4344	3114	2932	182	
江　苏	119645	95704	89929	5775	9
浙　江	245571	188766	179402	9365	
安　徽					
福　建					
江　西					
山　东					
河　南					
湖　北	6926	6386	6381	5	
湖　南	2188	2167	1893	274	
广　东	42740	35677	33075	2601	
广　西					
海　南					
重　庆					
四　川	40	40		40	
贵　州					
云　南					
西　藏					
陕　西					
甘　肃					
青　海					
宁　夏					
新　疆					
大　连					
宁　波					
厦　门					
青　岛					
深　圳					

基本建设支出明细(成人中学)

单位：千元

公用部分	商品和服务支出	其他资本性支出			基本建设支出
			专项公用支出	专项项目支出	
104067	**96224**	**7843**	**6620**	**1223**	**1430**
14887	14474	413	413		
757	653	104	104		
253	205	49	49		
1231	1102	129	129		
23941	22357	1584	1578	6	
55375	50196	5179	3965	1214	1430
540	531	10	10		
21	21				
7063	6686	377	374	3	

6-38 一般公共预算教育事业费和

地 区	合 计	个人部分	工资福利支 出	对个人和家庭的补助支出	#助学金
合 计	**1093775825**	**801442818**	**711827090**	**89615728**	**41271366**
北 京	30976765	20794408	20592696	201712	158536
天 津	12841258	9875933	9389279	486654	63953
河 北	53743524	40086207	35931299	4154907	1664096
山 西	22019258	16612409	15604308	1008102	390521
内蒙古	18242074	13800215	12839424	960791	730535
辽 宁	20531033	16322819	15007958	1314860	332779
吉 林	15247639	11907536	10792782	1114754	213361
黑龙江	18696785	15103416	12268316	2835099	278087
上 海	17626776	12391683	11845215	546469	445598
江 苏	68973071	55354117	49680939	5673178	1263954
浙 江	54195510	41271311	38349034	2922278	1286419
安 徽	44420486	31300338	27110232	4190107	1302470
福 建	33934782	24357805	22845797	1512009	475903
江 西	40681777	24784290	22561871	2222419	1189518
山 东	67373975	52224052	47821119	4402932	944717
河 南	60914174	40469435	36464301	4005134	3285592
湖 北	38685621	27303597	24462622	2840975	1210467
湖 南	45774410	32277927	28169845	4108081	2199721
广 东	109419142	82118041	69828244	12289797	3065498
广 西	39358758	27351157	23817626	3533532	1940502
海 南	9538509	6164287	5846257	318030	133911
重 庆	25737489	18091001	16644439	1446562	966820
四 川	56055180	39989128	33237932	6751196	3839024
贵 州	39275118	30564341	24582265	5982076	3002929
云 南	42411998	34172390	29573857	4598533	4075255
西 藏	8708474	6427478	4863057	1564421	1420561
陕 西	30647216	19441532	17017365	2424167	1660592
甘 肃	22228098	16726797	14409625	2317172	1331520
青 海	7469421	5141739	4522597	619142	520416
宁 夏	5832771	3973456	3600136	373320	308105
新 疆	32214732	25043972	22146654	2897319	1570005
大 连	3944767	3117188	2744604	372584	16910
宁 波	7792393	6483004	6104118	378887	176538
厦 门	4845022	3731515	3393400	338115	73715
青 岛	9060334	7002631	6371538	631093	56608
深 圳	21410679	14498419	10836408	3662011	601927

基本建设支出明细(小学)

单位：千元

公用部分	商品和服务支出	其他资本性支出	专项公用支出	专项项目支出	基本建设支出
276880086	**145012399**	**131867687**	**34960251**	**96907435**	**15452921**
8774691	7255207	1519484	1121516	397968	1407667
2961993	1803738	1158255	382061	776194	3332
13492285	6952358	6539927	1847729	4692198	165032
5177218	3438181	1739038	690821	1048217	229630
4207356	2166625	2040730	538689	1502041	234504
4130004	2754265	1375739	602485	773254	78210
3253202	1763866	1489336	421100	1068236	86901
3551591	2182635	1368955	345103	1023852	41779
5136116	3881427	1254688	629913	624775	98977
13602105	7760194	5841911	1645376	4196535	16849
11929304	6890299	5039005	1983512	3055493	994895
12740628	5405844	7334784	1738985	5595799	379519
9296880	4283692	5013189	1257113	3756076	280096
15556545	3626018	11930527	2406251	9524276	340941
14996826	7408640	7588186	1597637	5990549	153097
19481504	9816935	9664569	1430321	8234248	963235
11380069	5122965	6257104	1171520	5085583	1955
13000362	6099583	6900779	1928139	4972640	496122
24398034	17178859	7219176	3416629	3802547	2903067
11645916	4889324	6756592	1571777	5184815	361685
3147548	1700861	1446687	652182	794505	226674
6600462	4207121	2393341	719165	1674176	1046026
15471617	8389874	7081742	1894190	5187552	594435
8347272	3940196	4407077	833920	3573156	363505
7709811	3735346	3974465	625091	3349374	529797
1964015	723119	1240896	277206	963691	316981
10371029	4625812	5745217	1180643	4564574	834655
5248092	2124923	3123169	749416	2373753	253209
1697340	745772	951568	261261	690307	630342
1816315	784102	1032214	325448	706766	43000
5793955	3354617	2439339	715051	1724287	1376804
807310	710351	96960	79360	17599	20269
1309389	872047	437342	142514	294827	
1005241	731752	273490	149386	124104	108266
2057703	1018812	1038891	241452	797439	
4321923	3907602	414321	384616	29705	2590337

6-39 一般公共预算教育事业费和

地区	合计	个人部分	工资福利支出	对个人和家庭的补助支出	#助学金
合计	**1090490842**	**798951853**	**709709862**	**89241991**	**41159287**
北京	30691983	20589028	20390769	198259	158169
天津	12807122	9851742	9372743	479000	63953
河北	53743524	40086207	35931299	4154907	1664096
山西	22019258	16612409	15604308	1008102	390521
内蒙古	18242074	13800215	12839424	960791	730535
辽宁	20531033	16322819	15007958	1314860	332779
吉林	15247639	11907536	10792782	1114754	213361
黑龙江	18530244	14961507	12164065	2797442	277626
上海	17615154	12383420	11836956	546464	445598
江苏	68973071	55354117	49680939	5673178	1263954
浙江	54195510	41271311	38349034	2922278	1286419
安徽	44420486	31300338	27110232	4190107	1302470
福建	33934782	24357805	22845797	1512009	475903
江西	40681777	24784290	22561871	2222419	1189518
山东	67373975	52224052	47821119	4402932	944717
河南	60908113	40464501	36459454	4005047	3285505
湖北	38539431	27206571	24379265	2827306	1210467
湖南	45761199	32264788	28156725	4108063	2199721
广东	109419142	82118041	69828244	12289797	3065498
广西	39358758	27351157	23817626	3533532	1940502
海南	9538509	6164287	5846257	318030	133911
重庆	25682536	18047685	16604813	1442872	966820
四川	56054706	39989125	33237932	6751193	3839021
贵州	39275118	30564341	24582265	5982076	3002929
云南	42411998	34172390	29573857	4598533	4075255
西藏	8708474	6427478	4863057	1564421	1420561
陕西	30562074	19379162	16958796	2420366	1660307
甘肃	22221866	16721573	14404472	2317102	1331450
青海	7469421	5141739	4522597	619142	520416
宁夏	5832771	3973456	3600136	373320	308105
新疆	29739091	23158760	20565070	2593689	1459198
大连	3944767	3117188	2744604	372584	16910
宁波	7792393	6483004	6104118	378887	176538
厦门	4845022	3731515	3393400	338115	73715
青岛	9060334	7002631	6371538	631093	56608
深圳	21410679	14498419	10836408	3662011	601927

基本建设支出明细(地方小学)

单位：千元

公用部分	商品和服务支出	其他资本性支出			基本建设支出
			专项公用支出	专项项目支出	
276147001	**144569627**	**131577374**	**34840796**	**96736578**	**15391988**
8695289	7197214	1498075	1100107	397968	1407667
2952048	1797813	1154235	380061	774174	3332
13492285	6952358	6539927	1847729	4692198	165032
5177218	3438181	1739038	690821	1048217	229630
4207356	2166625	2040730	538689	1502041	234504
4130004	2754265	1375739	602485	773254	78210
3253202	1763866	1489336	421100	1068236	86901
3526958	2168558	1358400	341234	1017166	41779
5132756	3878659	1254097	629322	624775	98977
13602105	7760194	5841911	1645376	4196535	16849
11929304	6890299	5039005	1983512	3055493	994895
12740628	5405844	7334784	1738985	5595799	379519
9296880	4283692	5013189	1257113	3756076	280096
15556545	3626018	11930527	2406251	9524276	340941
14996826	7408640	7588186	1597637	5990549	153097
19480378	9815809	9664569	1430321	8234248	963235
11330905	5084323	6246582	1164905	5081678	1955
13000290	6099511	6900779	1928139	4972640	496122
24398034	17178859	7219176	3416629	3802547	2903067
11645916	4889324	6756592	1571777	5184815	361685
3147548	1700861	1446687	652182	794505	226674
6588825	4199337	2389488	715341	1674148	1046026
15471146	8389403	7081742	1894190	5187552	594435
8347272	3940196	4407077	833920	3573156	363505
7709811	3735346	3974465	625091	3349374	529797
1964015	723119	1240896	277206	963691	316981
10348257	4608906	5739351	1177197	4562154	834655
5247084	2124297	3122787	749165	2373623	253209
1697340	745772	951568	261261	690307	630342
1816315	784102	1032214	325448	706766	43000
5264460	3058236	2206224	637604	1568620	1315872
807310	710351	96960	79360	17599	20269
1309389	872047	437342	142514	294827	
1005241	731752	273490	149386	124104	108266
2057703	1018812	1038891	241452	797439	
4321923	3907602	414321	384616	29705	2590337

6-40 一般公共预算教育事业费和

地　区	合　计	个人部分	工资福利支　出	对个人和家庭的补助支出	#助学金
合　计	**1093769542**	**801439711**	**711823982**	**89615728**	**41271366**
北　京	30976562	20794408	20592696	201712	158536
天　津	12841258	9875933	9389279	486654	63953
河　北	53743524	40086207	35931299	4154907	1664096
山　西	22019258	16612409	15604308	1008102	390521
内蒙古	18242074	13800215	12839424	960791	730535
辽　宁	20531033	16322819	15007958	1314860	332779
吉　林	15247639	11907536	10792782	1114754	213361
黑龙江	18696785	15103416	12268316	2835099	278087
上　海	17626776	12391683	11845215	546469	445598
江　苏	68973071	55354117	49680939	5673178	1263954
浙　江	54195510	41271311	38349034	2922278	1286419
安　徽	44420486	31300338	27110232	4190107	1302470
福　建	33931126	24354878	22842869	1512009	475903
江　西	40681777	24784290	22561871	2222419	1189518
山　东	67373975	52224052	47821119	4402932	944717
河　南	60914174	40469435	36464301	4005134	3285592
湖　北	38685621	27303597	24462622	2840975	1210467
湖　南	45774410	32277927	28169845	4108081	2199721
广　东	109419142	82118041	69828244	12289797	3065498
广　西	39356587	27351157	23817626	3533532	1940502
海　南	9538509	6164287	5846257	318030	133911
重　庆	25737236	18090821	16644259	1446562	966820
四　川	56055180	39989128	33237932	6751196	3839024
贵　州	39275118	30564341	24582265	5982076	3002929
云　南	42411998	34172390	29573857	4598533	4075255
西　藏	8708474	6427478	4863057	1564421	1420561
陕　西	30647216	19441532	17017365	2424167	1660592
甘　肃	22228098	16726797	14409625	2317172	1331520
青　海	7469421	5141739	4522597	619142	520416
宁　夏	5832771	3973456	3600136	373320	308105
新　疆	32214732	25043972	22146654	2897319	1570005
大　连	3944767	3117188	2744604	372584	16910
宁　波	7792393	6483004	6104118	378887	176538
厦　门	4845022	3731515	3393400	338115	73715
青　岛	9060334	7002631	6371538	631093	56608
深　圳	21410679	14498419	10836408	3662011	601927

基本建设支出明细(普通小学)

单位：千元

公用部分	商品和服务支出	其他资本性支出	专项公用支出	专项项目支出	基本建设支出
276876911	145011795	131865116	34958080	96907035	15452921
8774488	7255004	1519484	1121516	397968	1407667
2961993	1803738	1158255	382061	776194	3332
13492285	6952358	6539927	1847729	4692198	165032
5177218	3438181	1739038	690821	1048217	229630
4207356	2166625	2040730	538689	1502041	234504
4130004	2754265	1375739	602485	773254	78210
3253202	1763866	1489336	421100	1068236	86901
3551591	2182635	1368955	345103	1023852	41779
5136116	3881427	1254688	629913	624775	98977
13602105	7760194	5841911	1645376	4196535	16849
11929304	6890299	5039005	1983512	3055493	994895
12740628	5405844	7334784	1738985	5595799	379519
9296152	4283363	5012789	1257113	3755676	280096
15556545	3626018	11930527	2406251	9524276	340941
14996826	7408640	7588186	1597637	5990549	153097
19481504	9816935	9664569	1430321	8234248	963235
11380069	5122965	6257104	1171520	5085583	1955
13000362	6099583	6900779	1928139	4972640	496122
24398034	17178859	7219176	3416629	3802547	2903067
11643745	4889324	6754421	1569606	5184815	361685
3147548	1700861	1446687	652182	794505	226674
6600390	4207048	2393341	719165	1674176	1046026
15471617	8389874	7081742	1894190	5187552	594435
8347272	3940196	4407077	833920	3573156	363505
7709811	3735346	3974465	625091	3349374	529797
1964015	723119	1240896	277206	963691	316981
10371029	4625812	5745217	1180643	4564574	834655
5248092	2124923	3123169	749416	2373753	253209
1697340	745772	951568	261261	690307	630342
1816315	784102	1032214	325448	706766	43000
5793955	3354617	2439339	715051	1724287	1376804
807310	710351	96960	79360	17599	20269
1309389	872047	437342	142514	294827	
1005241	731752	273490	149386	124104	108266
2057703	1018812	1038891	241452	797439	
4321923	3907602	414321	384616	29705	2590337

6-41 一般公共预算教育事业费和

地 区	合 计	个人部分	工资福利支出	对个人和家庭的补助支出	#助学金
合 计	**1090484560**	**798948746**	**709706755**	**89241991**	**41159287**
北 京	30691780	20589028	20390769	198259	158169
天 津	12807122	9851742	9372743	479000	63953
河 北	53743524	40086207	35931299	4154907	1664096
山 西	22019258	16612409	15604308	1008102	390521
内蒙古	18242074	13800215	12839424	960791	730535
辽 宁	20531033	16322819	15007958	1314860	332779
吉 林	15247639	11907536	10792782	1114754	213361
黑龙江	18530244	14961507	12164065	2797442	277626
上 海	17615154	12383420	11836956	546464	445598
江 苏	68973071	55354117	49680939	5673178	1263954
浙 江	54195510	41271311	38349034	2922278	1286419
安 徽	44420486	31300338	27110232	4190107	1302470
福 建	33931126	24354878	22842869	1512009	475903
江 西	40681777	24784290	22561871	2222419	1189518
山 东	67373975	52224052	47821119	4402932	944717
河 南	60908113	40464501	36459454	4005047	3285505
湖 北	38539431	27206571	24379265	2827306	1210467
湖 南	45761199	32264788	28156725	4108063	2199721
广 东	109419142	82118041	69828244	12289797	3065498
广 西	39356587	27351157	23817626	3533532	1940502
海 南	9538509	6164287	5846257	318030	133911
重 庆	25682283	18047505	16604633	1442872	966820
四 川	56054706	39989125	33237932	6751193	3839021
贵 州	39275118	30564341	24582265	5982076	3002929
云 南	42411998	34172390	29573857	4598533	4075255
西 藏	8708474	6427478	4863057	1564421	1420561
陕 西	30562074	19379162	16958796	2420366	1660307
甘 肃	22221866	16721573	14404472	2317102	1331450
青 海	7469421	5141739	4522597	619142	520416
宁 夏	5832771	3973456	3600136	373320	308105
新 疆	29739091	23158760	20565070	2593689	1459198
大 连	3944767	3117188	2744604	372584	16910
宁 波	7792393	6483004	6104118	378887	176538
厦 门	4845022	3731515	3393400	338115	73715
青 岛	9060334	7002631	6371538	631093	56608
深 圳	21410679	14498419	10836408	3662011	601927

基本建设支出明细(地方普通小学)

单位：千元

公用部分					基本建设支出
	商品和服务支出	其他资本性支出	专项公用支出	专项项目支出	
276143825	**144569022**	**131574803**	**34838625**	**96736178**	**15391988**
8695086	7197011	1498075	1100107	397968	1407667
2952048	1797813	1154235	380061	774174	3332
13492285	6952358	6539927	1847729	4692198	165032
5177218	3438181	1739038	690821	1048217	229630
4207356	2166625	2040730	538689	1502041	234504
4130004	2754265	1375739	602485	773254	78210
3253202	1763866	1489336	421100	1068236	86901
3526958	2168558	1358400	341234	1017166	41779
5132756	3878659	1254097	629322	624775	98977
13602105	7760194	5841911	1645376	4196535	16849
11929304	6890299	5039005	1983512	3055493	994895
12740628	5405844	7334784	1738985	5595799	379519
9296152	4283363	5012789	1257113	3755676	280096
15556545	3626018	11930527	2406251	9524276	340941
14996826	7408640	7588186	1597637	5990549	153097
19480378	9815809	9664569	1430321	8234248	963235
11330905	5084323	6246582	1164905	5081678	1955
13000290	6099511	6900779	1928139	4972640	496122
24398034	17178859	7219176	3416629	3802547	2903067
11643745	4889324	6754421	1569606	5184815	361685
3147548	1700861	1446687	652182	794505	226674
6588753	4199264	2389488	715341	1674148	1046026
15471146	8389403	7081742	1894190	5187552	594435
8347272	3940196	4407077	833920	3573156	363505
7709811	3735346	3974465	625091	3349374	529797
1964015	723119	1240896	277206	963691	316981
10348257	4608906	5739351	1177197	4562154	834655
5247084	2124297	3122787	749165	2373623	253209
1697340	745772	951568	261261	690307	630342
1816315	784102	1032214	325448	706766	43000
5264460	3058236	2206224	637604	1568620	1315872
807310	710351	96960	79360	17599	20269
1309389	872047	437342	142514	294827	
1005241	731752	273490	149386	124104	108266
2057703	1018812	1038891	241452	797439	
4321923	3907602	414321	384616	29705	2590337

6-42 一般公共预算教育事业费和

地区	合计	个人部分	工资福利支出	对个人和家庭的补助支出	#助学金
合计	**669375532**	**503047070**	**443068515**	**59978555**	**31120324**
北京	6374954	3913370	3854950	58420	43024
天津	3061464	2583632	2459626	124007	1545
河北	39905752	29851522	26593161	3258361	1484530
山西	14564067	11443745	10755673	688072	290803
内蒙古	12819450	9875802	9142413	733389	564075
辽宁	9392204	7946022	7138042	807979	204770
吉林	10077521	8045816	7371555	674261	130528
黑龙江	12042954	9734430	7708238	2026193	133543
上海	2355174	1832374	1778452	53922	47854
江苏	32199593	26235793	23442437	2793356	406450
浙江	26867030	20682076	18879374	1802701	711156
安徽	32976217	24056327	20735667	3320660	1087290
福建	20152938	14934142	14081814	852328	122884
江西	29911066	18394399	16922111	1472288	754948
山东	39894554	31379246	28832733	2546513	517675
河南	44578582	30305386	27168373	3137013	2636856
湖北	21463595	15952609	14278028	1674582	899091
湖南	31254381	23044405	19956293	3088111	1951776
广东	42539138	32292335	28530119	3762216	1278483
广西	30294208	21813492	18660701	3152791	1768031
海南	6700920	4616813	4372190	244623	112348
重庆	14598915	11441935	10358205	1083730	751181
四川	41630282	30032672	25004366	5028306	2882096
贵州	30423728	24908147	19898646	5009500	2806162
云南	34587434	28833618	24868670	3964949	3576882
西藏	6792946	5054854	3820926	1233928	1140076
陕西	19560251	13163329	11265530	1897800	1347722
甘肃	17959983	13671664	11604022	2067642	1224105
青海	5879132	4146478	3567118	579360	501202
宁夏	3700809	2820054	2542796	277259	226524
新疆	24816288	20040583	17476288	2564295	1516717
大连	877772	774304	530807	243497	1135
宁波	2982484	2493423	2312872	180551	92557
厦门	858658	691829	532540	159289	5381
青岛	2593744	2097346	1886862	210483	21962
深圳					

基本建设支出明细(农村小学)

单位：千元

公用部分	商品和服务支出	其他资本性支出	专项公用支出	专项项目支出	基本建设支出
159802425	**79219033**	**80583392**	**18852392**	**61731000**	**6526036**
1500376	1117307	383068	239843	143225	961209
477832	342321	135511	38271	97240	
9954531	5033363	4921168	1402256	3518912	99699
3027439	2032142	995297	327485	667812	92883
2824583	1428225	1396359	324151	1072207	119065
1415642	938986	476656	153949	322706	30541
1966879	1115885	850993	266938	584055	64826
2277501	1341147	936355	202298	734057	31022
522801	471816	50984	36790	14194	
5963000	3408437	2554564	659281	1895283	800
5587030	3259978	2327052	959034	1368018	597925
8750895	4052278	4698617	1192189	3506428	168995
5111941	2312922	2799018	713050	2085969	106855
11242450	2615839	8626612	1729866	6896746	274217
8389393	3943976	4445417	830885	3614532	125915
14137515	7345154	6792360	922137	5870223	135682
5510986	2461037	3049949	373876	2676073	
7959072	3798512	4160560	751974	3408587	250904
10221206	6458818	3762388	1541355	2221033	25597
8303664	3652092	4651573	1086454	3565118	177052
1989527	910688	1078839	468159	610680	94580
3031440	1954161	1077279	273307	803972	125541
11080379	5659554	5420825	1237558	4183266	517231
5269626	2671786	2597840	490559	2107281	245955
5533290	2840666	2692624	350478	2342146	220525
1551560	572360	979200	203664	775536	186532
6228661	2621494	3607167	756771	2850396	168261
4066030	1620001	2446029	519739	1926290	222289
1204852	527311	677541	180717	496824	527802
859755	454673	405083	108314	296768	21000
3842568	2256105	1586463	511041	1075422	933137
103468	90883	12585	11545	1041	
489061	341684	147377	59566	87811	
161081	86196	74885	26876	48009	5748
496399	183531	312868	55155	257712	

6-43 一般公共预算教育事业费和

地 区	合 计	个人部分	工资福利支 出	对个人和家庭的补助支出	#助学金
合 计	**667057731**	**501257702**	**441589494**	**59668208**	**31017016**
北 京	6374954	3913370	3854950	58420	43024
天 津	3061464	2583632	2459626	124007	1545
河 北	39905752	29851522	26593161	3258361	1484530
山 西	14564067	11443745	10755673	688072	290803
内蒙古	12819450	9875802	9142413	733389	564075
辽 宁	9392204	7946022	7138042	807979	204770
吉 林	10077521	8045816	7371555	674261	130528
黑龙江	11901773	9607670	7617576	1990094	133370
上 海	2355174	1832374	1778452	53922	47854
江 苏	32199593	26235793	23442437	2793356	406450
浙 江	26867030	20682076	18879374	1802701	711156
安 徽	32976217	24056327	20735667	3320660	1087290
福 建	20152938	14934142	14081814	852328	122884
江 西	29911066	18394399	16922111	1472288	754948
山 东	39894554	31379246	28832733	2546513	517675
河 南	44578582	30305386	27168373	3137013	2636856
湖 北	21463595	15952609	14278028	1674582	899091
湖 南	31254381	23044405	19956293	3088111	1951776
广 东	42539138	32292335	28530119	3762216	1278483
广 西	30294208	21813492	18660701	3152791	1768031
海 南	6700920	4616813	4372190	244623	112348
重 庆	14598915	11441935	10358205	1083730	751181
四 川	41630282	30032672	25004366	5028306	2882096
贵 州	30423728	24908147	19898646	5009500	2806162
云 南	34587434	28833618	24868670	3964949	3576882
西 藏	6792946	5054854	3820926	1233928	1140076
陕 西	19560251	13163329	11265530	1897800	1347722
甘 肃	17953752	13666441	11598869	2067572	1224034
青 海	5879132	4146478	3567118	579360	501202
宁 夏	3700809	2820054	2542796	277259	226524
新 疆	22645899	18383198	16093081	2290117	1413652
大 连	877772	774304	530807	243497	1135
宁 波	2982484	2493423	2312872	180551	92557
厦 门	858658	691829	532540	159289	5381
青 岛	2593744	2097346	1886862	210483	21962
深 圳					

基本建设支出明细(地方农村小学)

单位：千元

公用部分					基本建设支出
	商品和服务支出	其他资本性支出			
			专项公用支出	专项项目支出	
159332774	**78953517**	**80379258**	**18783512**	**61595746**	**6467254**
1500376	1117307	383068	239843	143225	961209
477832	342321	135511	38271	97240	
9954531	5033363	4921168	1402256	3518912	99699
3027439	2032142	995297	327485	667812	92883
2824583	1428225	1396359	324151	1072207	119065
1415642	938986	476656	153949	322706	30541
1966879	1115885	850993	266938	584055	64826
2263081	1329241	933840	200501	733339	31022
522801	471816	50984	36790	14194	
5963000	3408437	2554564	659281	1895283	800
5587030	3259978	2327052	959034	1368018	597925
8750895	4052278	4698617	1192189	3506428	168995
5111941	2312922	2799018	713050	2085969	106855
11242450	2615839	8626612	1729866	6896746	274217
8389393	3943976	4445417	830885	3614532	125915
14137515	7345154	6792360	922137	5870223	135682
5510986	2461037	3049949	373876	2676073	
7959072	3798512	4160560	751974	3408587	250904
10221206	6458818	3762388	1541355	2221033	25597
8303664	3652092	4651573	1086454	3565118	177052
1989527	910688	1078839	468159	610680	94580
3031440	1954161	1077279	273307	803972	125541
11080379	5659554	5420825	1237558	4183266	517231
5269626	2671786	2597840	490559	2107281	245955
5533290	2840666	2692624	350478	2342146	220525
1551560	572360	979200	203664	775536	186532
6228661	2621494	3607167	756771	2850396	168261
4065022	1619375	2445647	519487	1926160	222289
1204852	527311	677541	180717	496824	527802
859755	454673	405083	108314	296768	21000
3388346	2003121	1385225	444209	941016	874355
103468	90883	12585	11545	1041	
489061	341684	147377	59566	87811	
161081	86196	74885	26876	48009	5748
496399	183531	312868	55155	257712	

6-44 一般公共预算教育事业费和

地区	合计	个人部分	工资福利支出	对个人和家庭的补助支出	#助学金
合计	**6282**	**3107**	**3107**		
北京	203				
天津					
河北					
山西					
内蒙古					
辽宁					
吉林					
黑龙江					
上海					
江苏					
浙江					
安徽					
福建	3656	2927	2927		
江西					
山东					
河南					
湖北					
湖南					
广东					
广西	2171				
海南					
重庆	253	180	180		
四川					
贵州					
云南					
西藏					
陕西					
甘肃					
青海					
宁夏					
新疆					
大连					
宁波					
厦门					
青岛					
深圳					

基本建设支出明细(成人小学)

单位：千元

公用部分	商品和服务支出	其他资本性支出	专项公用支出	专项项目支出	基本建设支出
3175	**604**	**2571**	**2171**	**400**	
203	203				
729	329	400		400	
2171		2171	2171		
73	73				

6-45 一般公共预算教育事业费和

地 区	合 计	个人部分			
			工资福利支出	对个人和家庭的补助支出	
					#助学金
合 计	**15275128**	**10228184**	**9404590**	**823594**	**341712**
北 京	519729	402690	396027	6663	3826
天 津	238402	160868	154887	5981	429
河 北	618897	460831	438362	22469	7551
山 西	322139	230828	220898	9930	5477
内蒙古	287388	199207	192097	7110	5477
辽 宁	523336	404450	367875	36575	13985
吉 林	281202	199909	181542	18367	6088
黑龙江	387472	285542	244537	41005	8748
上 海	637574	480178	468894	11284	8307
江 苏	1088522	825873	752940	72933	22341
浙 江	936014	565085	536968	28117	14147
安 徽	750488	278169	246849	31320	11696
福 建	542029	381388	351891	29497	16711
江 西	450047	210911	194319	16592	9832
山 东	1153830	853780	761161	92619	39904
河 南	622256	431828	411182	20645	13636
湖 北	449945	314534	284231	30302	11778
湖 南	548628	389820	348582	41239	15549
广 东	1720533	1047929	937435	110494	12700
广 西	348722	224136	209355	14780	7411
海 南	118104	56705	50292	6413	4811
重 庆	265598	179513	164956	14558	10757
四 川	606366	409501	365663	43839	23875
贵 州	414363	308259	271988	36271	16152
云 南	392294	283697	255867	27830	23808
西 藏	86559	70451	63636	6815	6309
陕 西	334280	217536	205080	12457	6677
甘 肃	207634	127127	119083	8043	3695
青 海	141528	40431	37326	3104	2361
宁 夏	87164	44852	40703	4149	3297
新 疆	194087	142156	129961	12194	4376
大 连	104883	85050	84181	869	133
宁 波	131610	82745	79325	3420	2073
厦 门	74202	49861	46907	2954	1514
青 岛	179849	150499	126630	23869	7336
深 圳	316979	137439	103182	34257	72

基本建设支出明细(特殊教育)

单位：千元

公用部分	商品和服务支出	其他资本性支出	专项公用支出	专项项目支出	基本建设支出
4534158	**2700902**	**1833256**	**889473**	**943782**	**512786**
116293	99677	16616	14766	1850	746
77534	47566	29968	29912	56	
156133	101835	54298	31318	22980	1932
91310	65361	25949	15975	9974	
80071	52034	28037	15553	12484	8110
118886	100225	18662	10792	7870	
80689	44067	36623	13038	23585	604
101859	64336	37523	25485	12038	71
157396	128604	28792	23971	4821	
249142	164128	85014	53246	31768	13507
366444	159948	206496	148208	58288	4485
245663	85011	160653	29668	130985	226656
160641	85837	74804	24123	50682	
235287	70642	164645	50394	114251	3849
286153	187714	98439	44404	54035	13897
190428	137031	53397	28562	24835	
135411	71208	64204	24204	40000	
144793	109567	35226	15988	19239	14015
542609	329935	212674	97059	115615	129995
110647	61364	49283	23776	25507	13940
56901	24297	32604	14877	17727	4498
85304	59113	26192	16668	9524	780
196864	153172	43692	16003	27690	
106104	78726	27378	20282	7096	
106917	67913	39004	14582	24422	1680
16108	10302	5806	5333	473	
104107	49768	54339	20521	33818	12636
60591	35420	25170	9247	15923	19917
65627	13113	52515	15387	37127	35469
36312	12878	23434	17909	5525	6000
51932	30113	21819	18222	3597	
19833	18093	1740	1740		
48380	26873	21507	5713	15794	484
24341	21397	2944	2644	300	
29351	26215	3136	2749	387	
89545	67142	22403	22403		89995

6-46 一般公共预算教育事业费和

地区	合计	个人部分	工资福利支出	对个人和家庭的补助支出	#助学金
合计	**14677701**	**9793574**	**8995378**	**798197**	**335655**
北京	427194	329040	323387	5654	2844
天津	230892	154712	149522	5190	429
河北	618897	460831	438362	22469	7551
山西	306532	219783	209967	9816	5461
内蒙古	287388	199207	192097	7110	5477
辽宁	474665	361848	328751	33097	13913
吉林	273798	193894	176397	17496	6052
黑龙江	383299	283135	242143	40992	8738
上海	511709	391129	381815	9314	7474
江苏	1088522	825873	752940	72933	22341
浙江	921236	555444	527410	28034	14081
安徽	735591	267667	239024	28643	11696
福建	542029	381388	351891	29497	16711
江西	442275	204983	188394	16589	9832
山东	1153830	853780	761161	92619	39904
河南	604338	420610	400811	19799	13601
湖北	436566	303850	275291	28559	11778
湖南	533093	376128	335972	40155	15548
广东	1669753	1015880	907554	108326	12700
广西	343032	219446	204917	14529	7411
海南	118104	56705	50292	6413	4811
重庆	258371	173767	159413	14354	10757
四川	559844	378084	335363	42722	23433
贵州	344976	258269	228340	29929	12786
云南	375362	273227	245949	27278	23609
西藏	86559	70451	63636	6815	6309
陕西	321188	210802	198426	12376	6677
甘肃	207634	127127	119083	8043	3695
青海	141528	40431	37326	3104	2361
宁夏	87164	44852	40703	4149	3297
新疆	192334	141231	129037	12194	4376
大连	96227	77507	76737	771	87
宁波	131610	82745	79325	3420	2073
厦门	74202	49861	46907	2954	1514
青岛	179849	150499	126630	23869	7336
深圳	305689	130395	97545	32850	72

基本建设支出明细(特殊教育学校)

单位：千元

公用部分	商品和服务支出	其他资本性支出			基本建设支出
			专项公用支出	专项项目支出	
4371341	**2574324**	**1797017**	**865678**	**931339**	**512786**
97408	86217	11191	9341	1850	746
76180	46242	29938	29882	56	
156133	101835	54298	31318	22980	1932
86749	60990	25759	15784	9974	
80071	52034	28037	15553	12484	8110
112817	94643	18173	10304	7870	
79301	42702	36599	13014	23585	604
100093	62707	37386	25458	11928	71
120579	100603	19976	19975	2	
249142	164128	85014	53246	31768	13507
361307	156684	204623	147323	57300	4484
241268	81935	159333	28348	130985	226656
160641	85837	74804	24123	50682	
233443	68882	164561	50311	114251	3849
286153	187714	98439	44404	54035	13897
183728	132366	51362	26997	24365	
132716	68813	63903	23903	40000	
142951	107987	34963	15807	19156	14015
523878	314067	209810	94195	115615	129995
109647	60416	49230	23724	25507	13940
56901	24297	32604	14877	17727	4498
83824	57748	26076	16649	9427	780
181760	139755	42005	15442	26563	
86707	61395	25312	19890	5422	
100455	64004	36450	12028	24422	1680
16108	10302	5806	5333	473	
97750	49324	48425	17684	30742	12636
60591	35420	25170	9247	15923	19917
65627	13113	52515	15387	37127	35469
36312	12878	23434	17909	5525	6000
51103	29284	21819	18222	3597	
18720	17055	1665	1665		
48380	26873	21507	5713	15794	484
24341	21397	2944	2644	300	
29351	26215	3136	2749	387	
85299	63368	21931	21931		89995

6-47 一般公共预算教育事业费和

地区	合计	个人部分	工资福利支出	对个人和家庭的补助支出	#助学金
合计	**597427**	**434610**	**409212**	**25397**	**6057**
北京	92535	73650	72641	1009	981
天津	7511	6156	5365	791	
河北					
山西	15607	11046	10931	115	17
内蒙古					
辽宁	48672	42602	39124	3478	72
吉林	7404	6015	5145	870	36
黑龙江	4173	2407	2393	14	9
上海	125865	89049	87079	1969	833
江苏					
浙江	14778	9641	9558	83	66
安徽	14897	10502	7825	2677	
福建					
江西	7772	5928	5925	3	
山东					
河南	17918	11218	10372	846	35
湖北	13379	10683	8940	1743	
湖南	15535	13692	12609	1083	1
广东	50780	32049	29881	2168	
广西	5690	4690	4438	252	
海南					
重庆	7226	5746	5543	203	
四川	46521	31417	30300	1117	442
贵州	69387	49990	43648	6342	3366
云南	16933	10470	9917	552	199
西藏					
陕西	13092	6735	6654	81	
甘肃					
青海					
宁夏					
新疆	1753	924	924		
大连	8656	7543	7444	99	46
宁波					
厦门					
青岛					
深圳	11290	7044	5637	1407	

基本建设支出明细(工读学校)

单位：千元

公用部分	商品和服务支出	其他资本性支出	专项公用支出	专项项目支出	基本建设支出
162817	**126578**	**36239**	**23796**	**12443**	
18885	13460	5425	5425		
1354	1324	31	31		
4561	4371	190	190		
6069	5581	488	488		
1388	1365	24	24		
1766	1629	137	27	110	
36817	28001	8816	3997	4819	
5137	3264	1873	885	988	
4395	3075	1320	1320		
1844	1760	84	84		
6700	4665	2035	1565	470	
2695	2395	301	301		
1842	1579	263	180	83	
18732	15868	2864	2864		
1000	948	53	53		
1480	1365	116	18	97	
15104	13416	1688	561	1127	
19397	17331	2066	392	1674	
6463	3909	2554	2554		
6357	444	5913	2838	3076	
829	829				
1113	1038	75	75		
4246	3774	472	472		

6-48　一般公共预算教育事业费和

地　区	合　计	个人部分	工资福利支　出	对个人和家庭的补助支出	#助学金
合　计	**170678239**	**107822271**	**97593483**	**10228788**	**6264885**
北　京	10575396	6327709	6312072	15636	2662
天　津	3041790	1957766	1887371	70394	1246
河　北	7330266	5473226	5270919	202307	51735
山　西	2614474	1742754	1577314	165440	134015
内蒙古	3772204	2514015	2388935	125080	105039
辽　宁	1619680	1099720	1019369	80352	24815
吉　林	1588929	1007769	949257	58512	20406
黑龙江	1592298	1080489	1004626	75863	8990
上　海	10446537	7182323	7111842	70481	50514
江　苏	12760641	8771117	8359186	411931	194760
浙　江	12364477	7726024	7429262	296761	47405
安　徽	5092468	3000993	2783014	217979	106088
福　建	6637560	4346733	4217574	129159	63136
江　西	5382116	2244248	2100317	143930	99749
山　东	7802014	4880828	4400796	480032	307150
河　南	4812021	2865162	2655855	209307	176620
湖　北	4040075	2399380	2198134	201246	108049
湖　南	3285213	1895043	1578606	316437	242992
广　东	10691763	7019899	5431907	1587992	519769
广　西	3432089	1541578	1354247	187331	112662
海　南	1457362	690103	632106	57997	46302
重　庆	3144495	1471494	1160908	310586	259646
四　川	8725773	4577138	3821546	755592	531465
贵　州	6533253	4798608	4097590	701017	536081
云　南	4357251	3082685	2825531	257154	206076
西　藏	2273961	1607174	1207999	399175	359639
陕　西	7388919	4229137	3894328	334810	231881
甘　肃	4671828	3163995	2817362	346633	201088
青　海	1148766	604950	477893	127057	109329
宁　夏	899741	391149	303186	87963	66626
新　疆	11194879	8129063	6324431	1804632	1338952
大　连	662931	469109	463928	5181	3584
宁　波	2163354	1535223	1512701	22522	8246
厦　门	1834215	1052332	1033006	19326	5149
青　岛	1605493	894564	851604	42960	17123
深　圳	2910635	1990051	1163501	826550	205317

基本建设支出明细(幼儿园)

单位：千元

公用部分	商品和服务支出	其他资本性支出	专项公用支出	专项项目支出	基本建设支出
59920474	**32401224**	**27519250**	**8292475**	**19226775**	**2935493**
4069753	3432840	636913	475152	161762	177933
1065005	551153	513852	125161	388691	19019
1845690	846290	999400	253971	745429	11350
859362	456889	402473	139466	263007	12357
1071038	476807	594231	137968	456263	187151
519790	372160	147631	53234	94397	169
550128	231878	318249	66105	252144	31032
508659	252327	256332	72524	183809	3150
3212909	2741326	471583	378740	92843	51305
3915924	2320624	1595300	508838	1086462	73600
4426754	2940900	1485854	539650	946204	211700
2013536	637720	1375816	294193	1081622	77940
2213621	1099540	1114081	335627	778454	77206
3062013	463050	2598962	605345	1993617	75855
2874947	1327087	1547860	442092	1105768	46238
1872115	619512	1252603	225069	1027534	74744
1640695	856942	783753	208760	574993	
1374930	695660	679270	129967	549302	15240
3349349	2317668	1031681	624681	407000	322514
1682824	663342	1019481	224257	795225	207687
742519	263026	479493	209498	269996	24741
1492674	967177	525496	132829	392667	180327
3871617	1686190	2185427	709188	1476239	277018
1710718	730868	979850	201130	778720	23927
1183676	538073	645603	153917	491686	90889
604162	311865	292297	65439	226859	62626
2979366	1587573	1391793	445861	945931	180416
1469162	746167	722995	137779	585216	38671
470011	268489	201522	35895	165627	73805
508592	126472	382120	74333	307787	
2758935	1871608	887327	285805	601522	306881
193822	165910	27912	9063	18849	
628131	359573	268558	45096	223462	
762252	429943	332308	147255	185053	19632
710929	295363	415565	156782	258784	
675755	575954	99801	93238	6562	244830

6-49 一般公共预算教育事业费和

地区	合计	个人部分	工资福利支出	对个人和家庭的补助支出	#助学金
合计	**169193419**	**106798154**	**96706320**	**10091835**	**6200250**
北京	9991428	5929553	5915863	13690	2650
天津	3038980	1955625	1885230	70394	1246
河北	7322473	5465963	5263656	202307	51735
山西	2612369	1740891	1575452	165440	134015
内蒙古	3772204	2514015	2388935	125080	105039
辽宁	1618276	1099352	1019001	80352	24815
吉林	1587984	1007769	949257	58512	20406
黑龙江	1538403	1038245	965038	73207	8799
上海	10390280	7145758	7075432	70326	50514
江苏	12743386	8756231	8344698	411532	194588
浙江	12364477	7726024	7429262	296761	47405
安徽	5092441	3000993	2783014	217979	106088
福建	6636010	4345233	4216074	129159	63136
江西	5382116	2244248	2100317	143930	99749
山东	7802014	4880828	4400796	480032	307150
河南	4803494	2856976	2647827	209149	176462
湖北	4029194	2392431	2191194	201237	108040
湖南	3268760	1886772	1570427	316345	242926
广东	10691097	7019477	5431526	1587951	519728
广西	3431972	1541578	1354247	187331	112662
海南	1455889	690103	632106	57997	46302
重庆	3144495	1471494	1160908	310586	259646
四川	8725638	4577003	3821546	755458	531465
贵州	6533253	4798608	4097590	701017	536081
云南	4355734	3081526	2824372	257154	206076
西藏	2273961	1607174	1207999	399175	359639
陕西	7387698	4228933	3894188	334746	231817
甘肃	4665320	3157770	2812439	345331	200123
青海	1148423	604618	477893	126724	108996
宁夏	899741	391149	303186	87963	66626
新疆	10485908	7641816	5966847	1674969	1276329
大连	661528	468741	463560	5181	3584
宁波	2163354	1535223	1512701	22522	8246
厦门	1832715	1050882	1031556	19326	5149
青岛	1605493	894564	851604	42960	17123
深圳	2910635	1990051	1163501	826550	205317

基本建设支出明细(地方幼儿园)

单位：千元

公用部分	商品和服务支出	其他资本性支出			基本建设支出
			专项公用支出	专项项目支出	
59484740	**32091640**	**27393100**	**8231950**	**19161150**	**2910525**
3883941	3272768	611173	455550	155623	177933
1064336	550484	513852	125161	388691	19019
1845160	845984	999175	253746	745429	11350
859120	456847	402273	139266	263007	12357
1071038	476807	594231	137968	456263	187151
518755	371124	147631	53234	94397	169
549182	230933	318249	66105	252144	31032
497008	247568	249440	68775	180665	3150
3193217	2721734	471483	378640	92843	51305
3913556	2318844	1594712	508250	1086462	73600
4426754	2940900	1485854	539650	946204	211700
2013509	637720	1375788	294166	1081622	77940
2213571	1099490	1114081	335627	778454	77206
3062013	463050	2598962	605345	1993617	75855
2874947	1327087	1547860	442092	1105768	46238
1871774	619172	1252603	225069	1027534	74744
1636763	854012	782751	208255	574496	
1366748	689997	676752	129449	547302	15240
3349106	2317441	1031665	624665	407000	322514
1682707	663225	1019481	224257	795225	207687
741045	261955	479090	209342	269748	24741
1492674	967177	525496	132829	392667	180327
3871617	1686190	2185427	709188	1476239	277018
1710718	730868	979850	201130	778720	23927
1183319	537771	645548	153863	491686	90889
604162	311865	292297	65439	226859	62626
2978349	1586676	1391673	445742	945931	180416
1468879	745984	722895	137779	585116	38671
470000	268478	201522	35895	165627	73805
508592	126472	382120	74333	307787	
2562180	1763015	799164	251140	548024	281913
192786	164874	27912	9063	18849	
628131	359573	268558	45096	223462	
762202	429893	332308	147255	185053	19632
710929	295363	415565	156782	258784	
675755	575954	99801	93238	6562	244830

6-50 一般公共预算教育事业费和

地 区	合 计				
		个人部分			
			工资福利支出	对个人和家庭的补助支出	
					#助学金
合 计	**86066862**	**56523314**	**50339704**	**6183610**	**4633673**
北 京	2079388	1297819	1296694	1125	429
天 津	481732	280198	266930	13268	954
河 北	5171802	3898618	3811534	87084	26345
山 西	1644702	1135333	1024766	110567	92865
内蒙古	2320737	1676426	1597974	78452	67167
辽 宁	418432	291689	281824	9866	4875
吉 林	801006	556107	535369	20738	8564
黑龙江	837852	622877	587136	35741	6152
上 海	1389552	1061320	1053853	7467	6083
江 苏	4412820	2993910	2837641	156269	113194
浙 江	5047020	3204713	3012470	192242	27273
安 徽	3604050	2212618	2069251	143367	63806
福 建	3152349	2155401	2108135	47265	26440
江 西	3732443	1540203	1439195	101008	86108
山 东	3933373	2656199	2397544	258655	177522
河 南	2871299	1699085	1565267	133818	115864
湖 北	1669353	1024184	912378	111805	86257
湖 南	2118809	1247142	1012205	234937	204070
广 东	2643374	1688962	1447200	241762	192206
广 西	2166999	916546	794116	122431	87566
海 南	1048481	519264	477024	42241	35446
重 庆	1447150	798517	575363	223153	194295
四 川	5274524	2927262	2376133	551129	441721
贵 州	4881716	3819366	3264678	554688	472552
云 南	2751904	2105370	1917369	188001	163990
西 藏	1484083	1095529	803237	292293	274280
陕 西	4676273	2957988	2716734	241254	172206
甘 肃	3757319	2550301	2345062	205239	89730
青 海	862887	466843	362959	103885	94286
宁 夏	521822	247085	189305	57780	40133
新 疆	8863610	6876437	5260357	1616080	1261293
大 连	92064	63836	62072	1764	1194
宁 波	768191	514461	503653	10807	5276
厦 门	193357	101323	96738	4584	1957
青 岛	367512	246567	238083	8484	5644
深 圳					

基本建设支出明细(农村幼儿园)

单位：千元

公用部分	商品和服务支出	其他资本性支出	专项公用支出	专项项目支出	基本建设支出
28432021	**13423275**	**15008745**	**3595094**	**11413651**	**1111527**
745006	599046	145960	95755	50205	36563
201534	71489	130045	8871	121174	
1261834	585333	676501	163370	513131	11350
509069	297402	211667	61060	150607	300
589110	287271	301839	79146	222693	55200
126600	77195	49405	15864	33541	142
236127	100278	135849	30207	105643	8772
211826	106496	105330	29238	76092	3150
328232	293661	34571	28822	5750	
1418910	757200	661709	161689	500020	
1722355	1041350	681006	186160	494845	119952
1363602	430517	933085	167652	765433	27830
962798	493680	469118	128268	340850	34150
2148104	313957	1834147	428980	1405167	44136
1230945	518163	712782	129361	583421	46230
1125534	298951	826583	106498	720085	46680
645169	261977	383192	70514	312679	
861427	395272	466155	80429	385726	10240
946934	572248	374686	200379	174307	7477
1189542	458644	730898	147059	583838	60911
518415	192210	326205	130313	195892	10802
643485	405088	238396	70658	167738	5149
2176328	823008	1353320	299771	1053548	170935
1039610	461192	578418	112317	466102	22740
618498	305603	312895	42373	270522	28036
328988	163385	165603	47923	117680	59565
1677968	953476	724492	230784	493708	40317
1169127	568358	600769	108189	492580	37891
377206	207162	170044	30948	139096	18837
274737	64102	210635	28386	182249	
1783000	1319560	463439	174110	289329	204174
28229	24957	3272	2775	497	
253730	132529	121201	11841	109360	
92035	73435	18599	14068	4532	
120945	64988	55957	11062	44895	

6-51 一般公共预算教育事业费和

地区	合计	个人部分	工资福利支出	对个人和家庭的补助支出	#助学金
合计	**85422034**	**56083244**	**50017626**	**6065618**	**4575719**
北京	2072263	1293642	1292516	1125	429
天津	481732	280198	266930	13268	954
河北	5171802	3898618	3811534	87084	26345
山西	1642597	1133470	1022904	110567	92865
内蒙古	2320737	1676426	1597974	78452	67167
辽宁	418432	291689	281824	9866	4875
吉林	801006	556107	535369	20738	8564
黑龙江	795474	587781	554519	33262	5972
上海	1389552	1061320	1053853	7467	6083
江苏	4412820	2993910	2837641	156269	113194
浙江	5047020	3204713	3012470	192242	27273
安徽	3604050	2212618	2069251	143367	63806
福建	3152349	2155401	2108135	47265	26440
江西	3732443	1540203	1439195	101008	86108
山东	3933373	2656199	2397544	258655	177522
河南	2871299	1699085	1565267	133818	115864
湖北	1669273	1024124	912318	111805	86257
湖南	2118788	1247141	1012205	234936	204069
广东	2642910	1688540	1446819	241721	192165
广西	2166984	916546	794116	122431	87566
海南	1048331	519264	477024	42241	35446
重庆	1447150	798517	575363	223153	194295
四川	5274524	2927262	2376133	551129	441721
贵州	4881716	3819366	3264678	554688	472552
云南	2751904	2105370	1917369	188001	163990
西藏	1484083	1095529	803237	292293	274280
陕西	4676096	2957845	2716594	241252	172204
甘肃	3751723	2544987	2340139	204849	89677
青海	862887	466843	362959	103885	94286
宁夏	521822	247085	189305	57780	40133
新疆	8276893	6483442	4982441	1501002	1203616
大连	92064	63836	62072	1764	1194
宁波	768191	514461	503653	10807	5276
厦门	193357	101323	96738	4584	1957
青岛	367512	246567	238083	8484	5644
深圳					

基本建设支出明细(地方农村幼儿园)

单位：千元

公用部分	商品和服务支出	其他资本性支出			基本建设支出
			专项公用支出	专项项目支出	
28251033	**13327335**	**14923698**	**3563053**	**11360645**	**1087756**
742058	596590	145467	95402	50066	36563
201534	71489	130045	8871	121174	
1261834	585333	676501	163370	513131	11350
508827	297360	211467	60860	150607	300
589110	287271	301839	79146	222693	55200
126600	77195	49405	15864	33541	142
236127	100278	135849	30207	105643	8772
204544	102628	101916	26016	75900	3150
328232	293661	34571	28822	5750	
1418910	757200	661709	161689	500020	
1722355	1041350	681006	186160	494845	119952
1363602	430517	933085	167652	765433	27830
962798	493680	469118	128268	340850	34150
2148104	313957	1834147	428980	1405167	44136
1230945	518163	712782	129361	583421	46230
1125534	298951	826583	106498	720085	46680
645149	261957	383192	70514	312679	
861407	395272	466135	80409	385726	10240
946893	572207	374686	200379	174307	7477
1189527	458629	730898	147059	583838	60911
518265	192210	326055	130176	195879	10802
643485	405088	238396	70658	167738	5149
2176328	823008	1353320	299771	1053548	170935
1039610	461192	578418	112317	466102	22740
618498	305603	312895	42373	270522	28036
328988	163385	165603	47923	117680	59565
1677934	953442	724492	230784	493708	40317
1168844	568175	600669	108189	492480	37891
377206	207162	170044	30948	139096	18837
274737	64102	210635	28386	182249	
1613048	1230278	382769	146002	236767	180403
28229	24957	3272	2775	497	
253730	132529	121201	11841	109360	
92035	73435	18599	14068	4532	
120945	64988	55957	11062	44895	

6-52 一般公共预算教育事业费和

地区	合计	个人部分	工资福利支出	对个人和家庭的补助支出	#助学金
合计	**30688191**	**17667561**	**14954599**	**2712962**	
北京	833048	540659	530521	10138	
天津	352370	255062	237302	17759	
河北	731596	504478	421336	83142	
山西	864229	587929	533701	54228	
内蒙古	651196	353154	330568	22587	
辽宁	526171	352119	294745	57374	
吉林	351571	200466	175403	25063	
黑龙江	879964	397342	281063	116279	
上海	296853	176558	173274	3285	
江苏	1467271	918797	794396	124401	
浙江	1464360	828714	760603	68111	
安徽	1083315	552121	443409	108712	
福建	602658	322012	291130	30882	
江西	632142	358618	297325	61293	
山东	2306539	1582585	1399383	183202	
河南	1070675	495364	463650	31714	
湖北	1252157	741217	626769	114448	
湖南	2377541	1392286	1160649	231636	
广东	3824813	1752891	1356627	396264	
广西	411231	226981	202177	24803	
海南	329300	185237	160001	25236	
重庆	516024	231691	196311	35380	
四川	1874069	1034724	769236	265488	
贵州	1430911	943394	801080	142314	
云南	1081296	646234	588991	57243	
西藏	360817	249019	221307	27712	
陕西	867693	446221	372541	73680	
甘肃	666394	405060	289665	115396	
青海	182886	121852	102548	19304	
宁夏	119069	87349	85597	1753	
新疆	1280028	777429	593291	184138	
大连	75714	55673	52694	2978	
宁波	136069	100955	97121	3834	
厦门	100234	40358	38380	1978	
青岛	305317	226172	211230	14942	
深圳	807828	288089	172417	115672	

基本建设支出明细(教育行政单位)

单位：千元

公用部分	商品和服务支出	其他资本性支出	专项公用支出	专项项目支出	基本建设支出
12726801	**10481571**	**2245230**	**1287490**	**957740**	**293828**
292388	286121	6268	6268		
97308	82394	14915	12189	2726	
227118	195114	32004	20884	11120	
276300	227308	48992	34472	14520	
298041	205285	92756	44155	48602	
172794	149694	23100	13903	9197	1258
149735	128016	21719	15534	6185	1371
452140	253570	198570	45748	152822	30482
120295	110865	9430	2964	6466	
548474	445072	103402	82980	20422	
635646	562304	73343	62105	11237	
531194	398096	133098	74468	58630	
280033	244400	35633	20114	15519	614
271625	229728	41897	24695	17202	1900
718734	635534	83200	52968	30232	5220
575312	480069	95242	39750	55493	
510941	415763	95178	34210	60967	
985256	799932	185324	78249	107075	
2034478	1712751	321727	237311	84416	37444
184250	165211	19039	14119	4920	
144063	114132	29931	29091	840	
284333	271885	12447	11647	800	
835126	701779	133347	80038	53309	4220
461754	390146	71608	51899	19709	25763
406839	320540	86299	34484	51815	28223
111798	67028	44770	14534	30237	
404872	272749	132123	78345	53778	16600
258074	230207	27868	15518	12350	3259
61034	55293	5741	3834	1907	
31720	30557	1164	1164		
365125	300029	65096	49850	15246	137474
20041	18797	1244	244	1000	
35114	33312	1803	1803		
59262	47476	11786	1432	10354	614
79145	70865	8279	7564	715	
498449	407320	91129	79641	11488	21290

6-53 一般公共预算教育事业费和

地　区	合　计	个人部分	工资福利支　出	对个人和家庭的补助支出	#助学金
合　计	**30038321**	**17419475**	**14810259**	**2609216**	
北　京	589053	420116	410394	9722	
天　津	352370	255062	237302	17759	
河　北	731596	504478	421336	83142	
山　西	864229	587929	533701	54228	
内蒙古	651196	353154	330568	22587	
辽　宁	526171	352119	294745	57374	
吉　林	351571	200466	175403	25063	
黑龙江	865680	390725	275653	115072	
上　海	296853	176558	173274	3285	
江　苏	1467271	918797	794396	124401	
浙　江	1464360	828714	760603	68111	
安　徽	1083315	552121	443409	108712	
福　建	602658	322012	291130	30882	
江　西	632142	358618	297325	61293	
山　东	2306539	1582585	1399383	183202	
河　南	1070675	495364	463650	31714	
湖　北	1252157	741217	626769	114448	
湖　南	2377541	1392286	1160649	231636	
广　东	3824813	1752891	1356627	396264	
广　西	411231	226981	202177	24803	
海　南	329300	185237	160001	25236	
重　庆	516024	231691	196311	35380	
四　川	1874069	1034724	769236	265488	
贵　州	1430911	943394	801080	142314	
云　南	1081296	646234	588991	57243	
西　藏	360817	249019	221307	27712	
陕　西	867693	446221	372541	73680	
甘　肃	666394	405060	289665	115396	
青　海	182886	121852	102548	19304	
宁　夏	119069	87349	85597	1753	
新　疆	888438	656503	574489	82014	
大　连	75714	55673	52694	2978	
宁　波	136069	100955	97121	3834	
厦　门	100234	40358	38380	1978	
青　岛	305317	226172	211230	14942	
深　圳	807828	288089	172417	115672	

基本建设支出明细(地方教育行政单位)

单位：千元

公用部分	商品和服务支出	其他资本性支出	专项公用支出	专项项目支出	基本建设支出
12459111	**10242112**	**2217000**	**1265049**	**951951**	**159735**
168937	164512	4424	4424		
97308	82394	14915	12189	2726	
227118	195114	32004	20884	11120	
276300	227308	48992	34472	14520	
298041	205285	92756	44155	48602	
172794	149694	23100	13903	9197	1258
149735	128016	21719	15534	6185	1371
444473	250882	193591	42595	150996	30482
120295	110865	9430	2964	6466	
548474	445072	103402	82980	20422	
635646	562304	73343	62105	11237	
531194	398096	133098	74468	58630	
280033	244400	35633	20114	15519	614
271625	229728	41897	24695	17202	1900
718734	635534	83200	52968	30232	5220
575312	480069	95242	39750	55493	
510941	415763	95178	34210	60967	
985256	799932	185324	78249	107075	
2034478	1712751	321727	237311	84416	37444
184250	165211	19039	14119	4920	
144063	114132	29931	29091	840	
284333	271885	12447	11647	800	
835126	701779	133347	80038	53309	4220
461754	390146	71608	51899	19709	25763
406839	320540	86299	34484	51815	28223
111798	67028	44770	14534	30237	
404872	272749	132123	78345	53778	16600
258074	230207	27868	15518	12350	3259
61034	55293	5741	3834	1907	
31720	30557	1164	1164		
228554	184866	43688	32406	11282	3381
20041	18797	1244	244	1000	
35114	33312	1803	1803		
59262	47476	11786	1432	10354	614
79145	70865	8279	7564	715	
498449	407320	91129	79641	11488	21290

6-54 一般公共预算教育事业费和

地区	合计				
		个人部分			
			工资福利支出	对个人和家庭的补助支出	
					#助学金
合计	**59050199**	**33520500**	**30363287**	**3157212**	
北京	8500519	2917268	2888912	28356	
天津	1276877	916222	867132	49090	
河北	2113942	1624210	1491904	132305	
山西	1252092	813312	715947	97365	
内蒙古	1118028	878289	864953	13335	
辽宁	2117233	1609644	1546892	62752	
吉林	1113595	656588	586761	69827	
黑龙江	1082543	859100	694775	164325	
上海	4587080	1896300	1876286	20013	
江苏	3762833	2462836	2130533	332303	
浙江	3949100	2434952	2230656	204296	
安徽	1050078	545059	485679	59379	
福建	1909139	1058589	1006303	52286	
江西	1733164	941874	806235	135639	
山东	2550156	1778504	1612130	166374	
河南	2064686	1271732	1234416	37315	
湖北	2644542	1469440	1312166	157274	
湖南	1100891	670616	580919	89696	
广东	4181251	1980738	1563711	417027	
广西	1104898	743460	679813	63646	
海南	246619	125981	124511	1470	
重庆	907198	410266	340574	69692	
四川	2506361	1602585	1366021	236565	
贵州	419993	260645	217623	43022	
云南	871930	545321	520390	24930	
西藏	1026170	474979	380687	94292	
陕西	1710370	1092337	916485	175852	
甘肃	691046	504508	471237	33271	
青海	355233	262229	249206	13023	
宁夏	168614	127592	125235	2357	
新疆	934016	585325	475192	110133	
大连	359683	242491	238474	4017	
宁波	569461	392945	367072	25873	
厦门	337961	162650	153167	9483	
青岛	443884	333247	296119	37128	
深圳	962355	354480	279272	75208	

基本建设支出明细(教育事业单位)

单位：千元

公用部分	商品和服务支出	其他资本性支出	专项公用支出	专项项目支出	基本建设支出
24681378	**19443686**	**5237691**	**2822704**	**2414988**	**848321**
5487692	5149563	338129	289167	48962	95559
357342	288250	69092	67100	1992	3312
469490	378335	91155	63728	27427	20241
427829	265296	162534	132097	30436	10950
239014	198164	40850	30403	10447	726
503360	441519	61841	57838	4003	4230
457008	273543	183465	40039	143426	
223271	177568	45703	25329	20374	172
2427748	2008737	419011	374598	44413	263032
1299996	911495	388502	194141	194361	
1511126	1084728	426398	167144	259254	3022
421855	362802	59053	43312	15741	83164
818328	637668	180660	82541	98119	32222
722599	482014	240585	146306	94279	68690
762622	641854	120768	39013	81755	9030
792088	596819	195269	93126	102142	867
1175102	592649	582453	119755	462698	
430275	288427	141848	69572	72277	
2145302	1465751	679552	263484	416068	55211
351002	299549	51453	37425	14028	10436
120638	109675	10963	8921	2042	
493342	383958	109385	51820	57565	3590
890776	707461	183315	156764	26552	13000
159326	153886	5440	5440		22
325309	251571	73738	36802	36936	1300
486691	379127	107564	53069	54495	64500
618033	461064	156969	87799	69171	
186538	143953	42585	30219	12366	
81759	60047	21712	17807	3905	11246
41022	36889	4133	3201	932	
254892	211326	43567	34743	8824	93798
112962	105075	7887	5256	2631	4230
176260	144867	31393	28171	3222	256
175311	155016	20295	20071	224	
110637	100982	9655	6075	3580	
552665	501947	50718	46917	3801	55211

6-55 一般公共预算教育事业费和

地区	合计	个人部分			
			工资福利支出	对个人和家庭的补助支出	
					#助学金
合计	**55021855**	**33316293**	**30180164**	**3136129**	
北京	4609721	2765200	2746394	18807	
天津	1276877	916222	867132	49090	
河北	2113942	1624210	1491904	132305	
山西	1252092	813312	715947	97365	
内蒙古	1118028	878289	864953	13335	
辽宁	2117233	1609644	1546892	62752	
吉林	1113595	656588	586761	69827	
黑龙江	1064944	842836	681731	161105	
上海	4587080	1896300	1876286	20013	
江苏	3762833	2462836	2130533	332303	
浙江	3949100	2434952	2230656	204296	
安徽	1050078	545059	485679	59379	
福建	1909139	1058589	1006303	52286	
江西	1733164	941874	806235	135639	
山东	2550156	1778504	1612130	166374	
河南	2064686	1271732	1234416	37315	
湖北	2644542	1469440	1312166	157274	
湖南	1100891	670616	580919	89696	
广东	4181251	1980738	1563711	417027	
广西	1104898	743460	679813	63646	
海南	246619	125981	124511	1470	
重庆	907198	410266	340574	69692	
四川	2506361	1602585	1366021	236565	
贵州	419993	260645	217623	43022	
云南	871930	545321	520390	24930	
西藏	1026170	474979	380687	94292	
陕西	1710370	1092337	916485	175852	
甘肃	691046	504508	471237	33271	
青海	355233	262229	249206	13023	
宁夏	168614	127592	125235	2357	
新疆	814069	549450	447631	101819	
大连	359683	242491	238474	4017	
宁波	569461	392945	367072	25873	
厦门	337961	162650	153167	9483	
青岛	443884	333247	296119	37128	
深圳	962355	354480	279272	75208	

基本建设支出明细(地方教育事业单位)

单位：千元

公用部分	商品和服务支出	其他资本性支出			基本建设支出
			专项公用支出	专项项目支出	
20919801	**15774550**	**5145251**	**2737008**	**2408243**	**785761**
1760522	1501069	259453	213225	46228	83999
357342	288250	69092	67100	1992	3312
469490	378335	91155	63728	27427	20241
427829	265296	162534	132097	30436	10950
239014	198164	40850	30403	10447	726
503360	441519	61841	57838	4003	4230
457008	273543	183465	40039	143426	
221936	176245	45691	25329	20362	172
2427748	2008737	419011	374598	44413	263032
1299996	911495	388502	194141	194361	
1511126	1084728	426398	167144	259254	3022
421855	362802	59053	43312	15741	83164
818328	637668	180660	82541	98119	32222
722599	482014	240585	146306	94279	68690
762622	641854	120768	39013	81755	9030
792088	596819	195269	93126	102142	867
1175102	592649	582453	119755	462698	
430275	288427	141848	69572	72277	
2145302	1465751	679552	263484	416068	55211
351002	299549	51453	37425	14028	10436
120638	109675	10963	8921	2042	
493342	383958	109385	51820	57565	3590
890776	707461	183315	156764	26552	13000
159326	153886	5440	5440		22
325309	251571	73738	36802	36936	1300
486691	379127	107564	53069	54495	64500
618033	461064	156969	87799	69171	
186538	143953	42585	30219	12366	
81759	60047	21712	17807	3905	11246
41022	36889	4133	3201	932	
221821	192008	29813	24988	4825	42798
112962	105075	7887	5256	2631	4230
176260	144867	31393	28171	3222	256
175311	155016	20295	20071	224	
110637	100982	9655	6075	3580	
552665	501947	50718	46917	3801	55211

6-56 一般公共预算教育事业费和

地区	合计	个人部分	工资福利支出	对个人和家庭的补助支出	#助学金
合计	**48423351**	**16021373**	**13710205**	**2311168**	**28509**
北京	6248857	1015510	938916	76593	15546
天津	622455	223257	209142	14114	
河北	1132295	594124	557289	36834	
山西	932933	407573	388044	19529	
内蒙古	790890	313660	306960	6700	
辽宁	1584774	568666	486376	82291	
吉林	879569	304832	270519	34313	
黑龙江	702191	373058	319319	53739	557
上海	1140385	287808	274402	13406	4264
江苏	1993338	849540	716136	133404	698
浙江	3723184	1010012	641124	368888	814
安徽	903948	435200	415101	20100	
福建	953661	448154	404724	43430	2133
江西	1308027	363131	338492	24639	
山东	2593038	1161715	1026079	135636	
河南	2459704	534533	518027	16506	
湖北	2068978	751974	621274	130700	653
湖南	1157844	693162	507822	185339	1156
广东	3136095	909491	821515	87976	1237
广西	997705	306377	283216	23161	
海南	755453	57329	56194	1135	
重庆	532223	206494	201606	4888	228
四川	2332172	734426	610153	124273	1173
贵州	958890	444514	384040	60474	
云南	1142167	596400	571107	25292	
西藏	190665	124042	120788	3254	50
陕西	2016691	466787	443794	22994	
甘肃	845035	312036	299027	13009	
青海	482079	163251	159721	3530	
宁夏	213894	82857	81381	1476	
新疆	3624210	1281463	737916	543546	
大连	215491	83161	80808	2352	
宁波	430086	244169	79963	164206	
厦门	105312	43883	40398	3485	
青岛	225324	125348	111892	13456	
深圳	829743	145561	123099	22462	

基本建设支出明细(其他教育机构)

单位：千元

公用部分	商品和服务支出	其他资本性支出			基本建设支出
			专项公用支出	专项项目支出	
29482625	**18320447**	**11162178**	**4431614**	**6730565**	**2919353**
5232799	4434364	798435	774134	24302	548
256050	248749	7300	4468	2832	143148
475031	340233	134798	44393	90405	63140
409265	221555	187709	28601	159108	116096
456545	133148	323397	109660	213737	20685
960082	864473	95610	17745	77865	56025
568563	333761	234802	19962	214841	6173
329134	270992	58142	11430	46712	
756860	692825	64035	61621	2414	95718
1143672	799659	344013	49514	294498	126
2649963	891121	1758841	942161	816681	63210
458293	313358	144934	33020	111914	10456
382402	262433	119968	31115	88854	123105
736732	298569	438164	176773	261391	208164
1431323	789199	642124	518471	123653	
1680562	1054029	626533	135433	491100	244610
1317003	646502	670501	205939	464563	
456708	331891	124817	27263	97555	7974
1682150	1131752	550398	43823	506575	544453
678010	269701	408310	89362	318947	13318
96685	92248	4437	3363	1073	601439
286015	254538	31477	9705	21772	39715
1463185	1275780	187405	112456	74949	134561
507714	289176	218538	124226	94312	6662
525237	256546	268691	65748	202943	20531
64924	43477	21446	17575	3871	1700
1545558	381300	1164258	146202	1018056	4345
507540	180634	326906	49550	277356	25459
216668	96116	120552	9134	111418	102160
131037	78597	52440	21026	31414	
2076915	1043720	1033195	547742	485453	265832
132330	119014	13316	5954	7362	
185917	146400	39517	21622	17895	
50480	36007	14473	3305	11168	10949
99976	70891	29085	4677	24408	
341264	333381	7882	7020	862	342919

6-57 一般公共预算教育事业费和

地 区	合 计	个人部分	工资福利支出	对个人和家庭的补助支出	#助学金
合 计	**46164873**	**15478974**	**13244549**	**2234425**	**8872**
北 京	4383093	599839	590218	9621	1123
天 津	622455	223257	209142	14114	
河 北	1132295	594124	557289	36834	
山 西	932933	407573	388044	19529	
内蒙古	790890	313660	306960	6700	
辽 宁	1584774	568666	486376	82291	
吉 林	879569	304832	270519	34313	
黑龙江	698567	369868	316556	53312	557
上 海	976237	256394	246126	10269	1183
江 苏	1993338	849540	716136	133404	698
浙 江	3723184	1010012	641124	368888	814
安 徽	903948	435200	415101	20100	
福 建	901874	436369	395081	41288	
江 西	1308027	363131	338492	24639	
山 东	2593038	1161715	1026079	135636	
河 南	2459704	534533	518027	16506	
湖 北	2068978	751974	621274	130700	653
湖 南	1157844	693162	507822	185339	1156
广 东	3136095	909491	821515	87976	1237
广 西	997705	306377	283216	23161	
海 南	755453	57329	56194	1135	
重 庆	532223	206494	201606	4888	228
四 川	2332172	734426	610153	124273	1173
贵 州	958890	444514	384040	60474	
云 南	1142167	596400	571107	25292	
西 藏	190665	124042	120788	3254	50
陕 西	2016691	466787	443794	22994	
甘 肃	845035	312036	299027	13009	
青 海	482079	163251	159721	3530	
宁 夏	213894	82857	81381	1476	
新 疆	3451055	1201123	661642	539482	
大 连	215491	83161	80808	2352	
宁 波	430086	244169	79963	164206	
厦 门	105312	43883	40398	3485	
青 岛	225324	125348	111892	13456	
深 圳	829743	145561	123099	22462	

基本建设支出明细(地方其他教育机构)

单位：千元

公用部分	商品和服务支出	其他资本性支出			基本建设支出
			专项公用支出	专项项目支出	
27789148	**16722732**	**11066416**	**4367743**	**6698673**	**2896750**
3782705	3025136	757569	741678	15891	548
256050	248749	7300	4468	2832	143148
475031	340233	134798	44393	90405	63140
409265	221555	187709	28601	159108	116096
456545	133148	323397	109660	213737	20685
960082	864473	95610	17745	77865	56025
568563	333761	234802	19962	214841	6173
328700	270558	58142	11430	46712	
624125	586110	38015	35602	2414	95718
1143672	799659	344013	49514	294498	126
2649963	891121	1758841	942161	816681	63210
458293	313358	144934	33020	111914	10456
342401	224529	117872	29018	88854	123105
736732	298569	438164	176773	261391	208164
1431323	789199	642124	518471	123653	
1680562	1054029	626533	135433	491100	244610
1317003	646502	670501	205939	464563	
456708	331891	124817	27263	97555	7974
1682150	1131752	550398	43823	506575	544453
678010	269701	408310	89362	318947	13318
96685	92248	4437	3363	1073	601439
286015	254538	31477	9705	21772	39715
1463185	1275780	187405	112456	74949	134561
507714	289176	218538	124226	94312	6662
525237	256546	268691	65748	202943	20531
64924	43477	21446	17575	3871	1700
1545558	381300	1164258	146202	1018056	4345
507540	180634	326906	49550	277356	25459
216668	96116	120552	9134	111418	102160
131037	78597	52440	21026	31414	
2006702	1000286	1006416	544444	461972	243230
132330	119014	13316	5954	7362	
185917	146400	39517	21622	17895	
50480	36007	14473	3305	11168	10949
99976	70891	29085	4677	24408	
341264	333381	7882	7020	862	342919

第七部分

各地区教育和其他部门各级各类学校生均教育经费支出

7-1 生均教育经费支出(高等学校)

地区	教育经费支出	个人和公用部分支出			基本建设支出
			个人部分	公用部分	
合计	**37794.36**	**36696.10**	**19231.48**	**17464.62**	**1098.26**
北京	80579.28	78359.67	40013.88	38345.78	2219.61
天津	44258.98	43956.33	22586.90	21369.44	302.64
河北	25432.71	24521.26	14504.64	10016.62	911.46
山西	27147.42	26792.84	14381.01	12411.84	354.58
内蒙古	33223.95	32674.38	17350.76	15323.62	549.57
辽宁	31202.93	30437.95	17393.70	13044.25	764.99
吉林	31878.68	31356.99	15937.61	15419.39	521.69
黑龙江	31498.22	30586.44	17586.23	13000.21	911.78
上海	70092.11	67017.33	30618.69	36398.64	3074.79
江苏	41159.89	40766.38	22272.82	18493.56	393.50
浙江	51229.75	49824.87	24343.37	25481.50	1404.87
安徽	29430.12	28536.89	15109.29	13427.60	893.23
福建	40731.83	40464.90	20778.90	19686.00	266.93
江西	28351.16	27852.51	15470.99	12381.51	498.66
山东	30245.70	29914.65	16180.71	13733.95	331.05
河南	23821.39	23338.14	12200.98	11137.16	483.25
湖北	39133.71	38492.89	20960.98	17531.92	640.82
湖南	27288.06	26929.45	14327.62	12601.83	358.61
广东	49336.89	45486.08	24384.14	21101.94	3850.82
广西	28451.36	28176.10	12169.68	16006.42	275.26
海南	37497.02	35843.09	20711.66	15131.43	1653.93
重庆	35236.86	34691.78	19101.09	15590.70	545.08
四川	31629.21	30789.43	16987.44	13801.99	839.78
贵州	30183.27	29718.85	15005.34	14713.50	464.43
云南	23896.11	23774.88	13853.21	9921.68	121.23
西藏	82717.48	51184.58	32310.88	18873.70	31532.89
陕西	40536.88	39873.60	19291.98	20581.62	663.28
甘肃	33167.16	32124.72	15360.27	16764.45	1042.43
青海	60683.76	59097.90	22143.74	36954.15	1585.86
宁夏	37390.66	36614.84	18784.52	17830.32	775.82
新疆	35115.57	28248.88	14904.01	13344.87	6866.69
大连	35160.72	33593.34	21373.29	12220.05	1567.38
宁波	50106.36	48843.67	22361.53	26482.14	1262.69
厦门	52867.60	50802.51	20944.89	29857.62	2065.08
青岛	59858.35	59858.35	17824.72	42033.63	
深圳	164463.95	112157.27	54316.27	57840.99	52306.68

7-2 生均一般公共预算教育事业费和基本建设支出(高等学校)

单位：元

地区	一般公共预算教育事业费和基本建设支出	事业费支出			基本建设支出
			个人部分	公用部分	
合计	**23352.32**	**22220.89**	**13012.21**	**9208.68**	**1131.43**
北京	47710.15	45250.30	27873.41	17376.89	2459.85
天津	23283.01	22965.51	12519.34	10446.16	317.50
河北	19018.05	18060.44	11644.77	6415.67	957.60
山西	16232.19	16023.49	9901.36	6122.13	208.71
内蒙古	21351.51	20778.34	11630.40	9147.94	573.17
辽宁	18107.03	17431.14	10626.34	6804.80	675.88
吉林	22269.62	21734.62	11870.21	9864.41	534.99
黑龙江	20621.15	20022.21	13370.74	6651.47	598.94
上海	41687.38	38347.24	20178.67	18168.57	3340.14
江苏	22266.92	21838.22	13058.44	8779.78	428.70
浙江	27261.13	26299.29	15656.76	10642.53	961.85
安徽	17548.04	16829.47	9112.09	7717.37	718.57
福建	22752.38	22473.22	12012.36	10460.86	279.16
江西	21096.09	20541.95	12263.49	8278.47	554.14
山东	19233.07	18899.23	12168.90	6730.33	333.85
河南	15461.99	15054.50	7495.95	7558.55	407.49
湖北	22901.46	22287.23	13255.76	9031.48	614.23
湖南	17182.09	16816.76	11166.08	5650.68	365.33
广东	36503.15	31734.30	19532.21	12202.08	4768.85
广西	15275.35	14989.04	5697.06	9291.98	286.31
海南	26351.99	24559.03	12091.29	12467.74	1792.96
重庆	19315.74	18783.53	10649.07	8134.46	532.21
四川	20846.12	19887.75	12688.89	7198.86	958.37
贵州	21966.97	21501.08	11846.38	9654.70	465.89
云南	15672.36	15535.67	10560.99	4974.67	136.69
西藏	88592.53	52383.22	33714.63	18668.59	36209.32
陕西	22160.73	21433.45	11725.39	9708.06	727.29
甘肃	23051.07	21939.17	9556.74	12382.43	1111.90
青海	40537.89	40281.99	13386.45	26895.54	255.90
宁夏	28529.20	27676.26	14104.57	13571.69	852.94
新疆	26436.37	18729.65	11877.82	6851.83	7706.73
大连	23393.90	21953.13	13652.52	8300.61	1440.77
宁波	26723.05	25231.11	12113.39	13117.72	1491.94
厦门	36342.72	34024.38	15409.90	18614.48	2318.34
青岛	81785.27	81785.27	24829.63	56955.65	
深圳	133263.99	74538.26	41427.71	33110.55	58725.73

7-3 生均教育经费支出(中央属高等学校)

地 区	教育经费支出	个人和公用部分支出			基本建设支出
			个人部分	公用部分	
合 计	**68324.36**	**66900.81**	**32954.88**	**33945.93**	**1423.55**
北 京	81906.45	80156.17	40033.50	40122.67	1750.29
天 津	77919.55	77379.16	36799.44	40579.72	540.39
河 北	32760.86	31794.19	17902.83	13891.35	966.67
山 西					
内蒙古					
辽 宁	52732.09	50930.31	26153.87	24776.44	1801.78
吉 林	57040.63	55520.11	28992.60	26527.51	1520.52
黑龙江	63755.95	61343.74	27273.25	34070.50	2412.21
上 海	85104.51	83568.86	36067.30	47501.56	1535.65
江 苏	54820.20	53946.64	27430.96	26515.68	873.56
浙 江	91175.45	89735.66	38054.79	51680.87	1439.79
安 徽	66704.77	65033.78	29918.92	35114.86	1670.99
福 建	65182.06	64636.39	33024.67	31611.72	545.66
江 西					
山 东	61282.27	59763.67	28994.16	30769.51	1518.60
河 南	76461.75	46837.76	21349.41	25488.36	29623.99
湖 北	60213.74	58451.31	31310.07	27141.24	1762.43
湖 南	51763.37	51763.37	27632.70	24130.66	
广 东	77423.21	75995.62	38505.86	37489.76	1427.59
广 西					
海 南					
重 庆	51069.88	50066.99	26562.77	23504.21	1002.89
四 川	56904.98	55671.71	30377.61	25294.10	1233.27
贵 州					
云 南					
西 藏					
陕 西	68331.19	67545.97	29860.12	37685.84	785.23
甘 肃	56473.37	54412.82	27313.82	27099.00	2060.55
青 海					
宁 夏	44185.05	43045.81	22492.03	20553.78	1139.25
新 疆					
大 连					
宁 波					
厦 门					
青 岛					
深 圳					

7-4 生均一般公共预算教育事业费和基本建设支出(中央属高等学校)

单位：元

地　区	一般公共预算教育事业费和基本建设支出	事业费支出			基本建设支出
			个人部分	公用部分	
合　计	**34810.23**	**33420.65**	**20671.85**	**12748.80**	**1389.59**
北　京	41434.37	39545.89	25066.55	14479.34	1888.48
天　津	33696.82	33148.54	19956.33	13192.21	548.28
河　北	25194.88	24169.78	13971.14	10198.64	1025.10
山　西					
内蒙古					
辽　宁	29718.00	28384.89	18126.69	10258.21	1333.11
吉　林	32874.50	31483.77	20575.23	10908.54	1390.73
黑龙江	32164.41	31199.55	20523.22	10676.33	964.86
上　海	41008.83	39472.12	22120.81	17351.32	1536.71
江　苏	28551.96	27558.10	17144.18	10413.92	993.86
浙　江	43625.95	42028.35	27499.68	14528.67	1597.60
安　徽	27661.68	27112.43	18953.73	8158.70	549.25
福　建	30359.44	29794.29	18118.52	11675.76	565.16
江　西					
山　东	33569.37	31970.83	17979.55	13991.28	1598.54
河　南	69737.58	40113.59	18248.12	21865.47	29623.99
湖　北	30312.77	28684.72	17284.30	11400.41	1628.05
湖　南	26006.78	26006.78	15789.87	10216.90	
广　东	37250.19	35738.74	23393.61	12345.14	1511.45
广　西					
海　南					
重　庆	29447.92	28419.42	17508.05	10911.37	1028.49
四　川	30915.59	29529.41	18618.84	10910.58	1386.18
贵　州					
云　南					
西　藏					
陕　西	36234.68	35361.07	21185.23	14175.84	873.62
甘　肃	36971.67	34824.22	21038.22	13786.01	2147.45
青　海					
宁　夏	36705.32	35566.07	20812.52	14753.56	1139.25
新　疆					
大　连					
宁　波					
厦　门					
青　岛					
深　圳					

7-5 生均教育经费支出(地方高等学校)

地区	教育经费支出	个人和公用部分支出			基本建设支出
			个人部分	公用部分	
合计	**31387.63**	**30357.63**	**16351.61**	**14006.02**	**1030.00**
北京	75662.54	71704.21	39941.21	31763.00	3958.33
天津	34057.87	33827.28	18279.67	15547.61	230.59
河北	25084.26	24175.43	14343.05	9832.38	908.83
山西	27147.42	26792.84	14381.01	12411.84	354.58
内蒙古	33223.95	32674.38	17350.76	15323.62	549.57
辽宁	26633.33	26088.40	15534.34	10554.06	544.93
吉林	24873.28	24629.68	12302.93	12326.75	243.60
黑龙江	23843.69	23287.95	15287.56	8000.39	555.74
上海	57480.05	53112.21	26041.25	27070.96	4367.83
江苏	36799.78	36559.50	20626.44	15933.06	240.28
浙江	46175.74	44775.28	22608.57	22166.71	1400.45
安徽	25267.04	24460.68	13455.26	11005.42	806.36
福建	36644.15	36423.82	18731.61	17692.21	220.33
江西	28351.16	27852.51	15470.99	12381.51	498.66
山东	27112.22	26901.06	14887.04	12014.02	211.15
河南	23694.52	23281.50	12178.93	11102.57	413.01
湖北	28703.47	28617.61	15840.32	12777.29	85.86
湖南	24174.26	23770.03	12634.92	11135.11	404.23
广东	45381.51	41189.43	22395.38	18794.04	4192.08
广西	28451.36	28176.10	12169.68	16006.42	275.26
海南	37497.02	35843.09	20711.66	15131.43	1653.93
重庆	30727.42	30312.74	16975.91	13336.83	414.69
四川	24279.61	23554.24	13093.89	10460.36	725.37
贵州	30183.27	29718.85	15005.34	14713.50	464.43
云南	23896.11	23774.88	13853.21	9921.68	121.23
西藏	82717.48	51184.58	32310.88	18873.70	31532.89
陕西	30084.80	29467.38	15317.82	14149.56	617.42
甘肃	29260.93	28389.14	13356.80	15032.34	871.79
青海	60683.76	59097.90	22143.74	36954.15	1585.86
宁夏	35770.02	35080.88	17900.18	17180.70	689.14
新疆	35115.57	28248.88	14904.01	13344.87	6866.69
大连	35160.72	33593.34	21373.29	12220.05	1567.38
宁波	48904.94	47642.26	22361.53	25280.72	1262.69
厦门	52867.60	50802.51	20944.89	29857.62	2065.08
青岛	59858.35	59858.35	17824.72	42033.63	
深圳	164463.95	112157.27	54316.27	57840.99	52306.68

7-6 生均一般公共预算教育事业费和基本建设支出(地方高等学校)

单位：元

地区	一般公共预算教育事业费和基本建设支出	事业费支出			基本建设支出
			个人部分	公用部分	
合计	**20892.89**	**19816.87**	**11368.07**	**8448.80**	**1076.02**
北京	70892.67	66322.18	38241.86	28080.32	4570.48
天津	19985.75	19741.32	10164.62	9576.70	244.43
河北	18701.32	17747.17	11525.48	6221.69	954.14
山西	16232.19	16023.49	9901.36	6122.13	208.71
内蒙古	21351.51	20778.34	11630.40	9147.94	573.17
辽宁	15528.96	14999.01	8960.99	6038.02	529.96
吉林	19018.22	18745.60	9201.31	9544.29	272.63
黑龙江	17800.79	17291.26	11623.18	5668.08	509.53
上海	42300.87	37330.19	18422.71	18907.47	4970.69
江苏	20366.12	20108.35	11822.78	8285.56	257.77
浙江	25155.84	24275.78	14133.20	10142.59	880.06
安徽	16335.18	15596.30	7931.85	7664.45	738.88
福建	21429.40	21199.98	10950.41	10249.57	229.42
江西	21096.09	20541.95	12263.49	8278.47	554.14
山东	17733.48	17531.92	11561.10	5970.82	201.56
河南	15318.33	14988.17	7467.49	7520.68	330.16
湖北	19082.21	18990.44	11179.74	7810.70	91.77
湖南	15929.75	15512.58	10509.90	5002.68	417.17
广东	36377.08	31058.50	18880.56	12177.94	5318.57
广西	15275.35	14989.04	5697.06	9291.98	286.31
海南	26351.99	24559.03	12091.29	12467.74	1792.96
重庆	16419.48	16029.13	8688.44	7340.69	390.35
四川	17811.92	16982.46	10902.03	6080.42	829.46
贵州	21966.97	21501.08	11846.38	9654.70	465.89
云南	15672.36	15535.67	10560.99	4974.67	136.69
西藏	88592.53	52383.22	33714.63	18668.59	36209.32
陕西	17076.36	16401.94	8307.92	8094.02	674.42
甘肃	20586.99	19658.40	7524.41	12133.98	928.60
青海	40537.89	40281.99	13386.45	26895.54	255.90
宁夏	26333.06	25557.03	12302.79	13254.24	776.03
新疆	26436.37	18729.65	11877.82	6851.83	7706.73
大连	23393.90	21953.13	13652.52	8300.61	1440.77
宁波	25303.50	23811.56	12113.39	11698.17	1491.94
厦门	36342.72	34024.38	15409.90	18614.48	2318.34
青岛	81785.27	81785.27	24829.63	56955.65	
深圳	133263.99	74538.26	41427.71	33110.55	58725.73

7-7 生均教育经费支出(普通高等学校)

地 区	教育经费支出	个人和公用部分支出	个人部分	公用部分	基本建设支出
合 计	**38704.75**	**37566.33**	**19675.11**	**17891.21**	**1138.42**
北 京	82077.48	79776.00	40758.30	39017.70	2301.48
天 津	45081.03	44769.01	22891.01	21878.00	312.02
河 北	25816.47	24886.44	14678.71	10207.73	930.03
山 西	27271.86	26911.93	14397.68	12514.25	359.92
内蒙古	33494.01	32933.72	17509.73	15423.99	560.28
辽 宁	30922.11	30154.29	17206.85	12947.44	767.82
吉 林	32406.91	31874.16	16163.86	15710.31	532.74
黑龙江	31852.55	30913.92	17683.99	13229.93	938.63
上 海	71348.67	68172.73	31079.84	37092.90	3175.94
江 苏	41205.48	40810.68	22291.78	18518.90	394.80
浙 江	52599.48	51125.26	24916.62	26208.65	1474.22
安 徽	30738.78	29794.33	15764.50	14029.83	944.45
福 建	41453.07	41176.05	21189.04	19987.01	277.02
江 西	29328.12	28802.68	16001.94	12800.74	525.44
山 东	30383.47	30049.28	16270.39	13778.89	334.19
河 南	24618.85	24116.64	12596.48	11520.16	502.21
湖 北	39335.33	38689.70	21052.66	17637.04	645.62
湖 南	28865.89	28482.99	15198.35	13284.64	382.90
广 东	52968.44	48760.12	26117.54	22642.57	4208.32
广 西	29266.27	28979.36	12516.93	16462.43	286.92
海 南	39303.40	37534.98	21742.90	15792.09	1768.41
重 庆	35307.49	34760.52	19135.01	15625.51	546.97
四 川	32467.09	31594.25	17450.42	14143.84	872.84
贵 州	31196.33	30722.07	15486.62	15235.45	474.27
云 南	24885.37	24756.15	14471.77	10284.38	129.22
西 藏	82717.48	51184.58	32310.88	18873.70	31532.89
陕 西	41886.21	41190.92	19881.40	21309.52	695.29
甘 肃	34589.66	33490.43	15988.12	17502.31	1099.22
青 海	60792.33	59191.39	22031.93	37159.46	1600.94
宁 夏	37390.66	36614.84	18784.52	17830.32	775.82
新 疆	37354.58	29865.74	15648.72	14217.02	7488.84
大 连	32473.78	30742.96	18858.14	11884.83	1730.82
宁 波	52307.51	50914.92	23183.52	27731.39	1392.59
厦 门	52783.37	50718.28	20911.61	29806.68	2065.08
青 岛	106751.43	106751.43	30952.89	75798.54	
深 圳	168292.84	114437.61	55248.62	59188.99	53855.23

7-8 生均一般公共预算教育事业费和基本建设支出(普通高等学校)

单位：元

地区	一般公共预算教育事业费和基本建设支出	事业费支出	个人部分	公用部分	基本建设支出
合计	**23176.40**	**22041.87**	**12879.70**	**9162.17**	**1134.53**
北京	47351.26	44873.53	27608.19	17265.34	2477.73
天津	22992.96	22675.21	12264.88	10410.32	317.75
河北	18756.00	17808.09	11424.44	6383.65	947.91
山西	16118.50	15908.99	9800.93	6108.07	209.51
内蒙古	21151.26	20578.09	11517.51	9060.58	573.17
辽宁	17878.37	17204.39	10448.48	6755.91	673.98
吉林	21867.12	21339.84	11618.68	9721.16	527.29
黑龙江	20237.58	19639.12	13055.04	6584.08	598.46
上海	40985.22	37645.08	19785.01	17860.07	3340.14
江苏	22246.81	21817.65	13039.41	8778.24	429.16
浙江	26849.12	25880.98	15321.83	10559.16	968.14
安徽	17478.70	16755.84	9065.19	7690.64	722.86
福建	22466.73	22187.49	11822.58	10364.91	279.24
江西	21013.88	20453.95	12185.06	8268.89	559.92
山东	19163.53	18829.64	12116.67	6712.97	333.89
河南	15407.70	15000.20	7452.62	7547.59	407.49
湖北	22888.41	22273.11	13233.38	9039.73	615.30
湖南	17155.00	16788.62	11155.66	5632.96	366.38
广东	36011.60	31239.73	19161.71	12078.02	4771.86
广西	15207.63	14919.78	5662.11	9257.68	287.85
海南	25912.45	24119.49	11835.76	12283.73	1792.95
重庆	19310.11	18777.90	10645.16	8132.75	532.21
四川	20694.83	19734.47	12593.15	7141.32	960.36
贵州	21811.79	21355.52	11746.02	9609.50	456.27
云南	15652.96	15513.99	10504.09	5009.89	138.98
西藏	88592.53	52383.22	33714.63	18668.59	36209.32
陕西	22188.70	21451.39	11760.93	9690.46	737.31
甘肃	22904.13	21792.02	9450.68	12341.34	1112.11
青海	40711.78	40453.35	13317.68	27135.67	258.44
宁夏	28529.20	27676.26	14104.57	13571.69	852.94
新疆	26380.00	18542.71	11634.05	6908.67	7837.28
大连	20028.33	18587.59	10797.80	7789.79	1440.75
宁波	25557.75	24041.19	11230.71	12810.47	1516.56
厦门	36256.61	33938.27	15381.23	18557.03	2318.34
青岛	79561.11	79561.11	23159.87	56401.24	
深圳	132722.81	73997.14	41004.93	32992.21	58725.67

7-9 生均教育经费支出(中央属普通高等学校)

地区	教育经费支出	个人和公用部分支出			基本建设支出
			个人部分	公用部分	
合计	**68391.93**	**66962.01**	**33015.65**	**33946.35**	**1429.92**
北京	82397.27	80615.38	40403.30	40212.08	1781.89
天津	77919.55	77379.16	36799.44	40579.72	540.39
河北	32760.86	31794.19	17902.83	13891.35	966.67
山西					
内蒙古					
辽宁	52905.75	51095.14	26207.60	24887.54	1810.62
吉林	57040.63	55520.11	28992.60	26527.51	1520.52
黑龙江	63755.95	61343.74	27273.25	34070.50	2412.21
上海	85104.51	83568.86	36067.30	47501.56	1535.65
江苏	54820.20	53946.64	27430.96	26515.68	873.56
浙江	91175.45	89735.66	38054.79	51680.87	1439.79
安徽	66704.77	65033.78	29918.92	35114.86	1670.99
福建	65182.06	64636.39	33024.67	31611.72	545.66
江西					
山东	61282.27	59763.67	28994.16	30769.51	1518.60
河南	76461.75	46837.76	21349.41	25488.36	29623.99
湖北	60213.74	58451.31	31310.07	27141.24	1762.43
湖南	51763.37	51763.37	27632.70	24130.66	
广东	77423.21	75995.62	38505.86	37489.76	1427.59
广西					
海南					
重庆	51069.88	50066.99	26562.77	23504.21	1002.89
四川	56904.98	55671.71	30377.61	25294.10	1233.27
贵州					
云南					
西藏					
陕西	68331.19	67545.97	29860.12	37685.84	785.23
甘肃	56473.37	54412.82	27313.82	27099.00	2060.55
青海					
宁夏	44185.05	43045.81	22492.03	20553.78	1139.25
新疆					
大连					
宁波					
厦门					
青岛					
深圳					

7-10 生均一般公共预算教育事业费和基本建设支出(中央属普通高等学校)

单位：元

地区	一般公共预算教育事业费和基本建设支出	事业费支出			基本建设支出
			个人部分	公用部分	
合计	**34829.25**	**33437.13**	**20686.33**	**12750.80**	**1392.12**
北京	41573.00	39669.18	25166.84	14502.35	1903.81
天津	33696.82	33148.54	19956.33	13192.21	548.28
河北	25194.88	24169.78	13971.14	10198.64	1025.10
山西					
内蒙古					
辽宁	29718.02	28384.91	18126.70	10258.21	1333.11
吉林	32874.50	31483.77	20575.23	10908.54	1390.73
黑龙江	32164.41	31199.55	20523.22	10676.33	964.86
上海	41008.83	39472.12	22120.81	17351.32	1536.71
江苏	28551.96	27558.10	17144.18	10413.92	993.86
浙江	43625.95	42028.35	27499.68	14528.67	1597.60
安徽	27661.68	27112.43	18953.73	8158.70	549.25
福建	30359.44	29794.29	18118.52	11675.76	565.16
江西					
山东	33569.37	31970.83	17979.55	13991.28	1598.54
河南	69737.58	40113.59	18248.12	21865.47	29623.99
湖北	30312.77	28684.72	17284.30	11400.41	1628.05
湖南	26006.78	26006.78	15789.87	10216.90	
广东	37250.19	35738.74	23393.61	12345.14	1511.45
广西					
海南					
重庆	29447.92	28419.42	17508.05	10911.37	1028.49
四川	30915.59	29529.41	18618.84	10910.58	1386.18
贵州					
云南					
西藏					
陕西	36234.68	35361.07	21185.23	14175.84	873.62
甘肃	36971.67	34824.22	21038.22	13786.01	2147.45
青海					
宁夏	36705.32	35566.07	20812.52	14753.56	1139.25
新疆					
大连					
宁波					
厦门					
青岛					
深圳					

7-11 生均教育经费支出(地方普通高等学校)

地 区	教育经费支 出	个人和公用部分支出			基本建设支 出
			个人部分	公用部分	
合 计	**32222.85**	**31148.07**	**16762.34**	**14385.73**	**1074.78**
北 京	80782.12	76375.98	42196.30	34179.68	4406.14
天 津	34723.47	34483.48	18504.17	15979.31	239.99
河 北	25473.28	24545.06	14519.37	10025.69	928.21
山 西	27271.86	26911.93	14397.68	12514.25	359.92
内蒙古	33494.01	32933.72	17509.73	15423.99	560.28
辽 宁	26249.36	25703.20	15293.69	10409.51	546.16
吉 林	25175.21	24932.45	12397.74	12534.71	242.76
黑龙江	23999.62	23423.71	15323.62	8100.08	575.91
上 海	59072.78	54433.02	26628.96	27804.07	4639.76
江 苏	36841.06	36599.73	20644.34	15955.40	241.32
浙 江	47445.66	45966.85	23161.33	22805.51	1478.82
安 徽	26464.13	25606.04	14082.21	11523.82	858.10
福 建	37309.79	37079.68	19122.44	17957.24	230.11
江 西	29328.12	28802.68	16001.94	12800.74	525.44
山 东	27231.25	27017.89	14972.34	12045.55	213.36
河 南	24488.99	24059.72	12574.56	11485.17	429.26
湖 北	28888.70	28801.87	15920.31	12881.56	86.82
湖 南	25708.31	25272.61	13483.64	11788.96	435.70
广 东	49154.88	44512.93	24185.67	20327.26	4641.95
广 西	29266.27	28979.36	12516.93	16462.43	286.92
海 南	39303.40	37534.98	21742.90	15792.09	1768.41
重 庆	30798.08	30381.54	17010.03	13371.51	416.54
四 川	24995.90	24233.25	13498.29	10734.96	762.65
贵 州	31196.33	30722.07	15486.62	15235.45	474.27
云 南	24885.37	24756.15	14471.77	10284.38	129.22
西 藏	82717.48	51184.58	32310.88	18873.70	31532.89
陕 西	31268.87	30609.69	15875.06	14734.63	659.18
甘 肃	30686.38	29758.62	13968.01	15790.60	927.76
青 海	60792.33	59191.39	22031.93	37159.46	1600.94
宁 夏	35770.02	35080.88	17900.18	17180.70	689.14
新 疆	37354.58	29865.74	15648.72	14217.02	7488.84
大 连	32473.78	30742.96	18858.14	11884.83	1730.82
宁 波	50982.49	49589.90	23183.52	26406.38	1392.59
厦 门	52783.37	50718.28	20911.61	29806.68	2065.08
青 岛	106751.43	106751.43	30952.89	75798.54	
深 圳	168292.84	114437.61	55248.62	59188.99	53855.23

7-12 生均一般公共预算教育事业费和基本建设支出(地方普通高等学校)

单位：元

地区	一般公共预算教育事业费和基本建设支出	事业费支出	个人部分	公用部分	基本建设支出
合计	**20668.36**	**19589.27**	**11199.48**	**8389.79**	**1079.09**
北京	68611.46	64022.10	36590.78	27431.32	4589.36
天津	19600.38	19355.69	9827.08	9528.61	244.69
河北	18423.10	17479.17	11292.77	6186.41	943.92
山西	16118.50	15908.99	9800.93	6108.07	209.51
内蒙古	21151.26	20578.09	11517.51	9060.58	573.17
辽宁	15249.54	14721.91	8743.64	5978.27	527.63
吉林	18460.72	18200.64	8846.94	9353.70	260.08
黑龙江	17323.51	16814.57	11230.34	5584.23	508.94
上海	40963.87	35993.19	17673.14	18320.05	4970.68
江苏	20337.23	20079.09	11796.24	8282.85	258.14
浙江	24674.88	23788.31	13743.59	10044.72	886.56
安徽	16249.35	15505.53	7871.40	7634.13	743.82
福建	21093.61	20864.11	10727.25	10136.86	229.50
江西	21013.88	20453.95	12185.06	8268.89	559.92
山东	17656.43	17454.84	11503.31	5951.53	201.59
河南	15263.90	14933.74	7424.04	7509.69	330.16
湖北	19052.25	18960.23	11140.27	7819.96	92.02
湖南	15885.58	15466.66	10491.07	4975.59	418.92
广东	35802.42	30479.92	18447.01	12032.91	5322.50
广西	15207.63	14919.78	5662.11	9257.68	287.85
海南	25912.45	24119.49	11835.76	12283.73	1792.95
重庆	16412.24	16021.90	8683.41	7338.48	390.35
四川	17606.70	16774.99	10772.53	6002.46	831.71
贵州	21811.79	21355.52	11746.02	9609.50	456.27
云南	15652.96	15513.99	10504.09	5009.89	138.98
西藏	88592.53	52383.22	33714.63	18668.59	36209.32
陕西	17018.78	16331.64	8292.11	8039.53	687.13
甘肃	20413.50	19484.69	7399.12	12085.57	928.81
青海	40711.78	40453.35	13317.68	27135.67	258.44
宁夏	26333.06	25557.03	12302.79	13254.24	776.03
新疆	26380.00	18542.71	11634.05	6908.67	7837.28
大连	20028.33	18587.59	10797.80	7789.79	1440.75
宁波	24114.78	22598.22	11230.71	11367.50	1516.56
厦门	36256.61	33938.27	15381.23	18557.03	2318.34
青岛	79561.11	79561.11	23159.87	56401.24	
深圳	132722.81	73997.14	41004.93	32992.21	58725.67

7-13 生均教育经费支出(普通高等本科学校)

地区	教育经费支出	个人和公用部分支出			基本建设支出
			个人部分	公用部分	
合计	**44123.24**	**42716.88**	**22289.15**	**20427.73**	**1406.36**
北京	82199.17	79874.17	40653.67	39220.50	2325.00
天津	50822.03	50413.90	25209.60	25204.29	408.14
河北	27139.00	26350.59	16145.13	10205.46	788.40
山西	30257.81	29979.76	15641.35	14338.41	278.05
内蒙古	36534.68	36267.84	18646.47	17621.37	266.84
辽宁	34039.59	33134.79	18789.95	14344.85	904.79
吉林	33981.43	33352.84	16972.51	16380.33	628.59
黑龙江	34556.51	33478.87	18779.33	14699.54	1077.64
上海	73237.96	69935.08	31938.77	37996.30	3302.88
江苏	46883.24	46366.92	24951.11	21415.81	516.32
浙江	62747.92	60790.99	28564.02	32226.98	1956.93
安徽	35268.39	34180.23	18593.00	15587.23	1088.15
福建	46624.73	46365.37	24510.54	21854.84	259.35
江西	34186.76	33659.42	18433.73	15225.69	527.34
山东	34428.07	33990.96	18512.25	15478.71	437.10
河南	28013.13	27356.49	14411.24	12945.25	656.64
湖北	45905.28	45014.26	24553.37	20460.89	891.02
湖南	32461.37	32032.11	17245.26	14786.84	429.26
广东	62971.07	57039.61	29786.92	27252.69	5931.46
广西	30934.44	30563.73	13796.84	16766.89	370.71
海南	40520.40	38428.70	22480.22	15948.48	2091.70
重庆	38786.06	38268.36	21452.33	16816.03	517.70
四川	35444.28	34565.12	19222.56	15342.57	879.16
贵州	39396.73	38769.27	19038.59	19730.68	627.46
云南	26166.40	26046.96	15541.01	10505.95	119.44
西藏	100463.62	58008.56	35775.30	22233.26	42455.05
陕西	47378.11	46525.57	22215.16	24310.41	852.54
甘肃	36847.61	35418.14	18043.02	17375.12	1429.47
青海	66279.80	66279.80	26019.48	40260.32	
宁夏	41131.80	40351.16	19997.96	20353.20	780.64
新疆	46807.18	35038.04	18015.27	17022.77	11769.14
大连	39698.26	36796.26	22678.72	14117.54	2901.99
宁波	65584.71	64710.66	28164.51	36546.15	874.05
厦门	56486.63	54705.81	22895.64	31810.18	1780.81
青岛					
深圳	213985.82	136361.38	59974.93	76386.45	77624.44

7-14 生均一般公共预算教育事业费和基本建设支出(普通高等本科学校)

单位：元

地区	一般公共预算教育事业费和基本建设支出	事业费支出			基本建设支出
			个人部分	公用部分	
合计	**26085.58**	**24646.06**	**14607.22**	**10038.84**	**1439.52**
北京	46661.70	44151.28	27264.03	16887.25	2510.42
天津	25324.74	24906.93	13044.52	11862.41	417.82
河北	20720.28	19930.92	13123.98	6806.94	789.35
山西	17370.76	17091.53	10596.32	6495.21	279.23
内蒙古	22173.31	21899.03	12154.87	9744.17	274.28
辽宁	19289.52	18470.41	11458.64	7011.78	819.11
吉林	22954.11	22326.05	12251.85	10074.20	628.06
黑龙江	21997.15	21327.00	14039.48	7287.52	670.15
上海	41848.38	38366.59	20429.25	17937.34	3481.79
江苏	23836.84	23271.40	14132.61	9138.79	565.45
浙江	32040.33	30836.29	18178.31	12657.98	1204.05
安徽	18363.07	17614.47	10471.75	7142.72	748.60
福建	24436.84	24170.54	13398.78	10771.76	266.30
江西	24519.82	23936.26	14308.06	9628.19	583.56
山东	21657.94	21173.20	13423.03	7750.17	484.74
河南	17058.67	16503.61	8044.24	8459.37	555.06
湖北	26451.84	25590.14	15437.03	10153.11	861.70
湖南	18649.46	18180.14	12667.79	5512.34	469.32
广东	44480.72	37486.73	22509.73	14976.99	6993.99
广西	15421.90	15039.07	6606.28	8432.79	382.83
海南	27490.53	25315.58	12682.74	12632.84	2174.95
重庆	21323.74	20788.67	12133.73	8654.94	535.06
四川	22621.34	21608.67	14180.37	7428.30	1012.67
贵州	27354.55	26748.23	14873.66	11874.57	606.32
云南	16406.05	16275.55	11261.13	5014.42	130.50
西藏	108968.42	59966.20	37649.70	22316.50	49002.22
陕西	24725.37	23804.40	13337.85	10466.56	920.96
甘肃	23232.40	21769.11	10583.71	11185.40	1463.30
青海	44707.89	44707.89	15288.86	29419.03	
宁夏	32474.91	31586.06	15691.12	15894.93	888.85
新疆	32699.87	20089.68	13116.85	6972.83	12610.19
大连	25469.69	23001.98	13821.47	9180.51	2467.71
宁波	29883.66	28936.42	12989.33	15947.10	947.24
厦门	34974.43	33118.19	15902.35	17215.84	1856.24
青岛					
深圳	177537.76	91983.64	46749.22	45234.41	85554.12

7-15 生均教育经费支出(中央属普通高等本科学校)

地 区	教育经费支出	个人和公用部分支出			基本建设支出
			个人部分	公用部分	
合 计	**68632.26**	**67230.23**	**33125.37**	**34104.86**	**1402.03**
北 京	82493.41	80756.97	40472.41	40284.56	1736.44
天 津	77919.55	77379.16	36799.44	40579.72	540.39
河 北	32760.86	31794.19	17902.83	13891.35	966.67
山 西					
内蒙古					
辽 宁	52905.75	51095.14	26207.60	24887.54	1810.62
吉 林	57040.63	55520.11	28992.60	26527.51	1520.52
黑龙江	63755.95	61343.74	27273.25	34070.50	2412.21
上 海	86176.42	84612.82	36459.10	48153.72	1563.60
江 苏	54820.20	53946.64	27430.96	26515.68	873.56
浙 江	91175.45	89735.66	38054.79	51680.87	1439.79
安 徽	66704.77	65033.78	29918.92	35114.86	1670.99
福 建	65182.06	64636.39	33024.67	31611.72	545.66
江 西					
山 东	61282.27	59763.67	28994.16	30769.51	1518.60
河 南	76461.75	46837.76	21349.41	25488.36	29623.99
湖 北	60280.10	58514.81	31350.32	27164.49	1765.30
湖 南	54080.44	54080.44	28702.29	25378.15	
广 东	79265.31	78327.25	39393.60	38933.65	938.06
广 西					
海 南					
重 庆	51069.88	50066.99	26562.77	23504.21	1002.89
四 川	56904.98	55671.71	30377.61	25294.10	1233.27
贵 州					
云 南					
西 藏					
陕 西	68331.19	67545.97	29860.12	37685.84	785.23
甘 肃	56473.37	54412.82	27313.82	27099.00	2060.55
青 海					
宁 夏	44185.05	43045.81	22492.03	20553.78	1139.25
新 疆					
大 连					
宁 波					
厦 门					
青 岛					
深 圳					

7-16 生均一般公共预算教育事业费和基本建设支出(中央属普通高等本科学校)

单位：元

地区	一般公共预算教育事业费和基本建设支出	事业费支出			基本建设支出
			个人部分	公用部分	
合计	**34950.45**	**33588.89**	**20787.06**	**12801.83**	**1361.56**
北京	41554.98	39703.12	25212.09	14491.02	1851.87
天津	33696.82	33148.54	19956.33	13192.21	548.28
河北	25194.88	24169.78	13971.14	10198.64	1025.10
山西					
内蒙古					
辽宁	29718.02	28384.91	18126.70	10258.21	1333.11
吉林	32874.50	31483.77	20575.23	10908.54	1390.73
黑龙江	32164.41	31199.55	20523.22	10676.33	964.86
上海	41586.85	40020.53	22425.05	17595.48	1566.32
江苏	28551.96	27558.10	17144.18	10413.92	993.86
浙江	43625.95	42028.35	27499.68	14528.67	1597.60
安徽	27661.68	27112.43	18953.73	8158.70	549.25
福建	30359.44	29794.29	18118.52	11675.76	565.16
江西					
山东	33569.37	31970.83	17979.55	13991.28	1598.54
河南	69737.58	40113.59	18248.12	21865.47	29623.99
湖北	30361.04	28730.27	17311.20	11419.07	1630.77
湖南	27278.62	27278.62	16563.57	10715.05	
广东	38063.46	37067.18	24311.54	12755.64	996.27
广西					
海南					
重庆	29447.92	28419.42	17508.05	10911.37	1028.49
四川	30915.59	29529.41	18618.84	10910.58	1386.18
贵州					
云南					
西藏					
陕西	36234.68	35361.07	21185.23	14175.84	873.62
甘肃	36971.67	34824.22	21038.22	13786.01	2147.45
青海					
宁夏	36705.32	35566.07	20812.52	14753.56	1139.25
新疆					
大连					
宁波					
厦门					
青岛					
深圳					

7-17 生均教育经费支出(地方普通高等本科学校)

地区	教育经费支出	个人和公用部分支出			基本建设支出
			个人部分	公用部分	
合计	**36087.40**	**34679.62**	**18736.25**	**15943.37**	**1407.78**
北京	80800.29	75677.04	41515.44	34161.60	5123.26
天津	38439.34	38091.63	19913.42	18178.22	347.70
河北	26727.43	25952.08	16016.45	9935.63	775.35
山西	30257.81	29979.76	15641.35	14338.41	278.05
内蒙古	36534.68	36267.84	18646.47	17621.37	266.84
辽宁	28645.99	28000.16	16669.33	11330.83	645.83
吉林	25548.72	25246.31	12576.78	12669.53	302.41
黑龙江	25097.90	24452.57	16027.89	8424.68	645.33
上海	60759.42	55779.09	27579.13	28199.96	4980.33
江苏	42670.99	42344.27	23635.02	18709.25	326.72
浙江	56734.27	54667.94	26556.31	28111.64	2066.32
安徽	29223.74	28247.66	16415.24	11832.42	976.09
福建	41803.84	41618.86	22298.71	19320.16	184.98
江西	34186.76	33659.42	18433.73	15225.69	527.34
山东	30231.44	29963.35	16874.20	13089.15	268.09
河南	27822.57	27279.87	14383.95	12895.91	542.70
湖北	33684.62	33536.86	18774.98	14761.88	147.76
湖南	27650.99	27126.22	14696.01	12430.21	524.78
广东	59104.65	51988.31	27507.37	24480.94	7116.34
广西	30934.44	30563.73	13796.84	16766.89	370.71
海南	40520.40	38428.70	22480.22	15948.48	2091.70
重庆	33280.54	32980.31	19161.86	13818.44	300.24
四川	25828.41	25107.91	14224.32	10883.59	720.50
贵州	39396.73	38769.27	19038.59	19730.68	627.46
云南	26166.40	26046.96	15541.01	10505.95	119.44
西藏	100463.62	58008.56	35775.30	22233.26	42455.05
陕西	35042.62	34150.45	17714.43	16436.03	892.17
甘肃	31350.64	30097.93	15446.36	14651.57	1252.70
青海	66279.80	66279.80	26019.48	40260.32	
宁夏	39911.72	39274.37	19001.33	20273.04	637.34
新疆	46807.18	35038.04	18015.27	17022.77	11769.14
大连	39698.26	36796.26	22678.72	14117.54	2901.99
宁波	63228.63	62354.58	28164.51	34190.07	874.05
厦门	56486.63	54705.81	22895.64	31810.18	1780.81
青岛					
深圳	213985.82	136361.38	59974.93	76386.45	77624.44

7-18 生均一般公共预算教育事业费和基本建设支出(地方普通高等本科学校)

单位：元

地区	一般公共预算教育事业费和基本建设支出	事业费支出			基本建设支出
			个人部分	公用部分	
合计	**23150.41**	**21685.07**	**12561.07**	**9124.01**	**1465.33**
北京	68853.46	63481.25	36180.94	27300.32	5372.20
天津	21448.67	21091.25	9844.51	11246.74	357.42
河北	20360.63	19590.22	13055.89	6534.33	770.41
山西	17370.76	17091.53	10596.32	6495.21	279.23
内蒙古	22173.31	21899.03	12154.87	9744.17	274.28
辽宁	16130.92	15467.49	9439.00	6028.49	663.43
吉林	19067.48	18738.22	8990.90	9747.32	329.26
黑龙江	18700.19	18125.60	11936.99	6188.62	574.58
上海	42104.83	36744.77	18472.21	18272.56	5360.06
江苏	21484.15	21132.47	12629.93	8502.53	351.68
浙江	29641.26	28518.71	16248.10	12270.61	1122.55
安徽	16502.63	15714.14	8774.70	6939.45	788.48
福建	22907.77	22718.62	12180.25	10538.37	189.15
江西	24519.82	23936.26	14308.06	9628.19	583.56
山东	19665.70	19367.25	12660.93	6706.31	298.45
河南	16834.69	16403.23	8000.85	8402.37	431.47
湖北	22896.49	22734.26	13732.51	9001.75	162.24
湖南	16572.53	15990.25	11730.13	4260.12	582.28
广东	46216.72	37600.22	22022.31	15577.92	8616.49
广西	15421.90	15039.07	6606.28	8432.79	382.83
海南	27490.53	25315.58	12682.74	12632.84	2174.95
重庆	17641.16	17329.76	9697.62	7632.14	311.40
四川	18765.86	17926.82	12117.21	5809.61	839.04
贵州	27354.55	26748.23	14873.66	11874.57	606.32
云南	16406.05	16275.55	11261.13	5014.42	130.50
西藏	108968.42	59966.20	37649.70	22316.50	49002.22
陕西	18400.15	17453.16	9025.13	8428.03	946.98
甘肃	19352.27	18082.18	7631.23	10450.95	1270.08
青海	44707.89	44707.89	15288.86	29419.03	
宁夏	30437.22	29668.98	13224.27	16444.70	768.25
新疆	32699.87	20089.68	13116.85	6972.83	12610.19
大连	25469.69	23001.98	13821.47	9180.51	2467.71
宁波	27330.31	26383.07	12989.33	13393.74	947.24
厦门	34974.43	33118.19	15902.35	17215.84	1856.24
青岛					
深圳	177537.76	91983.64	46749.22	45234.41	85554.12

7-19 生均教育经费支出(地方普通高职高专学校)

地区	教育经费支出	个人和公用部分支出			基本建设支出
			个人部分	公用部分	
合计	24667.74	24243.97	12903.39	11340.58	423.77
北京	80679.90	80307.67	46026.27	34281.40	372.23
天津	26444.09	26444.09	15364.19	11079.90	
河北	22867.80	21622.02	11409.23	10212.79	1245.79
山西	20105.23	19548.80	11412.75	8136.05	556.43
内蒙古	27725.71	26608.75	15353.29	11255.46	1116.97
辽宁	19302.65	19045.37	11306.34	7739.02	257.28
吉林	23655.02	23655.02	11669.02	11986.01	
黑龙江	20524.10	20167.88	13094.98	7072.90	356.22
上海	42273.06	41025.52	17164.75	23860.77	1247.55
江苏	27947.83	27836.78	16082.22	11754.57	111.05
浙江	31523.80	31052.04	17341.91	13710.13	471.76
安徽	21997.44	21330.32	10305.99	11024.33	667.12
福建	28097.01	27774.38	12611.11	15163.26	322.64
江西	20795.03	20272.92	11731.05	8541.87	522.11
山东	21590.11	21479.66	11396.36	10083.30	110.45
河南	18642.34	18412.03	9401.12	9010.91	230.31
湖北	22055.37	22055.37	11852.91	10202.46	
湖南	22962.69	22652.88	11770.20	10882.68	309.81
广东	32644.56	32108.52	18673.75	13434.77	536.04
广西	25867.45	25751.25	9909.16	15842.09	116.19
海南	33710.78	33427.99	18354.59	15073.40	282.80
重庆	26417.00	25795.19	13212.43	12582.76	621.81
四川	23207.89	22354.72	11938.98	10415.74	853.17
贵州	20904.44	20622.44	11028.72	9593.72	282.00
云南	21123.86	20965.91	11332.13	9633.78	157.95
西藏	33010.30	32070.52	22606.99	9463.53	939.78
陕西	23176.70	23017.13	11930.85	11086.27	159.57
甘肃	29521.65	29163.66	11375.86	17787.79	357.99
青海	50021.44	45278.17	14205.13	31073.04	4743.28
宁夏	29636.74	28870.91	16269.54	12601.37	765.84
新疆	23920.15	22514.66	12285.28	10229.38	1405.48
大连	21797.06	21797.06	13211.87	8585.19	
宁波	35245.05	33186.09	16782.49	16403.60	2058.96
厦门	43315.97	40524.15	15839.42	24684.73	2791.82
青岛	46966.64	46966.64	24806.36	22160.27	
深圳	78424.41	71318.20	45952.98	25365.22	7106.21

7-20 生均一般公共预算教育事业费和基本建设支出(地方普通高职高专学校)

单位：元

地 区	一般公共预算教育事业费和基本建设支出	事业费支出	个人部分	公用部分	基本建设支出
合 计	**16150.04**	**15774.07**	**8720.85**	**7053.22**	**375.97**
北 京	67308.84	66933.32	38796.88	28136.44	375.52
天 津	15588.70	15588.70	9789.26	5799.44	
河 北	14929.29	13672.48	8113.46	5559.02	1256.81
山 西	13223.87	13175.53	7962.34	5213.18	48.34
内蒙古	19238.82	18106.37	10324.90	7781.47	1132.45
辽 宁	12828.88	12674.22	6833.89	5840.34	154.66
吉 林	16179.65	16179.65	8305.75	7873.91	
黑龙江	13115.99	12807.67	9070.63	3737.04	308.32
上 海	30144.40	28866.12	10095.75	18770.37	1278.28
江 苏	18565.95	18452.29	10508.70	7943.58	113.67
浙 江	16367.24	15875.43	9554.13	6321.30	491.81
安 徽	15864.02	15188.15	6497.12	8691.03	675.87
福 建	17345.32	17032.45	7725.17	9307.29	312.86
江 西	15446.80	14924.42	8813.96	6110.47	522.38
山 东	14300.55	14260.74	9569.85	4690.89	39.80
河 南	12673.52	12510.42	6472.83	6037.58	163.10
湖 北	14014.64	14014.64	7743.33	6271.31	
湖 南	15004.63	14795.20	8902.07	5893.13	209.43
广 东	20760.86	20195.94	13283.15	6912.79	564.92
广 西	14825.58	14707.09	3978.56	10728.53	118.48
海 南	18938.11	18833.40	8092.54	10740.87	104.71
重 庆	14314.26	13789.13	6951.97	6837.16	525.13
四 川	15454.00	14635.92	8275.31	6360.62	818.08
贵 州	15045.05	14771.96	7927.71	6844.25	273.09
云 南	13668.88	13507.57	8509.59	4997.97	161.31
西 藏	32614.69	31550.79	22903.95	8646.84	1063.89
陕 西	14217.48	14057.30	6805.62	7251.67	160.18
甘 肃	22196.74	21841.41	7009.10	14832.31	355.33
青 海	33198.42	32454.08	9611.53	22842.55	744.34
宁 夏	21159.24	20373.40	11141.15	9232.25	785.84
新 疆	17834.52	16450.97	9629.06	6821.91	1383.55
大 连	12394.57	12394.57	6555.84	5838.73	
宁 波	19936.10	17679.68	8945.34	8734.33	2256.42
厦 门	40578.35	36702.43	13624.76	23077.68	3875.91
青 岛	25453.43	25453.43	18044.05	7409.38	
深 圳	47304.68	39714.53	30056.19	9658.34	7590.15

7-21 生均教育经费支出(地方中等职业学校)

地区	教育经费支出	个人和公用部分支出			基本建设支出
			个人部分	公用部分	
合计	**21176.23**	**20707.61**	**12339.90**	**8367.70**	**468.63**
北京	82577.93	82357.65	53091.58	29266.07	220.29
天津	31780.53	31780.53	22322.41	9458.13	
河北	22985.64	22871.55	12621.43	10250.12	114.09
山西	21701.06	21157.28	13155.84	8001.44	543.78
内蒙古	26142.60	25484.82	16678.21	8806.61	657.78
辽宁	22638.82	22181.52	14685.83	7495.68	457.30
吉林	31001.21	30576.55	19094.40	11482.15	424.66
黑龙江	24746.65	24196.69	17030.28	7166.41	549.96
上海	73492.35	73466.79	37644.18	35822.62	25.56
江苏	26038.16	25859.52	16513.12	9346.40	178.64
浙江	32433.26	30772.68	19323.23	11449.45	1660.58
安徽	18751.77	16985.35	9228.21	7757.14	1766.42
福建	23819.26	23593.47	12421.62	11171.84	225.79
江西	17830.52	17317.12	7913.68	9403.43	513.40
山东	21853.81	21736.01	12427.38	9308.63	117.80
河南	12526.44	12215.98	7177.45	5038.53	310.45
湖北	19927.47	19876.64	11857.34	8019.29	50.83
湖南	16627.86	16363.31	9157.38	7205.93	264.55
广东	24687.77	24366.47	15642.06	8724.41	321.30
广西	15159.84	14376.72	7434.46	6942.26	783.12
海南	18030.80	17589.74	9619.36	7970.38	441.06
重庆	20471.18	19556.16	11267.98	8288.18	915.02
四川	16335.25	16168.29	9877.38	6290.91	166.96
贵州	10884.62	10501.13	6451.51	4049.62	383.49
云南	15735.00	15431.23	10023.38	5407.85	303.78
西藏	36544.71	35422.65	26159.93	9262.72	1122.06
陕西	17381.59	17291.75	10291.91	6999.84	89.84
甘肃	21609.98	21418.24	13045.22	8373.03	191.73
青海	28050.43	25161.84	11425.90	13735.93	2888.59
宁夏	18037.10	17625.94	9055.98	8569.96	411.17
新疆	19621.91	18557.70	10099.42	8458.27	1064.21
大连	35017.12	34283.42	21032.56	13250.85	733.70
宁波	45270.87	42158.49	27389.84	14768.65	3112.38
厦门	37544.22	36042.31	20181.08	15861.23	1501.91
青岛	38636.32	38636.32	21533.80	17102.53	
深圳	61382.52	59553.53	35203.14	24350.39	1828.98

7-22 生均一般公共预算教育事业费和基本建设支出(地方中等职业学校)

单位：元

地 区	一般公共预算教育事业费和基本建设支出	事业费支出			基本建设支出
			个人部分	公用部分	
合 计	**15771.04**	**15376.07**	**9868.75**	**5507.32**	**394.97**
北 京	66524.89	66304.61	43021.50	23283.10	220.29
天 津	24843.24	24843.24	18234.65	6608.59	
河 北	17187.70	17076.10	11492.74	5583.37	111.59
山 西	17064.01	16563.14	10677.95	5885.18	500.88
内蒙古	20639.59	19981.81	12816.12	7165.69	657.78
辽 宁	15971.70	15779.68	10865.21	4914.47	192.02
吉 林	24440.36	24098.09	15940.13	8157.96	342.27
黑龙江	19510.87	18960.91	13562.76	5398.14	549.96
上 海	34707.95	34682.39	24193.26	10489.13	25.56
江 苏	18607.35	18466.40	12916.34	5550.05	140.95
浙 江	24757.42	23331.06	15955.67	7375.39	1426.36
安 徽	14437.62	12672.03	7334.01	5338.02	1765.58
福 建	17288.63	17219.69	10738.52	6481.17	68.94
江 西	14161.62	13837.18	6588.64	7248.54	324.44
山 东	16329.17	16225.46	11060.40	5165.06	103.72
河 南	9322.57	9251.24	5488.65	3762.59	71.34
湖 北	15754.56	15754.56	9114.93	6639.63	
湖 南	12431.80	12167.26	7870.02	4297.24	264.55
广 东	18130.80	17821.52	12153.14	5668.37	309.29
广 西	10640.63	9957.14	5513.42	4443.72	683.48
海 南	14878.27	14595.64	7391.36	7204.28	282.64
重 庆	13538.78	12705.61	7295.70	5409.91	833.18
四 川	13037.16	12870.20	7915.79	4954.41	166.96
贵 州	8132.85	7784.93	4656.56	3128.38	347.91
云 南	11928.56	11633.61	7689.26	3944.35	294.95
西 藏	33830.25	32708.19	23725.81	8982.38	1122.06
陕 西	13395.89	13306.06	8307.54	4998.52	89.84
甘 肃	17160.32	16974.51	10707.21	6267.31	185.81
青 海	21142.19	18796.48	8420.44	10376.05	2345.71
宁 夏	14093.37	13682.21	7152.99	6529.21	411.17
新 疆	15452.98	14598.85	8732.84	5866.01	854.13
大 连	25964.45	25230.75	15785.38	9445.38	733.70
宁 波	35113.80	32001.42	21603.58	10397.84	3112.38
厦 门	26459.89	26338.59	17362.20	8976.39	121.30
青 岛	23530.91	23530.91	18057.95	5472.96	
深 圳	39985.20	38156.21	24462.90	13693.31	1828.98

7-23 生均教育经费支出(地方中等专业学校)

地区	教育经费支出	个人和公用部分支出			基本建设支出
			个人部分	公用部分	
合计	**20625.23**	**20060.21**	**11804.06**	**8256.15**	**565.02**
北京	70086.04	69776.60	44287.32	25489.28	309.44
天津	29163.68	29163.68	19415.80	9747.88	
河北	19691.16	19423.83	12970.06	6453.77	267.33
山西	22204.62	22068.66	13865.86	8202.79	135.97
内蒙古	20819.93	19824.51	12565.98	7258.53	995.42
辽宁	23762.31	23251.43	15120.92	8130.51	510.88
吉林	24171.43	23717.36	13416.20	10301.17	454.06
黑龙江	16743.77	16243.09	11130.92	5112.17	500.68
上海	76586.05	76554.49	37419.33	39135.16	31.56
江苏	27655.76	27531.19	17508.03	10023.16	124.56
浙江	37167.00	33613.85	20234.38	13379.47	3553.15
安徽	19006.77	16786.42	9137.47	7648.95	2220.36
福建	22555.86	22372.90	12377.73	9995.17	182.96
江西	14837.33	14314.29	7135.48	7178.81	523.05
山东	21049.29	20898.84	12305.70	8593.14	150.45
河南	10504.06	10273.55	6191.67	4081.88	230.51
湖北	17902.79	17830.49	10611.97	7218.52	72.30
湖南	15828.65	15558.05	7031.98	8526.06	270.60
广东	24656.82	24412.30	15322.20	9090.10	244.52
广西	16071.77	15131.53	7650.60	7480.93	940.24
海南	14892.86	14530.10	7911.29	6618.81	362.76
重庆	19339.71	18432.19	9755.56	8676.63	907.51
四川	15625.72	15305.77	9049.33	6256.44	319.96
贵州	11720.73	11036.27	6398.19	4638.08	684.46
云南	14228.18	13824.62	8798.72	5025.90	403.56
西藏	36475.89	35422.65	26159.93	9262.72	1053.24
陕西	28902.27	28747.52	15541.32	13206.20	154.75
甘肃	21125.35	20881.54	12184.35	8697.19	243.81
青海	27861.92	24973.33	11290.50	13682.83	2888.59
宁夏	17519.64	17519.64	10112.49	7407.15	
新疆	20142.76	19032.39	10216.83	8815.56	1110.37
大连	46548.02	45666.63	25307.76	20358.87	881.38
宁波	52542.76	41937.47	27495.08	14442.39	10605.29
厦门	38984.01	37628.56	21390.49	16238.07	1355.46
青岛	57033.27	57033.27	27349.52	29683.75	
深圳	74772.55	74772.55	48739.21	26033.34	

7-24 生均一般公共预算教育事业费和基本建设支出(地方中等专业学校)

单位：元

地 区	一般公共预算教育事业费和基本建设支出	事业费支出			基本建设支出
			个人部分	公用部分	
合 计	**15138.17**	**14655.92**	**9294.21**	**5361.71**	**482.25**
北 京	51958.29	51648.85	32678.24	18970.60	309.44
天 津	24200.46	24200.46	16458.19	7742.27	
河 北	16488.85	16230.03	11741.87	4488.16	258.82
山 西	16984.78	16848.81	10696.31	6152.50	135.97
内蒙古	16039.76	15044.34	9253.28	5791.06	995.42
辽 宁	15893.21	15718.20	11075.56	4642.63	175.02
吉 林	18763.61	18497.26	11600.17	6897.08	266.35
黑龙江	12207.51	11706.83	8187.97	3518.86	500.68
上 海	31397.86	31366.29	23853.39	7512.90	31.56
江 苏	19621.08	19506.30	13541.73	5964.57	114.79
浙 江	24276.29	21010.40	14355.50	6654.90	3265.89
安 徽	14989.68	12770.38	7293.01	5477.36	2219.30
福 建	16871.36	16853.59	10629.27	6224.32	17.77
江 西	11654.31	11389.33	5927.15	5462.18	264.98
山 东	15821.30	15697.14	10835.52	4861.61	124.16
河 南	7699.92	7639.63	4712.61	2927.02	60.29
湖 北	14142.67	14142.67	8093.78	6048.88	
湖 南	10853.29	10582.69	5867.47	4715.23	270.60
广 东	18067.39	17847.36	12019.08	5828.28	220.03
广 西	11065.88	10265.55	5811.96	4453.59	800.33
海 南	12870.73	12507.97	6253.00	6254.96	362.76
重 庆	9021.22	8267.78	4737.87	3529.91	753.44
四 川	12293.53	11973.57	7064.13	4909.44	319.96
贵 州	8870.53	8241.24	4795.29	3445.95	629.29
云 南	11045.75	10650.23	6745.35	3904.88	395.52
西 藏	33761.43	32708.19	23725.81	8982.38	1053.24
陕 西	22783.42	22628.68	11469.33	11159.35	154.75
甘 肃	16859.10	16623.17	9881.40	6741.76	235.93
青 海	21101.29	18755.58	8379.53	10376.05	2345.71
宁 夏	13710.53	13710.53	8038.49	5672.05	
新 疆	15930.31	15066.94	8770.14	6296.80	863.37
大 连	32595.87	31714.49	18925.46	12789.02	881.38
宁 波	40205.11	29599.82	18837.87	10761.96	10605.29
厦 门	27606.63	27606.63	18435.96	9170.67	
青 岛	24806.86	24806.86	19922.77	4884.08	
深 圳	48187.95	48187.95	34454.84	13733.11	

7-25 生均教育经费支出(地方职业高中)

地 区	教育经费支出	个人和公用部分支出			基本建设支出
			个人部分	公用部分	
合 计	**22038.20**	**21729.75**	**13253.35**	**8476.40**	**308.45**
北 京	132362.82	131949.11	101081.80	30867.31	413.71
天 津	36327.88	36327.88	27864.91	8462.97	
河 北	23823.65	23766.15	10852.74	12913.41	57.50
山 西	19899.69	19043.41	11777.45	7265.96	856.28
内蒙古	26758.87	26402.13	16430.89	9971.23	356.75
辽 宁	20801.81	20454.30	13827.98	6626.32	347.52
吉 林	27858.56	27575.54	15753.21	11822.33	283.02
黑龙江	32095.84	31793.68	21799.41	9994.26	302.16
上 海	68357.20	68337.38	38886.31	29451.07	19.82
江 苏	23378.95	23205.76	15759.51	7446.25	173.19
浙 江	30293.42	29351.38	19043.68	10307.70	942.04
安 徽	15249.25	15114.10	8209.70	6904.40	135.15
福 建	30224.16	30224.16	12644.31	17579.85	
江 西	24117.39	23428.26	7893.02	15535.24	689.13
山 东	26898.75	26802.44	15539.83	11262.61	96.32
河 南	14257.11	14150.27	8557.55	5592.72	106.84
湖 北	23167.12	23167.12	15171.84	7995.28	
湖 南	15873.22	15576.57	8980.90	6595.67	296.65
广 东	32951.25	32665.82	23455.91	9209.91	285.44
广 西	20022.40	20022.40	11668.42	8353.99	
海 南	29917.55	29917.55	16539.64	13377.92	
重 庆	20310.64	19985.36	11945.51	8039.85	325.27
四 川	15593.79	15523.93	9881.61	5642.32	69.87
贵 州	11006.61	10754.86	7005.69	3749.17	251.75
云 南	17563.97	17167.56	12225.48	4942.08	396.41
西 藏					
陕 西	19084.70	18930.39	11750.94	7179.45	154.31
甘 肃	21468.49	21429.50	14412.12	7017.38	38.99
青 海					
宁 夏	18467.43	17714.33	8177.36	9536.97	753.10
新 疆	17461.84	16354.52	9831.62	6522.90	1107.32
大 连	23806.87	23806.87	18467.77	5339.09	
宁 波	36554.94	36102.33	24268.54	11833.79	452.61
厦 门					
青 岛	42657.41	42657.41	24670.61	17986.80	
深 圳	66999.62	65354.10	40674.82	24679.29	1645.51

7-26 生均一般公共预算教育事业费和基本建设支出(地方职业高中)

单位：元

地区	一般公共预算教育事业费和基本建设支出	事业费支出			基本建设支出
			个人部分	公用部分	
合计	**16908.23**	**16626.92**	**11080.83**	**5546.09**	**281.32**
北京	98912.92	98499.21	79078.00	19421.21	413.71
天津	28827.74	28827.74	23353.53	5474.21	
河北	16390.41	16332.92	9974.01	6358.90	57.50
山西	16378.94	15599.74	9960.94	5638.80	779.20
内蒙古	21709.17	21352.43	13036.01	8316.42	356.75
辽宁	16106.39	15985.13	10842.36	5142.77	121.25
吉林	23030.63	22747.60	13219.89	9527.71	283.02
黑龙江	26849.21	26547.05	18439.62	8107.43	302.16
上海	37793.80	37773.98	25527.40	12246.57	19.82
江苏	18353.48	18180.29	13990.24	4190.05	173.19
浙江	24547.09	23697.38	16429.79	7267.59	849.71
安徽	10733.38	10598.22	6532.12	4066.10	135.15
福建	20370.97	20370.97	11720.46	8650.51	
江西	19143.17	18454.05	6768.35	11685.70	689.13
山东	18658.94	18567.95	13946.69	4621.26	90.99
河南	10952.97	10846.13	6619.80	4226.33	106.84
湖北	19191.48	19191.48	12224.58	6966.89	
湖南	12399.66	12103.01	8017.33	4085.69	296.65
广东	24323.46	24038.02	18292.96	5745.06	285.44
广西	16415.75	16415.75	9634.78	6780.98	
海南	24466.48	24466.48	12191.64	12274.84	
重庆	15626.72	15393.90	9185.20	6208.70	232.82
四川	12617.31	12547.44	8087.63	4459.82	69.87
贵州	8926.12	8706.45	5901.43	2805.02	219.67
云南	13189.61	12809.63	9365.02	3444.61	379.98
西藏					
陕西	16729.01	16574.70	10871.24	5703.46	154.31
甘肃	17603.60	17564.60	12599.11	4965.50	38.99
青海					
宁夏	14411.75	13658.65	6416.60	7242.04	753.10
新疆	14448.84	13516.87	8801.69	4715.18	931.97
大连	18413.69	18413.69	13955.47	4458.22	
宁波	29401.00	28948.39	19798.49	9149.90	452.61
厦门					
青岛	26300.42	26300.42	21270.20	5030.22	
深圳	47152.35	45506.84	28674.38	16832.45	1645.51

7-27 生均教育经费支出(地方农村职业高中)

地区	教育经费支出	个人和公用部分支出			基本建设支出
			个人部分	公用部分	
合计	**17921.93**	**17633.14**	**10659.83**	**6973.32**	**288.79**
北京	121510.89	116832.16	92529.31	24302.85	4678.73
天津	30372.80	30372.80	21979.34	8393.46	
河北	17829.32	17759.91	10022.39	7737.52	69.41
山西	20557.08	19589.89	11717.70	7872.19	967.19
内蒙古	28025.78	27800.31	16735.16	11065.16	225.47
辽宁	16853.79	16694.44	12028.04	4666.39	159.35
吉林	24084.89	23667.48	12443.42	11224.06	417.41
黑龙江	28639.84	27964.49	20228.97	7735.52	675.35
上海	69893.49	69893.49	42320.19	27573.29	
江苏	20522.60	20522.60	14793.15	5729.45	
浙江	27429.43	26935.84	16874.75	10061.09	493.59
安徽	16279.51	16279.51	8718.17	7561.34	
福建	29044.36	29044.36	12423.06	16621.30	
江西	28459.82	27177.72	8096.10	19081.62	1282.10
山东	18085.07	17922.01	10795.31	7126.71	163.06
河南	13176.00	13016.34	7357.65	5658.68	159.66
湖北	17410.02	17410.02	11443.39	5966.62	
湖南	14622.43	14414.32	7863.47	6550.86	208.11
广东	24312.77	24312.77	16676.20	7636.57	
广西	17071.64	17071.64	11474.24	5597.40	
海南	36128.74	36128.74	20857.44	15271.30	
重庆	17518.88	17518.88	10688.91	6829.97	
四川	14058.72	13942.19	8806.26	5135.92	116.54
贵州	10520.94	10229.58	6566.86	3662.72	291.36
云南	17593.11	17023.24	12325.95	4697.29	569.86
西藏					
陕西	18111.85	17885.87	10452.97	7432.90	225.98
甘肃	20644.76	20600.68	14043.51	6557.17	44.08
青海					
宁夏	16010.39	14956.98	8755.67	6201.30	1053.41
新疆	16892.76	15732.15	9376.99	6355.15	1160.61
大连	24520.60	24520.60	20900.34	3620.27	
宁波	28551.55	28551.55	21885.37	6666.19	
厦门					
青岛	50383.43	50383.43	11788.77	38594.66	
深圳					

7-28 生均一般公共预算教育事业费和基本建设支出(地方农村职业高中)

单位：元

地 区	一般公共预算教育事业费和基本建设支出	事业费支出			基本建设支出
			个人部分	公用部分	
合 计	**14440.50**	**14175.31**	**9126.55**	**5048.76**	**265.19**
北 京	99921.50	95242.78	75491.42	19751.36	4678.73
天 津	26807.75	26807.75	18479.08	8328.67	
河 北	15059.92	14990.51	9436.21	5554.31	69.41
山 西	16545.20	15673.51	9863.62	5809.88	871.69
内蒙古	23458.45	23232.98	13815.69	9417.29	225.47
辽 宁	13292.55	13136.38	9778.08	3358.31	156.16
吉 林	21329.73	20912.32	10826.19	10086.13	417.41
黑龙江	24068.55	23393.20	17260.89	6132.31	675.35
上 海	15046.25	15046.25	6418.17	8628.09	
江 苏	17761.32	17761.32	13372.70	4388.62	
浙 江	22160.34	21796.49	14906.47	6890.02	363.84
安 徽	11974.81	11974.81	7437.14	4537.67	
福 建	17445.75	17445.75	11323.16	6122.59	
江 西	21747.96	20465.86	7119.93	13345.93	1282.10
山 东	14077.43	13914.37	10121.91	3792.46	163.06
河 南	9988.64	9828.98	5794.06	4034.92	159.66
湖 北	14980.35	14980.35	9552.19	5428.15	
湖 南	11529.33	11321.22	7021.25	4299.97	208.11
广 东	17761.58	17761.58	12852.97	4908.61	
广 西	13561.26	13561.26	9440.60	4120.67	
海 南	29946.50	29946.50	15574.05	14372.45	
重 庆	13767.28	13767.28	8388.91	5378.38	
四 川	11570.34	11453.81	7229.70	4224.10	116.54
贵 州	8760.05	8516.22	5631.24	2884.98	243.83
云 南	13356.88	12810.63	9550.55	3260.08	546.25
西 藏					
陕 西	15800.20	15574.22	9809.77	5764.45	225.98
甘 肃	17323.90	17279.82	12355.42	4924.40	44.08
青 海					
宁 夏	13513.54	12460.13	6864.84	5595.29	1053.41
新 疆	14241.40	13272.21	8514.46	4757.74	969.20
大 连	20286.90	20286.90	16883.30	3403.60	
宁 波	23983.42	23983.42	18712.58	5270.85	
厦 门					
青 岛	9021.83	9021.83	7208.28	1813.55	
深 圳					

7-29 生均教育经费支出(地方技工学校)

地区	教育经费支出	个人和公用部分支出			基本建设支出
			个人部分	公用部分	
合计	**18133.32**	**17568.23**	**9718.92**	**7849.31**	**565.09**
北京	63474.59	63474.59	31263.81	32210.79	
天津	31629.45	31629.45	22643.25	8986.20	
河北	15765.78	15765.78	9612.90	6152.89	
山西	23080.04	22178.30	10625.10	11553.20	901.73
内蒙古	65850.45	65850.45	55066.35	10784.10	
辽宁	30365.08	29603.23	20229.63	9373.59	761.85
吉林	27625.99	26520.34	16004.63	10515.71	1105.65
黑龙江	26683.16	25413.14	18608.57	6804.57	1270.02
上海	65752.96	65752.96	45117.97	20634.99	
江苏	20251.07	19721.02	11398.09	8322.93	530.04
浙江	32050.94	28185.37	14877.75	13307.61	3865.57
安徽	30274.17	30274.17	15764.57	14509.60	
福建	27401.23	26665.61	12608.05	14057.56	735.62
江西	11723.02	11723.02	6983.93	4739.09	
山东	16555.06	16475.67	8066.04	8409.63	79.39
河南	10972.27	10157.11	4685.76	5471.34	815.17
湖北	32836.22	32836.22	13878.53	18957.68	
湖南	16839.30	16839.30	11375.00	5464.30	
广东	20860.61	20398.42	12407.78	7990.64	462.19
广西	12911.24	12448.48	6733.25	5715.23	462.76
海南	23569.00	21949.12	12105.79	9843.33	1619.89
重庆	18437.04	15232.32	8075.54	7156.78	3204.71
四川	24027.66	23848.04	11144.08	12703.96	179.62
贵州	7435.88	7435.88	4986.16	2449.72	
云南	11866.59	11866.59	6036.76	5829.83	
西藏					
陕西	10089.97	10089.97	5412.03	4677.94	
甘肃	35233.04	35233.04	22149.14	13083.90	
青海					
宁夏					
新疆	19566.53	19030.67	7700.82	11329.85	535.86
大连	39670.49	36018.51	14929.12	21089.38	3651.98
宁波	36611.28	32913.70	12834.01	20079.69	3697.58
厦门	30228.66	27982.65	14036.10	13946.55	2246.01
青岛	17135.54	17135.54	8503.44	8632.11	
深圳	54878.51	51238.29	24561.54	26676.76	3640.21

7-30 生均一般公共预算教育事业费和基本建设支出(地方技工学校)

单位：元

地 区	一般公共预算教育事业费和基本建设支出	事业费支出			基本建设支出
			个人部分	公用部分	
合 计	**12990.74**	**12580.22**	**7174.74**	**5405.48**	**410.52**
北 京	60998.43	60998.43	30692.94	30305.50	
天 津	18616.37	18616.37	15374.22	3242.15	
河 北	12801.41	12801.41	8498.57	4302.85	
山 西	16069.10	15234.88	8485.09	6749.79	834.22
内蒙古	48653.13	48653.13	40935.71	7717.42	
辽 宁	20732.16	19970.31	12620.74	7349.57	761.85
吉 林	16024.60	14918.95	11614.56	3304.40	1105.65
黑龙江	20666.80	19396.79	14405.77	4991.02	1270.02
上 海	36420.11	36420.11	27377.32	9042.79	
江 苏	13221.38	12957.27	7699.69	5257.58	264.11
浙 江	20969.57	18266.13	10873.96	7392.16	2703.45
安 徽	19659.26	19659.26	11284.54	8374.72	
福 建	17769.91	17282.44	10663.27	6619.17	487.47
江 西	9071.51	9071.51	5164.46	3907.04	
山 东	13747.58	13668.18	7273.21	6394.97	79.39
河 南	7793.66	7748.44	3546.43	4202.02	45.22
湖 北	23883.70	23883.70	8880.40	15003.30	
湖 南	9129.57	9129.57	7194.00	1935.57	
广 东	15353.32	14891.13	9481.38	5409.75	462.19
广 西	9513.01	9061.18	4629.04	4432.13	451.83
海 南	17253.33	16994.52	9403.89	7590.64	258.80
重 庆	9579.15	6374.43	2513.67	3860.76	3204.71
四 川	18989.97	18810.34	8688.34	10122.01	179.62
贵 州	3174.19	3174.19	724.47	2449.72	
云 南	8977.84	8977.84	4652.69	4325.16	
西 藏					
陕 西	4886.82	4886.82	2842.10	2044.72	
甘 肃	22180.89	22180.89	15460.10	6720.79	
青 海					
宁 夏					
新 疆	12326.62	11790.76	6205.15	5585.61	535.86
大 连	33873.13	30221.15	11022.29	19198.86	3651.98
宁 波	20077.78	16380.20	9163.04	7217.16	3697.58
厦 门	20633.32	19895.70	11906.46	7989.24	737.62
青 岛	13759.24	13759.24	6544.37	7214.87	
深 圳	30705.32	27065.11	15881.74	11183.37	3640.21

7-31 生均教育经费支出(地方普通中学)

地 区	教育经费支出	个人和公用部分支出			基本建设支出
			个人部分	公用部分	
合 计	**20406.39**	**20009.35**	**14332.63**	**5676.72**	**397.04**
北 京	83369.17	79119.56	55832.84	23286.71	4249.61
天 津	38418.92	38418.92	28975.25	9443.67	
河 北	15428.52	15324.03	10793.96	4530.08	104.49
山 西	18576.96	18448.15	13315.47	5132.69	128.81
内蒙古	22867.97	22145.69	16072.12	6073.57	722.28
辽 宁	19824.02	19663.64	15543.36	4120.28	160.38
吉 林	18725.86	18498.66	13559.62	4939.04	227.20
黑龙江	18194.02	18093.41	14088.48	4004.93	100.61
上 海	60322.49	59665.29	37490.41	22174.87	657.21
江 苏	29605.85	29487.81	21656.07	7831.74	118.03
浙 江	33615.76	32810.01	22996.35	9813.66	805.75
安 徽	19120.67	18959.02	13539.03	5419.99	161.65
福 建	21683.98	21388.55	14418.03	6970.52	295.43
江 西	15391.60	15148.34	8662.88	6485.46	243.26
山 东	19066.53	19032.05	13833.19	5198.86	34.49
河 南	13776.59	13534.51	9105.76	4428.75	242.08
湖 北	21635.47	21634.61	15756.18	5878.44	0.85
湖 南	16259.91	16144.02	11204.74	4939.29	115.89
广 东	26658.14	25384.99	19302.39	6082.60	1273.14
广 西	13461.15	13116.97	8962.25	4154.72	344.18
海 南	25533.43	24945.99	15457.60	9488.39	587.44
重 庆	22200.80	21450.49	15831.79	5618.70	750.31
四 川	17382.28	17252.91	12685.64	4567.28	129.37
贵 州	15810.56	15672.36	11684.41	3987.95	138.20
云 南	17477.59	17201.55	13443.75	3757.80	276.04
西 藏	36344.49	35454.00	27921.42	7532.58	890.49
陕 西	19907.92	18771.97	12285.13	6486.84	1135.94
甘 肃	16900.83	16706.25	12679.30	4026.95	194.58
青 海	26940.25	25033.95	17574.19	7459.76	1906.30
宁 夏	17912.43	17783.71	12057.23	5726.48	128.72
新 疆	23151.36	21257.22	15949.05	5308.17	1894.14
大 连	26690.74	26260.12	22334.31	3925.81	430.62
宁 波	35555.38	35461.03	26312.94	9148.09	94.35
厦 门	31136.33	29611.89	21503.51	8108.38	1524.44
青 岛	32008.54	32008.54	23188.28	8820.25	
深 圳	71276.75	56559.64	41992.72	14566.92	14717.11

7-32 生均一般公共预算教育事业费和基本建设支出(地方普通中学)

单位：元

地区	一般公共预算教育事业费和基本建设支出	事业费支出			基本建设支出
			个人部分	公用部分	
合计	**16447.93**	**16104.61**	**12120.35**	**3984.26**	**343.32**
北京	67690.63	64236.76	45771.55	18465.21	3453.87
天津	32132.90	32132.90	25299.54	6833.35	
河北	13542.73	13439.41	9997.24	3442.17	103.32
山西	14721.40	14632.14	11301.25	3330.88	89.26
内蒙古	18113.80	17415.68	12897.08	4518.60	698.12
辽宁	15289.57	15172.50	12364.75	2807.75	117.07
吉林	15430.08	15252.94	11577.50	3675.44	177.14
黑龙江	14941.26	14840.65	11648.11	3192.54	100.61
上海	37879.65	37222.44	26404.82	10817.62	657.21
江苏	23714.46	23596.61	19008.34	4588.27	117.86
浙江	26207.14	25477.62	19952.01	5525.61	729.52
安徽	15438.32	15279.12	11274.21	4004.92	159.20
福建	17429.20	17143.22	13061.01	4082.22	285.97
江西	13418.38	13199.42	7657.30	5542.12	218.97
山东	15790.17	15765.01	12672.36	3092.65	25.16
河南	10614.78	10429.17	7066.16	3363.01	185.61
湖北	18815.97	18815.12	13605.92	5209.20	0.85
湖南	13518.56	13402.80	10004.28	3398.52	115.77
广东	20561.42	19533.60	15718.28	3815.31	1027.83
广西	11079.08	10740.26	7433.71	3306.55	338.82
海南	18224.56	17644.48	11092.95	6551.52	580.09
重庆	16166.47	15564.66	11502.24	4062.42	601.81
四川	13719.22	13607.86	10273.96	3333.90	111.36
贵州	13338.19	13213.24	10304.95	2908.29	124.95
云南	13928.27	13708.04	10975.29	2732.76	220.23
西藏	33145.97	32255.48	24805.62	7449.85	890.49
陕西	17868.92	16748.15	11537.31	5210.85	1120.77
甘肃	14101.18	13906.75	10829.27	3077.48	194.43
青海	20701.43	18875.09	13451.92	5423.18	1826.34
宁夏	13631.65	13502.93	9227.91	4275.03	128.72
新疆	19806.68	18337.12	14380.30	3956.82	1469.57
大连	19763.94	19385.86	16519.58	2866.29	378.07
宁波	28709.56	28709.56	22961.00	5748.55	
厦门	24247.27	22815.38	18362.69	4452.68	1431.89
青岛	25411.35	25411.35	20341.49	5069.86	
深圳	54325.21	40798.20	31443.26	9354.94	13527.01

7-33 生均教育经费支出(地方普通高中)

地区	教育经费支出	个人和公用部分支出			基本建设支出
			个人部分	公用部分	
合 计	**22077.65**	**21650.43**	**15115.15**	**6535.28**	**427.22**
北 京	96263.73	89994.85	62201.77	27793.09	6268.87
天 津	41629.91	41629.91	30115.15	11514.76	
河 北	18211.43	18019.33	12156.60	5862.73	192.10
山 西	20179.85	19998.44	13620.13	6378.30	181.41
内蒙古	24060.10	22854.50	15804.26	7050.25	1205.59
辽 宁	19657.87	19492.61	14699.33	4793.27	165.26
吉 林	15977.69	15508.28	10977.66	4530.62	469.41
黑龙江	16343.45	16150.50	12151.63	3998.87	192.95
上 海	76366.77	75128.79	46582.26	28546.54	1237.97
江 苏	35976.56	35695.92	25407.17	10288.75	280.63
浙 江	41401.84	40468.03	28036.08	12431.96	933.81
安 徽	19156.56	19033.20	13705.61	5327.59	123.36
福 建	22957.25	22600.92	15312.21	7288.71	356.34
江 西	17041.46	16734.81	9733.57	7001.24	306.65
山 东	20214.11	20186.96	14856.37	5330.59	27.15
河 南	14924.08	14661.75	9423.02	5238.73	262.33
湖 北	25227.95	25227.95	17400.25	7827.69	
湖 南	18447.27	18349.79	12315.89	6033.90	97.48
广 东	29074.20	28286.63	20904.09	7382.54	787.58
广 西	14519.22	13940.56	9306.78	4633.78	578.66
海 南	30219.56	29821.89	16523.11	13298.77	397.68
重 庆	22407.90	21949.28	15633.42	6315.86	458.62
四 川	17520.32	17386.39	12761.62	4624.77	133.93
贵 州	17555.49	17269.40	11662.19	5607.21	286.09
云 南	18114.52	17787.14	13450.83	4336.31	327.38
西 藏	40814.80	38287.25	28986.53	9300.72	2527.55
陕 西	19173.55	18186.72	11610.58	6576.14	986.83
甘 肃	17133.86	16884.72	12811.01	4073.70	249.14
青 海	30356.36	27539.14	17998.96	9540.18	2817.22
宁 夏	18589.64	18408.39	13306.77	5101.61	181.25
新 疆	20756.20	19498.70	14628.28	4870.42	1257.50
大 连	26912.27	26814.18	23204.38	3609.80	98.09
宁 波	47874.70	47862.84	33788.14	14074.70	11.87
厦 门	35717.59	35237.67	25149.20	10088.47	479.92
青 岛	35501.54	35501.54	26249.98	9251.55	
深 圳	77988.64	68839.65	51039.24	17800.41	9149.00

7-34 生均一般公共预算教育事业费和基本建设支出(地方普通高中)

单位：元

地区	一般公共预算教育事业费和基本建设支出	事业费支出	个人部分	公用部分	基本建设支出
合计	**16673.84**	**16304.07**	**12371.00**	**3933.07**	**369.78**
北京	76056.46	70582.25	50840.11	19742.13	5474.21
天津	33566.16	33566.16	26027.14	7539.01	
河北	15293.92	15103.81	11127.41	3976.40	190.11
山西	14923.21	14835.08	11183.83	3651.25	88.13
内蒙古	19156.28	17987.19	12648.84	5338.35	1169.09
辽宁	14752.62	14662.30	11598.64	3063.66	90.32
吉林	12738.30	12383.52	9231.63	3151.90	354.78
黑龙江	12675.62	12482.67	9745.52	2737.15	192.95
上海	44671.68	43433.71	31919.63	11514.08	1237.97
江苏	27172.49	26891.86	21538.12	5353.74	280.63
浙江	29863.15	29093.86	22979.17	6114.69	769.28
安徽	13960.49	13841.62	10720.76	3120.86	118.87
福建	17367.80	17012.22	13309.83	3702.38	355.58
江西	13999.05	13741.68	8220.16	5521.51	257.37
山东	15652.22	15631.74	13319.31	2312.44	20.48
河南	10453.57	10309.09	7126.33	3182.76	144.48
湖北	20225.29	20225.29	13967.04	6258.25	
湖南	13544.87	13447.63	10398.91	3048.73	97.23
广东	20707.27	20087.35	16589.94	3497.41	619.93
广西	11320.12	10751.41	7311.17	3440.24	568.71
海南	19572.06	19185.46	11928.72	7256.74	386.60
重庆	14770.15	14532.50	10696.16	3836.34	237.65
四川	12756.93	12627.16	9957.02	2670.13	129.78
贵州	13608.55	13353.61	9902.63	3450.97	254.94
云南	13665.62	13339.17	10663.34	2675.83	326.45
西藏	37518.51	34990.97	25810.11	9180.85	2527.55
陕西	16931.77	15947.03	10733.77	5213.25	984.74
甘肃	13632.68	13383.54	10717.55	2665.98	249.14
青海	22893.95	20076.73	13588.01	6488.72	2817.22
宁夏	13955.13	13773.88	9786.86	3987.02	181.25
新疆	17613.54	16636.77	13045.51	3591.26	976.77
大连	19608.39	19608.39	17087.86	2520.52	
宁波	35679.07	35679.07	26576.08	9102.99	
厦门	25963.76	25483.84	20693.23	4790.61	479.92
青岛	27128.89	27128.89	22518.25	4610.64	
深圳	57335.73	48190.88	37512.59	10678.30	9144.84

7-35 生均教育经费支出(地方农村高中)

地 区	教育经费支出	个人和公用部分支出			基本建设支出
			个人部分	公用部分	
合 计	**17124.15**	**16935.86**	**12054.55**	**4881.31**	**188.29**
北 京	109036.56	103182.65	69415.11	33767.54	5853.91
天 津	28299.46	28299.46	24452.04	3847.42	
河 北	16109.76	16023.95	10258.05	5765.90	85.81
山 西	18446.68	18388.46	13250.08	5138.38	58.22
内蒙古	22241.53	21601.21	14634.58	6966.64	640.32
辽 宁	14014.18	13777.61	10899.18	2878.43	236.57
吉 林	15254.04	14997.45	10946.50	4050.95	256.59
黑龙江	14472.65	14077.67	10617.70	3459.97	394.98
上 海	54292.98	54292.98	40123.96	14169.02	
江 苏	27750.95	27750.95	20745.38	7005.58	
浙 江	36412.25	36150.90	26311.33	9839.57	261.35
安 徽	16932.57	16915.65	12201.82	4713.82	16.92
福 建	20494.41	20402.11	14546.09	5856.01	92.31
江 西	15494.07	15423.73	8232.02	7191.72	70.33
山 东	15830.57	15783.29	11791.15	3992.14	47.28
河 南	12348.54	12273.07	7689.81	4583.26	75.47
湖 北	18343.48	18343.48	13450.38	4893.09	
湖 南	15633.93	15492.20	10689.20	4803.00	141.73
广 东	20390.86	20357.10	14733.76	5623.35	33.76
广 西	12331.25	12068.67	8159.08	3909.59	262.58
海 南	25835.98	25406.40	16742.28	8664.13	429.58
重 庆	17563.45	17490.58	13604.51	3886.06	72.87
四 川	15543.29	15372.28	11292.19	4080.09	171.01
贵 州	14413.66	14047.23	10462.69	3584.54	366.43
云 南	15495.58	15401.27	12300.95	3100.33	94.30
西 藏	29178.13	28861.93	25622.77	3239.16	316.21
陕 西	17577.82	16946.31	10766.78	6179.53	631.51
甘 肃	15887.12	15687.88	12183.80	3504.07	199.24
青 海	25645.07	24128.34	17712.73	6415.61	1516.73
宁 夏	15451.19	15321.77	12451.63	2870.14	129.42
新 疆	17426.23	16655.62	13723.46	2932.16	770.61
大 连	22271.08	22271.08	18955.30	3315.78	
宁 波	45080.95	45048.40	32614.14	12434.25	32.55
厦 门	31139.51	31139.51	22669.40	8470.11	
青 岛	29334.19	29334.19	24473.41	4860.78	
深 圳					

7-36 生均一般公共预算教育事业费和基本建设支出(地方农村高中)

单位：元

地区	一般公共预算教育事业费和基本建设支出	事业费支出			基本建设支出
			个人部分	公用部分	
合计	**13280.73**	**13107.53**	**10064.46**	**3043.07**	**173.20**
北京	95516.66	89662.75	58463.69	31199.06	5853.91
天津	23893.75	23893.75	20695.65	3198.10	
河北	13298.46	13216.09	9355.15	3860.95	82.37
山西	14289.58	14276.49	10802.81	3473.68	13.09
内蒙古	18179.57	17595.58	12025.87	5569.71	583.99
辽宁	10593.28	10452.84	8795.63	1657.21	140.44
吉林	12647.88	12397.44	9454.20	2943.24	250.44
黑龙江	11735.13	11340.15	8740.38	2599.77	394.98
上海	33947.42	33947.42	27093.80	6853.62	
江苏	21226.87	21226.87	17967.24	3259.63	
浙江	27250.73	27043.53	22248.58	4794.95	207.20
安徽	12762.54	12748.06	9970.94	2777.12	14.47
福建	16267.31	16175.00	12998.63	3176.37	92.31
江西	12893.27	12822.93	7110.22	5712.72	70.33
山东	12413.76	12366.48	10735.23	1631.26	47.28
河南	8684.94	8651.31	5841.04	2810.27	33.63
湖北	14141.57	14141.57	10684.02	3457.55	
湖南	11664.10	11522.37	8890.54	2631.84	141.73
广东	14219.61	14185.85	11804.03	2381.82	33.76
广西	9697.89	9435.31	6676.58	2758.73	262.58
海南	19785.06	19358.95	12098.94	7260.01	426.11
重庆	12098.89	12026.02	9640.91	2385.11	72.87
四川	11353.40	11185.91	8865.89	2320.02	167.49
贵州	11656.11	11296.11	9013.32	2282.78	360.00
云南	11987.25	11893.36	10014.73	1878.63	93.89
西藏	26834.46	26518.26	23308.06	3210.20	316.21
陕西	15944.80	15313.29	10141.98	5171.31	631.51
甘肃	13076.27	12877.03	10552.41	2324.61	199.24
青海	19237.59	17720.86	13447.95	4272.92	1516.73
宁夏	12045.09	11915.67	9662.63	2253.04	129.42
新疆	15550.75	14950.57	12411.56	2539.01	600.19
大连	15471.52	15471.52	13185.92	2285.60	
宁波	34999.00	34999.00	25612.30	9386.70	
厦门	22730.19	22730.19	18727.97	4002.22	
青岛	22498.72	22498.72	20628.61	1870.12	
深圳					

7-37 生均教育经费支出(地方普通初中)

地 区	教育经费支出	个人和公用部分支出			基本建设支出
			个人部分	公用部分	
合 计	**19561.41**	**19179.63**	**13936.99**	**5242.63**	**381.78**
北 京	76801.01	73579.96	52588.68	20991.28	3221.06
天 津	36600.45	36600.45	28329.70	8270.75	
河 北	14138.73	14074.85	10162.42	3912.43	63.89
山 西	17570.01	17474.24	13124.07	4350.17	95.76
内蒙古	22083.25	21679.12	16248.44	5430.67	404.14
辽 宁	19916.83	19759.17	16014.79	3744.38	157.66
吉 林	20454.93	20380.12	15184.12	5196.01	74.81
黑龙江	19280.75	19234.36	15225.87	4008.48	46.39
上 海	54035.66	53606.02	33927.84	19678.19	429.64
江 苏	26797.79	26751.42	20002.68	6748.75	46.36
浙 江	30274.75	29523.96	20833.80	8690.15	750.80
安 徽	19101.07	18918.51	13448.05	5470.46	182.56
福 建	21062.44	20796.74	13981.55	6815.19	265.70
江 西	14657.92	14442.85	8186.76	6256.10	215.07
山 东	18541.03	18503.18	13364.64	5138.54	37.85
河 南	13244.30	13011.62	8958.59	4053.02	232.69
湖 北	19837.15	19835.86	14933.18	4902.68	1.28
湖 南	15191.02	15066.13	10661.75	4404.38	124.89
广 东	25330.24	23790.22	18422.08	5368.14	1540.01
广 西	12982.79	12744.62	8806.49	3938.13	238.17
海 南	23425.41	22752.60	14978.29	7774.31	672.81
重 庆	22073.80	21144.64	15953.43	5191.20	929.17
四 川	17309.47	17182.50	12645.56	4536.95	126.96
贵 州	14902.82	14841.56	11695.97	3145.59	61.27
云 南	17197.27	16943.82	13440.64	3503.19	253.44
西 藏	34216.66	34105.39	27414.44	6690.95	111.27
陕 西	20404.04	19167.36	12740.85	6426.51	1236.68
甘 肃	16760.64	16598.89	12600.06	3998.83	161.75
青 海	25049.45	23647.34	17339.09	6308.25	1402.11
宁 夏	17567.02	17465.10	11419.92	6045.18	101.92
新 疆	24536.09	22273.88	16712.63	5561.25	2262.20
大 连	26578.72	25979.95	21894.35	4085.60	598.77
宁 波	30901.36	30775.85	23488.95	7286.90	125.51
厦 门	29217.86	27256.01	19976.82	7279.19	1961.85
青 岛	30568.11	30568.11	21925.71	8642.40	
深 圳	68289.41	51094.05	37966.29	13127.75	17195.37

7-38 生均一般公共预算教育事业费和基本建设支出(地方普通初中)

单位：元

地 区	一般公共预算教育事业费和基本建设支出	事业费支出			基本建设支出
			个人部分	公用部分	
合 计	**16333.71**	**16003.76**	**11993.62**	**4010.14**	**329.95**
北 京	63429.30	61004.53	43189.75	17814.78	2424.76
天 津	31321.20	31321.20	24887.48	6433.72	
河 北	12731.10	12668.01	9473.44	3194.57	63.09
山 西	14594.62	14504.64	11375.02	3129.63	89.98
内蒙古	17427.59	17039.48	13060.47	3979.01	388.11
辽 宁	15589.48	15457.46	12792.65	2664.81	132.01
吉 林	17123.67	17058.30	13053.46	4004.84	65.38
黑龙江	16271.73	16225.34	12765.38	3459.96	46.39
上 海	35218.24	34788.61	24243.89	10544.72	429.64
江 苏	22190.25	22144.14	17893.28	4250.86	46.11
浙 江	24638.35	23925.89	18653.06	5272.83	712.46
安 徽	16245.49	16064.27	11576.49	4487.78	181.22
福 建	17459.17	17207.17	12939.54	4267.63	252.00
江 西	13160.17	12958.28	7407.00	5551.28	201.89
山 东	15853.34	15826.03	12376.11	3449.92	27.30
河 南	10689.56	10484.86	7038.25	3446.62	204.69
湖 北	18110.50	18109.22	13425.15	4684.07	1.28
湖 南	13505.71	13380.89	9811.44	3569.45	124.82
广 东	20481.26	19229.25	15239.21	3990.04	1252.02
广 西	10970.10	10735.21	7489.11	3246.11	234.89
海 南	17618.40	16951.28	10716.99	6234.29	667.12
重 庆	17022.67	16197.57	11996.51	4201.06	825.10
四 川	14226.85	14125.21	10441.15	3684.06	101.64
贵 州	13197.55	13140.21	10514.24	2625.97	57.33
云 南	14043.87	13870.39	11112.58	2757.81	173.48
西 藏	31064.68	30953.41	24327.50	6625.91	111.27
陕 西	18502.05	17289.39	12080.17	5209.22	1212.67
甘 肃	14383.01	14221.49	10896.47	3325.02	161.52
青 海	19487.88	18209.99	13376.59	4833.40	1277.89
宁 夏	13466.66	13364.74	8942.82	4421.92	101.92
新 疆	21074.62	19320.15	15151.99	4168.16	1754.47
大 连	19842.59	19273.34	16232.22	3041.12	569.25
宁 波	26076.60	26076.60	21595.29	4481.31	
厦 门	23528.47	21697.92	17386.74	4311.17	1830.55
青 岛	24703.07	24703.07	19443.84	5259.23	
深 圳	52985.28	37507.86	28741.91	8765.94	15477.43

7-39 生均教育经费支出(地方农村初中)

地 区	教育经费支出	个人和公用部分支出			基本建设支出
			个人部分	公用部分	
合 计	**16997.00**	**16859.76**	**12668.38**	**4191.38**	**137.24**
北 京	104900.32	102435.64	74465.04	27970.59	2464.68
天 津	28173.70	28173.70	24373.09	3800.62	
河 北	13120.42	13078.33	9395.02	3683.31	42.10
山 西	17622.22	17563.44	13754.58	3808.86	58.77
内蒙古	22849.77	22648.33	17253.00	5395.33	201.44
辽 宁	18205.57	18148.86	15183.73	2965.12	56.71
吉 林	22248.01	22156.81	16547.64	5609.17	91.20
黑龙江	20087.95	20027.96	15545.30	4482.67	59.99
上 海	49572.66	49572.66	38530.36	11042.31	
江 苏	23263.77	23263.17	17951.54	5311.64	0.60
浙 江	28231.10	27719.85	20301.14	7418.71	511.24
安 徽	18172.23	18062.34	13485.59	4576.75	109.90
福 建	19094.98	18998.06	14321.37	4676.69	96.93
江 西	14049.01	13918.21	7881.84	6036.36	130.80
山 东	17307.16	17241.45	12958.25	4283.20	65.71
河 南	11998.54	11922.25	8289.82	3632.44	76.29
湖 北	18129.20	18129.20	14103.89	4025.31	
湖 南	14060.65	13942.11	10171.01	3771.10	118.55
广 东	18635.50	18634.38	14683.62	3950.75	1.12
广 西	12123.13	12010.87	8678.43	3332.45	112.26
海 南	24895.34	23988.53	16379.24	7609.29	906.81
重 庆	20553.66	20458.63	16320.06	4138.57	95.03
四 川	16653.63	16502.90	12437.52	4065.39	150.73
贵 州	13948.11	13894.59	11514.86	2379.73	53.52
云 南	16148.76	16054.93	13196.27	2858.65	93.83
西 藏	30508.58	30360.10	25054.16	5305.94	148.48
陕 西	19007.65	18740.78	13171.66	5569.11	266.87
甘 肃	16868.69	16691.80	12942.11	3749.69	176.89
青 海	23661.53	22841.91	18061.67	4780.24	819.62
宁 夏	16489.30	16411.13	11858.36	4552.77	78.17
新 疆	21980.55	20680.24	17014.21	3666.03	1300.31
大 连	33680.49	33680.49	29046.53	4633.95	
宁 波	28768.60	28674.27	22261.24	6413.03	94.33
厦 门	32665.60	31128.47	23195.37	7933.11	1537.12
青 岛	32965.58	32965.58	25991.03	6974.55	
深 圳					

7-40 生均一般公共预算教育事业费和基本建设支出(地方农村初中)

单位：元

地区	一般公共预算教育事业费和基本建设支出	事业费支出			基本建设支出
			个人部分	公用部分	
合计	**14663.33**	**14542.26**	**11028.28**	**3513.98**	**121.07**
北京	91306.81	89040.24	62924.88	26115.36	2266.57
天津	24881.85	24881.85	21291.57	3590.28	
河北	11925.49	11883.91	8725.96	3157.96	41.58
山西	14675.77	14618.73	11715.68	2903.05	57.04
内蒙古	18348.28	18168.49	13978.96	4189.53	179.79
辽宁	14822.43	14766.14	12446.72	2319.43	56.29
吉林	18814.23	18731.86	14332.30	4399.56	82.36
黑龙江	17569.85	17509.86	13360.17	4149.69	59.99
上海	35374.28	35374.28	27811.93	7562.34	
江苏	20075.36	20075.25	16322.28	3752.97	0.11
浙江	23924.40	23440.94	18463.04	4977.91	483.46
安徽	15795.32	15686.24	11752.04	3934.21	109.08
福建	17259.11	17162.18	13505.08	3657.10	96.93
江西	12879.49	12748.69	7142.27	5606.42	130.80
山东	15338.15	15290.74	12147.01	3143.73	47.41
河南	9765.45	9700.09	6543.42	3156.67	65.36
湖北	16796.41	16796.41	12894.03	3902.38	
湖南	12714.29	12595.74	9384.47	3211.27	118.55
广东	15694.30	15693.99	12185.26	3508.73	0.31
广西	10418.44	10310.29	7444.18	2866.11	108.15
海南	18774.46	17869.89	11582.70	6287.19	904.58
重庆	16029.97	15934.94	12432.63	3502.31	95.03
四川	14014.16	13896.90	10351.48	3545.42	117.26
贵州	12479.10	12429.75	10364.13	2065.62	49.35
云南	13463.91	13372.37	11017.95	2354.42	91.54
西藏	27416.38	27267.90	22022.09	5245.81	148.48
陕西	17753.49	17486.63	12579.77	4906.85	266.87
甘肃	14771.69	14595.11	11323.89	3271.23	176.58
青海	18520.66	17797.24	14040.39	3756.85	723.42
宁夏	12823.56	12745.38	9459.84	3285.54	78.17
新疆	19398.67	18512.82	15359.52	3153.30	885.85
大连	24646.01	24646.01	21521.63	3124.38	
宁波	23988.09	23988.09	19890.62	4097.47	
厦门	26032.05	24494.93	20047.75	4447.18	1537.12
青岛	27640.41	27640.41	22736.40	4904.02	
深圳					

7-41 生均教育经费支出(地方普通小学)

地 区	教育经费支 出	个人和公用部分支出			基本建设支 出
			个人部分	公用部分	
合 计	**13502.00**	**13319.03**	**9720.80**	**3598.23**	**182.97**
北 京	41743.93	39986.99	28720.62	11266.37	1756.95
天 津	22481.45	22476.37	16970.92	5505.46	5.08
河 北	9916.78	9887.59	7295.38	2592.21	29.18
山 西	12549.54	12418.73	9202.39	3216.34	130.81
内蒙古	18099.62	17911.87	13616.90	4294.97	187.75
辽 宁	13628.84	13575.06	10743.14	2831.92	53.77
吉 林	16094.20	16010.95	12307.82	3703.13	83.25
黑龙江	17132.36	17099.80	13872.63	3227.17	32.55
上 海	36325.81	36185.06	24531.59	11653.47	140.75
江 苏	15590.09	15586.72	11639.45	3947.27	3.38
浙 江	20667.02	20314.54	14406.84	5907.71	352.47
安 徽	12421.30	12330.24	8682.28	3647.96	91.06
福 建	12453.63	12332.17	8421.83	3910.34	121.47
江 西	11149.23	11064.12	6727.94	4336.18	85.10
山 东	11332.08	11296.47	8203.05	3093.42	35.61
河 南	8647.08	8512.50	5993.66	2518.84	134.58
湖 北	12060.58	12060.02	8656.59	3403.43	0.56
湖 南	10241.89	10141.14	7060.01	3081.12	100.75
广 东	16578.77	16140.23	12258.78	3881.45	438.54
广 西	9988.91	9858.11	6962.49	2895.61	130.81
海 南	17099.00	16778.22	11548.76	5229.46	320.78
重 庆	17164.30	16586.63	12443.74	4142.88	577.67
四 川	12847.90	12731.52	9161.94	3569.58	116.38
贵 州	12185.67	12073.97	9419.30	2654.67	111.70
云 南	14087.68	13942.21	11311.31	2630.90	145.48
西 藏	29062.44	28101.46	21948.88	6152.58	960.98
陕 西	13377.22	13033.68	8251.39	4782.29	343.54
甘 肃	13898.65	13763.12	10372.71	3390.41	135.53
青 海	19855.69	18393.24	13847.57	4545.67	1462.45
宁 夏	12814.22	12739.62	8906.93	3832.68	74.60
新 疆	14832.58	14149.96	11223.39	2926.57	682.62
大 连	15534.10	15473.30	12383.16	3090.15	60.80
宁 波	21483.87	21450.35	16366.77	5083.58	33.52
厦 门	21069.31	20372.12	14544.62	5827.50	697.19
青 岛	20152.85	20152.85	14185.62	5967.23	
深 圳	42117.45	37670.31	27264.01	10406.30	4447.14

7-42　生均一般公共预算教育事业费和基本建设支出(地方普通小学)

单位：元

地　区	一般公共预算教育事业费和基本建设支出	事业费支出	个人部分	公用部分	基本建设支　出
合　计	**11357.37**	**11195.88**	**8352.62**	**2843.25**	**161.49**
北　京	35408.39	33775.31	23800.79	9974.53	1633.07
天　津	19484.95	19479.87	15018.96	4460.91	5.08
河　北	8956.98	8929.05	6742.75	2186.30	27.92
山　西	10598.62	10486.90	8029.47	2457.42	111.72
内蒙古	13811.81	13633.92	10462.57	3171.35	177.89
辽　宁	10833.09	10791.80	8615.42	2176.37	41.29
吉　林	13397.60	13321.06	10473.20	2847.86	76.53
黑龙江	14437.11	14404.56	11657.73	2746.82	32.55
上　海	24679.85	24539.11	17479.41	7059.70	140.75
江　苏	13122.46	13119.23	10590.93	2528.31	3.23
浙　江	16816.77	16515.73	12928.27	3587.46	301.04
安　徽	10572.36	10481.29	7466.19	3015.11	91.06
福　建	10820.22	10730.44	7767.25	2963.20	89.78
江　西	10061.19	9976.48	6136.45	3840.03	84.70
山　东	9807.27	9784.69	7629.65	2155.05	22.58
河　南	7066.56	6950.98	4751.17	2199.80	115.59
湖　北	11018.31	11017.75	7787.32	3230.43	0.56
湖　南	9216.13	9115.38	6530.34	2585.04	100.75
广　东	13432.02	13062.28	10109.94	2952.34	369.74
广　西	8432.92	8355.20	5872.98	2482.22	77.72
海　南	12859.25	12551.28	8345.04	4206.24	307.97
重　庆	12672.32	12154.34	8909.08	3245.26	517.98
四　川	10592.76	10479.32	7585.49	2893.83	113.44
贵　州	10865.19	10764.09	8470.78	2293.32	101.09
云　南	11357.20	11214.73	9176.44	2038.29	142.46
西　藏	26373.22	25412.24	19461.19	5951.06	960.98
陕　西	12363.47	12027.74	7872.18	4155.56	335.73
甘　肃	11698.81	11565.44	8803.89	2761.54	133.37
青　海	15302.53	14009.44	10533.96	3475.48	1293.09
宁　夏	10110.52	10035.91	6888.16	3147.76	74.60
新　疆	13003.39	12427.91	10127.21	2300.70	575.49
大　连	11833.06	11772.26	9350.58	2421.68	60.80
宁　波	18072.09	18072.09	15065.06	3007.02	
厦　门	16516.96	16137.71	12732.71	3405.00	379.25
青　岛	16360.28	16360.28	12685.94	3674.34	
深　圳	31629.49	27469.28	20615.79	6853.49	4160.21

7-43　生均教育经费支出(地方农村小学)

地　区	教育经费支出	个人和公用部分支出	个人部分	公用部分	基本建设支出
合　计	**12530.84**	**12417.75**	**9404.37**	**3013.38**	**113.09**
北　京	62782.25	54226.36	40199.57	14026.80	8555.89
天　津	19606.68	19606.68	16602.31	3004.38	
河　北	9983.40	9960.04	7407.04	2552.99	23.36
山　西	14176.78	14086.69	11008.14	3078.55	90.09
内蒙古	21715.32	21546.24	16747.54	4798.70	169.08
辽　宁	15456.79	15412.53	13172.04	2240.49	44.27
吉　林	19131.95	19018.57	15076.76	3941.81	113.38
黑龙江	20325.56	20279.60	16606.03	3673.57	45.97
上　海	36271.29	36271.29	28429.39	7841.90	
江　苏	13144.31	13143.87	10277.15	2866.72	0.44
浙　江	20725.41	20350.98	14694.38	5656.60	374.44
安　徽	11899.06	11845.28	8717.23	3128.05	53.77
福　建	12131.15	12073.21	8591.75	3481.47	57.94
江　西	11167.52	11073.19	6928.36	4144.84	94.33
山　东	10527.53	10476.33	7927.53	2548.80	51.20
河　南	8281.88	8257.39	5933.22	2324.17	24.49
湖　北	11094.05	11094.05	8366.34	2727.71	
湖　南	9563.53	9493.15	6946.55	2546.60	70.39
广　东	13162.54	13154.76	10190.65	2964.11	7.78
广　西	9906.43	9854.74	7210.49	2644.25	51.69
海　南	19015.13	18810.75	13907.42	4903.32	204.39
重　庆	17873.38	17723.85	14368.88	3354.98	149.53
四　川	13016.68	12875.80	9547.44	3328.36	140.88
贵　州	11891.18	11792.96	9747.18	2045.78	98.22
云　南	14016.19	13942.45	11666.63	2275.81	73.74
西　藏	28498.64	27793.61	21704.08	6089.52	705.04
陕　西	13851.28	13737.83	9187.68	4550.14	113.46
甘　肃	14728.08	14572.21	11220.31	3351.90	155.88
青　海	20669.03	19129.57	14749.87	4379.70	1539.46
宁　夏	12784.50	12726.60	10001.17	2725.43	57.90
新　疆	14354.15	13756.88	11443.05	2313.83	597.27
大　连	24740.70	24740.70	21697.50	3043.20	
宁　波	20801.33	20743.18	15465.03	5278.15	58.15
厦　门	23679.54	23540.60	16607.77	6932.83	138.94
青　岛	25825.39	25825.39	20174.69	5650.70	
深　圳					

7-44 生均一般公共预算教育事业费和基本建设支出(地方农村小学)

单位：元

地区	一般公共预算教育事业费和基本建设支出	事业费支出			基本建设支出
			个人部分	公用部分	
合计	**10786.03**	**10681.40**	**8132.65**	**2548.75**	**104.63**
北京	55310.88	46962.63	33956.87	13005.76	8348.24
天津	17272.90	17272.90	14577.87	2695.03	
河北	9061.30	9038.31	6836.29	2202.02	22.99
山西	11911.93	11835.10	9397.31	2437.79	76.83
内蒙古	16484.08	16330.85	12706.05	3624.81	153.23
辽宁	12759.33	12717.83	10796.54	1921.29	41.50
吉林	16034.50	15931.24	12807.62	3123.62	103.26
黑龙江	17634.66	17588.69	14236.45	3352.25	45.97
上海	25756.24	25756.24	20037.59	5718.65	
江苏	11482.93	11482.64	9398.67	2083.98	0.29
浙江	17238.74	16881.40	13318.92	3562.48	357.34
安徽	10402.09	10348.31	7610.43	2737.89	53.77
福建	10848.12	10790.54	8042.19	2748.35	57.58
江西	10204.35	10110.45	6282.48	3827.97	93.90
山东	9429.17	9399.05	7444.75	1954.31	30.12
河南	6857.35	6835.65	4727.68	2107.98	21.69
湖北	10246.16	10246.16	7619.99	2626.17	
湖南	8716.33	8645.94	6450.14	2195.81	70.39
广东	11023.06	11016.34	8413.38	2602.97	6.71
广西	8477.13	8427.52	6109.80	2317.71	49.61
海南	14409.56	14205.24	9952.82	4252.42	204.31
重庆	13158.30	13044.92	10315.63	2729.29	113.38
四川	10956.44	10819.46	7920.61	2898.85	136.99
贵州	10682.62	10595.96	8748.54	1847.42	86.66
云南	11420.39	11347.39	9540.26	1807.13	72.99
西藏	25675.36	24970.32	19105.87	5864.44	705.04
陕西	13091.93	12978.48	8822.14	4156.33	113.46
甘肃	12582.85	12427.04	9578.35	2848.69	155.81
青海	16085.42	14639.17	11344.70	3294.48	1446.25
宁夏	10200.55	10142.65	7772.82	2369.83	57.90
新疆	12743.57	12251.44	10345.65	1905.79	492.13
大连	19567.65	19567.65	17261.09	2306.55	
宁波	16500.59	16500.59	13789.68	2710.91	
厦门	18602.85	18478.32	14988.50	3489.83	124.53
青岛	22034.93	22034.93	17896.35	4138.59	
深圳					

7-45 生均教育经费支出(地方特殊教育学校)

地 区	教育经费支出	个人和公用部分支出			基本建设支出
			个人部分	公用部分	
合 计	**64407.45**	**62543.29**	**42147.83**	**20395.45**	**1864.16**
北 京	176463.57	176197.65	137944.99	38252.66	265.92
天 津	86367.68	86367.68	60185.36	26182.31	
河 北	46632.99	46497.11	34961.24	11535.86	135.88
山 西	52260.95	52260.95	38361.42	13899.53	
内蒙古	69192.37	67619.81	48234.94	19384.87	1572.56
辽 宁	80588.91	80499.54	61135.01	19364.53	89.37
吉 林	60620.14	60507.80	42122.47	18385.32	112.35
黑龙江	43498.45	43491.60	33409.34	10082.26	6.86
上 海	167703.73	167703.73	120473.10	47230.63	
江 苏	74394.18	73604.14	54220.36	19383.78	790.04
浙 江	106252.25	105803.90	60607.19	45196.70	448.35
安 徽	68987.86	51388.99	23776.00	27612.99	17598.87
福 建	62813.22	62734.48	41900.25	20834.23	78.74
江 西	45116.68	44761.95	21238.57	23523.38	354.73
山 东	72359.81	71593.91	49399.99	22193.92	765.90
河 南	37236.75	37236.75	27375.62	9861.13	
湖 北	61503.36	61503.36	43651.25	17852.11	
湖 南	50071.74	49094.54	27962.06	21132.48	977.20
广 东	109827.50	103133.98	67778.23	35355.75	6693.52
广 西	39413.31	38047.47	26147.13	11900.35	1365.83
海 南	82875.91	80217.48	43635.69	36581.79	2658.43
重 庆	61190.55	61050.57	41580.39	19470.18	139.98
四 川	45929.48	45929.48	32362.00	13567.48	
贵 州	32073.54	32061.19	24016.99	8044.20	12.35
云 南	40024.69	39876.24	29637.90	10238.34	148.45
西 藏	97458.17	97458.17	81118.02	16340.15	
陕 西	61476.70	59209.98	40180.01	19029.97	2266.72
甘 肃	64771.00	59776.42	37272.12	22504.30	4994.58
青 海	90243.02	71351.05	28465.15	42885.90	18891.97
宁 夏	91287.03	88222.16	45852.27	42369.89	3064.87
新 疆	57237.56	57237.56	39066.02	18171.54	
大 连	93454.49	93454.49	77100.19	16354.30	
宁 波	136795.01	136363.74	83239.25	53124.49	431.27
厦 门	165073.95	163784.73	94934.95	68849.78	1289.22
青 岛	135183.74	135183.74	86582.20	48601.54	
深 圳	307762.14	237251.68	147513.17	89738.51	70510.46

7-46 生均一般公共预算教育事业费和基本建设支出(地方特殊教育学校)

单位：元

地区	一般公共预算教育事业费和基本建设支出	事业费支出			基本建设支出
			个人部分	公用部分	
合计	**52802.22**	**50945.09**	**35292.39**	**15652.70**	**1857.13**
北京	152369.71	152103.79	117360.67	34743.12	265.92
天津	76640.27	76640.27	51353.77	25286.50	
河北	43272.55	43136.66	32359.91	10776.75	135.88
山西	45818.60	45818.60	33300.89	12517.71	
内蒙古	55713.35	54140.80	38626.01	15514.79	1572.56
辽宁	62891.69	62891.69	47943.78	14947.91	
吉林	50685.94	50573.59	36064.07	14509.52	112.35
黑龙江	37118.57	37111.72	27418.75	9692.97	6.86
上海	117571.08	117571.08	89866.62	27704.46	
江苏	63600.19	62810.15	48242.08	14568.07	790.04
浙江	86772.32	86347.73	52341.17	34006.56	424.58
安徽	56912.67	39313.80	20728.46	18585.34	17598.87
福建	54477.14	54477.14	38331.74	16145.40	
江西	40584.33	40229.59	18790.96	21438.63	354.73
山东	61166.01	60400.11	45670.72	14729.40	765.90
河南	30275.38	30275.38	21130.63	9144.75	
湖北	48277.83	48277.83	33631.67	14646.16	
湖南	36955.97	35978.77	26216.37	9762.40	977.20
广东	85665.59	78972.07	52167.68	26804.39	6693.52
广西	33515.63	32149.80	21501.66	10648.14	1365.83
海南	69801.65	67143.23	33513.55	33629.68	2658.43
重庆	46308.58	46168.61	31171.13	14997.48	139.98
四川	36481.45	36481.45	24637.31	11844.14	
贵州	27840.12	27840.12	20842.72	6997.40	
云南	33087.82	32939.37	24096.38	8842.99	148.45
西藏	87698.63	87698.63	71378.74	16319.89	
陕西	56901.47	54634.75	37477.22	17157.53	2266.72
甘肃	52069.02	47074.44	31879.92	15194.52	4994.58
青海	75213.97	56363.98	21486.74	34877.25	18849.99
宁夏	44181.72	41116.85	22894.63	18222.22	3064.87
新疆	48354.64	48354.64	35501.58	12853.06	
大连	72170.51	72170.51	58130.47	14040.04	
宁波	117194.63	116763.36	73682.41	43080.95	431.27
厦门	122109.05	122109.05	82053.28	40055.77	
青岛	91869.29	91869.29	76876.57	14992.73	
深圳	239505.80	168995.33	102163.88	66831.46	70510.46

7-47 生均教育经费支出(地方幼儿园)

地 区	教育经费支出	个人和公用部分支出			基本建设支出
			个人部分	公用部分	
合 计	**11817.88**	**11648.05**	**7239.05**	**4409.00**	**169.83**
北 京	49404.27	48496.47	31024.04	17472.43	907.80
天 津	30308.70	30163.89	18757.77	11406.11	144.81
河 北	8336.53	8326.35	5583.43	2742.92	10.18
山 西	7336.45	7283.01	4442.62	2840.38	53.44
内蒙古	18564.33	17851.64	10826.15	7025.49	712.68
辽 宁	10072.24	9998.93	6269.73	3729.21	73.31
吉 林	14017.15	13780.83	8550.90	5229.93	236.33
黑龙江	12558.08	12540.01	8520.57	4019.44	18.07
上 海	38270.33	38141.18	24963.25	13177.94	129.15
江 苏	12905.14	12859.15	8682.90	4176.25	45.99
浙 江	21483.82	21180.98	12583.75	8597.24	302.84
安 徽	9250.96	9141.91	5346.59	3795.32	109.05
福 建	12337.68	12229.23	7334.45	4894.78	108.45
江 西	12634.94	12493.06	5234.46	7258.61	141.87
山 东	8195.92	8167.47	4838.05	3329.42	28.46
河 南	6151.60	6083.48	3404.74	2678.74	68.12
湖 北	9885.07	9885.07	6193.86	3691.21	
湖 南	8721.34	8693.50	4836.89	3856.61	27.84
广 东	11585.40	11328.21	7896.17	3432.05	257.18
广 西	6716.88	6396.83	3457.12	2939.71	320.04
海 南	25855.02	25560.92	11568.45	13992.47	294.10
重 庆	11597.63	11027.02	5622.32	5404.69	570.61
四 川	10142.64	9882.22	5196.14	4686.08	260.42
贵 州	10228.26	10195.31	6896.03	3299.28	32.95
云 南	9346.95	9196.27	6300.45	2895.82	150.68
西 藏	21932.12	21363.76	15833.93	5529.83	568.36
陕 西	13662.78	13316.72	7764.86	5551.86	346.06
甘 肃	9431.28	9357.96	6379.80	2978.16	73.31
青 海	11432.47	10712.48	6303.41	4409.07	719.99
宁 夏	10862.66	10862.66	4957.65	5905.01	
新 疆	9231.76	8883.79	6563.55	2320.24	347.97
大 连	13899.46	13856.22	9024.70	4831.51	43.24
宁 波	24984.87	24975.92	16366.05	8609.87	8.95
厦 门	23960.64	23711.19	13631.61	10079.57	249.45
青 岛	15232.08	15232.08	8718.27	6513.81	
深 圳	61976.58	55016.86	37509.30	17507.56	6959.72

7-48 生均一般公共预算教育事业费和基本建设支出(地方幼儿园)

单位: 元

地区	一般公共预算教育事业费和基本建设支出	事业费支出	个人部分	公用部分	基本建设支出
合计	**8040.34**	**7889.60**	**5175.15**	**2714.45**	**150.73**
北京	38263.10	37465.30	24535.99	12929.31	797.80
天津	22601.79	22456.98	14738.34	7718.63	144.81
河北	6474.52	6464.34	4869.61	1594.73	10.18
山西	4905.24	4880.77	3235.95	1644.82	24.47
内蒙古	12366.82	11733.65	8271.16	3462.49	633.17
辽宁	5218.74	5218.16	3579.27	1638.89	0.58
吉林	9938.30	9735.35	6362.69	3372.66	202.96
黑龙江	8784.64	8766.56	5943.59	2822.97	18.07
上海	25875.26	25746.12	17946.46	7799.66	129.15
江苏	7491.64	7445.65	5309.59	2136.07	45.99
浙江	13308.06	13052.25	8364.16	4688.09	255.81
安徽	6608.19	6502.64	3997.45	2505.19	105.55
福建	8553.85	8446.87	5677.95	2768.92	106.98
江西	9791.60	9649.72	4009.90	5639.83	141.87
山东	4490.04	4461.59	2875.29	1586.29	28.45
河南	3596.26	3537.44	2168.23	1369.21	58.82
湖北	6511.60	6511.60	4035.18	2476.43	
湖南	5125.29	5097.46	3140.73	1956.73	27.84
广东	5746.73	5501.50	3848.62	1652.88	245.23
广西	4378.10	4077.46	2031.28	2046.17	300.64
海南	16254.71	15960.61	7881.81	8078.80	294.10
重庆	7542.13	7016.73	3664.66	3352.07	525.40
四川	7350.71	7096.62	3811.73	3284.88	254.10
贵州	8067.10	8036.34	5905.88	2130.45	30.76
云南	6625.55	6481.75	4747.24	1734.51	143.79
西藏	19668.85	19100.49	14004.61	5095.88	568.36
陕西	11548.59	11212.44	6948.59	4263.85	336.15
甘肃	7955.36	7882.05	5440.57	2441.48	73.31
青海	8745.38	8094.21	4524.97	3569.24	651.17
宁夏	8144.90	8144.90	3503.52	4641.38	
新疆	8286.73	8062.11	6042.83	2019.28	224.63
大连	8659.41	8659.41	6130.60	2528.80	
宁波	15341.93	15341.93	10810.55	4531.38	
厦门	18660.38	18421.28	10568.46	7852.81	239.10
青岛	10156.49	10156.49	5762.05	4394.43	
深圳	35341.71	28385.13	17946.85	10438.29	6956.58

7-49 生均教育经费支出(地方农村幼儿园)

地 区	教育经费支出	个人和公用部分支出			基本建设支出
			个人部分	公用部分	
合 计	**8357.64**	**8264.16**	**5243.82**	**3020.34**	**93.48**
北 京	41882.32	41185.26	27791.73	13393.53	697.07
天 津	14090.20	14090.20	8616.38	5473.83	
河 北	7121.35	7109.04	4805.73	2303.30	12.31
山 西	5971.26	5933.52	3715.03	2218.49	37.74
内蒙古	16615.34	16320.19	10468.05	5852.15	295.15
辽 宁	5233.98	5195.23	3172.46	2022.77	38.76
吉 林	12428.69	12252.76	8155.02	4097.74	175.92
黑龙江	10898.06	10866.98	7778.50	3088.48	31.08
上 海	35768.31	35768.31	26822.63	8945.68	
江 苏	9033.66	9033.66	6043.07	2990.58	
浙 江	20163.80	19720.92	11673.28	8047.64	442.88
安 徽	7739.64	7693.08	4553.52	3139.57	46.55
福 建	9272.70	9199.25	5618.36	3580.89	73.45
江 西	10826.05	10722.86	4399.05	6323.81	103.20
山 东	6383.39	6339.28	3840.95	2498.34	44.11
河 南	4499.67	4455.12	2394.80	2060.32	44.55
湖 北	6557.50	6557.50	4126.26	2431.24	
湖 南	7209.08	7185.77	3967.38	3218.39	23.31
广 东	6219.47	6209.18	4177.17	2032.00	10.30
广 西	5018.74	4915.43	2559.18	2356.24	103.31
海 南	21807.11	21640.58	10903.60	10736.98	166.53
重 庆	8472.22	8447.77	4632.04	3815.73	24.45
四 川	7842.58	7640.80	4272.17	3368.63	201.78
贵 州	8582.45	8547.24	6288.73	2258.51	35.21
云 南	7000.20	6946.17	4984.23	1961.94	54.03
西 藏	18338.86	17668.73	13826.71	3842.02	670.13
陕 西	11528.95	11427.10	7209.12	4217.98	101.85
甘 肃	8588.95	8505.76	5851.62	2654.14	83.19
青 海	10157.73	9941.18	5789.22	4151.96	216.55
宁 夏	7994.49	7994.49	3737.17	4257.32	
新 疆	7917.35	7666.66	6128.69	1537.97	250.69
大 连	9387.59	9387.59	6195.24	3192.35	
宁 波	23207.20	23207.20	14886.76	8320.44	
厦 门	13811.06	13782.07	6314.21	7467.85	29.00
青 岛	10243.86	10243.86	6715.70	3528.16	
深 圳					

7-50　生均一般公共预算教育事业费和基本建设支出(地方农村幼儿园)

单位：元

地区	一般公共预算教育事业费和基本建设支出	事业费支出	个人部分	公用部分	基本建设支出
合计	**5956.15**	**5875.35**	**3971.73**	**1903.63**	**80.80**
北京	35450.02	34774.14	23317.73	11456.41	675.88
天津	11726.01	11726.01	6864.90	4861.11	
河北	5559.98	5547.66	4212.40	1335.27	12.31
山西	4002.37	4001.59	2742.22	1259.37	0.77
内蒙古	11216.09	10938.60	8175.47	2763.13	277.50
辽宁	2912.79	2911.79	2040.31	871.47	1.01
吉林	9498.60	9387.37	6673.24	2714.13	111.23
黑龙江	7825.81	7794.73	5787.02	2007.71	31.08
上海	25336.30	25336.30	19351.50	5984.80	
江苏	5156.67	5156.67	3567.76	1588.91	
浙江	12771.52	12427.54	8124.38	4303.16	343.98
安徽	5762.22	5715.67	3644.59	2071.08	46.55
福建	6433.90	6361.26	4453.10	1908.16	72.63
江西	8488.82	8385.62	3426.78	4958.84	103.20
山东	3578.13	3534.03	2460.45	1073.57	44.10
河南	2601.98	2557.43	1556.51	1000.92	44.55
湖北	4064.62	4064.62	2509.14	1555.48	
湖南	4104.96	4081.65	2530.72	1550.93	23.31
广东	2998.04	2987.75	2072.77	914.98	10.30
广西	3195.60	3092.29	1392.29	1700.00	103.31
海南	15192.60	15026.07	7702.47	7323.60	166.53
重庆	5684.59	5660.14	3257.14	2403.00	24.45
四川	5807.39	5605.62	3190.80	2414.82	201.78
贵州	6940.60	6906.68	5425.66	1481.02	33.91
云南	5020.09	4966.72	3892.99	1073.74	53.37
西藏	16665.75	15995.62	12311.56	3684.06	670.13
陕西	10040.52	9938.67	6622.84	3315.83	101.85
甘肃	7553.82	7470.63	5175.60	2295.03	83.19
青海	7947.63	7749.39	4312.35	3437.04	198.24
宁夏	6337.35	6337.35	2931.77	3405.58	
新疆	7263.88	7104.55	5691.82	1412.73	159.33
大连	6817.80	6817.80	4721.62	2096.17	
宁波	14690.02	14690.02	9726.25	4963.77	
厦门	11564.07	11564.07	5643.84	5920.23	
青岛	7946.57	7946.57	5357.12	2589.45	
深圳					

附 录

简要说明

简要说明

为了便于参考和使用教育经费统计年鉴，现就教育经费统计指标、统计范围、统计时间等作简要说明。

一、教育经费来源主要指标

教育经费来源包括国家财政性教育经费，民办学校中举办者投入，捐赠收入，事业收入及其他教育经费。

1. **国家财政性教育经费：**指学校（单位）取得的所有属于财政性质的经费。包括一般公共预算安排的教育经费，政府性基金预算安排的教育经费，企业办学中的企业拨款，校办产业和社会服务收入用于教育的经费，其他属于国家财政性教育经费。

（1）**一般公共预算安排的教育经费：**指学校（单位）从同级财政部门取得的一般公共预算拨款。包括教育事业费、基本建设经费、教育费附加、科研经费和其他经费。

①**教育事业费：**指学校（单位）从同级财政部门取得的、列《政府收支分类科目》一般公共预算205类 “教育支出”的拨款，不含基本建设经费和教育费附加。

②**基本建设经费：**指学校（单位）从同级发展与改革部门取得的、列《政府收支分类科目》309类“资本性支出（基本建设）”的拨款。

③**教育费附加：**指学校（单位）从同级财政部门取得的、列《政府收支分类科目》205类09款 “教育费附加安排的教育支出”的拨款。

④**科研经费：**指学校（单位）从同级财政部门取得的、列《政府收支分类科目》206类“科学技术支出”的拨款。

⑤**其他：**指学校（单位）从同级财政部门取得的《政府收支分类科目》205类“教育支出”、206 类“科学技术支出”以外（如208 类“社会保障和就业支出”、210 类“医疗卫生与计划生育支出”、219类“援助其他地区支出”、221 类“住房保障支出”等）的其他一般公共预算拨款。

（2）**政府性基金预算安排的教育经费：**指学校（单位）从同级财政部门取得的政府性基金预算拨款。包括城市基础设施配套费收入、彩票公益金收入等安排用于学校（单位）的支出。

（3）**国有及国有控股企业办学中的企业拨款：**指中央和地方所属国有及国有控股企业在企业营业外资金列支或企业自有资金列支，并实际拨付所属学校的办学经费。

（4）**校办产业和社会服务收入用于教育的经费：**指非民办学校举办的校办产业和各种经营取得的收益及投资收益中用于补充教育经费的部分。

（5）**其他属于国家财政性教育经费：**指学校（单位）取得的除上述财政性收入以外的其他属于财政性质的经费。

2. **民办学校中举办者投入：**指民办学校举办者投入给民办学校的办学经费。

3. **捐赠收入：**指境内外社会各界及个人对教育的资助和捐赠资金。

4. **事业收入：**指学校（单位）开展教学、科研及其辅助活动依法取得的、经财政部门核准留用的资金和从财政专户核拨回的资金。

其中，学费：指学校经财政部门核准留用或经财政专户核拨回的学费金额。

5．**其他教育经费**：指学校（单位）取得的除上述各项收入以外的其他收入。

二、教育经费支出主要指标

教育经费支出包括个人部分支出、公用部分支出和基本建设支出三部分。

1．**个人部分支出**：包括工资福利支出、对个人和家庭的补助支出。

（1）**工资福利支出**：指学校（单位）开支的在职教职工和编制外长期聘用人员的各类劳动报酬，以及为上述人员缴纳的各项社会保险费等。

（2）**对个人和家庭的补助支出**：指学校（单位）对个人和家庭的补助支出。

2．**公用部分支出**：包括商品和服务支出、资本性支出。

（1）**商品和服务支出**：指学校（单位）购买商品和服务的支出（不包括用于购置固定资产的支出）。

（2）**资本性支出**：指非发展与改革部门集中安排用于学校（单位）购置固定资产、土地、无形资产和大型修缮等所发生的支出。包括专项公用支出和专项项目支出。

①**专项公用支出**：指非发展与改革部门集中安排用于学校（单位）购置办公设备、专用设备、交通工具和无形资产等所发生的支出。

②**专项项目支出**：指非发展与改革部门集中安排用于学校（单位）房屋建筑物构建、大型修缮所发生的支出。

3．**基本建设支出**：指各级发展与改革部门集中安排的一般公共预算（不包括政府性基金以及各类拼盘自筹资金等）用于学校（单位）购置固定资产、土地、无形资产和大型修缮所发生的支出。

财政补助支出：指学校（单位）取得的一般公共预算安排的教育经费和政府性基金预算安排的教育经费列支的支出。

一般公共预算教育事业费和基本建设支出：指学校（单位）取得的一般公共预算教育事业费和基本建设列支的支出。

三、统计范围

1．教育部门办各级各类学校、幼儿园、教育事业单位；其他部门办各级各类学校、幼儿园；县级及以上人民政府教育行政单位（部门）；独立师资并按学校体制管理的中央、省（自治区、直辖市）、地（市）、县各级党委举办的党校，各级政府举办的社会主义学院、行政学院（不含行业、部门办的党校和行政学院）；财政部举办的国家会计学院。

2．国有及国有控股企业举办的各级各类学校、幼儿园和经过教育主管部门批准承认学历的成人高校、成人中等专业学校、成人中学、成人小学等。

3．由国家机构以外的社会组织或者个人，利用非国家财政性经费，面向社会举办的，经政府部门按照国家规定的权限审批的各级各类学校、幼儿园等。

香港、澳门和台湾省的教育经费统计资料暂缺。

四、统计时间

2019 年 1 月 1 日至 2019 年 12 月 31 日。

五、其他

1. 本年鉴 1-1（续）表和第二部分所有表中央和地方教育经费按经费来源划分。其余表中央和地方教育经费按学校与其他教育机构隶属关系划分，即中央教育经费指中央属学校及其他教育机构的经费，地方教育经费指地方属学校及其他教育机构的经费。

2．2013 年及以前教育经费统计城乡划分标准以民政部门口径为准，即城市指城镇，包括城市（设区市的市辖区城区和不设区市的市政府所在地城区）以及县城（县政府所在地的城区）；农村指除城市、县城以外的区域。从 2014 年开始，教育经费统计采用了国家统计局颁布的《统计用城乡划分代码》，新的城乡划分标准调整为三大类七小类，即城区（主城区和城乡结合部）、镇区（镇中心区、镇乡结合区、特殊区域）、乡村（乡中心区和村庄），其中城市指城区，农村指镇区和乡村。

3. 本年鉴中部分数据合计数或相对数由于单位取舍不同而产生的误差，均未做机械调整。